U0524417

题记

本书以問題為主线作啟發

匯结600专問、3000余組問与答

以　一位企業家的創業逻輯
　　一个商人的切當关切
　　自下而上的視角
　　由實践到規範的方法

来俑述中國當代公司法律運行的真實圖景
以及滚聚其间的人们的掙扎、争闘、
困惑、奮閗、經驗与智慧、
還有反復上演的一幕幕悲喜劇

—— 李建偉
二零二五年 仲夏

作者简介 | 李建伟

法学博士，曾从事企业管理博士后研究，中国政法大学钱端升讲座教授，博士生导师，兼任中国法学会商法学研究会秘书长，在民商法尤其公司法领域著作丰厚，兼具公司法实务丰富实践。

公司法600问

李建伟 著

600 Q&A
ON COMPANY LAW

上册

图书在版编目（CIP）数据

公司法600问：全2册 / 李建伟著. -- 北京：法律出版社，2025. -- ISBN 978 – 7 – 5244 – 0499 – 6

Ⅰ. D922.291.915

中国国家版本馆 CIP 数据核字第 2025KT3555 号

公司法600问
GONGSIFA 600 WEN

李建伟 著

策划编辑 似 玉
责任编辑 似 玉
装帧设计 鲍龙卉

出版发行 法律出版社	开本 710毫米×1000毫米 1/16
编辑统筹 法律应用出版分社	印张 104.75　字数 1802千
责任校对 李 军	版本 2025年8月第1版
责任印制 刘晓伟	印次 2025年8月第1次印刷
经　销 新华书店	印刷 天津嘉恒印务有限公司

地址：北京市丰台区莲花池西里7号（100073）
网址：www.lawpress.com.cn　　　　　　　销售电话：010 – 83938349
投稿邮箱：info@lawpress.com.cn　　　　　客服电话：010 – 83938350
举报盗版邮箱：jbwq@lawpress.com.cn　　咨询电话：010 – 63939796
版权所有·侵权必究

书号：ISBN 978 – 7 – 5244 – 0499 – 6　　　　　定价（全2册）：458.00元

凡购买本社图书，如有印装错误，我社负责退换。电话：010 – 83938349

前言

一部新型实务百科全书的生成

本书不是一本严格意义上的学术著作,比如,书中几乎没有注释文献,从书名也可以看出来,毕竟没有学术著作愿意叫作"××问"的。

本书也不是喜闻乐见的通俗普法读物,虽然书名很像,但其严谨的专业知识体系,需要读者具备相当的公司法学素养或实务经验。

本书也不是通常意义上的法律实务类书籍,虽然内容的基本面向是实务的,但其对读者的公司法理论深度、民商法理论素养、一线实务经验的要求,与公司法学术著作相比,也不遑多让。

本书是什么?是假借"××问"之名,行问题意识之实,以授课语言风格讲述中国公司法的基本理论与实务体系,且著者的愿望是覆盖公司法全领域的所有重要问题。故此,姑且称之为:

新型实务版公司法百科全书。

一 原 创

原创性自然是每本著作的基本要求,但对于本书而言又具有特别的意味。在写作中,除几部必用的法律法规外,著者几乎没有依赖任何参考文献,全凭脑海里关于公司法知识与实务经验的积累,一旦坐下来,一口气写出一问又一问,根本停不下来。可以说,本书的基本话语体系都是原创性的,所用文字也足够个性,既不是纯粹学术性的话语体系,也绝非普法读物的直白语言,而是自创了一种介于课堂授课口语与学术话语之间的新型实务性读物的话语品格。这也提醒引用者引用本书段落时,最好标明出处,因为其个性鲜明而易于辨识。

当然,原创性自然不仅指语言风格,更在于内容上。一则,为何是此600问而不是彼600问，以实现公司法基本实务问题的全覆盖？这是体系选择的原创性。二则，为何某问之下码放这样的2000多个文字而不是其他文字？这是内容的原创性。

更鲜明的原创性在于本书的叙事方法。虽然讲述的问题不少是热门问题，甚至是司空见惯的公司法实务课题，但其叙事方法一定是极具个人风格的。比如，就《公司法》第15条规定的公司对外担保制度，十多年来著者就此制度的专门授课有数十次，虽说授课技术炉火纯青，但一直不满意于每一次的叙述逻辑——究竟怎样才能更为清晰地讲授该制度以及关联规则？为此一直孜孜求索，直到2025年5月在北京的一次为时5个小时的课程，终于找到了让自己满意的叙事逻辑、方法与技术，这成就了本书第十篇分篇二、三"公司对外担保""对外投资、债务加入与对外财务资助"中的22问。这22问的叙事方法究竟如何，请各位读者品鉴。

二　全　覆　盖

读者会问，这600个专问是如何提出的。本书的写作素材，实为著者过去近30年来渐次垒砌的公司法学术、实务经验，还有投身于许多家公司设立、运营、管理与治理活动而获取的宝贵教训之累积，当然也离不开深刻的领悟。所以，坐在电脑前，提起任何一个话头，所有要表述的话似酸甜苦辣咸五味俱全而一起涌上心头、喉头、笔头，从未担心过无话可讲，只有收不住的键盘敲击声。

本书原本规划300问，后来扩充到500问，最终写成628问，后又精编为600问；篇章结构从最初规划的14篇章，到12篇章，再到最终的10篇章。这一过程，是立足个人经验力求对公司法实务问题全覆盖的过程，也是去粗存精、完成个人对公司法体系再梳理的过程。

粗略统计，600问大约蕴含了3000个具体问题，每一专问平均包含5组问与答。3000个具体问题，是著者个人截至目前对公司法知识体系几乎全部的认知。对于著者个人而言，本书也是在《公司法学》（第六版）、《公司法评注》之后对公司法的又一次系统性审视，且与后二者相比，这一次无疑最为全面、最具系统性、最成体系化。比如，关于实务中常见的股权代持问题，由于公司法几无对应法条，《公司法评注》也就无从置喙，而本书用了5万多字的篇幅充分展开，可谓酣畅淋漓。又如，一致行动人协议、对赌协议、股权让与担保等重要实务问题，也不便在《公司法学》教材中写入乃至展开，但本书予以全方位展开分析。诸如此类，不一而足。

有关3000个具体问题的源头何来？前文已抽象回答，如要进一步追问前述学术积累、实务经验的信息来源,我愿意坦诚相告,源自以下五个方面——

三　源于立法参与

近年来,著者有机会参与《民法典》总则编/合同编、《公司法》、《企业国有资产法》、《电子商务法》、《市场主体登记管理条例》及其实施细则、《民营经济促进法》,以及最高院、司法部、国家市场监管总局、证监会等的一系列司法解释、行政法规规章等的立法论证工作,受益良多。参与这些立法论证活动,每一次我都做三件事:会前准备与调取资料,研读法条;会中积极发言,准确记录主管部门领导、其他专家的意见;会后及时整理、梳理要点,形成文档。此次写作,不少专问的灵感源离不开历次立法论证活动。

四　源于学术思考

著者累积发表的200多篇学术论文绝大多数都与公司法、合同法以及民商法基础理论相关,出版的10多部独著教材、专著、译著也大都集中在公司法领域,这些著述的研究对象几乎覆盖公司法的全领域。没有公司法学的学术积累与思考,就难以形成本书的独特体系。比如,本书关于外观主义的司法适用、有限公司股权变动模式等诸问的展开,是我多年来关于这两个主题的学术论文的通俗版,虽然有些论文尚未投稿发表。

所以,本书不是面向普罗大众的通俗普法读物,也不同于常见的公司法实务书籍;如有读者这样看待这本书,那是不幸的误解。如读者愿意花些时间浏览本书的目录,你会认同本书的学术品性,虽然著者无意将其写成一部学术著作。

这段话,大致可以作为前言标题的一个注解。

五　源于实务经验

实务经验源自以下方面:自1998年在华为公司工作以来,我一直没有间断在各类公司的现场工作经验,包括但不限于参与投资、担任法律顾问及(独立、外部、执行)董监事;作为公司法专家,每年接受各级司法部门委托参加疑难民商事案件论证,参与当事人邀请的案件专家论证会,得以一窥公司纠纷复杂性的真实一面;在社会教学中不断接受各类学员提供的当下最新鲜的案例咨询,保持对实务的新鲜与敏感度;作为仲裁员,每年参与许多商事纠纷解决;以及作为兼职律师、律师团顾问,参与一些公司纠纷要案的庭审活动。

　　实践长青，实践出真知。法律是实践性的，公司法更是如此。无论公司治理的实践还是公司纠纷解决的实践，都带来源源不断的思考机会与学术灵感。

六　源于分享、共情

　　近10年来，我在办公室里接待过千人次的公司当事人。来访者多是公司的股东及其亲属，还有法定代表人、高管、法务、债权人、地方国资委领导等，或一人独来，或夫妻同来，或三五偕来，或也有挤满偌大的办公室空间的。一张榆桌，几把木椅，数盏清茶，或一小时，或一个上午/下午，倾听各类的公司故事，有历尽千辛万苦终得创业成功、前来分享其间创业心得的，有请教如何成功召开一场股东会/董事会以及处理一些离奇开会情节的，有夫妻艰苦创业、商业成功后劳燕分飞、分割股权之争的，有创始人巨富突然离世引发家族式遗产分割之争的，有兄弟式合伙、仇人式扬镳、争夺公司控制权的，有对自己或对立面是否具有股东身份而陷入深刻迷茫的，有被其他合作者扫地出门而誓言夺回公司的，有被突然解职高管职位、法定代表人职务而愤愤不平的，有对如何涤除法定代表人、董事身份而苦苦求索的，有对内部人掏空公司、侵害自己利益而寻觅惩罚之道的，有寻求优化公司集团架构/股权结构设计、垒砌保护财产安全壁垒之策的，有接到一、二、再审及抗诉程序屡诉屡败的法律文书而怨天怨地的，有商业冒险不慎而身陷囹圄、或被人构局陷害、家人寻求辩白洗冤的，有……

　　我沉浸式地倾听，恍若400年前的蒲先生在淄川的槐荫下听录路人的仙狐妖怪传奇之旧事。宾主多有讨论，或沉静，或共鸣，或悲叹，或惊愕，或拍案而起，对精彩的故事情节，助手择要记录梗概，以供后续研讨。作为一个象牙塔里的学人，借此得以一窥当代中国公司法律运行的真实图景，以及凝聚其间的人们的挣扎、争斗、困惑、奋斗、经验与智慧，幸甚。本书之成，这些来访者在某种意义上也参与了创作。

七　源于教学相长

　　某种意义上，我可能是当下讲授民商法课程次数、时长最多的大学教师，既包括大学课堂上的本科生、EMBA/MBA、法学硕士生/博士生课程，也包括各类社会授课——为地方党委政府、党校、企业、法院、律所、各类协会，以及早些年为律考/司考/法考的学生。其中,公司法实务课程的讲授,集中在近年来凭借云象法学院平台为一线民商事律师、企业法务人员讲授的公司法、合同法系列课程。人云教学相长,我可能感受最深,也受益最大,这与我热爱教学不无干系。如一位授业解惑者真正沉浸教学之中,他会发现每一堂课都会有新的思考、新的启发、新的发现,至少会有新的叙述逻辑与表达技巧,而绝对不会是一种单纯的重复。尤其是授课过程中与具有一线实务经验且不乏理论探索兴趣与思考能力的学员面对面交流,使得授课者得到的回馈甚至超过自身的输出。某种意义上,本书就是近几年来我讲授公司法、合同法课程的口授整理升华版。在此意义上,所有的学员,尤其是数百名追随至深的VIP学员也是本书共同的创作者,感谢你们。

八　底层逻辑、商业思维

下一个问题是,与同类公司法著述,尤其是满天繁星般存在的网络公众号短文相比,本书对每一个专问的内容讲解与叙述角度又有何不同?

2025年4月的某晚,我应邀到对外经贸大学法学院做一场学术讲座,我尝试性地就本书的某一专问做了一堂90分钟的学术报告。在场的评议者、该院的马特教授做了一个评议,我当场记下了其大意:

我们的法学学术研究绝大多数都是从上到下的俯瞰,如从一个立法者、监管者、裁判者的眼光扫视法律规范及其运行。但今晚的报告,则完全是从下往上的视角,从一个创业者的立场来观察公司法的运行,从一个商人的眼光来领会公司法的实现,从一个商事律师的视角来解读公司法的裁判,充满了一个商人的商业(商事)思维,这是一种关于公司法的底层逻辑,而不是常见的立法者、学术者的逻辑。这是一个从实践到规范,而非从规范到规范的研究路径。很惊讶报告人作为一位公司法学者,带给大家这样的独特视角与感受,这可能与报告人具备公司实践的经历与独特的学术视角有关。

如果马特教授的评议是对这场报告的某种褒扬,我乐于在此分享给大家,并将其作为对本书品质的一个解读。

九　学术道义

虽然为社会各界授课多多,但我一直很自觉地拒绝讲授"某某法律风险及其防范"类课程,也很慎重于在课程中加入"某某法律风险防范"的板块。我一直觉得,这样的课程过于实务、实操，不大适合象牙塔里的学者讲授。个人私见，即便是所谓的实务课程，作为学者，还是要自觉地在一个理论框架下讲述，并最终回归一个理论体系，这是有品性的实务课程与普法宣传的迥然有别之处。正如张维迎教授所讲，大意是，实务界人士不排斥理论，不是不接受理论，而是象牙塔里的授课者有无能力给其提供一个优良的理论学说。另外，我总觉得此类课程充满某种机巧，乃至于有传授某种政治上、道义上不大正确的知识之意味。当然，这很可能是我个人对此类课程的误解。总之，无论是大学课堂上还是社会课堂上，为人师者，要传播正确的知识而不是相反，要教人学好而不是相反，底线是"守正出奇"。举例来说，现阶段人们大量安排股权代持，因此而生出无数纠纷，根源大抵在于亲友间的信任都出了很大问题。所以，我们可以客观介绍股权代持诸当事人的各自法律责任（风险），但断不能教人们如何布下草蛇灰线，在协议中设置陷阱去坑害他人。

十 话留三分

一幅画，人物、风景固为中心，但留白也是必要的。一堂课，授课者面向受众反反复复、喋喋不休的满堂灌所带来的价值感，反不如留有空间，带给受众一些启发性的价值感。

一部书，亦如此。

将一些仅有的知识不惜重复三遍，意犹未足，唯恐读者、受众不得要领，实为大忌。话不说尽，让读者在书本与实务的往返中去领悟，抑或顿悟，或时时掩卷深思，方为书中上品。举例来说，本书关于实际出资人与名义股东权义责的诸问，内容的展开洋洋洒洒，但始终不作"一刀切"式的总结，有实务经验或者有领悟力的读者可能会发现——对于实际出资人而言，在不完全隐名的情况下，名义股东背叛带来的公司治理内部风险几乎都是可控的，但外部风险依然难以把控；在完全隐名的情况下，名义股东背叛带来的公司内外部风险，几乎都不可控。由此，读者就会得出一个具有重要价值的结论——如没有商业上的障碍，不完全隐名的安排对于实际出资人而言才是最佳选择。

重要的是，这是读者自己的彻悟才重要，而不是著者的强行灌输。

十一 价值感

著者持续出版过多部法律类畅销书，但至今也未凭借稿费收入获得财务自由。

这是很遗憾的事,有当下难以言说的复杂,本书想必也会惠及那些盗版书商。对于一个惜时如金的耕耘者而言,花费一年时间在一部既不作为任何考评意义上的科研成果、也难以带来显著经济效益的实务类著作上,值得吗?

这需要思考。

支撑我一路写作的信念是,将自己理解的公司法体系下的所有问题梳理一遍,这个单纯的学问兴趣排在第一位。第二位是一份学术公益心——有必要承认,我们一直以来缺乏商业传统,社会公众普遍欠缺对现代企业制度的认知,公司法律运作很多时候尚流于形式。在这样的社会时代背景下,将体系化的现代公司法律知识在企业家、律师、法务工作者、法官、经济管理官员等群体中传播、普及、推广,对于早日完善社会主义市场经济体制,意义可谓深远。我作为公司法学者,理当尽一份责。

值本书出版之际,我内心对所有推动中国公司法律制度现代化的人们充满崇敬之情,对所有依法实践现代公司法精神的企业家们充满尊敬之意,对一直以来各界鼓励、关注、支持我写作并愿意翻阅本书的读者们满含感激之情。

缩略语表

《最高人民法院关于适用〈中华人民共和国公司法〉若干问题的规定(一)》	《公司法解释一》
《最高人民法院关于适用〈中华人民共和国公司法〉若干问题的规定(二)》	《公司法解释二》
《最高人民法院关于适用〈中华人民共和国公司法〉若干问题的规定(三)》	《公司法解释三》
《最高人民法院关于适用〈中华人民共和国公司法〉若干问题的规定(四)》	《公司法解释四》
《最高人民法院关于适用〈中华人民共和国公司法〉若干问题的规定(五)》	《公司法解释五》
《最高人民法院关于适用〈中华人民共和国公司法〉若干问题的规定(四)(征求意见稿)》	《公司法解释四(征求意见稿)》
《最高人民法院关于适用〈中华人民共和国民法典〉总则编若干问题的解释》	《民法典总则编司法解释》
《最高人民法院关于适用〈中华人民共和国民法典〉合同编通则若干问题的解释》	《民法典合同编通则司法解释》
《最高人民法院关于适用〈中华人民共和国民法典〉物权编的解释(一)》	《民法典物权编司法解释》
《最高人民法院关于适用〈中华人民共和国民法典〉有关担保制度的解释》	《民法典担保制度司法解释》

续表

《最高人民法院关于贯彻执行〈中华人民共和国民法通则〉若干问题的意见(试行)》	《民通意见》
《最高人民法院关于适用〈中华人民共和国民法典〉婚姻家庭编的解释(一)》	《民法典婚姻家庭编司法解释一》
《最高人民法院关于适用〈中华人民共和国民法典〉婚姻家庭编的解释(一)》	《民法典婚姻家庭编司法解释二》
《最高人民法院关于适用〈中华人民共和国公司法〉时间效力的若干规定》	《公司法时间效力规定》
《最高人民法院关于适用〈中华人民共和国民事诉讼法〉的解释》	《民事诉讼法解释》
《最高人民法院关于民事执行中变更、追加当事人若干问题的规定》	《变更、追加当事人规定》
《最高人民法院关于证券纠纷代表人诉讼若干问题的规定》	《证券诉讼规定》
《最高人民法院关于适用〈中华人民共和国外商投资法〉若干问题的解释》	《外商投资法解释》
《最高人民法院关于审理外商投资企业纠纷案件若干问题的规定(一)》	《外商投资企业纠纷规定一》
《最高人民法院关于审理民事案件适用诉讼时效制度若干问题的规定》	《民事案件诉讼时效规定》
《全国法院民商事审判工作会议纪要》	《九民纪要》
《企业国有资产交易监督管理办法》	《国有资产监管办法》
《上市公司国有股权监督管理办法》	《国有股权监管办法》
《股权转让所得个人所得税管理办法(试行)》	《股转个人所得税办法》
《上市公司股东减持股份管理暂行办法》	《股东减持管理办法》
《上市公司董事、监事和高级管理人员所持本公司股份及其变动管理规则》	《董监高持股变动规则》
《上市公司独立董事管理办法》	《独立董事管理办法》

总目录 / CONTENTS

第一篇　创业投资到公司　/001

第二篇　公司的一生：设立、成立、运营、变更、清算与终止　/169

第三篇　公司金融：公司资本与股东出资　/319

第四篇　股权转让　/507

第五篇　股东会的组成与运行　/643

第六篇　董事会的组成与运行　/835

第七篇　监督机构与内控、风控、合规机制　/1005

第八篇　股东博弈：股东压制与少数股东抗争　/1107

第九篇　董监高的任职、信义义务　/1255

第十篇　公司债权人的公司法保护　/1501

目录 / CONTENTS

第一篇 创业投资到公司

01 分篇一 开启商业之旅：创业者如何选择商事组织

001 为何选择创立一家公司？ /004
002 合伙合同与合伙企业是一回事吗？ /007
003 合伙人都可参与普通合伙企业经营吗？ /010
004 律师事务所、会计师事务所为何设立为特殊的普通合伙？ /013
005 投资基金、持股平台为何青睐有限合伙？ /015
006 个人独资企业为何称为业主制企业？ /018
007 公司能够参与农民专业合作社吗？ /022
008 什么是供销合作社？ /024
009 如何设立股份合作企业？ /026
010 个体工商户何以繁荣昌盛？ /029
011 小商贩属于无证无照经营吗？ /031
012 个体网商可以豁免登记吗？ /034

02 分篇二 公司的分类

013　有限公司、股份公司有何重大不同？　/ 038
014　一人公司有哪些优劣势？　/ 040
015　夫妻公司是一人公司吗？　/ 043
016　上市公司特殊在哪里？　/ 046
017　什么是挂牌公司？　/ 049
018　设立离岸公司的动机是什么？　/ 051
019　什么是外国公司？　/ 053
020　母子公司、总分公司有何异同？　/ 055
021　公司集团是公司法人吗？　/ 057
022　国企概念体系（一）：何谓央企？　/ 060
023　国企概念体系（二）：国有独资公司是一人公司吗？　/ 062
024　外商投资准入规制（一）：何谓负面清单？　/ 065
025　外商投资准入规制（二）：违反负面清单的外商投资合同无效吗？　/ 068

03 分篇三 谁是股东

026　如何成为一家公司的股东？（一）　/ 071
027　如何成为一家公司的股东？（二）　/ 073
028　如何成为一家公司的股东？（三）　/ 075
029　股东身份为何成为一个问题？　/ 078
030　取得股东身份的要件是什么？　/ 080
031　如何裁判股东身份纠纷？（上）　/ 082

032 如何裁判股东身份纠纷？（下） /086
033 何时证明某人不是股东？ /088
034 如何证明某人不是股东（一）：名股实债、名债实股？ /090
035 如何证明某人不是股东（二）：隐名出资？ /093
036 如何证明某人不是股东（三）：让与担保、被冒名？ /095
037 公职人员可以投资入股公司吗？（上） /097
038 公职人员可以投资入股公司吗？（下） /100
039 高级领导干部的近亲属能否经商办公司？ /102

04 分篇四 股权代持关系面面观

040 股权代持关系是如何形成的？ /105
041 股权代持关系如何认定？（上） /108
042 股权代持关系如何认定？（下） /110
043 股权代持协议的效力如何判定？ /112
044 股权代持协议无效，如何善后？（上） /116
045 股权代持协议无效，如何善后？（下） /118
046 名义股东的权利、义务有哪些？ /120
047 名义股东的法律风险有哪些？ /121
048 实际出资人的权利、义务有哪些？ /124
049 实际出资人的法律风险（一）：名义股东的背叛？ /126
050 实际出资人的法律风险（二）：名义股东的不配合？ /129
051 实际出资人的法律风险（三）：来自名义股东的拖累与显名不能？ /132
052 实际出资人的法律风险（四）：来自名义股东的债务风险？ /134
053 商事外观主义的适用（一）：例外抑或基本原则？ /139

054 商事外观主义的适用(二):适用对象与范围如何限缩? /142
055 商事外观主义的适用(三):谁是"善意相对人"? /144
056 商事外观主义的适用(四):民、商有别吗? /146
057 国企代持民企股权(一):"红帽子企业"是如何产生的? /150
058 国企代持民企股权(二):不确定的风险如何应对? /153
059 中企代持外企股权:特殊的法律处理方案?(上) /156
060 中企代持外企股权:特殊的法律处理方案?(下) /158
061 持股平台的陷阱何在? /160
062 股权代持,是一种糟糕的交易安排吗? /163
063 为何要反思股权代持盛行的现象? /165

第二篇 公司的一生:设立、成立、运营、变更、清算与终止

01 分篇一 公司设立

001 如何理解公司的生命周期? /171
002 如何理解公司的设立政策? /173
003 如何申请设立一家公司? /176
004 发起人应当满足什么条件? /179
005 "设立中公司"具有法律人格吗? /181
006 设立公司必须有发起人协议吗? /183

007　如何理解公司设立行为？　/ 185
008　设立行为责任如何承担？（上）　/ 187
009　设立行为责任如何承担？（下）　/ 189
010　首届组织机构的特殊法律地位为何？　/ 193
011　股份公司的成立大会如何召开？　/ 195
012　如何应对发起欺诈？　/ 197

02

分篇二　公司章程

013　如何理解"无章程,不公司"？　/ 200
014　如何生成、何时生效？　/ 203
015　对人的效力（一）：约束哪些主体？　/ 205
016　对人的效力（二）：交易相对人需要查阅吗？　/ 208
017　绝对必要记载事项有哪些？（上）　/ 211
018　绝对必要记载事项有哪些？（下）　/ 212
019　相对必要记载事项有哪些？　/ 215
020　任意记载事项有哪些？　/ 217
021　如何修订、备案、保存？　/ 220
022　如何理解内容合规要求？（一）　/ 223
023　如何理解内容合规要求？（二）　/ 225
024　如何理解内容合规要求？（三）　/ 227

03

分篇三　公司组织变更

025　超越法律想象的商业现实：公司合并的方式有哪些？
　　　/ 231

026 大鱼如何吃掉小鱼:公司合并程序如何展开? /235

027 看得见的手:公司合并中有哪些政府干预? /238

028 公司合并无效之诉? /240

029 细胞分裂:如何进行公司分立? /243

030 如何理解公司其他组织要素的变更? /246

04 分篇四　公司解散、清算与终止

031 公司之死:终止、解散、破产、清算、注销是什么关系? /249

032 公司解散(一):自愿解散,"我命由我"? /252

033 公司解散(二):行政机关定企业生死? /254

034 公司解散(三):司法解散,杀死一只下金蛋的鹅? /256

035 解散清算(一):何谓清算中公司? /262

036 解散清算(二):如何理解清算义务人及其职责? /264

037 解散清算(三):清算组如何组成、对谁负责? /266

038 解散清算(四):清算程序如何有序推进? /269

039 解散清算(五):不算而销——如何理解简易注销? /272

05 分篇五　公司登记、备案与信息公示

040 什么是设立登记? /276

041 什么是营业登记? /279

042 如何区分公司成立、开业、歇业与停业? /281

043 如何理解"先证后照"与"先照后证"? /283

044 如何处理虚假设立登记?(上) /285

045　如何处理虚假设立登记？（下）　/289
046　登记联络人：中国版公司秘书有哪些职能？　/291
047　如何理解公司印章的备案及其法律效力？（上）　/293
048　如何理解公司印章的备案及其法律效力？（下）　/295
049　公司银行账户的资金用途有哪些限制？　/297
050　公司住所的法律功能是什么？　/300
051　公司只能有一个名称吗？　/302
052　公司名称如何取得并获得保护？　/304
053　公司经营范围的法律功能是什么？　/307
054　变更登记、变更备案各有哪些事项？　/310
055　注销登记如何办理？　/313
056　企业信息如何公示？　/315

第三篇　公司金融：公司资本与股东出资

01 分篇一　公司资本基本制度

001　为什么说现代公司是资本企业？　/321
002　如何设计公司的财务结构？（上）　/323
003　如何设计公司的财务结构？（下）　/326
004　如何界定注册资本？　/327
005　如何贯彻"公司资本三原则"？　/329
006　如何理解资本信用？　/332

02 分篇二 股份、债券发行

- 007 "股债二分"（一）：公司融资如何区分股与债？ / 335
- 008 "股债二分"（二）：可转换债，是股还是债？ / 337
- 009 股份发行（一）：法定资本制还是授权资本制？ / 339
- 010 股份发行（二）：股票发行需要面额吗？ / 343
- 011 股份发行（三）：发行股票需要记名吗？ / 345
- 012 股份发行（四）：如何设计公司的股权结构？ / 347
- 013 股份发行（五）：可以发行类别股吗？ / 350
- 014 股份发行（六）：公司章程如何规定类别股事项？ / 354
- 015 股份发行（七）：哪些事项须召开类别股股东会议？ / 356
- 016 公司发行债券（一）：只能发行记名债券吗？ / 358
- 017 公司发行债券（二）：债券持有人会议可以作决议吗？ / 361
- 018 债券受托管理人对谁负有信义义务？ / 365
- 019 股东可以查阅、复制债券持有人名册吗？ / 367

03 分篇三 股东出资

- 020 股东出资期限（一）：完全认缴制、限期认缴制与实缴制之别？ / 370
- 021 股东出资期限（二）：存量公司如何过渡？ / 373
- 022 股东出资期限（三）：有限公司股东被要求加速到期？ / 374

- 023 股东出资期限(四):有限公司如何约束股东的缴纳出资义务? /377
- 024 股东出资程序(一):出资的一般流程是什么? /380
- 025 股东出资程序(二):需要评估、验资吗? /384
- 026 股东出资程序(三):公司可以善意取得非货币出资财产吗? /386
- 027 股东出资形式(一):货币是最佳出资形式吗? /389
- 028 股东出资形式(二):非货币出资有何商业风险? /391
- 029 股权出资形式(三):股权出资的特殊风险是什么? /393
- 030 股东出资形式(四):债权出资的特殊风险是什么? /395
- 031 股东出资形式(五):劳务出资、干股,可行吗? /398

04 分篇四 瑕疵出资行为责任

- 032 瑕疵出资的行为认定(一):何为抽逃出资? /401
- 033 瑕疵出资的行为认定(二):何为瑕疵出资(狭义)? /405
- 034 瑕疵出资行为责任(一):对公司负有补缴责任吗? /407
- 035 瑕疵出资行为责任(二):对公司负有赔偿责任吗? /409
- 036 瑕疵出资行为责任(三):对其他股东负有违约责任吗? /412
- 037 瑕疵出资行为责任(四):对公司债权人负有赔偿责任吗? /415
- 038 瑕疵出资行为责任的"株连"(一):发起人的资本充实担保责任? /417
- 039 瑕疵出资行为责任的"株连"(二):瑕疵出资股权转让双方的连带责任? /423

040　瑕疵出资行为责任的"株连"(三):出资未届期股权转让人的补充责任？　/426

041　瑕疵出资行为责任的"株连"(四):管理层的赔偿责任？　/435

042　瑕疵出资行为责任的"株连"(五):中介机构的赔偿责任？　/439

043　瑕疵出资行为责任的"株连"(六):清算义务人、清算人的赔偿责任？　/441

044　瑕疵出资行为责任的"株连"(七):可能引发公司人格否认吗？　/443

05 分篇五　瑕疵出资的组织法处理

045　组织法的基本思路(一):从行为责任到除名、除权？　/448

046　组织法的基本思路(二):正当程序如何展开？　/450

047　组织法的基本思路(三):所得股权如何善后？　/454

048　组织法的另一种思路:股东权利减损？（上）　/457

049　组织法的另一种思路:股东权利减损？（下）　/459

06 分篇六　公司增资、减资

050　公司增资(一):议决权在谁？　/463

051　公司增资(二):授权资本制下,股份公司董事会如何受权？　/466

052　公司增资(三):原股东享有新股优先认购权吗？　/471

053　公司减资(一):如何保护债权人？　/475

054　公司减资(二)：不同比减资合法吗？　/481
055　公司减资(三)：何为简易减资？　/483

07 分篇七　公司财务、会计

056　公司法为什么要规制公司财务、会计？　/486
057　如何理解公司财务会计的关键词？(上)　/489
058　如何理解公司财务会计的关键词？(下)　/491
059　资本公积金如何转增为注册资本？　/494
060　公司分红(一)：如何理解公司分红政策？　/497
061　公司分红(二)：何谓广义的公司分红？　/500
062　公司分红(三)：何谓违法分红？　/503

第四篇　股权转让

01 分篇一　股转合同

001　股转有哪些方式？　/509
002　股转合同适用哪些法律规范？　/511
003　如何理解否定股转合同效力的慎重性？　/514
004　如何理解转让人的风险：人出局，钱没拿到？　/516
005　如何理解受让人的风险：钱到位了，人却进不去？　/520

02 分篇二 股权变动模式

006 有限公司股权变动模式(一):受让人何时成为股东? /523

007 有限公司股权变动模式(二):公司如何参与股转? /528

008 有限公司股权变动模式(三):其他股东如何参与股转? /531

009 有限公司股权变动模式(四):管理层、职工、债权人是股转的利害关系人吗? /533

010 有限公司股权变动模式(五):名义股东处分股权,适用善意取得吗? /535

011 有限公司股权变动模式(六):一股再卖,适用善意取得吗? /538

012 如何理解股份公司的股份变动模式? /542

013 公司债券如何依法转让? /544

03 分篇三 有限公司股东的优先购买权

014 公司章程可以限制股权的内外转让吗? /546

015 股东优先购买权如何主张? /549

016 继承、赠与、拍卖、强制执行等场合适用优先购买权吗? /552

017 侵害优先购买权,会导致股转合同无效吗? /555

04 分篇四 股权转让的特殊方式

- 018 夫妻共有股权分割（一）：夫妻共有股权如何认定？ / 559
- 019 夫妻共有股权分割（二）：如何分割？ / 561
- 020 夫妻共有股权分割（三）：发生无权处分吗？ / 564
- 021 股权继承（一）：股权可以继承吗？ / 566
- 022 股权继承（二）：如何理解遗嘱安排的重要性？ / 569
- 023 股权质押有哪些禁忌？ / 572
- 024 股权让与担保（一）：如何识别、认定让与担保？ / 574
- 025 股权让与担保（二）：股权让与担保有何特殊性？ / 578
- 026 股权让与担保（三）：如何控制股权让与担保的凶险？ / 580

05 分篇五 对特殊主体的股权转让限制

- 027 股份公司股东、实控人的股转是否受限？ / 584
- 028 股份公司管理层直接持股的转让受到何种限制？ / 587
- 029 股份公司管理层间接持股的转让受到何种限制？ / 590
- 030 公司章程如何限制职工股转让？ / 592
- 031 公司章程限制股权转让的效力边界何在？ / 595
- 032 国有股权转让规制（一）：何谓国有股权转让？ / 597
- 033 国有股权转让规制（二）：必须场内交易？ / 600
- 034 国有股权转让规制（三）：如何进行招拍挂、评估与关联转让？ / 604
- 035 国有股权转让规制（四）：如何走审批程序？ / 607

036 国有股权转让规制（五）：审批是合同生效要件吗？ /610

06 分篇六 公司回购股权

037 公司回购股权（一）：股份公司可以主动回购股份吗？ /614

038 公司回购股权（二）：对赌失败时，公司负有回购义务吗？ /617

039 公司回购股权（三）：回购请求权，请求权还是形成权？ /619

040 公司可以为股权转让款之债提供担保吗？（上） /622

041 公司可以为股权转让款之债提供担保吗？（下） /624

07 分篇七 股权转让的税负承担

042 股转涉及的税种有哪些？ /627

043 股转合同约定受让人缴纳所得税，有效吗？ /631

044 股转所得税，如何计算？ /633

045 如何确定股转所得税的缴纳时点？ /635

046 拒绝缴纳股转所得税，构成犯罪吗？ /637

047 对赌失败后，出让人可以请求税款返还吗？ /640

第五篇　股东会的组成与运行

01 分篇一　组成与召开

001　股东会的定位与组成(一)：最高权力机关？ / 645

002　股东会的定位与组成(二)：职权法定原则如何形塑三会之关系？ / 647

003　股东会的定位与组成(三)：令人诧异的股东代表大会？ / 649

004　股东会召开(一)：会议多久召开一次？ / 650

005　股东会召开(二)：临时会议如何召开？ / 652

006　股东会召开(三)：时间、地点的安排有何奥妙？ / 654

007　股东会召开(四)：会议资料需要提前提供吗？ / 657

008　股东会召开(五)：会议通知可以豁免吗？ / 658

009　股东会提案(一)：谁拥有提案权？ / 660

010　股东会提案(二)：公司章程可以附加条件吗？ / 662

011　股东会提案(三)：提名权为何重要？ / 663

012　股东会提案(四)：董事会有实质审查权吗？ / 665

013　股东会召集、主持(一)：谁是召集人？ / 668

014　股东会召集、主持(二)：谁是主持人？ / 670

015　股东会召集、主持(三)：少数股东自行召集、主持的，能形成决议吗？ / 672

02 分篇二　投票与表决

- 016　议案可以被修改吗？　/675
- 017　表决可以鼓掌、举手方式进行吗？　/678
- 018　为何要进行记名投票？　/679
- 019　股东会可以实行人头决吗？　/680
- 020　委托投票（一）：股东可以委托投票吗？　/682
- 021　委托投票（二）：如何操作？　/685
- 022　不统一行使表决权合法吗？　/687
- 023　什么是类别股的分类投票机制？　/691
- 024　累积投票制（一）：如何有利于少数股东？　/693
- 025　累积投票制（二）：少数股东如何玩转？　/696
- 026　累积投票制（三）：多数股东如何废其武功？　/697
- 027　股东表决票如何设计？　/700
- 028　关联股东须回避表决吗？　/702

03 分篇三　开会中

- 029　如何表决各项议案？　/705
- 030　有法定足数要求吗？　/707
- 031　多数决（一）：如何计算？　/709
- 032　多数决（二）：类型有哪些？　/712
- 033　多数决（三）：公司章程可以上提吗？　/716
- 034　投票、收票、计票、唱票、监票、公布结果如何进行？　/718
- 035　线上会议有哪些注意事项？　/719

036　禁止录音录像吗？　/ 721
037　如何处理参会者迟到与早退？　/ 723
038　管理层如何应对股东的会上质询？　/ 727
039　会议记录如何制作、签署？　/ 729
040　如何看待会议资料保管的重要性？　/ 731
041　一人公司需要召开股东会会议吗？　/ 733

04 分篇四　股东的表决立场

042　会议室的气氛是怎样的？　/ 736
043　立场、勇气与智慧：如何做一名合格的反对股东？　/ 738
044　成本与收益：反对股东如何把控风险？　/ 739
045　做一名墙头草股东："精致的利己主义者"是如何炼成的？
　　　/ 741
046　沉重的桂冠：控股股东的法律风险何在？　/ 742
047　隐形的王冠与荆棘：实际控制人如何起舞？　/ 744

05 分篇五　一致行动人协议

048　合同视角（一）：何谓一致行动人协议？　/ 747
049　合同视角（二）：如何签署？　/ 749
050　合同视角（三）：有哪些主要条款？　/ 751
051　合同视角（四）：属于哪一类合同？　/ 753
052　解约与背约（一）：可以任意解除吗？　/ 755
053　解约与背约（二）：背约后，如何救济？　/ 758
054　解约与背约（三）：背约后，如何获得损害赔偿？　/ 760

055 解约与背约(四):背约后,实际履行是否可行? ／762
056 解约与背约(五):公司可以下场助攻协议的实际履行吗? ／765
057 公司治理视角(一):与累计投票制如何联动? ／768
058 公司治理视角(二):成为治理模式的主流选项? ／770
059 公司治理视角(三):取代股东会决议? ／771
060 公司治理视角(四):与公司章程冲突的,如何处理? ／774

06 分篇六　职权

061 有哪些法定职权? ／777
062 有哪些章定职权? ／780
063 与董事会职权的多重关系? ／783
064 哪些职权可转授权给董事会? ／786
065 转授权给董事长、总经理个人行使? ／788
066 职权为何不得相互僭越? ／790
067 僭越职权的决议效力如何? ／793
068 股东会可以否定董事会的决议吗? ／795

07 分篇七　公司决议

069 决议与法律行为(一):决议是法律行为吗? ／797
070 决议与法律行为(二):决议为何属于法律行为? ／799
071 决议与法律行为(三):决议与契约的核心区别是什么? ／801

072 决议与法律行为(四):组织法上法律行为的特殊性? / 803
073 公司决议的成立、生效需要批准吗? / 805
074 公司决议的效力(一):有哪些类型? / 807
075 公司决议的效力(二):无效事由有哪些? / 808
076 公司决议的效力(三):不成立的事由有哪些? / 811
077 公司决议的效力(四):可撤销事由有哪些? / 815
078 公司决议的效力(五):可豁免撤销吗? / 817
079 公司决议之诉(一):谁可提起可撤销之诉? / 820
080 公司决议之诉(二):谁可提起无效、不成立之诉? / 821
081 公司决议之诉(三):可请求法院确认决议有效吗? / 824
082 公司决议之诉(四):可请求法院强制公司作出决议吗? / 826
083 公司决议被否定(一):相关主体何去何从? / 828
084 公司决议被否定(二):影响外部交易行为的效力吗? / 830

01
第一篇

创业投资到公司

分篇一

开启商业之旅：创业者如何选择商事组织

一个创业者要在我国开始自己的商业之旅，其面临的第一道选择题是：设立一家何种类型的商事组织？

各国的商事组织类型都是法定的，我国亦然。那么，在我国可以选择的商事组织形式有哪些呢？此处可以列出一份商事组织清单。《市场主体登记管理条例》第2条规定：

本条例所称市场主体，是指在中华人民共和国境内以营利为目的从事经营活动的下列自然人、法人及非法人组织：

（一）公司、非公司企业法人及其分支机构；

（二）个人独资企业、合伙企业及其分支机构；

（三）农民专业合作社（联合社）及其分支机构；

（四）个体工商户；

（五）外国公司分支机构；

（六）法律、行政法规规定的其他市场主体。

据此，如是个人单独创业，可选择的商事组织形式有：

——个体摊贩；

——网络平台的个体网商；

——个体工商户；

——个人独资企业；

——一人公司。

如与他人一起合作创业，可选择的主流商事组织形式有：

——合伙企业，包括普通合伙企业、特殊的普通合伙企业、有限合伙企业；

——公司企业，包括有限公司、股份公司（包括上市公司）。

可选择的非主流商事组织形式还有：

——股份制合作企业；

——农民专业合作社；

……

以上即我国现行法上的商事组织体系，可供人们量体裁衣地选择适合自己的商事组织形式。

本分篇为本书开卷分篇，共设12问，核心任务是简要介绍每一类商事组织的制度优劣势，以帮助人们选择适合自己的商事组织形式，由此开启商业之旅，助力走向成功的商业王国。

001　为何选择创立一家公司？

一、公司的定义及特征

《公司法》第2条规定：

本法所称公司，是指依照本法在中华人民共和国境内设立的有限责任公司和股份有限公司。

这一规定界定了公司的法定类型。关于公司性质，《公司法》第3条第1款紧接着规定：

公司是企业法人，有独立的法人财产，享有法人财产权。公司以其全部财产对公司的债务承担责任。

据此，公司可以定义为：依法设立的以营利为目的的企业法人。具言之，公司有四方面的特征。

(一)法人性

1.独立人格。公司成立后具有独立的权利能力与行为能力，能够以自己的名义从事民商事活动，具有自己独立的意思能力。

2.独立财产。公司享有独立的法人财产权。公司财产主要由股东出资与公司自身经营积累构成。股东一旦将财产出资给公司，该财产就归属于公司，成为公司的独立财产，国家向公司出资亦然。公司经营所得的积累，当然也属于公司自身的财产。

3.独立责任。公司以其全部财产对公司债务承担责任,此为独立责任(也是完全财产责任);相对应地,除非适用公司人格否认制度,否则股东作为出资人,应当以其认缴的出资或认购的股份为限对公司债务承担责任,此为有限责任。

独立人格、独立财产、独立责任是我国法上所有法人的本质属性,三位一体。独立财产是独立人格的物质基础,独立责任是独立人格的责任归结,而独立财产则是法人承担独立责任的财产范围。

(二)社团性

在大陆法系的分类体系中,法人分为公法人与私法人,私法人又进一步分为社团法人与财团法人。公司是社团法人,故其成立须由若干成员发起,并以成员的结合为其组织基础。针对不同性质的公司,法律对公司成员(股东)的人数要求有所不同,有限公司的法定最低股东人数较少,股份公司的法定最低股东人数较多,这是因为两类公司在公众性上存在差异。在现代公司法上,作为例外,一人公司已经突破了社团性特征。

(三)营利性

《民法典》第76条规定:

以取得利润并分配给股东等出资人为目的成立的法人,为营利法人。

营利法人包括有限责任公司、股份有限公司和其他企业法人等。

这一规定以营利性为标准,将法人分为营利法人、非营利法人和特别法人。营利意味着追求利润并将利润分配给出资人,包含两层含义:一是以追逐利润为目的(目的要素);二是将利润分配给出资人(分配要素)。严格来讲,《民法典》中的三分法存在逻辑瑕疵。根据单一标准(营利性),理论上只能将法人一分为二,即营利法人与非营利法人,特别法人的加入使得该分类显得逻辑不周延。

那么,以营利性为法人分类的主要标准是否合适?支持者认为,这一分类符合我国国情,尊重自《民法总则》施行以来的传统,有助于发挥不同类型法人的功能,也便于法人登记与公共管理。反对者认为,营利法人与非营利法人的分类未能涵盖法人的组织结构特征(如社团性),影响私法自治,作为区分标准的"营利"这一概念本身也存在界定不清的问题。因此,营利法人与非营利法人的分类不如社团法人与财团法人的分类逻辑清晰。

无论如何,强调公司的营利性,表明公司存在的目的就是追求利润最大化,以满足投资者的投资回报要求。这也意味着,不以营利为目的的组织(如从事文化艺术传播或公益慈善活动的非营利组织)不得登记为公司。

(四)法定性

公司的法定性是商法中的商主体严格法定原则在公司领域的反映,体现在三个方面:

一是类型法定。公司的类型由《公司法》明确规定,公司的创设或者变更必须符合法律预设的类型,不得在此之外任意创设非典型公司。

二是内容法定。各类公司的财产关系与组织关系应当由法律明确规定,各方均应予以遵守。

三是程序法定。公司设立、变更、终止等组织行为须按照法定程序进行并予以公示,以便交易第三人及时知晓;未经公示,以上行为不得对抗善意第三人。

二、公司的核心优势

截至2024年11月底,我国实有登记注册的企业数量超过6000万家,其中公司已超过5000万家。公司之所以备受青睐,主要得益于以下核心制度优势。

1. 股东有限责任

股东有限责任被誉为现代公司制度的基石,即便称其对人类文明的推动作用超过蒸汽机,也并非过誉之词。股东有限责任的含义是:股东作为投资者,仅在其认缴的出资额或认购的股份范围内对公司债务承担责任,公司以其全部资产对自身的债务承担责任。这一设计大大降低了创业和投资的风险,激发了人们投资设立公司的热情。现代《公司法》上,公司人格否认规则是特殊情形下对股东有限责任的个案否定,而不是对股东有限责任本身的否定。

2. 资产分割

与股东有限责任、公司独立责任相匹配的公司财产制度设计,核心在于实现股东个人资产与公司资产的分离。具体表现为股东财产分为投入公司的出资与其他财产两部分;公司财产独立于股东的其他财产;股东个人的债权人不能主张执行公司的财产,公司的债权人不能主张执行股东的其他财产。《最高人民法院关于人民法院强制执行股权若干问题的规定》(法释〔2021〕20号)第2条规定:

被执行人是公司股东的,人民法院可以强制执行其在公司持有的股权,不得直接执行公司的财产。

3. 人格独立

人格独立，意味着公司在法律上不仅独立于股东，也独立于管理层及雇员，具有独立的法律主体资格。这意味着公司自成立之日起，就作为独立的法律主体存在，且其在理论上可以永久存续，不因股东的退出、丧失行为能力或死亡而终止。

与受限于寿命的自然人不同，公司具有永续性，这有利于其业务的长期规划和发展。当然，股东可以通过公司章程约定公司的存续、营业期限或者其他解散事由。

4. 便利资本筹集

为满足业务扩张、规模发展等经营需要，公司可通过发行股份、债券筹集资金，上市公司还能通过公开发行证券筹集更大规模的资金。

公司股份原则上可以自由转让，投资者可通过出售股份实现投资退出。这使得投资资本具有较强的流动性，激励金融资本向公司投资，从而强化了公司筹集资本的能力。

5. 提升管理效率

产权明确、权责清晰、管理科学、分权制衡的治理结构，是现代公司的突出优势之一。"两权分离"有助于公司延揽专业管理人才，提高决策的专业性和效率。公司还可以通过给予股票期权、奖金等方式激励员工，从而吸引与留住优秀人才。这种激励机制在一定程度上可将股东利益与员工利益绑定，有助于提高生产效率和公司业绩，是合伙企业、业主制企业等其他商事组织形式所不具备的。

002　合伙合同与合伙企业是一回事吗？

一、两类合伙的区别

所谓合伙，是指两人以上共同出资，以经营共同事业为目的的行为或组织。在现行合伙法律制度中，有合伙合同（民事合伙）与合伙企业之分。前者是依照《民法典》成立的合伙协议，是一种合同行为；后者是依照《合伙企业法》设立的合伙企业，是一种合伙组织。

很多读者相对熟悉合伙企业，实际上合伙合同出现的频次远远大于作为企业组织的合伙企业，在现实生活中极为常见。二者的主要区别是：

1. 是否具有组织性与主体资格。合伙企业系已形成组织的合伙,属于《民法典》规定的非法人组织,是独立的民事主体,可以自己的名义从事民商事活动。民事合伙系未形成组织的合伙,仅限于合同关系,不具有独立的民事主体资格,合伙人不能以合伙的名义从事民商事活动。

2. 合伙债务的承担方式。合伙企业财产为合伙组织所有,与合伙人的个人财产的区分较为清晰。据《合伙企业法》第38条、第39条,合伙企业债务应先以合伙企业的全部财产清偿,合伙债权人直接请求合伙人以个人财产清偿的,合伙人有权据此行使抗辩权。另外,有限合伙企业中的有限合伙人对合伙企业债务仅承担有限责任。民事合伙的合伙人根据《民法典》第973条的规定,须对合伙债务承担无限连带责任,且法律没有规定必须先以合伙财产清偿的强制性顺序。

3. 是否具有持续性。合伙企业具有很强的组织体属性,具有持续性的营业意愿。就民事合伙而言,合伙人之间通常是临时性的共享收益、共担风险,各个合伙人之间通常无长时间共同从事相应事务的合意,因而具有临时性、偶然性、一次性的特点。

4. 解散与清算程序。合伙企业的解散、清算程序严格适用《合伙企业法》第四章的规定,清算目的系保护合伙债权人的利益。民事合伙的清算目的并非保护合伙债权人的利益,而是实现合伙人之间的财产清算与分配,属于内部清算。

二、两类合伙的联系

虽然《民法典》规定的合伙合同与《合伙企业法》规定的合伙企业有上述多个区别,但毕竟合伙企业的基础仍是合伙人之间的协议,二者可谓"同宗",彼此之间仍有千丝万缕的联系。关键性的问题是,对于合伙合同,《民法典》强调其合同性,却缺乏对清算程序等组织性规则的详细规定,在法律适用上存在明显的漏洞。为解决这一问题,鉴于《民法典》合同编第二十七章"合伙合同"的规定较为粗疏,在特定情形下参照适用《合伙企业法》的规定是不得不选择的变通路径之一。具体而言:

1. 合伙合同的清算可参照适用《合伙企业法》的规定。《民法典》第969条规定,合伙人的出资、因合伙事务依法取得的收益和其他财产,属于合伙财产,而合伙合同终止前,合伙人不得请求分割合伙财产。这里必然有一追问:合伙人什么时候可以请求分割合伙财产呢?《民法典》第978条规定,合伙合同终止后,合伙财产要先支付因终止而产生的费用,再清偿合伙债务,此后仍有剩余的,才能依据第972条的规定进行分配。换言之,合伙合同终止后,合伙人要分割合伙财产,须遵循"先偿债后分配"或者说"先清算后分配"的原则,这一点与合伙企业是相同的。民事合伙的终止同样必须进行清算。那些认为《民法典》合同编第二十七章"合伙合同"未对民事合伙清算作出规定,就拒绝进行清算的观点是错误的。

实践中,法院也认可民事合伙终止时清算的必要性。在张某良与陆某红、启东福来顿休闲会所合伙协议纠纷案[(2017)苏民终439号]中,江苏省高级人民法院认为合伙合同解除后,各合伙人应当对合伙期间的债权债务进行清算,依法分割合伙财产,并委托会计师事务所对民事合伙的资产状况进行审计。但负责经营的合伙人一方在有义务提供审计所需资料的情况下,未能提供完整的会计报表、正规的税务发票等必要资料,导致无法进行审计。最终,法院综合考虑案件实际情况,判决有过错的合伙人返还对方合伙人80%的投资款。

综上,为解决《民法典》合伙合同清算规则缺位问题,在特定情形下可以参照适用《合伙企业法》关于清算人在清算期间清理合伙企业财产、处理与清算有关的合伙企业未了结事务、清缴所欠税款、清理债权债务、处理合伙企业清偿债务后的剩余财产等规则。

2. 合伙合同的退伙结算可参照适用《合伙企业法》相关规定。关于结算条款,《民法典》合同编数次提及,其中第567条规定:

合同的权利义务关系终止,不影响合同中结算和清理条款的效力。

该条规定的结算条款,泛指合同终止后的账款清理(如劳务费支付、未结款项了结),常见于买卖(《民法典》第596条)、供用电(《民法典》第649条)、施工(《民法典》第795条)等合同,与合伙人退出时的权益分割性质不同。

当合伙人退出合伙时,需通过财产分割厘清其权益。首先是核算合伙财产状况,进行账目核算,给予退出的合伙人一个关于合伙权益盈亏的交代,这就是合伙结算。其次是通过合伙结算,根据合伙事业的实际情况,给予退出合伙人一笔钱,这笔钱基于合伙目的事业的收益等,由全体合伙人共同承担相应部分,让其能够顺利退出。如有其他合伙人愿意购买退出合伙人的份额,自然能更简便地处理退出事宜;如没有合伙人购买,那就只能通过合伙结算,妥善处理退出合伙人的相关权益问题,以保障合伙事务的后续平稳进行。

《民法典》未规定退伙结算的具体规则,但《合伙企业法》第48~54条对合伙人退伙的财产处理有详细规定(如退还财产份额方式、结算时点等)。鉴于两类合伙在权益分割原理上的一致性,参照适用这些规则具有法理基础与实践价值。

003　合伙人都可参与普通合伙企业经营吗?

一、合伙企业的类型

合伙企业,指二人以上依法订立合伙协议,共同出资、共同经营、共享收益、共担风险的营利性组织。

对于合伙企业是否具有法人地位,各国立法存在差异,存在这种差异的核心在于各国的法人认定标准不同。我国《民法典》第60条要求法人须具有独立的财产和民事责任能力。合伙企业财产未完全独立于合伙人(普通合伙人需承担无限责任),故属于《民法典》第102条规定的非法人组织。

根据合伙人对合伙企业债务承担的责任的不同,合伙企业可分为普通合伙企业、有限合伙企业、特殊的普通合伙企业、特殊的有限合伙企业四类。我国仅承认前三类。《合伙企业法》(如无特别注明,本专问及下两问所引法条均来自该法)第2条规定:

本法所称合伙企业,是指自然人、法人和其他组织依照本法在中国境内设立的普通合伙企业和有限合伙企业。

普通合伙企业由普通合伙人组成,合伙人对合伙企业债务承担无限连带责任。本法对普通合伙人承担责任的形式有特别规定的,从其规定。

有限合伙企业由普通合伙人和有限合伙人组成,普通合伙人对合伙企业债务承担无限连带责任,有限合伙人以其认缴的出资额为限对合伙企业债务承担责任。

根据第55条第1款的规定,以专业知识和专门技能为客户提供有偿服务的专业服务机构,可以设立为特殊的普通合伙企业,如律师事务所、会计师事务所等。与所有合伙人均需对合伙企业债务承担无限连带责任的普通合伙企业不同,特殊的普通合伙企业是普通合伙企业的一种特殊形式,其特殊性在于:根据第57条的规定,各合伙人原则上仍对合伙企业债务承担无限连带责任,但这种责任仅局限于合伙人本人业务范围及过错,即对企业形成的债务属于本人职责范围且由本人过错所导致才承担无限连带责任,对于其他合伙人职责范围或过错所导致的债务不负连带责任。

二、普通合伙企业的基本制度

实践中,普通合伙企业是合伙企业的主要组织形式。具体而言,普通合伙企业是指2个以上合伙人依法订立合伙协议,共同出资、共同经营、共享收益、共担风险,并对合伙企业债务承担无限连带责任的营利性组织。

(一)设立

根据第14条的规定,设立普通合伙企业应当具备下列条件:有2个以上合伙人,合伙人为自然人的,应当具有完全民事行为能力;有书面合伙协议;有合伙人认缴或者实际缴付的出资;有合伙企业的名称和生产经营场所;法律、行政法规规定的其他条件。

另据第15条的规定,普通合伙企业名称中应当标明"普通合伙"字样。

在出资方面,普通合伙企业与公司不同。根据第16条的规定,合伙人除可用货币、实物、知识产权、土地使用权或其他财产权利出资外,还可以用劳务出资。以非货币财产出资,需要评估作价的,可由全体合伙人协商确定,也可由全体合伙人委托法定评估机构评估。以劳务出资的,其评估办法须由全体合伙人协商确定,并在合伙协议中载明。

(二)入伙

合伙企业具有典型的人合性特征,其信用基础主要在于合伙人的个人信用及偿债能力(合伙人需承担无限责任),而非合伙企业的独立财产。因此相较于公司,普通合伙企业在吸收新合伙人时更为严格。根据第43条第1款的规定,除合伙协议另有约定外,新合伙人入伙必须经全体合伙人一致同意,并依法订立书面入伙协议。根据第44条的规定,入伙的新合伙人与原合伙人原则上享有同等权利,承担同等责任,且对入伙前合伙企业的债务承担无限连带责任。

(三)财产

1. 财产范围

公司的财产权是完全独立的,但合伙企业财产是合伙人的共有财产,合伙人在一定条件下可以通过退伙取回出资,故合伙企业只有相对独立的财产权。与财产结构相适应,合伙财产的管理结构也不同。

根据第20条的规定,合伙人的出资、以合伙企业名义取得的收益和依法取得的其他财产,均为合伙企业的财产。原则上,合伙人在合伙企业清算前,不得请求分割合伙企业的财产,以保障企业财产的独立性和完整性。例外情况下,部分合伙人基于份额被强制执行、继承等特殊事由而退伙时,方能请求分割财产。合伙人在合伙企业清算前私自转移或者处分合伙企业财产的,合伙企业可请求相应合伙人赔偿所受损失,但不得以此对抗善意第三人。

2. 利润分配与亏损分担

合伙企业的利润分配、亏损分担,按照合伙协议的约定办理;合伙协议未约定或者约定不明确的,由合伙人协商决定;协商不成的,由合伙人按照实缴出资比例分配、分担;无法确定出资比例的,由合伙人平均分配、分担。

此外,为了贯彻共享收益、共担风险的基本原则,合伙协议不得约定将全部利润分配给部分合伙人或者由部分合伙人承担全部亏损。

3. 财产份额转让及出质

相较于公司股权转让,为保护合伙企业的人合性,普通合伙企业的财产份额转让亦存在更多限制。根据第22~23条的规定,限制措施包括:

第一,除合伙协议另有约定外,合伙人向合伙人以外的人转让其在合伙企业中的全部或者部分财产份额时,须经其他合伙人一致同意。

第二,合伙人之间转让在合伙企业中的全部或者部分财产份额时,应当通知其他合伙人。

第三,合伙人向合伙人以外的人转让其在合伙企业中的财产份额的,在同等条件下,其他合伙人有优先购买权;但是,合伙协议另有约定的除外。

此外,根据第25条的规定,合伙人以其在合伙企业中的财产份额出质的,须经其他合伙人一致同意;未经其他合伙人一致同意的,出质行为无效,由此给善意第三人造成损失的,由行为人依法承担赔偿责任。

(四)事务的决策、执行和监督

合伙企业的权利能力和行为能力并未与合伙企业成员完全分离。因此,合伙企业无须建立公司式的治理结构,各合伙人可单独作出业务执行行为,每一个合伙人都有权利参与合伙事务的决策、执行和监督检查。因此,普通合伙企业在事务执行方面遵循如下规则:

首先,各合伙人对执行合伙事务享有同等权利。如果合伙协议未明确约定合伙人执行事务的权力范围,那么各合伙人都有权利也有义务参与合伙事务的全部决策和执行活动。

其次,基于效率考量,为使合伙事务顺利执行,按照合伙协议的约定或者经全体合伙人决定,可以委托一个或者数个合伙人对外代表合伙企业,执行合伙事务。

最后,不执行合伙事务的合伙人有权监督执行事务合伙人执行合伙事务的情况。此外,合伙人分别执行合伙事务的,执行事务合伙人可以对其他合伙人执行的事务提出异议。提出异议时,应当暂停该项事务的执行。

由于各合伙人皆可参与经营,第 32 条规定,合伙人不得自营或者同他人合作经营与本合伙企业相竞争的业务;除合伙协议另有约定或者经全体合伙人一致同意外,合伙人不得同本合伙企业进行交易;合伙人不得从事损害本合伙企业利益的活动。而在公司法上,此类义务主要约束参与经营的股东及董监高成员,非参与经营的股东无经营管理权。

004　律师事务所、会计师事务所为何设立为特殊的普通合伙?

一、基本特性

特殊的普通合伙企业,如前所述,是指以专业知识和专门技能为客户提供有偿服务的专业机构(如律师事务所、会计师事务所、资产评估机构、医疗机构等),是在普通合伙企业基础上创设的特殊类型,其名称须标明"特殊普通合伙"字样。

所谓"特殊",主要体现于合伙人责任承担规则上。第 57 条规定:

一个合伙人或者数个合伙人在执业活动中因故意或者重大过失造成合伙企业债务的,应当承担无限责任或者无限连带责任,其他合伙人以其在合伙企业中的财产份额为限承担责任。

合伙人在执业活动中非因故意或者重大过失造成的合伙企业债务以及合伙企业的其他债务,由全体合伙人承担无限连带责任。

可见,在该种合伙中,各合伙人本质上仍对合伙债务承担无限连带责任,但通过限定过错责任范围,无过错合伙人可以免于遭受"株连",从而保障专业服务机构可持续发展。

二、制度优势

法律创设特殊的普通合伙企业,旨在适应专业性强、责任风险高的行业(如法律、会计、医疗),通过限定责任范围实现行业可持续发展。具体而言:

在法律服务、会计服务、医药等行业中,业务内容具有高度专业性和复杂性,而且行业风险较高,可能涉及对客户或第三方的高额赔偿责任。这些行业的专业服务人员(如律师、会计师、医生等)在执业过程中,可能因专业判断失误而使企业面临巨大风险。若采取普通合伙企业的形式开展经营活动,各合伙人需对企业的所有债务承担无限连带责任,这可能会使某些合伙人(尤其是无过错的合伙人)遭受不公。而在特殊的普通合伙企业中,合伙人对其在执业活动中因故意或者重大过失造成的合伙企业债务承担无限责任或者无限连带责任,其他合伙人仅需以其在合伙企业中的财产份额为限承担有限责任。这种制度设计能在一定程度上减少无过错合伙人的偿债风险,推动行业服务向更专业、更高效的方向发展。

此外,以特殊的普通合伙企业的形式开展专业服务,还具有如下优势:

第一,特殊的普通合伙企业能够为合伙人提供一定的保护,从而吸引更多的专业人才加入。

第二,特殊的普通合伙企业允许不同类型的合伙人在企业中扮演不同的角色,通过分配不同的权利和义务,提高企业的管理效率和业务灵活性。例如,在律师事务所中,专注争议解决业务的合伙人律师,不必担心自己为从事资本市场非诉业务律师的执业行为承担巨额的赔偿责任。

三、债务承担特则

1.债务承担规则

合伙企业既是利益共同体,又是责任共同体,因而在企业产生债务后,即涉及承担责任与赔偿损失的问题。特殊的普通合伙企业对外承担债务主要有两种情形:一是对合伙人在执业活动中因故意或者重大过失造成的第三人损失承担赔偿责任;二是对合伙人在执业活动中非因故意或者重大过失造成的第三人损失承担赔偿责任。

对于前者,依照第58条的规定,特殊的普通合伙企业在对外承担责任后,造成该损失的合伙人,应当按照合伙协议的约定向合伙企业承担赔偿责任,即合伙企业有权向过错合伙人全额追偿。而后者则与普通合伙企业相同,特殊的普通合伙企业以其财产清偿债务后,无权向参与该执业活动的合伙人追偿,损失由全体合伙人共同承担。

2. 债务承担保障

各类专业服务机构所从事的业务复杂性高、专业性强,合伙人在执业活动过程中极易造成第三人损害,从而使企业和其他合伙人面临不可预测的赔偿风险。为进一步降低该种执业风险,同时加强对债权人等其他当事人权益的保障,助力法律、会计、医疗等专业服务行业的健康、蓬勃发展,第59条规定:

特殊的普通合伙企业应当建立执业风险基金、办理职业保险。

执业风险基金用于偿付合伙人执业活动造成的债务。执业风险基金应当单独立户管理。具体管理办法由国务院规定。

职业(责任)保险,与董事责任保险类似,是指承保合伙人因工作上的过失或者疏忽大意所造成的合同一方或者他人的人身伤害或者财产损失的经济赔偿责任的保险。

005　投资基金、持股平台为何青睐有限合伙?

一、有限合伙企业的优劣势

有限合伙企业,是指由二人以上组成,至少包含一个普通合伙人(General Partner,GP)和一个有限合伙人(Limited Partner,LP)的非法人组织。普通合伙人对企业债务承担无限连带责任(债权人可要求其以个人财产清偿全部债务),同时通常负责企业的日常经营和管理;有限合伙人则对企业的债务承担有限责任(仅在出资范围内承担责任),通常不参与企业的日常经营和管理。

有限合伙企业的优势和劣势,是相较于普通合伙企业、公司等其他形式的商业组织而言的。

(一)优势

1. 有限合伙人(LP)的风险隔离

根据第2条第3款的规定,有限合伙人(LP)以其认缴的出资额为限承担责任,能有效隔离个人资产与企业债务风险。

2. 筹资与管理灵活性

有限合伙企业可根据需求灵活设置合伙人的比例、出资方式及分配规则，优化资源配置。

3. 吸引专业化投资

在有限合伙企业的特别结构下，普通合伙人（GP）负责经营并承担无限连带责任，以强化管理效能，而有限合伙人（LP）则负责出资但不执行事务，以降低投资风险。该种模式尤其利于吸引财务投资者参与长期项目（如私募基金）。

（二）劣势

1. 普通合伙人（GP）的高风险性

GP 须对企业债务承担无限连带责任，实质上承担了企业大部分的经营风险，其风险远高于仅以认缴的出资额或认购的股份为限对公司债务承担有限责任的公司股东。

2. 管理复杂性

GP 掌握经营权（因其专业能力＋无限责任），LP 不执行事务但享有监督权（如查阅财务资料、对怠于行使权利的执行事务合伙人提起诉讼等）。由于 GP 和 LP 的权利义务不同，为避免 GP 通过滥用经营权损害 LP 的合法权益，需要平衡好 GP 和 LP 之间的权利义务关系，这导致有限合伙企业内部的管理较为复杂。

实务中，GP 投资较少，但由于其形式上承担的风险最重，故其掌控企业经营管理权，LP 不得插手，只能在旁监督。这种监督往往流于形式，最终导致 GP 的内部人控制，损害投资绝大多数资产的 LP 的权益。

3. 有限合伙人（LP）的责任穿透风险

根据第 76 条第 1 款的规定，若 LP 与第三人进行交易，且第三人有理由相信其为 GP，则 LP 丧失有限责任的保护，需对该笔交易承担无限连带责任。

二、有限合伙企业的应用场景

实践中，有限合伙企业主要应用于以下三类场景：

第一类是投资基金。许多风险投资基金、私募股权基金采用有限合伙企业形式，由基金经理作为 GP，诸多财务投资者作为 LP。

第二类是持股平台。实践中，为规避有限公司股东不得超过 50 人、非上市股份公司股东不得超过 200 人的限制，以及为上市做准备而进行股权结构优化，或者增强多数股东对公司的控制力,上述公司往往设立持股平台专门持有公司股权。这类持股平台往往选择有限合伙企业形式,其中多数股东虽然在持股平台投入的股份不多,但往往充当 GP,掌控持股平台所持股份的表决权。

第三类是高风险行业。需要专业管理的高风险行业(如生物医药研发)倾向于设立有限合伙企业,由 GP 负责经营(承担无限责任并管理项目),LP 提供资金支持(享受税负穿透与风险隔离)。

三、两类合伙人

(一)法律角色的差异

有限合伙企业是由普通合伙人(GP)和有限合伙人(LP)共同组成,缺一不可。具言之,LP 和 GP 存在以下四个方面不同:

1. 责任大小。LP 以其出资额为限对合伙企业的债务承担有限责任,GP 承担无限连带责任。

2. 是否参与经营。通常情形下,GP 参与企业经营管理,负责日常运营和重大决策;LP 一般不参与日常经营管理,如参与经营管理,可能会被认定为 GP,从而丧失有限责任的待遇。

3. 是否承担竞业禁止和自我交易禁止义务。除合伙协议另有约定外,LP 通常可以与本有限合伙企业进行交易,也可以自营或者同他人合作经营与本有限合伙企业相竞争的业务。相反,GP 执行合伙企业事务,具有掌握内部信息的优势。为保证企业业务的正常开展、保护 LP 的利益,GP 被绝对禁止从事与本合伙企业相竞争的业务,且除合伙协议另有约定或者经全体合伙人一致同意外,不得与本合伙企业进行交易,否则收益归合伙企业所有,并依法承担对合伙企业或者其他合伙人的赔偿责任。

4. 可否劳务出资。GP 可用劳务出资,LP 则不可用劳务出资。劳务出资存在不确定性,基于 GP 承担无限责任的定位,如允许 GP 用劳务出资,并不会损害合伙企业债权人的利益;LP 则相反,若允许 LP 用劳务出资,可能妨碍合伙企业债权人债权的实现。

(二)角色互换

两类合伙人的身份可以互相转换。此种身份的转换本质为法律责任的转变,因此,第 82 条规定:

除合伙协议另有约定外,普通合伙人转变为有限合伙人,或者有限合伙人转变为普通合伙人,应当经全体合伙人一致同意。

需要注意的是,无论如何转换,有限合伙企业中始终应有限至少拥有一名 LP 和一名 GP,否则可能会导致企业形式的改变。

此外,合伙人身份的转换必然带来其责任形式的转换,具体规则是:

第 83 条规定:

有限合伙人转变为普通合伙人的,对其作为有限合伙人期间有限合伙企业发生的债务承担无限连带责任。

第 84 条规定:

普通合伙人转变为有限合伙人的,对其作为普通合伙人期间合伙企业发生的债务承担无限连带责任。

(三)有限合伙人的责任承担

通常情况下,LP 作为被动投资者,仅以其认缴的出资额为限对有限合伙企业债务承担有限责任,且不享有执行合伙事务的权利。但在例外情形下,LP 也可能对合伙企业债务承担无限连带责任。第 76 条规定:

第三人有理由相信有限合伙人为普通合伙人并与其交易的,该有限合伙人对该笔交易承担与普通合伙人同样的责任。

有限合伙人未经授权以有限合伙企业名义与他人进行交易,给有限合伙企业或者其他合伙人造成损失的,该有限合伙人应当承担赔偿责任。

006 个人独资企业为何称为业主制企业?

按照企业组织形式进行分类,现代企业分为公司企业、合伙企业与业主制企业,后者就是指个人独资企业。那么,个人独资企业为何被称为业主制企业(proprietorship)呢?

一、个人独资企业的优劣势

《个人独资企业法》第 2 条规定:

本法所称个人独资企业,是指依照本法在中国境内设立,由一个自然人投资,财产为投资人个人所有,投资人以其个人财产对企业债务承担无限责任的经营实体。

依照《民法典》的有关规定,个人独资企业与合伙企业都属于营利性非法人组织,个人独资企业的资产、负债与投资人的资产、负债不加区分。

(一)优势

与公司、合伙企业等组织形式相比,个人独资企业独具的特点使其在适应不同市场需求和投资者偏好方面具有一定优势。

1. 设立与运营简单高效。相较于公司、合伙企业,个人独资企业的设立手续相对简单,申请人只需提交设立申请书等必要的文件材料,在完成市场主体登记,领取营业执照后,即可开始经营。开业后,个人独资企业不需要设立股东会、董事会等治理机构,也不需要召开合伙人会议等,运营成本低。

2. 投资人享有独立控制权。个人独资企业由单个自然人投资和经营,投资人对企业的所有事务拥有完全控制权。所有的经营决策、战略规划和日常管理由投资人独立进行,不需要与他人协商。这使得企业在决策和应对市场变化时更加灵活高效,既满足投资者个人做老板、独自决策的制度需求,也满足基于自身体验而对与人合作抱有警惕之心的人的投资需求。

3. 实行单层税收与优惠。个人独资企业的税务处理较为简单,通常被视同个体工商户,投资人仅需缴纳个人所得税,而无须缴纳企业所得税。在某些情况下,个人独资企业可以享受小规模纳税人免征增值税等税收优惠政策,减轻税务负担。

4. 财务记账相对简便。由于个人独资企业仅有一个自然人投资者,无须与其他合伙人或者股东共享投资收益、共担投资亏损,因而其财务记账相对简单。但值得注意的是,个人独资企业仍需确保全部经营活动的收入、支出和利润有清晰的记录,投资人必须按照相关法律法规定期报税和缴纳税费。

5. 具有发展潜力。个人独资企业适合创业初期的小规模商业活动。随着业务的扩展和发展,投资人可以考虑将个人独资企业注销,新设更适合规模经济的组织形式,如一人公司、普通的有限公司或股份公司,或者与人合作设立合伙企业,以进一步扩大业务规模和分散经营风险。

(二)劣势

个人独资企业的一个明显劣势是投资人对企业债务承担无限责任。投资人对个人独资企业负无限责任,意味着企业债务和其他法律义务由投资人个人承担,企业本身不具有独立的责任能力。如个人独资企业发生亏损或负债,投资人需以个人全部财产进行偿还。因此,个人独资企业的投资人在经营中应更为谨慎。另据《个人独资企业法》第 18 条,个人独资企业投资人在申请企业设立登记时明确以其家庭共有财产作为个人出资的,应当依法以家庭共有财产对企业债务承担无限责任。

个人独资企业还有一个隐性的劣势。相较于同样满足个人做老板需求的个体工商户,个人独资企业的优势其实并不明显,因而从 1999 年颁布《个人独资企业法》以来,个人独资企业的数量一直不尽如人意,与个体工商户的数量相比更是悬殊甚大。

综上所述,个人独资企业是比较适宜自然人个人开展营业所选择的企业组织形式,规模上多为小微企业。

二、个人独资企业的设立

《个人独资企业法》第 8 条规定:

设立个人独资企业应当具备下列条件:

(一)投资人为一个自然人;

(二)有合法的企业名称;

(三)有投资人申报的出资;

(四)有固定的生产经营场所和必要的生产经营条件;

(五)有必要的从业人员。

另据《个人独资企业法》《市场主体登记管理条例》等相关规定,设立程序分为如下步骤:

1. 名称自主申报。投资人可以通过线上、线下向登记机关自主申报个人独资企业的名称,由登记机关进行预审,名称应与其组织形式字样及从事的营业相符合。

2. 投资人申请。由投资人或者其委托的代理人向个人独资企业所在地的登记机关提交设立申请书、投资人身份证明、住所(经营场所)证明等文件。委托代理人申请设立登记时,应当出具投资人的委托书和代理人的合法证明。

3. 登记机关审查。登记机关应当对申请材料进行形式审查。对申请材料齐全、符合法定形式的予以确认并当场登记。不能当场登记的,应当在 3 个工作日内予以登记;情形复杂的,经登记机关负责人批准,可以再延长 3 个工作日。申请材料不齐全或者不符合法定形式的,登记机关应当一次性告知申请人需要补正的材料。

4. 领取营业执照。营业执照的签发日期为个人独资企业的成立日期,在此之前投资人不得以个人独资企业名义从事经营活动。

三、个人独资企业的事务管理

(一)管理主体

《个人独资企业法》第19条规定：

个人独资企业投资人可以自行管理企业事务,也可以委托或者聘用其他具有民事行为能力的人负责企业的事务管理。

投资人委托或者聘用他人管理个人独资企业事务,应当与受托人或者被聘用的人签订书面合同,明确委托的具体内容和授予的权利范围。

受托人或者被聘用的人员应当履行诚信、勤勉义务,按照与投资人签订的合同负责个人独资企业的事务管理。

投资人对受托人或者被聘用的人员职权的限制,不得对抗善意第三人。

这意味着个人独资企业作为业主制企业,也可以实行"两权分离",将所有权与管理权分开。投资人可以自行管理企业事务,也可以委托、聘用他人负责企业的事务管理。受托人、被聘用人员应当履行诚信、勤勉义务,按照与投资人签订的合同负责个人独资企业的事务管理。这意味着受托人、被聘用人员承担了类似《公司法》中董监高的勤勉义务、忠实义务。投资人对受托人、被聘用人员职权的限制不得对抗善意第三人,此与公司对董事会职权的限制不得对抗善意相对人的规定也是一个道理(《公司法》第67条第3款)。

(二)管理事项

从个人独资企业具体管理的事项上看,主要包括：

1. 财务管理。投资人或者其委托、聘用的人需负责企业财务管理,确保企业收入、支出和利润的清晰记录,按时缴纳相关税费。

2. 人事管理。投资人或者其委托、聘用的人自行招聘和管理员工,制定工作安排和薪酬机制,确保员工的合法权益。

3. 业务决策。所有的经营决策由投资人或者其委托、聘用的人独立作出,并随时根据市场情况和企业发展需要调整经营策略。

4. 企业合规。投资人或者其委托、聘用的人需遵守国家和地方的各项法律法规,合法经营,履行企业的社会责任与合同义务。

007 公司能够参与农民专业合作社吗？

一、新型农业经营主体

《农民专业合作社法》第2条规定：

本法所称农民专业合作社，是指在农村家庭承包经营基础上，农产品的生产经营者或者农业生产经营服务的提供者、利用者，自愿联合、民主管理的互助性经济组织。

农民专业合作社以其成员为主要服务对象，开展以下一种或者多种业务：农业生产资料的购买、使用；农产品的生产、销售、加工、运输、贮藏及其他相关服务；农村民间工艺及制品、休闲农业和乡村旅游资源（如民宿、农产品采摘体验）的开发经营等；与农业生产经营有关的技术、信息、设施建设运营等服务。

另外，农民专业合作社为扩大生产经营和服务的规模，发展产业化经营，提高市场竞争力，可以依法自愿设立或者加入农民专业合作社联合社。

作为一种新型的农业经营主体，农民专业合作社既不同于传统的农村集体经济组织，也不同于以公司为代表的一般企业法人，其遵循下列原则：

1. 成员以农民为主体。农民专业合作社主要从事农产品生产、经营，成员以农民为主体，可以包括部分从事与农民专业合作社业务直接有关的生产经营活动的企事业单位、社会组织等，但农民至少应当占成员总数的80%。成员总数20人以下的，可以有一个企事业单位、社会组织成员；成员总数超过20人的，企事业单位、社会组织成员不超过成员总数的5%。

由此可见，普通商事公司、行业协会等也可以参与到农民专业合作社，是实现"公司+农户""行会+农户"运营模式的路径之一。

2. 以服务成员为宗旨，谋求全体成员的共同利益。农民专业合作社为其成员提供生产服务，将成员分散生产的农产品和需要的服务进行规模化集中，改变了农民个体的市场弱势地位，完成农民个体办不了、办不好、办了不合算的事，通过合作互助提高规模效益，实现全体成员的利益最大化。

3. 入社自愿、退社自由。合作社作为互助性经济组织，由农民自愿发起、参与，成员均以自愿为前提选择是否加入，同时视自身情况退出。

4. 成员地位平等，实行民主管理。每位成员在合作社的决策过程中享有平等的权利，重要事项须经成员大会集体讨论和表决通过，以保证所有成员的意见和利益均能得到充分尊重和体现。

5. 盈余主要按照成员与农民专业合作社的交易量（额）比例返还。可分配盈余主要按照成员与本社的交易量（额）比例返还，按比例返还的总额不得低于可分配盈余的60%，同时提取一定比例的公积金等用于农民专业合作社的发展和再投资。

二、农民专业合作社的设立

1. 发起和筹备。由5名以上成员（其中，自然人设立人需为具备完全民事行为能力的农民，且占比≥80%，还可含单位成员）自愿发起成立农民专业合作社，初步达成建社共识。

2. 制订章程。设立人需要制订农民专业合作社章程，载明下列事项：名称和住所；业务范围；成员资格及入社、退社和除名；成员的权利和义务；组织机构及其产生办法、职权、任期、议事规则；成员的出资方式、出资额，成员出资的转让、继承、担保；财务管理和盈余分配、亏损处理；章程修改程序；等等。

3. 召开设立大会。由全体设立人参加的设立大会行使下列职权：通过本社章程，章程应当由全体设立人一致通过；选举产生理事长、理事、执行监事或者监事会成员；审议其他重大事项。

4. 申请登记。向当地市场监督管理部门提交以下文件，申请设立登记：登记申请书；全体设立人签名、盖章的设立大会纪要；全体设立人签名、盖章的章程；法定代表人、理事的任职文件及身份证明；出资成员签名、盖章的出资清单；住所使用证明；法律、行政法定的其他文件。

5. 登记机关审查。登记机关应当对申请材料进行形式审查。对申请材料齐全、符合法定形式的予以确认并当场登记。不能当场登记的，应当在3个工作日内予以登记；情形复杂的，经登记机关负责人批准，可以再延长3个工作日。申请材料不齐全或者不符合法定形式的，登记机关应当一次性告知申请人需要补正的材料。

三、农民专业合作社的事务管理

农民专业合作社的事务由其组织机构按照职权进行管理，其组织机构具体包括成员大会、成员代表大会、理事长和理事会、经理等。

1. 成员大会。成员大会由全体成员组成,是农民专业合作社的权力机构,所有成员都可通过成员大会参与本社事务的决策和管理。成员大会行使下列职权:修改章程;选举和罢免理事长、理事、执行监事或者监事会成员;决定重大财产处置、对外投资、对外担保和生产经营活动中的其他重大事项;等等。农民专业合作社召开成员大会,要求出席人数达到成员总数 2/3 以上大会;一般事项由本社成员表决权总数过半数通过,章程修改、组织形态变更等重大事项由本社成员表决权总数的 2/3 以上通过。

2. 成员代表大会。对于部分规模较大的农民专业合作社,成员大会的出席人数可能难以达到成员总数 2/3 以上,导致大会决议事项无法顺利开展。为提高决策效率,农民专业合作社成员超过 150 人的,可按照章程规定设立成员代表大会。成员代表大会按照章程规定可以行使成员大会的部分或者全部职权,成员代表人数一般为成员总人数的 10%,最低人数为 51 人。

3. 理事长与理事会。理事长为本社的法定代表人。至于理事会,农民专业合作社根据具体情况选择设置。此外,还可设立执行监事或者监事会作为监督机构,对合作社的财务和业务执行情况进行监督。理事长、理事、经理和财务会计人员不得兼任监事。理事长、理事、执行监事或者监事会成员,由成员大会从本社成员中选举产生,对成员大会负责。

4. 经理。理事长或者理事会可以按照成员大会的决定聘任经理和财务会计人员,理事长或者理事可以兼任经理。经理按照章程规定或者理事会的决定,可以聘任其他人员。经理按照章程规定和理事长或者理事会授权,负责具体生产经营活动。

008 什么是供销合作社?

一、中国特色的合作经济组织

根据《中华全国供销合作总社章程》第 2 条及《中共中央、国务院关于深化供销合作社综合改革的决定》(中发〔2015〕11 号),供销合作社是为农服务的以农民社员为主体的集体所有制的综合性合作经济组织,资产构成包含社有资产、集体所有制财产、社员股金,承担政策性与经营性双重职能。

供销合作社分为基层供销合作社,县级、市级、省级供销合作社联合社,中华全国供销合作总社(以下简称总社)。其中,总社是党中央、国务院领导下的全国供销合作社的联合组织,负责领导全国供销合作事业发展。

供销合作社是极具中国特色的合作经济组织,其形成和存续具有一定的历史渊源,目前暂无专门的法律、行政法规调整。2015年3月23日发布的《中共中央、国务院关于深化供销合作社综合改革的决定》要求:

确立供销合作社的特定法律地位。在长期的为农服务实践中,供销合作社形成了独具中国特色的组织和服务体系,组织成分多元,资产构成多样,地位性质特殊,既体现党和政府政策导向,又承担政府委托的公益性服务,既有事业单位和社团组织的特点,又履行管理社有企业的职责,既要办成以农民为基础的合作经济组织,又要开展市场化经营和农业社会化服务,是党和政府以合作经济组织形式推动"三农"工作的重要载体,是新形势下推动农村经济社会发展不可替代、不可或缺的重要力量。为更好发挥供销合作社独特优势和重要作用,必须确立其特定法律地位,抓紧制定供销合作社条例,适时启动供销合作社法立法工作。

目前,《供销合作社条例(征求意见稿)》已经于2019年10月7日公布,但尚未获正式通过。

二、供销合作社的运行模式

供销合作社作为具有独特法律地位和经营模式的合作经济组织,其主要任务是为农村经济发展和农民生活服务,构建城乡经济联动体系。供销合作社具有发挥农民合作、城乡供销通畅、经济与社会综合服务等多重功能,具有以下特点:

1.以供销服务为核心。供销合作社的核心职能是构建城乡一体的供销服务网络,为农民和农村经济提供全方位的服务。这些服务包括农资供应、农产品收购与销售、农村日用消费品供应等,形成贯穿生产、流通和消费的完整服务链条。在供销合作社的体系下,农业生产资料的供应更加稳定,农产品的流通更为顺畅,极大提升了农民的生产效益和销售收入。

2.科层结构完善。供销合作社由基层社、县级社、省级社和总社四级法人单位构成,形成覆盖全国、纵横交错的网络体系。每一级供销合作社在其地理区域内发挥自身职能,基层社主要为农民提供直接服务,县级社、省级社则负责统筹和协调,总社是全国供销合作社系统的领导核心。

3.发挥双重职能。供销合作社兼具经济职能和社会职能。经济职能主要体现在供销合作社作为合作经济组织,通过经营活动获取收入和利润,帮助农民解决生产和生活难题。社会职能则主要体现在供销合作社积极参与和支持农村社会建设,如扶贫、助学、医疗等公益活动,发挥重要的社会保障作用。

4.公有制性质。供销合作社是集体所有制经济组织,资产归集体所有,成员享有资产收益权,同时要承担一定经营风险。在实际运营中,供销合作社通常采取合作社和协会等多种形式,结合市场需求和实际供求情况开展业务。

5.民主管理。供销合作社的管理机制遵循民主集中制原则,实行社员大会或代表大会制度,重大问题由社员大会集体讨论决定。供销合作社设立理事会和监事会,理事会负责日常经营管理,监事会则负责监督和审核管理,确保合作社的科学合理运作和经营透明。

综上所述,供销合作社作为一种独特的合作经济组织,凭借其以供销服务为核心、组织结构完善、双重职能、民主管理、公有制性质等特点,在促进农村经济发展、提升农民生活水平、服务城乡一体化方面发挥了重要作用。

009　如何设立股份合作企业?

一、基层创新的新型企业组织形式

股份合作企业,是指全部资本划分为等额股份,主要由职工股份构成,职工股东共同劳动,民主管理,共享利益,共担风险,依法设立的法人经济组织。

股份合作企业是一种结合股份制和合作制特点的新型企业组织形式,通过结合股份制的资本组合与合作制的民主管理,吸收集体经济和个人经济的特点,以期实现多方利益共享。股份合作企业将成员的劳动和资本结合起来,成员既是企业的股东,也是企业的劳动者和管理者。

目前,股份合作企业尚未形成全国层面的统一立法,地方层面有专门立法,如《广东省股份合作企业条例》《江西省股份合作企业条例》《陕西省股份合作企业条例》《海南经济特区股份合作企业条例》《北京市城镇企业实行股份合作制办法》《成都市股份合作制企业条例》等。

股份合作企业属于具有独立法人地位的企业,在建设全国统一大市场的背景下,其法律地位、资本规则、组织机构规则等制度,应当由一部全国统一的法律来规制,期待立法机关未来制定一部全国统一的股份合作企业法。

二、股份合作企业的运行模式

由于缺少统一立法,股份合作企业的特点从地方立法中总结提炼,大致具有如下特点:

1. 资本股份化。股份合作企业按股份出资,注册资本由成员的出资股份构成。股份分为普通股和优先股,在职职工所持股份为普通股,其他股东所持股份为优先股。优先股不得超过股份总额的49%。股东按照企业章程规定足额缴纳各自认缴的出资额,可以用货币出资,也可以用实物、工业产权、非专利技术或者土地使用权作价出资。

2. 劳动与投资的结合。股份合作企业的成员既是企业的投资者,也是生产经营的劳动者,他们通过资本和劳动的结合获取收益。这种双重身份既保障了成员的经济利益,也提高了股份合作企业的生产效率和管理水平。

3. 民主管理。股份合作企业实行民主决策,重大事项由全体股东集体讨论和表决通过,确保决策的公开透明和公平公正。普通股股东享有选举权、被选举权和表决权。优先股股东按约定获得股息,可在企业破产时优先获得清偿,但不享有选举权、被选举权和表决权。优先股股东可与企业协商转为普通股股东或者由企业购回其股份。股份合作企业设股东会、董事会(执行董事)和监事会(监事),分别负责决策、管理和监督,形成完整的治理结构,与公司类似。

4. 利益共享。股份合作企业的收益按照股份比例和劳动贡献进行分配,兼顾资本与劳动的利益,确保成员经济权益。同时,股份合作企业部分收益用于公积金和公益金累积,以推动企业的长期发展与繁荣。

5. 成员有限责任。股份合作企业享有由股东投资形成的全部法人财产权,以其全部资产对企业债务承担责任,依法享有民事权利,承担民事责任。对于股份合作企业经营产生的债务,成员以其出资额为限承担责任。

6. 组织形式法定。股份合作企业必须依法登记注册,取得营业执照后,始成为具有法人资格的经营实体。

三、股份合作企业的设立

设立股份合作企业需要满足以下实质条件：职工股东人数不少于 5 人；有符合企业章程规定的全体股东认缴的出资额；有股东共同制定的企业章程；有企业名称，并设置股东会、董事会等相应组织机构；有固定的生产经营场所和必要的生产经营条件。

此外，符合公司条件的股份合作企业，可以依法登记为股份合作公司。

关于设立程序，股份合作企业的筹办人应当提交申请报告、企业章程、验资证明和登记机关规定的其他文件，向登记机关申请登记。其中，股份合作企业章程应当载明企业名称和住所、企业的宗旨和经营范围、企业注册资本、股东的姓名或者名称、股东的出资方式和出资额、股份的种类、股东的权利和义务、财务管理制度和利润分配办法、离退休职工生活保障办法、企业的解散和清算办法、企业章程修订办法等事项。

登记机关应当对申请材料进行形式审查。对申请材料齐全、符合法定形式的予以确认并当场登记。不能当场登记的，应当在 3 个工作日内予以登记；情形复杂的，经登记机关负责人批准，可以再延长 3 个工作日。申请材料不齐全或者不符合法定形式的，登记机关应当一次性告知申请人需要补正的材料。企业登记机关准予登记的，发给企业法人营业执照。企业法人营业执照签发日期，为股份合作企业成立日期。登记为股份合作公司的，应当在公司名称中标明"股份合作公司"字样。

四、股份合作企业的事务管理

股份合作企业设股东会、董事会、监事会和经理等法定的组织机构，对企业依法进行管理。

1. 股东会是股份合作企业的权力机构，由全体普通股股东组成。股东会应当定期召开，决定企业的重大事项，包括公司章程修改、董事会和监事会选举、重大投资决策、利润分配方案等。股东会决议对所有股东和管理层具有法律约束力。

2. 股份合作企业可以设董事会，作为企业的决策和管理机构，成员由股东会选举产生。董事会负责企业的日常经营管理，执行股东会决议，制定企业的发展战略和经营计划。董事长是股份合作企业的法定代表人，对外代表企业行使职权。不设立董事会的,可设执行董事,执行董事为股份合作企业的法定代表人,同样由股东会选举产生。

3.股份合作企业设经理,对董事会、执行董事负责。经理作为股份合作企业的具体执行机构,主要负责企业的具体生产经营管理工作。

4.股份合作企业可以设监事会,作为企业的监督机构,成员由股东会选举产生,负责监督董事会和管理层的工作,确保企业的经营活动合法合规。监事会定期审查企业的财务报告,检查企业的内部控制和管理流程。不设立监事会的,可以设1~2名监事。

5.股份合作企业依法建立本企业的财务、会计制度。股份合作企业应当在每一会计年度终了时制作财务会计报告,并于召开股东会的20日前置备于企业,供股东查阅。

010 个体工商户何以繁荣昌盛?

一、个体工商户是个体经济的主要载体

个体工商户,简称个体户,是指依照《民法典》《促进个体工商户发展条例》《市场主体登记管理条例》等法律法规设立的,由自然人单独经营,或者家庭成员共同经营,以生产经营为目的,从事商品销售或者提供服务,自负盈亏、自主经营、独立承担民事责任的经济组织。

个体经济是社会主义市场经济的重要组成部分,个体户是个体经济的最重要载体。国家市场监督管理总局的统计数据显示,截至2024年9月底,全国登记在册个体户达1.25亿户,并呈持续增加态势,是数量遥遥领先的第一市场主体,也是过去四十余年中国经济奇迹的一部分。个体户作为我国特殊经济发展体制下的产物,在繁荣经济、增加就业、推动创业创新、方便群众生活等方面发挥着重要作用。

个人申请登记为个体户,要了解其法律特点:

1.独立法律地位。《民法典》总则编第二章"自然人"专设第四节"个体工商户和农村承包经营户",赋予个体户独立的民事主体地位,使其能够以自己的名义对外开展民商事活动。个体户还可以起字号,以便区别于其他民商事主体,在字号名义

下进行的一切法律行为都是个体户的行为。

2. 经营者承担无限责任。个体户的经营资本直接来自个人财产或家庭共有财产，财产所有者与经营者、劳动者不分离。个体工商户的债务，个人经营的，以个人财产承担；家庭经营的，以家庭财产承担；无法区分的，以家庭财产承担。所以，个体户的经营者要注意区分个人财产、夫妻财产、家庭财产，尤其是以夫妻店形式经营的，控制自身风险。

3. 经营规模通常较小。一般情形下，个体户的资金投入和经营范围有限，主要集中在零售、餐饮、服务等领域，具有劳动密集型、灵活多变的特点。但实践中，也不乏经营规模巨大的行业隐形冠亚军。

4. 登记简便。个体户设立程序相对简便，登记费用低廉，适合创业初期资本积累较少的个人或家庭经营。《促进个体工商户发展条例》第11条特别规定，市场主体登记机关应为个体户提供依法合规、规范统一、公开透明、便捷高效的登记服务。

5. 变更经营者、转型为企业较为便捷。个体户可以自愿变更经营者或者转型为企业。变更经营者的，直接申请办理变更登记，涉及有关行政许可的，行政许可部门应简化手续，依法提供便利。无论是变更经营者还是转型为企业，个体户皆应结清依法应缴纳的税款等，对原有债权债务作出妥善处理，不损害他人的合法权益。

二、个体工商户的设立

有经营能力的公民在我国境内从事工商业经营，经依法登记，为个体户。换言之，设立个体户须经依法登记，外国人、无国籍人不得申请登记为个体户。

筹办人要向市场主体登记机关申请登记个体户的名称、经营范围、经营者姓名、住所、经营场所等，并将参加经营的个体户家庭成员姓名向登记机关备案。筹办人应当向登记机关提交申请书、自然人身份证明、住所或者主要经营场所相关文件等材料。经审核通过后，申请人即可领取《个体工商户营业执照》，以个体户名义对外经营。

三、个体工商户的事务管理

1. 守法经营。个体户应当依法经营、诚实守信，自觉履行劳动用工、安全生产、食品安全、职业卫生、环境保护、公平竞争等方面的法定义务，不得进行违法违规经营。若涉及食品、药品等特殊行业，还需获取行政许可。

2.财务管理。尽管个体户规模普遍较小,也需建立基本的财务制度,记录收入、支出和利润情况。通过合理的财务管理,经营者亦可有效掌控经营状况,预防财务风险。

3.经营场所管理。由于通常涉及工业、手工业、建筑业、交通运输业、饮食业、服务业、修理业等经营性活动,个体户需确保其经营场所符合卫生、安全等相关法律法规要求,在经营中注重环境保护,避免扰民与污染。

4.雇佣管理。个体户可根据经营需要聘用员工,依法与员工签订劳动合同,遵守劳动法相关规定,依法缴纳社会保险费,确保员工的合法权益。

5.税务管理。经营者按个人所得税税目申报缴纳税款,地方政府尽量减轻其税负压力,促进健康发展。

011　小商贩属于无证无照经营吗?

一、未登记的个体经营者

小商贩,是指那些在城乡集贸市场、街头巷尾、流动摊位等场所从事商品销售或提供简单服务,未经商事登记的个体经营者。

人人熟悉又陌生的小商贩,具有如下特点:

1.经营方式灵活。小商贩的经营方式非常灵活,可以选择固定摊位经营,也可以选择流动摊位经营。固定摊位通常位于市场或商区,拥有相对稳定的顾客群。流动摊位根据需要随时变动位置,能够更好地利用人流量大的地区,捕捉市场机会。

2.资本投入少。相较于需要大量资金购买或租赁商业场所的大型商铺,小商贩只需要简易的设备和少量货源即可开始经营,初始资本投入较低。这种特点使得小商贩的进入门槛较低,适合创业初期资金不足的个体经营者或者家庭。

3.经营模式相对简单。小商贩的经营者主要借助个人经验判断,直观地感受市场需求,并快速对经营活动进行调整。这种简单直接的经营模式,不仅降低了管理成本,而且提高了决策效率,使得经营更加自由和灵活。

4.自负盈亏。小商贩的经营成果完全由经营者个人或其家庭承担,不论盈亏,皆全部直接归于自己。在该种直接的经济关系下,经营者对市场变化高度敏感,能更积极地采取应对措施,有利于提升经营效率和市场竞争力。

5.自主经营。小商贩通常是自主经营的,由个人或家庭进行自主决策,无须受制于上级管理机构,具备更高的灵活性和自主性。

6.贴近消费者。小商贩的经营地点主要集中于人流量较大的地方,以便吸引更多客流。在大多数情况下,小商贩能够更加及时地了解并满足消费者的需求与反馈,更好地同消费者建立良好互动关系,提升顾客满意度和回头率,建立经营良性循环。

由此可见,就营业状态而言,小商贩与个体户几无差异。那么,二者的区别在哪里呢?

二、小商贩的营业管理

(一)豁免登记

截至目前,已经介绍的所有商事主体,无论是公司、合伙企业、个人独资企业、股份合作企业,还是个体户、农民专业合作社等,从事经营活动都要依法办理市场主体登记,在取得相应营业执照后,方可合法开展经营活动。《市场主体登记管理条例》第3条第1款规定:

市场主体应当依照本条例办理登记,未经登记,不得以市场主体名义从事经营活动。法律、行政法规规定无需办理登记的除外。

《无证无照经营查处办法》第2条也规定:

任何单位或者个人不得违反法律、法规、国务院决定的规定,从事无证无照经营。

然而,小商贩的首要法律特征恰恰在于未经市场主体登记程序,这也是其与最相似的个体户的主要区别。某种意义上,小商贩就是"未经登记的个体户"。与个体户相比,小商贩的优势就在于更灵活的营业、更低的制度成本。为使符合条件的小商贩经营活动合法化,繁荣市场经济,《无证无照经营查处办法》第3条特别规定:

下列经营活动,不属于无证无照经营:

(一)在县级以上地方人民政府指定的场所和时间,销售农副产品、日常生活用品,或者个人利用自己的技能从事依法无须取得许可的便民劳务活动;

(二)依照法律、行政法规、国务院决定的规定,从事无须取得许可或者办理注册登记的经营活动。

(二)猫与老鼠:小商贩与城管对立关系的破解

据此,判断小商贩经营是否合法的关键,在于确定何谓"县级以上地方人民政府指定的场所和时间"。众所周知,多年来在城市的街头巷尾、小区门口、市场周边,小商贩与城管执法人员上演了一场又一场的"猫鼠游戏",有时候会产生冲突。这种冲突是不应该的,也是完全可以破解的。事实上,城管驱赶小商贩的理由不在于其"无证无照"——未经市场主体登记,而在于其经营的地点与时间不合规——未在"县级以上地方人民政府指定的场所和时间"经营。

近年来,各地出台了不少关于小商贩经营的地点和时间的具体规定和管理办法,这些规定和办法通常由地方政府或市场监督管理部门发布,旨在规范小商贩的经营行为,同时保证城市管理和市场秩序。比如,近年来火爆全国的山东淄博烧烤市场,离不开淄博市委市政府为小商贩提供的营业便利,成为营造市场化、法治化营商环境的佳话。

例如,《江西省食品小作坊小餐饮小食杂店小摊贩管理条例》第30条规定:"城市管理部门应当会同自然资源、市场监督管理等有关部门,按照方便群众、合理布局的原则,根据城乡规划,统筹考虑安全、市容、交通、环保等方面的因素,在征求社会公众意见后,确定本行政区域的食品小摊贩经营地点和时段,报本级人民政府批准后公布实施……经营地点、摊位的分配由乡镇人民政府、街道办事处根据申请人数和实际可容纳数,按照公开、公平、公正原则予以安排,并向社会公布。"

再如,成都市城市管理委员会、成都市城市管理行政执法局联合印发《成都市城市管理五允许——坚持统筹疫情防控助力经济发展措施》规定,企业和经营者在保障安全,不占用盲道、消防通道,不侵害他人利益,做好疫情防控和清洁卫生工作等前提下,允许流动商贩在小街小巷、小区周边等区域贩卖经营。小商贩经营者为确保自身经营的合法性、避免不必要的处罚,应提前查阅或咨询当地的政策并严格遵守。

012　个体网商可以豁免登记吗?

一、电子商务经营者

《电子商务法》第9条规定:

本法所称电子商务经营者,是指通过互联网等信息网络从事销售商品或者提供服务的经营活动的自然人、法人和非法人组织,包括电子商务平台经营者、平台内经营者以及通过自建网站、其他网络服务销售商品或者提供服务的电子商务经营者。

本法所称电子商务平台经营者,是指在电子商务中为交易双方或者多方提供网络经营场所、交易撮合、信息发布等服务,供交易双方或者多方独立开展交易活动的法人或者非法人组织。

本法所称平台内经营者,是指通过电子商务平台销售商品或者提供服务的电子商务经营者。

此处所关注的电子商务经营者,不是电子商务平台经营者,以及通过自建网站、其他网络服务销售商品或者提供服务的电子商务经营者,如亚马逊、阿里巴巴、京东等网络销售巨商,而主要是平台内经营者,比如在淘宝、天猫等电子商务平台上销售商品、提供服务的电子商务经营者。这些电子商务经营者,与实体经济的商事组织形式一样,也有自然人、法人和非法人组织之分。此处的法人、非法人组织包括经过市场主体登记成立的公司、合伙企业、个人独资企业等,自然人则包括经过市场主体登记成立的个体户。换言之,电子商务经营者原则上应依法办理市场主体登记,豁免登记仅为例外情形。

二、豁免登记的个体网商

电子商务经营者的豁免登记,是指电子商务经营者在满足法定条件下,可以不办理市场主体登记,而直接开展相关经营活动。《电子商务法》第10条规定:

电子商务经营者应当依法办理市场主体登记。但是,个人销售自产农副产品、家庭手工业产品,个人利用自己的技能从事依法无须取得许可的便民劳务活动和零星小额交易活动,以及依照法律、行政法规不需要进行登记的除外。

据此,如同线下经营的小商贩一样,个体网商豁免市场主体登记,仍可成为合法的平台内经营者:

1. 个人销售自产农副产品。如果电子商务经营者仅销售自己种植、养殖、捕捞的农副产品,不涉及大规模的商业行为,则不需要登记为市场主体。例如,农户通过网络平台销售自己种植的蔬菜和水果,可以豁免登记。

2. 个人销售家庭手工业产品。电子商务经营者销售自己家庭手工制作的产品,如手工艺品、家庭制作的食品等,也可以豁免登记。此类经营活动的规模通常较小,属于家庭副业性质。

3. 个人利用自己的技能从事便民劳务活动。例如,个人在网上提供保洁、理发、维修等便民服务的,可以豁免登记。此类服务需求零散化、个体化特征突出,登记可能会给经营者增加不必要的行政负担。

4. 零星小额交易行为。若电子商务经营者仅从事零星小额交易,且不具备长期、持续的经营性特征,可以豁免登记。此类经营行为通常频次低、金额小,因而可给予灵活处理。

5. 其他依照法律、行政法规不需要进行登记的情形。对于法律、行政法规另有规定的情况,经营者可依据相关条文豁免登记。例如,某些特殊商品的销售或特定地点的交易若法规明确豁免,也符合该条款。

《网络交易监督管理办法》第8条第2款、第3款在《电子商务法》第10条规定的基础上,细化规定了两类豁免登记的情形:一是个人通过网络从事保洁、洗涤、缝纫、理发、搬家、配制钥匙、管道疏通、家电家具修理修配等依法无须取得许可的便民劳务活动,不需要进行登记。二是个人从事网络交易活动,年交易额累计不超过10万元的,不需要进行登记。同时,为了避免当事人通过多个平台或者开设多家网店规避市场主体登记,《网络交易监督管理办法》第8条第3款还规定,同一经营者在同一平台或者不同平台开设多家网店的,各网店交易额合并计算。另外,个人从事的零星小额交易须依法取得行政许可的,应当依法办理市场主体登记。

电子商务经营者的登记信息以及豁免登记的信息,都需要公示。《电子商务法》第15条第1款规定:

电子商务经营者应当在其首页显著位置,持续公示营业执照信息、与其经营业务有关的行政许可信息、属于依照本法第十条规定的不需要办理市场主体登记情形等信息,或者上述信息的链接标识。

三、守法经营

虽然《电子商务法》《网络交易监督管理办法》规定了上述豁免登记的情形,但被豁免登记的电子商务经营者仍应当遵守其他相关法律和监管要求,包括:

1. 依法纳税。豁免登记并不等同于不受到任何政府监管,电子商务经营者仍需依法纳税,税务机关会对电子商务平台数据进行监控,确保经营者履行税务义务。

2. 消费者权益保护。豁免登记的电子商务经营者需遵守《消费者权益保护法》《电子商务法》中关于商品质量、售后服务等的规定,确保消费者的合法权益不受侵害。

3. 平台管理责任。电子商务平台需对其入驻的豁免登记经营者进行信息核实和定期检查,确保平台中的经营活动合法合规。

分篇二

公司的分类

与物权法定类似,公司类型也是法定的,一个国家的公司登记机关不可能接受本国法律未规定的公司类型。

从公司组织形式的角度看,我国的公司类型较为单纯,仅有限公司、股份公司两种。大陆法系的主要国家和地区一般存在有限公司、股份公司、无限公司、两合公司、股份两合公司等多种类型;英美法系的公司类型也有多种,比如,美国有封闭公司、公众公司、有限责任企业等。之所以如此,很大程度上是因为西方主要市场经济国家和地区的公司制经历了一个自然演变的过程。但是,对我国而言,公司乃是舶来品。我国于1993年颁布的《公司法》重新引入公司制,乃立足于建立现代企业制度之宗旨,亟须引入具有独立法人人格、全体股东承担有限责任的公司类型,于是有限公司、股份公司应运而生。

我国在公司类型上的特色还在于,依据所有制、资本来源等标准对公司进行再分类。基于所有制不同,公司可以分为国有公司、民营公司以及介于二者之间的国家参股公司(混合所有制企业)。国有公司又可以分为国有独资公司、国有资本控股公司,后者还可以进一步分为国有全资控股公司、国有绝对控股公司、国有相对控股公司等。基于资本来源不同,公司可以分为外资公司、内资(中资)公司等。不同的公司适用的法律规范并不相同。

卡尔·拉伦茨说:"当抽象——一般概念及其逻辑体系不足以掌握某生活现象或意义脉络的多样表现形态时,大家首先会想到的补助思考形式是'类型'"。类型化是深入认识一个法律关系的重要方法。明确公司的分类,有助于我们更加深入地了解我国存量公司的真实存在状态,以及各具特色的制度安排。

本分篇共设13问。

013　有限公司、股份公司有何重大不同？

一、差异

依据《公司法》第 2 条、第 4 条等条款的规定，有限公司是指由 1 个以上 50 个以下股东共同投资设立，每个股东以其所认缴的出资额为限对公司承担责任，公司以其全部资产对其债务承担责任的公司；股份公司是指由 1 个以上股东投资设立，全部资本分成等额股份，股东以其认购的股份为限对公司承担责任，公司以其全部资产对公司债务承担责任的公司。

作为我国仅有的两类公司，有限公司、股份公司的差异很多，读者对此需要注意以下三点。

1.二者的区别仅是形式上的，区分意义有限。股份公司的注册资本须由等额股份构成，有限公司无此要求。股份等额化的意义，在于可以使资本构成单位小额化、标准化，便利更多的公众购买，从而适应股份公司作为公众公司面向社会公众集资的需要。有限公司作为封闭公司，没有也不可能面向社会公众集资，所以无须等额化。股权的物化形式，在股份公司中体现为股票，在有限公司中则体现为出资证明书；区别在于股票是有价证券，可以自由转让，便于发行与流通，而出资证明书是证明文书，不能转让。

2.立法者意图从企业规模上区分两类公司，也即有限公司适合中小微企业，股东人数少，经济规模较小，具有封闭性；股份公司适合大中型企业，股东人数多，经济规模较大，具有开放性。为此，《公司法》从股东/发起人的人数、股转规则、治理结构、股东权利保护等多方面有意区分对两类公司的不同要求，以突出企业规模上的重要差异。

但是，立法者的预设与公司实践发生了重大的异化现象：有限公司出现了企业规模悬殊的局面。一方面，许多特大型、大型传统国企在公司整体改制时采用了有限公司（且主要为国有独资公司）形式，成为经济规模巨大的有限公司，尔后按照条线或者区域划出若干部分资产，作为发起人募集设立股份公司乃至上市公司，形成了有限公司（预设中的中小型企业）控制股份公司乃至上市公司（预设中的大中型企业)的局面。另一方面,数千万家中小企业采用了有限公司形式。经济规模反差极大的两类企业都采有限公司形式。

3. 有限公司与股份公司的实质性区别在于封闭性与公众性,但公司法难以两全。股份公司内部实际上存在两类公司——数千家上市公司为公众性公司,但在股份公司总数占比99%以上的非上市股份公司,尤其是占比最大的发起设立的股份公司的封闭性特性更为显著。这样一来,公司法关于股份公司的制度设计就在封闭性与公众性之间兜转,最终难以兼顾。总体上看,1993~2023年的数个《公司法》版本,比较注重拉开有限公司、股份公司的制度区隔,很多规则设计的背景与初衷都是突出有限公司的封闭性、股份公司的公众性之实质差异;但终究胳膊拧不过大腿,形势比人强,封闭性的股份公司占据绝大多数的事实不能视而不见。于是,2023年《公司法》的立法风向发生了极大的转变——立法者将10多个原本仅适用于有限公司的规则,扩展适用于非上市股份公司,这反映了封闭类公司的制度同化趋势。

示例。一个股东的公司,由有限公司扩展到股份公司;查阅会计账簿、会计凭证权,由有限公司股东扩展到非上市公司股份公司连续180日以上单独、合计持有公司3%以上股份的股东;异议股东评估权,由有限公司扩展到非上市股份公司;等等。

二、再分类

(一)有限公司再分类

有限公司还可以进一步分为普通有限公司与特殊有限公司,后者包括三种情形:国有独资公司、一人公司、外商投资有限公司。

国有独资公司的特点在于,投资人只有一个也即国家。但国有独资公司并非一人公司,因为其不存在法律意义上的股东。国家出资公司,由国务院、地方人民政府分别代表国家依法履行出资人职责,享有出资人权益,国务院、地方人民政府可以授权国有资产监督管理机构或者其他部门、机构代表本级人民政府对国家出资公司履行出资人职责。代表本级人民政府履行出资人职责的机构、部门,如国资委、财政部(厅局),统称为履行出资人职责的机构(《公司法》第169条),但并非股东。

一人公司,顾名思义,就是只有一个股东的公司,包括一人有限公司与一人股份公司,但存量的一人公司基本上都是一人有限公司。

外商投资有限公司,包括外商独资有限公司与中外合资有限公司,也即公司的资本有来自外国人的投资。随着我国资本市场的开放与外商投资国民待遇的落实,外商投资公司不再仅限于有限公司,也有股份公司,但存量的外商投资公司主要还是有限公司。

(二)股份公司再分类

依设立方式,股份公司可分为发起设立股份公司与募集设立股份公司,后者以募集设立是否公开发行股票为标准,又分为定向募集股份公司与公开募集股份公司。依《证券法》第9条第2款的规定,向特定对象发行股票且累计不足200人的为定向募集,向特定对象发行股票且累计在200人以上或者向不特定对象发行股票的为公开募集。其中,股票在证券交易所上市交易的公开募集股份公司,即为上市公司。上述区分的意义在于各类股份公司的公众性程度不同。

(三)再分类的意义

概括来看,各类公司按照公众性由弱到强进行排列的顺序是:

独资类特殊有限公司(一人公司、国有独资公司)→合资类也即普通有限公司→发起设立股份公司→定向募集股份公司→公开募集股份公司(上市公司)。

英美法系以公司股票是否公开发行及股票是否允许自由转让为标准,将公司分为公众公司与封闭公司。与此相对照,我国的各类公司中,有限公司与发起设立股份公司属于封闭公司范畴,公开募集公司(上市公司)属于公众公司范畴,定向募集股份公司则介于二者之间,但更偏向封闭公司。

有限公司与股份公司之间的区分是相对的,二者亦能相互转化其公司形态,即公司形式变更。

014 一人公司有哪些优劣势?

一、一人公司的严格定义

一人公司,就是只有一个股东的公司,包括一人有限公司与一人股份公司。因此,一人公司并非一种新的公司组织形式,而是有限公司、股份公司的特殊形态。

历史上,公司属于社团法人,团体性被视为不可违背的特性,这就要求任何公司的股东不得低于2人。但在现代公司法律制度发展过程中,人们总是存在这样或者那样的设立一人公司的热望,渐渐地团体性不再视为"天条",公司的法人性才是本质属性,股东的有限责任才是制度基石,而一人公司并不挑战这两条。于是,一人公司逐渐获得承认。在我国,从1993年《公司法》不承认一人公司,到2005年《公司法》承认一人公司,再到2023年《公司法》全面放开一人公司的设立,用了30年时间。

一人公司的鲜明个性集中体现在股东的唯一性与资本的单一性上。换言之,全部资本均由单一股东出资形成,投资主体具有排他性和唯一性,是一人公司区别于其他公司的显著标志。这使得一人公司在与个人独资企业、个体户具有实质相似性的同时,也有较为明显的区别:

1. 法律地位不同。一人公司是独立法人,具备法人的一切特征;个人独资企业不具有法人资格;个体户属于自然人从事工商业经营的法律形式。

2. 投资人的责任不同。与个人独资企业、个体户相比,一人公司的最大优势就是满足了个人投资者对有限责任的追求。

3. 治理模式不同。一人公司仍遵循现代公司治理结构;个人独资企业不存在治理结构,实行业主制管理模式;个体户不是组织,谈不上治理问题。

4. 税负不同。一人公司与其股东被双重征税,即对公司征收企业所得税,同时对股东收益征收个人所得税;个人独资企业、个体户只对投资人征收个人所得税。

5. 投资人的身份限制不同。一人公司的股东包括自然人、法人、非法人组织;个人独资企业的投资人限定为自然人;个体户就是自然人的化身。

二、一人公司的核心优势

相较于股东为复数的公司,一人公司的最大优势是决策机制简单高效。由于仅有一个股东,常见的公司股东会、董事会等复杂的决策程序,在一人公司中可以简化,许多决策可以由单一股东直接做出,经营效率大为提高。基于一人公司的此种特点,《公司法》第60条规定:

只有一个股东的有限责任公司不设股东会。股东作出前条第一款所列事项的决定时,应当采用书面形式,并由股东签名或者盖章后置备于公司。

《公司法》第60条中的"前条第一款"就是《公司法》第59条第1款,该款规定了股东会的职权。据此可以理解为:

1. 一个股东行使股东会职权。一个股东行使相当于普通公司股东会的职权,这就确立了一人公司单个股东的法定职权,区别仅在于股东会的意思表示形式是作出决议,另一个股东是作出决定。

2. 决定采用书面形式。一个股东在行使股东会职权作出公司重大事项决定时,该决定须以书面形式作出。首先,这一要求是利己的。因其有利于隔离一人公司与单个股东之间的人格与财产。当公司债权人请求刺破法人面纱时,上述书面决定正是单个股东完成不存在财产混同这一举证任务的主要凭据。其次,这一要求是利人的。利益相关者可查阅上述书面文件,不仅有利于保障交易安全,还有利于加强对股东的监督,促进一人公司治理的规范化。

3. 单个股东的决定在签章后置备于公司。单个股东的决定置备于一人公司,与普通公司的股东会决议置备于公司,是基于同一法理。

三、一人公司的"致命"劣势

从法律风险的视角,与股东复数的其他公司相比,一人公司的最大劣势在于股东需自证其财产独立于公司财产,否则就要对公司债务承担无限连带责任。

只有单个股东,意味着公司内部不存在大小股东之间的制衡机制,加之其通常兼任董事、经理,如其在公司内部存在滥权行为,没有其他利益主体可以抗衡,公司财产和股东财产极易混同,进而损害公司及其债权人合法权益,故《公司法》第23条第3款规定:

只有一个股东的公司,股东不能证明公司财产独立于股东自己的财产的,应当对公司债务承担连带责任。

《公司法》第23条第3款规定的举证责任倒置,实则表露出立法者对一人公司的单个股东天然的不信任。对于一人公司的债权人而言,如其要起诉公司还债,往往会顺手"搂草打兔子"——将公司单个股东列为共同被告,要求该股东承担连带责任;对于一人公司的单个股东而言,如其不能尽到举证责任,则对公司债务承担连带责任。这导致一人公司的股东经营风险加大。

所以,此处给出的诚恳的投资建议是,如无特别必要,投资人(无论是自然人、法人还是非法人组织)设立、运营一家一人公司要谨慎,尤其是自然人一人公司。

读者会问,一人公司的单个股东如何证明自身财产与公司财产不混同呢?本书在第十篇分篇五"公司人格否认"中设有专问,此处不赘。

015　夫妻公司是一人公司吗?

一、夫妻公司是否适用《公司法》第23条第3款的规定

(一)问题的提出

每当讨论到一人公司人格否认的司法裁判,都会有一个不能回避的问题:股东为夫妻二人的公司,简称为夫妻公司,是一人公司吗?

一派意见认为,夫妻是二人,不是一个人,而一人公司的股东只能是一个人,所以夫妻公司不是一人公司,自然不适用《公司法》第23条第3款的规定。类似地,国有独资公司也并非一人公司,故也不适用该规定。

另一派意见则认为,既然夫妻为仅有的股东,夫妻财产属于共同共有,这与一人公司不存在实质区别。即便夫妻公司形式上存在两个股东,但属于实质意义上的一人公司。这派意见使用了"实质意义上的一人公司"这个概念。

正如20世纪伟大哲学家维特根斯坦所言,"语言即世界","一切哲学问题都是语言问题"。实际上,某种意义上,"一切法学问题也都是语言问题"。上述裁判分歧及其背后的学说争议,需要我们再次回到一人公司的概念探讨,并精准剖析何谓夫妻公司。

(二)裁判分歧

例1。武汉猫人制衣有限公司(以下简称猫人公司)、江西青曼瑞服饰有限公司(以下简称青曼瑞公司)申请执行人执行异议之诉:2011年8月,熊某平与沈某霞登记结婚,11月,二人出资成立青曼瑞公司,各持股50%。2015年6月24日,武汉市中级人民法院作出(2015)鄂武汉中民商初字第00494号民事调解书,确认青曼瑞公司于2015年7月31日前一次性支付猫人公司货款2983704.65元。调解书生效后,猫人公司于2015年8月向武汉市中级人民法院申请执行。后在执行过程中,青曼瑞公司无财产可供执行,猫人公司认为该公司符合一人公司的实质要件,请求依据2016年公布的《变更、追加当事人规定》第20条规定追加熊某平、沈某霞为被执行人承担连带责任。

在(2018)鄂民终1270号民事判决书中,湖北省高级人民法院认为:夫妻公司对

债权人的利益保护存在天然缺陷,导致债权人在与夫妻公司发生纠纷时,得不到法律的有力保护,此情况尚待立法及法律适用的完善。但依照我国婚姻法确立的夫妻财产共同共有原则,夫妻股东持有的全部股权应构成不可分割的整体,而公司实质上充任了夫妻股东实施民事行为的代理人,若依法人有限责任制度认定夫妻股东设立的公司承担有限责任的同时,不对夫妻股东其他义务予以强化和规制,则有违民法的公平原则,也不利于对交易相对方利益的平等保护。

熊某平、沈某霞申请再审,(2019)最高法民再372号民事判决书认为:夫妻二人出资成立的公司的注册资本来自夫妻共同财产,公司的全部股权属于双方共同共有。即公司的全部股权实质上来自同一财产权,并为一个所有权共同享有和支配,股权主体具有利益的一致性和实质的单一性。在此情况下,该公司与一人有限公司在主体构成和规范适用上具有高度相似性,系实质意义上的一人有限责任公司。基于此,应参照2018年《公司法》第63条的规定,将公司财产独立于股东自身财产的举证责任分配给作为股东的夫妻二人。

例2。2022年10月,苏州市中级人民法院发布2019~2021年度苏州法院公司类纠纷案件审判白皮书暨典型案例,其中案例五确立的裁判宗旨:夫妻设立的有限公司不能等同于一人有限公司——某材料公司诉某电子公司等买卖合同驳回案:

陶某、韩某系夫妻,2015年共同设立某电子公司,分别持股60%、40%。2018年,某材料公司与某电子公司签订采购合同约定由某材料公司供应物料,后结欠货款20万元。因某电子公司未能及时支付款项,某材料公司起诉某电子公司,同时主张某电子公司应适用一人有限公司的相关规定,由陶某、韩某二人对电子公司的债务承担连带清偿责任。

一审法院认为,一人公司是以自然人股东或法人股东的数量认定的,而非以注册资本的来源或股权归属认定的。公司股东为夫妻两个自然人,不能认定为一人公司,不能适用一人公司的规定分配举证责任进而要求夫妻股东对债务承担连带责任。某材料公司不服一审判决,提出上诉。二审法院经审理后,判决驳回上诉,维持原判。

二、公司法的应有立场

(一)个人财产投资公司

《公司法》对股东没有身份上的限制,夫妻双方共同投资设立公司不违反法律禁

止性规定。《公司登记管理若干问题的规定》(已废止)第23条规定:

家庭成员共同出资设立有限责任公司,必须以各自拥有的财产作为注册资本,并各自承担相应的责任,登记时需提交财产分割的书面证明或者协议。

我国《民法典》并不实行绝对的夫妻财产共有制,允许夫妻自由约定婚内财产分别所有,正如《民法典》第1065条规定:

男女双方可以约定婚姻关系存续期间所得的财产以及婚前财产归各自所有、共同所有或者部分各自所有、部分共同所有。约定应当采用书面形式。没有约定或者约定不明确的,适用本法第一千零六十二条、第一千零六十三条的规定。

夫妻对婚姻关系存续期间所得的财产以及婚前财产的约定,对双方具有法律约束力。

夫妻对婚姻关系存续期间所得的财产约定归各自所有,夫或者妻一方对外所负的债务,相对人知道该约定的,以夫或者妻一方的个人财产清偿。

故而,如果夫妻用各自的个人财产出资共同投资设立一家公司,那么二人的股份分别所有,股东身份也各自独立。但是,如果要对抗第三人,夫妻就必须举证证明婚内财产归各自所有,此时书面的财产分割证明、协议很重要。在此情形下,夫妻二人设立的公司,当然不是一人公司。

(二)夫妻共同财产设立公司

如果夫妻用共同共有财产设立公司或者购买公司股权,由此形成的股权共有的真实含义是:股权的财产权收益共有,但股东身份是个人化的。登记在一人名下,股东即该一人;登记在两人名下,股东即为两人。因此,当夫妻以共同共有财产出资,且股权登记在两人名下时,该公司自然拥有两名股东,显然不是一人公司,因为一人公司的定义就是"只有一个股东的公司"。恪守严谨的文义解释,对于夫妻二人共同作为公司股东的夫妻公司而言,其因存在两个股东而无法构成《公司法》所称的一人公司。一言以蔽之,既然承认夫妻为两个自然人,就不能认定夫妻公司为一人公司。

所谓"实质意义上的一人公司",是一个逻辑混乱的概念,也与公司组织法的基本逻辑相悖。如果此概念成立,那么实务中的父子公司、婆媳公司、翁婿公司、兄弟公司等诸多在性质上与夫妻公司类似的公司,也得被认定为所谓"股权主体具有利益的一致性和实质的单一性",故而成立实质意义上的一人公司。照此逻辑,同一国有股东的公司,如国有独资公司、国有资本控股公司,岂不是也要被认定为具有实质单一性股东的一人公司?这将动摇股东多元化这一公司制度的根基。实质上,夫妻

(以及家庭成员)公司属于股东为复数的一种特殊形态,其实质是否为一人公司,不能简单以夫妻(家庭成员)身份关系、一方不参与公司重大决策和经营、投资收益归入夫妻(家庭)共同财产为由认定。

三、一个相关的问题:夫妻公司的股权共有

依《民法典》第1062条,夫妻关系存续期间形成的财产,属于夫妻共同财产,夫妻双方有平等的处理权。这引发了一个问题:夫妻能否共有股权?

对此,理论和实务中存在不同意见。一种意见认为夫妻不能共有股权,因为夫妻所共同共有的是依附在股权上的出资额或收益,而非股权本身。另一种意见认为夫妻可以共有股权,但不能共同行使股东权利,股东权利由姓名记载于股东名册的夫妻一方行使。还有一种意见认为股权产生的收益属夫妻共同共有,但股东权利只能由登记为股东的一方来行使。

后一种意见较为合理。一方面,现代社会中股权价值巨大,若不允许夫妻共同共有,不利于夫妻双方关系的稳定和健康,也对未登记为股东的一方不公平;另一方面,在股权关系中,毕竟存在目标公司这一第三人主体,为了避免夫妻共同共有股权对第三人造成不利影响,应由登记为股东的一方行使股东权利。

016 上市公司特殊在哪里?

一、上市公司的定义

《公司法》第134条规定:

本法所称上市公司,是指其股票在证券交易所上市交易的股份有限公司。

据此,上市公司的定义要点是:

1.上市公司的组织形式为股份公司,有限公司不发行股票,无法上市。

2.上市公司的股票在证券交易所上市交易。可见,上市公司的定义取决于证券交易所的定义。

证券交易所,是为证券集中交易提供场所和设施,组织和监督证券交易,实行自律管理的法人。

为准确理解证券交易所的定义,需要厘清证券交易所与证券交易场所的区别。证券交易场所是证券交易所的上位概念,上市公司只能是在证券交易所上市交易的股份公司。目前,上海、深圳、北京的三家证券交易所以及全国中小企业股份转让系统(以下简称新三板系统)是全国性证券交易场所。其中,北京证券交易所有限责任公司(以下简称北交所)是全国中小企业股份转让系统有限责任公司(以下简称股转公司)的全资子公司。业内已经习惯将新三板的主管机构股转公司等同于新三板,因此,广义的新三板(大新三板)包括基础层、创新层、精选层。2021年9月,北交所完成工商登记。从隶属关系上,可以理解为仅有精选层改名为北交所。北交所的设立,意味着中小企业尤其是善创新、搞研发的专精特新"小巨人"企业将迎来黄金时代,工信部公布的三批专精特新"小巨人"企业名单中,约有306家A股上市公司,约有358家新三板挂牌公司,超过A股主板+科创板+创业板的总和。

新三板系统,是"国务院批准的其他全国性证券交易场所"。"国务院批准的其他全国性证券交易场所"的提法,源于《证券法》第37条,全国人大常委会法工委《证券法释义》仅提及全国中小企业股份转让系统市场(新三板市场)属于"国家批准设立的其他证券市场"。此外,侵权民事赔偿案件还提及区域性股权市场可以"参照适用"虚假陈述民事赔偿责任。因此,学理上的最广义"证券交易场所"包括深、沪、京三家证券交易所、国务院批准的其他全国性证券交易场所(新三板)与区域性股权市场,立法上的证券交易场所仅包括深、沪、京三家证券交易所。

深、沪、京三市交易的证券包括股票、债券等证券。仅有债券在证券交易所上市交易的股份公司,并非上市公司。

概言之,目前我国的证券交易所仅有三家,分别为上海证券交易所、深圳证券交易所和北京证券交易所。只有股票在这三家证券交易所上市交易的公司,才能称为上市公司。全国中小企业股份转让系统不是证券交易所,而是国务院指定的证券交易场所。故在新三板挂牌交易的公司,不是上市公司,而是挂牌公司。

二、上市公司的特点

作为股份公司的一种,上市公司集中体现了股份公司的法律特征。与非上市公司(非上市的股份公司与有限公司)相比,上市公司的特点如下:

1.股票公开发行且在证券交易所集中交易。《证券法》第9条规定,公开发行股票须符合法律、行政法规规定的条件,并依法报经国务院证券监督管理机构或者国务院授权的部门注册。经注册公开发行股票是股份公司上市的前提。"上市"的含义就是公司股票进入证券交易所集中交易。

2. 最具公众性。在大陆法系的公司分类体系中,上市公司无疑最具公众性。由于股票的公开发行与集中交易,上市公司与证券市场联系最为紧密,上市公司主要功能的形成和释放,都离不开证券市场。任何社会公众只要在证券市场购买了上市公司股票就成为其股东,且可在证券交易所自由交易。因此,上市公司的股东人数动辄数万、数十万乃至数百万,且一直处于频繁的变动之中。

3. 受法律规制最为严格。上市公司的公众性以及与证券市场的紧密联系,直接关系到众多投资者的利益和整个社会经济的稳定,影响大,涉及面宽,各国立法都将上市公司作为规制的重中之重。各国公司法中的强制性规范多是针对上市公司而设的,如信息强制披露制度就主要适用于上市公司。

4. 治理相对规范。在国家立法、软法规范以及证券市场的多重约束下,上市公司的治理水平整体上要优于非上市公司。

三、强制规范体系

由于关涉利益重大,上市公司受到一些法律法规特殊规制。就我国现行法而言,其对上市公司的规制强度为所有企业之冠,体现在以下几个方面:

1. 上市公司不仅受公司法调整,也是证券法的主要调整对象。

2. 证券监管机构的主要监管对象是上市公司。近年来,证监会发布了大量有关上市公司行为规制的规章,在某些领域可谓密如凝脂。

3. 法律对上市公司的特别规定多为强制性规范,如关联交易表决权排除规则、征集代理表决权规则、上市公司收购规则、独立董事制度等。

4. 上市公司受到证券交易所的严格监管。深、沪、京三家证券交易所都针对在其上市交易的上市公司制定了大量软法规范,后者虽然不是严格意义上的立法规范,但对上市公司事实上具有强行适用的效力,违反这些规范,上市公司也会承担相应的法律责任。

5. 上市公司还受到各类证券中介机构与财经新闻媒体的严格监督。

017　什么是挂牌公司？

一、挂牌公司的定义

挂牌公司,也称"新三板公司",是指股份(股票)在全国中小企业股份转让系统挂牌公开转让的股份有限公司。根据《非上市公众公司监督管理办法》第4条的规定,非上市公众公司公开转让股票应当在全国中小企业股份转让系统进行,公开转让的公众公司股票应当在中国证券登记结算公司集中登记存管。非上市公众公司是指有下列情形之一且其股票未在证券交易所上市交易的股份有限公司:(1)股票向特定对象发行或者转让导致股东累计超过200人;(2)股票公开转让。

新三板是由国务院批准设立的全国性证券交易场所,旨在为中小微企业提供股票挂牌、融资、并购重组等服务。作为多层次资本市场的重要组成,新三板为中小企业提供了一个便捷、透明的融资平台。挂牌公司通过信息披露、规范运作和多样化的交易方式,获得了资本支持,也提升了市场形象和治理水平。随着市场的不断改革和完善,新三板将进一步发挥其在资本市场中的重要作用,为中小企业的发展注入新的动力。对投资者而言,了解新三板市场的特点和交易规则,有助于其作出更为理性的投资决策,实现财富的增值。

二、挂牌公司的主要特征

1. 通常为一些中小型公众公司。受限于规模小、盈利能力不强等原因,中小型公众公司在传统主板市场上难以公开发行股票与融资。新三板则为这些公司提供了一个公开的融资平台,可帮助其提升市场形象、规范公司治理、获取融资机会。

2. 挂牌条件低于上市条件。据《全国中小企业股份转让系统股票挂牌规则》第二章规定,与主板、中小板、创业板相比,新三板的挂牌条件相对宽松,只需满足规范运作不少于2个完整的会计年度、主营业务突出、持续经营能力强等基本要求,且不需要一开始就满足盈利要求。

3. 公司运营的透明度与规范化。与上市公司类似,新三板挂牌公司仍需遵守严格的信息披露规则,定期披露公司的财务状况、经营成果及重大事项,提升公司的透明度和规范化运作水平。

4. 申请转板上市的机遇。为打通多层次资本市场，新三板实施"转板机制"。符合条件的公司可申请转板至上交所的科创板、深交所的创业板和北交所，实现多层次资本市场的无缝衔接。

5. 投资者准入制度。新三板市场对投资者设有较高的准入门槛，创新层的个人投资者需要证券账户资产日均 100 万元以上，基础层的需要资产日均 200 万元以上，合格机构投资者需满足相应的条件。

三、挂牌交易

据《全国中小企业股份转让系统股票交易规则》的规定，新三板挂牌公司的股票交易主要有以下特点：

1. 交易方式。新三板市场采用做市交易和竞价交易两种交易方式，前者是指由具备做市资格的证券公司作为做市商，为挂牌公司提供连续的做市报价服务，后者是指对一段时间内接受的买卖申报一次性集中撮合竞价。

2. 交易时间。与其他证券市场相同，新三板市场的交易时间为每周一至周五。遇法定节假日和全国股转公司公告的休市日，新三板市场休市。做市和竞价交易时间为每个交易日的 9:15 至 11:30、13:00 至 15:00。交易时间内因故停市，交易时间不作顺延。

3. 信息披露。挂牌公司需按照规定进行信息披露，包括定期报告（年度报告、中期报告、季度报告）和临时公告（重大事项公告）。信息披露需真实、准确、完整，以便及时向公众传递公司的经营动态和财务状况，增强投资者对公司的了解和信任。

4. 风险管理。新三板市场存在较高的投资风险，股价波动较大。投资者需具备一定的风险识别和承受能力，谨慎决策，合理投资。

5. 流动性弱于上市股票。新三板市场的流动性相对较低。设立精选层，就是为了吸引优质企业挂牌，进一步增加市场活跃度。

018 设立离岸公司的动机是什么？

一、离岸公司的定义

离岸公司（Offshore Company），是指在境外注册成立，主要业务活动并不在注册地展开的公司。离岸公司的注册地通常是一些税收优惠、法律灵活或监管松弛的地区，被称为"离岸法域"或"离岸管辖区"。典型的离岸法域包括英属维尔京群岛（The British Virgin Islands，BVI）、开曼群岛、百慕大群岛、塞舌尔群岛、马绍尔群岛等，其中BVI、开曼群岛、百慕大群岛位居前三名。

不同离岸法域的离岸公司有不同的名称，如在BVI注册的称为商务公司（Business Company），在开曼群岛注册的称为豁免公司（Exempted Company）。

从组织形式上看，离岸公司不仅包括有限公司、股份公司等公司形式，亦包括合伙企业、信托等非公司形式。要准确理解离岸公司，可从以下四个方面界定：

1. 地域。离岸公司须在特定的离岸法域注册成立，其设立目的是享受当地针对离岸公司特别制定的税收、监管等方面的优惠性政策。而在非离岸法域注册的公司，只是普通的境外公司。

2. 法律。规范离岸公司的法律依据须是离岸法域专门规定的离岸公司法规范。例如，BVI规范离岸公司的法律是《维尔京群岛商务公司法》（BVI Business Companies Act，BCA），塞舌尔群岛规范离岸公司的法律则为《2016年国际商业公司法》（International Business Companies Act，2016）。

3. 资本。离岸公司的注册资本非本土化，而是源于离岸法域之外的投资者，不能由当地的投资者出资。

4. 运营。作为资本运作平台，离岸公司被禁止在离岸法域内开展实质性经营活动，不得在离岸法域内与其他公司签订商业合同，否则其离岸资格将被撤销。

二、为何设立离岸公司

在经济全球化浪潮下，设置离岸公司成为越来越多公司在发展过程中的选择。在我国耳熟能详的大企业中，有相当一部分采取在离岸法域设立离岸控股公司的方

式,从而实现终极控制权架构的设计,如百度、阿里巴巴、腾讯等。总体而言,离岸公司备受欢迎,是因其契合了投资者的三个目标:

1. 规避税收。通常情况下,离岸法域的政府会对离岸公司免征税款或仅收取极低税率的税款(1%),股东每年仅需向注册地代理机构支付年费即可。投资者往往将离岸公司作为中间贸易主体,通过关联交易将高税区利润转移至离岸法域,以规避高额税收。

2. 保护隐私及资产。离岸法域的法律较为注重离岸公司股东的隐私保护,不轻易对外公开股东信息,亦允许受益人身份通过代持或信托架构隐匿。例如,在BVI注册的离岸公司仅需向注册代理机构备案股东信息即可,且公众查询仅显示股东英文姓名,董事、审计等信息的公开要求也相对较低。

3. 便于跨境投资。离岸公司可以作为跨境投资的平台,便于进行跨国贸易、并购和投资活动。在贸易战、关税战频发的背景下,将离岸公司作为贸易中转,能起到合理规避进口国的部分关税政策的作用。

当然,离岸公司也经常被用于逃税、洗钱、欺诈等非法目的。因此,许多国家、国际组织加强了对离岸公司的监管和合规要求,以防止其被滥用。在我国,投资者欲在离岸法域设立离岸公司,须履行境外投资(Outbound Direct Investment,ODI)备案等相应程序,否则离岸公司不仅会被暂停设立,投资者还可能面临罚款等法律责任。离岸公司设立后,设立人需要向有关部门进行信息披露,包括公司名称、注册地、经营范围、资本结构等,并严格遵守《企业所得税法》《外汇管理条例》等法律法规。

三、个案研究:阿里巴巴集团

阿里巴巴集团创立初期,便在开曼群岛注册了一家离岸公司——阿里巴巴开曼群岛公司。该公司为一个中介贸易机构,可以与在开曼群岛以外的所有国家、地区的业务机构进行交易。首先,国内的阿里巴巴公司以较低的价格将商品或者服务出售给开曼群岛离岸公司,再由离岸公司按照正常的市场价格将产品或服务销售给阿里巴巴的其他子公司或交易相对人,由此大部分利润留存在离岸公司。开曼群岛对离岸公司实行零税率政策,留存在离岸公司的利润不需要缴税。其次,对于国内的阿里巴巴公司和相关的子公司,离岸公司的中转贸易进一步降低了销售相关产品或者服务的利润,因此,其在境内的纳税额也能有效降低。最后,离岸公司将留存的利润以投资或者贷款的方式,汇回国内,从而实现了整体税负的下降。

019　什么是外国公司？

一、外国公司的定义

《公司法》第 243 条规定：

本法所称外国公司，是指依照外国法律在中华人民共和国境外设立的公司。

与此相对的概念为中国公司，也即《公司法》第 2 条规定：

本法所称公司，是指依照本法在中华人民共和国境内设立的有限责任公司和股份有限公司。

可见，中国公司、外国公司的概念界定主要看两点：一是准据法；二是设立地。外国公司要同时符合以下两个条件：一是依照外国法律设立；二是在我国境外（包括港澳台地区）设立。

从外延上看，离岸公司符合外国公司概念的两个要点，实质上是外国公司的一种特殊形式。唯有在离岸法域依照其特别制定的离岸公司法设立，且注册地与实质经营管理地相分离的外国公司，才能称为离岸公司。因此，离岸公司与普通的外国公司存在显著区别，不可混淆。

外国公司与依照《外商投资法》设立的公司是完全不同的两个概念。外国公司是依照外国法律在我国境外成立的公司，属于外国法人。即便出资人是我国的自然人、法人或者非法人组织，只要依照外国法律在我国境外成立的公司，那么它就是外国公司，而非中国公司。依照《外商投资法》《公司法》设立的公司，其本质是中国法人，只不过该法人的出资人是外国的自然人、企业或者其他组织。这与外国公司存在根本不同。

二、外国公司在我国境内的经营形式

一家外国公司要在中国境内开展从事经营活动，大概有三种选择。

1. 外商独资企业

外商独资企业（Wholly Foreign-Owned Enterprise，WFOE），即外国公司独资在中国境内设立并经营管理的企业。设立外商独资企业，需向商务部、地方商务主管部

门申请,并在市场监管部门登记。外商独资企业是独立法人,接受《公司法》《外商投资法》规范。

2. 中外合资企业

中外合资企业,即由外国公司与中国境内的自然人、法人、非法人组织合作共同出资设立、共同经营管理的企业。与外商独资企业一样,中外合资企业同样需经过商务主管部门审批,并进行商事登记。合资企业亦为独立法人,接受《公司法》《外商投资法》规范。

3. 分支机构

分支机构,即外国公司依照我国法律在我国境内设立的不具有法人资格的营业场所或机构。外国公司与外国公司的分支机构的关系,还原到民法上就是法人和分支机构的关系,具体到公司法上就是总公司与分公司之间的关系。

相较于外商独资企业、中外合资企业因关涉我国国家安全等重大利益而受到我国政府的严格监管,外国公司设立分支机构的门槛很低,设立条件和程序也简便得多,加之外国公司容易操作、便于实现经营意图等优点,因此设立分支机构成为外国公司普遍采取的经营、投资形式。

《公司法》专设第十三章"外国公司的分支机构",对外国公司的分支机构设置了基本的规范。

在法律层面,自 2020 年 1 月 1 日起实施的《外商投资法》及其实施条例,对外国公司在中国的投资活动进行统一规范,取代了之前的《中外合资经营企业法》《外资企业法》《中外合作经营企业法》三部外资法律,成为外国公司在我国境内进行投资、经营的法律遵循。我国对外商投资实行"准入前国民待遇+负面清单"的管理模式,负面清单之外的领域,外商投资可享受与内资企业完全平等的待遇。

三、外国公司的价值

一是促进技术转移与创新。允许外国公司进入中国经营,与中国企业开展合作,可以促进技术的转移和创新,提升中国产业的竞争力和创新能力。

二是提升企业管理水平。外国公司通常具有更严格的企业管理体系和更规范的经营管理经验,与中国企业合作可以帮助中国企业提升管理水平。

三是刺激市场竞争。外国公司进入中国市场,一方面倒逼中国企业在技术、管理等方面主动求变,另一方面也为中国企业提供了更广阔的市场、投资的合作机会。

四是推动法律和制度改革。吸引外国投资,倒逼中国政府不断完善相关法律法规和政策,推动中国的市场化进程和法治建设。

特斯拉成功案例。经过上海市政府的积极争取,2018年特斯拉正式确定在上海临港新片区建设首个海外超级工厂,并于2019年1月7日破土动工,于2020年5月正式投产。此举不仅为特斯拉提供了广阔发展空间,也带来了"鲶鱼效应",倒逼中国车企在更为激烈的市场竞争下加快创新,带动了新能源汽车上下游产业链、供应链快速发展,为中国新能源汽车行业的高速发展提供了市场化助力。

020 母子公司、总分公司有何异同?

一、集团化运营的组织模式选择

在公司集团化普遍发展的今天,公司拓展跨行业、地域的经营,有两种组织模式可供选择,一是母子公司,二是总分公司,两种组织形式各有利弊。《公司法》第13条规定:

公司可以设立子公司。子公司具有法人资格,依法独立承担民事责任。

公司可以设立分公司。分公司不具有法人资格,其民事责任由公司承担。

这一规定以子公司、分公司的责任承担方式为核心,明确了母子公司、总分公司之间各自的法律关系。

二、母子公司

(一)定义

子公司(son company),是指一定比例以上的股权被另一公司持有、受另一公司控股的公司,是母公司(parent company)的对立概念。对外设立子公司的主体为母公司,其所为"设立子公司"之行为系转投资,即投资于其他企业以取得股权的法律行为。

所设的子公司按照母公司持有股权的比例,又分为全资控股子公司(法人一人公司)、绝对控股子公司(持股比例低于100%但高于50%)、相对控股子公司(持股比例低于50%,但足以对股东会决议产生重大影响者)。子公司分类的意义有二:

1. 母子公司关系的认定不同。对于全资控股子公司、绝对控股子公司而言,母子公司关系无须法院审查即可认定。但对于相对控股子公司,母子公司关系尚需法院针对个案进行审查认定。

2. 利益冲突及其法律规范的侧重点不同。在全资控股子公司,母公司滥用控股权的,会损害子公司债权人的利益;在其他类型的子公司,同样的行为还会损害少数股东的利益。

(二)母子公司的法律关系

1. 股权控制关系

母公司就是控股股东的一种。《公司法》第 265 条第 2 项对控股股东的定义是:

控股股东,是指其出资额占有限责任公司资本总额超过百分之五十或者其持有的股份占股份有限公司股本总额超过百分之五十的股东;出资额或者持有股份的比例虽然低于百分之五十,但依其出资额或者持有的股份所享有的表决权已足以对股东会的决议产生重大影响的股东。

这一定义牢牢地将控股股东控制公司的依据限定为股权控制,非常严谨。

2. 子公司人格独立

虽然存在股权控制关系,但子公司仍具有独立人格,财产也独立于母公司,具有独立承担民事责任的能力。当然,子公司的业务经营仍受母公司的控制。如母公司滥用子公司的法人独立地位和股东有限责任,逃避债务,严重损害子公司债权人利益,母公司应当对子公司债务承担连带责任。

三、总分公司

(一)定义

总公司,也称本公司,是一个独立的公司法人,相对于分公司而言,须设立管辖公司组织的总管理机构,以此为中心来支配公司的营业活动。分公司,是在总公司住所以外设立的被授权经营活动的分支机构。分公司是公司为扩大经营范围而采取的一种组织形式,其不具有独立法人地位,因而不属于对外投资的范畴,设立分公司的行为不属于转投资。

(二)总分公司的法律关系

《公司法》第 13 条第 2 款规定"分公司不具有法人资格,其民事责任由公司承担",明确了总分公司之间的法律关系,详言之:

1. 分公司不具有独立人格

分公司在法律上不具有法人资格,无法独立拥有财产所有权,分公司的资产是总公司的财产;同时,分公司亦无法独立承担责任,其民事责任由总公司承担。这使得分公司与子公司区别开来。在责任承担方面,总公司、分公司之间不是连带责任关系,也不是按份责任关系,精准的界定应为分公司的民事责任可以由其以相对独立的财产先承担,不足以承担的,由总公司兜底承担,故而可谓最终民事责任由总公司承担。正因如此,银行、保险公司等具有高度信用特征和经营风险的企业,通常采取设立分公司而非子公司的方式拓展业务活动空间。

2. 分公司可被视为总公司的组成部分

分公司,作为法人的分支机构,在《民法通则》中被视为其他组织的一种,但《民法总则》《民法典》不再列其为非法人组织,而是定性为"法人的分支机构",如分公司、支公司、分行、支行等。因此,分公司可视为总公司的组成部分,在经济、法律上均无独立性,且在内部经营上并无人事和经营自主权,原则上皆由总公司决定。但在实践中,作为分支机构的分公司相较于其他分支机构具有特殊性,被承认具有相对独立的民事主体资格和诉讼主体资格,可以在授权范围内以自己的名义为民事法律行为,包括但不限于对外营业、参加诉讼,分公司、总公司也可一起参加诉讼。这使得分公司与公司的职能部门区别开来。

021 公司集团是公司法人吗?

一、公司集团的定义

公司集团,是由两个以上的法人企业联合组成的组织体。由此可见,公司集团并非一个法律概念,其自身不是公司法人,而是一种由两个以上的法人企业形成的经济联合体。

公司集团的组织特征在于:

1. 由两个以上法人企业组成。

2. 这些法人企业之间具有多种控制联系纽带,如投资关系、协议以及其他安排等。

3.包括多层次组织,纵向上可分为母公司、子公司、孙公司等,横向上可分为姊妹公司、相互持股公司等,可能还包含总分公司关系。

公司集团作为经济联合体,不是公司法人,但其内部的大部分成员是公司法人,当然也包括非法人实体,如分支公司等。其中,处于金字塔尖的母公司也即"集团公司"是独立的企业法人。可见,公司集团与集团公司不是一回事。

二、公司集团中的法律关系

公司集团化,是市场经济发展进程中不可逆的潮流,其引发的核心问题是集团整体利益与集团内部公司利益的统筹与竞合。为此,需要首先明确公司集团中各主体间的法律地位,进一步回答法律如何对利益进行调和、对行为进行规制的问题。

(一)法律关系的本质

公司集团中的集团公司,是公司集团的投资、决策中心,相对于公司集团中的其他企业而言处于控制者地位,故称为控股公司(holding company)、控制公司(controlling company)。控制公司的控制机制包括股权控制,以及非股权控制如投资关系、协议、人事安排等,这些控制机制也可以结合使用,称为综合控制机制。

(二)法律关系的分类

公司集团内部的诸成员主体之间,无非是以两类法律关系为基础,继而形成一个纵横交错的复杂网络关系体系。

1.控制、从属的关系

公司集团形同一个家庭、家族(family; clan, extended family),于是人们喜欢用家庭成员的称呼类比公司集团内部的成员主体之关系。其中,纯粹以股权控制的控制公司,称为控股公司(holding company),亦即前问所述母公司,是控制公司的下位概念,其与被控制的子公司之间形成母子公司关系,是公司集团中相对较为常见的法律关系。以母子公司(parent company/holding company; son company)关系为本源,又生发出控制公司与从属公司(controlling company; subsidiary company/affiliated company)的关系,爷孙公司之间就属于控制公司与从属公司的关系,又生发出姊妹/兄弟公司(brother-sister company)的关系。

一般认为,母子公司、控制公司与从属公司之间属于纵向关系,姊妹公司、兄弟公司属于横向关系,继而又衍生出姑侄公司(aunt/uncle-nephew company)这类斜向关系。这些概念是类比式称呼,形象生动,有助于理解公司集团的很多法律知识,比如对公司人格否认中的纵向、横向、斜向人格否认的识别与区分适用,就离不开这些概念体系。

2. 总、分关系

公司集团中除了母子公司的结构外,也存在总分公司,但二者之间因缺乏有限责任的分割而并无风险隔离的功能,在实践中的应用远不如母子公司广泛。总公司以自己的名义直接从事经营活动,对公司系统内的业务经营、资金调度、人事安排等具有统一的决定权。根据《企业名称登记管理规定》第13条的规定,企业分支机构名称应当冠以其所从属企业的名称,并缀以"分公司""分厂""分店"等字词。

三、公司集团的特别规范

(一)规制原则

针对公司集团的法律规制,相较于发展较为超前的德国康采恩法以"从属"概念为核心构建公司集团的整体立法框架,我国与大部分法域对公司集团的态度一致,认可其中存在的法律关系,但仍旧将单一法人人格的公司作为规制对象。也即以"法律实体"而非"经济实体",以法人人格上的独立性而非企业经营管理上的独立性作为规范设计的原则。

这种以单个公司利益为立法原点的立法模式,需要注意与经济社会中盛行的公司集团实践相协调。目前,公司法对公司集团中的诸项法律问题,如应否对受损子公司或分公司利益予以补偿、公司集团内部关联交易的程式规则及交易价格公允性审查、公司集团的强制信息披露规则等有分散性规范回应,但有些问题尚付阙如。

(二)特别规范

既有法律规范及司法适用中对公司集团内部各个成员企业之间关系的特别规范,主要体现在对双控人的规范体系上。关于双控人的规范体系,是本书的草蛇灰线之一,隐含在本书的几乎每一篇内容。读者自可厘清之,此处不赘。

最后用一句话总结,对公司集团,我国公司法没有采德国式的集中章节规范体例,但对于公司集团内部的成员企业之间实质上的控制、从属关系,公司法时刻没有忘记规制的职责,尤其涉及母子公司的法律关系,相关规范也正在日益完善。

022　国企概念体系（一）：何谓央企？

国人对于广泛存在的、掌握国民经济命脉的、类型丰富的国家出资企业体系并不熟悉，即便是民商法专业的研究生，能够搞清楚的也不在多数。国有企业、央企、国家出资企业、全民所有制工业企业、国有公司、国家出资公司、国有独资公司、国有资本控股公司、国有参股公司、国有控制公司等概念，颇有眼花缭乱之势，有必要结合《公司法》《企业国有资产法》《全民所有制工业企业法》等规范，对国资企业体系中以下关联概念进行层层递进式的介绍。

搞清楚概念，是学习国有企业、国有公司法律知识的前提。

一、国有企业

国有企业，即国家出资企业。从所有制的角度来看，国有企业这一概念对应民营企业、外资企业；从经济学的角度来看，国企、民企、外企乃是当今中国经济发展的"三驾马车"；从法律意义上讲，国有企业这一概念，是关于国家出资设立企业的最宽泛概念。《企业国有资产法》第5条规定：

本法所称国家出资企业，是指国家出资的国有独资企业、国有独资公司，以及国有资本控股公司、国有资本参股公司。

可见，国家出资企业在外延上包括四类企业，按照《公司法》的进一步界定，分为三类：国有独资企业；国家出资公司（包括国有独资公司、国有资本控股公司）；国有资本参股公司。

其中，国务院也即中央人民政府出资设立的国家出资企业，又叫中央企业，简称央企。地方人民政府出资设立的企业，称为地方国企，具体分为省（自治区、直辖市）、市（州）、县（区）三级，也即省属国企、市属国企、县属国企。目前，国有企业由国务院授权国资委监管，即代行出资人管理职能的有100家左右的央企，又分为副部级、司局级两个级别；各地国资委监管的地方国企数量巨大，尤其近年来的数量猛涨，大致有数十万家，省属国企分为厅局级、副厅局级，市属国企分为县处级、副县处级，县属国企分为正科级、副科级等，中国特色于此处尽显。

二、国有独资企业（全民所有制工业企业）

国有独资企业,是指依据1988年《全民所有制工业企业法》设立的全民所有制工业企业。这是我国引入现代企业制度的公司制度之前,血统纯正的国有企业——每一分钱的出资都来自国家(政府),但是不采取公司组织形式。

识别国有独资企业的一个简单方法,就是这些企业的名称里通常带有"公司""集团公司""总公司"等字样,但不包含"有限""有限责任""股份有限"的字样,即不归《公司法》调整。所以,国有独资企业并不设股东会、董事会、监事会(审计委员会)等现代公司组织机构,也没有董事长、监事会主席这些职务设置,其原本实行党委(党组)领导下的总经理负责制。20世纪90年代以来,国有独资企业曾经试行董事会、外派监事制度,后来又被叫停。需要指出的是,试行董事会、外派监事制度并非公司法意义上的组织机构,可以视为对公司组织机构的模仿。

从2017年开始,国有独资企业的存量基本上被消解了,目前主要在金融、文化产业以及个别其他特殊行业还有残存。2017年7月,国务院办公厅发布《中央企业公司制改制工作实施方案》(国办发〔2017〕69号),要求2017年年底前,按照《全民所有制工业企业法》登记、国资委监管的中央独资企业(不含中央金融、文化企业),全部改制为按照《公司法》登记的有限公司或股份公司。与此同时,地方国有独资企业也按照类似的改制方案要求加快改制。2017年年底前,一大批中央独资企业进行了从全民所有制工业企业到国有独资公司的改制。这从名称上就能反映出来,如将中国石油天然气集团公司(全民企业)改为中国石油天然气集团有限公司,将中国航空集团公司(全民企业)改为中国航空集团有限公司等。名称变化的背后是由国有独资企业改制为国有独资公司(组织形式为有限公司),由受《全民所有制工业企业法》调整到受《公司法》调整。

三、国有公司

广义上的国有公司,是指依照《公司法》、由国有资本参与设立的有限公司或者股份公司。依照国有资本的控股程度,又分为国家出资公司(包括国有独资公司、国有资本控股公司)、国有资本参股公司。

(一)国家出资公司

暂略,详见后文。

(二)国家资本参股公司

国家资本参股公司简称国有参股公司,是指有国家出资,但国有股权不占控股地位的公司。2023年6月,国务院国资委颁布《国有企业参股管理暂行办法》,其第2条明确了"参股"的定义:

……参股是指国有企业在所投资企业持股比例不超过50%且不具有实际控制力的股权投资。

由此,国有参股公司的标准得以厘清。国有参股公司不在《公司法》第七章的规制范围之内,国有股东处于公司的少数股东地位,这有别于混合所有制企业。

混合所有制企业,是指在企业资本结构中,国有资本、集体资本及非公有资本(民营资本、外资资本等)共同参与,形成多元化的所有制经济形式。党的十八届三中全会决定指出,混合所有制是我国基本经济制度的重要实现形式。可见,混合所有制企业将国有资本与民营资本、社会资本深度融合,主要任务是实现国企的产权结构多元化,推动国企改革。该种企业是国企主动引入非公有资本形成的,意在实现国企的资本多元化,但仍坚持以国有资本为主体,形成了一批国有资本控股公司。

通过引入私营企业等非国有资本的参与,混合所有制企业可以学习、吸收私营企业灵活的组织结构和高效的决策机制,为国有企业的高质量和可持续发展打下坚实基础。实践中,一些成功案例展示了其价值,例如中国联通、中石化销售公司等引入民营资本后,优化了股权结构,提升了市场竞争力和运营效率。但部分地方混合所有制改革实施中也存在形式化问题,单纯追求国企股东结构的"混合",而未着眼于公司的实际经营需要,更没能够充分发挥股东多元化带来的优势,反而制约企业发展,甚至导致国有资产浪费、流失。

023 国企概念体系(二):国有独资公司是一人公司吗?

一、国家出资公司

《公司法》第168条第2款规定:

本法所称国家出资公司,是指国家出资的国有独资公司、国有资本控股公司,包括国家出资的有限责任公司、股份有限公司。

据此,国家出资公司包括国有独资公司与国有资本控股公司两类公司。

(一)国有独资公司

2018年《公司法》第64条第2款规定:

本法所称国有独资公司,是指国家单独出资、由国务院或者地方人民政府授权本级人民政府国有资产监督管理机构履行出资人职责的有限责任公司。

现行公司法不再对国有独资公司进行定义,但根据第七章所指的"国家出资公司",应将其理解为"国家单独出资、由履行出资人职责的机构履行出资人职责的有限公司、股份公司"。也即,新旧公司法的最大变化是,国有独资公司的组织形式由单纯的有限公司,演变为有限公司、股份公司皆可。

最需要注意的是,虽然形式上国有独资公司也只有一个股东,但并非《公司法》语境下的"一人公司",其仅仅在"只有一个股东"这一形式要件上与一人公司相似,其本质在于出资人身份的特殊性——出资人是全体人民,全体人民作一种抽象的存在无法履行股东职责,故层层授权由"履行出资人职责的机构"代为履行出资人职责。

国有独资公司的委托代理链。如果要追问国有独资公司的股东是谁,这是难以回答的,但答案显然不是国资委等名义持股人,因为其被《公司法》明确定义为"履行出资人职责的机构"(注意不是"履行股东职责的机构")。那么进一步的问题是,谁是国有独资公司的出资人呢?这仍然说来话长,如果从委托代理关系的视角分析,以某央企为例,其出资人及其委托代理链条是:全体人民→国家→国务院→国务院国资委→企业管理层。

(注:"→"的左端是委托人,右端是受托人)

(二)国有资本控股公司

国有资本控股公司,是指由国有资本绝对控股或相对控股的公司。依《公司法》第265条第2项之规定:

控股股东,是指其出资额占有限责任公司资本总额超过百分之五十或者其持有的股份占股份有限公司股本总额超过百分之五十的股东;出资额或者持有股份的比例虽然低于百分之五十,但依其出资额或者持有的股份所享有的表决权已足以对股东会的决议产生重大影响的股东。

据此,国有资本控股公司又可以分为三类:

1.国有资本100%控股公司。比如,某国有独资公司的全资子公司,即属此类。

需要特别指出,这一子公司不再是国有独资公司,而是普通的法人一人公司。

一个衍生概念。国有全资公司。其是指由两个以上履行出资人职责的机构或者国有独资公司设立的有限公司、股份公司。比如,为响应党中央的京津冀一体化规划,京津冀三省份的国资委各自出资10亿元成立的某有限公司(或者股份公司),即属此类。在《公司法》第七章的概念体系下,国有全资公司也可以归属于国有资本控股公司之列,属于国有资本100%控股公司。

2.国有资本绝对控股公司,即国家出资的出资额或者持有股份占比超过50%的公司。如某国有独资公司持股51%的有限公司、股份公司。

3.国有资本相对控股公司,即国家出资的出资额或者持有股份占比虽然低于50%,但依其出资额或者持有的股份所享有的表决权已足以对股东会的决议产生重大影响的公司。实践中,上市公司相对控股的持股比例在20%~30%,如A国有资本控股公司持股B上市公司的28%股权且是第一大股东,B公司即属于国有相对控股公司。

需要指出的是,此处的"国有股东"泛指履行出资人职责的机构、国家出资企业、国有独资公司以及国有资本控股公司本身。

例如,中国石油天然气股份有限公司是一家上市公司,其控股股东是中国石油天然气集团有限公司(国有独资公司),因此,中国石油天然气股份有限公司就是一家国有资本控股公司。再如,假设中国石油天然气股份有限公司持有A公司的60%股权,那么A公司也是国有资本控股公司。最后,假设中国石油天然气股份有限公司持有B公司的100%股权,或者中国石油天然气股份有限公司持有C公司的100%股权,那么,B公司、C公司都是国有资本控股公司,但都不是国有独资公司。

二、一个实务概念:国有资本控制公司

上述关于各类公司控股、参股的概念均建立在单纯的股权控制机制进行讨论的。但在实践中,控制一家公司的机制并不限于股权控制,还有股权之外的其他控制机制,即《公司法》第265条第3项规定的"实际控制人,是指通过投资关系、协议或者其他安排,能够实际支配公司行为的人"。据此,假设一家非处于控股地位的国有股东单位凭借与其他股东结成一致行动人协议安排而成为一家目标公司的实际控制人的,该目标公司即为国有资本控制公司。国有资本控制公司在实务中也被视

为国家出资公司而适用《公司法》第七章的特别规范。

综上,国有企业的概念体系如图1-2-1所示。

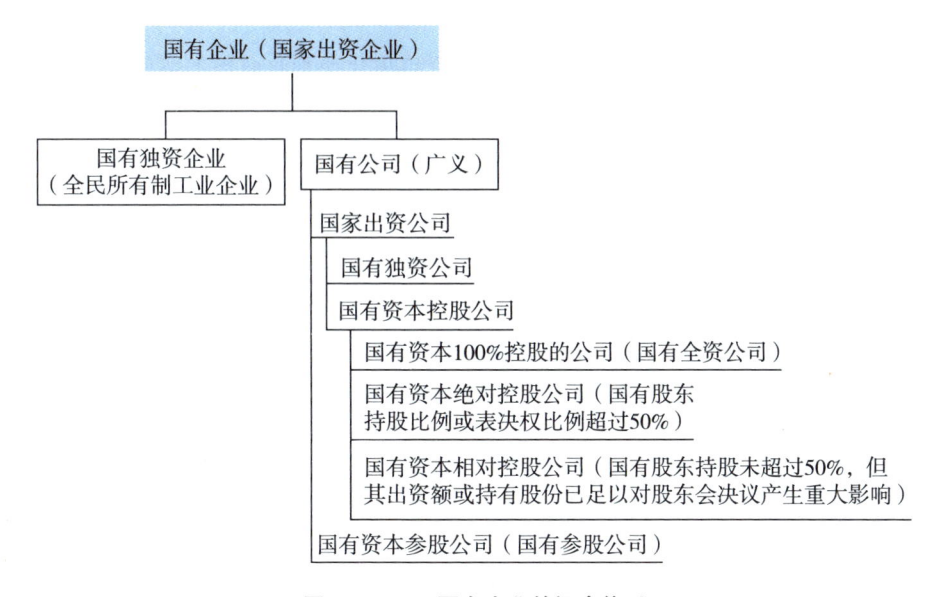

```
国有企业（国家出资企业）
├── 国有独资企业（全民所有制工业企业）
└── 国有公司（广义）
    └── 国家出资公司
        ├── 国有独资公司
        ├── 国有资本控股公司
        │   ├── 国有资本100%控股的公司（国有全资公司）
        │   ├── 国有资本绝对控股公司（国有股东持股比例或表决权比例超过50%）
        │   └── 国有资本相对控股公司（国有股东持股未超过50%，但其出资额或持有股份已足以对股东会决议产生重大影响）
        └── 国有资本参股公司（国有参股公司）
```

图1-2-1　国有企业的概念体系

024　外商投资准入规制（一）：何谓负面清单？

一、外商投资、外商投资企业

《外商投资法》第2条规定：

在中华人民共和国境内(以下简称中国境内)的外商投资,适用本法。

本法所称外商投资,是指外国的自然人、企业或者其他组织(以下称外国投资者)直接或者间接在中国境内进行的投资活动,包括下列情形：

(一)外国投资者单独或者与其他投资者共同在中国境内设立外商投资企业；

(二)外国投资者取得中国境内企业的股份、股权、财产份额或者其他类似权益；

(三)外国投资者单独或者与其他投资者共同在中国境内投资新建项目；

(四)法律、行政法规或者国务院规定的其他方式的投资。

本法所称外商投资企业,是指全部或者部分由外国投资者投资,依照中国法律在中国境内经登记注册设立的企业。

各位读者对于本条规定的外商投资、外商投资企业的概念,理解起来应该没有困难,在此不做展开。

只是需要特别交代,随着我国高水平投资自由化便利化政策的实施,原形成于20世纪七八十年代的三资企业法(《中外合资经营企业法》、《外资企业法》及《中外合作经营企业法》)早已完成了自己的历史使命。为坚持对外开放的基本国策,鼓励外国投资者依法在中国境内投资,建立和完善外商投资促进机制,营造稳定、透明、可预期和公平竞争的市场环境,2019年《外商投资法》通过,一举完成了由企业主体立法到外商投资行为立法的范式转变。换言之,国家对外商投资的特殊规制,不再着眼于"外资企业主体",而是"外商投资行为"。随之而来的是,如外商投资企业采用公司制,应当适用《公司法》,而不再适用另外一套企业主体法,这就实现了内外资企业法律制度一体化的目标。正如《外商投资法》第31条的规定:

外商投资企业的组织形式、组织机构及其活动准则,适用《中华人民共和国公司法》、《中华人民共和国合伙企业法》等法律的规定。

最后,为了使新旧法的衔接有序,《外商投资法》给予此前设立的三资企业五年过渡期,也即第42条规定:

本法自2020年1月1日起施行。《中华人民共和国中外合资经营企业法》、《中华人民共和国外资企业法》、《中华人民共和国中外合作经营企业法》同时废止。

本法施行前依照《中华人民共和国中外合资经营企业法》、《中华人民共和国外资企业法》、《中华人民共和国中外合作经营企业法》设立的外商投资企业,在本法施行后五年内可以继续保留原企业组织形式等。具体实施办法由国务院规定。

二、外商投资准入负面清单管理制度

(一)基本规定

《外商投资法》确立的对外商投资行为进行规制的基本方法,体现在第4条的规定:

国家对外商投资实行准入前国民待遇加负面清单管理制度。

前款所称准入前国民待遇,是指在投资准入阶段给予外国投资者及其投资不低于本国投资者及其投资的待遇;所称负面清单,是指国家规定在特定领域对外商投资实施的准入特别管理措施。国家对负面清单之外的外商投资,给予国民待遇。

负面清单由国务院发布或者批准发布。

中华人民共和国缔结或者参加的国际条约、协定对外国投资者准入待遇有更优惠规定的,可以按照相关规定执行。

(二)负面清单

具体而言,市场准入负面清单分为禁止和限制两类事项。《外商投资法》第28条规定:

外商投资准入负面清单规定禁止投资的领域,外国投资者不得投资。

外商投资准入负面清单规定限制投资的领域,外国投资者进行投资应当符合负面清单规定的条件。

外商投资准入负面清单以外的领域,按照内外资一致的原则实施管理。

对禁止准入事项,经营主体不得进入,政府依法不予审批、核准,也不予办理有关手续。目前来看,禁止准入事项主要集中在金融、文化领域,如禁止外商进入某些类别的金融经营活动、禁止外商开展新闻传媒相关业务等。

对限制准入也即许可准入事项,地方各级政府要公开法律法规依据、技术标准、许可要求、办理流程、办理时限,制定市场准入服务规程,由经营主体按照规定的条件和方式合规进入。比如,未获得许可,不得从事林木加工经营,不得从事电力和市政公用领域特定业务等。

此外,为防止地方政府或者有关部门滥用权力,法律还明确对未实施市场禁入、许可准入但按照备案管理的事项,不得以备案名义变相设立许可。

最后,对市场准入负面清单以外的行业、领域、业务等,按照内外资一致的原则实施管理,中外投资者皆可依法平等进入,不单独对外商投资额外设置任何门槛与条件。2025年4月24日,国家发展改革委、商务部、国家市场监督管理总局公开发布《市场准入负面清单(2025年版)》(以下简称《清单(2025年版)》)。与《市场准入负面清单(2022年版)》相比,《清单(2025年版)》事项数量由117项缩减到106项,市场准入限制进一步放宽。在推进"宽准入"的同时,《清单(2025年版)》坚决守住"管得住"底线。依据相关法律、行政法规,将无人驾驶航空器运营、电子烟等新型烟草制品的生产、批发、零售等新业态新领域纳入负面清单,对部分社会民生等领域管理措施进行完善调整。

025　外商投资准入规制（二）：违反负面清单的外商投资合同无效吗？

一、负面清单管理规定的法律性质

应该说，《外商投资法》关于负面清单管理的规定属于强制性规范，如有违反，将产生否定性后果，也即导致民事法律行为无效。这从《外商投资法》第36条规定足以证实：

外国投资者投资外商投资准入负面清单规定禁止投资的领域的，由有关主管部门责令停止投资活动，限期处分股份、资产或者采取其他必要措施，恢复到实施投资前的状态；有违法所得的，没收违法所得。

外国投资者的投资活动违反外商投资准入负面清单规定的限制性准入特别管理措施的，由有关主管部门责令限期改正，采取必要措施满足准入特别管理措施的要求；逾期不改正的，依照前款规定处理。

外国投资者的投资活动违反外商投资准入负面清单规定的，除依照前两款规定处理外，还应当依法承担相应的法律责任。

二、违反负面清单的外商投资合同的效力

（一）外商投资合同

所谓外商投资合同，《外商投资法解释》第1条的定义是：

本解释所称投资合同，是指外国投资者即外国的自然人、企业或者其他组织因直接或者间接在中国境内进行投资而形成的相关协议，包括设立外商投资企业合同、股份转让合同、股权转让合同、财产份额或者其他类似权益转让合同、新建项目合同等协议。

外国投资者因赠与、财产分割、企业合并、企业分立等方式取得相应权益所产生的合同纠纷，适用本解释。

该条规定符合《外商投资法》所规定的"绿地投资"、外资并购和新建项目的情形，覆盖了《外商投资法》所列举的具体外商投资形式。

(二)外商投资合同的效力裁判

那么,违反负面清单的规定签订的外商投资合同的效力应当如何认定呢?

对于违反《外商投资法》第4条的外商投资合同,《外商投资法解释》第2~5条规定了相应的裁判规则,简要解析如下。

1. 行政审批不是外商投资合同的生效要件

《外商投资法解释》第2条规定:

对外商投资法第四条所指的外商投资准入负面清单之外的领域形成的投资合同,当事人以合同未经有关行政主管部门批准、登记为由主张合同无效或者未生效的,人民法院不予支持。

前款规定的投资合同签订于外商投资法施行前,但人民法院在外商投资法施行时尚未作出生效裁判的,适用前款规定认定合同的效力。

2. 违反禁止投资的,外商投资合同绝对无效

《外商投资法解释》第3条规定:

外国投资者投资外商投资准入负面清单规定禁止投资的领域,当事人主张投资合同无效的,人民法院应予支持。

3. 违反限制投资的,外商投资合同亦无效,但允许补正

《外商投资法解释》第4条规定:

外国投资者投资外商投资准入负面清单规定限制投资的领域,当事人以违反限制性准入特别管理措施为由,主张投资合同无效的,人民法院应予支持。

人民法院作出生效裁判前,当事人采取必要措施满足准入特别管理措施的要求,当事人主张前款规定的投资合同有效的,应予支持。

4. 从新兼从有利原则

《外商投资法解释》第5条规定:

在生效裁判作出前,因外商投资准入负面清单调整,外国投资者投资不再属于禁止或者限制投资的领域,当事人主张投资合同有效的,人民法院应予支持。

这一规定充分释放了司法的善意,是营造市场化、法治化、国际化营商环境的重要举措,即尽力维护外商投资合同的效力而非消灭之。鉴于外商投资准入负面清单处于动态调整之中,如国家对该清单作出更有利于外商投资的调整,只要相关裁判尚未作出,法院/裁判机关就应认定该外商投资合同有效。

分篇三

谁是股东

投资创业的第一前提,乃是搞清楚谁是公司的股东。谁是公司的股东?貌似一个不言而喻的认识问题,实则为一个极复杂的法律问题,这是因为在实务中存在以下现象:公司设立不规范,发起人协议缺失普遍,对于初始股东的身份认定面临挑战;形形色色的股权代持关系;名股实债、名债实股的合同风险;有限公司股权变动模式不明确;公司治理不规范不合规,导致股东名册、公司章程、出资证明书(股票)、商事登记簿等与股东资格认定息息相关的各类法律文书、登记公示信息等传递出复杂、较大偏差甚至相反的信息,简直可谓之为"熵"。

上述种种原因,导致从比较法视角来看较为奇特的一类公司纠纷类型——股东资格确认纠纷,在我国实务中屡屡上演。与此相关的还有股东名册记载纠纷、请求变更公司登记纠纷、股东出资纠纷、股权转让纠纷、新增资本认购纠纷等,以及涉及股权强制登记的第三人执行异议、第三人异议之诉等。

所以,厘清"谁是股东"的问题,乃是中国公司法开讲的一个前置性逻辑问题。

本分篇共设14问,聚焦于"谁是股东""谁可以成为股东"这一前置问题。

026 如何成为一家公司的股东？（一）

一、股东

本书开篇已有交代，股东（shareholder），英文的直译就是股份的持有者，中文的称呼暗含"股份的东家""公司的东家"的通俗含义。

法律上，股东必然是股权的权利主体，对应的义务主体是公司。股东与股权之间不可分割，股东必然享有股权，在此意义上，如何成为一家公司的股东、取得股东身份（资格）①，也即讨论如何获得一家公司的股权。

股东身份的取得原因，包括投资与其他合法原因。按照是否对公司直接投资入股，股东身份的取得可以分为直接取得和间接取得。

二、股东身份的直接取得

股东基于其股权投资（equity investment）而取得股东身份。直接取得股东身份的人，是公司注册资本的直接提供者。根据场景的不同，直接取得又分为公司成立时取得和公司成立后取得两种情况。

1. 公司成立时取得股权

公司成立时取得，是指设立人（发起人）参与设立活动，通过向公司认购出资或股份，获得初始股东的身份，从而成为一家公司的第一批股东，俗称"初始股东""原始股东"。如该公司日后获得商业上的成功，商界对于这些人的称呼更为尊崇，对带头大哥曰"创始人"，其他人也获得"联合创始人"的美誉。

对应于公司设立方式，上述股东指向有限公司的设立人，以及发起设立、募集设立股份公司的发起人。那么，在募集设立股份公司的场合下，认股人属于初始股东群体吗？回答是肯定的，认股人认购股份的行为也发生在公司设立期间，至少在成立大会之前。总之，无论是发起人（设立人）还是募集设立股份公司的认股人，都是

---

① 股东作为股权的权利主体，在法律上应该称为身份，对应的英文是identity，但是我国公司立法、司法解释文本在惯例上称为股东资格，对应的英文是qualification。从英文概念来看，显然使用股东身份应该更为合适。所以尽管我国公司法、司法解释文本上都使用"股东资格"一词，但本书坚持使用"股东身份"以示立场，同时在此也注明两个词汇的含义相同。

在公司设立阶段与设立中公司签订出资协议、认购协议等,在公司成立之时成为公司的第一批股东。

2.公司成立后取得股权

有谓"革命不分先后",这句话对于股东投资公司之事业也适用。公司成立后可能会增资扩股,既有股东以及股东之外的人皆可认购增资款或者股份份额,由此取得股东身份。分言之,既有股东再认购的,不是取得股东身份,但会增益持股数量;既有股东之外的人认购的,则新取得股东身份。此时公司已经成立,所以所有的新股认购人都与公司之间签署增资(新股)认购协议。此类股东的身份从何时算起?《公司法》第228条规定:

有限责任公司增加注册资本时,股东认缴新增资本的出资,依照本法设立有限责任公司缴纳出资的有关规定执行。

股份有限公司为增加注册资本发行新股时,股东认购新股,依照本法设立股份有限公司缴纳股款的有关规定执行。

据此,有限公司增资扩股的,认购人缴纳股款依然适用5年限期认缴制,股份公司依然适用实缴制,但无论如何,如认缴增资(新股)协议没有特别约定,都从该协议生效之日起取得股东身份。

三、股东身份的间接取得

没有直接向公司投入资本的人,也有机会取得股东身份。所谓间接取得,也称传来取得、派生取得,是基于既有股权移转而取得股东身份,具体方式包括但不限于股转(买卖、互易、赠与)、继承、强制执行、公司合并等。

1.转让。股东在公司成立后不得抽回出资,但可通过转让股权而退出公司。股权一经转让,转让人丧失股东身份,受让人同时成为股东。转让人是既有股东,受让人是新股东,双方签署协议约定转让的股权数量、价格、支付方式等条款。通过股转而成为新股东的,须以协议生效为前提。转让股权的协议包括买卖、互易、赠与等,买卖、互易是有偿的,赠与是无偿的。

2.继承。股权作为财产权利,当然可以继承。此处的继承包括法定继承、遗嘱继承与遗赠。实务中,股份公司的股权继承较为自由,有限公司的股权继承往往受到较多的限制,但《公司法》第90条、第167条规定两类公司的章程都可以限制股权继承。

3.强制执行。股权作为财产权,同样可以作为强制执行标的。当债务人拒绝向债权人自动履行具有强制执行效力的生效法律文书确认的债权时,其名下的公司股权可作为强制执行的标的。

4.公司合并。公司合并包括吸收合并与新设合并。吸收合并的,兼并公司以自己的股权为对价置换被兼并公司的股权,被兼并公司的股东因而成为兼并公司的股东。在新设合并中,被合并公司的股东依法取得合并后新设公司的股东身份。

027 如何成为一家公司的股东?(二)

(书接上问)

四、成为股东后,如何"融入"公司

(一)"融入"公司,是一个大问题

从权利的视角而言,上问所说的某人成为股东,是一种身份,也是一种权利,但从组织法的视角而言,股东作为公司法人的成员,要真正成为股东,需要有一个"融入"的过程。这从我国当下的公司治理状态来看,尤为重要。这是因为,一直以来很多企业存在着重经营者、轻投资者的现象,参与经营的多数股东通常在公司形成一定规模后,认为自己的功劳远大于仅仅贡献出资的非经营股东,不仅轻忽甚至故意排斥非经营股东"融入"公司,非经营股东自然要为权利而斗争,很多股东纠纷尤其是股东身份纠纷就是这样引发的。如没有经营股东、管理层的认可,非经营股东不仅进入不了公司,甚至连自己的股东身份都需要自证。我国公司治理的当下水准,大致也就如此。

那么,如果一个初始股东或者继受股东要"融入"公司,需要什么样的程式化步骤呢?此处需要从法律与商业两个实践层次分别讲述。

(二)"融入"公司的法律五步曲

站在公司组织法的立场而论,股东乃公司组织的成员(member),一个人成为某公司的股东,当然要探究公司的意思表示。对于股东,公司在五个方面给予其身份性认可。

1. 公司章程的记载

依照《公司法》第46条第1款规定,有限公司章程应当载明的事项包括"(四)股东的姓名或者名称""(五)股东的出资额、出资方式和出资日期"等信息。

对于股份公司,第95条规定章程应当载明的事项包括"(六)发起人的姓名或者名称、认购的股份数、出资方式",也即除股份公司非发起人股东之外,其余各类公司股东的姓名都应该记载于公司章程。又依据第86~87条等规定,有限公司的股东转让股权的,应通知公司,公司相应修改公司章程有关股东及其出资额的记载。对公司章程的该项修改不需再由股东会表决。

2. 被签发出资证明书、交付股票

依照《公司法》第55条第1款的规定,有限公司成立后应当向初始股东签发出资证明书,其中记载的事项包括"(四)股东的姓名或者名称、认缴和实缴的出资额、出资方式和出资日期";又依据第86~87条等规定,有限公司股东转让股权的,应书面通知公司,公司及时注销原股东的出资证明书,向新股东签发出资证明书。

对于股份公司,《公司法》第147条、第149条规定股票是股份公司签发的证名股东所持股份的凭证,且应当为记名股票,股票可以采纸面形式或者国务院证券监督管理机构规定的其他形式,如采用纸面形式,应当载明的事项包括"股票种类、票面金额及代表的股份数,发行无面额股的,股票代表的股份数""股票的编号,由法定代表人签名,公司盖章""标明发起人股票字样"等,又依据第150条,股份公司成立后即向股东正式交付股票。公司成立前不得交付股票。

3. 股东名册的记载

《公司法》第56条规定,有限公司应置备股东名册,记载的事项包括"(一)股东的姓名或者名称及住所;(二)股东认缴和实缴的出资额、出资方式和出资日期;(三)出资证明书编号;(四)取得和丧失股东资格的日期",记载于股东名册的股东,可以依股东名册主张行使股东权利。又依据第86~87条等规定,股东转让股权的,应通知公司,公司相应修改股东名册中有关股东及其出资额的记载。

对于股份公司,第102条规定应制作股东名册并置备于公司。股东名册应当记载的事项包括"(一)股东的姓名或者名称及住所;(二)各股东所认购的股份种类及股份数;(三)发行纸面形式的股票的,股票的编号;(四)各股东取得股份的日期"。第159条第1款规定:"股票的转让,由股东以背书方式或者法律、行政法规规定的其他方式进行;转让后由公司将受让人的姓名或者名称及住所记载于股东名册。"

4. 商事登记及信息公示

根据《公司法》第32条,公司登记事项包括"(六)有限责任公司股东、股份有限公司发起人的姓名或者名称",公司登记机关应将该项信息通过国家企业信用信息公示系统向社会公示。第40条第1款进一步规定,公司依规通过国家企业信用信息公示系统公示的事项包括"(一)有限责任公司股东认缴和实缴的出资额、出资方式和出资日期,股份有限公司发起人认购的股份数;(二)有限责任公司股东、股份有限公司发起人的股权、股份变更信息"。又依据第86～87条,有限公司股东转让股权的,应书面通知公司,需要办理变更登记的并请求公司向公司登记机关办理变更登记。

5. 行使股东权利

有实务经验的读者一定注意到了,以上四个方面都属于形式意义上或曰仪式感上的融入公司,相应地形成了书证意义上的"成为公司的证据",而真正融入公司的是股东行使股东权利,核心是以股东身份参加股东会并行使表决权。为此,公司(管理层)作为主动方就需要通知其股东与会——这当然意味着公司对一个人具有股东身份的公然承认。

与股东参加股东会行权相关联的还有:提出临时提案,股东被选举为董事、监事或者被任命为高管,获得公司分红,行使查阅权等。虽然现代公司法上担任公司的董监高并不以股东身份为前提,但反过来,出任董监高的事实足以表明某人与公司之间的亲密关系,这种亲密关系的最大连接点自然是持有股权。在此意义上,一旦发生股东身份纠纷,出任董监高本身也是某人主张其为股东的一种佐证。

无论如何,行使股东权利都是一个人以股东身份融入公司的最重要标志。从公司管理与人情世故的视角而言,这无异于表明管理层、其他股东对该人股东身份的接纳,用俗话俚语来说就是"人家开始带你玩了"。

028　如何成为一家公司的股东？（三）

（书接上问）

(三)五步曲不同步,是常态

以上五步曲,在一家治理规范、流程严谨的公司,各方面的信息应该是一致的,或者说在某个特定时段基本上是一致的。

例1。甲作为发起人参与了A有限公司的设立活动且认缴出资额10%并实缴,在公司成立后不久,A公司的出资证明书、章程、股东名册、商事登记簿所记载的关于甲为公司股东的信息是高度一致的,与此同时甲也在多个场合行使了股东权利。

例2。设例1中,公司成立9个月后,甲将股权转让给乙。一段时间后,A公司的出资证明书、章程、股东名册、商事登记簿记载的关于乙为公司股东的信息应高度一致。如在办理甲、乙股权交接手续的期间内,A公司的出资证明书、章程、股东名册、商事登记簿记载的关于甲或者乙为公司股东的信息不一致,也是可以理解的,因为毕竟各项工作很可能并不是严整地齐头并进。

问题是,实务中多数公司的治理并不规范,或者说没有公司治理秩序,股权管理也是混乱的,更不用说处在严重的股东内讧、管理层争权夺利的情形下,所以以上四个方面呈现出来的信息更多的是不一致,甚至严重冲突。那么,股东身份纠纷也就不可避免了。

五、"融入"公司的商业逻辑

决定以上五个方面信息状态的背后逻辑,实际上取决于某个股东与经营股东、管理层的真实关系。

例3。回到例2,假设甲转让股权给乙,符合持股51%且实际经营公司的股东丙的利益(意愿),那么乙的上述四个方面的股东信息很快将会齐备且高度一致。否则,轻者,将长期不一致;重者,乙不能取得任何一方面的股东身份信息,始终进不去A公司,很快乙将"沦落"成为无股东身份而将诉讼进行到底的"维权者"。

例4。也回到例2,假设A公司的股权非常分散,实控权掌握在一帮职业经理人组成的管理层手中,甲转让股权给乙,不符合管理层的利益,那么乙的命运大致与例3所列的最后情形并无二致。

例5。再回到例2,假设A公司管理一片混乱,股东们一盘散沙,虽然甲转让股权给乙这件事并未触动哪一方利益,但由于公司内部从上到下无人"视事",所以乙的上述前四个方面的股东身份信息迟迟难以齐备,遑论一致。

以上不厌其烦地举例,是想要说明,取得股权是一回事,融入公司也即为既有股东群体、公司管理层接纳是另一回事。就后者而言,被接纳与否是一种商业逻辑,反映在公司组织法上就是非上市公司封闭性、股东信任关系(有人称之为"人合性")。所以在商业实践中,股转的受让人需要对目标公司进行尽调。尽调的价值不仅仅是掌握目标公司真实的财务数据,更是对与未来合作伙伴(其他股东、公司管理层)之间合作度的一种测试。

六、做顺利融入公司的智者

如前所述,无论是有限公司还是非上市股份公司,都具有明显的封闭性,差异仅在于封闭性的程度而已。作为封闭性公司的投资者,无论是参与发起设立公司还是接受取得股权,都要力避自己成为那个为股东身份苦苦抗争的人,因为即便历经百战最后成为诉讼的胜利者,也早就输掉了这场投资,甚至错过了一个行业、一个时代,乃至一场人生。

要做顺利融入公司的聪明投资者,我们的建议无外乎:

1. 作为联合创业者,选择靠谱的投资合作伙伴尤其是带头大哥。所谓靠谱,无非是三观相合者,在商言商,就是指具有基本的商业道德,愿意与人分享投资成果,愿意与人共担投资风险,愿意合规经营,构建规范的现代公司治理机制。

2. 同理,作为创业者也即带头大哥,应要求自己力做靠谱的企业家,做其他投资合作伙伴的值得信赖者。商业历史经验一再证明:公司产权清晰,运营合规,管理可行、治理规范,对于创业者也即实控人来讲,是成本最低的公司经营模式。

3. 最后,对于所有的投资者而言,始终要有法律风险意识:股东身份有可能模糊不清,这在现阶段的我国商业实践中是一个普遍性问题,既要防止自己沦为自证者——尤其是在公司经营向上的背景下遭人否定股东身份,从而陷入为身份而战的困境,也要防止其他投资合作伙伴在公司经营向下的背景下竞相主张自己是债权人的"背信弃义"。

遗憾的是,无论如何防范与提防,由于种种原因,遇人不淑也罢,怒其不争也罢,终究还是有人投资款投入多年,最终还要为一个股东身份而陷入诉讼之争。那么,投资者又如何证明自己是股东呢?这一问题的回答,其实与股权取得方式及条件乃是一枚硬币的两面。

029　股东身份为何成为一个问题？

一、股东身份认定纠纷频发

2020 年《民事案件案由规定》载明的 24 类与公司有关的纠纷中，股东身份确认纠纷及与此密切相关的纠纷类型显然占据重要分量，隐隐成为一种亚分类——广义上的股东身份认定纠纷。

类型1：股东资格确认纠纷，包括：

——出资人之间因出资发生的股权确认纠纷，如股权代持下的股东身份纠纷；

——合同当事人因股权转让产生的股权确认纠纷，如未办理股东名册变更或者登记变更的，谁是股东？

——股东与公司之间的股权确认纠纷，如公司拒绝接纳继受股东的。

类型2：股东名册记载纠纷

类型3：请求变更公司登记纠纷

类型4：股东出资纠纷，又分为：

——有关出资形式的纠纷；

——有关出资义务履行与否的纠纷；

——股东出资责任纠纷。

类型5：请求公司收购股权纠纷

类型6：股权转让纠纷，包括：

——股转合同的违约纠纷；

——股转合同的无效、撤销纠纷；

——股转合同生效后，因解约、履约发生的纠纷。

类型7：上市公司收购纠纷

二、股东身份认定纠纷发生的场景

上述广义上的股东身份认定纠纷，实体上的核心焦点只有一处：如何认定一个人是某家公司的股东。如将纠纷发生的原因场景化，则具体的发生场景可分为：

1. 初始股东身份认定纠纷情景之一：创业合作者(发起人、联合创始人)对设立公司活动的理解不一，导致彼此间的身份认同不一，对谁是股东身份发生分歧；

2. 初始股东身份认定纠纷情景之二：外部财务投资者与公司的股债之争也即名股实债、名债实股问题，对投资者是否为股东，双方理解不一；

3. 初始股东身份认定纠纷情景之三：以隐名出资为代表的形形色色的股权代持关系中，代持当事人之间对谁是股东发生争议；

4. 继受股东身份认定纠纷情景之一：受让人何时取得股权，这取决于对股权变动模式的解读，而继受人与公司(背后是管理层、其他股东)理解不一；

5. 继受股东身份认定纠纷情景之二：名义股东出售股权的情形下，以及"一股再卖"情形下，相对人、次买受人能否主张善意取得，关系到股权归属于谁，各方认识不一致；

6. 继受股东身份认定纠纷情景之三：股权让与担保关系中，担保债权人假戏真做，主张其为股东发生的争执；

7. 非典型股东身份认定纠纷情景之一：夫妻共有财产投资的股权，一人是股东还是夫妻都是股东之争；

8. 非典型股东身份认定纠纷情景之二：职工持股会下的职工、持股平台的投资人是否为股东之争。

……

三、股东身份认定纠纷频发的根源

不客气地讲，股东身份认定纠纷频发，是不大符合一个成熟、诚信商业社会的形象的，这也是现阶段我国处于社会主义初级阶段、社会主义市场经济体制尚未完善的一个时代性标签，也可谓之为一个普遍失信社会的一类奇特纠纷。就其发生的根源，可以从以下几个方面来观察：

1. 直接缘由。封闭公司(有限公司、发起设立股份公司等)的股东之间人际关系合作失败，股东出资瑕疵普遍存在，其他股东的秋后算账策略频生，采用非诚信手段来解决股东间矛盾成为常规选择，所以大多数股东身份认定纠纷形式上是股东与公司之间的纠纷，实质上是幕后的股东之争。

2. 法律原因。现行公司法及其配套司法解释供给的裁判规则缺失，导致相关行为规则的指向不明，混乱了人们的预期，助长了更多纠纷发生。

3.社会原因。商业诚信普遍缺失,社会成员的财富普遍不透明等,构成社会原因。隐名出资为代表的股权代持现象肆意盛行,是股东身份认定纠纷频发的中国式独特根源。对此,后文还有专问研究之。

四、核心焦点:到底谁是股东

透过现象看本质,上文列举了股东身份认定纠纷发生的种种情境,对于该类纠纷的裁判,核心焦点只有一个——谁是股东。所以,接下来我们要周详地探讨一个法律问题——取得股东身份的要件到底是什么?

030　取得股东身份的要件是什么?

一、问题是如何提出的

太史公云:天下熙熙,皆为利来;天下攘攘,皆为利往。

股东身份需要自我证明?在现阶段的我国商业实践中,不仅经常发生,且主要发生在有限公司,发生缘由及解决方式、裁判逻辑都颇具中国特色。

概而言之,主张自己是股东的,主要发生在以下几种场合下:

一是自认为参与了发起设立公司的人,后来公司发展良好,被其他发起人以其名股实债、未认缴出资或者实缴出资、不是发起人等缘由拒绝承认为股东的;

二是形形色色的股权代持协议下,实际出资人请求确认自己为股东的;

三是股转背景下,被公司拒之门外的继受人请求确认自己为股东的。

在诉讼实务中,证明自己是股东不仅发生在许多单纯的股权确认之诉、股东资格确认之诉,而且在股转纠纷、股东权益侵害纠纷如股东请求分红、请求查账之诉、追究股东瑕疵出资责任之诉中,股东身份的认定通常也会成为焦点问题之一,因为这是解决前述纠纷的前提条件。

二、证明自己是股东的路径

《公司法解释三》第22条规定:

当事人之间对股权归属发生争议,一方请求人民法院确认其享有股权的,应当证明以下事实之一:

（一）已经依法向公司出资或者认缴出资，且不违反法律法规强制性规定；

（二）已经受让或者以其他形式继受公司股权，且不违反法律法规强制性规定。

据此规定，如某人欲证明是某公司的股东，分为两种情形探讨。

(一)直接取得股权的股东

此时只需要一个要件——已经依法向公司认缴出资，且不违反法律法规强制性规定，简称认缴意思，也即只要有向公司认缴出资的意思，即为已足。

就只需要这么一个要件吗？是的！

很多人满怀狐疑——难道不以实缴出资为要件吗？回答是：不。要深刻理解这一点，需要澄清两个容易陷入错误的认识：

1.实缴出资不是取得股东身份的要件，而仅仅是保住股东身份的要件。对于有限公司而言，由于实行限期认缴制，所以认缴出资额以后、实际缴纳出资之前这一段时间内，显然已具有股东身份。无论在此期间被公司、到期债权人要求加速到期缴纳出资，抑或届期后未缴纳而被公司、其他股东、债权人催缴的，其都是以股东身份而被诉请的(《公司法》第52~54条)；反过来，也只有股东才会被公司、债权人要求缴纳出资。再退一步，即便被催缴后在一定期间内仍然未缴纳的，该人会面临被董事会决议除名、除权的问题；而被除名、除权的前提，恰恰是以已具备股东身份为前提的。这就好比被开除学籍、党籍的人，肯定是具备学生、党员身份的。当然，从除名、除权的视角进一步观察，一个人要保住股东身份，最终还是要以实际缴纳出资为前提。

对股份公司而言，虽实行实缴制，但投资者直接取得股东身份的起点仍然是认缴股份的意思表示，而不是实际缴纳出资。当然，如股份公司的股东被催缴后未出资，也得被除名、除权。可见，在直接取得股东身份的前提这个问题上，两类公司并无差异。

2.如何理解出资合法。上述规定还要求股东的认缴、出资行为具有合法性。这需要具体分析。比如，本书在其他专问讲到，如法律法规要求每个股东投资持股保险公司的股权比例不得超过限额，如有违反，可能将被否定超出限额部分的股权。又如，公务人员是否可以投资入股某家公司从而取得股东身份？如违反法律法规强制性规定，是否导致股东身份被否定？这需要具体分析，详见关于这一话题的其他专问。

(二)继受取得股权的股东

基于股转而继受取得股权的,何时成为股东?基于法律行为的继受取得股权的,何时成为股东取决于股权变动模式要求的要件完成与否。对此,可以参阅本篇后文关于两类公司股权变动模式的专问,本分篇不予展开。

基于法定继承等法律行为以外的原因而继受取得股权的,何时成为股东?取决于继承法等相应规定,比如继承取得股权的,遵循《民法典》第1121条第1款关于"继承从被继承人死亡时开始"的逻辑。

031 如何裁判股东身份纠纷?(上)

尽管股东身份取得的依据非常明确且单一,但由于种种原因,实务中各类"股东资格确定纠纷"(官方称谓)依然层出不穷。那么,裁判者究竟如何认定或者否定一个主张者的股东身份呢?

一、股东身份认定的若干原则

1. 平衡各方利益。股东身份的认定,涉及投资人、公司、公司债权人、投资人债权人等多方主体的投资安全、交易安全等利益。股东身份认定,要注意对诸利益主体的平衡性保护。

2. 维护公司组织稳定。股东乃公司法人组织的成员,其身份认定应尽可能地使公司成立有效,使公司已成立的行为有效,不轻易破坏公司组织的稳定性,不轻易否定公司已成立的行为,不轻易否定登记者的股东身份。

3. 区分内外纠纷,尊重真实意思,尊重外观主义。投资人与公司、投资人之间发生的股东身份认定纠纷,属于内部纠纷,要着重考虑投资人有无成为股东的真实意思表示。投资人与公司债权人之间、股转双方之间发生的股东身份认定纠纷,属于外部纠纷,涉及第三人保护问题。由于第三人通常是通过公司的外观特征来了解、判断公司的成员构成,因而应本着尊重商事登记外观主义的精神来保护第三人。

4. 保护弱者。在投资人与公司之间,能够证明股东身份的许多证据掌握在公司手中,公司是优势方,投资人是劣势方,在举证责任的分配等环节应考虑对投资人的倾斜保护。类似地,在股东、公司与外部第三人如债权人、股权受让人之间,股东、公司是优势方,外部第三人是劣势方,应注重保护后者。

5. 风险自负。股权代持关系中,涉及实际出资人与外部第三人之间利益冲突的,利益衡平应向后者倾斜。这是因为股权代持的始作俑者正是委托人,这种权利隐藏的设计造成名实不符的现象,如处理结果对其不利,是其自愿承受且能够承受的,也符合风险自负的法理。

二、股东身份认定的方法论

股东身份纠纷的裁判面临复杂的事实挑战,裁判的方法论因而最重要。为此,要认清实务中的要件论与特征论之别。

1. 要件论不可取

有人提出,一个人具有股东身份须具备相应的要件,包括实质要件和形式要件,前者指认缴出资、实缴出资,后者包括公司章程记载、股东名册记载、商事登记、公司发给出资证明书或者交付股票、行使股东权利等。亦有观点区分行为要件与书证要件,前者包括认缴出资、实缴出资、签署公司章程、行使股东权利等,后者包括章程记载、股东名册记载、出资证明书及股票、商事登记等。在此基础上,要讨论的一系列问题包括:

——实质要件与形式要件哪个更重要(一般是前者更重要);

——实缴出资是取得股东身份的必要条件还是充分条件;

——每一要件的证明力大小排序;

——诸形式要件之间发生冲突应该怎样处理。

于是实务界以及理论界还有人"精细化"地提出若干学说:

——"内外有别说":股东与其他股东、公司之间的股东身份纠纷属于内部之争,应以实质要件为主,与外部第三人之间属于外部之争,应以形式要件尤其是商事登记的公示要件为主。

——"优势证据说":对比肯定某人为股东、否定某人为股东的两组证据的证明力强弱,更强证明力的一组取胜。

——"实质优于形式说":实质证据优于形式证据。

——"行为优于书证说":认缴、实缴资本等行为证据优于章程记载等书证。

需要指出,"要件论"存在致命的认识误区,不仅无助于问题的解决,反而产生了更多的逻辑困惑与混乱。比如,实务中有裁判者将出资当作取得股东身份的必要条件,但同时又承认尚未出资的发起人也是股东。不客气地讲,如果一个裁判者陷入"要件论"而不能自拔,可以"庸人自扰之"来形容。

2.特征论,可为佐证手段

再次强调,对于直接取得股权的股东,认定其股东身份的要件只有一个——认缴出资的意思;对于继受(间接)取得股权的股东,认定其股东身份的要件也只有一个——是否符合股权变动模式的要求。除此之外,别无要件。在这个问题上,上述要件论存在认识误区。

但是,如把上文要件论所列举的所谓诸要件当作股东身上自然具备的法律特征来看,许多困惑将迎刃而解,人们的认识随之豁然开朗。在有限公司,可资佐证股东身份的法律特征主要有:认缴出资,出资事实;签署公司章程与章程记载的股东名单;持有出资证明书、股票;股东名册记载;商事登记记载;实际行使了股权等。其中,认缴出资及实际出资、签署公司章程、实际行使股权三项属于行为特征,为实质性特征;余者为书证,可称为形式特征。

前文已指出,在治理规范的公司中每个股东的上述法律特征都是齐备且指向一致的,这样,每个股东的身份就不会生出纠纷。之所以有些公司频生股东身份认定纠纷,直接原因就是一些"股东"不完全具备上述法律特征,或者诸法律特征之间的指向相互冲突。在此背景下,要确立股东身份认定的裁判规则,须对这些特征与股东身份的关系逐一分析。

三、股东资格认定纠纷举证的攻防大战:主张者的举证

(一)股东身份之诸特征

1.关于认缴出资与实缴出资

二者的关系前文已多处重复分析,此处不展开,仅再一次总结:认缴出资是取得股东身份的前提条件,实缴出资不是;若从特征论,认缴出资当然也是股东应有的法律特征,但实缴出资不是必备的法律特征。当然,实缴出资无疑可以证明其股东身份,可谓股东的法律特征之一。

此处要着重讨论一下作为股东认缴出资意思表示的载体——发起人(设立)协议、认股协议。

发起人(设立)协议,是发起人参与公司设立活动并最终成为初始股东的重要依据。认股协议,是直接取得股权的不可或缺的凭据。如前所述,实务中直接取得股

权的股东分为两类：

（1）直接取得股权的发起人股东。有的发起人股东签署发起人协议，不再另行签署认股协议；有的则另行签署认股协议。无论如何，签署发起人协议和（或）签署认股协议，都将是直接取得股东身份的重要特征。

（2）其他直接取得股权的股东，包括非发起人的初始股东与公司成立后加入公司的股东。前者指募集设立股份公司的认股人，后者指公司增资扩股时的认股人。这两类股东仅签署认股协议，认股协议成为其认缴出资的意思表示载体。

而基于法律行为间接取得股权的股东，其签署的股转协议，则是其间接认缴出资的意思表示的载体。以有限公司为例，股权发生转让的，转让人通知公司后，公司要收缴原股东的出资证明书，同时给新股东签发新出资证明书，这恰表明公司对继受股东间接出资给公司的事实的认可。

2. 关于公司章程的签署与记载

签署章程，是初始股东（发起人）的职责，表明其有成为股东的真实意思，所以经列名股东签署的公司章程对内是确定股东身份的重要依据；同时，因公司章程为设立公司的要件之一，需登记机关备案，具有一定的公示效力，故而成为外部第三人据以判断公司股东的主要依据之一，毕竟公司章程的绝对必要记载事项包括有限公司股东、股份公司的发起人。

但是，依据章程认定股东身份，只限于有限公司的股东和股份公司的发起人股东；对于股份公司的非发起人股东而言，章程对其股东身份的认定没有价值。

3. 关于出资证明书、股票

有限公司的出资证明书属于证权证书，作用是证明出资事实的发生。因此出资证明书并无设权效力，在无相反证明的情形下，只要持有出资证明书，可认定其向公司出资之事实；至于是否能够证名股东身份，存在争议，通说肯定之，本书采之。

股份公司的股票是有价证券，依照《公司法》第150条，股份公司成立后即向股东交付股票，且为记名股票，故而持有股票者自然就是股东。

4. 关于股东名册

股东名册（records of shareholders/owners, list of shareholders/stockholders），指公司依法设置的记载股东及其所持股权的簿册。《公司法》第56条、第102条规定，两类公司都置备之。在无相反证明的情形下，股东名册对于证明股东身份具有推定效力。关于有限公司的股东名册，《公司法》第56条第2款规定：

记载于股东名册的股东,可以依股东名册主张行使股东权利。

第86条第2款进一步规定:

股权转让的,受让人自记载于股东名册时起可以向公司主张行使股东权利。

这些在法理上也适用于股份公司。据此,就股东与公司的关系而言,在册股东(即股东名册记载的股东,record owners)仅凭股东名册的记载即可向公司主张股东身份,行使股权,公司不得否认,除非公司能够证明记载错误。在册股东被推定为股东,若有人对此有异议,异议者负证明责任。

032　如何裁判股东身份纠纷?(下)

(书接上问)

5. 关于股东的商事登记

股东的商事登记,是指有限公司股东或者股份公司发起人由公司登记机关登记,又称股权商事登记。股东登记属于证权性登记,本身并无创设股东身份的效力,只具有对外宣示股东身份的证权功能。据《公司法》第34条及《民法典》第65条,包括股权变更登记在内的法人变更事项登记采对抗要件主义立法。因此,股东登记并非股东身份享有以及变动的生效要件,而仅是对抗要件。对第三人而言,其有理由相信商事登记是真实的,并要求所登记的股东按登记的内容对外承担责任。

6. 关于实际行使股权

实际行使股权,包括出席股东会会议、提出临时提案、参与股东会表决、查阅公司账簿、获得分红等。在逻辑上,行使股权是取得股东身份的结果,而不是取得股东身份的要件。由此观之,仅以实际行使股权为由主张股东身份,并不能获得支持。但这并不妨碍"实际行使股权"事实特征作为认定股东身份的依据。当然,如确有其他证据证明实际行使股权者不具有股东身份,应该实事求是。

(二)实务总结

1. 形式特征对于股东身份的证明功能主要是对外的,在股东与公司外部第三人的纠纷中,比实质特征更有证明力。这源于双方之间的信息不对称,后者处于劣势,所以重在考察当事人意思表示的外在形式,借助商法的公示主义、外观主义以维护交易安全。其中,商事登记的公信力最强,在同等条件下优先于其他形式特征。

2.实质特征对于股东身份的证明功能主要是对内的,在解决股东身份认定的内部纠纷时证明力优于形式特征。这是因为当事人之间的信息比较对称,知己知彼,所以重在考察当事人的内心真实意思。其中,签署公司章程反映行为人作为股东的真实意思,优先于其他实质特征。

四、股东身份认定纠纷举证的攻防大战:否定者的举证

此处的否定者,在诉讼中当然是公司,也可以是其他股东,或者明面上是公司、实际上背后是其他股东、管理层。否定者的举证,完全是对上述主张者所举的六方面证据的直接反驳。根据实务经验,概而言之:

1.关于认缴出资与实际出资

针对认缴出资,否定者称,主张者的认缴出资意思,不是投资入股的意思,而是借贷给公司的意思,也即"名股实债"。

针对实际出资,否定者称,主张者未有实缴的事实,或者所谓的实缴,是对借贷之债的履行。

2.关于公司章程的签署与记载

针对签署章程,否定者可能沿循上段的"名股实债"论,继续论证主张者当初参与签署公司章程,乃是一个重大误解。

针对章程记载,否定者可能拿出新章程或者其他章程,证明其他文本的章程并无主张者作为股东的记载。民商事实务中有抽屉协议,公司诉讼实务中也不乏抽屉章程。对于多份章程的情形,司法机关一般认定登记机关备案的那份章程为准。此外,对于股份公司的非发起人股东的身份争议,章程记载之有无失去了证据价值。

3.关于出资证明书、股票

针对出资证明书,否定者的可能反驳主要有三:(1)否定该份出资证明书的效力,比如证明出资证明书乃是主张者当初利用其控制人身份伪造、变造的,或者存在形式瑕疵,如没有法定代表人签字或者公司盖章,缺乏编号等;(2)证明主张者构成抽逃出资,出资证明书获颁在前,抽逃出资在后,实际上等于没有出资;(3)论证出资证明书并无设权效力。需要指出的是,关于其后抽逃出资反驳理由的抗辩,参见上述关于实际出资与取得股权的关系。

针对股票的反驳,参照针对出资证明书的反驳。

4. 关于股东名册

鉴于股东名册乃是公司置备的且具有明显的推定效力,故而对其反驳,否定者较为审慎,反驳理由主要集中在股东名册早已失去真实性,不能反映目前公司股东的真实状况,或者否定者拿出不同的股东名册等。

5. 关于股东的商事登记

针对股东的商事登记信息,否定者的反驳理由集中在:一是类似于对股东名册的反驳——公司股东早已发生巨变,但由于管理混乱等原因,公司很久没有申请变更登记,以致股权商事登记信息名实不符;二是存在股权代持、股权让与担保等事实,登记者并非真正的股东;三是商事登记仅有公示、对抗效力,并无设权效力,不能凭借商事登记而主张股东身份。

6. 关于实际行使股权

针对实际行使股权,否定者的反驳包括:(1)主张者虽有行使股东权利的事实,但作为名股实债的安排,其本身是一种误会;(2)在股权代持、股权让与担保的前提下,登记股东行权乃是一种表象,不能由此证明其为股东。

033 何时证明某人不是股东?

一、问题是如何提出的

普天之下,熙熙攘攘不仅皆为利来利往,而且凡事皆有左右。实务中,有人急于证明自己是股东,从而捍卫自己的投资权益乃至争夺公司控制权,也不乏有人急于证明自己不是股东,借此摆脱巨额的出资缴纳义务,并以债权人身份向公司主张债的清偿。

比如,作为公司发行的可转换债的持有人,凭借享有的合法有效的选择权,其在公司经营向上的时候堂而皇之行权,主张自己为股东;反之,则庄重行权并主张自己乃公司债债权人。趋利避害,乃是人之天性,既然可转换债持有人享有选择权,上述选择既无可厚非,也理所当然,受法律保护。

但此处讲述的是在股东身份信息模糊的前提下,有人会主张自己非股东的诉讼立场。具言之,证明自己不是股东,可能存在两种情形。

一是确有道理者,如投资者成功证明自己签署的某份投资协议实为名股实债的;

二是机会主义者,其本为股东,但由于种种原因,前述的证明股东身份的四个方面的信息模糊不清或者存在信息方向冲突的,在公司经营向下的背景下,趁机主张自己乃为公司的借贷者而非投资入股公司的股东。

二、何时证明某人不是股东

1. 名股实债、名债实股的

正如上问所揭示的,"名股实债"的投资者,如公司经营向上,其本人积极主张自己为股东,但公司、其他股东却要力证其为债权人;反之,如公司经营向下,投资者本人竭力主张自己不是股东、实为债权人,但公司、其他股东却要力证其为股东。

反向的,也有所谓"名债实股"的投资者,如公司经营向上,其本人也会果断选择力证自己为股东,但公司、其他股东却要证明其为债权人;反之,如公司经营向下,投资者本人也一样竭力主张自己不是股东、实为债权人,但公司、其他股东却要力证其为股东。

可见,无论是以"抽屉协议"形式存在的多份合同的股债不清,还是内容名实不符的单份合同的股债不清,都是一开始就是产权不清、权利义务不明的契约安排。正因为权利义务不清,在后来公司发展的不同走势下,人们都会不可避免地对投资者的身份存在股东、债权人之争议,背后则是利益算计的结果。

2. 隐名出资关系的

关于隐名出资关系中的双方当事人谁是股东,后文专问分析,此处仅讲股东身份纠纷的发生,大致有两种情形:

(1)实际出资人与名义股东之间,在面临承担出资责任的时候,双方可能竞相主张自己不是股东;在争夺投资权益的时候,双方可能又竞相主张自己是股东。

(2)双方当事人与公司、公司债权人之间,在公司、公司债权人向隐名出资双方的某一方主张其承担与股东身份相关的责任,包括实缴出资、揭破法人面纱时要求股东对公司债务承担连带责任等情形下,被追责的一方往往努力证明自己不是股东,以避免承担责任。

3. 股权让与担保的

股权让与担保的,对担保债权人而言,如其后公司经营向上,担保债权人可能

"恶向胆边生",会主张双方实存在股转关系,自己是股东;反之,则竭力主张双方乃股权质押、让与担保关系,自己仅是担保债权人。对债务人(股东)而言,其立场则与担保债权人相反。

当然,让与担保期间,公司债权人可能也有诉求确认究竟登记股东(担保债权人)还是原股东为现在的股东,从而进一步诉请其承担缴纳出资等义务,对此,担保债权人也有动力证明自己不是股东。

4. 被冒名股东的

被冒名登记股东与股权代持的名义股东有很大区别,主要在于前者并无接受股权登记的受托意思。所以,如果确属被冒名登记,被冒名股东主张自己不是股东,并无悬念,悬念在于如何甄别出是否被冒名。

近年来,商事登记机关利用现代信息技术极大强化了窗口办理股权登记的身份识别力度,以最大限度杜绝被冒名股东现象,但由于在窗口以外办理股权登记仍然被允许,此时要依赖人脸识别技术的应用,所以被冒名股东现象可能仍然无法完全杜绝。

034 如何证明某人不是股东(一):名股实债、名债实股?

一、纠纷的缘起

实务中常有外部投资者与公司签订"投资协议",但约定的内容却为日后纷争埋下伏笔:有的协议约定的内容确属投资入股的协议,也有的约定按照约定的数额(投资金额比例或者固定数值)取得固定投资回报,并在多少年后收回该投资款或者公司承诺溢价回购股份额云云。作为此类协议当事人,在未来公司运营向上或向下的时候,投资者分别存在主张其投资为股权、债权的动机,进而与公司、其他股东的主张截然相对,并发生纠纷。

实务中还有另外一类外部投资者,与公司签订"信托借款协议"等,但约定的内容也为日后纷争埋下伏笔:有的协议约定的内容确属借贷之债的性质,也有的约定投资者享有多少份额的投资权益,或者公司承诺溢价回购该投资权益云云。同上所述,此类协议当事人,在未来公司运营向上或向下时,也可能会产生主张其投资为股权或债权的机会主义倾向。

以上,就是实务中人们所说的名股实债、名债实股现象。

二、如何裁判

(一)三种思路

实务中对此类纠纷有三种裁判思路。

一是认定为避法行为,援用"以合法形式掩盖非法目的"或者其他违法事由,宣告双方协议无效。

二是探求当事人的真意,也即在多份合同或者同一份合同的多个意思中,探究当事人的真实意思表示究竟是债还是股。各级民事庭法官固有思维即为如此。

三是依照合同约款规定的双方权利义务处理,避开对当事人真实意思的探究,因为也难以探究。商事仲裁多采此种思路。

(二)法律规范

既然是名股实债、名债实股,就足以说明至少有两种意思表示,对应的法律规范就是《民法典》第146条规定:

行为人与相对人以虚假的意思表示实施的民事法律行为无效。

以虚假的意思表示隐藏的民事法律行为的效力,依照有关法律规定处理。

比如,最高人民法院民二庭第5次法官会议形成的《会议纪要》涉及"名股实债"的部分陈述如下:

一旦确定投资人的真实意思是取得固定收益而非成为真正股东,则往往存在名为股权转让(或增资扩股)实为借贷的问题,构成虚伪意思表示中的隐藏行为。即此时存在两个行为,名义上的股权转让(或增资扩股)属于虚伪意思表示,根据《民法总则》第146条第1款有关"行为人与相对人以虚假的意思表示实施的民事法律行为无效"的规定,该行为无效。至于隐藏的行为,该条第2款规定:"以虚假的意思表示隐藏的民事法律行为的效力,依照有关法律规定处理。"据此,应当依照民事法律行为的一般有效要件来认定其效力。

如果名股实债、名债实股是就同一份合同而发生的意思表示解释分歧,则适用《民法典合同编通则司法解释》第15条的规定最为接地气:

人民法院认定当事人之间的权利义务关系,不应当拘泥于合同使用的名称,而应当根据合同约定的内容。当事人主张的权利义务关系与根据合同内容认定的权利义务关系不一致的，人民法院应当结合缔约背景、交易目的、交易结构、履行行为以及当事人是否存在虚构交易标的等事实认定当事人之间的实际民事法律关系。

如果名股实债、名债实股是因为存在两个以上的合同文本（"抽屉协议"）而发生的意思解释分歧，则适用《民法典合同编通则司法解释》第14条第3款的规定：

当事人就同一交易订立的多份合同均系真实意思表示，且不存在其他影响合同效力情形的，人民法院应当在查明各合同成立先后顺序和实际履行情况的基础上，认定合同内容是否发生变更。法律、行政法规禁止变更合同内容的，人民法院应当认定合同的相应变更无效。

三、对既有裁判思路的反思

举例。甲公司向乙公司借款，双方担心国有企业间的借贷被认定无效或者受纪检监察机关的特别巡视，均同意假借股权转让方式完成出借，即甲将其持有的A公司股权转让至乙名下，乙以支付股权转让款名义出借款项。双方约定乙公司持股期间无涉股东权利义务，更不得对股权做出任何处分或权利负担行为。还款期限届至后，甲公司以本息合计的价格回购股权。

按照前引《会议纪要》的处理思路，甲、乙股转意思表示虚假，应认定转让行为无效。此种情况下，除隐藏的借贷行为外，股转未嵌入任何其他目的，故即使认定股转协议无效甚至要求乙返还股权，也不会导致当事人权利义务失衡。但意思表示是杂糅且主观的，有时甚至超出裁判者的审查能力和边界。例1中，甲、乙有规避企业间借贷管制的初衷，但也可能蕴含股权让与担保的意图，甚至有可能是在债务人不能清偿后产生债转股的合意。在此种情况下，坚持以虚伪意思表示处理是否会侵害债权人一方的利益？又或者说，双方关系是否因内心意思发生变化而从名股实债变更为让与担保？回答这一问题，需先厘清股权让与担保和名股实债的区别。

那么，最高人民法院是如何认识股权让与担保和名股实债的区别的呢？最高人民法院民二庭第4次法官会议形成的《会议纪要》关于"股权让与担保的性质与效力"的部分陈述如下：

从合同数量的角度看，股权让与担保作为从合同，是为了担保主合同项下的债务而订立的，因此，股权让与担保往往存在两个合同。而名股实债本身仅是一个合同,当然,如果投资人实际享有的是债权,则名义上的股权转让或增资扩股协议,可以解释为是通过让与股权方式提供担保的借贷合同。此时,形式上的一个合同包含了两个实质上的合同。

简言之,让与担保是并列结构,存在借款和担保两个主从合同关系;名股实债则是内嵌结构,即一份形式上的股转合同隐藏了借款合同。如以下释义:

让与担保 = 借款合同 + 转让/担保合同

名股实债 = 转让(增资)/借款合同

应该说,两者的区别固然存在,但合同的数量不同,抑或"并列""内嵌"的交易结构差异,并无法推导出两者在通谋虚伪制度适用上的区别。

035　如何证明某人不是股东(二):隐名出资?

一、公司法的立场

既然是隐名出资,双方当事人之间存在一个委托关系,双方均受该委托合同约束,形成一种债的关系。但在公司组织法的立场上非常明确,这从双方的称呼上足见其清晰的定位,如《公司法解释三》第24条规定:

有限责任公司的实际出资人与名义出资人订立合同,约定由实际出资人出资并享有投资权益,以名义出资人为名义股东,实际出资人与名义股东对该合同效力发生争议的,如无法律规定的无效情形,人民法院应当认定该合同有效。

前款规定的实际出资人与名义股东因投资权益的归属发生争议,实际出资人以其实际履行了出资义务为由向名义股东主张权利的,人民法院应予支持。名义股东以公司股东名册记载、公司登记机关登记为由否认实际出资人权利的,人民法院不予支持。

实际出资人未经公司其他股东半数以上同意,请求公司变更股东、签发出资证明书、记载于股东名册、记载于公司章程并办理公司登记机关登记的,人民法院不予支持。

所谓"语言即世界",从第24条立法用语来看,第1款规范双方合同(债)的关系时,使用的是"实际出资人""名义出资人"概念,一碗水端平,但第2款规范公司组织关系,称股权代持协议的受托人为名义股东;"名义股东"就是"股东",委托人则被称为"实际出资人",至此,谁是股东、谁不是股东,已有定论。

第3款规范实际出资人显名为公司股东的程序,进一步表明:在实际出资人依法显名之前,其尚不是股东;当然,其有成为股东的权利与机会,一旦显名,名义股东也就不再是股东,因为同一份股权在某个时刻只能有一个权利主体,而不可能是两个或者以上,当然此时双方的股权代持关系也就终止了。

明确以上实体内容,如何举证狭义股权代持关系下双方的股东身份,也就水落石出了:在股权代持协议存续双方当事人之间,登记(名义)股东就是股东,实际出资人不是股东;一旦显名,实际出资人就是公司股东,名义股东不再是股东。

二、不完全隐名下的股东身份剥离

在隐名出资情形下,按照公司(管理层)、其他股东是否事先知晓实际出资人与名义股东之间的代持关系,可以分为完全隐名与不完全隐名,前者即指不知晓,后者也即指向知晓,且实务中实际出资人多以自己名义行使股东权利、参与公司经营管理,公司(管理层)及其他股东对此知情、默许甚至明示接受。

在不完全隐名情形下,名义股东是否存在可以主动主张自己不是股东的通道?《九民纪要》第28条规定了不完全隐名情形下实际出资人显名化的条件:

实际出资人能够提供证据证明有限责任公司过半数的其他股东知道其实际出资的事实,且对其实际行使股东权利未曾提出异议的,对实际出资人提出的登记为公司股东的请求,人民法院依法予以支持。公司以实际出资人的请求不符合公司法司法解释(三)第24条的规定为由抗辩的,人民法院不予支持。

也即,不完全隐名情形下,实际出资人诉请显名化,不再以自证经过其他股东过半数同意为前提条件。作为硬币的另一面,此种情形下名义股东是否可以主动自证自己不是股东呢?对此,有人认为,不完全隐名类似于间接代理中的第三人对委托人和受托人之间的代理知情的情形,参照《民法典》第925条受托人以自己名义与相对人订立合同、相对人知情的规定,委托人享有介入权。此时名义股东与公司之间的股权法律关系不仅约束双方,同时因公司及其他股东是知情的,实际出资人可替代名义股东直接进入该股权法律关系中。这种观点的实质,是说应视为公司、其他股东默示地同意和认可实际出资人为股东,名义股东也就同时证明了自己并非股东。

反对观点则认为,《九民纪要》第28条仅确立了不完全隐名情形下实际出资人显名化可以豁免自证其他股东过半数同意的条件,而不是自动视实际出资人为股东。质言之,此种情形下实际出资人成为股东,仍然要经过显名化的过程,而不是当然为公司股东;如实际出资人自己不要求显名化,公司仍然只能将名义股东当作股东,这对于外部相对人如公司债权人尤为如此。

我们认为,不可将不完全隐名的股权代持简单化为《民法典》第925条的关系,更不能将完全隐名的股权代持简单化为《民法典》第926条的关系。关于股东身份的认定,应始终坚持公司组织法规则优先适用原则,坚持商法外观主义。有鉴于此,本书支持第二种观点。

036　如何证明某人不是股东(三):让与担保、被冒名?

一、股权让与担保的双方、利害关系人

《民法典担保制度司法解释》第69条规定:

股东以将其股权转移至债权人名下的方式为债务履行提供担保,公司或者公司的债权人以股东未履行或者未全面履行出资义务、抽逃出资等为由,请求作为名义股东的债权人与股东承担连带责任的,人民法院不予支持。

可见,股权让与担保的担保债权人肯定不是股东,如果担保债权人能够证明双方的股转协议等合同文本实为股权让与担保、股权质押关系的,即可顺利摆脱股东身份;反之,对于"恶向胆边生"的担保债权人要抢夺公司的,如债务人(股东)能够证明双方的股转协议实为股权让与担保关系、股权质押关系,也将顺利否定对方的股东身份,回归其担保债权人的本色。

二、被冒名股东

(一)公司法的立场

《公司法解释三》第28条规定:

冒用他人名义出资并将该他人作为股东在公司登记机关登记的,冒名登记行为人应当承担相应责任;公司、其他股东或者公司债权人以未履行出资义务为由,请求

被冒名登记为股东的承担补足出资责任或者对公司债务不能清偿部分的赔偿责任的，人民法院不予支持。

可见，被冒名股东肯定不是股东，所以被冒名者只要举证"被冒名"事实成立，即可顺利摆脱股东身份。但在实务中，被冒名与受委托之间可能并不存在楚河汉界似的区分，也不排除股权代持协议的受托人在面临公司、公司债权人诉请承担出资责任压力时的"反水"，所以被冒名股东往往还要承担指认冒用其名义的人为何人，以及自身与冒用其名义的人之间不存在委托关系的举证责任，否则这部分股权将可能面临无股东的局面，这在公司组织法上是不能接受的。

（二）被冒名人的"不知情"认定

被冒名股东，对于被冒名登记为股东之事实不知情，究竟其是否为股东，需着重考察"不知情"的事实。根据实务经验，需要考量的细节大致有以下几点：

1. 意思表示是否真实

在被冒名登记为股东前后，被冒名人是否表达过欲成为股东的真实意思表示，可能的事实情节有：被冒名人与冒名人是否认识、熟知？被冒名人对其姓名、名称被冒用并被登记为公司股东有无签署过相关协议？是否事后确认过？有时候被冒名人与公司、冒名人之间可能曾就此欲达成协议，但最终未达成合意，而冒名人擅自以其取得的被冒名人的个人信息登记造册，则被冒名人依然缺乏自愿加入公司并成为股东的意思，是为"不知情"。

2. 登记材料是否存疑

在冒名情形下，股东登记资料与实际情况往往不一致，如公司在合并、分立过程中的登记资料记录的股东与实际行使股东权利的主体不一致，推定为被冒名人的确不知情。

3. 是否参与经营管理

有观点认为，如被冒名股东实际参与了经营管理公司，可以证明其有作为公司股东的真实意思，进而证明诉争股东并非不知情，也即其非被冒名股东。依前文所述，参与经营管理等属于行使股权的体现，不必然视其为股东，还需结合其他事实加以认定；但是被冒名股东既然参与经营管理而对自己被登记为股东的事实不予以否认、反驳，当推定为知情。

4. 被冒名时是否异议

部分被冒名股东虽知道自己被冒名，但在合理期间内没有反对的意思表示。对此,有观点认为,该种行为即构成"默许",或者是以默示意思表示同意被冒名,存在从"不知情"到"知情同意"的过程;反之,如提出异议并诉请更改这一事实,即属于"不知情"。该种观点存在合理性,本书采之。

典型案例。李某、刘某某民间借贷纠纷案[(2019)鄂28民终2525号],恩施州中院认为,李某和刘某某因有在白马服装城共同经营公司的合意而签订保本保底收益投资协议,且李某投入了资金30万元,刘某某之后就该服装城项目在工商部门注册登记了恩施金鹰军王商贸有限公司,李某在该公司注册登记后不久得知其被登记为该公司的股东而且未主动提出变更,实则默许了其股东身份。在李某未能提供充分证据否定其股东资格的情况下,从维护工商登记的公示效力及维护债权人利益的角度考虑,应视李某为恩施金鹰军王商贸有限公司的股东。

三、总结:真意最重要

如何证明某人不是股东?以上三连发的专问分别探讨了名股实债、名债实股、隐名出资、让与担保、被冒名等多种情形,其间的内在逻辑是——该人是否具有投资入股公司的真实意思最重要。

某人被讨论是否具备或者不具备股东身份,并非空穴来风,往往该人具备股东身份的某些形式要件,但是否为股东,关键还是考察其有无成为公司股东的真实意思。民事主体的真实意思,在民法上需要表示出来,在商法上可能还要公示出来,故而在外观上必然具备某些股东身份性的形式特征(要件)。

问题的复杂性在于,如某人不具有投资入股公司的真实意思,但由于种种原因,也可能在外观上具备某些形式特征(要件)。所以,司法裁判者的任务,一方面要透过现象看本质,也即寻求投资者的真意;另一方面也要遵从公司组织法的逻辑,尊重商法的外观主义等技术性规则。

037 公职人员可以投资入股公司吗?(上)

公职人员投资公司并持有股权,可否?该行为效力如何?是否涉嫌违法?很多人存在似是而非的认识。

一、何谓公职人员

据现行法,国家公职人员是指依法行使公共权力、履行公共职务的工作人员。根据《监察法》《公职人员政务处分法》等规定,公职人员的范围除公务员外,还包括以下依法履行公职的人员:在法律法规授权或者国家机关依法委托管理公共事务的组织、国有企业、各类公办事业单位、基层群众性自治组织等单位或者机构中依法履行公职的所有人员。比如,《公职人员政务处分法》第2条第3款规定:

本法所称公职人员,是指《中华人民共和国监察法》第十五条规定的人员。

《监察法》第15条规定:

监察机关对下列公职人员和有关人员进行监察:

(一)中国共产党机关、人民代表大会及其常务委员会机关、人民政府、监察委员会、人民法院、人民检察院、中国人民政治协商会议各级委员会机关、民主党派机关和工商业联合会机关的公务员,以及参照《中华人民共和国公务员法》管理的人员;

(二)法律、法规授权或者受国家机关依法委托管理公共事务的组织中从事公务的人员;

(三)国有企业管理人员;

(四)公办的教育、科研、文化、医疗卫生、体育等单位中从事管理的人员;

(五)基层群众性自治组织中从事管理的人员;

(六)其他依法履行公职的人员。

《公务员法》第2条第1款规定:

本法所称公务员,是指依法履行公职、纳入国家行政编制、由国家财政负担工资福利的工作人员。

由此可见,公务员是公职人员的核心,但不是公职人员的全部。

二、何谓投资入股

(一)投资入股

此处的投资入股,是指公职人员通过货币出资、实物资产转让、知识产权作价等方式取得企业投资份额(有限公司的出资份额、股份公司的股份、合伙企业的合伙份额等),成为公司股东(以及合伙企业的合伙人等)并享有相应投资权益的行为。下文为了叙述方便,仅以投资入股公司为例,简称为投资入股行为。

投资入股行为作为市场经济中资本流动与资源配置的重要机制,在特定领域(如公权力关联者参与商业活动)可能引发利益冲突或权力寻租风险。投资入股行为主要包括直接入股和间接入股两种形式:前者指以本人名义持有公司股权,如某公务员以本人名义参与发起设立某餐饮娱乐公司,成为初始股东,或者受让某公司原股东的股权成为继受股东;后者指通过控股公司、信托、基金、持股平台等载体间接持股,如领导干部通过境外离岸公司持有境内企业股份,以此规避境内监管限制。

至于公职人员不以本人名义、而以不具有公职人员身份的配偶、子女等亲属名义投资入股,如代持股权,则涉及另外一个问题,另设专问讨论之。

(二)区别于公职人员经商

综上,可以将公职人员投资入股视为一种财务投资行为,以此区别于经商。日常人们通常所说的公职人员经商,是指公职人员不仅投资入股还有参与企业经营管理行为,包括成为经营股东、实际控制人以及担任公司的管理层,甚至本身成为个体工商户直接从事营业行为。是否允许公职人员经商,涉及另一个话题——自然人营业自由的讨论。

现行法律法规对于公务员经商的规制与投资入股行为的规制是不同的。具言之,偶尔的证券交易也即炒股行为,与持续性、职业化的经商活动存在本质差异。对后一行为的规制目的在于禁止公职人员利用职权谋取私利,因为其对社会经济活动享有管理职权,在一些重大项目诸如基建投资规模、国有资产流通、能源交通开发中甚至拥有直接决定权。基于其身份的特殊性,为了防止权力与资本媾和的腐败、保证公职人员的廉洁性,各国法律都对公职人员的营业自由作出限制,意图防止其利用职权谋取私利,扰乱市场秩序。在我国,公职人员经商,与其本职公务工作存在直接冲突,是被党内法规、国家法律法规严格禁止的。《公务员法》第59条明确规定公务员的禁止性行为,其中第16项规定:

违反有关规定从事或者参与营利性活动,在企业或者其他营利性组织中兼任职务;

《深圳经济特区商事条例》(已废止)第6条规定:

权力机关、行政机关、审判机关、检察机关、军事机关、政府投资的中小学校不得设立商人,不得从事商行为。法律、法规另有规定的,从其规定。

上列机构中在职的工作人员和国有企业中的管理人员不得设立商人,不得从事商行为。

那么,作为单纯的财务投资行为的公职人员投资入股,为党内法规、国家法律法规所允许吗?

038　公职人员可以投资入股公司吗?（下）

（书接上问）

三、公职人员投资入股行为的效力

对此问题,应区分公职人员对上市公司与非上市公司的投资入股进行讨论。

就前者而言,中共中央办公厅、国务院办公厅2001年出台的《关于党政机关工作人员个人证券投资行为若干规定》明确了党政机关工作人员可以将其合法的财产以合法的方式用于买卖股票。上市公司股权高度分散,公职人员仅通过偶发性证券市场的交易很难取得公司的控制权,加之不参与到经营管理活动中来,不会发生公权力与谋取私利相结合的后果,因此公职人员可以开立证券账户,在证券交易市场上进行合法交易。

退一步讲,即使违规进行证券交易,如挪用公款购买股票、因受贿接受股票、购买股票未报告等行为,也不会导致证券交易行为无效,而仅会导致其他法律责任或纪律处分。比如,证券交易场所和证券登记结算机构的从业人员参与股票交易的,依照《证券法》第43条、第199条,仅仅产生会被责令依法处理违规持有的股票,并不会导致股票交易行为无效。公职人员的证券交易行为只要不构成商人从事的持续性营业行为,原则上是允许的,但需遵循"禁止工作时间进行股票交易""报告个人持股情况"等规定。另外,如涉及对特定利益冲突行为的规制,如证券法规定的内幕信息知情人或禁止参与股票交易的人员等应当遵照其规定。

与炒股不同,公职人员投资非上市公司并持有其股份,往往具有相当可能性参与企业经营管理,进而发生侵犯职务行为廉洁性的风险,因此有关规章制度对其限制较严。但是,违反了公法上的强制性规范不会当然导致合同无效。在上海弓展木业有限公司、陈某斌等股东资格确认纠纷案[（2014）沪二中民四（商）终字第489号]中,法官指出,《公务员法》（2005）第53条第14项所规定的"从事或者参与营利性活动,在企业或者其他营利性组织中兼任职务"系管理性强制性规范,公职人员签订的股权代持协议并不因违反该规范而无效。

四、可能的处罚

(一)政务处分等

根据《公务员法》第61~62条、《公职人员政务处分法》第36条等规范,违反《公务员法》第59条的禁止性规定将可能面临警告、记过、记大过、降级、撤职、开除等处分。某些特定人员如涉及《证券法》第195条等证券违法情形,可能被证券监管机关并处不同金额的罚款。在实际案例处理中,常见的处理方式是对民事法律行为的效力认定与行政责任区别处理,前者认定投资行为有效;后者,涉事公职人员接受组织的行政处理。

(二)党纪处分

公职人员同时是党员的,从事营利性活动构成违纪行为,可能面临党纪处分,包括警告、严重警告、撤销党内职务、留党察看、开除党籍。《中国共产党纪律处分条例》第103条第1款规定:

违反有关规定从事营利活动,有下列行为之一,情节较轻的,给予警告或者严重警告处分;情节较重的,给予撤销党内职务或者留党察看处分;情节严重的,给予开除党籍处分:

(一)经商办企业;

(二)拥有非上市公司(企业)的股份或者证券;

(三)买卖股票或者进行其他证券投资;

(四)从事有偿中介活动;

(五)在国(境)外注册公司或者投资入股;

(六)其他违反有关规定从事营利活动的行为。

(三)刑事责任

公职人员投资持股行为是否构成刑事犯罪,需综合考量信息来源合法性、资金性质、职务关联性等因素,进而判定其行为是否符合具体罪名的构成要件。可能涉及的罪名有:

1. 内幕交易罪。据《刑法》第180条,公职人员作为内幕信息知情人利用未公开的内幕信息买卖股票,可能构成本罪。例如,公职人员在参与重大政策制定期间,利用未公开的财政补贴信息买入关联公司股票。

2. 贪污罪。据《刑法》第382条,若公职人员利用职务之便非法侵占公共财产,出现挪用公款购买股票等情形的,可能构成本罪。若通过虚报支出、侵吞公款等方式非法占有公共财物并用于购买股票,可能构成贪污罪;若仅挪用公款后归还,则可能构成挪用公款罪。

3. 受贿罪。据《刑法》第385条,若公职人员通过持股收受他人贿赂,或利用职务便利为他人谋利并接受股权回报的,可能构成本罪。股权价值按受贿既遂时的市场估值计算,未实际过户不影响罪名成立。

4. 私分国有资产罪。据《刑法》第396条,公职人员作为国有单位成员,参与单位改制中违规分配股权的,可能构成本罪。例如,国企负责人借混改之机,将国有股权低价分配至管理层亲属名下。

五、合规建议

1. 主动申报与合规审查。公职人员应主动申报本人及亲属的投资持股情况,由监察机关或主管部门对资金来源进行合法性审查,确保投资行为透明化并接受组织监督。

2. 避免介入经营活动。无论如何,成为企业的双控人、经营股东、管理层是红线,不要亲自下海成为个体户。

3. 区分合法与非法的投资活动。公职人员应通过公开市场合法持有流通股票,禁止持有与职务关联企业的股权;确需退出的,应通过股转等市场化方式处置,以符合《公务员法》关于利益回避的规定。

4. 依法配合监察机关调查。据《监察法》第34条,被调查人在监察调查程序中须依法履行配合义务,若其主动如实供述本人涉嫌的违法行为,监察机关应当依法将其作为提出从宽处罚建议的法定事由。

039　高级领导干部的近亲属能否经商办公司?

一、问题的关注

近亲属下海经商,已成为某些担任要职的公职人员利用权力谋取私利、大搞利益输送、权力媾和资本的常见隐蔽形式,这一问题在反腐败斗争中凸显严峻性。

高级官员的近亲属能否经商,本质上关乎公权与私益的界限划分,这一难题普遍存在于各国政治实践中。韩非子云:"舆人成舆,则欲人之富贵;匠人成棺,则欲人之夭死也。"公权力寻租成嗜,近亲属经商可成为权力变现的灰色媒介,比官员亲自下海更具隐蔽性。

以为人民服务为宗旨的中国共产党人,坚持从严治党,对于高级领导干部的近亲属经商,确立了全世界范围内最严格的准则。

二、高级领导干部的范围

2016年,《中共北京市委办公厅、北京市人民政府办公厅关于进一步规范北京市领导干部配偶、子女及其配偶经商办企业行为的规定(试行)》(本问中简称《试行规定》)发布,要求"进一步规范领导干部配偶、子女及其配偶经商办企业行为"。2022年,中共中央办公厅印发《领导干部配偶、子女及其配偶经商办企业管理规定》(本问中简称《规定》),明确领导干部配偶、子女及其配偶经商办企业管理的适用对象,主要是党政机关、群团组织、企事业单位厅局级及相当职务层次以上领导干部;经商办企业情形,主要是投资开办企业、担任私营企业或外资企业等高级职务、私募股权基金投资及从业、从事有偿社会中介和法律服务等行为。《规定》对不同层级、不同类别领导干部配偶、子女及其配偶经商办企业分别提出禁业要求,领导干部职务层次越高,要求越严厉,综合部门严于其他部门,通过分级管理避免"上下一般粗"。

三、何谓"经商"行为

根据《试行规定》第3条的规定,"经商"主要包括:

——登记注册个体工商户、个人独资企业或者合伙企业;

——投资非上市公司、企业;

——在国(境)外注册公司后回国(境)内从事经营活动等情况;

——领导干部配偶受聘担任非国有企业的高级职务,担任外国企业驻华代表机构首席代表、代表等情况,受组织委派担任相关职务的除外。

在此基础上,《规定》区分"谋生"和"发财",对无其他谋生手段且经营规模不大的个体工商户经研判后可不予规范;区分"开办"和"从业",对律师、会计师等从事有偿社会中介和法律服务行为与开办有偿社会中介和法律服务机构区别开;对基于自主知识产权(如专利、技术成果)创业的,区别于通过资本运作获取股权的投资行为。既做到"一把尺子量到底",又避免"一竿子打翻一船人",兼顾了原则性与灵活性,实现了依法监管和以情化人的统一。

对违反《规定》《试行规定》的领导干部亲属,采取阶梯式处理:

——责令退出经商活动,本人拒不停职的调整职务;

——不服从职务调整的予以组织处理或纪律处分;

——涉嫌违法的移送司法机关。

四、亲属经商的制度镜鉴与规制展望

新加坡《防止贪污法》明确禁止公职人员家属参与可能引发利益冲突的商业活动。美国《政府道德法案》要求高级官员申报配偶及其子女的财务状况。这些国家的经验,虽未禁止官员亲属经商,但通过官员财产公示、利益回避等"阳光法案"形成约束闭环,其核心在于以精细化的制度设计兼顾腐败治理与营业自由。

我国则采取更严厉的管制手段,限制高级领导干部的配偶、子女及其配偶经商的手段,这主要源于党的十八大后党中央将反腐败斗争的重要性提升至新高度,这是全面从严治党、以雷霆之势遏制腐败的需要。与西方侧重"违规后惩戒"的制度逻辑不同,中国反腐机制更强调"行为前阻断"的预防功能。需警惕的是,实践中部分公职人员采取亲属股权代持、关联交易等"合法"形式掩盖利益输送,对此需通过穿透式监管加以识别。

2022年,《规定》明确省部级及以上领导干部亲属的行业准入限制,建立"任职地域回避"与"特许行业准入负面清单"双重机制。例如,禁止亲属在领导干部管辖地区从事金融、能源等特许经营行业。但需注意的是,禁止高级领导干部亲属经商本质上是公权力廉洁性与市场经济自由度的平衡。绝对禁止不符合现代治理逻辑,但放任自流将危及政治根基。亲属经商的管制,既需守住"权力不家产化"的底线,又要避免形成"寒蝉效应"。这不仅是反腐败斗争深化的需要,更是国家治理能力现代化的必经之路。

分篇四

股权代持关系面面观

形形色色的股权代持关系盛大流行,可能是现阶段我国公司法的第一特色。

这一引人注目的现象之生成,既有传统的原因,如中国人不露富心理,以及规避某些法律规制的传统智慧;也有公司法的原因,如借此可以规避双控人的法律规制;还有体制性的原因,如某些人群作为投资者的某些忌惮。但更重要的原因有二:一是个人财产关系普遍不透明;二是私有财产保护法律机制尚较欠缺。

规制股权代持关系是多个部门法的事情,此处不论公法部门法(税法、公务员法、行政法等),仅就民商法而言,合同法关注的是代持合同的效力,以及双方当事人之间的债权债务关系。而公司法关注的问题点更多:究竟谁是股东(上一分篇的关注点),以及股东身份的转换;基于股东身份的一系列权利义务关系,如出资责任的承担、投资权益的归属等;基于股权处分涉及的外部交易安全;等等。

所以,厘清股权代持关系下的上述合同法、公司法问题,也是开讲我国公司法的一个前置性逻辑问题。

本分篇共设24问,足见这一法律现象的复杂性。

040 股权代持关系是如何形成的?

一、何谓股权代持

股权代持,顾名思义,就是指一方委托另一方代为持有某公司的股权。质言之,双方就持有某公司的股权事宜存在委托关系,委托代持的主要内容包括将委托人的股权登记在受托人的名下,并通常由受托人代为行使股东权利。

很多时候人们并不区分股权代持与隐名出资,而在同一概念上使用,但实际上前者的范畴远大于后者。在隐名出资关系中,双方分别被称为实际出资人与名义股东,这说明前者是股权对应的出资义务的承担者。而股权代持的形成路径则要复杂得多,在股权代持及其权力运行过程中,显露出更加复杂层次的法律关系。

二、股权代持关系的形成路径

根据实务经验,此处举其要者:

1. 情形之一:先有资金,后有投资股权及代持

例1。A、C筹划发起设立某有限公司,但C不方便出面登记为股东,A对此知情且理解,于是C将出资款打给B,名义上由B与A签订发起人协议,设立公司,且登记相应股权在B的名下。这是最常见的股权代持路径。

2. 情形之二:先有股权,后有代持

例2。A为某有限公司股东,转让部分股权给C,C取得股权后再表面上转让给B,实则背后二人订立股权代持协议,转登记在B的名下。

3. 情形之三:先有股权代持,后有股权

例3。A为某有限公司股东,拟转让部分股权,C欲取之但不便出面持有股权,故先与B订立股权代持协议,约定由B出面与A订立股权协议、实则转让款由C提供。其后,A、B订立股转协议并将股权登记在B名下。

4. 情形之四:信托股权(资金信托、股权信托)

也即前3例中,B、C之间不是委托合同关系,而是存在更为稳定的信托关系。

5. 情形之五:股权让与担保

股权让与担保的概念,本书另设专问,此处不赘,需要指出:股权让与担保期间,股权登记在担保债权人名下,但其并非股东,其与股东(通常为债务人)之间也存在实质上的股权代持关系。

总之,形成股权代持关系的路径多样,并不限于隐名出资。当然,也无可否认,股权代持关系的最常见路径还是隐名出资。

三、股权代持协议双方的权利义务关系

(一)合同法的视角

双方的关系需要从合同法与公司组织法两个视角来分析。从合同法的视角而言,双方之间存在委托合同之债的关系,其内容适用《公司法解释三》第24条第1、2款的规定:

有限责任公司的实际出资人与名义出资人订立合同,约定由实际出资人出资并享有投资权益,以名义出资人为名义股东,实际出资人与名义股东对该合同效力发生争议的,如无法律规定的无效情形,人民法院应当认定该合同有效。

前款规定的实际出资人与名义股东因投资权益的归属发生争议,实际出资人以其实际履行了出资义务为由向名义股东主张权利的,人民法院应予支持。名义股东以公司股东名册记载、公司登记机关登记为由否认实际出资人权利的,人民法院不予支持。

可见,双方的合同权利义务关系遵从双方的约定,如无特别约定,则适用《民法典》关于委托合同的规范,核心内容是:

1.委托人的主要权利在于依约享有投资权益。关于此处的"投资权益"范围,尚存争议,没有争议的是财产性权益(自益权),比如获得红利、分配剩余财产等。实务中,不完全隐名的,公司通常将分红款、剩余财产等直接交付给委托人;完全隐名的,公司将分红、剩余财产交付给受托人,则受托人负有转交给委托人之义务。

一处重大争议。此处的"投资权益"是否与《公司法》第4条第2款"公司股东对公司依法享有资产收益、参与重大决策和选择管理者等权利"的"资产收益"等同。如果等同,则仅指上段所说的财产性权益;否则,有人认为也包括股东提案权、表决权等共益权。这一分歧的实质,实际上涉及实务中委托人对受托人以股东身份参与股东会时的提案、投票等事务的指示,受托人有无义务遵从的问题,以及如果不遵从,则可能承担的违约责任救济方式问题。对此,我们认为,既然双方存在委托合同关系,受托人就受托事务依法依约都负有遵从委托人指示之义务(《民法典》第922条),否则,由此导致委托人损失的,依法依约承担赔偿责任。

2.委托人的主要义务是预付代持事务的必要费用,以及依约支付代持费,当然后一点取决于委托合同有偿还是无偿。比如,实务中有民营企业、私人老板委托国有企业代持股权、意图让民营企业戴上"红帽子"的,后者通常要收取代持费。

3. 受托人的主要权利,是收取代持费(如有约定)。

4. 受托人的主要义务是负责完成代持股权事务,包括但不限于以股东名义参与公司治理、行使股东权利等,其行权目的在于为委托人谋取投资权益。

(二)公司法的视角

从公司组织法的视角而言,双方之间关系的核心是谁是股东,其内容适用《公司法解释三》第24条第3款的规定:

实际出资人未经公司其他股东半数以上同意,请求公司变更股东、签发出资证明书、记载于股东名册、记载于公司章程并办理公司登记机关登记的,人民法院不予支持。

据此,股权代持期间,公司仅承认代持人(受托人)为股东;委托人依法显名之后,方为股东。

041　股权代持关系如何认定?(上)

一、釜底抽薪

实务中,如果认定了隐名出资(股权代持)关系,或者双方对于存在股权代持关系不持异议,双方今后可能发生的利益之争就是围绕代持协议产生的债权债务关系而展开,但另一种利益之争就是釜底抽薪了:

——对于产生了投资增值的场合,实际出资人(委托人)会积极主张股权归属自己,并要求显名,底层逻辑需要证明股权代持合意存在;名义股东(受托人)则主张股权归属自己,底层逻辑便是否定股权代持合意存在,甚至宁愿承认双方存在借贷关系。

——对于面临履行对公司出资责任压力的场合,名义股东将竭力主张自己不是股东,而是被冒名;被指控的冒名人则主张双方存在股权代持合意,甚至主张股权与己无关。

此时,认定双方存在股权代持合同关系,便成为底层逻辑。认定股权代持合同关系的存在,双方的代持合意至为关键。

二、委托代持合意的认定

(一)实际出资人主张股权代持合意

1. 双方攻防

如委托人能够向裁判者出示双方签署的书面代持协议,纷争解决将变得简单,但实务中往往不能出示书面协议;退而求其次,如能够证明存在口头协议且有双方通信往来(微信、短信、邮件、电话录音等)加以佐证,也可以证实合意成立。但有时候,实际出资人不能出示证明双方存在代持合意的有力证据,仅仅能够证明出资款是自己打给公司的,或者自己打款给受托人、受托人旋即转汇给公司作为出资款。如是,受托人将有两种方向的反驳:

一是否认委托人实际出资的事实,主张该款项存在于双方另外的债权债务关系,与诉争的股权对应的出资款没有关系。

二是承认委托人打款作为出资款的事实,但强调双方就此存在借贷关系。

2. 裁判立场

裁判焦点是双方有无委托代持的真意,而不是谁实际出资的事实,这才是问题的关键!如《公司法解释三》第24条第1款将股权代持定义为"有限责任公司的实际出资人与名义出资人订立合同,约定由实际出资人出资并享有投资权益,以名义出资人为名义股东",实则将代持法律关系的产生限缩在双方有代持合意的情形。该代持合意关系的内容实质,须是双方约定一方实际出资、另一方以股东名义参加公司,且约定实际出资人为股东或者承担投资风险。裁判者的立场可以约略表述为:

股权代持合同表现形式多样,书面、口头合意形式均可,也包括事实合意——如以其行为表明存在此种合意;否则,不应将其认定为股权代持合意,应根据不同之情形将其认定为借贷法律关系或者不当得利。

关于举证责任,循"谁主张,谁举证"原则,由主张股权代持关系的一方负责举证;当协议为书面时,委托人仅需出示即可,除非有相反证据足以推翻之,法官通常认定存在合意;如不能出示书面代持协议,主张方还需提供其他证据以补强股权代持合意,以使法官产生足够的内心确信,方才完成举证责任。

换言之,实际出资人要证明存在隐名出资的事实,重在举证代持合意而不是举证出资事实,如有前者,即便己方没有实际出资的事实,也不影响隐名出资事实成立,如有后者,则为佐证;但如仅有后者,则至多能够证明存在债的关系(如民间借贷)。

(二)被登记股东主张被冒名

《公司法解释三》第 28 条规定:

冒用他人名义出资并将该他人作为股东在公司登记机关登记的,冒名登记行为人应当承担相应责任;公司、其他股东或者公司债权人以未履行出资义务为由,请求被冒名登记为股东的承担补足出资责任或者对公司债务不能清偿部分的赔偿责任的,人民法院不予支持。

可见,被冒名人不仅从无充当股东的意愿,而且从未与实际出资人存在股权代持合意,甚至彼此并不相识,所以无论在任何意义上、在公司内外的任何场合下都不会被认定为股东。

既然被冒名人不是股东,那么谁是呢?无疑就是被冒名人指控的冒名人。

042　股权代持关系如何认定?(下)

(书接上问)

(三)何谓借名股东

1. 定义

实务中还有介于隐名与冒名之间的一个概念,叫借名,意即实际出资人出资给公司、借用他人名义登记为股东。一方面,借用他人名义登记为股东,是经过他人同意的,由此区别于冒名;另一方面,实际出资人仅仅借用他人之名(姓名、名称)完成工商登记而已,其余任何事项并不需要他人参与、辅助。

据此定义,借名股东实际上就是隐名出资分类中的不完全隐名类型,以区别于完全隐名——在完全隐名情形下,名义股东以自己名义参与公司治理,行使股东权利,只是其参与公司治理、行使股东权利的意思受背后实际出资人的指示而已,但公司(管理层)、其他股东对此并不知情。

2. 区分的价值

对完全隐名的股权代持,公司及其他股东并不知晓代持关系的存在。此时,股权代持人即名义股东是公司认可的唯一股东,如实际出资人请求显名,需要满足其他股东过半数同意的要求。

对不完全隐名股权代持,实际出资人虽未在形式上被记载于股东名册、商事登记簿,但实质上参与公司管理、行使股东表决权、接受利润分配等,且公司管理层、其他股东对此知情、默许甚至明示接受。

有限公司实际出资人请求显名化为股东,在司法实务中比照股权对外转让,《公司法解释三》确立的显名化规则即为此立场的落实,也即经过其他股东过半数同意,因为2018年《公司法》第71条规定有限公司股权对外转让也要经过其他股东过半数同意,但新《公司法》取消了其他股东过半数同意规则,新公司法解释继续坚持这一立场,欲规定需要经过其他股东全部同意。

但对于不完全隐名股权代持,《九民纪要》第28条规定：

实际出资人能够提供证据证明有限责任公司过半数的其他股东知道其实际出资的事实,且对其实际行使股东权利未曾提出异议的,对实际出资人提出的登记为公司股东的请求,人民法院依法予以支持。公司以实际出资人的请求不符合公司法司法解释(三)第24条的规定为由抗辩的,人民法院不予支持。

该条明确不完全隐名的实际出资人显名时豁免其他股东同意的规则,但要求实际出资人举证证明其他股东知道其实际出资的事实,且对其实际行使股东权利未曾提出异议。

三、委托代持与借贷关系之实质区分

在不存在代持协议的情况下,虽有资金注入公司,但涉及如何认定投资的性质问题。比如,一方提供出资资金,另一方以股东名义参加公司,但双方未约定实际出资人为股东或者承担投资风险,且实际出资人亦未以股东身份参与公司管理或者实际享受股东权利的,双方之间不应认定为隐名投资关系,可按债权债务关系(民间借贷)处理。

关于股权代持与民间借贷之区分,需综合证据进行体系性判断。《上海市高级人民法院关于审理涉及公司诉讼案件若干问题的处理意见(二)》下列规定,对于该类案件的裁判具有参考价值：

一方实际出资,另一方以股东名义参加公司,但双方未约定实际出资人为股东或者承担投资风险,且实际出资人亦未以股东身份参与公司管理或者未实际享受股

东权利的,双方之间不应认定为隐名投资关系,可按债权债务关系处理。

典型案例1。王某与青海珠峰虫草药业有限公司股东资格确认纠纷上诉案[(2014)民二终字第21号],一审法院认为:虽实际出资人与名义出资人未签订书面代持协议,但双方当事人系亲属关系,其共同的亲人出庭证明,家庭会议就双方股权代持等事宜进行过商议和决定,公司成员出庭亦证明,实际出资人在公司设立和建设过程中,投入了大量资金,付诸精力和行动对公司进行实际管理,且有往来电子邮件证明,因此在不涉及公司外部善意第三人利益的前提下,应遵循实质要件优于形式要件的原则,从而确认了口头代持协议隐名股东身份及权益。最高院二审则认为:家庭会议未就实际出资人与名义出资人之间存在代持股权合意的问题达成任何书面记载,在无法证明双方存在股权代持合意的情况下,即便出资资金确来自实际出资人,但也不能认定其股东资格。

典型案例2。薛某某与陆某某、江苏苏浙皖边界市场发展有限公司等委托代理合同纠纷案[(2013)民一终字第138号],最高院认定:双方之间未签订委托收购股权并代持股权的书面合同,但隐名股东汇付款项的事实客观存在,对该笔款项的性质,显名股东虽主张为借款,但未能提供任何证据证明,故而认定双方存在股权代持关系。

上述两案均为公司内部股权代持关系的认定,基于优势证据有着不同的认定标准,判决结果并不相同。可以看到,最高人民法院的裁判态度由对非书面协议的不认可,逐步演进为股权代持协议并不以书面形式为限,如有实际出资、行使股东权利等能够推翻股东名册、工商登记等外观的,按照实质证据认定案件事实;在该种情况下,即便没有书面股权代持协议,只要能形成完整证据链证明有股权代持合意即可。

043 股权代持协议的效力如何判定?

一、类型化分析

依照拉伦茨、拉德布鲁赫等人的说法,类型化分析的方法,有助于人们更加接近复杂概念的本质认识。类型思维是一种综合的、开放的、整体的思维模式,同传统法学形式逻辑式的概念思维模式存在根本区别。类型可分为经验类型、逻辑类型、规范类型三大类,其中规范类型是法学所主要关注的类型,其立法论意义体现在:类型式概念是法律语言的主要形态;类型是法律规范的基础;类型化方法是建构法律体系的重要立法技术。

实务中的股权代持存在形态各异,类型化分析是我们进一步认识其庐山真面目的重要方法。

二、按照目标公司的不同:效力三分法

根据公司的不同性质可将股权代持分为三类,分类依据在于代持协议的效力不同。

(一)普通公司的股权代持

根据《公司法解释三》第 24 条第 1 款的规定,普通公司的股权代持,法律采不禁止、不鼓励、不干预的立场,就其股权代持协议,只要其本身不具有合同的其他无效事由的,即为有效;反之,如有违反法律、行政法规的强制性规定、公序良俗的,则为无效,如实务中有公安局干警违法持有某些娱乐公司的"干股"且为逃避纪检监察而安排他人代为持有的。

(二)上市公司的股权代持

《公司法》第 140 条规定:

上市公司应当依法披露股东、实际控制人的信息,相关信息应当真实、准确、完整。

禁止违反法律、行政法规的规定代持上市公司股票。

本条第 2 款属于禁止性规范,违反之将导致协议无效。这是因为,为维护资本市场秩序,上市公司的股东、实际控制人应该真实、准确与完整,股权结构应当清晰可查;如果股权代持协议与此背道而驰,如当事人约定代持上市公司股权,且影响上市公司依法披露股东、实际控制人信息,则应属无效。

经典案例。杨某某与林某某股权转让纠纷案[(2017)最高法民申 2454 号],最高院认为:证监会 2006 年 5 月 17 日发布的《首次公开发行股票并上市管理办法》(已失效)第 13 条规定"发行人的股权清晰,控股股东和受控股股东、实际控制人支配的股东持有的发行人股份不存在重大权属纠纷"。2007 年《上市公司信息披露管理办法》(已失效)第 3 条规定"发行人、上市公司的董事、监事、高级管理人员应当

忠实、勤勉地履行职责,保证披露信息的真实、准确、完整、及时、公平"。根据上述规定,公司上市发行人须股权清晰且股份不存在重大权属纠纷,公司上市需遵守如实披露的义务,披露的信息必须真实、准确、完整。证监会根据证券法授权对证券行业进行监督管理,是为保护广大非特定投资者的合法权益。要求拟上市公司股权必须清晰,约束上市公司不得隐名代持股权,系对上市公司监管的基本要求,如上市公司股东真实性无法确定,其他对于上市公司系列信息披露要求、关联交易审查、高管人员任职回避等监管举措也势必会落空,必然损害到广大非特定投资者的合法权益,从而损害到社会公共利益……故依据《合同法》(已失效)第52条第4项等规定,本案股权代持协议无效。

(三)金融类公司的股权代持

商业银行、信托、基金、证券、保险等金融类公司的股权代持协议也是无效的。《商业银行法》《信托法》《证券法》《证券投资基金法》《保险法》等金融单行法并未禁止相应类型金融公司的股权代持,但对应的监管部门如国家金融监管总局、证监会等监管部门颁布的行政规章往往设有禁止性规定;虽然依据《民法典》规定只有违反法律、行政法规的强制性规定或公序良俗的合同方才无效,但违反这些金融类行政规章强制性规定的代持协议可能归属于"违反公序良俗"。司法机关裁定其无效的路径是:这些金融类行政规章的禁止性规定是为上位法所维护的社会公共利益而设,违反这些规定视同违反公序良俗中的公共秩序(社会公共利益)。因此,金融类公司的股权代持协议无效。

经典案例。福建伟杰投资有限公司、福州天策实业有限公司营业信托纠纷案[(2017)最高法民终529号民事裁定书],本案中双方的股权委托代持违反了原保监会颁布的《保险公司股权管理办法》(行政规章)(已失效)规定的单个股东持有保险公司股权比例不超过20%的禁止性规定,最高院据此确认避法的股权代持协议无效,其核心说理是:允许隐名持有保险公司股权,将使得真正的保险公司投资人游离于国家有关职能部门的监管之外,如此势必加大保险公司的经营风险,妨害保险行业的健康有序发展,加之由于保险行业涉及众多不特定被保险人的切身利益,保险公司这种潜在的经营风险在一定情况下还将危及金融秩序和社会稳定,进而直接损害社会公共利益。

三、按照代持人的身份不同：效力三分法

（一）普通人作为代持人

一般而言，个人、民企作为股权代持关系的受托人，不会因其身份而影响代持协议的效力。

（二）国企作为代持人

国企作为个人、民企的受托人代持民企股权的，多数情形下代持协议的效力并不受否定，但可能因未履行政府审批程序、未经国企股东会/董事会决议而被法院认定为无效、确定不生效等。个中详情，此处不予展开，详见本分篇后文的专问。

（三）中资方作为代持人

按照外商投资准入负面清单管理制度，有些行业、领域对于境外投资人的投资资格、投资份额等设有禁止性规定、限制性规定，由此生出一个现象——一些境外投资人实际出资，委托中国境内的个人、法人、非法人组织代持股权，借此规避上述禁止性、限制性规定。外资方委托中资方代持股权协议，如违反外商投资准入负面清单关于外资方禁止性、限制性投资规定，应认定为无效，依据有二：

一是《外商投资法解释》第 3 条规定：

外国投资者投资外商投资准入负面清单规定禁止投资的领域，当事人主张投资合同无效的，人民法院应予支持。

第 4 条规定：

外国投资者投资外商投资准入负面清单规定限制投资的领域，当事人以违反限制性准入特别管理措施为由，主张投资合同无效的，人民法院应予支持。

人民法院作出生效裁判前，当事人采取必要措施满足准入特别管理措施的要求，当事人主张前款规定的投资合同有效的，应予支持。

二是《外商投资企业纠纷规定一》（2020 年修正）第 20 条规定：

实际投资者与外商投资企业名义股东之间的合同因恶意串通，损害国家、集体或者第三人利益，被认定无效的，人民法院应当将因此取得的财产收归国家所有或者返还集体、第三人。

个中详情，此处不予展开，详见本分篇后文的专问。

044 股权代持协议无效，如何善后？（上）

一、裁判规范

目前，公司法及其配套司法解释尚无股权代持协议无效的善后规范，但《外商投资企业纠纷规定一》（2020年修正）第14~20条对于外商投资企业中的股权代持问题有系统规定，可资参考；其中第18~20条对股权代持协议被认定无效后的处理进行了具体规定，详见后文的专问。

根据公司纠纷裁判经验，最高人民法院在新公司法解释的起草过程中，针对相关裁判规则讨论如下：

股权代持合同无效，实际出资人具备持股资格的，可以依照前条规定办理显名手续。实际出资人不具备持股资格或者依照前条规定无法办理显名手续的，人民法院应当责令拍卖、变卖股权，所得款项依据《最高人民法院关于适用〈中华人民共和国民法典〉合同编通则部分的解释》第二十四条之规定处理。

当事人的行为涉嫌违法且未经处理，可能导致一方或者双方通过违法行为获得不当利益的，人民法院可同时向有关行政管理部门提出司法建议；涉嫌犯罪的，应当将案件线索移送刑事侦查机关。

《民法典合同编通则司法解释》第24条的规定对于处理股权代持协议无效，自然也得适用。其曰：

合同不成立、无效、被撤销或者确定不发生效力，当事人请求返还财产，经审查财产能够返还的，人民法院应当根据案件具体情况，单独或者合并适用返还占有的标的物、更正登记簿册记载等方式；经审查财产不能返还或者没有必要返还的，人民法院应当以认定合同不成立、无效、被撤销或者确定不发生效力之日该财产的市场价值或者以其他合理方式计算的价值为基准判决折价补偿。

除前款规定的情形外，当事人还请求赔偿损失的，人民法院应当结合财产返还或者折价补偿的情况，综合考虑财产增值收益和贬值损失、交易成本的支出等事实，按照双方当事人的过错程度及原因力大小，根据诚信原则和公平原则，合理确定损失赔偿额。

合同不成立、无效、被撤销或者确定不发生效力,当事人的行为涉嫌违法且未经处理,可能导致一方或者双方通过违法行为获得不当利益的,人民法院应当向有关行政管理部门提出司法建议。当事人的行为涉嫌犯罪的,应当将案件线索移送刑事侦查机关;属于刑事自诉案件的,应当告知当事人可以向有管辖权的人民法院另行提起诉讼。

以上规范,为股权代持协议无效认定后的善后处理提供了较明晰的裁判依据,前者具有外商投资企业的特殊性,但对于其他公司也不无参考价值,后者则适用于所有公司。

二、双重处理视角

股权的归属,不仅关涉代持协议双方当事人的权利义务关系,还涉及公司组织、其他股东的利益,上市公司股权还关涉社会公共利益和资本市场秩序。站在公司组织法的视角,股权代持协议被认定无效后不能简单地以财产返还予以处理,还要通盘考虑股权代持协议涉及的多重利益类型而作区别考虑。因此,股权代持协议被认定为无效后的善后处理,需要在行为法与组织法的双重视角下展开。

进一步要指出的是,股权代持协议如出于规避法律、行政法规的强制性规定、公序良俗之目的而归于无效,效果不应延伸至投资行为并致使其无效。在公司组织法层面,如投资行为无效,公司应以减资程序将出资额退还给出资人,这在时间及程序上产生的成本将严重损及公司、其他股东、公司债权人等一众利害关系人的利益。因此,股权代持协议无效之法律后果仅限于否定协议各方所欲达成之债的效力,而不否定由此形成的股权效力;接下来要解决的是股权归属于哪一方,而不是由公司收回并作减资处理。

三、股权代持协议无效后的善后处理要点

(一)要点一:股权归属

1. 基本法理

根据上引司法解释多处规定,一份合同被宣告无效、撤销、不成立、确定不生效之后,优先适用财产返还,在不能返还或没有必要返还时考虑适用折价补偿。但具体到公司股权,如僵化适用财产返还规则,直接判令将股权返还给实际出资人,可能难谓妥当。

从利益衡量角度来看,股权代持协议无效后的股权归属涉及信息披露、金融监管秩序与当事人财产权保护等多重利益平衡。股权代持协议被认定无效,其背后多是对社会公共利益的考量,若一概认定股权归于实际出资人,等于保护了不诚信当事人的利益,有违立法本意;再从实际出资人显名化的实践操作看,如判令股权归其所有,还可能遭遇不能显名化的程序障碍,且给当事人、公司带来不必要的成本。

045 股权代持协议无效,如何善后?(下)

(书接上问)

2.具体规则

基于以上,围绕实际出资人能否取得股权,上述司法解释确立的规则要点是:

(1)如实际出资人具备持股资格,可以依法办理显名手续,显名后,自然取得股权。接下来就是实际出资人请求目标公司办理一系列手续:变更股东名称记载;变更公司章程记载;收缴名义股东的出资证明书或者股票,给实际出资人签发新的出资证明书、交付股票;申请变更登记等。

(2)如实际出资人不具备持股资格——如外资方委托中资方代持外企股权,外资方违反外商投资准入负面清单的禁止性、限制性规定,或者实际出资人无法办理显名手续——如无法取得其他股东的同意,或者外资方无法取得外商投资企业审批机关的批准,则实际出资人无法取得股权,股权归属于名义股东。如名义股东明确表示放弃股权或者拒绝继续持有股权,法院当责令拍卖、变卖该股权;若为有限公司,其他股东可以主张优先购买权。

(二)要点二:股权变现款项的处理

前文已经指出,如实际出资人不能取得股权,名义股东也明确表示放弃股权或者拒绝继续持有股权,那么该股权只能以拍卖、变卖方式变现。至于所得款项的处理,适用《民法典合同编通则司法解释》第24条处理,也即折价补偿,将股权变现所得款项归于实际出资人;相应地,如该股权份额对应的出资义务尚未履行,则实际出资人承担继续缴纳出资的义务。

对于股权变现款项,名义股东有无权利主张分享之?这取决于股权代持协议的约定,如有约定,从之;如无约定,名义股东的请求不受支持。

实务中,很多名义股东是有偿代持,尤其是一些国有企业作为受托人代持民企股权、民企由此获得"红帽子"待遇的,实际出资人往往承诺每年支付代持费或者承诺在变现股权时给付补偿,补偿金额是一笔固定金额,或者为变现款的固定比例,这表明股权代持协议作为商事合同,具有明显的有偿性特征。

(三)要点三:投资损益的分享、分担

对此,公司法及司法解释尚无规定,上文提及的《外商投资企业纠纷规定一》(2020年修正)第18~19条区分投资权益增值与贬值两种情形分别而论,可作借鉴。

1. 投资权益增值的,如何分享利益

名义股东目前所持股权价值高于实际投资额的,实行合理分配规则,具体为:

(1)股权如归名义股东,实际出资人首先请求其返还投资款;就其收益部分,可以请求法院根据实际投资情况以及名义股东参与外商投资企业经营管理的情况,由双方合理分配。

(2)名义股东放弃股权或者拒绝继续持有股权的,法院判令拍卖、变卖该股权,名义股东就变现所得向实际出资人返还投资款;就其余款项,根据实际投资情况以及名义股东参与外商投资企业经营管理的情况,在双方之间合理分配。

2. 投资权益贬值的,如何分担损失

名义股东目前所持股权价值低于实际投资额的,如何分担该投资损失,又分为两个层次进行处理:

(1)投资款返还。如名义股东选择继续持股,则实际出资人可以请求其返还现有股权的等值价款;如名义股东明确表示放弃股权或者拒绝继续持有股权,法院判令拍卖、变卖该股权,名义股东就变现所得向实际出资人返还投资款。

(2)就其投资损失,实际出资人可以请求名义股东赔偿,法院根据名义股东对合同无效是否存在过错及过错大小认定其是否承担赔偿责任及具体赔偿数额。

四、股权代持涉违法行为的处理

(一)一般规定

对于所有的公司企业,如委托代持协议当事人的行为涉嫌违法且未经处理,可能导致一方或者双方通过违法行为获得不当利益,审理法院可同时向有关行政管理部门提出司法建议;如发现涉嫌犯罪,应当将案件线索移送刑事侦查机关。

(二)外商投资企业特则

依《外商投资企业纠纷规定一》(2020年修正)第20条,实际出资人与外商投资企业名义股东之间的股权代持协议如有恶意串通,协议自然无效;如损害国家、集体或者第三人利益,法院应当将因此取得的财产收归国家所有或者返还集体、第三人。

046　名义股东的权利、义务有哪些?

本问及下文的内容安排是,假设股权代持协议有效,我们继续讨论名义股东、实际出资人以及有关相对人的一系列权利义务关系。先从名义股东开始。

一、权利

(一)基本规定

股权代持人,被公司法及其司法解释称为"名义股东",对应的概念是实际出资人,这透露出法律认定股权代持人就是公司的股东,由于名义股东经过登记机关的登记公示,这完全符合商法倡导的外观主义,也符合公司组织法的特性。既然作为股东,其自然享有完整的股东权利,包括资产收益、参与重大决策、选择管理者等权利(《公司法》第4条)。纵观公司法赋予的具体股东权利,大致划分为财产权(自益权)与成员权(共益权)两部分,前者主要指向资产收益权,如股利分配请求权、剩余财产分配请求权、股权优先购买权、新股优先认购权、异议股东股份回购请求权;后者则包括股东会出席权、提案权、股东会会议召集与主持权、表决权、知情权、股东诉权等。

(二)股权代持协议的特别安排

在股权代持协议安排下,事实上股权代持人仅作为名义股东,其参与公司治理、行使股东权利皆受到背后实际出资人的支配,投资收益亦归后者。

就表决权而言,名义股东在股东会上依法享有表决权,尽管实际出资人与名义股东之间有特别约定,但就公司而言,表决权仍属于名义股东。如此一来的问题是,名义股东违背实际出资人的指示行权的,当如何处理?就此问题,一分为二,就公司层面而言,名义股东的股东身份毋庸置疑,因此其行权即便违背实际出资人的意愿,也不因此对决议的效力产生影响;就二者的内部关系而言,实际出资人因名义股东不当行使表决权而受到损害的,可以依据双方间的委托关系请求名义股东承担相应赔偿责任。对实际出资人而言,如事先约定有违约金条款,则较为有利。

就分红权而言,名义股东享有之,公司负有义务交付分红款给名义股东,否则名义股东可以诉请给付,但最终的分红款归于实际出资人。《公司法解释三》第24条第2款规定,"实际出资人与名义股东因投资权益的归属发生争议,实际出资人以其实际履行了出资义务为由向名义股东主张权利的,人民法院应予支持。名义股东以公司股东名册记载、公司登记机关登记为由否认实际出资人权利的,人民法院不予支持",据此,最终的分红款仍须依照股权代持协议转交给实际出资人。

总之,公司法赋予的股东权利,名义股东皆享有之;但囿于股权代持协议的安排,名义股东所享有的权利多为实际出资人所控制,最终须由名义股东转移至实际出资人。至于名义股东依据股权代持协议约定获取的相应报酬,那是合同权利,不是此处所讲的股东权利。

二、义务

股东对于公司的义务就是实缴出资,名义股东也不例外,虽然按照代持协议的安排该出资责任最终由实际出资人承担,但面对公司的义务主体依然是名义股东。

名义股东在行使权利时须遵守权利不得滥用的基本原则,如滥用股东权利造成公司、其他股东、公司债权人损失,则依法承担赔偿责任(《公司法》第21、23条)。

047 名义股东的法律风险有哪些?

一、出资责任的承担

前文反复交代过,出资义务乃是股东对公司的几乎唯一义务,如有违反,要承担一系列的法律责任,包括对公司承担补缴出资责任、赔偿责任,对其他股东承担违约责任以及面向公司债权人的责任等。作为股东,名义股东当然也要对公司履行出资义务,否则,也要承担上述一系列法律责任。此种责任,乃是实务中名义股东的最大风险所在。按照名义股东是否最终承担责任,具体又可以分为两种情形。

(一)弄假成真:出资责任的最终承担者

最大的风险在于弄假成真——名义股东成为股东,且背后没有站着实际出资人。这一结果的出现,根据实务经验,在两种情形下,名义股东最终"真的"成为公司股东:

一是公司经营向下,实际出资人拒绝承认双方存在代持关系,主张代持人就是股东,自己虽然实际提供了出资资金,但其与代持人之间是借贷关系。一旦代持人不能有效抗辩,也就"成为"公司股东,不仅要面向公司、公司债权人的诉请承担未完全出资的补缴责任、赔偿责任,还要承担向实际出资人还本付息的债务。

二是作为个人的实际出资人突然死亡、丧失行为能力的,代持人尤其是与实际出资人存在口头代持协议关系的代持人,此时陷入"死无对证"的窘境,难以自证仅为"名义"股东;实际出资人的继承人、监护人在此种情形下的立场,读者不难猜测,于是名义股东也就成为该股权的"唯一"股东,依法承担最终的出资责任。

以上两种情形的分析,实际上向读者透露出一个严酷的事实:如仅存在口头代持协议,那么对于实际出资人、名义股东双方来讲,在未来都有可能面临具有极大不确定性的风险,因为不仅代持关系存在与否的事实真相原貌难以佐证,更是难以抗拒人性之恶。

(二)商事外观主义:不能对抗公司、第三人主张的出资责任

1. 补缴责任、赔偿责任

《公司法解释三》第 26 条规定:

公司债权人以登记于公司登记机关的股东未履行出资义务为由,请求其对公司债务不能清偿的部分在未出资本息范围内承担补充赔偿责任,股东以其仅为名义股东而非实际出资人为由进行抗辩的,人民法院不予支持。

名义股东根据前款规定承担赔偿责任后,向实际出资人追偿的,人民法院应予支持。

当名义股东被公司、公司债权人要求履行出资义务、承担赔偿责任时,由于股东登记的对外公示效力,根据商事外观主义,公司、交易相对人可依据公示外观主张名义股东承担责任,而股权代持关系无法对抗公司及第三人。

此种情形下名义股东承担出资责任后,有权向实际出资人追偿。但风险在于,受制于实际出资人的财产状况、生死状态等,如追偿不能,名义股东最终遭受损失。为防备该风险,名义股东可在股权代持协议中明确约定实际出资人的出资义务及违

约责任,如有必要,可要求其提供相应的担保。

2. 抽逃出资的返还责任、赔偿责任

同理,据《公司法》第53条,抽逃出资的股东应当返还抽逃的出资;给公司造成损失的,负有责任的董监高应当与该股东承担连带赔偿责任。即便名义股东抽逃出资的行为是依照实际出资人的指示而为,名义股东在受到公司追缴时也应先行承担责任,再依代持协议向实际出资人追偿,完全隐名股权代持中更应如此。

3. 被加速到期

同理,据《公司法》第54条的规定,公司不能清偿到期债务的,公司或者已到期债权的债权人有权要求已认缴出资但未届出资期限的股东提前缴纳出资。在此情形下,名义股东承担相应加速到期的责任,自不待言。

二、难以退出公司的风险

如名义股东不愿继续代持,即便在合同法上依照委托合同的任意解约规则(《民法典》第933条),可随时解除代持协议,但在公司组织法上,其退出公司尚需以实际出资人显名为前提,还要履行相应的程序。若实际出资人不愿或者其他股东拒绝其显名,名义股东将难以退出公司,除非向外转让股权;若如此,依照现行公司法,名义股东可能承担无权处分人的法律责任。

三、履约风险

尤其是在双方发生纷争的情况下,如名义股东怠于履行代持协议所安排的代持义务,特别是在有偿代持的背景下,需要依代持协议向实际出资人承担违约责任。

四、税负加重的风险

名义股东有可能从公司处获得分红款、剩余财产等,而后进行转交,由此在存在收益情况下将导致名义股东个人所得税应税所得额增加,从而加重其纳税负担。对此,有必要在代持协议中约定由实际出资人负担该部分税负。

名义股东还可能与实际出资人共同承担税负风险。实务中,当条件成熟、代持协议解除时,实际投资人与名义股东都将面临税收风险。通常而言,税务机关对于实际投资人的"一面之词"并不认可,而要求实际股东按照公允价值计算缴纳企业所得税或者个人所得税。

举例。《国家税务总局关于企业转让上市公司限售股有关所得税问题的公告》（国家税务总局公告2011年第39号），明确了企业为个人代持的限售股征税问题。具体而言，因股权分置改革造成原由个人出资而由企业代持有的限售股，企业转让上述限售股取得的收入，应作为企业应税收入计算纳税。依照该规定完成纳税义务后的限售股转让收入余额转付给实际所有人时不再纳税，然而，该公告仅适用于企业转让上市公司限售股的情形，对于实际生活当中普遍存在的其他代持现象仍存在着双重征税的风险。对此，应对策略是提前做好税务统筹。

五、风险叠加，如兼任法定代表人的风险等

实务中有些名义股东受实际出资人之托还出任公司董监高等管理层职务，甚至出任法定代表人。关于法定代表人的任职风险，包括可能受公司债务牵累而列入失信人名单，本书另有专问。对此的应对策略是，不建议名义股东兼任此职务，或者就任职风险承担与委托人签署明确的追偿协议。

048 实际出资人的权利、义务有哪些？

一、权利

（一）显名之前的权利

1. 完全隐名

在此情形下，公司（管理层）以及其他股东可能压根儿不知道实际出资人的存在，更不会承认其为股东；此时，实际出资人可以凭借委托关系对名义股东下达指示，后者有义务根据其指示参与公司治理、行使股东权利；如有违反，并不会影响名义股东参与公司治理及公司决议的效力，但名义股东可能面临违约损害赔偿的诉求。

2. 不完全隐名

尽管商事登记的股东不是实际出资人，但其在公司内部完全/俨然以股东自居，且以股东身份参与公司治理、行使股东权利甚至控制权，公司管理层、其他股东也都承认与配合之。

不完全隐名的实际出资人，在要求显名的时候可以豁免适用其他股东同意规

则,因为其他股东在此前的行为至少意味着沉默同意,可以适用《民法典》的默示同意规则。

3.作为实控人的权利

无论隐名完全与否,且无论显名与否,都不影响实际出资人作为公司的实控人的可能,行使对于目标公司事实上的控制权。

(二)请求显名的权利

实际出资人依法享有请求显名化的权利,该权利的主张对象是公司,决定该请求能否接受的是公司股东。具体来讲,在有限公司,需要其他股东表示同意;在股份公司,则不需要征求其他股东的意见,除非公司章程另有规定。

(三)显名后的权利

依法显名成功后,名义股东退隐,实际出资人即成为公司股东,依法享有股东所享有的所有股东权利。

二、义务

(一)显名前的义务

1.原则上没有义务

严格来说,股东对公司仅有出资义务,别无其他法律上的义务。因此,在实际出资人显名之前,其与公司之间并无义务关系。至于依照代持协议其站在名义股东之后实际上承担了缴纳出资的义务,那是二者之间的契约义务,公司并不能请求其承担出资缴纳义务,而只能请求名义股东履行该义务,公司债权人依照代位权请求的对象依然是名义股东而不是实际出资人;至于名义股东缴纳出资以后再向实际出资人追偿,那也是基于二者之间的契约安排,而不是公司法的安排。

2.作为实控人的信义义务

当然,如果实际出资人被认定为实控人,公司法关于实控人的信义义务以及事实董事、影子董事的规定也就适用于实际出资人。

(二)显名后的义务

显名后,实际出资人为公司股东,自然承担股东的义务,比如被公司、债权到期的公司债权人要求其出资义务加速到期,以及承担瑕疵出资的补缴责任、赔偿责任等。此时名义股东已经退出股权关系,不再与其有干系。

049　实际出资人的法律风险（一）：名义股东的背叛？

实际出资人的风险，主要来自名义股东以及有限公司其他股东的行为选择，还有涉及外部第三人的市场风险。具言之，首先，是名义股东的背叛——争夺股权的公然背叛，名义股东擅自处分股权的突袭；其次，是名义股东不配合，包括不接受指示与不再代持；再次，是受累于名义股东突发情况带来的诉累，包括离婚引发股权分割、死亡引发股权继承纠纷，以及有限公司其他股东不配合导致显名不能的风险，也颇为棘手；最后，是来自名义股东的债务风险拖累，也即其债权人请求强制执行所代持股权，这是最常见的市场风险。

下面分述之。

一、名义股东的背叛之一：争夺股权，引发股东身份之争

(一)情景描述

在公司经营向上的情形下，名义股东要主张股权的动机不言而喻，但在一般情况下其并不需要主动出击，诉请法院确认其股权，而只需要等待一个时机——比如，实际出资人诉请显名或者请求确认自己为股东，名义股东作自己为股东之抗辩；或者创造一个时机——拒绝接受实际出资人投票指示，或者拒绝将公司分红股所得交付给实际出资人，由此激怒后者，后者愤而提起上述诉请的。

实务中面对的真正问题是，如此时公司经营向上，名义股东会主张股权；如公司经营向下、股权对应的出资义务尚未履行，名义股东鲜有此类主张。

(二)对实际出资人的考验

1. 举证责任的考验

此时，实际出资人需要举证自己与名义股东之间存在代持股权的关系。一方面，股权登记在名义股东名下，商事登记具有推定效力——如无相反的事实证明，则登记在谁的名下，谁就是股东，这意味着名义股东处于主动地位，静候实际出资人的举证，然后抗辩之。另一方面，按照"谁主张，谁举证"的原则，法庭确实会将举证责任分配给实际出资人。

那么，实际出资人如何举证自己与名义股东之间存在代持关系？关于这一问

题,前文已有详述,此处简单重复要点:实际出资人仅仅举证向目标公司出资的财产是自己提供的,是远远不够的,因为名义股东将作双方之间存在借贷关系的抗辩;举证双方之间存在委托代持的合意才是唯一的要点。但是,双方利益立场如此对立,在缺乏书面代持协议、完全隐名的情形下,实际出资人的举证能力将面临极大的考验。

2. 名义股东否定代持协议效力的考验

即便代持关系事实已经查明,名义股东也将主张代持协议不成立、无效、撤销与确定不生效,从而否定实际出资人享有股权。在本分篇我们分别讲到,上市公司、金融类公司的股权代持将被认定为无效,以及国企代持民企股权、中资企业代持外资企业股权也将被认定为无效、确定不生效,其他普通公司的股权代持也有可能因违反法律、行政法规的强制性规定、公序良俗而被认定为无效。这些股权代持协议一旦被认定为无效,处理的结果并不相同,但大概率是实际出资人痛失股权,其中最差的法律待遇仅仅是请求名义股东就其出资还本付息,参见华懋案。

股权代持协议无效,造成实际出资人及其债权人的利空,司法实践中已经为人熟知。如前文对股权代持协议被认定无效后的法律后果及实际出资人所享有权利的分析,股权代持协议无效并不当然影响投资行为的效力,但股权仍归名义股东所有。即便结合"不法原因"所依据的法律目的、合同的违法程度、双方的过错程度,可以得出实际出资人享有投资款返还请求权,并可根据比例原则请求分担/分享投资损益,但实际出资人的责任财产还是可能因此而减少,最终造成股权代持协议无效情况下实际出资人的债权人的利空。

二、名义股东的背叛之二:无权处分代持股权,引发第三人的善意取得之争

(一)情景描述

实务中,意欲背叛实际出资人的名义股东,在明知或者眼见争夺股权之路行不通,或者胜算不多的背景下,不惜铤而走险,将事情复杂化,或者在个人经济困窘穷迫之下,为解燃眉之急而背亲卖友,将名下的股权处分给第三人。

此举将对实际出资人造成怎样的损害呢?《公司法解释三》第25条规定:

名义股东将登记于其名下的股权转让、质押或者以其他方式处分,实际出资人

以其对于股权享有实际权利为由,请求认定处分股权行为无效的,人民法院可以参照民法典第三百一十一条的规定处理。

名义股东处分股权造成实际出资人损失,实际出资人请求名义股东承担赔偿责任的,人民法院应予支持。

本条规定的处理思路就是引入股权的善意取得,这意味着名义股东构成了无权处分。关于名义股东处分名下的股权是无权处分还是有权处分的学理、制度之争,本书另设专问讨论,此处不再展开,而仅沿循本条规定的无权处分、善意取得之思路,分析实际出资人的法律处境尤其是其面临的法律风险。

(二)实际出资人的应对策略

所谓谋定而后动,面对名义股东这般"不讲武德",实际出资人的应对策略有二:

1. 夺回股权

在股权遭出售后夺回,或在股权遭质押后涤除质权,唯一出路就是成功抗辩第三人不构成善意取得。

上引第25条是引致条款,即名义股东处分名下股权,实际出资人申请认定无效的,参照适用《民法典》第311条关于善意取得的规定。物权法上的善意取得的构成要件为:(1)行为人无权处分他人财产;(2)受让人善意,即其不知且不应当知晓行为人无处分权;(3)受让人支付合理对价;(4)转让的财产已完成交付或者登记,即依照法律规定应登记的已登记,不需要登记的已交付给受让人。据此,实际出资人只要向法院举证名义股东从事了无权处分行为,第三人要想取得股权、股权质权,唯一路径就是举证自己构成善意取得,也即善意取得的举证责任在第三人而不在实际出资人;作为对立方,实际出资人只需抗辩第三人不符合上述后三个要件的任意之一,其即不得主张善意取得,从而成功夺回股权。

2. 丧失股权,请求赔偿

反之,如第三人成功举证构成了善意取得,则实际出资人只能接受丧失股权、股权设立质权的事实。接下来的救济方案,分开讨论:

在第三人取得股权的情形下,实际出资人接下来寻求的救济就是从名义股东那里追回所得的股权转让款,如无权处分还造成实际出资人损失,则可请求名义股东赔偿损失。

在第三人取得股权质权的情形下,实际出资人只能静候事情的进一步发展:如将来股权质权所担保的债务获得了清偿或者债权人放弃股权质权,质权自然涤除,股权恢复原样,继续由名义股东持有,所谓"吃一堑,长一智",虚惊一场之后的实际出资人应该懂得如何未雨绸缪、应付未来;如将来股权质权被实现,则实际出资人彻底丧失股权,只能就自己遭受的损失请求名义股东赔偿,或者有可能获得向主债务人追偿的权利。

(三)更凶险的局面

实务中,不乏有些名义股东深谙《公司法》《民法典》,处心积虑地坑害实际出资人——不仅将名下的股权转让给第三人,在其一手操作之下,第三人迅速转让给第四人,第四人再转让给第五人……转让的链条越长,实际出资人夺回股权的障碍越大,甚至变得不可能,因为法院不能不考虑交易安全的保护问题,除非实际出资人能够证明上述交易都是名义股东一手操纵下的连环交易。

050　实际出资人的法律风险(二):名义股东的不配合?

一、事出有因

实际上,很多股权代持关系较为脆弱,实际出资人与名义股东之间既有牢固的人身信任关系的,也有相互提防与猜疑的,还不乏有拉郎配的,或者勉为其难的,比如借名股东的情形。有的名义股东在持股期间不愿意接受实际出资人的指示——将其视为指手画脚、不懂装懂而不是当然听从的命令,在参与公司治理、行使股东权利的时候自行其是,这自然引起实际出资人的担忧或者不满,二人的嫌隙由此而生。更重要的是,名义股东在面临承担出资责任的外部压力之下,萌生退意也是很自然的选择,于是提出不再代持。但对于实际出资人而言,这可能是打破自身计划的一种被动接受。

二、不再配合之一:不听从指令

理想情况下,股权代持协议通常会作出相应安排,要求代持人完全按照实际投资人的意愿行事,但是,如代持协议缺乏明确的安排,或代持人出于利己考虑,其在参与公司治理、向股东会提案、参加股东会投票等事务上不再按照实际出资人的指示行事,尤其是在完全隐名的情形下构成对于后者的严重挑战,如之奈何?

(一)合同法规则

实际出资人可以寻求合同法上的违约救济。依照代持协议,名义股东作为受托人负有接受委托人(实际出资人)指示的义务,否则,将承担违约责任;构成根本违约的,实际出资人可以解除代持协议且要求名义股东承担违约责任。比如《外商投资企业纠纷规定一》(2020年修正)第15条第2款、第16条即规定:

实际投资者请求外商投资企业名义股东依据双方约定履行相应义务的,人民法院应予支持。

外商投资企业名义股东不履行与实际投资者之间的合同,致使实际投资者不能实现合同目的,实际投资者请求解除合同并由外商投资企业名义股东承担违约责任的,人民法院应予支持。

当然,如果视股权代持协议为委托合同,依照《民法典》第933条,实际出资人作为委托方也得随时解除合同。总之,代持协议一旦解除,实际出资人的下一步动作就是要求显名。

(二)公司组织法规则

依照公司组织法规则,实际出资人可以向目标公司主张名义股东违背其指示参与公司治理、提案、表决行为的意思表示无效吗?进而可以否定由此形成的公司决议效力吗?回答显然是否定的。因为在依法显名化之前,公司并不承认实际出资人为股东,至于实际出资人与名义股东之间的代持协议,依照合同相对性,显然也无法约束公司。

如从公司的立场来观察,法律规定的投资关系仅限于其与名义股东之间,名义股东不论是遵从股权代持协议依照实际出资人意愿,抑或违背协议依照本人意愿,来行使股东权利或履行股东义务,对公司而言都无不认可的理由,公司实难以也不需要顾及背后实际出资人的真实行权意愿。然而,名义股东若因其与实际出资人内部关系决裂,而滥用股东权利,或消极行使表决权、提案权、优先购买权等股东权利,抑或拒绝向公司履行股东义务进而导致股东权利被全部或部分限制,皆会使得实际出资人的投资权益蒙受损失。

引申与应对策略。股权代持下的财产性收益等自益权归实际出资人,但表征成员身份的表决权等共益权仍由名义股东享有且行使。正常情况下,名义股东行使共益权通常遵循实际出资人的指令,或者在不完全隐名情形下直接由实际出资人行使,或者反向委托实际出资人代为行权,由此保障共益权在行使时体现的是实际出资人的意志。借此,共益权的意思归属和自益权的利益归属在实际出资人处实现统一,两者并未发生实质分离。总之,实际出资人尤要注意在股权代持协议中设计出确保名义股东按照自己意愿行使股东权利、履行股东义务的条款,并合理设计相应的违约责任,以此威慑之。

三、不再配合之二:不再代持

实务中,名义股东决定不再代持的缘由是多样的,可能出于对其担负的代持股权的风险厌恶,或者名义股东与实际出资人背后的人身关系发生重大变化(夫妻离婚、姻亲断绝、朋友反目、同事调离等),或者参与公司治理的成本加大,或者名义股东不再胜任代持业务,或者实际出资人违约不支付代持费等。从合同法的视角而言,无论是基于实际出资人的根本违约,或者名义股东行使委托合同受托人的任意解约权(《民法典》第933条),名义股东都有权不再继续代持股权;退一步说,即便是有偿代持的名义股东选择单方违约,向实际出资人提出不再代持股权,后者也不好勉强。

对此,如前文所述,实际出资人的应对方案有三:一是要求显名,但在有限公司需要征得其他股东的同意;二是另寻他人作为代持人,但这相当于进行了一场股权转让,在有限公司也需经过《公司法》第84条规定的优先购买权程序;三是取得名义股东配合,在其运作下将股权转让给其他股东或者股东以外的第三人,如此一顿操作下来,既结束代持,也结束了这场股权投资。

分析至此,有实务经验的读者会意识到,这里蕴含实际出资人可能无法承受的一个风险——如果公司经营向上,此时名义股东摆上这么一刀,其他股东又很"默契地"不同意走上述前两条道路,那么实际上将逼迫实际出资人出手,也可谓"痛失股权"。

051 实际出资人的法律风险（三）：来自名义股东的拖累与显名不能？

一、来自名义股东突发情况的拖累

1. 名义股东离婚

名义股东离婚，登记在其名下的股权可能被此前不知晓（或者装作不知晓）代持关系的配偶主张作为共同财产予以分割。此时，实际出资人面对的不是名义股东，而是与名义股东处于利益冲突的配偶一方。实际出资人需要证明代持关系的存在，才能避免其实际享有的权益被人分割；但法官站在婚姻法的角度，要防止名义股东与第三人（实际出资人）恶意串通侵害其配偶的合法权益。此时，名义股东的诉讼立场较为关键，因为其直接影响股权代持事实的查明问题。

实务中面对的真正问题是，如此时公司经营向上，名义股东的配偶会主张股权分割；如公司经营向下、股权对应的出资义务尚未履行，名义股东的配偶鲜有此类主张。

2. 名义股东死亡

名义股东死亡的，登记在其名下的股权可能被此前不知晓（或者装作不知晓）代持关系的继承人主张作为遗产予以分割。此时，实际出资人面对的不是名义股东，而是其继承人。实际出资人只有证明代持关系存在，才能避免其实际享有的权益被人分割。难点在于，通常面对的是名义股东突然死亡，这导致举证非常被动，尤其是在完全隐名、口头代持协议的背景下，举证异常艰难。

与名义股东离婚场景类似，如公司经营向上，名义股东的继承人会主张股权分割；如公司经营向下、股权对应的出资义务尚未履行，名义股东的继承人鲜有此类主张。

二、其他股东不配合：显名不能

如前文所述，有限公司强调封闭性、股东信任关系，因此如果实际出资人要求显名，对于其他股东而言要被动地接受一个新伙伴，这不啻于一场股权的对外转让，所以现行公司法要求取得其他股东的同意,否则,不得显名。

在不完全隐名的情形下,其他股东的同意规则不构成对实际出资人的挑战,因为《九民纪要》引入了默示同意规则,但在完全隐名场合下,由于其他股东不同意实际出资人的显名化要求,实际出资人处于无法显名的状态,也就无法成为公司的股东。

如此一来,实际出资人就处于较为尴尬的状态,如果这一情形发生在实际出资人与名义股东的代持协议解除之际,实际出资人就显得更为狼狈。概而言之,实际出资人的应对策略大概有三:

一是撤回显名化申请,继续保持股权代持状态。如果受托人愿意继续代持且可靠,也是一种可行的选择,实际出资人继续在幕后充当指示人即可。

二是另寻他人代持。实际出资人与受托人由于种种原因无法继续保持代持关系,那么实际出资人可以另寻他人替代原受托人,与新人保持股权代持关系。具体操作路径是实际出资人在幕后操作,由代持人将股权"转让"给新的受托人,此时其他股东也会"明智"地放弃优先购买权。

三是转让股权,终结股东身份之争。也即在实际出资人的幕后操作下,由代持人将股权"转让"给他人,其他股东行使优先购买权的,就转让给其他股东,如其他股东无人主张优先购买权,则转让给其他股东以外的人。由此,股权代持关系彻底终结。至于转让股权所得,自然归实际出资人,代持人可以依照代持协议主张自己的应有权益。

三、名义股东损害公司利益

名义股东侵害实际出资人权益的行为在实践中不一定皆表现为直接侵害投资利益,亦可能通过侵害公司权益而间接损害实际出资人利益;具言之,即名义股东利用股东身份与公司内部信息,通过关联交易、虚假交易等方式损公肥私,或抽逃出资致使公司遭受损失。此时,公司和其他股东可能对名义股东的行为并不知情,只有实际出资人借助与名义股东的内部关系才得知其侵害行径。但实际出资人囿于其在股权代持关系下与公司并无联系也并无股东身份,难以通过《公司法》第189条规定的股东代位诉讼等方式获取救济。

052　实际出资人的法律风险（四）：来自名义股东的债务风险？

一、最具威胁的市场风险

前几问讨论的实际出资人的风险，都未出圈——限于公司内部实际出资人与名义股东、有限公司的其他股东之间，至多扩展到名义股东的配偶、继承人等特定利害关系人，尚未涉及外部第三人。本问要讨论的，是来自名义股东的债权人这一外部第三人主张强制执行名义股东所代持股权引发的实际出资人的风险——这是实务中实际出资人最常见也最具威胁的市场风险。

这一风险的起源很简单。名义股东，无论是个人还是法人、非法人组织，均为市场主体；凡市场主体皆可能负债，既然负债，就有可能被其债权人诉请强制执行其责任财产。站在名义股东的任何一个债权人的立场，登记在名义股东名下的股权——也即我们正在讨论的所代持股权，当然也是强制执行的对象之一。

名义股东的债权人这一诉请，自然与实际出资人存在直接的利益冲突。实务中，很多实际出资人对此并不意外，甚至做了防备预案（容后讲述），但也确有部分实际出资人对此感到错愕——这是我可以证明的属于我的财产，你是名义股东的债权人，怎么能来执行我的财产？

假设案例1。利益冲突的名场面。张三、李四是亲戚关系，他们在2023年前后就A有限公司的30%股权存在股权代持安排，分别作为实际出资人、名义股东。张三的一部分出资款是从朋友马六借来的，王五则是李四早些年的借贷债权人。在2025年年中，王五起诉李四索债获得胜诉判决且处于执行阶段，发现李四仅有A有限公司的30%股权此一处财产，遂申请某法院执行局强制执行，张三赶紧声明自己拥有该30%股权的实际权益且提出执行异议（或后来提出执行异议之诉）。

另外，经查，张三的出资款逾期未完全缴纳，A有限公司欠付债权人B公司钱款若干且到期。

那么，对此利益冲突，司法裁判者的立场又是如何呢，保护张三，抑或支持王五？

二、未有定论的裁判立场及其分歧背后

(一)裁判立场的冲突

非常遗憾地告诉读者,截至目前,司法机关对此问题未有定论,即便是最高院,出自其手的裁判案例也是相互冲突的,来看最高院案例四则:

例1。实际出资人能排除名义股东债权人的执行。中国银行股份有限公司某支行申请上海某投资有限公司执行人执行异议之诉案[(2015)民申字第2381号]。裁判要旨:基于不同权利性质的对抗关系,认为非股权交易的债务纠纷,名义股东的债权人没有基于信赖外观做出具体行为,其并非信赖保护原则下的善意第三人,故其债权请求权不能优先于实际出资人权利受到保护。

例2。实际出资人不能排除名义股东债权人的执行。庹某、刘某等案外人执行异议之诉案[(2019)最高法民再46号]。裁判要旨:基于信赖利益保护和商事外观主义原则,认为实际出资人以股份代持方式获得股东地位,享受股东投资利益,应当对代持的风险承担相应责任,其权利不能排除名义股东债权人的强制执行。

例3。转让股权但未变更登记,无论受让方是否支付对价均不得对抗债权强制执行。雨田集团实业上诉案[(2020)最高法民终844号]。裁判要旨:公司登记对社会具有公示公信效力,善意第三人有权信赖公司登记机关的登记文件,登记表现的权利外观应作为认定股权权属的依据。当事人双方关于股权转让的约定和代持股协议书均仅在协议签订双方之间具有法律效力,对外不具有公示效力,不能对抗第三人。在诉争股权仍登记在股权转让人名下的情形下,申请执行人有理由相信登记机关的登记和企业信用信息公示系统公示的信息是真实的。因此,不论股权受让人是否支付对价,均不能以其与股权转让人之间的代持关系排除人民法院的强制执行行为。本案提出的问题是:执行申请人并不存在与该股权的交易关系,受不受信赖保护。

例4。股权受让人实际取得股权后虽未办理转让登记,但可因工商局暂停办理股权变更登记的行为取得一定的公示效力从而排除执行。朱某某与高某某申请人执行异议之诉案[(2016)最高法民终162号]。裁判要旨:股权受让人在办理公司变更登记前不得对抗第三人,但在其实际取得股权后,工商局书面通知暂停办理股权登记变更申请的行为已经产生了一定的公示效力,因此对于股权登记人的债权人请求执行该股权的主张不予支持。

(二)裁判分歧背后的规则之争:隐名权利人能否阻却执行

裁判分歧的背后,一直存在着两种对立的裁判规则,司法机关对此莫衷一是,一

直难以取舍。比如,2019年《全国法院民商事审判工作会议纪要(最高人民法院民二庭向社会公开征求意见稿)》第119条提供了两种截然不同的处理方式:

在金钱债权执行过程中,人民法院针对登记在被执行人名下的房产或者有限责任公司的股权等实施强制执行,案外人有证据证明其系实际出资人,与被执行人存在借名买房、隐名持股等关系,请求阻却执行的,人民法院应予支持。

另一种观点:不予支持。

最后,考虑到该问题在理论界及实务界均未形成相对统一的观点,而对于代持问题无论如何规范处理方式,都会产生牵一发而动全身之效果,最终公布的《全国法院民商事审判工作会议纪要》(《九民纪要》)将该条作删除处理。

同年,最高人民法院公布的《关于审理执行异议之诉案件适用法律问题的解释(一)(向社会公开征求意见稿)》,关于隐名权利人提起的执行异议之诉如何处理的问题,第13条同样提供了两种处理方式:

方案一

金钱债权执行中,人民法院对登记在被执行人名下的财产实施强制执行,案外人以下列理由提起执行异议之诉,请求排除强制执行的,人民法院不予支持:

(一)案外人借用被执行人名义购买不动产或者机动车等,其系被执行不动产或者机动车等的实际权利人;

(二)案外人借用被执行人房地产开发资质开发房地产,其系被执行建设用地使用权、房屋所有权的实际权利人;

(三)案外人借用被执行人名义对有限责任公司出资,其系被执行股权的实际出资人;

(四)案外人借用被执行人的银行、证券账户,其系被执行账户中资金、证券的实际权利人。

案外人因借名所遭受的财产损失,可以依法向被借名者另行主张权利。

方案二

金钱债权执行中,人民法院对登记在被执行人名下的财产实施强制执行,案外人以下列理由提起执行异议之诉,请求排除强制执行,经查证属实,且不违反法律、行政法规强制性规定,亦不违背公序良俗的,人民法院应予支持:

(一)案外人借用被执行人名义购买不动产或者机动车等,其系被执行不动产或者机动车等的实际权利人;

(二)案外人借用被执行人房地产开发资质开发房地产,其系被执行建设用地使

用权、房屋所有权的实际权利人;

(三)案外人借用被执行人名义对有限责任公司出资,其系被执行股权的实际出资人;

(四)案外人借用被执行人的银行、证券账户,其系被执行账户中资金、证券的实际权利人。

案外人利用借名方式隐匿违法犯罪所得、利用内幕信息实施股票证券交易等构成犯罪的,或者违反限购政策、资质管理等规定,或者规避执行的,应当依法追究其刑事责任或者按照有关法律法规政策处理。

由于两种意见争执不下,最终该条也未获得通过。

2021年,《最高人民法院关于人民法院强制执行股权若干问题的规定》(法释〔2021〕20号)颁布,最终在这一问题上毫无作为,其第4条规定:

人民法院可以冻结下列资料或者信息之一载明的属于被执行人的股权:

(一)股权所在公司的章程、股东名册等资料;

(二)公司登记机关的登记、备案信息;

(三)国家企业信用信息公示系统的公示信息。

案外人基于实体权利对被冻结股权提出排除执行异议的,人民法院应当依照民事诉讼法第二百二十七条的规定进行审查。

不难看出,该条仅仅明确实际出资人可以提出执行异议而已,对于该执行异议怎么处理,则不了了之。

不难预计,关于实际出资人能否阻却股权的强制执行,实务中的裁判分歧还将继续。这使来自名义股东的债务风险,对于实际出资人来说具有很大的不确定性。更深刻地认识这一裁判分歧及其解决方案,需要读者进一步了解与理解商事外观主义规则。

三、代持股权被强制执行的诉讼实务

(一)法院的立场

一旦名义股东的债权人申请强执代持股权,实际投资人有无执行异议权?按照《最高人民法院关于人民法院办理执行异议和复议案件若干问题的规定》第25条第1款第4项规定的形式审查原则,"股权按照工商行政管理机关的登记和企业信用信息公示系统公示的信息判断",在此阶段实际投资人的执行异议一般会因股权的商事外观而被否决,而案外人执行异议之诉或者另行提起股东资格确认之诉的判决标准并不统一。实践中法院有两种对立的态度:

一是对实际出资人的诉讼请求不予支持,保护名义股东的债权人利益,理由包括商事外观主义、股权善意取得等;

二是支持实际出资人的诉讼请求,裁定停止对争议股权的强制执行,理由主要是实际出资人为该股权的真实权利人。

(二)实际出资人的诉讼应对策略

一旦遭遇名义股东的债权人请求强执代持股权,实际出资人的诉讼应对策略大致为:先提执行异议,后提出执行异议之诉,或者直接对执行依据提起第三人撤销之诉。细言之:

1. 名义股东的债权人对代持股权申请强制执行,实际出资人提出执行异议,此后可能转入执行异议之诉。正如《最高人民法院关于人民法院强制执行股权若干问题的规定》第4条第2款规定:

案外人基于实体权利对被冻结股权提出排除执行异议的,人民法院应当依照民事诉讼法第二百二十七条的规定进行审查。

2. 名义股东以代持股权为债权人设质权的,债权人对设质股权申请强制执行,实际出资人可以提出执行异议,此后可能转入执行异议之诉。当然,实际出资人也可以不经执行异议程序,直接对执行依据提起第三人撤销之诉。

3. 名义股东将代持股权转让给第三人的,后者作为受让人主张善意取得,而后向公司主张股权如遇障碍,将针对公司提起相应的给付之诉。对此,实际出资人的寻求救济有两种走向:

一是受让人胜诉后申请执行,要求公司履行变更股东名册、商事登记记载等义务。此时执行标的是公司的行为,法院不会对代持股权采取执行措施,实际出资人无法提起执行标的异议,案件就不会进入执行异议之诉程序,而只能对执行依据提出第三人撤销之诉。

二是受让人在诉讼阶段对受让的代持股权申请财产保全。此时实际出资人具备两种救济途径,分别是对保全行为提起执行标的异议,随后案件进入执行异议之诉程序;或者对名义股东与债权人之间的生效判决提起第三人撤销之诉。

四、实际出资人的债权人可以执行被代持股权吗

假设案例1-0。实际出资人的债权人请求执行被代持股权。回到上问所举的假设案例1,其中有一个情节——实际出资人张三的一部分出资款是从朋友马六借

来的,假设张三预期不能偿还该借贷本息,马六起诉胜诉后发现张三别无余财,唯有被李四代持的股权,那么问题就是:马六可否请求执行该股权以获得清偿?

实际出资人的债权人要想执行代持股权,存在多重法律障碍,首先要遭遇名义股东的股权主张。与审判程序的审查不同,强执阶段奉行形式化原则,执行局仅依权利外观认定是否属于债务人的责任财产。因而,在此阶段实际出资人的债权人难以获取相应权利。即便之后债权人按照《民事诉讼法解释》第311条规定提起执行异议之诉,对于名义股东是否具有"足以排除强制执行的民事权益"也需要再次加以判断。虽然在此诉讼程序中法院要侧重实质审查和保护真实权利人的权益,且在法理上来看,因为实际出资人的债权人对于权利外观并不具有合理信赖,更未基于这一信赖作出相应的交易决定,此时的商事外观原则无法适用。若要细究股权代持下的"实质权利状态",实际投资人的权利并不应突破股权代持协议,即实际投资人仅具有对名义股东的债权——获取相应的投资权益,并不因实际支付出资款给公司而享有相应的"股权"。因此,在执行异议之诉中,法官也难以准许债权人执行隐名股权这一标的。

就实践观之,唯依据《最高人民法院关于人民法院民事执行中查封、扣押、冻结财产的规定》第2条第3款之规定,在名义股东书面确认股权属于被执行人时,法院才可以强制执行,否则依据权利外观,名义股东对于实际投资人的债权人具有执行异议权,此即执行代持股权时实际出资人的债权人的利空。

实际出资人的债权人不能直接执行被代持股权,但还有一条路径可以探讨:实际出资人与名义股东存在代持协议这一委托合同之债;对于名义股东应交付给实际出资人的分红款、售卖股权款而不交付,实际出资人对名义股东怠于行权,或者表示放弃该款项债权等行为,实际出资人的债权人可否依法提起债权人代位之诉、撤销之诉以实现债权?答案是肯定的。

053 商事外观主义的适用(一):例外抑或基本原则?

上文提到的股权代持关系下实际出资人能否排除名义股东的债权人执行股权的争论,制度背景是外观主义的适用对象与范围之争,这是我国民商法上的一个重大理论与实务问题,也是从规则到理念到学说都存在重大争论的问题。从本问开始,连设四问予以分析之。

一、一个理念之争：外观主义，私法的例外规则，抑或基本原则

《九民纪要》在"引言"部分第三段指出：

……民商事审判工作要树立正确的审判理念。注意辩证理解并准确把握契约自由、平等保护、诚实信用、公序良俗等民商事审判基本原则；注意树立请求权基础思维、逻辑和价值相一致思维、同案同判思维，通过检索类案、参考指导案例等方式统一裁判尺度，有效防止滥用自由裁量权；注意处理好民商事审判与行政监管的关系，通过穿透式审判思维，查明当事人的真实意思，探求真实法律关系；特别注意外观主义系民商法上的学理概括，并非现行法律规定的原则，现行法律只是规定了体现外观主义的具体规则，如《物权法》第 106 条规定的善意取得,《合同法》第 49 条、《民法总则》第 172 条规定的表见代理,《合同法》第 50 条规定的越权代表，审判实务中应当依据有关具体法律规则进行判断，类推适用亦应当以法律规则设定的情形、条件为基础。从现行法律规则看，外观主义是为保护交易安全设置的例外规定，一般适用于因合理信赖权利外观或意思表示外观的交易行为。实际权利人与名义权利人的关系，应注重财产的实质归属，而不单纯地取决于公示外观。总之，审判实务中要准确把握外观主义的适用边界，避免泛化和滥用。

这一段的 2/3 篇幅在说外观主义，指出外观主义系民商法上的学理概括，并非现行法律规定的原则，现行法律只是规定了体现外观主义的具体规则，故而不能泛化与滥用。这一观点与崔建远教授发表在 2019 年第 5 期《清华法学》中的《论外观主义的运用边界》一文不谋而合。但不同意见则认为，外观主义是现代私法尤其是商法领域的一项基本原则，存在由点及线到面的规则分布。

二、一个学说之争：普遍外观主义及其争议

(一)普遍外观主义

普遍外观主义认为，除非能够证明执行申请人(名义股东的债权人)存在恶意，否则实际出资人无法对抗之。论者主要秉承以下五种学说及论证方法：

1. 权利性质说。该说认为实际出资人与名义股东之间关于投资权益归属的约定仅具有内部效力，无法对抗执行申请人。

2. 外观主义与信赖保护说。该说认为若赋予实际出资人排除执行的权利，将挑

战乃至颠覆商事登记的公示、公信原则,增加交易风险和不确定性,且容易引发和鼓励虚假诉讼。

3. 自甘风险说。该说认为实际出资人乃是隐名投资关系安排的始作俑者,理应自行承担规避政策所带来的可能被执行的风险。

4. 法政策考量说。该说认为司法裁判立场当与监管政策保持一致,后者不承认、也不鼓励保护实际出资人的"股东"权利。

5. 法律的经济分析说。该说认为,从成本、收益角度看,相应风险应分配给实际出资人而非执行申请人。

以上阐释虽然视角、路径各不相同,但实质上都分享着相似的价值理念:公司组织法对此问题作出了价值取舍,即要求恪守外观主义,保护第三人的信赖利益;否认实际出资人排除执行的诉求,乃是落实公司组织法逻辑的必然选择。

(二)批评

批评者对于普遍外观主义提出两点批评:

其一,该说贯彻的外观主义绝不意味着外观主义当然能够成为一项无须佐证即可适用的"原则"。无论是从规范、理论还是从实践层面分析,外观主义仅属于特殊情况下的例外,而非可以类推适用的普适原则,其在方法论上无法作为演绎推理的起点,在实践中也不应被扩大使用。

其二,该说秉承的对第三人倾斜保护的价值理念,存在商榷空间。第三人包含交易与非交易情境下的第三人,此二者所处的利益状态完全不同,如完全遵循该说的处理方式,将会不当扩大信赖利益的保护范围,甚至使本是倾斜保护交易第三人的制度价值错位,让非交易第三人利益获得不应有的袒护。

总之,以外观主义和信赖利益为依据认为应绝对保护善意第三人、全盘否认实际出资人可以排除执行,存在较大局限,有失公平正义。

批评者还强调,从实际出资人的权利来源看,其受优位保护的依据有三:

一是其在形式上与代持人达成有效的合意。

二是在实质上对公司支付了取得股权的对价,这是其保有"最终股权"的正当依据和基础原因。

三是一定程度的公示,使得实际出资人具有对外抗辩效力。较为理想的公示方式是不完全隐名(公开代持)的实际出资人对外明确其对股权的实际享有权,以及进行一定程度的公示,实际上公司法的部分规则和诸多案例的裁判意旨都可以印证这一点。

054　商事外观主义的适用（二）：适用对象与范围如何限缩？

（书接上问）

三、外观主义适用对象与范围的类型化分析

为清晰地展示上述普遍外观主义及其批评意见之争的要点，借鉴张勇健先生发表在 2011 年第 8 期《法律适用》上的《商事审判中适用外观主义原则的范围探讨与最高人民法院〈关于适用《中华人民共和国公司法》若干问题的规定（三）〉相关条文对照》一文，继续以本篇第 52 问的假设案例 1 交代的人物关系（见图 1-4-1）为基础，假设七种案情，予以分类探讨。

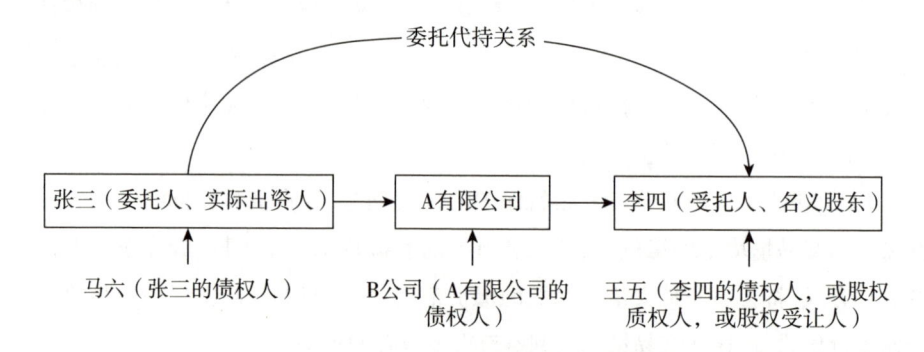

图 1-4-1　系列假设案例的人物关系图

假设案例 1-1。外观主义，不适用于代持双方的内部关系。假设后 A 有限公司分红，李四拒绝交付给张三，称自己为登记公示的股东，理应享有投资收益，还主张张三的出资款实为从马六处所借，自己愿向马六偿还，张三则诉请李四给付分红款。结论：对于张三的诉请予以支持，对于李四的抗辩不予支持。

假设案例 1-2。外观主义，不适用于无辜者（被冒名者）。假设李四当初被登记为股东，乃是张三利用亲戚关系获取其身份证件，然后利用李四的个人材料冒用其姓名登记为 A 有限公司股东，现 A 有限公司的债权人 B 公司诉请 A 有限公司还款，并要求李四在出资不足的范围内承担责任。李四抗辩称其为冒名股东，不应担

责。结论:对于李四的抗辩予以支持。

假设案例1-3。外观主义,不适用于恶意相对人。假设王五乃是张三、李四的共同好友,当初张三、李四的委托代持协议是在王五介绍、见证下签署的。结论:对于张三对抗李四的债权人王五的执行请求予以支持。

假设案例1-4。外观主义,不能反向适用。回到上问的假设案例1-0,马六请求执行张三委托登记在李四名下的A有限公司股权,应否支持?马六请求执行张三凭借实际出资而从A有限公司直接获得的分红款或者从李四处转交的分红款,应否支持?结论:对于执行分红款的请求予以支持;对于执行股权的请求应否支持,存在争议,通说认为不予支持,但需指明,无论支持与否,均与外观主义无关,这是下文要讨论的实质主义问题,马六恰恰是反对外观主义的受益者。

假设案例1-5。外观主义的基本逻辑之一:保护对名义权利(也即登记权利,下同)存在交易信赖利益的相对人。假设A有限公司不能偿付对B公司的到期债务,后者诉请登记股东李四在其未出资范围内对A公司不能清偿的债务部分承担责任,李四抗辩说自己不是实际的股东。结论:对于B公司的诉请予以支持;对于李四的抗辩不予支持。

假设案例1-6。外观主义的基本逻辑之二:保护对名义权利发生交易的相对人。假设李四个人向C银行借款,被要求提供担保,李四遂将登记在名下的A公司30%股权设质,不知情的C银行发放了贷款;或者李四将股权出售给不知情的王五并履行相应手续,王五支付股权款。现李四不能清偿对C银行的到期本息,后者主张执行设质股权以获得优先受偿;或者张三起诉请求确认李四、王五的股权转让行为无效。结论:对于银行的请求予以支持;对于张三的请求不予支持。

假设案例1-7。外观主义,是否适用于对名义权利不存在信赖利益、也未发生交易的第三人——这是唯一的争论所在。也即回到假设案例1的问题,法院支持李四的债权人王五的执行请求,还是支持张三的执行异议(执行异议之诉请)?这是最大的争议。

以上七个假设案例的场景设置及其裁判问题的回答,对于理解商事审判的外观主义适用范围及对象意义重大,其中,假设案例1-1、假设案例1-2、假设案例1-3、假设案例1-5、假设案例1-6的结论,是各界达成的基本共识,并无争议,但这不代表解决了所有的分歧,关键争点在假设案例1-7。

与假设案例1-7最具对比价值的是假设案例1-5、假设案例1-6,核心区别在于:假设案例1-5中的第三人(A有限公司的债权人B公司),之所以请求名义股东李四担责,是因为其恰恰是信赖名义股权登记状态也即公司资本信用的第三人;假设案例1-6中的第三人(股权质权的善意取得人C银行、股权的善意取得人王五),是与名义股权发生了交易的第三人,专称"交易相对人";而假设案例1-7中的第三人(名义股东的借贷债权人王五),与名义股东就名义股权未发生交易关系、双方借贷之债的发生也不存在对名义股权的信赖关系(假设案例1中假设的案情是,李四、王五间的借贷之债发生早于张三、李四的股权代持),可称为广义上的第三人。

055　商事外观主义的适用(三):谁是"善意相对人"?

(书接上问)

四、实质主义观:利益衡量的另一种视角

(一)注重财产的实质归属

为什么司法机关始终未走出普遍外观主义者希冀的关键性一步——选择完全无视实际出资人的投资权益,将实际出资行为所形成的投资权益完全限缩在其与名义股东之间代持协议的契约范围之内?这就是实质主义观起到关键性作用。实质主义观对普遍外观主义质疑,认为如绝对实行普遍外观主义,会在下列场合采以下处理方案:

1. 名义股东对外处分其代持的股权,构成有权处分,无论受让人、担保权人善意与否,皆不影响其取得股权、质权,从而不留给实际出资人主张夺回股权的任何机会。

2. 名义股东的债权人主张执行名义股东代持的股权,属于对名义股东责任财产的追偿,无论该债权人对代持事实知情与否(也即善意与否),实际出资人都无权提出抗辩,只能向名义股东主张债的权利。

……

问题是,实际出资人真金白银投入公司,如不能对抗任何意义上的第三人,这在形式上坚守了所谓权利外观信赖保护原则,同时也让一手安排隐名权利关系的实际出资人自负其责——可谓咎由自取,不值得同情。但这终究是不公平的,造成利益失衡。这就是《九民纪要》提出的"实际权利人与名义权利人的关系,应注重财产的实质归属,而不单纯地取决于公示外观"的真切含义。所以,实质主义观对于以上两

种情形的处理方案是:

1. 名义股东处分代持的股权,构成无权处分,如受让人、担保权人符合善意取得的要件,可以主张取得相应的股权、质权;否则,不得取得,从而给予实际出资人夺回股权、涤除质权的宝贵机会,从而在实际出资人与股权受让人、质权人之间求得利益平衡。

2. 名义股东的普通债权人如主张执行名义股东代持的股权,不属于对名义股东责任财产的追偿,债权人需要举证其与名义股东之间债的发生乃是基于对该代持股权的信用信赖,且为善意(对股权代持事实不知情),否则,不支持其诉请,从而保护实际出资人委托他人代持股权的实质权益。

读者不难判断出,相较之下,实质主义观主张的处理方案可能更为慎重、均衡与公平,尽管其会抬升交易成本,但两害相较取其轻,仍不失允当。

总之,从利益衡量的视角而言,外观主义的存在合理性无可置疑,但就其适用对象与范围而言应有所限缩,有效的限缩方法就是仅适用于对名义权利存在直接交易的第三人,或者因对名义权利存在信赖利益而发生交易的第三人。反向来讲,也即不适用于对名义权利不发生交易、也不存在交易信赖利益的第三人。即便依据商法外观主义,也是如此定位,在这一点上与民法并无实质区别。无论如何,外观主义的本质是外观责任,底线思维是保护第三人的信赖利益,而非保护笼统的宽泛意义上的第三人。比如,非股权交易的债权人信赖的是债务人整体清偿能力,该项非特定的利益不足以否定实际出资人未经登记的财产权益。

(二)实质主义观的立法依据

实质主义观的这一立场在现行法上具有立法论依据,这通过立法演变及其历史解释可以清晰看出。

2018年《公司法》第32条第3款规定:

公司应当将股东的姓名或者名称向公司登记机关登记;登记事项发生变更的,应当办理变更登记。未经登记或者变更登记的,不得对抗第三人。

但这一规定,在新《公司法》上演变成了第34条:

公司登记事项发生变更的,应当依法办理变更登记。

公司登记事项未经登记或者未经变更登记,不得对抗善意相对人。

从"不得对抗第三人"到"不得对抗善意相对人"叙述范式的转变,不仅是"善意"二字带来的修辞精准与符合当然逻辑的限缩,更大的变化是"第三人"到"相对人",此处的"相对人"即指交易相对人,而非指向宽泛意义上的利害第三人。

实际上,这一转变始于民法,早在2017年《民法总则》(已失效)第65条即规定:法人的实际情况与登记的事项不一致的,不得对抗善意相对人。

2020年《民法典》第65条保持这一规定。如果对照整部《民法典》,会发现立法者在刻意区别使用"不得对抗善意相对人""不得对抗善意第三人"。① 心领神会的2019年《九民纪要》第8条也表述为:

当事人之间转让有限责任公司股权,受让人以其姓名或者名称已记载于股东名册为由主张其已经取得股权的,人民法院依法予以支持,但法律、行政法规规定应当办理批准手续生效的股权转让除外。未向公司登记机关办理股权变更登记的,不得对抗善意相对人。

进言之,商事权利"未经登记,不能对抗"的对象由"第三人""善意第三人"到"善意相对人"的表述范式嬗变,应解读为对外观主义适用范围与对象的限缩。通常与交易标的物没有直接权利义务关系的第三人,也即不是因为信赖名义权利而与名义权利人产生交易关系、产生信用信赖的普通债权人,不在"不得对抗"的对象范围之内;相反,因信赖名义权利从而与名义股东产生买卖、质押等交易关系的相对人,由于信赖登记公示的公信力、对抗力,对名义权利这一标的财产产生了特定的、直接的信赖利益,才在"不得对抗"的对象范围之内。

056　商事外观主义的适用(四):民、商有别吗?

(书接上问)

五、认真对待商法外观主义

(一)外观主义:民法、商法的共同命题

外观主义乃是现代私法全部视域下的一个规则,而不独限于公司法、商法之一

---

① 整部民法典一共有13个条款共计14次出现"不得对抗"的字样,其中有4次指向"不得对抗善意相对人"(第61条第3款、第65条、第170条第2款、第1060条第2款),1次指向"不得对抗……买受人"(第404条);在指向"善意相对人"的4次中,有3次都是关于法人的规定,最后1次是关于夫妻家事代理权的规定。其余的9次,有8次指向"不得对抗善意第三人"(第225条、第335条、第341条、第374条、第403条、第545条第2款、第641条第2款、第745条),1次指向"不得对抗第三人"(第545条第2款)。需要指出,指向第三人的条款,都发生在"物权编""合同编"中关于物权、债权交易的场合。

隅。实际上,我们讨论的股权代持下的外观主义适用的几乎所有问题,在物权法领域内照样存在。

假设案例2-1。房产代持带来的利益冲突名场面。国人不仅热衷于股权代持,在房产领域也不遑多让。模仿上文假设案例1的案情,可以继续构造房产代持带来的利益冲突名场面——

2023年前后,张三出资购买一栋豪宅,出于不露富的考虑,委托登记在亲戚李四名下,其中张三的一部分房款是从朋友马六借来的,王五则是李四早些年的借贷债权人。在2025年年中,王五起诉李四索债并获得胜诉,目前处于执行阶段,发现李四仅有豪宅一栋,遂申请某法院执行局执行,张三赶紧站出来声明自己才是该栋豪宅的真正主人,且提出执行异议,或后来提出执行异议之诉。

另外,经查,张三尚欠C银行按揭房款若干,逾期未付。

假设案例2-2。重要动产代持带来的利益冲突名场面。如将假设案例2-1的豪宅换成豪车,其他信息不变,也就构造出重要动产代持带来的利益冲突场景。

需要画龙点睛的是,上文关于股权代持所致的在实际出资人、名义权利人、实际出资人的债权人、名义权利人的债权人、名义权利的受让人及担保权人等诸多当事人的利益冲突,在不动产隐名登记、重要动产隐名登记情形下几乎也会发生,其引发的司法裁判规则的挑战与处理基本逻辑具有共通之处。①

看来,基于共同的原因及背景,现阶段国人们喜欢将某些私有财产隐名登记的惯习在整个私法领域都存在,而给整个司法审判带来的挑战几乎是一样的。所以,民商法学界无论立法、司法解释、司法裁判还是学术研究,外观主义的适用边界是共同的关注,所达成的基本共识是主要的,对于关键问题的争论也是一样的。

(二)外观主义之民、商界分

以上文列出的股权代持、不动产代持、重要动产代持为例,如果说股权代持代表商法,不动产代持、重要动产代持代表民法,外观主义的适用有无区别呢?这又是一个见仁见智的争议问题。站在商法的立场上,很肯定地说,区分当然是有的,这就是来自公司组织法的特则——名义股东就是公司的股东,在实际出资人依法显名之前,公司不承认其为股东。这是作为组织法的公司法与作为交易法的民法最重要的

---

① 参见姚辉、阙梓冰:《不动产隐名权利的私法保护——以案外人执行异议之诉为视角》,载《中国人民大学学报》2021年第2期。

区分,由此决定了外观主义适用上的分野(见图1-4-2)。

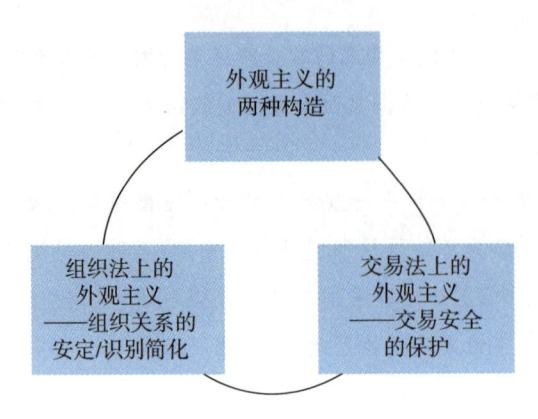

图1-4-2 外观主义的两种构造

至于外观主义在民、商事适用上区分之微奥,可以用数千字篇幅的学术性文字展开,但终究不如举例一则对于读者具有启发性。在此兹举一例。

众所周知,我国实行婚后夫妻财产有约定从约定、无约定为共同所有财产制(《民法典》第1062、1065条)。据此,如无约定,婚姻期间夫妻用共同财产投资购房、买股票,无论房产证、股权登记在双方名下还是一方名下,都不影响其作为夫妻共同财产的性质。但是,夫妻一方(一般是登记权利人)未经另一方同意处分房屋、股权的,其法律处理范式大不相同。

1. 夫妻共有房屋的无权处分范式

先来看房屋,《民法典婚姻家庭编司法解释一》第28条规定:

一方未经另一方同意出售夫妻共同所有的房屋,第三人善意购买、支付合理对价并已办理不动产登记,另一方主张追回该房屋的,人民法院不予支持。

夫妻一方擅自处分共同所有的房屋造成另一方损失,离婚时另一方请求赔偿损失的,人民法院应予支持。

简单地说,夫妻共有房屋登记在一方名下的,该方未经对方同意而为处分的,构成无权处分;在无权处分的处理范式下,相对人可以经主张善意取得而取得相应的物权。一旦相对人构成善意取得,夫妻另一方就其应得价款部分及遭受的损失(如有)只能寻求对方(无权处分方)支付、赔偿;如不能构成善意取得,夫妻另一方尚有可能追回房屋、涤除抵押权等,以挽回损失。此处的无权处分处理范式,在存在利益冲突的夫妻另一方与相对人之间形成相对均衡的利益模式。其中相对人的所谓善意,乃是对于房屋所有权登记在某一方名下的合理信赖,且该相对人与夫妻一方之间发生了直接交易关系,自然属于外观主义的适用对象。

2. 夫妻共有股权的有权处分模式

再来看关于股权的规定,《民法典婚姻家庭编司法解释二》第9条规定:

夫妻一方转让用夫妻共同财产出资但登记在自己名下的有限责任公司股权,另一方以未经其同意侵害夫妻共同财产利益为由请求确认股权转让合同无效的,人民法院不予支持,但有证据证明转让人与受让人恶意串通损害另一方合法权益的除外。

简单地说,夫妻共有股权登记在一方名下的,该方就是公司的股东,而不能认为夫妻双方都是股东,否则,每一家公司的股东会岂不是都开成了股东夫妻大会!进而,该登记股东未经对方同意处分该股权的,不属于无权处分行为,而是按照有权处分的处理范式解决,也即相对人善意与否并不在审查范围之列,也不影响其取得股权;只是为了平衡保护夫妻另一方的利益,本条但书特别规定"有证据证明转让人与受让人恶意串通损害另一方合法权益的除外"。这一规定并不奇怪,因为既然构成了恶意串通,该处分行为自然是无效的,对于夫妻共有房产的无权处分范式而言,也是如此。

那么,同为夫妻共同财产,登记权利人一方未经对方同意的擅自处分行为,为何房产与股权的处理范式迥异呢?无他,就是要从登记权利人就是公司的股东——这一公司组织法的基本逻辑出发来理解,由此塑造了不同的处理范式。当然,股权的有权处分、房产的无权处分两类范式对于善意相对人而言,法律后果是一样的,可谓殊途同归,但对于单纯知情的相对人(区别于构成恶意串通的相对人)而言,法律后果已然不同。更重要的是,由此折射出来的民法、商法对待登记权利的法律理念与法律范式之别,才是应该引起人们重视的。

六、穿透式审判的反思

尽管争议不断,有一个不争的事实是,穿透式审判是近年来民商事纠纷尤其是商事纠纷审判的主流裁判方法。《九民纪要》强调了穿透式审判理念:

通过穿透式审判思维,查明当事人的真实意思,探求真实法律关系;

对穿透式审判方法、思维反思的文献,已经有很多了,本书也赞同很多的批判性思考,此处不拟展开。总之,某种意义上,隐名权利情形下实际出资人与名义权利人的债权人的利益冲突纠纷裁判,正是由于裁判者对于外观主义(形式主义)的坚守不恒一、不坚定,从而引发穿透式审判思维(实质主义)的渗透乃至于全面适用。在面对商事审判中诸多利益主体之间的利益衡量时,穿透式审判方法及其思维无疑是一重要抓手。

真正需要探讨的问题是,在商法领域凡是涉及组织法与契约法的关系处理的,穿透式审判作为裁判方法没有问题,但是要对组织法的基本逻辑——比如,关于"谁是股东"的基本立场,予以起码的尊重。否则,穿透式审判就变成"旨在发现问题而非解决问题"。

057 国企代持民企股权(一):"红帽子企业"是如何产生的?

一、国企代民企持股,咄咄怪事乎

(一)国企自降身价

不少人心目中的股权代持发生在个人之间,至多发生在小规模民企之间,但现实却是亮瞎眼,一段时期以来,一些规模不小、级别不低的国企热衷于为个人、民营企业代持股权,由此产生了一大批"红帽子企业"。个中缘由为何?

国企代个人、民企持有股权,使得个人、民企(实际出资人)获得"红帽子"身份,形成法律外观与实际权益分离的架构,以规避政策限制或获取融资便利,实质就是以私有制企业性质享有公有制企业待遇。根据《国务院国资委关于开展民企挂靠国资问题综合整治专项行动的通知》(国资产权〔2021〕115号),民企的代持式挂靠主要存在以下两种方式:

1. **股权代持**。民企将部分存量股权名义上转让给国企,但通过签订股权转让和股份代持"双层协议",明确约定标的企业仍由民企实际控制并负责日常经营管理。国企不享有相应的股东权利,不按照名义持股比例分红,只定期收取一定的管理费等形式的利益。

2. **虚假合资**。国企与民企名义上按比例共同出资新设标的企业(合资公司),但实际上双方约定全部出资均由民企完成,或国企实际出资与名义出资不符。国企允许标的企业冠以国企相关名号,象征性参与或完全不参与标的企业日常经营管理,只定期收取一定的分红等形式的利益。

既然有如此简单且丰厚的收益,一些国企对此乐此不疲,简直成为代持专业户,比如经媒体披露出来的中科建代持事件,可谓某种意义上的丑闻。

中科建设开发总公司(以下简称中科建)是中国科学院行政管理局全资控股的国有企业,原以建筑施工为主业。2014年后,通过激进扩张和融资,业务涉足房地产、能源、文旅等十余领域,旗下子公司从2014年的7家暴增至2018年的405家,其中大量为"挂靠"企业,名义上属于中科建子公司,实际由民企控制,仅借用其国企资质融资或竞标项目。一方面,中科建作为名义股东,通过代持民企股权收取管理费(通常为融资额的1%)和挂靠费牟利,同时利用国企身份为子公司融资提供增信。另一方面,民企通过挂靠中科建,获得"红帽子",突破行业准入限制(如建筑、能源等领域)、规避"玻璃门",如挂靠中科建竞标地方政府基建项目,并享受融资成本降低三四个百分点的优势。

中科建所实施的不合规担保与代持股行为,导致其无法监管子公司资金流向,故出现因子公司违约或审计造假而需要承担巨额债务及资产的估值虚高的情况。如昆山美吉特项目被抵押融资后烂尾,中科建需承担数十亿元债务。截至2020年,中科建债务总额达700亿元,涉及2000多名债权人,最终进入破产预重整程序。

该案中,民企与国企都遭受不同程度的损失。就民企而言,挂靠企业因中科建债务危机被冻结资产或股权,导致资金链断裂。就国企而言,中科建因挂靠企业违规操作被贴上"伪国企"标签,影响后续融资与政府合作。

(二)代持的动机

1.规避法律对民企的行业限制。一方面出于国家安全及国有资产保护的考量,另一方面也有市场经济体制尚有待发展的缘故,时至今日有些领域或明或暗仅对国企开放。尽管市场准入负面清单呈缩减趋势,但核心行业仍由国企占控制甚至垄断地位,由此产生的融资歧视以及区域差异等历史遗留问题,使得民企不能进入或者进入成本极大,故而采代持方式规避股转审批程序、利用国企资质进入这些领域。

2.掩盖实控人身份以转移资产或逃避监管。民企的实际控制人出于隐私或商业策略考虑,通过代持避免公开身份,减少舆论或法律风险。通常,通过股权代持协议或虚假挂靠实现,目的是利用国企背景提升融资、竞标能力,同时规避监管或行业限制。

举例。华控建投系列合同诈骗事件中,犯罪团伙控制空壳公司,伪造股权架构,使其在商事登记中显示为央企控股的下级子公司,实控人实为宋某、赵某某等人,通过代持协议将民企股权登记在虚假国企名下,掩盖真实控制关系,使得基层政府和企业难辨真伪。又如姜某立滥用职权、骗取贷款案[(2023)豫0505刑初97号]中,犯罪嫌疑人作为民营企业与国家工作人员共谋提供虚假材料,在股权代持情况下,所涉债务转由名义股东(国有企业)承担,导致国家利益遭受重大损失,情节特别严重,构成骗取贷款罪、滥用职权罪。

3.解决经营困难。虽然挂靠行为违反国家限制规定,但民企有"红帽子"加持,融资规模显著提升,甚至得以突破原有融资瓶颈。在融资市场二元化背景下,国企背景能帮助民企更易获得银行贷款、信托资金等支持,缓解民企经营困难。

在实践中,国企代持现象多见于建筑、环保、能源等领域,民企为获取投标资质、融资便利或政策优惠铤而走险。如浙江省诸暨市公安局2022年破获的特大合同诈骗案中,犯罪团伙通过伪造央企背景,骗取36家民企股权及资金,涉案金额达数千万元。该案涉及16省24市的民营企业,折射出国企代持乱象。

二、法律的立场

(一)纠纷样态

国企代持行为在实践中存在违反国有资产管理规定的嫌疑,面临多重法律风险,包括产权界定不清、代持协议效力争议、名义股东擅自处分股权等。在司法实践中,有关国企、民企因代持股权而生的纠纷通常体现为股东资格确认纠纷、代持合同效力纠纷、股权转让纠纷等;当事人的常见主张,包括确认代持协议效力、请求显名登记或返还股权,以及在无法返还或没有必要返还时赔偿因代持而生的损失。

(二)国务院国资委的管制立场

2021年,国务院国资委发布《关于开展民企挂靠国资问题综合整治专项行动的通知》,要求整治民企挂靠国企行为。2023年国务院国资委发布的《国有企业参股管理暂行办法》第8条明确禁止国有企业以股权代持、"名股实债"方式参股合作,要求进行真实股权登记。前述两个条文是国资监管部门针对"民企挂靠国资"及其衍生的股权代持、"名股实债"问题打出的一套组合拳。这两项政策标志着国资监管对产权清晰、权责明确的现代产权制度要求的严格落实,对规范国企民企合作、维护市场公平秩序、保障国有资产安全具有深远影响。无论是国企还是民企必须彻底摒弃侥幸心理,在合作中严格遵守规定,回归真实、合规、市场化的本源。

那么,法院如何认定国企代持民企股权协议的效力呢?

058　国企代持民企股权(二):不确定的风险如何应对?

(书接上问)

三、国企代持协议的效力

从目前的司法实务看,此类股权代持协议效力的判定,主要有两种立场。

(一)有效说

1. 代持协议不违反法律强制性规定或公序良俗,且为真实意思表示的,有效。比如在(2024)苏13民初20号、(2023)沪0109民初12305号判决书中,审理法院认为,签约双方虽为民企、国企,只要双方性质不在不得代持股权的范围内,且签订的《经营合作协议》《股权代持协议》等均系真实意思表示,就不违反法律、行政法规的强制性规定,均属有效;协议主体均应依据协议内容履行各自的义务。至于国务院国资委的监管手续乃为规范内部程序的管理性规定,不影响国企与第三人签订合同的效力。

2. 代持协议不涉及需审批的国有资产转让,协议有效。比如(2017)苏03民终7451号判决书中,审理法院认为,虽然协议主体其一为国企,但有关交易所涉及资产不包括须审批的国有资产,其行为没有违反公司法等法律法规对投资领域、投资主体、投资比例等方面的限制性规定,如果其行为损害第三人利益,第三人应当用其他途径对自身权利进行救济。

(二)无效说

1. 未履行政府审批程序的国企股权代持协议,无效或者确定不生效。如(2022)辽01民终5169号判决书中,审理法院认为,股权代持属于委托行为,前提条件为委托人能够转回受托人代持的股份。根据《企业国有资产法》第53条,国企转让部分国有资产使国家对该企业不具有控股地位的,应报请本级政府批准,据此可以推定由国企与民企共同签订的代持股权协议因违反国有资产监管的强制性规定,且无法实现协议效果而确定不生效。

2. 未经公司授权或追认的代持协议,无效。在(2019)粤民再154号判决书中,审理法院认为,根据2018年《公司法》第16条,公司向其他企业投资要按照公司章程规定由董事会或股东会决议,若签订股权代持协议的当事人(国企方)不满足主体要求,则可能因为签订主体越权而构成无权代表(代理),且对方在明知其无法提交决议时仍与其签订代持协议,不属于善意第三人,故而归于无效。

综上所述,国企代持民企股权的协议效力,呈现出复杂性、不确定性——这既不同于上市公司、金融类公司的股权代持协议,一般被确认为无效的规则清晰透明,也不同于其他普通公司的股权代持协议,一般被认定为有效而具有可预期性,此种裁判状态,无异于提醒各方当事人,此类股权代持的法律风险大而不可控。

四、不确定的法律风险

前文已分析了股权代持双方当事人的风险,这些规则对国企代持股权当然也同样适用,此处仅仅讲述其特有的风险。

(一)实际出资人(民企、个人)的风险

1. 代持协议无效、确定不生效的

一旦代持协议无效,也就意味着个人、民企作为委托人的股权诉请不可能得到支持,股权归于国企,国企仅仅负有返还实际出资人的投入本金及其利息的义务,以及已经获得的分红款返还。这种处理结果,在目标公司经营向上的情形下,实际出资人无异于鸡飞蛋打。

2. 代持协议有效的

最特殊的风险在于,即便法院认定双方的代持协议有效,但既然发生纠纷,代持关系肯定不能继续,那么接下来实际出资人的显名可能面临不能的问题。这是因为,如要求显名,实际出资人不仅如其他普通公司那样需要证明代持合意的存在、实际出资的事实以及获得其他股东同意等要件,而且要举证代持行为的合法目的以及显名不存在国资监管部门审批同意的程序障碍。否则,实际出资人承担举证不能后果,也即不能显名化为目标公司的股东。如此,作为实际出资人的个人、民企将面临失去股权的风险,其投资收益只能通过其他方式获得。

3. 更大的法律风险来自刑事

如未来目标公司经营向下,双方一旦陷入法律纷争,若民营企业家缺乏解决纷争的应有的政治智慧、法律智慧,随时有身陷囹圄之风险(各类诈骗罪等);如目标公司经营向上,国企(尤其是更换了领导人的国企)及其上级单位(尤其是营商环境欠佳的区域)会主张产权,产权不清的问题在任何时候都不仅仅是一个法律问题,更是一个政治问题,民营企业家随时将面临鸡飞蛋打、身陷重罪指控(私分国有资产罪、贪污罪等)的巨大风险,这无异于一场饮鸩止渴的游戏。

(二)名义股东(国企)的风险

1. 履行出资责任。实际出资人未履行出资或未实际履行出资义务的,或抽逃出资的,根据《公司法解释三》第13~14条,国企作为股东需对目标公司承担出资责任,以及面临目标公司的债权人请求承担相应法律责任的诉请。

2. 国有资产流失及信誉风险。代持协议若未履行法定评估、审批程序,或涉及利益输送(如低价转让股权),有关负责人可能涉嫌违规处置国有资产的指控;一旦目标公司发生重大债务事项,国企作为名义股东会面临声誉危机。

3. 若代持协议无效,国企需配合返还股权或赔偿损失,尤其是在公司经营向下、股份价值下跌的背景下,国企作为代持人存在承担赔偿责任的较大风险。

五、根治之策

从根本上讲,国企代持民企、个人股权这一现象,既有前文所讲述的天下所有股权代持现象的共同点,也有其独特性。独特性就在于社会主义市场经济体制的深化改革任重道远,国企、民企在融资、行业进入、司法保护等多个方面存在事实上的法律不平等,夹缝中求生存的民营企业、民营企业家梦寐以求取得一顶"红帽子",以求得与国企一样的法律待遇——但又不愿意承担国企的社会责任,以及优越于同侪的法律地位。这是缺乏制度创新、技术创新勇气与企业家精神的体现,是竭力寻租的一种挣扎。求国企代持股权本身是有成本的,更致命的是,上文描述的巨大不确定性带来的法律风险,尤其是刑事责任风险,是民企、民营企业家所不能承受之重。

根治之策,在于进一步深化社会主义市场经济体制改革,使得国企、民企作为平等市场主体,在市场主体法律地位上的实质性平等获得更大程度的实现。这是一个漫长的制度建设过程,近年来,党中央、国务院发布的涉民营经济发展的大政方针,以及《民营经济促进法》《优化营商环境条例》等立法,都是这种制度构建努力的重要组成部分。

059　中企代持外企股权：特殊的法律处理方案？（上）

前文提到，在外商投资准入负面清单制度下，可能存在外资方委托中资方（中国境内的个人、法人、非法人组织）代持股权的现象。基于外商投资的管制特殊性，此类代持股权协议的效力、双方权利义务关系的安排有何特殊性？这一问题值得关注。对此，《外商投资企业纠纷规定一》第 14~20 条，用了七个条文予以规范，下文予以简单分析。

一、代持协议的效力：不具有特殊性

《外商投资企业纠纷规定一》第 15 条第 1 款规定：

合同约定一方实际投资、另一方作为外商投资企业名义股东，不具有法律、行政法规规定的无效情形的，人民法院应认定该合同有效。一方当事人仅以未经外商投资企业审批机关批准为由主张该合同无效或者未生效的，人民法院不予支持。

可见，外资方委托中资方代持股权协议的效力规则，同普通合同效力规则并无区别，存在法律、行政法规规定的无效情形的，为无效；否则，为有效。本条的特殊价值在于特别明确了"外商投资企业审批机关批准"程序并非协议的有效要件、生效要件，这意味着即便未经外商投资企业审批机关批准，也不影响代持协议的效力。

此外，《外商投资企业纠纷规定一》第 20 条还规定：

实际投资者与外商投资企业名义股东之间的合同因恶意串通，损害国家、集体或者第三人利益，被认定无效的，人民法院应当将因此取得的财产收归国家所有或者返还集体、第三人。

这一规定进一步表明外资方委托中资方代持股权协议的效力同普通合同并无区别，因为任何合同构成恶意串通的，均归于无效。

二、公司组织法的处理

（一）实际出资人不是股东

《外商投资企业纠纷规定一》第 17 条规定：

实际投资者根据其与外商投资企业名义股东的约定，直接向外商投资企业请求

分配利润或者行使其他股东权利的,人民法院不予支持。

法院为什么不支持实际出资人对于外企的此等请求呢？想必读者都知道答案——因为在代持期间,法律不承认其股东身份。

那么,外资方作为实际出资人,能否请求显名呢？答案是肯定的,关键看其能否符合显名化的条件。

(二)外资方显名化的要件

《外商投资企业纠纷规定一》第14条规定：

当事人之间约定一方实际投资、另一方作为外商投资企业名义股东,实际投资者请求确认其在外商投资企业中的股东身份或者请求变更外商投资企业股东的,人民法院不予支持。同时具备以下条件的除外：

(一)实际投资者已经实际投资；

(二)名义股东以外的其他股东认可实际投资者的股东身份；

(三)人民法院或当事人在诉讼期间就将实际投资者变更为股东征得了外商投资企业审批机关的同意。

据此,外资方要显名,不仅要符合普通公司的显名化条件——征得其他股东的同意,还要符合另外两个条件,一是已经实际出资,二是外资方作为外资企业的投资人已经获得外商投资企业审批机关的同意,这也意味着外资方显名化为股东不违反前述的外商投资准入负面清单有关禁止性、限制性的规定。

(三)代持协议无效后的处理

代持协议无效,也就断绝了外资方的显名化之路,如何善后,是一个复杂的法律问题,需要分开讨论。

1.代持股权价值高于实际投资额的

代持股权价值高于实际投资额的,也就是本书通俗化表述的"目标公司经营向上"的学术化表达。对这种情形的处理,《外商投资企业纠纷规定一》第18条规定：

实际投资者与外商投资企业名义股东之间的合同被认定无效,名义股东持有的股权价值高于实际投资额,实际投资者请求名义股东向其返还投资款并根据其实际投资情况以及名义股东参与外商投资企业经营管理的情况对股权收益在双方之间进行合理分配的,人民法院应予支持。

外商投资企业名义股东明确表示放弃股权或者拒绝继续持有股权的,人民法院可以判令以拍卖、变卖名义股东持有的外商投资企业股权所得向实际投资者返还投资款,其余款项根据实际投资者的实际投资情况、名义股东参与外商投资企业经营管理的情况在双方之间进行合理分配。

这一规定确立的基本规则总结如下:

(1)股权归名义股东的,名义股东返还实际出资人的出资款,投资收益部分双方合理分配,就实际出资人分得的部分,名义股东负有支付义务。

(2)名义股东拒绝持有股权的,该股权份额变现所得,首先返还实际出资人的出资款,其余款项由双方合理分配。

060 中企代持外企股权:特殊的法律处理方案?(下)

(书接上问)

经典案例。华懋公司与中小企业公司代持民生银行股权案。1995年,华懋公司为规避内地对外资投资金融机构的限制,委托中小企业公司代持民生银行股权,双方签订《委托书》及《借款协议》,约定由华懋公司出资1094万美元(折合人民币约9000万),中小企业公司代持股权并行使股东权利,待政策允许时转回股权。后民生银行上市,股权价值激增,关于股权归属遂生争议。2001年,中小企业公司起诉,主张双方为借款关系,华懋公司则反诉要求确认委托关系并返还股权及分红。北京市高院一审认定双方行为违反了金融法规的强制性规定,所签委托书无效。华懋公司上诉,最高人民法院最终在2012年终审判决,基本认同一审认定的事实,认为双方的委托投资关系安排实质规避了内地金融法规对外资准入的限制,属于"以合法形式掩盖非法目的",故《委托书》《借款协议》无效,中小企业公司应将以自己名义投入民生银行的1094万美元本金返还华懋公司,向华懋公司支付其持有的诉争股份市值及其全部红利之和的40%的合理补偿金,但华懋公司不能依据无效法律关系取得股权。

2.代持股权价值低于实际投资额的

代持股权价值低于实际投资额的,也就是本书通俗化表述的"目标公司经营向下"的学术化表达。对这种情形的处理,《外商投资企业纠纷规定一》第19条规定:

实际投资者与外商投资企业名义股东之间的合同被认定无效,名义股东持有的股权价值低于实际投资额,实际投资者请求名义股东向其返还现有股权的等值价款的,人民法院应予支持;外商投资企业名义股东明确表示放弃股权或者拒绝继续持有股权的,人民法院可以判令以拍卖、变卖名义股东持有的外商投资企业股权所得向实际投资者返还投资款。

实际投资者请求名义股东赔偿损失的,人民法院应当根据名义股东对合同无效是否存在过错及过错大小认定其是否承担赔偿责任及具体赔偿数额。

这一规定确立的基本规则总结如下:

(1)股权归名义股东的,名义股东返还实际出资人相当于现有股权的等值价款;名义股东拒绝持有股权的,该股权份额变现所得返还给实际出资人作为返还出资款。

(2)就上述处理,实际出资人就其最终的损失部分,可以请求名义股东承担缔约过失责任,法院根据后者对代持协议无效有无过错及过错大小来判定是否赔偿以及赔偿金额。

三、合同法上的处理:债的效力

如果代持协议有效,则双方都应该依约履行合同,这就是债的效力。

(一)履约

《外商投资企业纠纷规定一》第15条第2、3款规定:

实际投资者请求外商投资企业名义股东依据双方约定履行相应义务的,人民法院应予支持。

双方未约定利益分配,实际投资者请求外商投资企业名义股东向其交付从外商投资企业获得的收益的,人民法院应予支持。外商投资企业名义股东向实际投资者请求支付必要报酬的,人民法院应酌情予以支持。

这两款确立的是代持协议的债的效力规则,包括:

1. 名义股东的合同权利义务

就其合同义务,主要是作为受托人负有受人之托、忠人之事的义务,所以应该依约参与企业治理等;否则,将构成违约。

就其合同权利,主要体现为有权请求实际出资人支付必要报酬。该报酬的多少,有约定从约定;无约定的,法院酌情认定。这一规则表明,股权代持协议作为商事合同,应解释为有偿、双务合同。

2. 实际出资人的合同权利义务

就其合同义务,主要体现为实际出资给外资企业、支付报酬给名义股东等。

就其合同权利,体现在享有投资利益。具言之,关于投资收益,双方有约定的从约定;如无约定,投资利益归于实际出资人一方。合同法上的这一安排,与公司组织法上的安排——上文第17条规定的实际出资人不得向目标公司主张投资收益——并不矛盾。

(二)解约

《外商投资企业纠纷规定一》第16条规定:

外商投资企业名义股东不履行与实际投资者之间的合同,致使实际投资者不能实现合同目的,实际投资者请求解除合同并由外商投资企业名义股东承担违约责任的,人民法院应予支持。

这一规定并无特殊性,任何合同有一方根本违约的,法律都会赋予守约方法定解约权以及请求对方承担违约责任的权利。

061　持股平台的陷阱何在?

一、持股平台的流行

实践中,自然人不直接持有公司股权,而通过设立另一个商事主体来间接持有该适格的股权,这个用于间接持股的主体就是持股平台。持股平台被广泛运用于股权激励、员工持股等方面,受限于以往A股上市公司监管政策中对股东人数的要求及契约型基金、信托计划、资管计划等特殊类型股东(所谓"三类股东")适格性的限制,在境内A股的IPO(首次公开募股)实践中,拟上市企业普遍采用有限公司、有限合伙企业两种组织形式的持股平台。

此外,有限公司的股东数量被限制在50人以内,过去的国企改制实行管理层收购(MBO)或者员工持股的,往往也会有股东人数超额的问题,也有设立持股平台的需求。

二、持股平台的优势

1. 便于高效决策,实现股权控制。借助持股平台的架构,人数较多、人均持股量不大的股东将其股权放置于一个主体,并通过该主体行使表决权,最终实现控制公司的目的。著名的案例包括蚂蚁金服的有限合伙模式(实控人马云做普通合伙人)和海底捞的有限责任公司模式(实控人张勇做控股股东)。

2. 保持主体公司股权的稳定性。在主体公司股东人数较多的情况下,将部分股东放置到持股平台后,当未来该部分股东的股权发生变动时,仅变更持股平台的股东即可,主体公司的股权结构不受影响。这就避免主体公司股东频繁变动对企业经营造成不利影响,有利于保持主体公司股权结构的稳定性。

3. 平衡股东人数。有限公司的股东人数上限为50人,假设设立一个持股平台,其实质股东人数可增至99人;非上市股份公司的股东人数上限200人,假设设立一个持股平台,其实质股东人数可增至249人。持股平台数量增加,实质股东人数亦随之增加。

4. 解决股权质押融资的问题。根据上市公司股票质押规则,质押融资主体不能是个人;如果自然人直接持股,将来主体公司上市后,自然人很难通过股票质押获取融资,而持股平台可以轻松规避自然人持股的质押融资障碍。

5. 有利于税收筹划,降低整体税负。很多公司搭建的持股平台往往注册在税收优惠的地区,能够享受当地特殊的税收优惠政策,实现整个企业集团内综合税收负担的合理优化。计划境外上市的公司,通常将平台公司注册在境外常见的避税地如百慕大、开曼等离岸群岛,亦基于同样的考虑。

三、持股平台的风险

1. 丧失股东身份的风险。在法律上,通过持股平台持有目标公司股权的股东,实则不是股东,而是股东的股东(平台为公司的),或者股东的合伙人(平台为合伙企业的)。这直接导致股东的身份相对隐晦,对公司行使股东权利,已然丧失可能,如参加股东会、提出临时提案、参与表决投票等,至于查阅权、请求分红等权利,也望洋兴叹。

2. 控制权风险。如持股平台选择有限合伙模式,公司创始人(实控人)作为普通合伙人可能掌握平台决策权,而其他联合创始人(重要股东)、持股员工、财务投资人等都只能作为有限合伙人享有分红权,也不参与合伙企业的决策。如此,可能固化公司创始人利用原本并不占多大优势的股权比例借此控制了整个公司,其他股东完全处于被动状态,存在巨大的控制权丧失风险。

3. 平台管理风险。由于持股平台涉及多方股东、合伙人和复杂的股权、合伙份额关系,若管理不规范,容易导致利益分配、少数股东权益保护等方面问题。一旦纠纷发生,不仅会影响目标公司的正常运营,还可能导致背后投资人之间的紧张关系,进而引发诉讼,严重损害企业的声誉和利益。比如,有限合伙企业作为最常用的持股平台,其本身并不经营业务,存在的价值仅在于持股,但由于目标公司的实控人通常为普通合伙人,其把持运营,也就掌控了该持股平台对应的目标公司的投票权,进而罔顾有限合伙人的意见;平台如获得分红,其也受普通合伙人控制,有限合伙人往往很难实现投资权益。

四、追随者慎入

综上,如设立持股平台为追求上市且很快上市成功,持股平台的设立价值就获得了实现;一旦上市成功,鉴于上市公司接受的严监管事实,持股平台自身的管理也即其相应股权的表决权行使、分红事务等也会规范运行。问题在于,很多持股平台的设立及运行与众多参与者尤其追随者的初心背道而驰,教训惨痛。以常见的有限合伙企业持股平台为例,择其要者如下:

1. 有些公司在上市失败之后,并不撤销持股平台,实控人发现利用持股平台控制目标公司具有极大的便利性、极小的代价与成本,简直是一本万利。

2. 一些深谙其道的实控人一开始就"运筹帷幄",以追求上市为幌子,提议其他股东一起设立持股平台,然后一方面自己仅仅拿出一点点股份投入合伙企业,却当仁不让地充当有限合伙企业的普通合伙人;另一方面在合伙企业协议中悄悄塞入扩张自己权力、除去有限合伙人权利的条款,实现自己对目标公司控制的战略目标。等到有限合伙人醒悟过来,悔之晚矣。

3. 退出困难。还有一些别有用心者,在设立的有限合伙企业协议中插入很多"不讲武德"条款,常见的有:普通合伙人独掌持股平台对于目标公司的投票权,并不需要征求有限合伙人的意见;有限合伙人不得退股;有限合伙人无条件放弃投票权;有限合伙企业的解散由普通合伙人决定;等等。

作为鲜明对比的是,作为追随者的少数股东(对应目标公司而言的)、形成持股平台主要股权的有限合伙人(对应有限合伙企业而言),一方面完全丧失对于目标公司的股东身份,所有的股东权利灰飞烟灭;另一方面在有限合伙企业被剥夺了几乎所有的合伙人权利,哪怕退出都是一个巨大的问题。如此,岂不是活脱脱的"人为刀俎,我为鱼肉"乎!

062　股权代持,是一种糟糕的交易安排吗?

一、法律上的危害与挑战

总结前文,股权代持现象的存在本身及其引发的纠纷,一方面,给公司法提出了严重的挑战,因为站在公司组织法的立场,是反对或者本能拒绝股权代持现象的:股东就是股东,公司就是公司,股东在公司面前应该是清白、清晰与透明的,公司在股东面前也是触手可及的,为何要搞起成员身份上的"躲猫猫"。另一方面,解决此类纠纷理论上需要一个由公司法、合同法、婚姻法、合伙企业法等多个部门法搭建的体系化的裁判规范体系,但尴尬恰恰在于,现行法并未提供这一规范体系,事实上也难以提供这一规范体系,所以我们需要有一个清醒的认识——对此,或许我们真的无能为力。

尤其是,形形色色的股权代持处于行为法与组织法的交叉地带,原本依据商法外观主义原则即可较好保障交易秩序、稳定各方主体之间的交易安排及其制度预设,但在股权代持的复杂、不透明的交易结构安排带来的冲击下,变得无所适从。因为从行为法的实质公平角度出发,外观主义的形式化适用带来的不公平是清晰可见的,不可能遭到无视,这也是最高院公布的司法解释、指导案例、公报案例背后的裁判立场、司法理念摇摆不定的根本原因。股权代持这一挑战性问题,必然使外观主义原则被例外情形不断消解,进而难以得到贯彻。

申言之,股权代持情形下的基础法律关系、股东身份认定、实际出资人权利义务风险的安排、名义股东权利义务风险的安排,涉及交易相对人以及更为广义上的第三人利益保护到何种程度这一根本性问题。围绕此问题,法律规范、裁判规则、执行实务及学理观点的争论会一直持续下去,并无尽头,这也决定了裁判者的法律智慧在面对这些纠纷时捉襟见肘不可避免。

总之，我国现行公司法及其司法解释为其提供的裁判规则相当有限，域外法的借鉴资源几乎为零，因为这是中国特色的问题。职是之故，著者对于股权代持这一交易安排并不准备给予任何评价，以"糟糕"一词形容之。

二、作为一种交易安排的其他危害

1. 提高了投资风险与成本

股权代持给当事人双方都带来不确定的投资风险，相较于其带来的收益，并不值得提倡。

从前文分析不难看出，实际出资人、名义股东的风险皆来源于股东身份的名实不符，以及将原本股东、公司这两个主体之间的投资法律关系复杂化为实际出资人、名义股东、公司、其他股东以及公司债权人等外部交易相对人这五方主体之间的复杂法律关系。按照公司法对于投资法律关系的制度供给，出资人通过向公司移转财产权而获得公司股权及股东身份，只需二者达成一致的意思表示，即可形成股权关系。但在股权代持关系下，实际出资行为与获得股权及股东身份形成了分离，存在实际投资人与名义股东、名义股东与公司、实际出资人与公司三类关系，若要在特定情形下考虑实质公平价值，则需要对三类法律关系进行穿透，使得实际投资人与公司之间的关系浮出水面。

对于以上三种关系的权利义务内容，基于不同的利益衡量方式及价值选择立场，必然生成多种截然不同的观点与结果，进而导致法律关系、商业秩序与当事人法律预期之混乱，也给各方当事人造成难以控制的法律风险。

2. 引发了竞相的法律规避

毋庸讳言，股权代持常被用来直接、间接规避法律，法律必然不鼓励其野蛮生长，但是又难以断然全部否定其效力。除上市公司外，公司组织法对其保持沉默，不禁止不鼓励更不倡导。仅从金融法的立场看，倾向于否定代持行为效力。由于公司法、合同法作为市场经济基本法都难以对普通商业公司的股权代持说"不"，所以各类或直接或间接，或明或暗规避法律的股权代持行为将会继续。

3. 破坏了正常的商业秩序

避法行为旨在排除特定法律规范的适用，以实现与受禁止之行为相同的效果，在形式上具有多样性，但在价值判断上并非一定是中性的。从前文分析可以看出，股权代持所规避的除私法规范外，还包括行政规章、政府政策等公法秩序。此种规避,一方面可能是当事人对于不合理的公法规制的无奈之举,另一方面也可能蕴含当事人的主观恶意及对于管制秩序的蓄意破坏,其内在合理性及正当性实难进行妥善解释。即便对处于"中性"效力范畴的股权代持领域,如基于财不外露的隐私保护等,现行公司法以例外形式承认股权代持在契约法之外的效力,使实际投资人享有潜在的显名化为股东的权利。但此种"打补丁"的方式并未平衡股权代持可能涉及的各方主体的利益,反而因暗含对形式标准游移不定的态度而有损商事交易预期,提升债权人执行难度,人为增加交易成本。

4.给目标公司带来的风险

一是可能给公司的融资带来法律障碍。在中国证券资本市场,存在股权代持的红线,证监会全面严格禁止"股权代持","代持"几乎成了令监管机构、中介机构、上市公司都谈虎色变的雷区。依《首次公开发行股票注册管理办法》第12条第2项,"发行人的股份权属清晰,不存在导致控制权可能变更的重大权属纠纷"。"股权清晰"就是证券监管机构禁止上市公司代持现象的依据,上市公司的控股股东需要穿透披露到自然人,且不允许代持。

二是公司可能面临注销风险。按照外商投资准入负面清单的限制,如发现外商投资者委托中国境内自然人、法人代为持股的情形,实际出资人不能恢复股东身份,需要先清算、注销公司,再经相关部门审批设立外商投资企业。

063　为何要反思股权代持盛行的现象?

股权代持在我国当下盛行,举世罕见。实践中大量的股权代持以及由此引发的大量诉讼,不能不让人们深思。综合前文不难达成共识,股权代持法律问题的综合治理,不能单纯依赖作为最后解决手段的司法裁判,更要从社会综合治理体系中洞察其发生根源,溯源而根治之,如此方能大规模减少乃至杜绝此类现象的发生,同时寻得根治其本的法律之道。

一、传统原因

传统文化与观念对我们行为选择的形塑作用无处不在且十分强大,具体到对股权代持的影响也有很多因素,其中最重要者就是财不外露。在现代社会中,股权投资价值在家族、家庭、个人财富中的比重是传统社会无法比拟的,所以财不外露的最重要举措不在于贵重动产,甚至也不在于不动产,而在于股权的掩盖,因此有产者将股权登记在别人名下便成为其重要选择。

将包括股权在内的重要财产登记在他人名下,对于实际出资人而言需要解决两个重大问题:一是寻找到愿意接受委托代持事务的人,二是对受托人的信任问题。这在崇尚个人主义、个人财富透明、税负清晰的成熟经济社会中,是一个难以解决的问题,但在中国社会恰巧完全不是一个问题。一方面,在崇尚家族、家庭观念以及信奉"一人得道,鸡犬升天"的文化氛围里,寻找受托人将是一个轻而易举的事情。以"明天系"的肖建华为例,受其恩惠多多的父母子女、兄弟姐妹、堂兄弟姐妹、表兄弟姐妹以及背后相应的庞大姻亲群落,几乎提供了用之不竭的受托人资源。另一方面,个人财富普遍不透明与税负不清晰,也为股权代持提供了肥沃的制度土壤。

二、营商环境的原因

尽管法治建设每天都在进步,对于民营企业、民营企业家的权益保护一直是执政党、政府坚定不移的政策承诺与制度努力方向,但毋庸讳言,民营企业、民营企业家的私人财产保护问题,很多时候既未在个案中解决,也未获得足以消除人们疑虑的制度保障。近年来,包括趋利性执法、"远洋捕捞"、钓鱼执法、黑打式的扫黑除恶等在内的诸多问题都未彻底解决,创业者、有产者自然心有余悸。树上九只鸟,开枪打下一只,总有猎手相信还有八只,但鸟儿们知道没有一只留在树上了。如此,股权代持就成为创业前、创业中的某种事前铺垫与远期安排,且大有智慧。

营商环境的核心是政商关系。现阶段而言,亲清政商关系建设代表了一个光明的制度方向,但任重道远。在现实中极为复杂且波谲云诡的政商关系中,长袖善舞者往往成为胜面最大的一方。许多时候,遮掩了股东身份的企业家即使没有在政商关系中实现进退自如,也至少摆脱了很多身份上的嫌疑,使其多层伪装也成为一种竞争优势。

三、公司法的原因

以实控人而非以股东、控股股东、管理层的身份可以几乎毫无障碍地控制公司,是公司法事实上为股权代持盛行所开的最大绿灯。尽管现行公司法将实控人纳入了事实董事、影子董事之列,但这并不妨碍有人愿意甚至喜欢以实控人的身份控制一家公司乃至整个公司集团。

与东亚社会的其他国家、地区类似,我国的民营企业几乎均为家族企业,家族企业特有的股权架构、公司治理结构、人事安排及公司治理的真实运行机制,天然地支持实控人以某种幕后操作的方式控制公司的机制,并确保这种控制机制运行顺畅。

四、不良避法原因及其防治

1.规避公务人员身份限制及其防治

在规避股东身份限制性要求的诸多情形中,最常见的当数党内法规及国家法层面严格禁止公务人员经商。依照公务员法相关规定,公务员不得违反有关规定从事或者参与营利性活动,在企业或者其他营利性组织中兼任职务。实际执行中这一规定不仅适用于公务员,而且扩展到所有的党政机关和事业单位、人民团体等参公管理单位的几乎所有公务人员。

由于官员从商带来的权力寻租和腐败问题,执政党、政府一直对公务人员从事或参与营利性活动持否定态度,即便不存在滥用权力从事或参与营利性活动的主观意图,同样也不被允许。然而,即便法律明令禁止,由于各种原因,公务人员参与营利性活动的热情依旧不减,而股权代持便为其事实上参与营利性活动、同时又有所遮掩提供了理想的通道。

对此,可能的防治之道是在加强穿透式监管、堵塞避法漏洞的同时,为公务人员以合法方式从事投资活动预留必要的制度空间,疏堵结合,引导公务人员不以代持方式进行商业投资。

2.规避股东关联交易限制及其防治

有时候,投资者为了规避公司法对关联关系、关联交易的限制而选择股权代持。《公司法》对关联交易多有规制(第22、139、185条等),包括实体规范与正当程序要求,使得关联交易面临现实障碍。有鉴于此,股权代持安排似乎是规避相关规制的理想通道。

除规避股东身份限制外,还有诸如商业安排、规避法律对持股比例或股东数量的限制等诸多因素,也是实践中股权代持得以盛行不可忽略的原因。

鉴于此,未来公司法或仍有必要减少不合理管制,以降低制度性交易成本,使得当事人不必再诉诸股权代持以达成交易;而对于旨在规避关联交易的代持,则需要加强关联关系的实质性认定和责任追究,以减少对避法行为的激励。

02
第二篇

公司的一生：设立、成立、运营、变更、清算与终止

分篇一

公司设立

公司设立，是公司的起点，也是公司立法的起点。其关键词包括发起人、发起人协议、设立中公司、设立行为、先公司合同责任、设立侵权责任、发起设立、募集设立、公司设立政策、公司成立等，是行为法与组织法初次交融之地。

本分篇共设 12 问，内容起于发起人协议签署，止于公司成立。

001 如何理解公司的生命周期？

一、公司具有生命周期

私法上的人，包括自然人、法人与非法人组织，皆有其生命周期。

公司，在我国民法上属于营利法人，在公司法上命名为企业法人。公司作为私法上拟制的人，如同自然人一样，也有自己的生命周期。商业上，尽管有数百年持续营业的老店，但也有短暂存续的"夭寿企业"；理论上，任何一家公司企业都有随时终止的可能，这与自然人的生命随时可能走向终结是一个道理，尽管原因并不相同；法律上，公司可以被投资人设立，也可以随时被决定解散，或者因资不抵债而走向破产；实践中，有数据表明我国各类企业平均寿命为 5.9 年，其中民营企业平均寿命更短，为 2.9 年。

某种意义上，一个地方或者社会的企业平均寿命，可以反映出其社会经济的很多时代特征。平均寿命长，可能与该地区营商环境平稳、社会治理秩序良好有关，但也可能折射出其较为固化的社会经济格局；反之，可能说明这个地区的营商环境险恶、社会治理失序或秩序正在形成中，当然也可能折射出这个地区经济发展活力十足，社会经济革新速度加快，新的社会经济格局正在加速形成。

民法上的自然人,大致可分为胎儿(原则上不具有民事权利能力)、无行为能力人(不满8周岁)、限制行为能力人(8周岁以上的未成年人)、完全行为能力人(18周岁也即成年以后)。成年后(尤其是老年阶段),自然此人还可能成为无/限制行为能力人(因老年痴呆等)。如果把公司法人比作自然人,其生命周期又包括哪些阶段呢?

二、公司的一生

比照自然人,公司的一生可大致划分为三个阶段(见图2-1-1)。

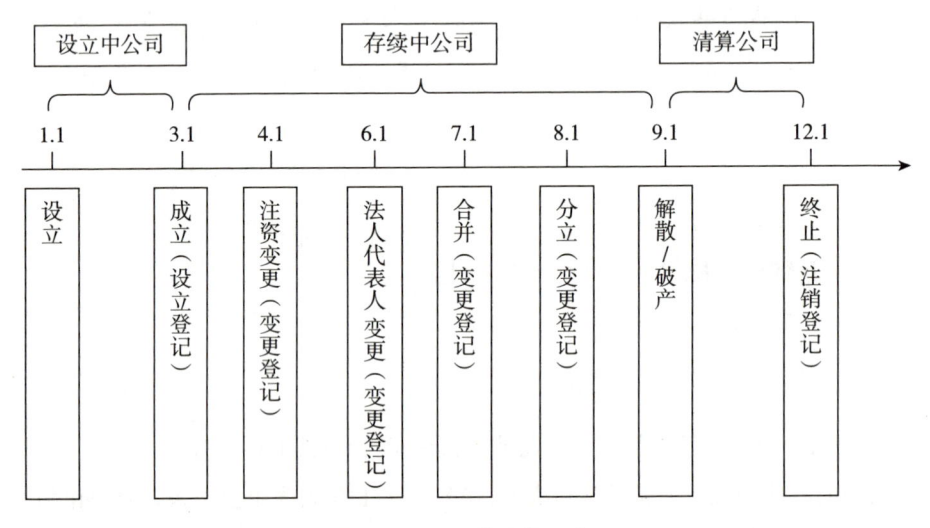

```
    设立中公司        存续中公司           清算公司
   ╱─────╲  ╱───────────────╲  ╱─────────╲
  1.1    3.1  4.1   6.1   7.1   8.1   9.1        12.1
   │      │    │     │     │     │     │          │
  设    成   注   法   合   分   解        终
  立    立   资   人   并   立   散        止
       (   变   代   (   (   /        (
       设   更   表   变   变   破        注
       立   (   人   更   更   产        销
       登   变   变   登   登            登
       记   更   更   记   记            记
       )   登   (   )   )            )
           记   变
           )   更
               登
               记
               )
```

图 2-1-1 公司的一生

(一)设立中公司

从发起人签署发起人协议时起,到登记机关签发企业法人营业执照(公司成立)时止,这一期间为公司设立阶段,公司处于孕育过程中,被称为"设立中公司"(incorporation)。这一期间,公司尚未成立,不享有民事权利能力、民事行为能力,不得以公司名义从事经营活动。但此时,发起人可以设立中公司名义为设立活动,如就未来公司经营场所签署租赁合同等。

(二)存续中公司

公司成立后,取得法人资格,享有民事权利能力、民事行为能力,在行为法上得依法从事经营活动,在组织法上还可以进行公司分立、公司合并、公司组织形式变更等重大组织行为,以及变更公司名称、住所、经营范围、股东、法定代表人等公司构成要素的非重大组织行为。

在我国法上,某些营业活动之开展还需要取得行政许可,否则不得开展此类营业,如开展,则以违法经营论处。在公司法人存续期间,如公司取得这些行政许可,便意味着扩大了自己的营业范围,这等同于拓展了自己的权利能力、行为能力。

(三)清算公司

无论公司解散抑或破产,都要进入清算阶段。根据公司营业规模大小、资产多少以及清算事务复杂程度,清算期间有长有短,但无论如何,正如《公司法》第236条第3款规定的,"清算期间,公司存续,但不得开展与清算无关的经营活动"。清算阶段的公司也可以称为"清算公司",上引规定意味着清算公司不得开展公司正常存续期间的营业活动,否则也构成非法经营。在此意义上,可认为清算公司的民事权利能力、民事行为能力受限。

清算结束,清算人等主体申请公司注销登记。注销登记完成,公司终止,完成自己的一生。

002　如何理解公司的设立政策?

一、公司设立的多种政策

(一)世界历史

从近500年来的公司发展史来看,全球范围内设立公司先后经历了特许主义、自由主义、许可主义、准则主义等多种政策。

特许主义,就是只有经国王(政府)颁发特许状,才能成立公司。在此政策下,设立公司是一项特权,早期英荷的东印度公司、莫斯科公司就是特许主义的产物。

自由主义,或称放任主义,就是任何人得任意设立公司,政府不予管制。这一政策适应了早期自由资本主义发展的需求,但18世纪初英国南海泡沫事件后,自由主义戛然而止。

许可主义,或称行政许可主义、核准主义,也即设立公司除了需要法定条件外,还要经过政府经济主管部门的核准,颁发许可证,否则不得成立。

准则主义,也即只要符合法律规定的条件,即可向登记机关申请公司设立登记,获得营业执照即可成立,无须事先核准。根据设立公司条件的宽严程度,又分为简单准则主义与严格准则主义。

(二)我国历史

从20世纪80年代至今,或者从1993年《公司法》实施至今,我国设立各类企业、公司的政策变迁巨大。当前政策以(简单)准则主义为主,以个别领域、行业的许可主义为辅。

长期以来,从营商环境与政商关系的角度而言,我国设立公司难,主要卡在很多领域中某些营业项目需要"经营许可证"。如何处理这些经营许可证与公司设立许可的关系十分重要,过去十多年经过持续推进的"放管服"改革、公司注册资本制度改革以及商事登记制度改革,公司登记基本实现了从"先证(经营许可证)后照(营业执照)"到"先照后证"的改革。

何谓"先证后照",何谓"先照后证"?这主要涉及如何处理个别经营许可证与企业法人营业执照签发之间的关系。兹举一例。2016年,甲、乙、丙、丁等人发起设立某化工制造股份有限公司,生产项目包括洗手液、洗衣粉、化肥等项目,按照当时的监管体系,化肥项目投产需要报批许可。那么,在"先证后照"时代,需要取得化肥生产许可证(证),才能申请设立该公司,并取得营业执照(照);在"先照后证"时代,可以先设立该公司(取得营业执照),且公司成立后可以先开工生产洗手液、洗衣粉等产品,等到要启动化肥项目时,再申请报批化肥生产许可证(证)即可。

在过去10年间,伴随"先照后证"改革的,还有大幅取消、合并与下放行政许可项目等举措,这使得设立公司涉及前置审批的行业范围大为减少,为确立公司设立的准则主义基本原则奠定了基础。

目前,公司设立以准则主义为原则、以许可主义为例外的基本政策,体现在《公司法》第29条:

设立公司,应当依法向公司登记机关申请设立登记。

法律、行政法规规定设立公司必须报经批准的,应当在公司登记前依法办理批准手续。

二、以准则主义为原则

(一)立法依据

《公司法》第30条规定:

申请设立公司,应当提交设立登记申请书、公司章程等文件,提交的相关材料应当真实、合法和有效。

申请材料不齐全或者不符合法定形式的,公司登记机关应当一次性告知需要补正的材料。

第 31 条进一步规定:

申请设立公司,符合本法规定的设立条件的,由公司登记机关分别登记为有限责任公司或者股份有限公司;不符合本法规定的设立条件的,不得登记为有限责任公司或者股份有限公司。

以上规定共同确立了公司设立的基本原则,也即准则主义。原则上,只要申请人提交的设立材料符合公司设立条件,登记机关就应完成设立登记。经过"放管服"改革,普通商事公司的设立采简单准则主义,这是一个巨大的法治进步,也是市场经济体制下公司设立政策的应有之义。

(二)法定条件

那么,当前在我国设立一家公司需要什么样的法定条件?《市场主体登记管理条例实施细则》第 25 条规定:

申请办理设立登记,应当提交下列材料:

(一)申请书;

(二)申请人主体资格文件或者自然人身份证明;

(三)住所(主要经营场所、经营场所)相关文件;

(四)公司、非公司企业法人、农民专业合作社(联合社)章程或者合伙企业合伙协议。

第 26 条进一步规定:

申请办理公司设立登记,还应当提交法定代表人、董事、监事和高级管理人员的任职文件和自然人身份证明。

除前款规定的材料外,募集设立股份有限公司还应当提交依法设立的验资机构出具的验资证明;公开发行股票的,还应当提交国务院证券监督管理机构的核准或者注册文件。涉及发起人首次出资属于非货币财产的,还应当提交已办理财产权转移手续的证明文件。

上述条件,与《公司法》第 32 条规定的公司登记事项完全相合,该条规定:

公司登记事项包括:

（一）名称；

（二）住所；

（三）注册资本；

（四）经营范围；

（五）法定代表人的姓名；

（六）有限责任公司股东、股份有限公司发起人的姓名或者名称。

公司登记机关应当将前款规定的公司登记事项通过国家企业信用信息公示系统向社会公示。

三、以许可主义为例外

如涉及法律、行政法规所规定的特殊行业，则法定公权力机关有权决定公司能否设立。从国家市场监督管理总局 2021 年 3 月 20 日发布的《企业登记前置审批事项目录》来看，目前采用许可主义的行业主要集中在金融、文化等领域，这些行业是实行牌照经济的非开放部门，需要设立人事先申请主管部门的行政许可，其后符合设立公司的法定条件，才能完成设立登记。

目前，实行许可主义的特殊行业公司包括证券公司、金融控股公司、外资银行营业性机构及其分支机构、外国银行代表处、中资银行业金融机构及其分支机构、融资担保公司、证券交易所及证券登记结算机构、保险公司及其分支机构等金融行业企业，出版物进口经营单位、出版单位、境外出版机构在境内设立的办事机构、境外电影机构在华设立的办事机构以及境外广播电视机构在华设立的办事机构等文化行业企业。

003　如何申请设立一家公司？

公司设立是法人生命的起点，对公司未来发展有深远的影响。通常认为，公司设立至少需要具备三个要件：人的要件——发起人（股东）；物的要件——资本；行为要件——制定公司章程、建立组织机构、筹备住所等。

设立公司的条件及程序之具体要求，因公司类型不同而有所不同。关于公司设立的条件，上问已有交代，本问专门讲解公司设立的程序。

一、有限公司的设立程序

大体上,有限公司设立有以下主要工作需要完成,先后次序大体是:

1. 由适格的发起人也即"设立时的股东"(1~50人)签订设立协议。

2. 发起人股东共同制定公司章程,并在章程上签名或者盖章。

3. 如有要求,特殊行业公司需要事先取得行政许可手续。

4. 发起人股东认缴出资,出资额通常自定。法律、行政法规以及国务院决定对有限公司注册资本实缴、注册资本最低限额、股东出资期限另有规定的,从其规定。

5. 由全体股东指定的代表或者共同委托的代理人依法向公司登记机关申请设立登记,由公司登记机关颁发公司营业执照,公司依此成立。

二、股份公司的设立程序

设立股份公司,发起人可以根据实际情况选择发起设立或募集设立方式。

(一)发起设立

发起设立,是指由全体发起人认购设立公司时应发行的全部股份而设立股份公司。大体上,有以下主要工作需要完成,先后次序如下:

1. 由适格的发起人签订发起人协议。

2. 全体发起人共同制订公司章程。

3. 如有要求,特殊行业公司需要事先取得行政许可手续。

4. 发起人认足章程规定的公司设立时应发行的全部股份,并在公司成立前按照其认购的股份全额缴纳股款。公司不能向发起人之外的任何人公开募集股份。如发起人承诺购买的股份总和小于公司全部发行股份,将导致发起设立失败。

5. 全体发起人召开成立大会。成立大会的召开和表决程序由公司章程或者发起人协议规定。实际操作时,发起人应坚持规范程序,如详细记录通知送达情况,确保会议召集程序合法合规;准备齐全的会议资料,包括但不限于筹备工作报告、公司章程草案、董事监事候选人名单等。

6. 董事会授权代表于公司成立大会结束后30日内,向公司登记机关申请设立登记,由公司登记机关发给公司营业执照,公司依此成立。

(二)募集设立

募集设立,是指由发起人认购设立公司时应发行股份的一部分,其余股份向特

定对象募集或者向社会公开募集而设立公司。大体上,有以下主要工作需要完成,先后次序如下:

1. 由适格的发起人签订发起人协议。

2. 全体发起人共同制订公司章程。

3. 如有要求,特殊行业公司需要事先取得行政许可手续。

4. 发起人认购股份。发起人认购的股份不得少于章程规定的公司设立时应发行股份总数的35%(法律、行政法规另有规定的从其规定),且在公司成立前全额缴纳股款。

5. 发起人募集股份。除发起人认购的股份外,其余股份在发起人缴足股款后,向特定对象募集或向社会公开募集。定向募集的,累计人数不得超过200人;公开募集的,发起人公告招股说明书并制作认股书,由认股人填写认购的股份数、金额、住所,并签名或者盖章。认股人应按照所认购股份足额缴纳股款;股款缴足后,应经适格的验资机构验资并出具证明。凡向不特定对象募集以及向特定对象发行证券累计超过200人的,均属公开募集;公开发行证券的行为,受《证券法》调整。

6. 召开成立大会。发起人应自公司设立时发行股份的股款缴足之日起30日内召开公司成立大会;全体发起人是召集人,可以公推一人为主持人(一般是未来的董事长),并在成立大会召开15日前将会议日期通知各认股人或者予以公告。如认股人数量众多或分散,发起人要选择通过权威媒体或指定信息披露平台进行公告,以保证所有认股人均有机会知悉并参加成立大会。成立大会有持有表决权过半数的认股人出席,方可举行;成立大会作出的决议,应当经出席会议的认股人所持表决权过半数通过。

其中,两个细节需要注意:(1)此处出席成立大会的"表决权过半数"的认股人,不是"持有股份过半数"的认股人,在股份公司发行有类别股的情形下,这两个概念有所不同。(2)此处认股人是广义的,指所有认购了公司已发行股份的主体,包括发起人与募集股份的认股人(狭义)。

7. 董事会授权的代表在成立大会结束后30日内向公司登记机关申请设立登记,由公司登记机关发给企业法人营业执照,公司依此成立。

004 发起人应当满足什么条件?

一、什么是发起人

《公司法解释三》第1条规定:

为设立公司而签署公司章程、向公司认购出资或者股份并履行公司设立职责的人,应当认定为公司的发起人,包括有限责任公司设立时的股东。

据此,可以对发起人概念分开而论。

(一)股份公司的发起人

发起人(promoter),指为设立股份公司而签署公司章程、向公司认购股份并履行公司设立职责的人。详言之:

1. 发起人须为股份公司的认股人。发起设立的,由发起人认购公司设立时应发行的全部股份;募集设立的,由发起人认购公司设立时不低于法定比例的股份。

2. 发起人参与发起行为、履行公司设立职责。从形式角度而言,公司初始章程的签章主体都是发起人;从实质角度而言,发起人应实际参与发起行为。因此,对发起人的理解应兼顾形式与实质:在公司章程上签章者即可推定为发起人,未署名者一般不认定为发起人;若有其他证据证明其以发起人身份实际参与公司设立,也可认定为发起人。

3. 发起人应承担公司设立的法律责任。例如,发起人应承担资本充实责任、从事设立活动产生的民事责任、公司未成立时对设立行为的连带责任等。如果公司设立失败,发起人是承担设立行为法律责任的唯一主体。

(二)扩展到有限公司

基于对1993年《公司法》立法概念的路径依赖,我国公司立法一直未对有限公司使用"发起人"一词,而是使用"公司设立时的股东"予以指代。这一概念的区分,纯属人为,并无实益。在此指出两点:

1. "公司设立时的股东"这一概念充满逻辑悖逆,公司与股东相伴相生,公司成立后才有股东,在公司成立前不应有股东的概念,也就没有所谓"公司设立时的股东"这一说法。这就好比,孩子出生后,一对新夫妻成为人父人母,孩子出生前,他们至多称为准爸爸、准妈妈。

2.实际上,两类公司的设立行为及其对应主体都是完全一样的,并无任何区别,发起人概念不应为股份公司所独有,而应该一体适用于两类公司。

二、股份公司发起人的法定条件

《公司法》第92条规定:

设立股份有限公司,应当有一人以上二百人以下为发起人,其中应当有半数以上的发起人在中华人民共和国境内有住所。

据此,股份公司发起人应满足以下几个条件:

1.发起人人数限制:一人以上二百人以下

下限为一人。旧公司法曾经规定下限为二人,本条降为一人,也即允许设立一人股份公司。

上限是二百人。对此,《证券法》第9条规定:

公开发行证券,必须符合法律、行政法规规定的条件,并依法报经国务院证券监督管理机构或者国务院授权的部门注册。未经依法注册,任何单位和个人不得公开发行证券。证券发行注册制的具体范围、实施步骤,由国务院规定。

有下列情形之一的,为公开发行:

……

(二)向特定对象发行证券累计超过二百人,但依法实施员工持股计划的员工人数不计算在内;

……

股份公司发起人上限为二百人。如发起人超过二百人,则属于"公开发行证券",不同于股份公司的"发起设立"。故无论发起设立、募集设立,发起人均不得超过二百人。

2.发起人资格限制:半数以上有中国住所

《公司法》对发起人唯一的资格限制,就是要求半数以上发起人应在中华人民共和国境内有住所。注意,此处是住所要求而不是国籍要求。一方面,此规定系出于便利公司筹办工作及公司设立责任承担的考虑:设立股份公司的过程需要一定数量的常住发起人进行公司筹办的各项活动;另一方面,此规定亦是一种防止设立欺诈的措施,有利于管理机关监督发起人的设立行为。

作为对比,此限制不适用于有限公司。

3. 发起人要具备完全民事行为能力吗

《公司法》未对发起人资格作其他限制,但第178条第1款规定董监高任职消极资格的第1项就是无民事行为能力人、限制民事行为能力人。那么,发起人是否适用这一规定?基于上述发起人的定义,一般认为,发起人为自然人的,须具备完全民事行为能力。无民事行为能力人、限制民事行为能力人不作为发起人,但其可以通过法定代理人代理认购股份等多种渠道成为公司股东。

4. 股东资格限制的适用

因为发起人在公司成立后即成为公司首批股东(原始股东),所以股东资格限制同样适用于发起人。比如,发起人不得为法律、法规禁止从事投资行为的党政机关及其公职人员。

三、有限公司发起人的法定条件

《公司法》没有关于有限公司发起人的具体规定,但比照股份公司发起人,可以认为有以下条件:其一,人数为1~50人;其二,上述关于股份公司发起人的行为能力、股东资格限制也适用于有限公司发起人,唯有关于半数以上发起人有中国住所的要求不适用于有限公司。

005 "设立中公司"具有法律人格吗?

一、设立中公司的存续时间

设立中公司,是指在发起人为设立公司行为期间尚未取得法人人格的"公司"。

一般认为,发起人订立发起人协议(设立协议)是公司设立的起点。如果发起人未签署该协议,直接签署公司章程,也可以认定签署公司章程为公司设立的起点。

如果公司最终成立,则公司设立登记完成之时,设立中公司即归于消灭,转化为公司法人。

如果公司设立最终失败,设立中公司也归于消灭。例如,特殊行业的公司设立需要行政许可但未获审核批准,或募集设立股份公司的成立大会决议不成立公司。

二、设立中公司的法律地位

我国法首次使用"设立中公司"一词,是在《公司法解释三》有关设立合同责任的相关内容中,但未对设立中公司的法律地位进行明确。关于设立中公司的性质,学界存在多种学说,主要包括无权利能力社团说、非法人团体说、合伙说、修正的同一体说、准民商事法律主体说以及独立主体说等。各学说在设立中公司的权利能力、行为能力和责任能力等方面的认知存在一定分歧。

简言之,设立中公司是与发起人、成立后公司相区别的主体,其虽不具备独立法人人格,但已初具意思机关,能够就公司设立相关事项形成团体意思。因而,设立中公司具有限制民事权利能力,可以在成立公司这一特定目的范围内依法从事设立活动。比如,发起人在从事设立行为时,可以设立中公司的名义对外签订合同,这表明在公司未获得法人资格之前,设立中公司有可能实际成为法律关系的一方当事人。

但是,设立中公司尚不具备独立财产,无法独立承担责任,所以设立过程中产生的债务由成立后的公司继受,在公司最终未成立的情况下则转由发起人承担。关于设立合同责任的承担问题,具体见后文相关内容。

从公司成立前后的组织关系来看,设立中公司具有过渡性,并非最终的公司形态,但其与成立后的公司一脉相承,应认为两者具有同一性。就公司设立范围内的事项,可基于组织实体上的延续关系,将相应法律后果归由成立后公司承担。但并非所有法律行为的后果都当然由成立后的公司承担,如在发起人以设立中公司名义谋取私利等情形下,承担责任的主体便应是发起人。

三、设立中公司的诉讼主体资格

《北京市高级人民法院关于审理公司纠纷案件若干问题的指导意见(试行)》规定:

有限责任公司设立中的筹备组没有独立的财产,不能独立地承担民事责任,因此不具备诉讼主体资格。因公司筹备组行为发生的民事诉讼,公司依法成立的,以公司为当事人;公司未成立的,以负责成立、组织筹备组的创办人或发起人为当事人。

该意见明确否认了设立中公司的诉讼资格。《江西省高级人民法院关于审理公司纠纷案件若干问题的指导意见》《山东省高级人民法院关于审理公司纠纷案件若干问题的意见(试行)》亦作出相似规定,认为发起人以"公司"或"公司筹备组"名义从事民事行为所产生的债务纠纷,根据案件具体情况以发起人或成立后的公司为诉讼当事人。

而《最高人民法院公报》2006年第7期刊载的福州商贸大厦筹备处与福建佳盛投资发展有限公司借款合同纠纷案中,将公司筹备处列为诉讼当事人,承认了设立中公司的诉讼主体资格。

如有必要,可以承认设立中公司的诉讼主体资格。本来,诉讼主体资格并不完全以具备责任能力为前提,如公司分支机构虽不能独立承担民事责任,但也可以作为独立的诉讼主体参与诉讼。同理,设立公司的责任最终由发起人或成立后的公司承担,也不影响设立中公司独立参与诉讼。并且,《民事诉讼法》第51条规定的诉讼主体中的"其他组织",根据《民事诉讼法解释》第52条,是指"合法成立、有一定的组织机构和财产,但又不具备法人资格的组织"。该条以"其他符合本条规定条件的组织"为兜底条款,有容纳设立中公司的可能性。

006　设立公司必须有发起人协议吗?

一、发起人协议、设立协议

发起人协议,是指在公司设立过程中,由发起人订立的关于公司设立事项的协议。有限公司的设立主要依赖发起人的发起行为,故发起人应当签订发起人协议,明确各自在公司设立过程中的权利义务。订立发起人协议是设立有限公司的法定程序。

《公司法》第43条规定有限公司"设立时的股东可以签订设立协议",第93条第2款规定股份公司"发起人应当签订发起人协议"。如何理解这两条规定之区别?需要讲明两点:

其一,此处的发起人协议与设立协议,乃同一类法律文件;之所以叫法不同,是因为前文指出的,股份公司使用发起人、有限公司不用发起人而使用"公司设立时的股东"这一人为概念区分的后续影响。设立协议与发起人协议名称有别,但功能无异。

其二,某种程度上,这体现了立法者对两种法定标准公司形态的现实预设之别——有限公司规模较小,更具封闭性,立法者更尊重有限公司股东的意思自治;股份公司规模较大,更具公众性,立法者更倾向于统一规制发起人行为。

二、发起人协议面面观

(一)性质

发起人协议调整发起人之间的权利义务关系,一般认为,其本质是一种类似合伙性质的协议,是不要式、任意性法律文件——虽然股份公司发起人应当订立发起人协议,但未订立该协议,貌似也不影响股份公司的设立;虽然有限公司"可以订立设立协议",但无论订立与否,只要从事了设立公司行为,都不影响事实设立协议关系的存在。

(二)效力

从效力范围上看,在主体方面,基于合同效力相对性,发起人协议效力只及于订立协议的当事人,即发起人之间;在对象方面,发起人协议调整公司设立过程中的法律关系和法律行为。

从效力期间上看,发起人协议的生效规则适用合同法一般规定,协议签订成立时即生效。至于终止时点,一般认为公司成立即意味着协议终止,由章程接替,继续调整股东间、公司与股东间的关系。公司章程在形式上与发起人协议具有衔接关系,在内容上其相关条款多来源于发起人协议,是在发起人协议的基础上根据法律规定制成的。

然而此种效力期间并不绝对,在公司成立后,发起人协议并非对股东完全没有约束力。如果发起人协议中有公司章程未涉及但又属于公司存续期间或解散之后会遇到的事项,相应条款可继续有效。例如,在原始股东资格纠纷中,如无股东名册、章程记载等证据,发起人协议可以作为认定原始股东资格的关键性依据之一。

(三)内容

发起人协议在内容上一般包括:(1)发起人名称、住所,公司法定代表人姓名、国籍、住所、职务;(2)公司的名称、住所;(3)公司宗旨、经营范围;(4)公司设立方式、组织形式;(5)公司注册资本,股份总额、类别,发起人认购股份的数额、形式及期限;(6)发起人权利和义务;(7)违约责任;(8)适用法律及争议解决;(9)协议的生效与终止;(10)订立协议的时间、地点,发起人签字;(11)其他需要载明的事项,如《公司法》第103条第2款规定,"以发起设立方式设立股份有限公司成立大会的召开和表决程序由公司章程或者发起人协议规定"。

需要澄清的是,依《公司法》第97条第1款,"发起人应当认足公司章程规定的公司设立时应发行的股份"。此处"公司章程"实为"发起人协议",因为此时公司尚未成立,章程尚在"制订"状态(《公司法》第94条),未经《公司法》第104条规定的公司成立大会决议通过。不过一般而言,发起人协议中公司设立时应发行的股份与章程规定的相同,但在权利救济方面有所不同。若发起人未认足公司设立时应发行的股份,应依发起人协议承担相应的违约责任。

三、发起人协议与公司章程有何区别

1.法律地位。签订发起人协议(设立协议)在有限公司设立过程中属于可选事项,在股份公司设立过程中则属于法定必要事项,但不是设立登记的必备文件;章程是公司成立的必备文件,公司登记时需提交章程。

2.主体。发起人协议的主体仅限于发起人股东;公司章程是全体初始股东参与制定的。

3.内容。发起人协议的内容主要是关于发起人为设立公司而形成的权利义务关系;公司章程作为公司宪章,内容涵盖公司组织行为、若干重要交易行为以及公司、股东、公司组织机构、董监高等彼此间的多重关系。

4.生效。发起人协议成立即生效;股份公司的章程在制定后还需经成立大会决议通过。

5.效力时间。发起人协议条款的效力期间,一般是从设立行为始,到公司宣告成立时止,但在公司成立后并不当然全部终止;公司章程在公司成立时开始对公司生效直至公司终止,其效力期间包含公司成立后的整个存续期间。

6.效力范围。发起人协议仅约束发起人;公司章程对公司、全体股东及董监高等都具有约束力。

007　如何理解公司设立行为?

一、什么是设立行为

曾有观点将制定初始章程等同于公司设立行为,认为设立行为的直接效果就是章程的形成和生效。但多数观点认为,公司设立行为包括一系列不同属性的行为,

是指发起人为成立公司依法所进行的一系列法律行为,如签署发起人协议、制定初始章程、认购股份以及其他设立公司的一切必要行为。

认定某一行为是否属于设立行为,事关该行为责任之最终归属。设立行为具有以下特征:

1. 行为主体。行为主体是发起人,即有限公司中的"设立时的股东",股份公司中的"发起人"。发起人授权他人为设立行为的,后者为代理人。

2. 行为目的。行为目的系设立公司。

3. 行为名义。以发起人名义或以设立中公司名义实施。

二、常见的设立行为

1. 以公司设立为目的之组建行为。绝大多数公司的设立行为仅限该类,其所引发的法律关系基本属于发起人之间、发起人与认股人之间以及发起人与相关行政部门之间的关系。比如,发起人之间可能会就此类设立行为引发的费用在公司设立不能时请求分摊;也可能在设立人与认股人之间,产生因为公司设立不能或其他原因而请求退还认股资金的纠纷;还可能发生设立人针对公司登记部门提起关于公司应否获批设立的行政纠纷等。

常见的组建行为有:签订发起人协议/设立协议;制定初始章程;认购、实缴和募集股份;召开成立大会;申请设立登记等。

2. 为公司开业做准备之筹建行为。这类行为本应在公司成立后进行,但基于商业发展、商业机会以及商业效率等考虑,不少公司在尚未获准注册之前,即以设立中公司的名义对外签订合同,以便尽早完成公司筹建,确保公司早日开业、早日营业、早日获利,如酒店开业需要装修、加工企业需要建设厂房、销售企业需要租赁经营场所等。

3. 为成立后公司之提前营业行为。发起人可能在公司成立前就开展了与经营相关的交易行为。提前营业与"设立"的本质并不完全相符,有超出设立中公司权利能力之嫌,可能构成非法经营,因此实践中对其效力存在争议。如果该对外交易行为得到成立后公司的认可,则法律效果归属于公司。

三、设立行为的法律性质

公司设立行为的法律性质一直存在争议,主要包括以下几种观点:

1. 契约行为说。将公司设立等同于向设立中公司入股的契约。

2.共同行为说。公司设立是发起人在同一目的下、意思表示一致的、取得同质预期效果(公司成立后发起人均取得股权)的共同法律行为。

3.单独行为说。公司设立是发起人以组织公司为目的的个别单独行为的集合。

4.混合行为说。公司设立系共同行为与契约行为的混合行为,既有共同行为的属性,也有契约行为的属性。

总体而言,公司设立行为更偏向契约行为,主要是发起人根据发起人协议以设立公司为目的而行使权利和履行义务的行为。须强调的是,民事法律行为根据意思表示主体多寡可以分为单方行为与多方行为;按照意思形成机制不同,多方行为又分为契约行为和决议行为;所谓共同行为的概念有待讨论。

以上定性只是一个大体上的结论,设立公司需有一系列行为的完成,这些行为"各有其独立性,亦各有其当事人和独立的内容",其属性亦非完全统一,既有法律行为,也有非法律行为;既有私法行为,也有公法行为;既有实体法上的行为,也有程序法上的行为。具言之,发起人协议一般被认为系合伙契约;发起人缴纳出资、股款是依章程和公司法规定履行其作为社团成员应尽义务的行为;认股人认购股份和缴纳股款是在认股人与设立中公司之间形成入社契约和履行该契约的行为;设立登记则是依章程而产生的公司与登记机关之间的行为,本质上属行政法律关系。

008 设立行为责任如何承担?(上)

一、公司法的基本规定

关于公司设立行为责任之承担,《民法典》《公司法解释三》《公司法》等多有规定。《公司法》第44条是集大成者,其规定:

有限责任公司设立时的股东为设立公司从事的民事活动,其法律后果由公司承受。

公司未成立的,其法律后果由公司设立时的股东承受;设立时的股东为二人以上的,享有连带债权,承担连带债务。

设立时的股东为设立公司以自己的名义从事民事活动产生的民事责任,第三人有权选择请求公司或者公司设立时的股东承担。

设立时的股东因履行公司设立职责造成他人损害的,公司或者无过错的股东承担赔偿责任后,可以向有过错的股东追偿。

《公司法》第107条规定:

本法第四十四条……的规定,适用于股份有限公司。

《公司法》第44条前三款是关于设立行为合同责任也即先公司合同责任的规定,第四款是关于侵权责任的规定,本问先解读前三款。

二、什么是先公司合同

在我国,凡是公司成立后以公司名义进行的交易均属于公司交易,由公司享有合同权利、承担合同义务。但在设立过程中,发起人也需要发生一些交易,由于这些交易发生在公司成立前,故被称为先公司交易(pre-incorporation transactions),体现为先公司合同。如何处理先公司合同,是公司设立核心重要法律问题之一。

首先,立法与司法实践都绝对禁止在"公司"设立阶段即以"公司"名义为任何行为。《公司法》第259条规定:

未依法登记为有限责任公司或者股份有限公司,而冒用有限责任公司或者股份有限公司名义的,或者未依法登记为有限责任公司或者股份有限公司的分公司,而冒用有限责任公司或者股份有限公司的分公司名义的,由公司登记机关责令改正或者予以取缔,可以并处十万元以下的罚款。

这是对此类行为的行政处罚规定。在救济手段上,该规定首选"责令改正",至于改正的方式,在私法上,可以解释为将"拟成立之公司名义"改正为设立中公司或者发起人自己的名义。改正后责任应如何承担,则依改正的方式来确定。

其次,在设立阶段可以设立中公司的名义签署合同。同一体说认为,设立中公司与成立后公司实质上属于同一体,因而设立中公司之法律关系为成立后公司当然承受,不需特殊移转行为,即"公司如期成立,法律后果由公司承受"。《公司法》虽没有体现同一体说的直接规定,但司法实务对此广泛接受,如《公司法解释三》规定发起人以设立中公司名义对外签订合同,公司成立后合同相对人请求公司承担合同责任的,法院应予支持。

再次,以设立中公司名义实施的法律行为应限于"必要设立行为",此外的营业行为被法律明文禁止,如有所为,就归于无效,由行为人承担相应责任。这是因为在公司成立之前,其尚未取得民事权利能力、行为能力,如果允许其为营业行为,则公司设立制度的价值与必要性尽失。由于涉及行为的效力判断,在此有必要对"必要设立行为"作扩张解释。

必要设立行为,不限于以公司设立为直接目的的行为;凡是为满足法定公司设立条件而进行的法律、经济上的必要行为,以及为实现公司如期营业而实施的开业准备行为都属于必要设立行为,如为公司设立需要的经营场所而签订建设工程合同、房屋租赁合同,为接受发起人出资开立银行账户、募集设立股份公司委托验资等。每一个公司的具体情形不尽相同,对因公司设立行为而生的"设立费用"也应作广义解释,不限记载于章程中的动态设立事项所产生的费用,还包括广告费、办公场所租赁费、劳务费用等与设立事务相关而支出的一切费用。

举例。甲、乙、丙、丁、戊正设立一个在社区售卖桶装饮用水的公司,在此期间,他们签订了四份合同:与物业公司签订的解决将来公司办公场所的物业租赁合同;与中介机构签订的委托代办公司注册登记合同,与一家饮用水生产商签订的饮用水供货合同,与小区居民签订的桶装水买卖合同。这四份合同中,前两份属于必要设立行为,后两份属于经营行为。

最后,对于公司设立阶段必要设立行为的责任承担,分不同情况处理。发起人作为设立中公司的机关,担负从事公司设立事务的职责,在设立阶段其作为签约人对外订立的合同,有的是为了设立公司,有的则可能是为了实现自身利益。就行为人的立场而言,前一类合同中的责任应当由公司承担,后一类合同中的责任则应当由发起人自己承担。但问题在于,实践中上述合同的相对人可能并不确切知道该合同是为了实现谁的利益,也不知道合同最终的利益归属,如果绝对按照利益归属标准来确定合同责任主体,将使合同相对人面临较大风险。因而,为适当降低合同相对人的查证义务,加强对相对人利益的保护,也有必要参照外观主义标准来确定上述合同责任的承担。

009 设立行为责任如何承担?(下)

(书接上问)

三、先公司合同的责任承担

(一)逻辑框架

前三款关于设立行为的合同责任承担,其基本逻辑(见图2-1-2)是:

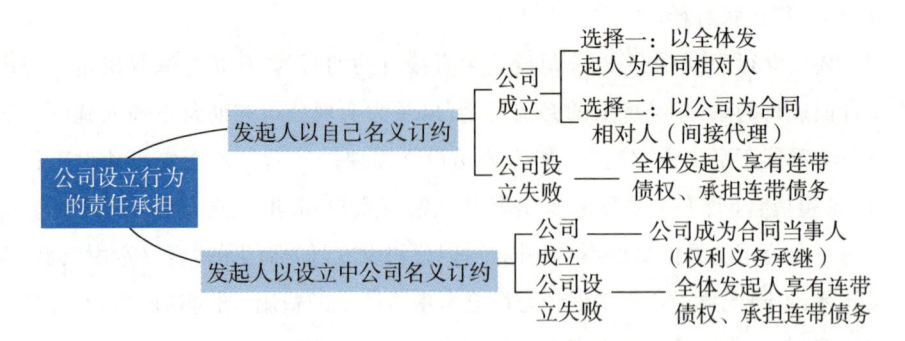

图 2-1-2　公司设立行为的责任承担

首先,区分设立行为是以发起人名义还是以设立中公司的名义而为;

其次,再区分公司成立与公司设立失败两种情形,最终形成以下四类情形:

1.发起人以"设立中公司"名义订约的,又分为两种情形:

(1)公司成立的,由公司自然承继为合同当事人,享有合同权利,承担合同义务。

(2)公司设立失败的,发起人为合同当事人,享有合同权利,承担合同义务。

2.发起人以自己名义订约的,也分为两种情形:

(3)公司成立的,合同相对人享有选择权,可以选择公司为合同相对人,也可以选择发起人为合同当事人。

(4)公司设立失败的,发起人为合同当事人,享有合同权利,承担合同义务。

举例。甲、乙、丙、丁、戊五人发起设立 A 股份公司,其中甲被委派去刻制一套印章,甲于是找到熟人工匠张三刻制一套公司公章、几枚专用章、法定代表人印章等,约定一周后一手交货一手交钱,价款总计1000元。

循上述四种情形,分别解说如下:

(1)如甲以设立中 A 公司筹备组名义签订该承揽合同,则公司成立后,张三向 A 公司交付印章且请求支付1000元;如公司设立失败,则张三向甲(抑或甲、乙、丙、丁、戊)交付印章且请求支付1000元。

(2)如甲以自己名义签订该承揽合同,则公司成立后,张三要么向 A 公司交付印章且请求支付1000元,要么向甲(抑或甲、乙、丙、丁、戊)交付印章且请求支付1000元,只能择其一;如公司设立失败,则张三向甲(抑或甲、乙、丙、丁、戊)交付印章且请求支付1000元。

(二)两个难点

上述逻辑非常清晰,但有两个难点需要进一步解释:

1. 在上述第(3)种情形下,合同相对人为何享有选择权?答案在《民法典》第926条第2款。第926条前两款规定:

受托人以自己的名义与第三人订立合同时,第三人不知道受托人与委托人之间的代理关系的,受托人因第三人的原因对委托人不履行义务,受托人应当向委托人披露第三人,委托人因此可以行使受托人对第三人的权利。但是,第三人与受托人订立合同时如果知道该委托人就不会订立合同的除外。

受托人因委托人的原因对第三人不履行义务,受托人应当向第三人披露委托人,第三人因此可以选择受托人或者委托人作为相对人主张其权利,但是第三人不得变更选定的相对人。

换言之,发起人以自己名义为设立公司从事设立行为的,相当于间接代理,故赋予相对人选择权。

2. 在上述第(2)、(3)、(4)种情形下,如合同相对人选择发起人为合同当事人,此处发起人是指具体从事该行为者,还是指向全体发起人?

对此问题,存在两种理解。一种观点认为,按照合同相对性,当初是甲与张三缔结承揽合同,张三并不知道背后的乙、丙、丁、戊等人,所以张三只能请求甲支付1000元并接受印章的交付,至于甲承担1000元债务后,再向其他发起人同伴追偿则属于后话。另一种观点则认为,《公司法》第44条第2款已经明定"设立时的股东为二人以上的,享有连带债权,承担连带债务",所以张三有权利直接向甲、乙、丙、丁、戊主张1000元报酬债务的连带责任。

上述两种观点各有道理,但相较之下,第二种观点更为公允,理据有二:

其一,在司法实践中,某个发起人即使以自己的名义对外签订合同,往往也会将"为设立公司"而签订合同作为抗辩,故法院最终仍应审查合同之签署目的。鉴于此,《公司法》第44条第2款吸取此前的立法经验,不再强调形式上签订合同的名义主体,转而强调对合同目的之审查;凡为设立公司而为的民事活动,要么由成立后的公司承受,要么在公司未成立时由全体发起人共同承受。背后的法理解释是,发起人在公司设立阶段视为合伙关系,故而对外部债务承担连带责任,对外部债权享有连带债权。

其二,上述第一种观点还有一处明显弊病:如果张三仅向甲主张债权,甲无力承担,则张三债权落空,甲也没有向其他发起人追偿的权利及其必要。这一结果对合同相对人张三显然不利,也不公平。

四、设立侵权责任的承担

回到《公司法》第44条第4款,发起人为设立公司而发生类似职务侵权行为时,若公司设立成功,根据《民法典》第1191条第1款规定,"用人单位的工作人员因执行工作任务造成他人损害的,由用人单位承担侵权责任。用人单位承担侵权责任后,可以向有故意或者重大过失的工作人员追偿"。若公司设立失败,则应根据前文第(2)种情形下的规则解决。

五、发起人的两个特殊责任

(一)发起人的资本充实担保责任

针对有限公司,《公司法》第50条规定:

有限责任公司设立时,股东未按照公司章程规定实际缴纳出资,或者实际出资的非货币财产的实际价额显著低于所认缴的出资额的,设立时的其他股东与该股东在出资不足的范围内承担连带责任。

针对股份适格,《公司法》第99条规定:

发起人不按照其认购的股份缴纳股款,或者作为出资的非货币财产的实际价额显著低于所认购的股份的,其他发起人与该发起人在出资不足的范围内承担连带责任。

关于发起人的资本充实担保责任,也即发起人彼此之间对其他创业伙伴(发起人)在公司成立时应实缴的部分,要承担连带责任。本书第三篇有非常详细的介绍,在此不赘。

(二)募集设立股份公司的发起人返还募集股款本息责任

《公司法》第105条规定:

公司设立时应发行的股份未募足,或者发行股份的股款缴足后,发起人在三十日内未召开成立大会的,认股人可以按照所缴股款并加算银行同期存款利息,要求发起人返还。

发起人、认股人缴纳股款或者交付非货币财产出资后,除未按期募足股份、发起人未按期召开成立大会或者成立大会决议不设立公司的情形外,不得抽回其股本。

010 首届组织机构的特殊法律地位为何？

虽然《公司法》中鲜有法条直接规定第一批董事会、股东会成员以及大股东的特殊法律地位，但审视其所享有的权利与承担的义务，并结合公司治理的动态过程，可以发现针对上述人员所拥有的"第一批"身份，《公司法》还是赋予了他们一定的特殊法律地位。

一、共性的特殊法律地位

首先，上述人员特殊法律地位最主要的共性体现在对公司管理层的人事决定权上，这能够为他们在后续公司治理过程中获取优势地位。具言之，大股东凭借其所持股权对应的多数决优势，能够在股东会选举首届董事、监事时选任更多的"自己人"，从而奠定自己在董事会、监事会中的优势地位。同时，股东会成员中的中小股东亦能够通过累积投票制等制度，选出一定比例的"自己人"进入董事会、监事会，以防止或制衡大股东对董事会、监事会的操控。此外，首届董事会也能选任经理、副经理、财务负责人等公司高管，决定公司内部管理机构的设置，制定公司的基本管理制度，为公司的长远发展打下坚实基础。

其次，在上市公司的股份转让方面，由于上述第一批人员的股份必然取得于股票上市之前，因此其所持股份在上市后都受 1 年内不得转让的限制。

二、差异性的特殊法律地位

除上述共性外，因各成员在公司中的权利、职权、义务、责任存在差异，其特殊法律地位也各有侧重。

（一）首届董事会成员的特殊法律地位

1.《公司法》第 51 条新增董事会对股东出资情况的核查、催缴义务。因此在公司成立后，首届董事会首先需对股东的出资情况进行核查，发现股东未按期足额缴纳公司章程规定的出资的，应向该股东发出书面催缴书，催缴出资。若股东于宽限期届满后仍不履行，经董事会决议可以对其发出失权通知。不及时履行该义务的董事，对公司损失承担赔偿责任。

2.《公司法》第 152 条对股份公司引入"有限的授权资本制",由于董事的任职期限最长不超过 3 年,恰好与授权资本制的 3 年授权期限相吻合。若公司章程或股东会授权董事会发行股份,首届董事会即承担相应职权,一般情况下可以在授权范围内决定授权资本的发行。

3.《公司法》第 106 条明确规定股份公司"董事会应当授权代表,于公司成立大会结束后三十日内向公司登记机关申请设立登记",这亦属于首届董事会成员特有的勤勉义务。

(二)首届股东会成员的特殊法律地位

1.有限公司以及发起设立的股份公司,其首届股东会成员即为发起人;募集设立的股份公司,其首届股东会成员、部分为发起人、另一部分为认股人。首届股东会成员的发起人股东需履行设立职责,承担设立法律责任以及前述的资本充实责任。

2.募集设立的股份公司,其首届股东会的全体发起人承担召开成立大会的职责,且除公司因特殊情况无法成立外,不得抽回其股本。

3.无论是有限公司还是股份公司,首届股东会成员还应承担制定、通过公司章程的特殊职责。

(三)首届大股东的特殊法律地位

根据《公司法》第 61 条,有限公司首次股东会会议由出资最多的股东召集和主持。该条虽为建议性规范,但在一定程度上体现出与首届大股东特殊法律地位相匹配的法律责任。

实务中,公司首届董事会的董事长,也往往由首届大股东担任(或由其指定的主体担任)。又依照《公司法》第 122 条,股份公司董事长、副董事长由董事会以全体董事的过半数选举产生,第 68 条规定有限公司董事长、副董事长产生办法由公司章程规定,第 72 条、第 122 条等规定两类公司董事长召集、主持董事会会议,但问题在于,首届董事会的首次会议谁来召集、主持呢?一般的解决方案就是由大股东本人或其指定的主体召集、主持。

011 股份公司的成立大会如何召开？

一、成立大会的定义

股份公司的成立大会，是由发起人组织召集的、全体认股人（广义）参加的、旨在确定公司设立事项的会议。在此会议上，发起人与认股人将对公司筹办情况、初始章程、组织机构、管理制度等重要事项进行讨论并达成共识，以确保公司依法设立。经过审议和讨论，成立大会可以作出成立公司的决议，下一步便可以依据该决议办理公司设立登记，也可以作出不成立公司的决议，这将直接导致公司设立失败，进而导致发起人承担相应责任。

二、成立大会的程序

（一）召集、表决程序

根据《公司法》第103条，成立大会的召集程序，因发起设立、募集设立的方式不同而有所区别。对于发起设立的股份公司，成立大会的召集、表决程序由公司章程或发起人协议规定，完全交由发起人自治；对于募集设立的股份公司，《公司法》规定了更加详细而严谨的程序，下文主要讲述后者。

（二）召开时间

募集设立股份公司的成立大会应当在公司设立时确定的应发行股份的股款缴足之日起30日内召开，且发起人应当在成立大会召开15日前将会议日期通知各认股人或者予以公告。这意味着，从股款缴足之日起，法律只给发起人最多15日的时间来确认股款缴足情况，确定会议召开日期和地点，并以确保所有认股人能够收悉的方式通知他们参加会议。如认股人数量众多且分散，发起人还需通过权威媒体或指定的信息披露平台公告会议通知，以保证所有认股人均有机会知悉并参加大会。此处15日是从通知到达受通知股东之日起算，考虑到邮寄在途时间，实际留给发起人发出通知的时间甚至可能不足15日。因此，发起人应时刻关注股款筹集进度并提前准备，确保在资金到位后及时、依规召开成立大会。

（三）会议定足数

募集设立股份公司的成立大会应当有持表决权过半数的认股人出席，而发起设立股份公司的成立大会无此要求。注意两处细节:一是此处是表决权过半数,不是股份过半数,这是考虑到股份公司可能存在发行类别股的情况;二是此处认股人系广义,指所有认购公司已发行股份的主体,包括发起人。为满足会议定足数要求,发起人应提前做好沟通联络工作,在成立大会的召开时间和地点方面,尽可能便利更多认股人参加会议。

(四)多数决

《公司法》第104条第2款规定:

成立大会对前款所列事项作出决议,应当经出席会议的认股人所持表决权过半数通过。

可见,成立大会采简单多数决,"经出席会议的认股人所持表决权过半数通过"即可,这降低了公司设立失败的风险,也表明募集设立股份公司的初始章程本就采多数决机制而非合意机制。

三、成立大会的职权

成立大会的法定职权,均与公司成立事项息息相关,《公司法》第104条第1款规定:

公司成立大会行使下列职权:

(一)审议发起人关于公司筹办情况的报告;

(二)通过公司章程;

(三)选举董事、监事;

(四)对公司的设立费用进行审核;

(五)对发起人非货币财产出资的作价进行审核;

(六)发生不可抗力或者经营条件发生重大变化直接影响公司设立的,可以作出不设立公司的决议。

对此规定稍作解读:

1. 第(一)、(四)、(五)项职权,属于财务方面的决议事项,且均旨在监督和查明发起人在设立公司过程中是否存在舞弊行为。实际上,发起人在设立过程中对公司负有勤勉、忠实义务,如因其过错导致公司遭受损失,公司成立后可以要求其赔偿。

2. 第二项职权,通过公司章程。无论发起设立还是募集设立,股份公司的初始章程都是由发起人先起草章程草案,而后由成立大会决议适用简单多数决通过,这与有限公司初始章程由全体股东合意制定存在重大差异。此外,由于发起设立股份公司的成立大会由全体发起人组成,通过章程一般毫无悬念;而募集设立股份公司的成立大会由发起人和认股人共同组成,通过章程仍存在理论上的风险。

3.第三项职权,选举产生首届非职工董事、监事,以组成公司首届董事会、监事会。确定公司组织机构也是设立公司的必要条件。

4.第六项职权,经发起人和认股人充分协商讨论,如认为公司不宜成立,成立大会可以直接作出不成立公司的决议。

四、股份公司设立失败的法律后果

如果设立股份公司应发行的股份没有募足,或者股款募足后发起人未在30日内召开成立大会,抑或是成立大会决议不设立公司,将导致公司设立失败,已经缴纳股款的认股人可以要求发起人加算银行同期存款利息返还;发起人为多人的,对此应当承担连带责任。

012　如何应对发起欺诈?

一、发起欺诈的具体情形及责任承担

在公司设立过程中,诸如制定章程、缴纳出资、申报登记等一系列设立活动,都离不开发起人的推动。发起人不仅需要履行公司设立职责、认购公司出资或股份,还要承担公司设立的法律责任。实践中,部分发起人会利用这一特殊的法律地位实施发起欺诈,侵害其他发起人、"公司"债权人的权益。

具体而言,依据欺诈人主观目的之不同,发起欺诈可以分为两种类型:

其一,欺诈人没有设立公司的实际意图,在实施公司设立行为的过程中通过虚假交易等方式实施欺诈行为,损害其他发起人的利益。例如,欺诈人可能以设立中公司名义与第三人恶意串通,订立明显高于市场价格的合同,抑或实施自我交易,从而牟取利益。若公司设立失败,依据《公司法》第44条的规定,受欺诈"股东"需要对这些债务承担连带责任,进而遭受巨大损失。

其二,发起人虽有设立公司的主观意图,但其真实目的并非通过投资公司获利,

而是假借设立公司,骗取其他发起人的出资或利用其他发起人的连带责任获取利益。该种情形多出现于欺诈方为大股东和公司实际经营者,而被欺诈方为小股东且不参与公司实际经营。欺诈方除通过出资不实令其他发起人承担资本充实责任外,还可能利用自己在公司中的优势地位,通过虚假交易进一步骗取其他发起人对公司的借款及增资,扩大其他发起人的损害。

无论哪种情形,由于发起人需承担公司设立失败的设立行为责任、资本充实责任等较沉重的连带责任,其在被欺诈后获得救济都相对困难。

二、发起欺诈的救济

发起欺诈本质上属于欺诈行为,因此被欺诈发起人可通过欺诈行为可撤销的规则,向法院起诉请求撤销发起人之间签订的发起人协议或投资协议,并同时请求欺诈人返还出资。该救济途径的合理性在于:在发起欺诈中,被欺诈发起人往往需要承担发起人首付责任、资本充实责任等连带责任,其损失不限于个人出资,还涉及欺诈发起人于设立过程中产生的债务、出资不实等。若不同时请求撤销投资协议,则被欺诈发起人囿于发起人身份,仍不能免予承担超出自己出资范围的责任。况且,由于欺诈发起人事前的欺诈意图,如被欺诈发起人承担了部分责任,后续往往也难以借助发起人协议、投资协议等向欺诈发起人内部追偿。所以,为使被欺诈发起人的损失最小化,最为直接的救济路径还是通过撤销发起人协议等文件,使发起人间的合伙关系不复存在,进而撤销个人的投资入股行为,最终得以在避免承担连带责任的同时,要求欺诈发起人返还投资款项、承担违约责任。

当然,倘若被欺诈发起人承担了相关责任,也可向欺诈发起人起诉追偿。但此时欺诈发起人存在偿债能力欠缺的风险,被欺诈发起人较大可能无法及时获得赔偿。

三、发起欺诈的预防

"凡事预则立,不预则废。"发起欺诈发生后,被欺诈方(投资人)遭受的损失以及救济成本都相对较高,投资人应在事前采取充分的风险隔离措施,以防类似情形发生。首先,投资人应进行彻底的背景调查,选择可靠的合作伙伴,从根本上减少风险。其次,具体到公司法层面,投资人还应当注重在发起人协议、投资协议等文件中明确各发起人的责任及相应后果分担,为日后可能发生的争议提供解决依据。例如,在设立有限公司时可以合理设置首期实缴与后续认缴出资的比例,以限制资本充实责任的连带数额;亦可通过先设立一人公司,再由一人股东转让股权给其他合作伙伴的方式来合理限制相关风险。

分篇二

公司章程

公司章程,乃是公司自治的基本凭据,也是公司内部最高效力位阶的自治文件,是一家公司的灵魂之所在。

本分篇的内容涵盖公司章程的制订、制定、修订、备案等程序性问题,也包括其成立、生效、效力范围,以及其条款分类、效力边界与特色内容设计等方方面面。鉴于公司章程制定、修订、内容设置极具实务性,本分篇立足于提供一幅关于公司章程完整图景的考虑,不惜个别内容与本书其他章节有所交叉乃至重复。但是,关于公司章程与股东协议、股东会决议的关系,请阅读本书其他章节的相关内容。

本分篇共设12问。

013 如何理解"无章程,不公司"?

一、何谓公司章程

公司章程(charter),又称公司宪章(constitution),有形式和实质意义之分。实质意义的公司章程,指关于公司组织与行为的基本规则本身;形式意义的公司章程,指记载上述基本规则的书面文件。

欧美两大法系中形式意义的公司章程有很大差别。英美公司法在形式上将公司章程分为两部分:在英国,分为组织大纲(memorandum of association)和组织章程(articles of association);在美国,分为设立章程(articles of incorporation/association)和章程细则(by-laws/bylaw),前者是在公司设立时需要向州务卿报送注册的公司文件,后者是公司根据设立章程而制定的有关公司治理的内部规则。

大陆法系公司法中,公司章程在形式上一般没有内、外之分,只有一份被称为"公司章程"的文件,在内容上一般记载公司的名称、宗旨、资本总额、组织机构以及其他重要事项,涵盖英美法系上述两个文件的内容。

我国虽不承认章程细则的地位,但证监会《上市公司章程指引》使用了这一概念,规定上市公司董事会可依照章程的规定制定章程细则。实务中,不少公司治理相对规范的大型公司中存在的公司章程文件包括:

——一份称为"公司章程"的文件;

——股东会会议规则、董事会会议规则、监事会(审计委员会)会议规则等附属文件。

二、章程是公司成立的基础

(一)必备文件

《公司法》第5条第1句规定:

设立公司应当依法制定公司章程。

公司是以营利为目的而成立的法人,为了确定公司的行为能力范围、代表公司作出意思表示的机关等事项,在设立时应当制定规范公司组织和行为的准则,也即章程。申请公司设立登记也必须提交公司章程,这是设立公司的必要条件。

"公司章程"是公司法文本中最高频次的词汇:在《公司法》总共266个条文中,"公司章程"一共出现114次,广泛出现在89个条文(89/266=33.5%);出现频次最多的章节是第三章"有限责任公司的设立与组织机构",共有23个条文,占本章全部42个条文的54.8%;就单个条文而言,出现次数最多的(3次)是第121条。

(二)宪制基础

此处可作如下类比:作为根本法的宪法规定了一国的根本任务和根本制度,而作为公司宪章的章程则规定了一个公司的经营范围、资本制度、组织机构等公司赖以存在的根本内容。

《公司法》第46条第1款规定:

有限责任公司章程应当载明下列事项:

(一)公司名称和住所;

(二)公司经营范围;

(三)公司注册资本;

(四)股东的姓名或者名称;

(五)股东的出资额、出资方式和出资日期;

(六)公司的机构及其产生办法、职权、议事规则;

(七)公司法定代表人的产生、变更办法;

(八)股东会认为需要规定的其他事项。

这是关于有限公司章程必备条款的规定,试举几例,足见其对公司成立和运营的重要性:

1. 第一项,名称和住所条款,这使得公司与其他公司区别开来,使"看不见摸不着的拟制人"拥有实体的存在;

2. 第二项,经营范围条款,明确公司行为目的,确定参与市场的起点和方向,构成公司开展营业的出发点;

3. 第三、四、五项,合称公司资本条款,不但记载资本总额,且分解落实到具体的股东个人,"现代公司是资本企业"的实质由此落地;

4. 第六、七项,组织机构与法定代表人条款,宛如宪法规定国家的元首、权力机关、行政机关、司法机关一样,使公司意思能力、行为能力有了组织依托,构成一个公司的"政体"。

三、章程是股东自治的载体

公司法兼具公法、私法属性,但究其本质仍是私法。公司自治作为公司治理与经营管理的基础性机制,核心意思集中体现在公司章程条款中。本质上,公司章程乃股东之间的一份合约(经济学意义上的契约),是实现股东自治、公司自治的核心载体,具体体现在以下几个方面:

1. 初始章程由公司设立时的发起人共同制定(订),体现原始股东的共同意志。

2. 公司成立后,股东可以依法修改章程,根据公司发展情况不断调整有关制度,与时俱进参与公司决策,股东自治的光芒闪烁其间。

3. 现代公司法在减少公司章程强制性条款的同时,扩大了章程任意记载事项。在章程中,股东不仅可以在法定范围内自由约定有关事项,还可以排除法律的预设性安排。如此不拘一格,为多元化公司制度创造了舞台。

4. 章程还为股东权利行使和权益救济提供了依据,可以成为裁判依据,起到法源的作用,保障了股东权益。

四、章程是公司运行与治理的基本指南

《公司法》第 5 条第 2 句规定：

公司章程对公司、股东、董事、监事、高级管理人员具有约束力。

据此,公司章程对三类主体具有约束力:公司自身、公司成员(股东)、公司法人机关成员(董监高)。《公司法》第 1 条规定的职工、债权人两类利害关系人不在其列。当然,董监高可能兼具公司职工身份,公司职工亦可能持有公司股权。

章程规定了公司法人机关(组织机构)设置及其产生办法、职权、议事规则。董监高作为法人机关成员,负责公司日常经营决策、执行和监督;章程作为团体自治规范,突出体现在对他们参与公司治理履职行为的规范,要求他们在履职过程中谨守忠实义务和勤勉义务。不仅如此,股东会、董事会、监事会/审计委员会的组成和权限,高管的任职与权限,以及股东会、董事会、监事会/审计委员会的议事方式和表决程序等运作规则,都由公司法、公司章程调整。另外,《公司法》不再列举规定经理职权,经理根据公司章程规定和董事会授权行使职权。可见,章程乃是经理职权的基本来源。

总之,章程是公司运行与治理的基本指南。

五、章程是处理公司纠纷的法源之一

《公司法》第 26 条规定,公司股东会、董事会决议内容违反章程或者决议程序违反章程的,股东自决议作出之日起 60 日内,可以请求人民法院撤销。在规范公司内部关系的自治规则中,章程处于最高位置,其他规则或决定都不能在程序上或内容上违反章程,否则可能存在效力瑕疵。

014 如何生成、何时生效？

凡设立公司,都需要提交一份公司章程。公司法区分不同公司类型分别规定了制定(订)初始章程的程序。

一、有限公司章程如何生成

(一)共同制定

《公司法》第 45 条规定：

设立有限责任公司,应当由股东共同制定公司章程。

因此,有限公司初始章程应由"全体股东"共同制定,体现全体股东的共同意思,在形式上体现为股东就章程内容协商一致,形成书面文件,并由全体股东签名或者盖章。换言之,制定有限公司章程的行为属于法律行为中的契约行为,要求各方当事人形成合意。合意机制意味着,不论公司成立时股东持股多寡,任何股东反对,初始章程都难以生成。

(二)全体签章

《公司法》第 46 条第 2 款规定：

股东应当在公司章程上签名或者盖章。

一般情况下,公司章程应由股东本人签名或者盖章;委托他人代为签名或者盖章的,须持股东授权委托书并写明委托代理人姓名、授权事项等。若无全体股东签章,或者部分签名非股东本人签署,应视为股东未达成合意,将导致章程不成立。

二、股份公司章程如何生成

(一)共同制订

《公司法》第 94 条规定：

设立股份有限公司,应当由发起人共同制订公司章程。

据此,无论是发起设立还是募集设立,都先由全体发起人"共同制订"章程,也即形成章程草案。

(二)成立大会决议

章程草案制订后,还需交付成立大会审议并作出决议,并经出席会议认股人(广义)所持表决权的过半数通过。具言之,募集设立的股份公司成立大会,由发起人与认股人(狭义)共同组成,且有持表决权过半数的认股人出席方可举行;发起设立的股份公司成立大会由全体发起人组成。在此意义上,后者通过章程草案毫无悬念,前者通过章程草案则存在理论上的风险。

(三)两类公司初始章程生成的区别

有限公司全体发起人(原始股东)经合意而生成初始章程,属于契约行为,故为

"制定";股份公司发起人合意"制订"章程后,还需交付成立大会多数决通过方完成制定。概言之,初始章程之制定,有限公司采合意制,股份公司采决议制(多数决)。

三、国有独资公司章程如何生成

《公司法》第 171 条规定:

国有独资公司章程由履行出资人职责的机构制定。

第 172 条又规定:

国有独资公司不设股东会,由履行出资人职责的机构行使股东会职权。……

"履行出资人职责的机构"是指国务院、地方人民政府设立的国有资产监督管理机构或者其他部门。换言之,股东会的职权,在国有独资公司就是由履行出资人职责的机构行使。这一规定,实际上是有限公司/股份公司原始股东制定公司章程权利的具体场景化表述。

另据《公司法》第 172 条,履行出资人职责的机构可以授权公司董事会行使股东会的部分职权,但公司章程的制定、修改等职权只能由履行出资人职责的机构行使。

四、公司初始章程何时生效

《公司法》对此未作明确规定。理论上,公司章程在公司成立(营业执照签发)后即生效。

015 对人的效力(一):约束哪些主体?

一、公司法的规定

《公司法》第 5 条规定:

设立公司应当依法制定公司章程。公司章程对公司、股东、董事、监事、高级管理人员具有约束力。

公司章程对人的效力分为对内效力和对外效力,各国公司法对此规定不尽相同。《公司法》第 5 条表明我国公司章程仅对公司内部人发生直接效力,对外部人如债权人等不生拘束力。

二、内部效力

1. 对公司的效力

章程自公司成立时即对其生效,包括对内效力和对外效力,前者集中表现为章程对公司内部组织和行为的约束力,后者表现为章程对公司目的事业和代表权的限制。前者的效力集中体现在《公司法》第26条第1款规定:

公司股东会、董事会的会议召集程序、表决方式违反法律、行政法规或者公司章程,或者决议内容违反公司章程的,股东自决议作出之日起六十日内,可以请求人民法院撤销。但是,股东会、董事会的会议召集程序或者表决方式仅有轻微瑕疵,对决议未产生实质影响的除外。

可见,公司股东会、董事会决议违反自身章程的,可被撤销。

2. 对股东的效力

公司章程对股东的效力,不仅及于发起人股东,还及于公司成立后的加入股东,而不论其参与公司章程制定与否、赞成与否。不同的是,公司章程对发起人股东的效力始于章程成立之时,对后加入股东的效力则始于其加入公司之时。

股东的出资义务一经履行,对公司不再负有其他积极义务。因此,章程对股东的效力更多表现为规定股东权利及其行使与救济。

一个疑难问题是,公司章程可否规定对股东的经济处罚?一般认为,组织体可以处罚其成员,至少基于全体股东协议与全体股东同意的公司章程条款可以如此,法院对此应予以尊重。

3. 对董监高的效力

董监高负责公司经营决策、公司事务的执行及监督,必然受公司组织纲领的约束。《公司法》第5条、第179条规定了章程对管理层个人的约束力。

同时,章程有关公司组织机构及其产生办法、职权、议事规则的规定,也是管理层行使职权的重要依据。公司章程是董事会、监事会、审计委员会与经理职权的重要来源之一。比如,《公司法》第74条第2款、第126条第2款规定经理对董事会负责,根据章程规定或董事会授权行使职权。章程还可以决定监事会的具体构成;《公司法》第76条第2款、第130条第2款规定监事会职工代表的具体比例由章程规定。

公司章程还可以在公司法之外进一步规定董监高个人的权、利、责,如董事报酬、责任保险、离职补偿、竞业禁止义务等。

公司章程还是追究管理层民事责任的依据之一。比如,《公司法》第 188 条规定,董监高执行公司职务时违反公司章程的规定,给公司造成损失的,应当承担赔偿责任;第 125 条第 2 款规定,董事会决议违反章程致使公司遭受严重损失的,参与决议但未表明异议并记载于会议记录的董事对公司负赔偿责任。

同样的疑问是,公司章程可否规定对董监高个人的经济处罚?比如,董事迟到董事会会议一次,罚款 2000 元。一般认为,组织体对其高管的经济处罚如果合理,法院应尊重其效力。

三、外部效力:一般规定

一家公司的章程对外部第三人是否有约束力?这主要体现在交易相对人对相对方公司章程有无审查义务这一问题上。这一话题极具现实价值,存在很大争议,也涉及如何理解公司章程的公示性及公示效力这一话题。

公司章程本身不是公司登记事项,而属于备案事项。备案事项的公示性虽不及登记事项,但也有一定公示性,交易相对人在法律上有确定的途径可以获悉公司章程内容,但这并不意味着公司章程一经备案,交易相对人就负有查阅公司章程的义务,更不意味着公司章程一经备案,就推定第三人已经知悉或应当知悉其内容。质言之,章程记载事项不当然具有对抗第三人的效力。所以,以下观点都是经不住推敲的:

——"第三人负有查阅公司章程的抽象义务",即"查阅义务理论"。

——"公司章程一经公布,与公司交易的第三人就被推定知道公司章程的内容并理解其适当的含义",即"推定通知理论"。

以上认识既缺乏实践理性,也缺乏可操作性。这些论调给部分商人带来极大的压力,并可能会导致他们陷入两难境地:对于一项重大交易,是否需要查询对方公司的章程条款呢?如查阅,获悉了相关记载,则无法成为善意相对人;如不查阅,心有惶恐,尤其是对他们而言特别重大的商事交易。

016　对人的效力（二）：交易相对人需要查阅吗？

（书接上问）

四、外部效力：具体规定

(一)不得对抗善意第三人的两个规定

《公司法》第 11 条第 2 款规定：

公司章程或者股东会对法定代表人职权的限制，不得对抗善意相对人。

第 67 条第 3 款规定：

公司章程对董事会职权的限制不得对抗善意相对人。

看来，交易相对人只要保住自己"善意相对人"的地位，就无须惧怕对方公司章程记载事项对自己不利。

(二)举例之一：总经理职权及其对职务代理是否越权的影响

根据《公司法》第 74 条第 2 款、第 126 条第 2 款，总经理职权取决于"公司章程的规定或者董事会的授权"。假设 A、B 公司订约，后者总经理张三出面负责商务谈判及签约事宜，A 公司究竟要不要通过查阅 B 公司章程记载来精准掌握张三的职权范围？要知道，张三总经理在该案中的职权范围，对于构成有权职务代理抑或相反（无权代理、表见代理等）是至为关键的，因为《民法典》第 170 条规定：

执行法人或者非法人组织工作任务的人员，就其职权范围内的事项，以法人或者非法人组织的名义实施的民事法律行为，对法人或者非法人组织发生效力。

法人或者非法人组织对执行其工作任务的人员职权范围的限制，不得对抗善意相对人。

《民法典合同编通则司法解释》第 21 条进一步规定：

法人、非法人组织的工作人员就超越其职权范围的事项以法人、非法人组织的名义订立合同，相对人主张该合同对法人、非法人组织发生效力并由其承担违约责任的，人民法院不予支持。但是，法人、非法人组织有过错的，人民法院可以参照民法典第一百五十七条的规定判决其承担相应的赔偿责任。前述情形，构成表见代理的，人民法院应当依据民法典第一百七十二条的规定处理。

合同所涉事项有下列情形之一的,人民法院应当认定法人、非法人组织的工作人员在订立合同时超越其职权范围:

(一)依法应当由法人、非法人组织的权力机构或者决策机构决议的事项;

(二)依法应当由法人、非法人组织的执行机构决定的事项;

(三)依法应当由法定代表人、负责人代表法人、非法人组织实施的事项;

(四)不属于通常情形下依其职权可以处理的事项。

合同所涉事项未超越依据前款确定的职权范围,但是超越法人、非法人组织对工作人员职权范围的限制,相对人主张该合同对法人、非法人组织发生效力并由其承担违约责任的,人民法院应予支持。但是,法人、非法人组织举证证明相对人知道或者应当知道该限制的除外。

法人、非法人组织承担民事责任后,向故意或者有重大过失的工作人员追偿的,人民法院依法予以支持。

读者一口气阅读了这么多条文,得到的有用信息是什么?总结起来可能主要有两点:

1.每一家公司的总经理职权可能并不一样,但作为商业常识,至少在负面清单上具有基本共性——公司法直接规定归属于股东会、董事会的职权,不能由总经理行使;归属于法定代表人的职权,也不得由不兼任法定代表人的总经理行使,否则,可能构成越权。

2.基于确保商业风险降到最低的审慎考量,交易相对人自愿主动查阅或者要求对方提供公司章程以便查阅的,值得赞许;但是,法律并不要求必须查阅,交易相对人不主动查阅,也不会承担什么不利后果。

(三)举例之二:公司对外担保时,债权人需要查阅公司章程吗

依照《公司法》第15条,公司对外提供非关联担保的,需经股东会或者董事会决议,至于谁来决议则由公司章程规定。如此,债权人接受一家公司提供的对外担保时,应否审查该公司章程?章程如未规定股东会还是董事会议决,债权人又如何应对?这涉及债权人善意与否的认定问题,《九民纪要》第18条第1款规定:

前条所称的善意,是指债权人不知道或者不应当知道法定代表人超越权限订立担保合同。《公司法》第16条(指2018年《公司法》——引者注)对关联担保和非关联担保的决议机关作出了区别规定,相应地,在善意的判断标准上也应当有所区别。一种情形是,为公司股东或者实际控制人提供关联担保,《公司法》第16条明确规定必须由股东（大）会决议，未经股东（大）会决议，构成越权代表。在此情况下，债权人主张担保合同有效，应当提供证据证明其在订立合同时对股东（大）会决议进行了审查，决议的表决程序符合《公司法》第16条的规定，即在排除被担保股东表决权的情况下，该项表决由出席会议的其他股东所持表决权的过半数通过，签字人员也符合公司章程的规定。另一种情形是，公司为公司股东或者实际控制人以外的人提供非关联担保，根据《公司法》第16条的规定，此时由公司章程规定是由董事会决议还是股东（大）会决议。无论章程是否对决议机关作出规定，也无论章程规定决议机关为董事会还是股东（大）会，根据《民法总则》第61条第3款关于"法人章程或者法人权力机构对法定代表人代表权的限制，不得对抗善意相对人"的规定，只要债权人能够证明其在订立担保合同时对董事会决议或者股东（大）会决议进行了审查，同意决议的人数及签字人员符合公司章程的规定，就应当认定其构成善意，但公司能够证明债权人明知公司章程对决议机关有明确规定的除外。

这段文字告诉我们，接受公司提供对外担保的债权人需查阅公司章程（但需审查公司决议），自愿主动查阅以求严格控制交易风险的除外。但也有两个需要特别注意的情形：

（1）交易相对人在事前已通过一定渠道获知公司章程的内容，则另当别论；

（2）若公司章程的某一项内容系为落实法律强行性规定，则该内容因法律规定而被赋予了对抗第三人的效力。

举例。某外部投资人与目标公司所有原股东签订的购买股权协议附有对赌条款，要求目标公司就股东们的回购义务或补差义务提供连带保证，公司也作出了相关决议。但是，该公司章程某条规定："本公司不为任何股东的个人债务提供担保。"后对赌失败，股东们无力支付回购款，该外部投资人要求公司承担保证责任，公司予以拒绝。法院裁判应否支持外部投资人？答案是不应支持，因为外部投资人、公司股东，不可能不知道公司章程的规定。

017　绝对必要记载事项有哪些？（上）

一、公司章程的三类记载事项

大陆法系公司法一般将公司章程记载事项区分为必要记载事项和任意记载事项，必要记载事项又分为绝对必要记载事项和相对必要记载事项。

所谓绝对必要记载事项，是指法律规定公司章程中必须记载的事项，如欠缺任何一项，宛如合同缺少必备条款，将导致整个章程不能成立，进而可能导致公司设立无效，公司登记机关亦不予登记。

所谓相对必要记载事项，是指由法律列举，公司章程可以选择记载的事项。如予以记载，则发生效力；如不予记载，也不影响章程效力与公司成立，但欠缺这些事项会影响公司运行与治理的正常进行；如所记载的事项不合法，则仅该事项无效，不影响整个章程的效力。

所谓任意记载事项，是指必要记载事项之外的，在不违反法律、公序良俗的前提下，自愿记载于公司章程的事项；这些事项一旦记载于章程，就与必要记载事项效力相同；如不记载，既不影响公司章程生效、公司成立，也不影响公司的正常运行与治理。所谓公司章程的特色，主要体现在任意记载事项。

不论公司章程是简练到区区数十个条文，还是浩繁到数百个条文，究其内容，大致都可以归入以上三类。这一区分实际上与合同法条款区分为必备条款（当事人；标的物；数量）、主要条款（质量；价款或者报酬；履行时间、地点、方式；违约责任；解决争议方式）以及其他条款（包装方式等）异曲同工。本质上，公司章程就是一份契约文件。

二、有限公司章程的绝对必要记载事项

根据《公司法》第46条，有限公司章程的绝对必要记载事项有七项：

1.公司名称和住所。名称是公司区别于其他商事主体的标志，住所是指公司主要办事机构所在地；载明公司名称和住所是标识公司与确定其权利义务归属的前提。

2.公司经营范围。所谓"经营范围",是指公司所从事行业、经营项目的种类。公司可以修改公司章程,变更经营范围。

3.公司注册资本。有限公司注册资本是指以货币表示的各股东认缴出资额的总和,章程应当载明注册资本的具体数额。

4.股东的姓名或者名称。自然人股东应载明姓名,法人股东应载明名称。

5.股东的出资额、出资方式和出资日期。"出资额"是指以货币表示的出资价值;"出资方式"是指出资的种类,包括货币、实物以及无形资产,股权和债权也可以作为出资方式;"出资日期"是指股东首次出资时间以及公司成立后分期缴足自己认缴出资的日期。

6.公司组织机构及其设立、职权和议事规则。设立公司应建立符合要求的组织机构,其具体产生办法应在章程中载明,如董事会组成成员、如何确定董事长、董事任期等;机构议事规则,如会议召集程序和投票规则等,也应当在章程中具体约定。

7.法定代表人的产生、变更办法。现行公司法不再要求公司章程记载法定代表人的姓名,仅规定其产生、变更方法。

018　绝对必要记载事项有哪些？（下）

（书接上问）

三、股份公司章程的绝对必要记载事项

基于公众性、封闭性之差异,股份公司和有限公司章程拥有大小不同的自治空间,公司法赋予后者更高程度的自主性,对前者施加了更多强制性规范。此差异在公司章程中表现得尤为明显,股份公司有着更多的法定记载事项。《公司法》第95条规定:

股份有限公司章程应当载明下列事项:

（一）公司名称和住所;

（二）公司经营范围;

（三）公司设立方式;

（四）公司注册资本、已发行的股份数和设立时发行的股份数,面额股的每股

金额；

（五）发行类别股的，每一类别股的股份数及其权利和义务；

（六）发起人的姓名或者名称、认购的股份数、出资方式；

（七）董事会的组成、职权和议事规则；

（八）公司法定代表人的产生、变更办法；

（九）监事会的组成、职权和议事规则；

（十）公司利润分配办法；

（十一）公司的解散事由与清算办法；

（十二）公司的通知和公告办法；

（十三）股东会认为需要规定的其他事项。

在上列的13项具体的绝对必要记载事项中，不同于有限公司章程的绝对必要记载事项有：

1.公司设立方式。股份公司设立方式有发起设立和募集设立之分，二者有完全不同的设立程序，这也关系到公司在设立时能否向公众发行股份。

2.已发行的股份数、设立时发行的股份数和面额股的每股金额。股份公司章程除了要载明注册资本外，还要载明已发行的股份数、设立时发行的股份数和面额股的每股金额。一方面，要区分注册资本、已发行的股份数和设立时发行的股份数，与第152条规定的授权资本制度相匹配；另一方面，明确"面额股的每股金额"，也为《公司法》第142条引入的无面额股制度留足空间，若公司发行"可转换"的面额股或无面额股，也属章程绝对必要记载。

3.发起人的姓名或者名称、认购的股份数、出资方式。这与有限公司章程载明所有股东的姓名或者名称、出资额、出资方式和出资日期有所不同。

4.关于组织机构，《公司法》仅对有限公司概括性要求章程载明"公司的机构及其产生办法、职权、议事规则"，对股份公司则明确要求载明"董事会、监事会的组成、职权、议事规则"。

5.股份公司还需要在章程中额外载明公司利润分配办法、公司的解散事由与清算办法，以及公司的通知和公告办法三类事项；而对有限公司章程不作绝对必要记载的要求。

四、发行类别股股份公司章程的特殊绝对必要记载事项

发行类别股的，上引《公司法》第 95 条第 5 项首先要绝对记载"每一类别股的股份数及其权利和义务"。在类别股法定主义模式下，公司在法定范围内享有充分的自治权，异质化股东可以通过协商创建各类类别股以满足差异化的投融资需求。此种自治性安排通过章程予以固定，一方面对原有股东进行充分的信息披露，使其有机会了解公司股权结构的变化并重新评估投资风险；另一方面有利于可能对公司具有投资意愿的投资人或者债权人在决策时获得充分信息，进而决定其投资工具类别的选择。故而，对于发行类别股公司章程，《公司法》第 145 条规定：

发行类别股的公司，应当在公司章程中载明以下事项：

（一）类别股分配利润或者剩余财产的顺序；

（二）类别股的表决权数；

（三）类别股的转让限制；

（四）保护中小股东权益的措施；

（五）股东会认为需要规定的其他事项。

上述事项，并非必须同时载明，而是根据股份公司发行哪一类类别股而对号入座，此处稍微展开：

1. 类别股分配利润或者剩余财产的顺序。公司发行优先或劣后分配利润、剩余财产的股份，章程需明确类别股分配利润或剩余财产的顺序，区分各股权群落并明确利润给付的梯级顺位。

2. 类别股的表决权数。公司发行每一股表决权数多于或者少于普通股的股份，章程应明确类别股的表决权数，呈现公司双层或多层股权结构下的控制权归属。

3. 类别股的转让限制。公司发行转让须经公司同意等转让受限的股份，章程应明确规定类别股的转让限制，明确划定股份转让受限的边界。

4. 保护中小股东权益的措施。该规定针对所有发行类别股的公司，要求各公司"量体裁衣"地设置适宜本公司的少数股东保护机制。在实践中，公司可以参照《优先股试点管理办法》（2023 年修订）中的保护性规定进行设计。

五、上市公司章程的特殊绝对必要记载事项

《公司法》第 136 条第 2 款规定：

上市公司的公司章程除载明本法第九十五条规定的事项外，还应当依照法律、行政法规的规定载明董事会专门委员会的组成、职权以及董事、监事、高级管理人员薪酬考核机制等事项。

对此，证监会《独立董事管理办法》第三章"职责与履职方式"对"董事会专门委员会会议"以及"独立董事专门会议"作出了较为详细的规定，明确了独立董事在其中的职责及其履行方式，可资参考。

019　相对必要记载事项有哪些？

《公司法》关于相对必要记载事项的规定分散在多个条文，按其适用对象可以分为三类：

一、适用于两类公司的

（一）对外投资与担保事项

《公司法》第 15 条第 1 款规定，对于公司对外投资与非关联担保事项的议决，由股东会、董事会按照公司章程规定的权限和数额进行。这意味着，两类公司章程都有必要进一步明确公司对外投资、对外担保事项的议决机关，否则将导致相关决议无法作出，或者作出无凭。

实务中，总结各类公司经验，主要做法有：(1)统一规定由股东会作出决议；(2)统一规定由董事会作出决议；(3)划分董事会、股东会权限范围，如单笔担保债务数额在 5 亿元以上的由股东会作出，5 亿元以下的由董事会作出；(4)直接规定公司概不对外提供担保。

（二）董事任期

《公司法》第 70 条第 1 款、第 120 条第 2 款规定，董事任期由公司章程规定。《公司法》仅规定一届董事任期不超过 3 年，这是上限式规定，而不是任期期间的固定安排。所以公司章程有必要在 3 年期间内作进一步明确，如可以规定 1 年、2 年或

者3年不等,尤其是在实行交错任期制董事会的公司,对于首届董事会成员,至少在理论上肯定有董事任期不足3年的,由此足见公司章程进一步明确董事具体任期的必要性、重要性。

(三)经理的设置及职权

《公司法》第74条规定,有限公司经理的设置及职权由公司章程规定和董事会授权;第126条第2款规定,股份公司经理职权由公司章程规定和董事会授权。可见,有限公司章程首先需要明确设置经理与否(以及董事兼任与否);如设置,则要接着明确经理的职权范围,再加上可能的董事会授权,共同组成经理的职权清单。对于股份公司而言,经理职位必设,但仍需明确其职权范围。总经理在公司运行与治理中的地位举足轻重,如公司章程不明确其职权范围,势必影响公司正常的运行与治理。

(四)监事会组成及会议正当程序

《公司法》第76条第2款、第130条第2款规定,监事会职工代表监事的具体比例由公司章程规定;第81条第2款、第132条第2款规定,章程可以在公司法之外规定监事会议事方式与表决程序。一方面,如设监事会,则职工监事是必设的,具体占比如不由公司章程明确,则无法组成监事会;另一方面,《公司法》关于监事会议事方式与表决程序的规定仅寥寥数言,不足以支撑监事会会议的正当程序,急需公司章程补强。

(五)监督机构的选择

具体见《公司法》第69条、第83条、第121条第1款与第6款及第176条。关于监督机构的设置,有限公司有四种选择:设三人以上监事会、设一名监事、设审计委员会、不设任何监督机构,究竟选择何种模式?需要公司章程明确;非上市股份公司有三种选择:设三人以上的监事会、设一名监事、设审计委员会,究竟选择何种模式?也需要公司章程明确;对于上市公司、国有独资公司、国务院国资委管理的国有资本控股公司等同样如此。

(六)管理层忠实义务的履行

董监高在关联交易、利用公司机会、从事竞争性业务三类事项上,向股东会还是董事会进行信息披露、作出决议,详见《公司法》第182~184条。依照这三个条文,以董事为例,如其从事关联交易、争夺公司商业机会、开展竞争性业务等,要向股东会或董事会披露利害关系、交付股东会或董事会表决,且自身需回避。问题是,究竟是向股东会还是董事会报告及议决?《公司法》并未决断,而是交付公司章程选择。这一情形下,与前文所述第 15 条规定的公司对外投资、对外非关联担保时议决机关的选择如出一辙。

(七)会计师事务所的聘任机关

《公司法》第 215 条第 1 款规定,公司聘用、解聘承办公司审计业务的会计师事务所,按照公司章程的规定由股东会、董事会或者监事会决定。据此,究竟以上三法人机关中的哪一个享有该决定权,还要公司章程进一步明确,此与前文所述第 15 条、第 182~184 条情形相同;否则,会计师事务所的聘任决定无从谈起。

二、仅适用于有限公司的(略)

《公司法》第 62 条第 2 款规定,股东会的定期会议按照章程的规定召开;

《公司法》第 66 条第 1 款规定,章程补充规定股东会的议事方式与表决程序;

《公司法》第 68 条第 2 款规定,董事长、副董事长的产生办法由章程规定;

《公司法》第 73 条第 1 款规定,章程补充规定董事会的议事方式与表决程序;

《公司法》第 209 条第 1 款规定,公司将财务会计报告送交各股东的期限由章程规定。

三、仅适用于股份公司的(略)

《公司法》第 117 条第 1 款规定,公司章程可以引入累积投票制;

《公司法》第 121 条第 5 款规定,章程补充规定审计委员会的议事方式与表决程序;

《公司法》第 152~153 条规定,实行授权资本制的股份公司,其公司章程可以授权董事会决定发行股份。

020 任意记载事项有哪些?

一、如何识别任意记载事项

有很多读者不善于识别相对必要记载事项与任意记载事项。其实,在《公司法》

文本中,后者主要体现为三类表述:

——"股东会认为需要规定的其他事项";

——"公司章程另有规定的除外";

——"公司章程规定的其他……"。

下文依次展开。

二、"股东会认为需要规定的其他事项":依股东会决议而特别记载

针对有限公司、股份公司、发行类别股的股份公司三类公司章程,《公司法》第46条第1款第8项、第95条第13项和第145条第5项均分别规定可以载明"股东会认为需要规定的其他事项"。此类兜底条款是对公司章程任意记载事项的概括授权。据此,公司可以根据股东会决议制定、修改章程,随时加入体现司情特色的任何事项,如公司文化、公司之歌、公司之花,或者董监高积极任职资格等,只要不违反法律、行政法规的强制性规定以及公序良俗,均可行。

三、"公司章程另有规定的除外":依除外规定进行变通

《公司法》文本上有多个条文允许各类公司尤其是有限公司的章程作出变通性规定,借由"公司章程另有规定的除外"这一通道,赋予公司更大的自治权。公司章程如响应《公司法》号召规定有效的除外条款,不仅可以突出公司个性,而且有利于公司治理的平稳运行,毕竟合身的衣服才是最好的。具言之,《公司法》中具体的"除外规定"列举如下:

1. 公司股东会、董事会、监事会召开会议和表决可以采用电子通信方式,公司章程另有规定的除外(第24条)。

2. 有限公司召开股东会会议,应当于会议召开15日前通知全体股东;但是,公司章程另有规定或者全体股东另有约定的除外(第64条第1款)。

3. 有限公司股东会会议由股东按照出资比例行使表决权;但是,公司章程另有规定的除外(第65条)。

4. 公司章程对有限公司股权转让另有规定的,从其规定(第84条第3款)。

5. 自然人股东死亡后,其合法继承人可以继承股东资格;但是,有限公司章程另有规定的除外/股份转让受限的股份公司的章程另有规定的除外(第90条、第

167条)。

6. 股份公司连续180日以上单独或者合计持有公司3%以上股份的股东要求查阅公司的会计账簿、会计凭证的,适用《公司法》第57条第2~4款的规定。公司章程对持股比例有较低规定的,从其规定(第110条第2款)。

7. 有限公司按照股东实缴的出资比例分配利润,全体股东约定不按照出资比例分配利润的除外;股份公司按照股东所持有的股份比例分配利润,公司章程另有规定的除外(第210条第4款)。

8. 公司合并支付的价款不超过本公司净资产10%的,可以不经股东会决议;但是,公司章程另有规定的除外(第219条第2款)。

9. 公司减少注册资本,应当按照股东出资或者持有股份的比例相应减少出资额或者股份,法律另有规定、有限公司全体股东另有约定或者股份公司章程另有规定的除外(第224条第3款)。

10. 股份公司为增加注册资本发行新股时,股东不享有优先认购权,公司章程另有规定或者股东会决议决定股东享有优先认购权的除外(第227条第2款)。

11. 清算组由董事组成,但是公司章程另有规定或者股东会决议另选他人的除外(第232条第2款)。

四、"公司章程规定的其他……":依概括条款作补充

为便于实践操作,《公司法》对某些事项的具体情形进行了非穷尽式列举,公司章程一般不能排除这些情形的适用,但公司章程可以在此基础上结合本公司实际增补其他情形。或者,《公司法》对某些事项不作细化规定,以概括性条款允许章程自由规定或者不规定。

1. 股东会、董事会和监事会的其他职权(第59条第1款第9项、第67条第2款第10项、第78条第7项、第131条第1款)。

2. 对董事会、法定代表人的职权进行限制(第11条第2款、第67条第3款)。

3. 公司章程对股份公司股份转让有限制的,其转让按照公司章程的规定进行(第157条);公司章程可以对公司董监高转让其所持有的本公司股份作出其他限制性规定(第160条第2款)。

4. 股份公司召开临时股东会会议的其他情形(第113条)。

5. 股份公司需经类别股股东会议决议的其他事项(第146条第2款)。

6. 除经理、副经理、财务负责人、上市公司董事会秘书以外的高级管理人员的含义(第265条)。

五、一个题外话：公司章程能否对股东、董监高设定惩戒措施

比如，公司章程能否规定股东、董事出席股东会、董事会会议如有迟到，一次罚款2000元？如有人违反，公司是否有执行权？

这一问题在上文已有提及。一般认为，公司章程中的惩戒条款系基于全体股东合意或多数决而预设的，对违反章程股东、董事的制裁措施，在不违反法律、行政法规强制性规定和公序良俗的前提下合法有效；当然，适格章程在赋予股东会、董事会等法人机关惩戒执行权的同时，应明确惩戒的合理标准与力度。

021 如何修订、备案、保存？

一、公司章程为何修订

实务中，公司修改章程的动因大致有三：

一是《公司法》或有关法律、法规修改后，章程规定的事项与修改后的法律、行政法规相抵触，或不合时宜，或者需要补充规定；

二是法律事实变更，导致章程记载的事项与现实情况不一致，如有限公司发生股权对外转让；

三是公司根据发展需要而就章程规定的某些事项作出调整。

二、公司章程如何修订

(一)需要股东会决议的

一般而言，修改公司章程记载的内容，要作出修改章程的决议。《公司法》第59条规定股东会有权修改公司章程。这意味着，少数股东在初始章程中拥有的权利，可能被控股股东在后续章程修改中排挤、消除。为保护股东(尤其是少数股东)的利益，《公司法》第66条第3款规定有限公司章程修改"应当经代表三分之二以上表决权的股东通过"，第116条第3款规定股份公司章程修改"应当经出席会议的股东所持表决权的三分之二以上通过"，该绝对多数决规则不能被排除适用。进言之，公司

章程可以规定比上述法定比例更高的多数决,但不得相反。

实践中也有控股股东在持股比例超过2/3后,利用绝对控股地位频繁、大规模地修订初始章程,废止有利于少数股东权益的条款,减损少数股东的权益,同时大肆引入有利于自己的条款,增加自身福祉。"一损一益"之间,股东压制已然形成。就此,少数股东的救济路径是,依据《公司法》第21条、《民法典》第132条、《民法典总则编司法解释》第3条等规定,请求法院确认控股股东滥用股东权利通过有关公司章程修改的决议无效。

公司章程修订事项属于法律、法规要求披露的信息,按规定予以公告。

(二)无须股东会决议的

对于部分公司章程记载内容的修改,法律规定无须股东会作出修改章程的决议,直接提交修改后的章程即可,例如:

1.《公司法》第87条规定,有限公司股东依法转让股权后,公司应相应修改公司章程中有关股东及其出资额的记载;对公司章程的该项修改不需再由股东会表决。

2.《公司法》第152条第2款规定,董事会依照前款规定决定发行股份导致公司注册资本、已发行股份数发生变化的,对公司章程该项记载事项的修改不需再由股东会表决。

3.《公司法》第46条规定,章程要记载"法定代表人的产生、变更办法"而不是旧法规定的"法定代表人",这意味着章程不再强制记载法定代表人的姓名,所以仅更换法定代表人并不需要修改章程。

三、多份公司章程的效力比拼

(一)一般规则

实务中,由于种种原因,公司治理不规范、混乱或者发生内战,这时公司可能会有多份章程。这些多份章程,有的是初始章程在设立公司备案后经过多次修订,但并未及时备案更新;有的是故意搞阴阳章程,备案者为阳,公司内部留存并遵守的为阴。一旦发生纷争尤其是公司内部的纷争,多人会出示多份章程文本,由此引发的法律问题是,究竟以哪一份章程为准?对此,一般的法律经验是:

1. 首先确定每一份章程都是经过合法程序通过的有效章程,避免以假乱真、鱼目混珠。

2. 在确定每一份公司章程为合法有效的前提下,原则上应该以最后通过的版本为准,因为其为最后的意思表示。

3.涉及外部关系处理的,备案章程具有更强的公信力,如外部人举证证明其查阅并信赖备案公司章程内容,该信赖应该受到保护。

4.至于公司章程与股东会决议、股东间协议的效力关系,请参见本书的其他章节内容。

(二)未备案的章程修订效力如何

依照《公司法》第32条、第46条、第95条等规定,公司登记事项与章程记载事项存在交叉情形,具体包括:名称、住所、注册资本、经营范围、法定代表人姓名或者产生、变更办法,有限公司股东或股份公司发起人的姓名或名称。章程修改事项涉及公司登记事项的,应当依法办理变更登记。对此,《公司法》第35条第2款规定:

公司变更登记事项涉及修改公司章程的,应当提交修改后的公司章程。

《市场主体登记管理条例实施细则》第32条第1项规定:

(一)公司变更事项涉及章程修改的,应当提交修改后的章程或者章程修正案;需要对修改章程作出决议决定的,还应当提交相关决议决定;

那么,如涉及公司章程记载事项信息变更,而公司未及时相应变更登记,折射到章程修改的效力,理论上存在有效说与无效说之分。这一问题与登记的生效效力休戚相关,《公司法》第32条规定的6类公司登记事项性质并不完全一致,故应区别论之:

1.名称、住所、注册资本的登记具有生效效力,未经登记,对名称、住所和注册资本的变更不发生效力。若公司章程涉及相应内容,修改后的章程亦应于变更登记之时产生效力。

2.对于其他事项,考虑到《公司法》没有对公司章程的变更生效要件进行特殊规定,故变更登记宜理解为对抗要件,但法律规定某些变更事项应经主管机关批准生效的除外。

四、公司章程如何保存

《公司法》第109条规定,股份公司应将公司章程等七种重要文件资料置备于本公司。这是为了满足股东主动知情权,也是公司治理规范的应有之义。

这些资料可能涉及大量的纸质或电子文档,应当有专门的存储和管理系统来确保资料的安全性、完整性和可查询性。同时,伴随着公司的持续运营,此类资料需要得到不断的更新和维护,公司应设置专门的人员和流程予以负责。随着信息技术的发展和应用,公司还可以使用数字化方式保存章程等资料,提高资料的管理效率和查询便利性,但也应当采取相应措施以防范和解决数据安全、隐私保护等方面的问题。

022 如何理解内容合规要求?（一）

一、章程制定、修订表意机制不同的衍生课题

前文指出,有限公司初始章程的制定乃是全体股东的合意,修订则仅需 2/3 以上多数决。那么,多数决可否修订基于全体股东合意的初始章程条款？回答是肯定的。

股份公司初始章程的制定,先是基于全体发起人合意,后经成立大会与会者(发起人＋认股股东)简单多数决通过,修订则需与会股东 2/3 以上多数决通过。那么,多数决可否修订股份公司的初始章程条款？回答也是肯定的。

以上是公司组织法的基本安排,也是公司决议制度的应有之义。但上述程序蕴含一个关键性风险:初始章程有利于少数股东的诸条款,有可能被控股股东通过修订程序删除或者修改,控股股东亦可能通过章程修订直接塞入有利于己的条款。对此,法律如何应对？这就涉及公司章程制定以及修订的股东会(成立大会)决议效力问题,本质是公司章程内容的合规性要求。

二、公司章程修订的一般原则

既然控股股东可能假借修订章程之机,利用表决权优势进行有利于己、损害少数股东的内容修改,法律便必须对公司章程修订的内容有所限制。

1.章程修订不得删除绝对必要记载事项

绝对必要记载事项属于公司法的强制性规定,当然不得删除,否则将导致公司章程不能成立。

2.非经特定股东书面同意,章程修订不得缩减、损害其既有权益

哪怕是控股股东带头为之,亦不可。正所谓"己所不欲,勿施于人"。

例1。某股份公司初始章程载明发起人在优先认购新股、剩余资产分配等方面享有确定的特别利益，则非经发起人签署书面同意书，不得以修改章程方式侵害该权益。对此，各国公司法多有明确规定。

例2。某有限公司初始章程经全体股东一致同意，约定A股东持股20%、享有40%的分红权，作为对A股东的特别激励。后公司经营大好，获利颇丰，在控股股东操纵下通过修订章程的决议，将每个股东的持股权与分红权完全同比化。本例修订章程决议之通过，显然侵害了A股东的既有合法权益。

例3。某有限公司初始章程规定，每个股东的出资期限为公司成立后5年内，后在公司并不缺乏资金的背景下，控股股东操纵通过修订章程的决议，将每个股东的出资期限提前到2年内，或单独将某些股东的出资期限提前到2年内。本例修订章程决议之通过，侵害了股东的出资期限利益。

例4。由上海市虹口区法院审理的"姚某诉鸿大（上海）投资管理有限公司公司决议纠纷案"[《最高人民法院公报》2021年第3期刊载，一审案号：(2019)沪0109民初11538号，二审案号：(2019)沪02民终8024号]。该公报案例确立的裁判要旨为：有限公司章程或股东出资协议确定的公司注册资本出资期限系股东之间达成的合意。除法律规定或存在其他合理性、紧迫性事由需要修改出资期限的情形外，股东会会议作出修改出资期限的决议应经全体股东一致通过。公司股东滥用控股地位，以多数决方式通过修改出资期限决议，损害其他股东期限权益，其他股东请求确认该项决议无效的，人民法院应予支持。

3. 非经特定股东书面同意，章程修订不得为其设定新负担

一些国家、地区的公司法对此有明确规定。没有明确规定的，基于前一规则也可以推导出这一规则。如日本《商法典》第345条第1款规定，在公司发行数种股份的情形下，章程的修改可能对某类股股东造成损害，因而此修改除股东会的决议之外，还需有该种类股的股东会决议方可。这些规定构成了对股东会修改公司章程议决程序的限制。我国《公司法》第146条也作了明确规定与同样解释。

例5。某有限公司初始章程规定，A股东的出资为某实物出资，后由控股股东操纵通过修订章程的决议，将该股东的实物出资改为现金出资。本例修订章程决议之通过为该股东设定了新义务，侵害了其合法权益。

4.非经全体股东一致同意,章程修订不得赋予部分股东新权利或免除其既有负担 换言之,如控股股东想给自己增加新权益,需要得到全体股东同意,而不是依据多数决即可,因为除非股东一致签署书面同意书,不得以修订章程的方式给部分股东设定新权利,乃是公认的规则,如美国《标准商事公司法》第10.04条(a)款对本项及前两项规则均作了明确规定。

例6。某有限公司规定注册资本2亿元,8位股东按不同期限与比例分期出资到位,其中占股70%的大股东在公司成立3年后出资到位。3年届期后,该大股东操纵股东会决议通过章程修订案,将其出资义务再延长2年。这属于大股东滥用股东权利侵害公司、其他股东与债权人权益的决议。

023 如何理解内容合规要求?(二)

(书接上问)

三、公司章程条款的效力边界

(一)一般原理:遵从《民法典》关于民事法律行为效力的一般规定

就公司章程条款的效力判断,此处的"法律、行政法规",主要是指公司法、市场主体登记管理条例等,这主要是组织法规则,所以便涉及不限于《民法典》等大家熟悉的法律领域的专业知识。一方面,《民法典》第143条、第153条等关于民事法律行为效力的规定,也适用于公司章程,同时,还要注意《公司法》的特别规定。比如有读者提问,在公司章程里是否可以规定"公司不得无因解除董事"的内容?对此,《公司法》第71条规定:

股东会可以决议解任董事,决议作出之日解任生效。

无正当理由,在任期届满前解任董事的,该董事可以要求公司予以赔偿。

据此,就需要对第71条所规定董事无因解职制度的规范性质进行分析,如认为其属于效力性强制规定,那么公司章程不宜作相反规定。

(二)需特别注意的效力边界

1.边界之一:不得滥用股东权利

《宪法》第51条规定:"中华人民共和国公民在行使自由和权利的时候,不得损害国家的、社会的、集体的利益和其他公民的合法的自由和权利。"《民法通则》(已失效)第7条也早有规定,"民事活动应当尊重社会公德,不得损害社会公共利益,扰乱社会经济秩序。"《民法典》第132条规定:

民事主体不得滥用民事权利损害国家利益、社会公共利益或者他人合法权益。

《公司法》第21条第1款规定:

公司股东应当遵守法律、行政法规和公司章程,依法行使股东权利,不得滥用股东权利损害公司或者其他股东的利益。

《民法典总则编司法解释》第3条第3款规定:

构成滥用民事权利的,人民法院应当认定该滥用行为不发生相应的法律效力。滥用民事权利造成损害的,依照民法典第七编等有关规定处理。

因而,如修订公司章程的股东会决议因控股股东滥用表决权而通过,则该决议归于无效。

2. 边界之二:不违反组织法基本规则

对于公司章程修订而言,由于要经过股东会决议,所以,如该决议存在效力瑕疵,则股东、董监高等人将提起决议瑕疵之诉,请求法院确认公司决议不成立、无效,或主张撤销等;一旦受到法院支持,则此次公司章程修订的内容自始无效,对应条款自然相应恢复。

相应地,修订章程的股东会决议之效力,自然会牵涉到是否违反公司法规则的判断,如是否满足章程自身规定的全体股东一致同意或其他多数决要求。

3. 边界之三:股东固有权合理限制与实质性剥夺之别

关于公司章程约款的实质内容是否违反法律、行政法规的判断,除上述《民法典》一般规定、权利不得滥用规则之外,公司法还有特殊的组织法规则,比如,对(少数)股东权利进行合理限制性规定与不合理实质剥夺之区分。对于前者,法律可以容忍,承认其效力;后者则超出法律的容忍范围,法院认定其无效。例如,《公司法解释四》第9条规定:

公司章程、股东之间的协议等实质性剥夺股东依据公司法第三十三条、第九十七条规定查阅或者复制公司文件材料的权利,公司以此为由拒绝股东查阅或者复制的,人民法院不予支持。

又如,有限公司或者股份公司都可以设定对某些股权(股份)的转让限制,《公司法》第144条第1款第3项规定,股份公司可以发行"转让须经公司同意等转让受限的股份"。而有限公司章程对全体或者部分股东转让权设置适当限制措施,也是允许的。这些限制措施,包括在一定期间内不得转让,也包括在一定条件下或者一定期间内强制转让,或者限制受让对象等。比如,国企/集体企业改制为公司的,其公司章程可能会规定职工股在主动离职等情形下必须转让给公司、其他股东或者股东会、董事会指定的对象。这些限制性条款的效力一般会得到法院尊重,这方面的典型案例很多。

例7。最高人民法院指导案例96号——宋文军诉西安市大华餐饮有限公司股东资格确认纠纷案(最高人民法院审判委员会讨论通过,2018年6月20日发布)

该案的裁判要点:"国有企业改制为有限责任公司,其初始章程对股权转让进行限制,明确约定公司回购条款,只要不违反公司法等法律强制性规定,可认定为有效。有限责任公司按照初始章程约定,支付合理对价回购股东股权,且通过转让给其他股东等方式进行合理处置的,人民法院应予支持。"

但是,某公司章程规定所有股东的股权任何时候都不得转让、"永世留存",类似这样的规定就是对股东股权转让权的绝对剥夺,应属无效。即便公司章程、全体股东协议基于全体股东一致同意规定了此类条款,法院也会否定其效力。原因在于,股权转让权、知情权等都属于股东自益权、固有权,具有不可剥夺、不可让渡性,不适用民事权利处分的一般规则。《公司法解释四》第9条实际上属于"为避免产生严重的不公平后果或为满足社会要求而对私法自治予以限制的规范"(卡尔·拉伦茨语)。该条是关于股东知情权的保护性规定,规定了公司章程、股东间协议限制股东知情权的法律边界,其可以扩展到其他股东权利,作为一般性规则,由此便确立了所有关于公司章程、股东间协议条款的效力审查规则——实质性剥夺无效规则。当然,"实质性剥夺"这一表述本身,仍然属于留白的抽象性规定,给法官、律师留有一定的解释空间。

024　如何理解内容合规要求?(三)

(书接上问)

4.边界之四:区分少数股东权、单独股东权,不得变相剥夺少数股东权

一般而言,《公司法》关于股东行权持股比例、持股期间的要求,属于上限式要

求,公司章程可以缩减相应比例、期间,但不得增加,也不得额外添加其他行权条件,否则,即涉嫌变相剥夺部分股东权利。比如,针对股份公司,《公司法》第115条第2款规定:

单独或者合计持有公司百分之一以上股份的股东,可以在股东会会议召开十日前提出临时提案并书面提交董事会。……公司不得提高提出临时提案股东的持股比例。

第110条第2款规定:

连续一百八十日以上单独或者合计持有公司百分之三以上股份的股东要求查阅公司的会计账簿、会计凭证的,适用本法第五十七条第二款、第三款、第四款的规定。公司章程对持股比例有较低规定的,从其规定。

以上两条文的贡献在于明确了股份公司股东临时提案权、查阅权的行权比例不得被公司章程提高,但这些规定所确立的规则应该被一般化为股东权利保护与公司章程效力边界的一般性规则,如此才具有更大的价值。《公司法》第189条第1款规定:

董事、高级管理人员有前条规定的情形的,有限责任公司的股东、股份有限公司连续一百八十日以上单独或者合计持有公司百分之一以上股份的股东,可以书面请求监事会向人民法院提起诉讼;监事有前条规定的情形的,前述股东可以书面请求董事会向人民法院提起诉讼。

对于本条规定的股东代表诉讼适格股东持股比例、持股期间的要求,也同样不得被公司章程增加。

例8。袁隆平农业高科技股份有限公司(以下简称隆平高科公司)章程中的反收购条款。在2016年万科被门口野蛮人举牌后,隆平高科公司积极应对,希望通过在章程增加反收购条款来阻挡门口的野蛮人,并由董事会通过了章程修正案,其中包含多个反收购条款。2016年1月13日,深交所公司管理部就隆平高科公司章程修正案中的反收购条款等问题,向隆平高科公司发出《关于对袁隆平农业高科技股份有限公司的关注函》(公司部关注函〔2016〕第8号)。随后,1月15日,隆平高科第六届董事会召开临时会议,决定取消将修订章程的议案提交股东大会审议。

例9。海利生物公司章程无效案〔(2017)沪0120民初13112号〕。2018年5月10日,上海市奉贤区人民法院一审判决支持证监会投服中心诉请,认定海利生物公司章程关于限制股东权利的反收购条款(增加了连续90天持股的要求)无效。这一案件是投服中心在持股行权过程中,对海利生物公司章程条款自治侵权行为提出质询并要求其更改遭拒后以股东身份提起的诉讼,裁决书认定:根据当时《公司法》第102条第2款规定,只要具有股东身份,就有选择包括非独立董事候选人在内的管理者的权利,在权利的行使上并未附加任何限制条件,被告海利生物公司在公司章程中设定"连续90天以上"的条件,违反了《公司法》的规定,限制了部分股东就非独立董事候选人提出临时提案的权利,相关条款内容应认定为无效。

(三)一个重要启示

假设在发起人关系处于"蜜月期"之际,初始章程侥幸规定了一些有利于少数股东权益保护与救济、限制控股股东滥用权利的条款,随着时间推移、公司发展壮大、股东关系时过境迁,面对虎视眈眈的控股股东,少数股东如何守住这些来之不易的宝贵章程条款呢?除了明确上述规则,以及要求少数股东有为权利而斗争的勇气外,还有一个成本较低的维权之路——公司章程可以规定某些条款不得修订,或者需要经过全体股东一致同意方可修订。如此,方得守住初心。

四、公司章程条款违法的救济路径

公司章程条款如违反法律、行政法规的强制性规定,或已造成有关当事人利益受损,受害人可依法寻求救济。实务中,公司章程内容违法的情况并不鲜见,尤其是多数股东通过章程引入损害少数股东利益的条款。

1. 提案要求修改章程。在有限公司,根据《公司法》第66条第3款,如股东提出的修改章程提案获得股东会通过,章程的违法状况即得到纠正。在股份公司,根据《公司法》第115条第2款,单独或者合计持有1%以上股份的股东可以提出修改章程的临时提案;如提案依法获得股东会的通过,章程的违法状况也将得到纠正。

2. 提起确认修订章程的股东会决议无效之诉。依《公司法》第25条,股东会决议内容违反法律、行政法规的无效。由于公司章程必须以股东会决议的方式获得通过或修改,如存在内容违法,任何利害关系人都可以股东会决议违法为由,向法院提起诉讼,要求确认章程相应部分无效。

3. 提请登记机关确认章程违法并责令纠正。公司登记机关负有对公司登记事项进行监督、管理的职责,其中包括对公司章程是否违法进行监督。有关当事人可以提请公司登记机关确认公司章程违法,并责令公司纠正。

4.提请证券监督管理机构确认公司章程违法并责令纠正。根据有关规定,如果上市公司章程违法,有关当事人可以向证券监督管理机构提出确认违法并纠正的请求,证券监督管理机构可以发文要求上市公司修改章程。

分篇三

公司组织变更

公司组织变更,包括公司合并、公司分立以及其他并购,也包括公司组织形式变更,以及公司其他组织要素,如公司名称、住所、经营范围、注册资本、法定代表人、发起人股东等发生变化。其中,最重要的是公司合并、公司分立。

公司组织变更是市场经济竞争的必然结果,会给公司债权人、少数股东带来或好或差的市场信息,对其权益影响巨大,所以公司法的规制重心就在于保护利益相关者。

本分篇共设6问。

025 超越法律想象的商业现实:公司合并的方式有哪些?

公司合并、分立,属于公司存续期间可能发生的结构性组织变更事项。这些变更背后包含着并购、重组等重大交易行为。

其中,公司合并,是指两个以上的公司订立合并契约,依照法定程序归并为一个公司的法律行为。其中,合并协议属于合同行为,交易当事人是两个以上的公司,交易后果是两个以上的公司归并为一个公司,会引发至少一个公司组织体的解散,故而属于公司组织的变更行为。

一、法定分类之一:吸收合并与新设合并

《公司法》第218条规定:

公司合并可以采取吸收合并或者新设合并。

一个公司吸收其他公司为吸收合并,被吸收的公司解散。两个以上公司合并设

立一个新的公司为新设合并,合并各方解散。

(一)吸收合并

吸收合并又称兼并,是指一个公司吸收其他公司,被吸收公司(被兼并方)解散,吸收公司存续。可见,吸收合并的,并不导致各方解散,有公司解散,也有公司存续,兼并方获得被兼并方全部财产并承担其全部债务。

(二)新设合并

新设合并是指两个以上公司合并为一个新公司,合并各方全部解散,在法律性质上属于一种特殊的公司设立。新设公司获得两个以上消亡公司的全部财产并承担全部债务。

从实务上看,公司大多会采取吸收合并而非新设合并的方式,以维持合并前公司所积累的市场声誉。

二、法定分类之二:简易合并与小额合并

《公司法》第219条新增了两类合并:

公司与其持股百分之九十以上的公司合并,被合并的公司不需经股东会决议,但应当通知其他股东,其他股东有权请求公司按照合理的价格收购其股权或者股份。

公司合并支付的价款不超过本公司净资产百分之十的,可以不经股东会决议;但是,公司章程另有规定的除外。

公司依照前两款规定合并不经股东会决议的,应当经董事会决议。

(一)简易合并

1. 定义

简易合并是指母公司吸收合并其持股90%以上的子公司,也即母公司兼并特定的绝对控股子公司。从《公司法》第219条第1款应当通知"其他股东"的规定来看,母子公司间的简易合并显然是指母公司对子公司的吸收合并,既不包括子公司对母公司的吸收合并,也不包括母子公司之间的新设合并,所以也可称之为简易兼并。

2. 特殊的决议程序

依照《公司法》规定,合并各方都需要经过各自股东会的绝对多数决,如此才能各自通过合并决议,但对于母公司兼并其持股90%以上控股子公司的情形而言,子公司股东会通过该决议仅具有形式意义,所以《公司法》第219条规定后者豁免股东

会决议——豁免决议程序,意在强调效率,因为母公司控制着子公司90%以上的表决权,即便交付子公司股东会决议,该决议也必然获得通过。

但为保护少数股东权益,仍需要董事会通过决议。至于董事会是以绝对多数决还是简单多数决通过相应的决议,则取决于公司章程的规定;如公司章程没有特别规定,则推定为简单多数决。

还需指出,对母子公司的简易合并,《公司法》仅规定子公司豁免股东会决议,并未规定母公司豁免股东会决议;对于母公司而言,还需要交付股东会作出绝对多数决。

3.董事的信义义务

子公司董事会进行决议时,董事会成员负有特殊的信义义务,如其违反信义义务作出错误决定,导致子公司利益受损,进而侵害少数股东、公司债权人利益,需承担相应法律责任。比如,如有董事存在关联关系,若为上市公司,必须披露信息与回避(《公司法》第139条);若为非上市公司,依据公司章程办理,否则,涉嫌违反忠实义务(《公司法》第180条);如构成关联交易,董事也需回避表决(《公司法》第182条、第185条)。

4.子公司少数股东的回购请求权

适用简易合并的,子公司的少数股东应被通知,其有权请求公司按照合理的价格收购其股权或者股份,也即引发少数股东的回购请求权。

因简易合并程序中,子公司股东未进行股东会议决,自然也就不可能对合并事项决议投反对票,难以适用《公司法》第89条、第161条的异议股东回购请求权条款。但子公司少数股东的境遇与普通合并时并无二致,被兼并的子公司应通知其少数股东,接到通知后少数股东有权请求公司回购自身股权或股份,以赶在简易合并之前顺利退出公司。

(二)小额合并

1.定义

小额合并是指公司为合并而支付的价款不超过本公司净资产10%的情形;据此定义,应该是指某公司吸收合并(兼并)另一家公司,就双方的资产体量而言,兼并者所支付的价款占其净资产的分量较小,故称之为小额合并,其实是小额兼并。

2.特殊的决议程序

与简易兼并一样,小额兼并也需要突出效率,具体体现为兼并方无须经股东会决议,由董事会决议即可;但与简易兼并不同的是,其股东会决议程序之豁免并不绝对,如公司章程另有规定,则适用之。

小额兼并的出发点是此类合并对收购方公司的股东不会产生重大影响,在效果上与公司正常经营活动过程中的资产收购实质相似。尽管如此,出于股东利益保护的需求,《公司法》第 219 条仍然设置了公司章程另有规定的除外条款,以示慎重。

还要重点指出的是,《公司法》仅规定了小额兼并的兼并方公司可以豁免股东会决议程序,并未豁免被兼并方公司的股东会决议程序,被兼并方仍然需要股东会会议以绝对多数决通过决议。

3. 董事的信义义务

小额兼并中,兼并方公司董事会在进行决议时,董事会成员负有特殊信义义务,如其违反信义义务作出错误决定导致公司利益受损,进而侵害少数股东、公司债权人利益,需承担相应法律责任。所以,与上文所述类似,如有董事存在关联关系,若为上市公司,必须披露信息与回避(《公司法》第 139 条);若为非上市公司,依据公司章程办理,否则,面临违反忠实义务的检视(《公司法》第 180 条);如构成关联交易,董事也需回避表决(《公司法》第 182、185 条)。

三、其他实质合并方式

除了上述法定的合并类型外,鉴于合并在效果上与收购或资产买卖实质相似,现实中出现了更复杂的"实质合并",如股份置换、股份换资产三角合并等。

1. 股份置换

该方式通过股份交换来达到兼并的目的。如收购人甲公司发行新股给目标乙公司的股东,换取他们手里的乙公司股份,最终使乙公司变成收购人甲公司的子公司。具体操作:(1)将乙公司解散,由甲公司接管其全部资产和负债;或者(2)通过吸收合并的方式将乙公司并入甲公司。

2. 股份换资产

该方式通过股份和资产的交换来达到兼并的目的。从法律上看,其实质是用股份买资产,只是股份在其中代替了现金。例如,收购人甲公司发行新股(也可以附加现金和其他证券)给目标乙公司,换取乙的全部资产,此时兼并的根本目的即为获得乙公司的资产。

3. 三角兼并

不同于以上两种方式,三角兼并需要三个公司参与。其模型如下:首先,收购人甲公司设立一个全资子公司,并将足量的自身股份交给子公司以换取其全部股份,而后再由子公司去兼并目标乙公司。在此过程中,子公司仅为收购工具,其本身是个空壳;子公司在用自己的全部股份换得了足量母公司股份后,它的全部资产变为母公司的对应股份。之后,子公司再用这些母公司股份向乙公司股东换来全部公司的目标股份,成为乙公司的母公司。在普通兼并中,乙公司会得到子公司自身的股份;但在三角兼并中,它们实质得到的是母公司甲也即收购人的股份,最终成为收购人的股东。最后,子公司通过吸收合并将乙公司并入自身并接管其全部资产和负债。通过上述系列操作,收购人甲公司自己的资产可以免受目标公司乙潜在债务的牵连,并保留子公司的独立人格,使子公司承担风险。

026　大鱼如何吃掉小鱼:公司合并程序如何展开?

一、法定的合并程序

(一)一般程序

《公司法》第 220 条规定:

公司合并,应当由合并各方签订合并协议,并编制资产负债表及财产清单。公司应当自作出合并决议之日起十日内通知债权人,并于三十日内在报纸上或者国家企业信用信息公示系统公告。债权人自接到通知之日起三十日内,未接到通知的自公告之日起四十五日内,可以要求公司清偿债务或者提供相应的担保。

公司合并的程序,包括:

——各方签署合并协议;

——各自编制资产负债表、财产清单;

——各自的股东会作出合并决议;

——通知、公告债权人,债权人可以要求清偿债务或为其提供担保;

——进行资本合并和财产移转;

——注销登记、新设登记或变更登记,合并完成。

展开而论：

1. 订立合并协议。"公司合并，应当由合并各方签订合并协议"，此处的"合并各方"是指合并公司而非合并公司的股东。因此，无论采哪种合并方式，都由合并的公司而非其股东签订合并协议。但《公司法》第220条未规定合并协议的内容，参照《外商投资企业合并与分立规定》第20条，合并协议的条款主要包括：合并协议各方的名称、住所、法定代表人；合并后公司的名称、住所、法定代表人；合并后公司的投资总额和注册资本；合并形式；各方债权、债务的承继方案；职工安置办法；违约责任；解决争议的方式等。需指出，合并协议经各方签订后即成立，但不立即生效。

2. 编制资产负债表和财产清单。编制资产负债表与财产清单的目的之一是供债权人查询。资产负债表是公司合并中必须编制的报表，合并各方应全面、真实地编制。公司还应当编制财产清单，将公司所有的动产、不动产、债权等资产分别注明。

3. 通过合并决议。除非法律另有规定，合并各方都应经各自的股东会绝对多数批准。按照《公司法》第146条的规定，如股份公司发行了类别股，则合并还需类别股股东会审批，应经出席类别股股东会股东所持表决权2/3以上通过。

4. 通知、公告债权人与债权人同意。公司合并将影响债权人利益，因此公司负有通知义务。通知、公告债权人的期限为合并决议作出之日起10日内，对于已知的债权人必须采通知方式进行，以充分保证债权人异议权的行使。另外，公司还应于30日内在报纸上或者国家企业信用信息公示系统公告，以确保公司未知的债权人也能获悉合并事实。两种公告方式中，综合比较，通过公示系统公告的成本更低。债权人自接到通知之日起30日内、未接到通知的自公告之日起45日内可要求公司清偿债务或者提供相应的担保。违反这一程序的，将构成违法合并。

5. 进行资本合并和财产移转。债权人未提出异议或者债权人的上述要求得到满足后，合并各方即可进行资本合并及财产移转。

6. 登记。因合并而新设的公司应办理设立登记，因合并而消灭的公司应办理注销登记，吸收合并中的存续公司应办理变更登记；以上登记完成后，合并程序即告完成。

(二) 简易合并、小额合并的特殊程序

如前所述，简易合并、小额合并程序上的特殊性均体现在公司合并的决议权上。简易合并的，绝对豁免被兼并公司的股东会决议，但要交付董事会决议；小额合并的,除章程另有规定,无须交付兼并方公司股东会决议,但要交付董事会决议。

二、债权人同意规则

在合并程序的各环节中,最重要的是通知、公告债权人。由于合并的法律效果是"合并各方的债权、债务,由合并后存续的公司或新设的公司承继",合并可能对合并前公司债权人的利益造成不当影响。例如,兼并公司资产充足,但被兼并公司陷入负债,此时被兼并公司的债权人因有权追索合并公司资产而客观上受益,但兼并公司的债权人则因被合并公司债权人与其平等受偿而受到不利益。因此,为特别保护公司债权人利益,在合并过程中,合并各方应严格遵守债权人同意规则。

1. 公司应当通知和公告债权人。第一,通知债权人,此处债权人为已知或应知债权人,不得直接以公告代替通知。第二,公告债权人,允许公司选择报纸公告或通过国家企业信用信息公示系统公告,任选其一。

2. 债权人享有清偿请求权与担保请求权,学理上称之为"债权人异议权"。细节是:第一,"债权人"包括已到期债权人和未到期债权人;第二,债权人有权在提前清偿债务与提供担保之间进行选择,但为平衡公司利益、防止债权人被过度优待,针对未到期债权人,如公司有能力且同意提供足额担保,此时应在解释论上限制债权人的选择权;第三,如公司不能满足上述债权人的保护程序,合并不得继续进行。由此可见,在先的合并协议应是附生效条件的协议,一则这个协议的生效需要交付合并各方公司股东会决议通过,二则需要满足公司债权人的同意规则。

三、公司合并对债权债务的影响

《公司法》第221条规定:

公司合并时,合并各方的债权、债务,应当由合并后存续的公司或者新设的公司承继。

也即,无论新设合并还是兼并,合并前各公司的债权债务都发生法定概括移转,并不需要各自债权人、债务人同意。正因如此,对于强强联合式的公司合并,各方债权人都会同意并欣然接受债务移转,但对于强弱联合式、弱弱联合式的公司合并,各方债权人一般反应各异,有喜有忧,或忧喜参半。到此,也就不难理解为何债权人对公司合并享有异议权。

027　看得见的手：公司合并中有哪些政府干预？

一方面，在自由竞争、优胜劣汰的市场中，公司合并属于自然现象，应由公司自治决定，政府原则上不应干预。另一方面，特定公司间的合并有可能构成垄断行为，若政府不加干涉，将损害市场秩序。此外，外商在我国境内并购中国企业时，还涉及国家经济安全、产业布局等一系列复杂的政治、经济、社会问题。因此，涉及以上特定情形时，政府会适当地干预公司合并行为。

国有公司影响着国家的经济命脉，其合并、分立行为也受到履行出资人职责机构及其所属同级政府的严格监管。

一、经营者集中审查

公司合并可能构成《反垄断法》第25条第1项规定的经营者集中，若经营者的营业额达到国务院规定的申报标准，应事先向国务院反垄断执法机构申报。

1.集中情形。根据《国家市场监督管理总局反垄断局关于经营者集中申报的指导意见》第4条，对于新设合营企业，如果至少有两个经营者共同控制该合营企业，则构成经营者集中；如果仅有一个经营者单独控制该合营企业，其他经营者没有控制权，则不构成经营者集中。

2.申报标准。若构成经营者集中，应进一步判断经营者的营业额是否达到国务院规定的申报标准。根据《国务院关于经营者集中申报标准的规定（2024年修订）》第3条，经营者集中达到下列标准，应当提交申报，未申报的不得实施集中：参与集中的所有经营者上一会计年度在全球范围内的营业额合计超过120亿元人民币或在中国境内的营业额合计超过40亿元人民币，并且其中至少两个经营者上一会计年度在中国境内的营业额均超过8亿元人民币。

3.违法集中后果。若公司合并符合上述标准，而相关主体未进行申报，将会被国务院反垄断执法机构责令停止实施集中、限期处分股份或者资产、限期转让营业以及采取其他必要措施恢复到集中前的状态，同时会被处以相应的罚款以及特别严重情况下的惩罚性罚款。

二、外商投资安全审查

2019年颁布的《外商投资法》第35条建立了外商投资安全审查机制。

国家发展改革委、商务部2020年颁布的《外商投资安全审查办法》第2条规定，外国投资者单独或者与其他投资者共同在境内投资新建项目或者设立企业、通过并购方式取得境内企业的股权或者资产或通过其他方式在境内投资，影响或可能影响国家安全的，应当进行国家安全审查。

纳入外商投资安全审查范围的行业分为两类：一是关系国防安全的投资，对于该领域的投资，无论外国投资者是否取得目标公司的实际控制权，均须在实施投资前进行申报；二是并不涉及国防安全，但属于关系国家安全的重要领域，对于该相关领域，外国投资者在取得目标公司实际控制权的情况下，才会触发申报义务。实践中，《外商投资安全审查办法》第5条还确立了事前咨询程序，外国投资者在投资前，可以向设在国家发展改革委的外商投资安全审查工作机制办公室就相关事项进行咨询。

三、国家出资公司的合并

对于国家出资公司的合并，其决策及职工民主参与都有特别规定，主要规则抄录如下：

《企业国有资产法》第31条规定：

国有独资企业、国有独资公司合并、分立，增加或者减少注册资本，发行债券，分配利润，以及解散、申请破产，由履行出资人职责的机构决定。

《企业国有资产法》第34条规定：

重要的国有独资企业、国有独资公司、国有资本控股公司的合并、分立、解散、申请破产以及法律、行政法规和本级人民政府规定应当由履行出资人职责的机构报经本级人民政府批准的重大事项，履行出资人职责的机构在作出决定或者向其委派参加国有资本控股公司股东会会议、股东大会会议的股东代表作出指示前，应当报请本级人民政府批准。

本法所称的重要的国有独资企业、国有独资公司和国有资本控股公司，按照国务院的规定确定。

《企业国有资产法》第37条规定：

国家出资企业的合并、分立、改制、解散、申请破产等重大事项,应当听取企业工会的意见,并通过职工代表大会或者其他形式听取职工的意见和建议。

028　公司合并无效之诉?

一、什么是合并无效

所谓合并无效,是指在合并交易中存在合并瑕疵,从而导致合并不发生法律效力的情形。公司合并是法律行为,凡法律行为都会有成立与否、生效与否的问题。具体到合并行为,其应依照法律规定的条件、程序进行,如违反这些条件、程序,可能导致合并无效。例如,公司没有编制资产负债表及财产清单,或者合并协议没有得到主管机关的批准等。各国公司法规定的公司合并无效常见原因如下:

1. 合并协议无效。如合并协议的订立存在欺诈等情形,该协议可能无效或者可撤销。一旦合并协议被认定无效或者被撤销,合并的基础动摇,合并本身也可能因此无效。

2. 除法律另有规定外,合并各方股东会或者董事会都要作出决议。各方或者某方合并决议有瑕疵,如合并决议违反法律、行政法规、公司章程规定的,属于有瑕疵的公司决议,适用公司决议无效、可撤销制度。合并某一方的合并决议效力一旦被否定,也将使合并行为无效。

3. 违反债权人保护程序。如未满足债权人同意权,债权人可以主张合并行为无效。

二、什么是合并无效之诉

公司合并无效之诉,是指合并各方公司的利害关系人,如股东、清算人、破产管理人、债权人等认为其合法权益受到损害的,可以向法院提起诉讼,要求法院宣告该合并行为无效。许多国家公司法都规定了公司合并无效之诉,如韩国《商法》第529条规定:

合并无效之诉,由合并公司的股东、董事、监事、清算人、破产管理人或者未作出合并认可的债权人提起。

第一款之诉,应当自第五百二十八条规定的登记之日起六个月内提起。

日本《公司法典》第828条规定:

以下各项所列行为的无效,在该各项规定的期间内,只能以诉讼方式进行主张:

……

(七)公司吸收合并,自公司吸收合并生效之日起的6个月内;

(八)公司新设合并,自公司新设合并生效之日起的6个月内;

……

对以下各项所列行为的无效之诉,限于该各项所规定者,方能提起:

(一)前款第1项所列行为,指设立的股份公司的股东等(指股东、董事或者清算人〈监事设置公司时,指股东、董事、监事或者清算人,提名委员会等设置公司时,指股东、董事、执行官或者清算人〉,以下在本节中相同)或者设立的份额公司的股东等(指股东或者清算人,以下在本款中相同);

……

(七)前款第七项所列行为,指在该行为生效日曾是进行吸收合并的公司的股东或出资人等,或者指吸收合并后的存续公司的股东、出资人、破产管理人或不同意吸收合并的债权人;

(八)前款第8项所列行为,指在该行为生效日曾是进行新设合并的公司的股东等或出资人等,或者指因新设合并所设立的公司的股东、出资人、破产管理人或不同意新设合并的债权人;

……

原日本《商法典》第415条曾规定:

(一)公司合并无效,只能以诉讼主张之。

(二)前款之诉,以股东、董事、监察人、清算人、破产管理人或不承认合并的债权人为限,可以提起之。

(三)第八十八条、第一百零五条……的规定,准用于第一款的诉讼。

但是,公司合并属于组织法上的法律行为,并产生组织法效果,如动辄使合并无效,必将影响众多利害关系人的利益。为保护交易安全、稳定社会关系,在法院判决合并无效前,应给予当事人补正机会。所以,国外公司法大都规定,如合并无效的瑕疵可以获得纠正,有管辖权的法院应当责令公司在一定期限内予以纠正。可见,公司法上合并诉讼制度的目的一方面在于承认这种诉讼,另一方面也在于限制这种诉

讼。例如,合并无效的主张只能以诉讼方式为之、应在法律规定的时间内提起诉讼等。具体而言:

1. 合并无效之诉的性质。合并无效之诉只能以诉讼方式主张,属于形成之诉。合并出现无效原因时,利害关系人可以在一定期限内以诉讼方式主张合并无效。

2. 无效之诉的当事人。在合并无效之诉中,原告可以是某一方公司的股东、债权人,有些公司法还规定包括董事、监事、清算人。被告则是合并后存续或者新设的公司。

3. 无效之诉的除斥期间。合并无效之诉应当在合并生效后的一定期限内提出(如6个月),此期间为除斥期间,不发生中止、中断或者延长。

4. 无效判决的对世效力。合并无效判决作出后,合并无效具有对世效力,即一旦法院判决合并无效,判决对原告、被告、第三人均产生效力,任何人均须遵守该判决,不可以再提起合并无效之诉,这是无效判决对世效力的体现。

5. 无效判决的溯及力。合并无效判决不具有溯及力,即对合并无效判决作出前的存续公司或新设公司视为事实公司,其相关内外法律行为均有效。如合并无效判决具有溯及效力,将使合并交易从一开始就无效,这会对合并后已经发生的交易产生不利影响,从而影响到交易安全。因此,合并无效判决只对将来发生效力,不影响过去已经发生的交易。也就是说,合并后由存续公司或新设公司所实施的内部行为(如股东会决议、董事会决议等)与外部交易(如购买设备、新股发行等)均有效,合并后至无效判决生效时的存续公司或者新设公司为"事实公司"。

6. 无效判决对公司的效果。其一,恢复原状。公司还原到合并前的状态。具体而言,吸收合并的,被消灭的公司"复活",并从存续公司中分立;新设合并的,被消灭的当事公司均"复活",并从新设公司中分立。其二,因合并而继受的权利、义务原则上复归于"复活"的消灭公司,但没有溯及力。合并后的存续公司或者新设公司已经处分的权利或已经履行的义务,应将其价额折算为现存价值进行清算。其三,因合并而取得的财产或承担的债务由"复活"后的消灭公司共有或者分担,有协议的从协议,无协议的根据公平原则分割财产或者承担连带责任。其四,回复登记。无效判决确定后应办理恢复登记,即存续公司办理变更登记,新设公司办理注销登记,消灭公司应恢复登记。

三、我国存在公司合并无效之诉吗

我国现行公司法及司法解释并没有直接规定公司合并无效之诉。那么,我国存在公司合并无效之诉吗？对此，无论是在理论上还是在司法实务中都有争议。多数说认为，在解释上可以成立公司合并无效之诉，司法实务中也有此类裁决。

029　细胞分裂：如何进行公司分立？

一、公司分立的定义及类型

公司分立，是指一个公司分成两个及以上的公司，或公司因分立而与一个及以上的现存公司进行合并的法律行为。相较于公司合并存在明确规定的不同类型，公司法没有规定法定的分立方式。实践中，分立包括单纯分立与分立合并。

（一）单纯分立

单纯分立是指一个公司分成两个及以上的公司，依据原公司（即分立公司）是否存续又可以进一步划分为派生分立与新设分立。

1. 派生分立，也称存续分立，指原公司继续存在，并分立出一个以上的新公司。派生分立的实质，是公司分离出部分营业，成立一个以上的新公司，而原公司以剩余营业存续。如 A 公司分立为新的 A 公司、B 公司，自身仍存续。

2. 新设分立，也称解散分立，指公司解散，同时分立为两个以上新公司。新设分立的实质，是公司将其全部营业分割为两个以上的部分，分别成立两个以上的新公司。如 A 公司分立为 B、C 公司，自身解散。

（二）分立合并

分立合并是指一个公司以其资产的一部分或分成若干份的全部资产，同另一个或几个公司的部分资产共同成立一个或几个公司。这是一种较复杂的分立方式，公司法未予规定。

二、公司为什么要分立

基于企业现实经营需要，公司可能需要通过分立来提升运营效率。

1. 实施管理激励。公司过大时，其内部管理机构的膨胀，以及不反映子公司各自业绩状况的合并财务报告，都有可能使不同业绩的子公司得不到相应的奖惩与激励。公司分立可使被分离出去的子公司在上市后有独立的股票价格，从而通过价格直接反映出市场对管理层经营的评价,以产生良好的激励效果。

2.提高管理效率。即使是最优秀的管理队伍,随着其所控制资产的规模和范围增大,也会达到收益随之递减的临界点。一个公司拆分为一个或多个公司,责任分化,有利于管理行为简单化、公司机构精简化,从而提高经营管理效率。

3.解决内部纠纷。经营过程中,股东间可能会产生分歧,需要分道扬镳、另立门户,此时可以通过公司分立而由不同股东各自持股分立后的数个公司。

4.反击敌意收购。实施多元化经营战略的上市公司进行反收购防御时,可以采取公司分立手段,在收购方采取行动前把力量回缩到主业,从而提高自身价值。

5.获得税收优势。公司分立是重要的资产剥离方式,其优势在于税收优惠。满足特定条件时,分立后的公司可以享受增值税、契税、企业所得税等各税种的优惠。以所得税为例,《财政部、国家税务总局关于企业重组业务企业所得税处理若干问题的通知》(财税〔2009〕59号,已被修改)第9条第2款规定:

在企业存续分立中,分立后的存续企业性质及适用税收优惠的条件未发生改变的,可以继续享受分立前该企业剩余期限的税收优惠,其优惠金额按该企业分立前一年的应纳税所得额(亏损计为零)乘以分立后存续企业资产占分立前该企业全部资产的比例计算。

三、公司分立的法律后果

1.公司主体的变更。公司分立涉及公司的解散、变更与新设,在派生分立中,原公司发生变更(股东、注册资本等),新的公司设立;在新设分立中,原公司解散,新公司设立。

2.股东和股权的变更。原公司一分为多,原公司股东变成了新公司股东。留在原公司的股东虽然身份没有变化,但持股额会发生变化。假定一个注册资本为1000万元的股份公司中,10个股东均额持股。如该公司分立为两个注册资本各500万元的股份公司,10个股东5人一组"分家",则每个股东对新设公司的持股额将达到20%。

3.债权、债务的承受。这是公司分立后的行为法上效果。《公司法》第223条规定:

公司分立前的债务由分立后的公司承担连带责任。但是,公司在分立前与债权人就债务清偿达成的书面协议另有约定的除外。

据此,具体结果有二:

(1)原则上,公司分立前的债务,由分立后的公司承担连带责任。

(2)优先适用的"特则":公司分立前与债权人达成的书面清偿协议另有约定的,从之。须注意,若仅分立前公司的股东就债务清偿达成协议,依据合同相对性原则,该协议无法约束外部债权人。

四、如何进行公司分立

《公司法》第222条规定:

公司分立,其财产作相应的分割。

公司分立,应当编制资产负债表及财产清单。公司应当自作出分立决议之日起十日内通知债权人,并于三十日内在报纸上或者国家企业信用信息公示系统公告。

本条仅相对简略地规定了分立的程序。从实操来看,分立程序与合并程序基本相同,大致包含作出分立决议、订立分立协议、编制资产负债表与财产清单、通知公告债权人和办理登记手续几个步骤,稍作展开:

1. 财产分割同样属于公司分立程序的一环,编制资产负债表、财产清单与财产分割密切相关。

2. 分立须由股东会以特别决议通过,且《公司法》并未设置类似简易合并、小额合并的豁免情形。

3. 公司仍应通知债权人,但《公司法》没有赋予债权人异议权。此为分立与合并的重大区别。理由在于,《公司法》第223条规定分立前的债务由分立后的公司承担连带责任,因此分立前的债权人赖以受偿的责任财产在总量上恒定,债权人利益未受影响。但在公司合并中,即使有债务概括继受规则,合并前特定公司的债权人赖以受偿的责任财产也可能在合并后被稀释,因此合并时应给予债权人特别保护。不过,为保护债权人的知情权,《公司法》仍然规定应当通知和公告债权人。在公告方式上,与公司合并是一致的,允许公司在报纸公告与公示系统公告之间任选其一。

尽管《公司法》不设签订分立协议的要求,但仍建议公司签订分立协议,以避免争议。在操作层面须注意:(1)分立协议的主体与合并协议有所不同,分立协议的当事人通常包括原公司的股东;(2)就分立协议的内容,协议各方可视情况对资产分割、人员安置、债权债务的划分、过渡期、不竞争条款等进行约定。

030　如何理解公司其他组织要素的变更？

一、公司组织形式的变更

（一）基本规定

《公司法》仅提供了有限公司、股份公司两类公司组织形式，二者之间可以相互变更。对此，第12条规定：

有限责任公司变更为股份有限公司，应当符合本法规定的股份有限公司的条件。股份有限公司变更为有限责任公司，应当符合本法规定的有限责任公司的条件。

有限责任公司变更为股份有限公司的，或者股份有限公司变更为有限责任公司的，公司变更前的债权、债务由变更后的公司承继。

这一规定的含义有三：

1. 有限公司可以变更为股份公司，反之亦然。

2. 由于《公司法》关于两类公司设立条件的规定并不一致，因而公司组织形式变更时，要符合变更后的公司设立条件。比如，由于有限公司的股东人数不得超过50人，但股份公司并无该限制，所以股东人数超过50人的股份公司若变更为有限公司，需要在股东人数上做减法，最后不得超过50人。又如，股份公司实行实缴制，有限公司采限期认缴制，所以有限公司变更为股份公司的，股东们需要完成实缴。

3. 公司组织形式变更前后乃同一个民事主体，所以公司变更前的债权、债务由变更后的公司承继。这就意味着，公司组织形式的变更无须经过公司的债权人同意（同公司分立部分所述原理）。

另外，依据《公司法》第59条，公司组织形式变更，乃是公司经营决策上的重要事项，如同公司分立、合并一般，需经股东会会议绝对多数决通过。

（二）实践经验

一家公司的正常成长轨迹如下：

一人公司（私人公司）→两个及以上股东的普通有限公司→非上市股份公司→上市公司（公众企业）

这是一家企业由小到大、由私人公司到公众公司的蜕变之路。但是,实务中也有逆生长的商业之路,如下所示:

上市公司(公众企业)→非上市股份公司→两个及以上股东的普通有限公司→一人公司(私人公司)

这是一家公众公司的"私有化"进程,也即从退市,到最后成为一家私人公司的过程。这并不常见,但在资本市场上偶有发生。

上述两个轨迹可以合并如下:

一人公司(私人公司)↔两个及以上股东的普通有限公司↔非上市股份公司↔上市公司(公众企业)

这便是公司组织形式互换的意思。

二、其他公司组织要素的变更

所谓公司组织要素,就是公司这一企业法人独立人格的主要构成要素,包括名称、住所、注册资本、经营范围、法定代表人以及有限公司股东、股份公司发起人等。也即《公司法》第32条第1款规定的:

公司登记事项包括:

(一)名称;

(二)住所;

(三)注册资本;

(四)经营范围;

(五)法定代表人的姓名;

(六)有限责任公司股东、股份有限公司发起人的姓名或者名称。

以上公司登记六事项的变更,就是公司组织要素的变更。这些要素变更,对于公司而言属于重要事项的变更,对公司独立人格会产生重大影响。比如,注册资本的变更,无论是变大(增资)还是变小(减资),都是影响股东间权利义务、公司债权人利益的重大事项,所以《公司法》第32条第2款规定:

公司登记机关应当将前款规定的公司登记事项通过国家企业信用信息公示系统向社会公示。

以上六事项,基于法定代表人在我国法上的特殊地位及其专享的法定代表权之考虑,其姓名变更对于交易安全影响甚大,实务中亦更为关注。鉴于本书已经安排

了足够篇幅反复研究之,此处不再展开,但还是再次强调:

一家公司的法定代表人姓名需要商事登记,但公司章程无须记载之,公司章程记载的是"法定代表人的产生、变更办法"。另外,法定代表人是由公司某个执行董事、总经理担任的,如有担当人变更,仅需进行商事登记变更即可,而无须股东会会议以绝对多数决来修订公司章程。

分篇四

公司解散、清算与终止

宛如自然人终有一死是自然规律，公司法人走向消灭也是商业规律，其平均存续时间尚远不及当代社会自然人的人均寿命。

公司死亡的原因，根据公司资产与负债的对比关系可一分为二，资足以抵债者，是为解散，否则，是为破产；二者之间也有转换机制。根据现代商法的分工，解散及其清算程序，归公司法调整；破产及其清算程序，则归破产法专门调整。

公司解散及其相关制度的关键词有：解散、破产；吊照、撤销、责令关闭；自愿解散、行政解散、司法解释；清算义务人、清算人（清算组成员）；自愿清算、强制清算；清算报告、申请注销、简易注销、强制注销、注销登记；等等，令人眼花缭乱。

本分篇内容贵在将复杂问题简单化，共设 9 问，轻松完成这一任务。

031 公司之死：终止、解散、破产、清算、注销是什么关系？

一、语言即世界

哲学天才维特根斯坦说，"语言即世界。""一切哲学问题都是语言问题。"在本问引用这两句话，是再应景不过的。因为，很多人分不清公司终止、解散、破产、清算、注销、吊销（营业执照）、撤销（登记）、责令关闭等词汇的关系。

如果读者阅读 20 年前的企业法、公司法、民商法等立法及司法解释文件，更会感到一头雾水，因为当时各类法律文件的起草者也没有真正搞清楚这些词汇之间的

/ 249

关系,不同立法文件之间的"打架"更是跃然纸上。最早,我国立法者2005年修订公司法时开始注意梳理、规范适用这些词汇。经过20多年的努力,时至今日,法律界的人们终于在同一概念上规范使用这些词汇,幸甚。

简单来说,吊照、撤销登记与责令关闭,是公司解散的法定情形之一(行政解散);解散(资足以抵债)、破产(资不足以抵债)则是公司终止的两大原因;公司终止原因发生后,公司并不立即终止,还需经过清算程序并清算完结,之后才能申请注销登记;经注销登记,公司法人主体资格归于消灭,法人终止这一效果方才最终达成。至此,公司"死亡",为其一生画上了句号。

二、公司终止的原因:解散和破产

(一)解散

公司解散,是指已成立的公司,因发生法律或章程规定的解散事由而停止营业活动,开始处理未了结事务,并逐步终止其法人资格的制度。

《公司法》第229条规定了5项公司因下列原因解散:

(一)公司章程规定的营业期限届满或者公司章程规定的其他解散事由出现;

(二)股东会决议解散;

(三)因公司合并或者分立需要解散;

(四)依法被吊销营业执照、责令关闭或者被撤销;

(五)人民法院依照本法第二百三十一条的规定予以解散。

公司出现前款规定的解散事由,应当在十日内将解散事由通过国家企业信用信息公示系统予以公示。

其中,第1~3项为自愿解散,或称任意解散,即公司依章程或股东会决议而解散;第4~5项规定了强制解散,或称法定解散,又可细分为行政解散和司法解散,即基于行政命令或法院判决而发生的解散。

(二)破产

公司破产,是指公司不能清偿到期债务,且资产不足以清偿全部债务或者明显缺乏清偿能力,依其自身或债权人的申请,法院依法宣告破产并对其财产进行清算的制度。狭义的破产制度仅指破产清算制度,广义的破产制度还包括重整与和解制度。公司破产主要受《企业破产法》调整,破产清算完毕,管理人提请法院终结破产程序,并向登记机关办理注销登记,公司终止。

三、公司终止的过程:解散清算和破产清算

(一)解散清算

我国实行"先散后算"制度,即公司先宣布解散,然后成立清算组进行清算。依据《公司法》第232条,我国公司解散与清算的具体关系是:一般情形下,解散一经发生,必须经过清算才能导致公司终止;因合并或分立而解散,或适用简易注销程序的,属无须清算的例外情形。

解散只是公司终止的一个原因,并不直接导致公司终止,而是导致公司营业资格的丧失,并使之进入清算程序。清算期间,公司仍作为法人存续,被称为"清算中公司",唯在清算终结、办理注销登记手续后,公司才终止。

清算中公司的权利能力被限制在与清算有关的事务中,不得开展与清算无关的经营活动。而清算中公司的代表人和业务执行机关都由清算人担任,由其对内执行清算业务,对外代表清算中公司。

(二)破产清算

《公司法》第242条规定:

公司被依法宣告破产的,依照有关企业破产的法律实施破产清算。

《企业破产法》规定了三种破产程序,即破产清算程序、重整程序以及和解程序。债务人提出破产申请时,可以选择适用重整、和解或者破产清算程序。债权人提出破产申请时,只可选择适用重整或者破产清算程序。仅在破产清算程序中,公司真正走向死亡,而在重整与和解程序中公司均有复生的余地。此外,三种程序之间存在一定的可转换性。例如,债务人不能执行或不执行和解协议的,法院经和解债权人请求,应当裁定终止和解协议的执行,并宣告债务人破产。但是债务人一旦经破产宣告进入破产清算程序,则不得转入重整或和解程序。

(三)解散清算转破产清算

清算组在清理公司财产、编制资产负债表和财产清单后,发现公司财产不足清偿债务的,应当依法向人民法院申请破产清算。人民法院受理破产申请后,清算组应当将清算事务移交给人民法院指定的破产管理人。如最终公司被法院宣告破产,后面的环节自然适用《企业破产法》。

但在公司实践中,"解转破"并不绝对,如出于全体债权人的理性算计,认为不进行"解转破"对债权人利益更有利,则可以申请不转为破产清算程序。对此,《公司

法解释二》第 17 条规定,清算组发现存在资不抵债事实后,可与债权人协商清偿方案,若全体债权人同意,则清算组可申请法院认可前述协议,法院认可后,清算组可依据该协议清偿债务。此时,清算组无须申请破产清算。

四、公司终止的生效要件：注销登记

公司因解散、被宣告破产或其他法定事由需要终止的,应当依法向登记机关申请注销登记。以是否需经清算为标准,注销程序分为普通注销和简易注销。依法需要清算的,应当自清算结束之日起 30 日内申请注销登记;依法不需要清算的,应当自决定作出之日起 30 日内申请注销登记。

公司申请注销后,不得从事与注销无关的生产经营活动。自登记机关予以注销登记之日起,公司终止。

032　公司解散（一）：自愿解散,"我命由我"？

自愿解散,也称任意解散,是指公司依章程或股东会决议而解散,也即由股东自主决定公司解散事宜。《公司法》规定的自愿解散包括三种情况:章程解散、决议解散、合并或分立解散。

一、自愿解散之一：章定事由发生

(一)章程如何规定

公司章程规定解散事由是对公司解散的一种预先设定。《民法典》第 69 条第 1 项、《公司法》第 229 条第 1 款第 1 项均规定公司章程规定的营业期限届满或者公司章程规定的其他解散事由出现时,公司解散。但实际上,《公司法》并未要求公司章程必须记载营业期限。所以,应该理解为:如公司章程规定了营业期限,该期限届满时,公司解散;反之,公司被推定为可永久存续。

实务中,还有公司章程规定了解散事由,相当于附条件解散公司,如规定公司营业一旦出现年度亏损,即解散。

问题是,公司章程规定的解散事由一旦出现,或营业期限一旦届满,是否还需要公司股东会作出解散决议? 抑或是此时公司自行解散? 答案是后者。反之,如不想

让公司解散,则需要另行作出股东会决议。

(二)解散的回转

因章程规定的解散事由出现、营业期限届满而发生的解散,都属于自愿解散,故公司可通过修订章程而继续存续。根据《公司法》第 230 条的规定,公司出现章程解散情形且尚未向股东分配财产的,可以修改章程而存续,该决议的通过比例为有限公司股东 2/3 以上的表决权、股份公司出席股东会会议的股东所持表决权的 2/3 以上。

由此可见,公司若要修订章程以继续存续,必须在向股东分配财产之前完成修订。公司宣告解散不直接导致公司法人人格消灭,在清算完毕前,公司还有继续经营的可能。但在公司向股东分配剩余财产后,公司独立财产已不复存在,其所承载的独立人格亦不再具有回转余地。并且,如允许公司在向股东分配财产后继续存在,便为抽逃出资大开方便之门,这有违资本维持原则。

(三)异议股东的退出机会

如公司章程规定的营业期限届满,或者章程规定的其他解散事由出现,股东会通过决议修改章程可使公司存续,而为保障异议股东的退出权利,《公司法》第 89 条、第 161 条规定,对股东会该项决议投反对票的股东可以请求公司按照合理的价格收购其股份,但是公开发行股份的公司除外。

二、自愿解散之二:决议解散

(一)如何作出解散决议

《公司法》第 59 条第 1 款、第 112 条第 1 款规定,对公司解散作出决议是股东会的法定职权之一。在未出现强制解散事由时,公司也可以通过股东会决议解散,且不受章程规定的解散事由和存续期限约束。股东会的解散公司决议为特别决议,有限公司股东会经代表 2/3 以上表决权的股东通过,股份公司股东会经出席会议股东所持表决权的 2/3 以上通过。

(二)决议解散如何挽回

股东会决议和章程一样,都是公司意思的呈现方式,能够约束公司和全体股东。相应地,公司可根据具体情况变更自身意志,自主选择解散或者不解散。同章定事由解散,《公司法》第 230 条允许公司挽回,公司股东会虽作出解散决议,但尚未向股东分配财产的,可以经股东会决议而存续,该决议属于特别决议,采绝对多数决。

(三)异议股东如何退出

对于决议解散后,股东会又通过决议使公司存续的情形,法律没有规定异议股东有回购请求权。此时,依照《公司法》第89条第3款的规定,如有限公司控股股东构成滥用股东权利,严重损害公司或其他股东利益,其他股东有权请求公司按照合理的价格收购其股权。

三、自愿解散之三:因合并、分立而解散

(一)合并、分立不必然导致公司解散

公司吸收合并时,被吸收的公司解散;新设合并时,合并的公司均解散。新设分立时,原公司解散;派生分立时,原公司继续存在,不涉及解散问题。

(二)合并、分立解散仍属于自愿解散

理论上,对该项解散事由的性质存在分歧。但不可否认的是,虽解散是合并或者分立的法定必然结果,在形式上具有强制特点,但合并、分立仍是股东会自治的结果,体现了公司意思,故其仍属于自愿解散的范畴。

(三)异议股东如何退出

依照《公司法》第89条、第162条等规定,股东因对股东会作出的公司合并、分立决议持异议,可以要求公司按照合理价格收购其股权/股份,自股东会决议作出之日起60日内,股东与公司不能达成股权收购协议的,股东可以自股东会决议作出之日起90日内向人民法院提起诉讼。在股东公司中,公司收购股份的,应当在6个月内转让或者注销。

033 公司解散(二):行政机关定企业生死?

行政解散,意指公司违反法律、行政法规而被行政主管机关吊销营业执照、责令关闭或者撤销设立登记时,应当解散。

一、行政解散的实施主体

在我国,为了维护社会经济秩序,公司经营严重违反工商、税收、环境保护等法

律的,行政主管机关可以作出终止其主体资格、永远禁入市场经营的行政处罚。吊销营业执照、撤销公司设立登记,由市场监督管理部门依职权决定并执行;责令关闭、停产,则主要由生态环境、应急管理、税务等其他行政机关根据特定领域法律作出。

二、行政解散的适用事由

根据《公司法》《市场主体登记管理条例》等规定,行政解散的适用事由主要有以下情形:

1.提交虚假材料或者采取其他欺诈手段隐瞒重要事实取得市场主体登记,情节严重的;未经设立登记从事经营活动,情节严重的;

2.公司成立后无正当理由超过6个月未开业,或者开业后自行停业连续6个月以上的;

3.实行注册资本实缴登记制的市场主体虚报注册资本取得市场主体登记,情节严重的;未依法办理变更登记,情节严重的;

4.伪造、涂改、出租、出借、转让营业执照,情节严重的;

5.不按照规定接受年度检验,逾期仍不接受年度检验,以及年度检验中隐瞒真实情况、弄虚作假,情节严重的;

6.其他未明文规定的情形,例如,公司设立目的具有违法性,成立公司的实际目的是从事违法行为等。

需要特别注意的是公司未开业而被解散的情形。之所以规定该情形,是为了防止公司滥设,强调企业维持营业的客观价值。所谓"开业"仅指实施章程规定的经营活动,而不包括为开展营业所做的准备活动,也不包括公司的非主要业务。所谓"正当理由",包括出现不可抗力事件、行业或市场不景气、原材料供应受限等情形。

三、行政解散措施的适用边界

吊销营业执照、责令关闭、撤销设立登记均可触发强制解散,但三种措施并不相同,有必要通过以下规则界定三种行政解散措施的适用边界:

1.在不需要立即强制解散时,优先适用责令关闭(更精确的表述是"责令停产停业")。该决定实施后,如公司改正了违法行为,自无再适用行政解散的必要;拒不改正或无法改正,严重危害社会公共利益的,则走向行政解散。

2. 在需要立即强制解散时,对于金融行业等公司主体资格涉及行政许可(而非单项营业涉及行政许可)的特殊商事公司,适用撤销登记制度。

3. 在需要立即强制解散时,对于普通商事公司,吊销营业执照可以保留适用,但需注意暂扣营业执照、暂扣许可证、吊销许可证等措施在多数场合下的替代功能。

概言之,应慎用吊销营业执照措施。与另外几种措施相比,吊销营业执照过于严厉与绝对,应将其限制在必须适用的场合。

四、行政解散的效力

公司被责令关闭、撤销、吊销营业执照是公司解散的前置程序,而公司解散带来的直接后果是通过清算、注销登记等程序终止公司法人。

(一)依法进行清算而后注销

公司被行政强制解散后,清算程序的启动方式有三种:

1. 公司清算义务人在解散事由出现之日起 15 日内,自行组成清算组进行清算;

2. 公司逾期不成立清算组进行清算,或者成立清算组后不清算的,利害关系人可以申请人民法院指定有关人员组成清算组进行清算;

3. 作出吊销营业执照、责令关闭或者撤销决定的部门或者公司登记机关,申请人民法院指定有关人员组成清算组进行清算。

(二)三年未清算完毕,强制注销

依《公司法》第 241 条,公司被吊销营业执照、责令关闭或者被撤销,满 3 年未向公司登记机关申请注销公司登记的,公司登记机关可以通过国家企业信用信息公示系统予以公告,公告期限不少于 60 日。公告期限届满后,未有异议的,公司登记机关可以注销公司登记。注销登记后,清算人继续进行清算,原公司股东、清算义务人的责任不受影响。

034　公司解散(三):司法解散,杀死一只下金蛋的鹅?

在我国,司法解散是在私法意义上被界定的(司法裁判解散),也即在法定情形下,法院根据适格股东的请求强制解散公司。《公司法》第 231 条规定:

公司经营管理发生严重困难,继续存续会使股东利益受到重大损失,通过其他途

径不能解决的,持有公司百分之十以上表决权的股东,可以请求人民法院解散公司。

一、司法解散适用的情形

(一)法律规定

对于《公司法》第213条所谓"公司经营管理发生严重困难,继续存续会使股东利益受到重大损失,通过其他途径不能解决的"的具体所指,有人认为是公司僵局,有人则认为不仅包括公司僵局,还包括股东压制。

公司僵局(corporate deadlock),是指公司在存续期间发生严重内部矛盾,无法正常运作甚至瘫痪,继续存续会使股东利益受到重大损失的事实状态。股东压制,则是英美公司法的一个常用概念,通常被用来统称多数股东对少数股东的压制、压迫、压榨、排挤出局、逼迫出局、挤出、挤压等诸类情形,表达的是少数股东遭受多数股东的诸种不公平对待问题。

从《公司法解释二》第1条、第2条的规定来看,似乎司法解散仅指公司僵局,且将公司僵局形态固定化。其中,第1条规定:

单独或者合计持有公司全部股东表决权百分之十以上的股东,以下列事由之一提起解散公司诉讼,并符合公司法第一百八十二条规定的,人民法院应予受理:

(一)公司持续两年以上无法召开股东会或者股东大会,公司经营管理发生严重困难的;

(二)股东表决时无法达到法定或者公司章程规定的比例,持续两年以上不能做出有效的股东会或者股东大会决议,公司经营管理发生严重困难的;

(三)公司董事长期冲突,且无法通过股东会或者股东大会解决,公司经营管理发生严重困难的;

(四)经营管理发生其他严重困难,公司继续存续会使股东利益受到重大损失的情形。

股东以知情权、利润分配请求权等权益受到损害,或者公司亏损、财产不足以偿还全部债务,以及公司被吊销企业法人营业执照未进行清算等为由,提起解散公司诉讼的,人民法院不予受理。

本条规定有两层意思:

一是第1款前三项中,司法解散公司的情形均指向了公司僵局,无论股东会无法召开会议,无法作出有效决议,还是董事冲突,都是公司僵局的实态,第四项则是兜底条款,为股东压制等纳入司法解散情形提供了可能空间。

二是第2款具有三个意思:(1)将单项股权侵害排除在司法解散的适用情形外,因为这些单项权利受侵害,自有相应救济措施,不劳司法解散制度解决;(2)公司破产的,不列入司法解散的适用情形;(3)强制清算也被排除在司法解散的适用之外。

第2条又规定:

股东提起解散公司诉讼,同时又申请人民法院对公司进行清算的,人民法院对其提出的清算申请不予受理。人民法院可以告知原告,在人民法院判决解散公司后,依据民法典第七十条、公司法第一百八十三条和本规定第七条的规定,自行组织清算或者另行申请人民法院对公司进行清算。

这一规定将司法解散公司与公司清算两个不同的制度区隔开来。

(二)实践发展

十多年来的公司纠纷实践中,法官裁判时有创新,部分判决将本条适用于公司僵局之外的其他情形,包括股东间的人合性基础坍塌、公司目的不达、公司被用于违法活动等。还有裁判从合目的性解释的视角,将股东压制尤其是"复合性的严重股东压制"列为司法解散事由。

二、如何理解适用司法解散的三要件

(一)经营管理发生严重困难

1. 偏义复词

一般认为,"经营管理发生严重困难"主要指"管理发生严重困难"而不是"经营发生严重困难"。《公司法解释二》第1条所类型化的4种僵局情形都指向管理发生严重困难。

2. 盈利公司可否被解散

既然司法解散不指向公司经营发生严重困难,那便涉及一个问题,尚在盈利的公司可否被司法解散? 完整回答是:尚在盈利的公司仍可能被司法解散,如最高人民法院指导案例8号"林方清诉常熟市凯莱实业有限公司、戴小明公司解散纠纷案"中,目标公司就是一家尚在盈利的公司,照样被判决司法解散;只不过,此时法官会更加慎重。

(二)继续存续会使股东利益受到重大损失

1. 何谓"会使"

只有在公司继续存续会使股东利益受到重大损失的情形下才能采取司法解散

手段。"继续存续"是对未来的预期,而"会使"也属于对未来的预测,不要求股东利益实际上已经受重大损失。在此意义上,公司当前的盈利状态并不构成充分的阻却事由,只要股东可能遭受重大损失即可。至于损失是否达到重大的程度,由法院自由裁量。例如,公司本可以每年盈利1亿元,后因股东间的矛盾,公司严重内耗,每年盈利下跌至500万元,显然未充分实现公司营业的全部价值,继续存续无疑会造成股东利益的重大损失。

2. 哪个股东

此处利益受到重大损失的股东指哪个股东?是指全体股东还是原告股东?在逻辑上,需要会使全体股东利益遭受重大损失,但在司法实务的举证上,只需要原告股东举证自身利益会因为公司继续存续而遭受重大损失即可。

(三)通过其他途径不能解决

此处"其他途径",是指除裁判解散公司外的其他方式。这一要件是提起解散之诉的前置程序,原告有义务举证其已穷尽其他救济途径,这也是法院裁判支持司法解散公司的要件。

其他途径究竟为何?《公司法解释二》第5条第1款规定:

人民法院审理解散公司诉讼案件,应当注重调解。当事人协商同意由公司或者股东收购股份,或者以减资等方式使公司存续,且不违反法律、行政法规强制性规定的,人民法院应予支持。当事人不能协商一致使公司存续的,人民法院应当及时判决。

可能觉得意犹未尽,《公司法解释五》第5条进一步规定:

人民法院审理涉及有限责任公司股东重大分歧案件时,应当注重调解。当事人协商一致以下列方式解决分歧,且不违反法律、行政法规的强制性规定的,人民法院应予支持:

(一)公司回购部分股东股份;

(二)其他股东受让部分股东股份;

(三)他人受让部分股东股份;

(四)公司减资;

(五)公司分立;

(六)其他能够解决分歧,恢复公司正常经营,避免公司解散的方式。

三、司法解散之诉的关键环节

(一)诉讼主体

为防止股东滥用权利随意申请解散公司,使公司经营处于不稳定状态,《公司法》从主体资格和持股比例两方面限制了请求权主体,只有单独或合计持有公司10%以上表决权的股东才享有司法强制解散请求权。适格股东只能以诉讼方式行使权利。

诉讼中,提起解散申请的股东为原告,公司为被告。原告以其他股东为被告一并提起诉讼的,人民法院应当告知原告将其他股东变更为第三人,原告坚持不予变更的,法院应当驳回原告对其他股东的起诉。原告提起解散公司诉讼时,应当告知其他股东,或者由人民法院通知其参加诉讼,其他股东或者有关利害关系人申请以共同原告或者第三人身份参加诉讼的,应予准许。

(二)财产和证据保全

股东提起解散公司诉讼时,向人民法院申请财产保全或者证据保全的,在股东提供担保且不影响公司正常经营的情形下,法院可予以保全。

(三)管辖

1.地域管辖。由公司住所地人民法院管辖。公司住所地是指公司主要办事机构所在地;公司办事机构所在地不明确的,由其注册地人民法院管辖。

2.级别管辖。基层人民法院管辖县、县级市或者区的公司登记机关核准登记公司的解散诉讼案件和公司清算案件;中级人民法院管辖地区、地级市以上的公司登记机关核准登记公司的解散诉讼案件和公司清算案件。

(四)调解

法院审理解散公司诉讼案件,应当注重调解。当事人协商同意由公司或者股东收购股份,或者以减资等方式使公司存续,且不违反法律、行政法规强制性规定的,法院应予支持。当事人不能协商一致使公司存续的,法院应当及时判决。注重调解的目的仍在于严格限制司法裁判公司解散制度的适用。依据《公司法解释二》第5条第2款,经法院调解公司收购原告股份的,公司应当自调解书生效之日起6个月内将股份转让或者注销。股份转让或者注销前,原告不得以公司收购其股份为由对抗公司债权人。

调解具有重要制度价值,对于强调股东间人身信任关系的封闭公司股东纠纷解决而言,尤其如此。依照我国司法实践的操作,法院审理涉及有限公司股东重大分歧案件时,应当注重调解。当事人协商一致以《公司法解释五》第5条规定的方式解决分歧,且不违反法律、行政法规强制性规定的,应予支持。基于公司永久存续的特征,在有限公司股东产生重大分歧致使公司无法正常运营,甚至出现公司僵局时,只要尚有其他途径解决矛盾,就应尽可能采取其他方式解决,以维持公司运营、避免公司解散。故公司纠纷案件的审理强调专业性调解,这对于解决有限公司僵局而言有特殊意义。

通过调解,可由愿意继续经营公司的股东收购其余股东的股份(类似股份强制排除制度);也可由公司回购股东股份(类似股份回购制度);还可由公司以外的第三人收购股东股份。争议股东股份被收购后退出公司,公司僵局即可化解,从而维持公司正常经营。转让股份确实无法实现的,可通过调解实现公司减资,使争议股东"套现离场",其余股东继续经营减资后的公司,使公司得以存续;公司分立则可以让无法继续合作的股东"分家",各自经营公司,也使公司以新的形式存续。上述各种解决机制都有各自的条件和程序性要求,法院在调解过程中要注意指导当事人守法遵章,故《公司法解释五》第5条强调不得违反法律、行政法规的强制性规定。

(五)判决效力

1. 对世效力。法院针对解散公司诉讼作出的判决,对公司全体股东具有法律约束力;法院判决驳回解散公司诉讼请求后,提起该诉讼的股东或者其他股东又以同一事实和理由提起解散公司诉讼的,法院不予受理。

2. 与清算的关系。股东提起解散公司诉讼,同时又申请法院对公司进行清算的,法院对其提出的清算申请不予受理;法院可以告知原告在法院判决解散公司后,依法进行清算。这一处理的理由有三:

其一,股东请求解散公司与申请法院清算公司是两个独立的诉讼请求。

其二,两个诉讼请求的程序截然不同,前者是变更之诉,后者是非讼案件,审判程序迥异,无法合并。

其三,提起前一个诉讼时,公司解散的事实尚未发生,是否解散还需依据法院的判决而定;即使将来法院判决解散,仍应按照《公司法》第232条,首先适用普通清算程序由公司自行组织清算,唯在公司逾期不成立清算组进行清算时,方可适用特别清算程序申请法院进行强制清算。

035　解散清算（一）：何谓清算中公司？

一、清算中公司及其法律地位

处于清算过程中的公司在学理上被称为"清算中公司"，其涉及多项重大实务问题。我国学界关于清算中公司的法律地位存在分歧，主要学说有：

1. 清算法人说。此说认为，法人因解散事由出现而丧失主体资格，法律专为法人的清算目的设立了清算法人，这种法人是不依附于原法人而独立存在的另一个清算法人，故其权利能力也是特殊的。

2. 拟制法人说。此说认为，法人因解散事由出现而丧失权利能力。仅为了清算之目的，法律拟制一个法人在清算目的范围内享有权利能力。

3. 同一法人说。此说认为，公司解散并不消灭其人格，清算中公司与原公司为同一法人，只是在清算阶段其权利能力受到限制。

一般认为，我国立法采同一法人说，《民法典》第72条第1款规定：

清算期间法人存续，但是不得从事与清算无关的活动。

《公司法》第236条第3款第1句也规定：

清算期间，公司存续，但不得开展与清算无关的经营活动。

从清算中公司的法律地位来看，公司解散事由出现后，其法人人格一直延续到清算终结。但是，此时公司存续仅是为了便于清算，相应地，其权利能力就限定于清算范围内，不得从事清算目的的范围外的其他活动，否则不生法律效力。清算中公司与解散前的公司同为一体，在解散前既存的法律关系不因解散的发生而有所变更。

但是，清算中公司的法律地位与设立中公司并不完全相同：后者尚未取得法人资格，属于非法人社团；清算中公司已具有法人资格，只是因其即将终止而在能力上受限，即"不得开展与清算无关的经营活动"。

二、清算中公司与清算人的关系

我国立法并未明确规定清算中公司与清算人（清算组）的关系，但从《公司法》第234条的有关表述来看，清算组在公司清算过程中具有对内执行清算事务、对外代表清算中公司的职权,其地位类似于正常营业中公司的董事会,清算组组长类似于正常营业中公司的董事长。在此意义上,清算人在性质上相当于清算中公司的法人机关,承接董事会的职权。具体包括以下要点:

1. 清算人不是独立的法律主体,而是清算中公司的法定代表机关和清算业务的执行机关。在内,清算人与清算中公司之关系适用民法上关于委托(委任)之规定;在外,清算人作为代表机关应以公司名义进行活动。

2. 公司解散后、清算终结前,公司的法人资格仍然存续,其法人机关也仍存在,只是董事会、经理等管理层停止履职,由清算人取而代之,比如公司的财产、印章、财务文件等均由清算人接管。但是,清算人的职权内容与正常营业中公司的董事会、经理有所区别:执行的都是以清算为目的的事务,而不是正常营业中公司董事会、经理执行的经营性事务。

3. 清算组组长行使清算中公司的对外法定代表权,比如代表公司提起诉讼、仲裁以及应诉等。

4. 清算人不能取代股东会、监事会的职权,股东会、监事会仍然是公司的权力机构、监督机构,行使相应职权。

正因为清算组实际上履行了董事会、经理职权,故如清算组成员在执行清算事务过程中侵害公司利益,可能引发公司对其的直接诉讼以及股东代表诉讼。对此,《公司法解释二》第23条规定:

清算组成员从事清算事务时,违反法律、行政法规或者公司章程给公司或者债权人造成损失,公司或者债权人主张其承担赔偿责任的,人民法院应依法予以支持。

有限责任公司的股东、股份有限公司连续一百八十日以上单独或者合计持有公司百分之一以上股份的股东,依据公司法第一百五十一条第三款的规定,以清算组成员有前款所述行为为由向人民法院提起诉讼的,人民法院应予受理。

公司已经清算完毕注销,上述股东参照公司法第一百五十一条第三款的规定,直接以清算组成员为被告、其他股东为第三人向人民法院提起诉讼的,人民法院应予受理。

036 解散清算（二）：如何理解清算义务人及其职责？

一、解散与清算的关系

我国采"先散后算"制度，公司先宣告解散，再成立清算组进入清算程序。所谓清算，是指公司解散或被宣告破产后，依照一定程序了结公司事务，清理公司债权、债务，处分公司剩余财产，并最终使公司终止的法律行为和程序。

需指出，公司触发解散事由后，并非必然进入清算程序。其一，因合并或分立解散的，公司不进入清算程序，因为《民法典》《公司法》都规定了债务承继规则，且此类情形下公司并未终止经营；其二，适用简易注销程序的公司，因无债务或者债务已结清，也无须清算。

二、何谓清算义务人

公司清算义务人，是指基于其与公司间存在的特定法律关系，而在公司解散时对公司负有清算组织义务，并在公司未及时清算给相关权利人造成损害时，依法承担相应责任的民事主体。其产生主要有法律规定和公司章程规定两种形式。

依据该定义，清算义务人不同于执行清算事务的清算人（清算组成员），后者是具体承担清算职责、开展清算工作的人，前者是启动公司解散清算事务的人。

三、谁是清算义务人

曾经一段时期，公司解散后不搞清算、直接人去楼空的现象相当普遍，这严重损害了社会经济的信用基础。之所以出现这一局面，原因很复杂，但从公司法的视角而论，与未明确谁来启动清算程序息息相关。1993年、2005年《公司法》都未规定清算义务人，为了解决实务中有些公司不经清算而人去楼空、严重侵害债权人利益的普遍现象，2008年《公司法解释二》引入了清算义务人制度。按照该司法解释，有限公司的清算义务人是全体股东，股份公司的清算义务人是董事与控股股东。

但这一规定实施多年后也显露了弊端——真正应承担责任的控股股东、实际控制人等公司控制者加速跑路，留下问心无愧的少数股东承担赔偿责任，这一结果是不公平的。所以2019年《九民纪要》规定，少数股东举证自己并未参与公司经营管理、无法组织清算或者曾经付出积极努力组织清算的,可以免责。这是一种均衡,但是实质问题——如何找准清算义务人,并未获得解决。

2017年《民法总则》(已失效)第70条第2款率先作出修正,其规定:

法人的董事、理事等执行机构或者决策机构的成员为清算义务人。法律、行政法规另有规定的,依照其规定。

《民法总则》的前述规定被《民法典》吸收。秉承《民法典》的立法精神,2023年《公司法》第232条第1款第2句进一步规定:

董事为公司清算义务人,应当在解散事由出现之日起十五日内组成清算组进行清算。

这就明确了两类公司的清算义务人都是董事。由董事担任公司清算义务人,可谓实至名归,因为在公司正常经营期间,董事会是公司的业务执行机关,董事是经营管理者;在公司终止经营、进入解散清算阶段后,董事也就顺理成章地成为清算事务的启动者。

四、清算义务人怠于启动清算的赔偿责任

如前所述,如公司违反法定程序,或者未经合法清算就被注销,进而损害债权人利益,要有人对此负责。对此,《民法典》第70条第1、3款中规定,法人解散的,除合并或者分立的情形外,清算义务人应当及时组成清算组进行清算。清算义务人未及时履行清算义务,造成损害的,应承担民事责任。《公司法》第232条第3款规定:

清算义务人未及时履行清算义务,给公司或者债权人造成损失的,应当承担赔偿责任。

可见,清算义务人违反职责体现为怠于启动清算,也即"未及时履行清算义务"。对此赔偿责任的具体内容,《公司法解释二》有更周详的规定,鉴于其颁布在现行公司法之前,此处不再原文引用,只根据现行公司法精神对其规定择要解读如下:

1. 如清算义务人未及时履行清算义务,也即未在法定期限内成立清算组开始清算,由此"导致公司财产贬值、流失、毁损或者灭失"的,公司主张其承担赔偿责任,或者债权人主张其在造成损失范围内对公司债务承担赔偿责任的,应依法予以支持。

2. 如清算义务人未及时履行清算义务,也即未在法定期限内成立清算组开始清算,由此"导致公司主要财产、账册、重要文件等灭失,无法进行清算"的,债权人主张

其对公司债务承担连带清偿责任(这是最重的责任),应依法予以支持。

3. 公司解散应当在依法清算完毕后申请办理注销登记。公司未经清算即办理注销登记,导致公司无法进行清算,债权人主张清算义务人对公司债务承担清偿责任的,应依法予以支持。

4. 清算义务人为二人以上的,其中一人或者数人依法承担民事责任后,主张其他人员按照过错大小分担责任的,应依法予以支持。

037　解散清算（三）：清算组如何组成、对谁负责?

一、清算组如何组成

(一)自行清算:清算义务人组织成立清算组

《公司法》第 232 条第 2 款规定:

清算组由董事组成,但是公司章程另有规定或者股东会决议另选他人的除外。

此处例外规则有二:

1. 特殊情况下,董事不能或不适合履行清算职责。例如,在公司被吊销营业执照的情形下,部分董事可能是直接责任人员,涉嫌违反信义义务,与清算事项存在显著利益冲突;或董事丧失行为能力;或董事涉嫌刑事犯罪而处于羁押状态等。

2. 不同公司千差万别,所有权和经营权的分离程度也不尽一致,应尊重公司自治。所以,公司章程规定或者股东会决议另选他人,优先于公司法预定人选。

(二)强制清算:法院指定清算组成员

《公司法》第 233 条规定:

公司依照前条第一款的规定应当清算,逾期不成立清算组进行清算或者成立清算组后不清算的,利害关系人可以申请人民法院指定有关人员组成清算组进行清算。人民法院应当受理该申请,并及时组织清算组进行清算。

公司因本法第二百二十九条第一款第四项的规定而解散的,作出吊销营业执照、责令关闭或者撤销决定的部门或者公司登记机关,可以申请人民法院指定有关人员组成清算组进行清算。

据此,强制清算分为两种:

1. 利害关系人申请强制清算

公司解散事由出现后,清算义务人怠于履行清算义务,有关利害关系人可申请法院指定清算组。

(1)利害关系人的范围。按广义解释,包括债权人、(少数)股东以及监事、部分董事等;即便采狭义解释,至少也包括债权人与股东。

(2)启动前提。申请强制清算的前提是清算义务人怠于清算,包括三种情形:一是在公司解散时逾期不成立清算组进行清算;二是虽成立清算组但故意拖延清算;三是违法清算,可能严重损害债权人或者股东利益。

例如,作为清算义务人的董事迟迟不作为;或者由于此刻身陷囹圄无法履职;或者公司执行董事不作为,非执行董事欲作为而不能。

2. 行政机关申请强制清算

公司被行政强制解散后,清算义务人不启动清算的,作出吊销营业执照、责令关闭或者撤销决定的部门或登记机关可以向法院申请指定清算组。此处是"可以"而非"应当",即立法对于行政机关是进行赋权而不是科以职责。

3. 延伸问题:强制清算下的清算组组成

依据《公司法解释二》第 8 条,法院通常指定下列人员或者机构作为清算组成员:股东、董事、监事、高级管理人员;律师事务所、会计师事务所、破产清算事务所等社会中介机构。

一般情况下,清算组必须由专业中介机构及人士组成,理由在于他们具有专业知识和任职独立性。此外,清算也需有公司内部人员参加,原因在于他们对公司的财务、资产状况及债权债务情况等都更为了解,由其担任清算组成员更有利于清算的顺利进行。

二、清算人的职权、职责及信义义务

(一)职权

《公司法》第234条规定:

清算组在清算期间行使下列职权:

(一)清理公司财产,分别编制资产负债表和财产清单;

(二)通知、公告债权人;

(三)处理与清算有关的公司未了结的业务;

(四)清缴所欠税款以及清算过程中产生的税款;

(五)清理债权、债务;

(六)分配公司清偿债务后的剩余财产;

(七)代表公司参与民事诉讼活动。

(二)职责

根据《公司法》第235~237条,简要介绍如下:

1. 清算组应当自成立之日起10日内通知债权人,并于60日内在报纸上或者国家企业信用信息公示系统公告;债权人申报债权,清算组应当对债权进行登记;在申报债权期间,清算组不得对债权人进行清偿(第235条)。

2. 清算组应当制订清算方案,并报股东会或者人民法院确认;清偿公司债务后的剩余财产,有限公司按照股东的出资比例分配,股份公司按照股东持有的股份比例分配;清算期间,不得开展与清算无关的经营活动;公司财产在未依照前款规定清偿前,不得分配给股东(第236条)。

3. 清算组发现公司财产不足清偿债务的,应当依法向法院申请破产清算,法院受理破产申请后,清算组应当将清算事务移交给法院指定的破产管理人(第237条)。

(三)信义义务与违信责任

《公司法》第238条规定:

清算组成员履行清算职责,负有忠实义务和勤勉义务。

清算组成员怠于履行清算职责,给公司造成损失的,应当承担赔偿责任;因故意或者重大过失给债权人造成损失的,应当承担赔偿责任。

该规定确立的规则:

(1)清算人对公司、公司债权人负有忠实义务、勤勉义务。

(2)清算人违反信义义务应承担违信责任:怠于履职给公司造成损失的赔偿责任;因故意、重大过失给债权人造成损失的赔偿责任。

《公司法解释二》对此有拓展性规定,综合解读如下:

(1)公司解散清算事宜书面通知全体已知债权人,并根据公司规模和营业地域范围在全国或者公司注册登记地省级有影响的报纸上进行公告。清算组未按此规定履行通知和公告义务,导致债权人未及时申报债权而未获清偿,债权人可以要求清算组成员对因此造成的损失承担赔偿责任。

(2)公司清算时,债权人对清算组核定的债权有异议的,可以要求清算组重新核定。清算组不予重新核定,或者债权人对重新核定的债权仍有异议,债权人可以公司为被告向法院提起诉讼请求确认。

(3)公司自行清算的,清算方案应当报股东会决议确认;法院组织清算的,清算方案应当报人民法院确认。未经确认的清算方案,清算组不得执行。执行未经确认的清算方案给公司或者债权人造成损失,公司、股东、董事、公司其他利害关系人或者债权人可以要求清算组成员承担赔偿责任。

038 解散清算(四):清算程序如何有序推进?

一、解散清算程序的具体展开

(一)清算开始

《市场主体登记管理条例》第32条第1款规定:

市场主体注销登记前依法应当清算的,清算组应当自成立之日起10日内将清算组成员、清算组负责人名单通过国家企业信用信息公示系统公告。清算组可以通过国家企业信用信息公示系统发布债权人公告。

清算开始后,公司便不得开展与清算无关的经营活动。

(二)通知、公告债权人申报债权

依《公司法》第235条,清算组应当自成立之日起10日内将公司解散清算事宜通知全体已知债权人,并于60日内根据公司规模和营业地域范围在全国或者公司注册登记地省级有影响的报纸上或通过国家企业信用信息公示系统进行公告。清算组未按照规定履行通知和公告义务,导致债权人未及时申报债权而未获清偿,债权人主张清算组成员对因此造成的损失承担赔偿责任的,法院应予以支持。

债权人应当自接到通知之日起30日内,未接到通知的自公告之日起45日内,向清算组申报其债权。债权人申报债权,应当说明债权的有关事项,并提供证明材料。清算组应当对债权进行登记。

(三)清理公司财产与制订清算方案

清算组要全面清理公司财产,并分别编制资产负债表和财产清单。需提示,公司解散时,股东尚未届期的出资义务一概"加速到期",因此尚未缴纳的出资亦属于清算财产。

完成财产清理和表单编制后,清算组应当制订清算方案,即清算工作计划,包括财产作价依据和方式,债权债务处理办法以及财产分配办法等内容,并报股东会或者人民法院确认。一般情形下的清算方案由股东会确认;由法院主持的强制清算,则报法院确认。未经确认的清算方案,清算组不得执行。否则,由此给公司或者债权人造成损失的,公司、股东或者债权人可以主张清算组成员承担赔偿责任。

清算组发现公司财产不足清偿债务的,应当依法向法院申请破产清算。法院受理破产申请后,清算组应当将清算事务移交给破产管理人。

(四)处理未了结业务与参加诉讼

公司未了结的业务主要是公司在解散前订立的、尚未履行完毕的合同,清算组决定是否继续履行该合同,但不得开展与清算无关的经营活动。

公司依法清算结束并办理注销登记前,法人主体资格尚未消灭,有关公司的民事诉讼仍以公司名义进行。清算组成立后,由清算组负责人代表公司参加诉讼;尚未成立清算组的,由原法定代表人代表公司参加诉讼。

(五)清缴税款

清算组应当对公司的税务情况进行清查,用清算财产缴纳公司所欠税款,包括公司在清算之前所欠税款和清算过程中产生的税款。

(六)清理债权债务

清算组应对公司在清算前和清算过程中产生的债权债务关系进行清理,收回应收债权,清偿所欠债务;在公司财产未依法清偿债务前,不得分配给股东。

(七)分配剩余财产

公司财产在依照法定顺序依次支付清算费用,支付职工工资、社会保险费用和法定补偿金,清缴所欠税款,清偿公司债务后,对于剩余财产,有限公司按照股东的实缴出资比例分配,股份公司则按照股东持有的股份比例分配。上述剩余财产分配比例存在例外,如章程规定或全体股东签订的治理协议约定按照其他方式分配剩余资产、股份公司发行了剩余财产分配优先股等。但无论如何,分配财产必须严格依照法定顺序进行;未进行其他清偿而向股东分配财产,属无效行为,不仅要追回所分配的财产,相关人员还会被依法追究法律责任。

(八)制作清算报告

公司清算结束后,清算组应当制作清算报告,报股东会或者人民法院确认,并报送公司登记机关,申请注销公司登记。

二、特别清算与破产清算的关系

公司破产清算由《企业破产法》专门规定,《公司法》仅作衔接性规定。《公司法》第237条规定:

清算组在清理公司财产、编制资产负债表和财产清单后,发现公司财产不足清偿债务的,应当依法向人民法院申请破产清算。

人民法院受理破产申请后,清算组应当将清算事务移交给人民法院指定的破产管理人。

第242条规定:

公司被依法宣告破产的,依照有关企业破产的法律实施破产清算。

此处有两个问题需要注意:

一是,债权人或者清算组以公司尚未分配财产和股东在剩余财产分配中已经取得的财产不能全额清偿补充申报的债权为由,向法院提出破产清算申请的,法院不予受理。

二是,在特别清算中,清算组在清理公司财产、编制资产负债表和财产清单时发现公司财产不足以清偿债务的,可以与债权人协商制订债务清偿方案。该方案经全体债权人确认且不损害其他利害关系人利益的,法院可依清算组的申请裁定予以认可。清算组依据该清偿方案清偿债务后,应当向法院申请裁定终结清算程序;但债权人对债务清偿方案不予确认或者法院不予认可的,清算组应当依法向法院申请宣告破产。

三、注销类别与注销登记

(一)三类注销

1. 清算注销

依据《公司法》第239条,解散清算报告得到确认后,清算组将其报送公司登记机关,申请注销公司登记,公告公司终止。至此,清算组的职责也宣告完成。

依照有关规定,清算终结后如不申请注销公司登记的,将由公司登记机关吊销公司营业执照，并予以公告。

2. 简易注销

《公司法》第240条规定，公司在存续期间未产生债务，或者已清偿全部债务的，经全体股东承诺，可以按照规定通过简易程序注销公司登记。详见下问。

3. 强制注销

《公司法》第241条规定，公司被吊销营业执照、责令关闭或者被撤销，满3年未向公司登记机关申请注销公司登记的，公司登记机关可以通过国家企业信用信息公示系统予以公告，公告期限不少于60日。公告期限届满后，未有异议的，公司登记机关注销公司登记。

强制注销的，由于此前并未进行解散清算，因而原公司股东的出资责任、清算义务人的怠于清算责任都不受影响。

(二)注销登记

自愿清算的，自清算结束之日起30日内申请注销公司登记；特别清算的，应当自清算组成立之日起6个月内清算完毕，因特殊情况无法在6个月内完结的，清算组应当向法院申请延长。

注销登记后，公司丧失法人人格，不再享有民事权利能力与民事行为能力，在法律上正式死亡。

039　解散清算（五）：不算而销——如何理解简易注销？

一、基本规定

《公司法》第240条规定：

公司在存续期间未产生债务，或者已清偿全部债务的，经全体股东承诺，可以按照规定通过简易程序注销公司登记。

通过简易程序注销公司登记，应当通过国家企业信用信息公示系统予以公告，公告期限不少于二十日。公告期限届满后，未有异议的，公司可以在二十日内向公司登记机关申请注销公司登记。

公司通过简易程序注销公司登记，股东对本条第一款规定的内容承诺不实的，应当对注销登记前的债务承担连带责任。

二、适用简易注销的条件

从简易注销制度的"初心"以及既往试点情况来看,其适用主体以未开业或不存在债权债务的市场主体为主。具言之,针对本身并不存在清算对象的市场主体,以"诚信推定"的全体投资人承诺形式免去一般注销所需的清算程序,进而激励当事人申请注销。

(一)适用条件

一是公司不存在债务,包括未发生债务或已将债务清偿完结,未发生或者已结清清偿费用、职工工资、社会保险费用、法定补偿金、应缴纳税款(滞纳金、罚款),可通过"不存在强制执行的债务""没有债权人提出异议"等事实证明。

二是全体(而不是部分)股东作为保结人签署承诺书,对上述情况的真实性承担法律责任。

(二)不能适用的主体

《市场主体登记管理条例》第33条第4款、《企业注销指引》第4条、《市场主体登记管理条例实施细则》第48条等规定了排除规则。不得适用简易注销的主体包括:

1. 市场主体被吊销营业执照、责令关闭、撤销的。

2. 存在异常状态的市场主体,如被列入企业经营异常名录或违法失信名单的市场主体,股权等财产存在被冻结等异常情形的市场主体,有被立案调查或采取行政强制、行政处罚、司法协助等异常情形的市场主体。

3. 注销需要获得主管机关批准的企业,如涉及准入管理措施的外商投资企业。

4.《企业注销指引》(2021年修订,已被修改)还规定"曾被终止简易注销程序的"不得再次适用简易注销,这表明在简易注销制度中,企业仅有一次申请简易注销登记的机会。

三、简易注销应遵循的程序

首先,公司应当将承诺书及注销登记申请在国家企业信用信息公示系统公告至少20日。

其次,公告期限届满后,无相关部门、债权人以及其他利害关系人提出异议的,公司可于 20 日内申请注销登记。

最后,申请办理简易注销登记,应当提交申请书和全体投资人承诺书。

四、简易注销后未结清债权债务的处理

(一)债权人如何行使未结清债权

若简易注销的公司仍有债务未结清,债权人的行权方式根据债权有无相应生效判决而有所分别。若债权人尚未起诉或已起诉但尚未判决,则可以直接将已提交承诺书的股东列为被告,请求其承担相应连带责任;若债权人已得到生效判决,由于《全体投资者承诺书》的本质为股东债务加入之承诺,承担责任的主体为公司全体股东,因此适用《变更、追加当事人规定》(2020 年修正)第 23 条规定,可直接将其列为被执行人。第 23 条规定:

作为被执行人的法人或非法人组织,未经依法清算即办理注销登记,在登记机关办理注销登记时,第三人书面承诺对被执行人的债务承担清偿责任,申请执行人申请变更、追加该第三人为被执行人,在承诺范围内承担清偿责任的,人民法院应予支持。

(二)虚假承诺责任

简易注销制度以实现市场主体高效退出为目的,其将 3 个月左右的注销流程简化为 20 日公示期,这种"诚信推定"的观念转变,以后端的惩治监管模式为核心。全体股东应对公司无债务情况作出承诺,股东承诺不实时,要对注销前未清偿的债务承担连带责任,这比普通注销制度下清算义务人及清算人的清算责任更重,意在避免股东通过简易注销逃废债务、损害相关利害关系人的利益。

(三)股东承担责任的范围

存有争议的是,简易注销后,一旦有债权人主张有效债权的,全体股东承担的责任范围为何?是对该笔债权全部承担清偿连带责任?还是仅限于全体股东在注销前分割的财产份额为限(如未分配财产,则不承担)?对此有两种意见。

办案札记。某 A 公司曾被 B 公司追索承担 5000 万元保证责任,但后经一审败诉,二审胜诉,生效判决判定 A 公司不承担保证责任。后 A 公司股东全体签署承诺书申请了简易注销,当时公司账上或余 500 万元,全体股东按出资比例分割(或并无财产)。但不想三年后担保案又经再审、抗诉及院长发现程序,辗转多轮,最终 A 公司又被判决承担 5000 多万元保证责任。

本案提出的问题是：此时 A 公司全体股东对于债权人 B 公司承担多大的责任？意见有三种：(1)全部责任说；(2)分割财产为限说；(3)如能证实简易注销时公司并无财产，零责任说。

(四)承诺书是否意味着公司放弃未结清债权

若注销后仍有对外债权未回收，应狭义理解承诺书中"债权债务"的含义，不应将其认定为公司放弃债权的意思表示。

首先，债权人放弃债权的单方意思表示需到达债务人方才生效，但在简易注销的对公承诺中，接受承诺的主体是行政机关，而非债务人。

其次，适用简易注销的主体是未产生债务或债务已得到清结的公司，并未强调债权需行使完毕，无法从适用简易注销的结果解释出公司有放弃债权的意思表示。

鉴于此，应对承诺书中的"债权债务"限缩解释，其只包括公司负担的债务，法律也明确规定股东承诺内容为"公司在存续期间未产生债务，或者已清偿全部债务"，而不涉及对自身债权的处分。

(五)恶意注销公司是否适用公司人格否认制度

实践中，还应注意将未经清算恶意注销公司的行为与公司人格否认的情形区分开来：

第一，前者，公司法人人格已不复存在；后者，以公司存在为前提。

第二，前者，公司因不存在而无从承担民事责任；后者，公司直接对其债务承担民事责任。

第三，前者，全体股东(保结人)直接对外承担民事责任，对公司债务负清偿责任或者其他相应民事责任；后者，唯滥权股东对公司债务负连带清偿责任。

分篇五

公司登记、备案与信息公示

公司登记的法律规范体系素以繁杂著称：《民法典》设有企业法人的登记规定，《公司法》关于公司登记设有专章（第二章）规定，《市场主体登记管理条例》《市场主体登记管理条例实施细则》也以公司这一商事主体为核心关注对象，为其配置了大量法律规范。此外，还有登记主管机关如国家市场监管总局发布的《公司登记管理实施办法》等行政规章，其余一系列规范性政策文件在实务中也发挥着重要作用。

与公司登记紧密相关的还有公司备案、公司信息公示等，不少法律人士分不清三者的区别，遑论部分非法律行业的读者。

本分篇共设 17 问，意在用最简明扼要的话语，交代信息量极大的公司登记、备案与信息公示制度，突出实操性。

040 什么是设立登记？

一、设立登记的概念

设立登记系成立公司的前提，发起人设立公司须向市场监管部门申请，依其要求提供相应材料清单，如实填写信息并准备公司材料。若涉及前置审批事项，应先取得相应审批文件，再将审批文件与前述材料一同提交登记机关。

二、设立登记的效力

（一）设立登记效力的立法例

公司设立登记的效力，存在生效要件主义和对抗要件主义两种立法例。前者是指公司非经登记不得成立,故设立登记是公司成立的生效要件;后者是指公司一经成立,即使未经登记,也具有法人资格,但所发生的义务和责任由组建公司的发起人承担,除非第三人明知公司未经登记而与之发生交易。我国立法采前者,公司未经主管机关注册登记,不能成立。对此,《公司法》第 29 条第 1 款规定:

设立公司,应当依法向公司登记机关申请设立登记。

第 33 条第 1 款还规定:

依法设立的公司,由公司登记机关发给公司营业执照。公司营业执照签发日期为公司成立日期。

《民法典》第 78 条、《市场主体登记管理条例》第 21 条也有类似规定。

(二)设立登记与营业登记合一

根据前述条文,申请人申请公司设立登记,登记机关依法予以登记的,会签发营业执照,营业执照签发日为公司的成立日期。因此,公司设立登记与营业登记合并进行,并由同一机关主管,发给登记证书即企业法人营业执照,公司同时取得法人主体资格与营业资格,即所谓公司登记效力的合一主义模式。至此,公司设立登记发生的效力可以总结为:

1. 取得公司法人资格。设立公司以取得法人资格为目的,公司经登记即取得法人资格。

2. 取得公司营业资格。公司经登记后即取得企业法人营业执照,公司凭此执照可以刻制印章、开立银行账户、申请纳税登记等,并可以从事其生产经营活动。

3. 取得名称专用权。登记也意味着公司名称获得了登记注册,公司可以使用名称并享有名称专用权。《民法典》第 1013、1014 条等规定,公司法人享有名称权,有权依法决定、使用、变更、转让或者许可他人使用自己的名称,任何组织或者个人不得以干涉、盗用、假冒等方式侵害他人的姓名权或者名称权。《民法典》第 1016 条规定,公司决定、变更、转让名称的,应当依法向有关机关办理登记手续,但是法律另有规定的除外;公司变更姓名、名称的,变更前实施的民事法律行为对其具有法律约束力。

设立登记既然是公司成立的生效要件,凡已登记事项当然具有对抗第三人的效力;反之,未登记事项既然不生效,也就无所谓对抗效力。

三、设立登记的程序

(一)确认报送登记人员

在设立有限公司时,一般由全体股东指定的代表或者共同委托的代理人向公司登记机关报送公司登记申请材料。在设立股份公司时,无论是发起设立还是募集设立,都应召开成立大会选举董事会和监事会,由董事会授权代表,在公司成立大会结束后30日内向公司登记机关报送公司登记申请材料。

(二)许可主义下的前置审批程序

对于普通商事公司,我国采简单准则主义的设立原则,不存在前置审批程序的要求。而对于金融、文化等实行牌照经济的特殊领域,则要求设立人先申请主管部门的行政许可,在取得相关审批文件后,再将审批文件和申请材料一同提交给登记机关。对于是否需要前置审批,实践中可以查询国家市场监督管理总局公布的《企业登记前置审批事项目录》,或直接咨询当地市场监督管理部门。

(三)提交申请材料

设立登记需要提交的材料可参考《市场主体登记管理条例》第16条,具体包括申请书;申请人资格文件、自然人身份证明;住所或者主要经营场所相关文件;公司章程以及法律、行政法规和国务院市场监督管理部门规定提交的其他材料(如前置审批批准文件)。以北京市市监局公布的公司设立登记一次性告知单(2022年版)为例,办理公司设立登记应当提交的8项材料如下:

(1)《公司登记(备案)申请书》;

(2)公司章程;

(3)股东主体资格文件或自然人身份证明;

(4)法定代表人以及董监高任职文件;

(5)住所使用相关文件;

(6)验资证明(募集设立股份公司);

(7)国务院证券监督管理机构的核准文件(公开募集设立股份公司);

(8)批准文件或者许可证件的复印件。

申请人根据市场监督管理局提供的制式文件准备材料,并确保提交材料的真实性、合法性和有效性,否则轻则可能罚款,重则可能导致登记机关撤销登记,公司归于解散。

此外,《公司法》第 30 条第 2 款规定,申请材料不齐全或者不符合法定形式的,公司登记机关应当一次性告知需要补正的材料。与此对应的,在设立登记过程中,如存在材料不全或被退回的情况,申请人可以依据该规定向登记机关确认需要补充和替换的材料,及时补正。这是"放管服"改革的成果,突出体现了商事登记的服务功能。

(四)签发营业执照

市监局审查所报申请材料合格的,予以核发企业法人营业执照。

营业执照既是公司成立的法律依据,又是对外证明公司是企业法人、有资格从事经营活动的资格证书。营业执照分为正本和副本,由公司登记机关核发,两者具有同等法律效力。其中,正本为悬挂式,必须置于公司住所或营业场所的醒目位置,副本为折叠式,主要是供公司提供证明之用。《市场主体登记管理条例实施细则》第 64 条第 1、2 款规定:

市场主体应当将营业执照(含电子营业执照)置于住所(主要经营场所、经营场所)的醒目位置。

从事电子商务经营的市场主体应当在其首页显著位置持续公示营业执照信息或者其链接标识。

041 什么是营业登记?

一、概念

公司营业登记是对公司营业资格进行确认的登记,是与以取得法人资格为目的的设立登记(或称主体登记、人格登记)不同的概念。营业资格的确认,是指商事登记机关在商事主体进行经营活动前,对商事主体的营业资格即商行为能力进行审查。

营业登记的作用在于,政府承认某项营业及其商号的合法性,准许其营业。设立登记是公司成立的前提,营业登记则是公司合法开展经营活动的前提。

二、营业登记在我国商事登记中的定位

如前所述,在商事登记制度中,商事主体资格与营业资格的取得本是两个程序。根据二者在登记过程中是一体登记还是相对独立,形成了两种不同的立法模式——分离模式和合一模式:

1. 分离模式

在分离模式下,主体资格登记与营业资格登记存在时间上的先后,或分别由不同登记机关登记,或在同一登记机关内分设不同登记簿。法人经设立登记取得法人主体资格,以法人身份独立对外承担责任。营业登记发生在公司成立后,登记机关签发公司营业执照,公司即取得营业资格,应在登记的经营范围内开展营业行为。大陆法系国家多采取分离主义立法模式。

2. 合一模式

在合一立法模式下,公司主体资格和营业资格的取得是统一的。设立登记时,由一个登记机关将主体资格和营业资格登记于同一登记簿上,并签发同一文件证明其主体资格和营业资格的取得。

3. 我国定位

《公司法》第33条第1款规定:"依法设立的公司,由公司登记机关发给公司营业执照。公司营业执照签发日期为公司成立日期。"这意味着设立登记完成后,登记机关签发营业执照时,公司即取得主体资格。营业执照是工商行政管理部门颁发的许可企业或其他经济组织从事特定范围内经营活动的文件,也具备承认公司营业资格的功能。结合《民法典》第78条、《市场主体登记管理条例》第21条,不难判断设立登记兼具主体资格登记和经营资格登记的属性。因此,我国现阶段采取的是设立登记与营业登记合一的立法模式。

也有观点认为,在我国目前"先照后证"的登记制度下,从事特许经营的商事主体先由工商部门签发营业执照取得主体资格,在特定审批部门取得许可证后才具备相应营业资格,是一种相对分离模式。

三、哪些登记事项属于营业登记的范围

无论合一、分离的立法模式,营业登记都有其独立价值,有助于市场监督管理机关通过信息公示对商事主体的市场经营活动进行监管。因此,有必要明确哪些事项

属于营业登记。由于公司营业登记不涉及对公司人格的确认,因此与公司经营管理相关而不影响公司主体资格获得的登记事项即属于营业登记范围。通过对《市场主体登记管理条例实施细则》第二章的登记事项与备案事项进行梳理,营业登记主要包括以下事项:

1. 经营范围。在营业自由的市场环境下,公司可以在合法范围内自由决定开展何种经营活动,并可在经营过程中对经营范围进行变更。若公司经营范围属特许经营事项,变更经营范围需经特定审批部门批准。

2. 章程。公司章程是公司设立的基础条件与公司运行的基本凭据,也是公司开展经营管理的纲领性文件,对公司运营至关重要。公司章程通常只对公司内部产生拘束力,不会影响公司的法人资格,故属营业登记范畴。

3. 经营期限。经营期限虽涉及公司主体资格的存续时间,但经营期限届满不会直接导致主体资格丧失,只是公司解散的原因之一,只有注销登记才会导致公司法人资格终结,且公司内部可以根据实际营业状况对经营期限进行修改。

4. 董事、监事、高级管理人员、登记联络员、外商投资公司法律文件送达接受人。这些主体均属公司内部成员,负责公司营业事务决策、财产管理、外部交易、信息披露等经营性活动,公司自主决定这些人员的任免。

上述 1 属于《市场主体登记管理条例实施细则》第 6 条规定的一般登记事项,2、3、4 属于第 7 条规定的备案事项,当这些事项发生变更,公司应按照法律规定办理变更登记或备案。

042　如何区分公司成立、开业、歇业与停业?

一、公司成立与公司开业之别

1. 公司成立

公司成立,是指公司具有了法律上的人格,而公司人格的形成,来自登记设立等一系列行为。《公司法》第 33 条第 1 款规定:"依法设立的公司,由公司登记机关发给公司营业执照。公司营业执照签发日期为公司成立日期。"可以说,从公司登记部门签发营业执照之时,公司人格已经健全,公司即宣告成立。

2. 公司开业

公司开业,是指公司开展经营活动。公司成立后,并不必然立即开展经营活动。或因市场行情不佳,公司静待时机;或因面临自然灾害,公司蛰伏冬眠;或因风俗信仰,公司需要择一黄道吉日开业。

总之,"公司开业"是从现实层面公司是否开始从事经营活动来说的。公司成立与开业之间,会存在或多或少的时间差。但如果公司成立后,久久不见经营,公司可能会面临吊销营业执照的处罚。《公司法》第260条第1款规定:

公司成立后无正当理由超过六个月未开业的,或者开业后自行停业连续六个月以上的,公司登记机关可以吊销营业执照,但公司依法办理歇业的除外。

此处的唯一例外即公司依法办理歇业的。那么,何谓公司歇业呢?

二、公司歇业与公司停业之别

(一)公司歇业

1. 歇业的含义

公司歇业制度首次规定于2021年出台的《市场主体登记管理条例》,而后被2023年《公司法》第260条吸收。时值特殊时期,不少企业都面临着"越开业越赔钱"的经营困难,公司歇业制度就是为了纾解企业困难而推出的。《市场主体登记管理条例》第30条第1款规定:

因自然灾害、事故灾难、公共卫生事件、社会安全事件等原因造成经营困难的,市场主体可以自主决定在一定时期内歇业。法律、行政法规另有规定的除外。

对此,有个甚为恰当的比喻:公司歇业很像电信领域的"停机保号"业务,暂时冻结公司活动,最长可达三年之期,如有需要,即可重新激活,其间不影响公司主体存续的连贯性、一致性。概言之,公司歇业是指依法成立的公司因不可抗力或其他困难无法继续经营,但又不想彻底退出市场,因而向登记机关申请维持其企业法人的主体资格,待情况好转后,再恢复营业。

2. 歇业的要求

当然,歇业并非毫无条件。《市场主体登记管理条例》第30条规定,公司办理歇业,应当在歇业前与职工依法协商劳动关系处理等有关事项,并向登记机关办理备案;登记机关通过国家企业信用信息公示系统向社会公示歇业期限、法律文书送达地址等信息;歇业期间,公司可以以法律文书送达地址代替住所或者主要经营场所。

3.歇业的结束

如公司在歇业期间开展经营活动,则视为恢复营业。歇业的结束也应当通过国家企业信用信息公示系统向社会公示。

公司歇业制度参考了英国企业休眠制度,以及我国香港特区的不活动公司制度等经验,是《市场主体登记管理条例》的一项重要创新,尤其有助于中小企业纾难解困、休养生息,从长远来看,无疑有助于社会经济的稳定与发展。

(二)公司停业

公司停业一般有两种情况,一种情况是公司自行停业,另一种情况则更多作为一种行政强制措施或行政处罚手段,包括责令停业停产和责令停业整顿。

其中,"责令停产停业"是《行政处罚法》明文规定的法定处罚种类,在性质上属于行政处罚。责令停产停业并不剥夺被处罚人从事某种营业的资格,只是限制其暂时不能从事相应营业活动。而"责令停业整顿"在性质上则属于一种行政强制措施,要求限期改正某种经营行为,一般时间较短。

无论是责令停产停业还是责令停业整顿,都不涉及公司法人资格的得失。《市场主体登记管理条例》第43条规定:

未经设立登记从事经营活动的,由登记机关责令改正,没收违法所得;拒不改正的,处1万元以上10万元以下的罚款;情节严重的,依法责令关闭停业,并处10万元以上50万元以下的罚款。

可见,行政机关作出有关停业的行政措施或行政处罚,甚至无须以该市场主体完成登记设立为前提。

043 如何理解"先证后照"与"先照后证"?

一、"先证后照"的含义

"先证后照"中的"证"是指各行业主管部门颁发的经营许可证,是一种经营资格;而"照"是商事登记部门颁发的营业执照,涉及市场主体资格。公司实践中,若普通公司成立后的经营涉足某项(些)特殊营业许可,长期以来实行的政策是要求公司设立前先取得行政许可,再申请公司设立或开展营业,也即"先证后照"。对此,《公司法》第 9 条第 2 款规定,"公司的经营范围中属于法律、行政法规规定须经批准的项目,应当依法经过批准。"

二、"先照后证"的实施

"先证后照"实际与市场经济体制的要求背道而驰。此类行政许可应被设计为公司成立后的后置审批程序,也即推行"先照后证",且此类许可应该大规模减少到最低限度。十余年来"放管服"改革中行政审批改革的着力点正在于此。2013 年 11 月 12 日,党的十八届三中全会通过的《中共中央关于全面深化改革若干重大问题的决定》明确提出:"建立公平开放透明的市场规则",并要求"推进工商注册制度便利化,削减资质认定项目,由先证后照改为先照后证,把注册资本实缴登记制逐步改为认缴登记制。"2014 年 2 月,国务院出台《注册资本登记制度改革方案》,本着"改革工商登记制度,推进工商注册制度便利化"的原则,对工商登记中的一系列问题作出了具体的部署,随后便开始在全国全面推广"先照后证"商事登记改革。

为配合改革,国务院自 2014 年 7 月起,先后进行了三批集中调整,将原有 226 项工商登记前置审批事项削减至 34 项,在 2017 年 5 月再减少 5 项,至此改为后置审批或取消的事项比例高达 87%。改革后,公司可先申领营业执照从事一般经营活动,需许可的领域可在公司成立后申请特殊营业资格审批。如此,便极大地缩短了公司成立筹备的时间跨度,符合商事活动的效率要求,有助于充分激发市场活力。

三、"证照分离"的深化

在"先照后证"改革的基础上,为进一步破解"准入不准营"的问题,国务院试行、推出了"证照分离"的深化改革。所谓"证照分离"改革是指,针对中央层面设定的涉企经营许可事项采取清单管理,围绕"证""照"关系,按照直接取消审批、审批改为备案、实行告知承诺和优化审批服务四种方式分类推进市场准入改革,推动政府监管方式创新。

早在 2015 年年底,国务院就批复同意在上海浦东新区率先对 116 项涉企行政审批事项开展"证照分离"改革试点。2017 年 9 月,国务院在全国更大范围部署推进"证照分离"改革试点。2018 年 9 月 27 日,国务院印发了《国务院关于在全国推开"证照分离"改革的通知》(国发〔2018〕35 号),改革全面推进。目前,列入改革计划的事项已经全部覆盖 523 项中央层面保留的涉企经营许可事项,改革成果显著。

四、改革带来的新挑战

1. 审批职责膨胀

随着机构改革的不断深化,政府的监管职能也随之大幅调整,但相关法律法规的修订完善却相对滞后,导致部门间职责界定不清。例如,"证照分离"改革推进后,因相关配套法律尚未完善,部分审批和主管部门以"取消许可"或"只备案不审批"为由逃避监管责任。此外,受"凡是市场监管领域的、凡是需要办理营业执照的都归市场监管局管"的传统观念影响,市场监管局成了"包打天下"的"宇宙局""兜底局"。行政审批既涉及行业准入,又涉及行业商事主体权益保护,简化行政审批绝不能为了"简化"而简化,否则可能最终导致由一个行政审批部门独揽所有审批事项。

2. 监管难度提高

单纯的行政审批部门不具备监管职能,易引发前置准入门槛形同虚设等问题。若前置管理出现问题,难免会成为监管部门或其他职能部门减轻或免除责任之借口。

对此,国务院提出的总体要求是"做到放管结合,放管并重,宽进严管",将监管环节后移,从静态监管向动态监管转变。在具体措施层面,主要分为两方面:一方面,要加强"双随机、一公开"制度建设。要求监管部门在监管过程中随机抽取检查对象,随机选派执法检查人员,并及时向社会公开抽查情况及查处结果,着力提升监管实效。另一方面,要突出信息归集共享。进一步完善全国和省级信用信息共享平台、国家企业信用信息公示系统,实现公司基础信息、相关信用信息、违法违规信息的归集共享、业务协同,以信息公示倒逼公司规范经营。

044 如何处理虚假设立登记?(上)

一、虚假设立登记的应对

公司实践中,申请人以虚报注册资本、提交虚假材料等手段骗取设立登记的现象一直存在。自近年来企业登记便利化改革以来,各类市场主体数量大幅度增长,有力促进了大众创业和万众创新。与此同时,虚假设立登记现象时有发生,即使实行实名认证登记,仍无法从根本上杜绝。此举不仅破坏公平竞争的市场经济秩序、扰乱登记机关的行政管理秩序、损害政府公信力,还有损股东、职工、债权人和社会公众的利益。

一直以来,我国公司法的应对之策就是"虚假设立登记撤销"制度。《公司法》第39条规定:

虚报注册资本、提交虚假材料或者采取其他欺诈手段隐瞒重要事实取得公司设立登记的,公司登记机关应当依照法律、行政法规的规定予以撤销。

设立登记一旦被撤销,公司要进入解散清算,不能再进行经营活动。解散清算后,注销登记,公司终止。需强调,撤销登记是公司登记机关依据《行政许可法》针对错误登记行为的一种纠正行为,并非行政处罚措施。

二、虚假设立登记的撤销

(一)予以撤销的情形

针对撤销情形,《市场主体登记管理条例》区分"提交虚假材料或者采取其他欺诈手段隐瞒重要事实取得市场主体登记""虚报注册资本取得市场主体登记"两种情形,前者的法律后果是撤销登记,后者的法律后果包括责令改正、罚款和吊销营业执照。撤销登记与吊销公司营业执照并不相同,撤销登记是对公司登记行为的纠正,吊销公司营业执照则是对公司经营资格的剥夺。

《公司法》统合、优化了上述规定,不再针对两种情形分别规定不同的法律效果,将4项法律效果一分为二:其一,第39条将"撤销公司登记、吊销营业执照"统一为对设立登记"予以撤销",第250条则规定责令整改、罚款等行政强制、处罚措施。其中,第250条规定:

违反本法规定,虚报注册资本、提交虚假材料或者采取其他欺诈手段隐瞒重要事实取得公司登记的,由公司登记机关责令改正,对虚报注册资本的公司,处以虚报注册资本金额百分之五以上百分之十五以下的罚款;对提交虚假材料或者采取其他欺诈手段隐瞒重要事实的公司,处以五万元以上二百万元以下的罚款;情节严重的,吊销营业执照;对直接负责的主管人员和其他直接责任人员处以三万元以上三十万元以下的罚款。

具言之,上引第39条规定的撤销情形有三:

1.虚报注册资本。指申请公司登记使用虚假证明文件或者采取其他欺诈手段虚报注册资本,欺骗公司登记部门,取得公司登记。此处注册资本,是指在公司登记机关登记的资本数额,包括设立时股东认缴的出资额,也包括成立后增加的资本额。《市场主体登记管理条例》第45条对虚报注册资本取得公司登记行为规定了更详细的处罚措施,虚报注册资本数额巨大、后果严重或者有其他严重情节的,甚至会构成刑事犯罪。

2.提交虚假材料。此类材料主要包括公司登记申请书、公司章程、验资证明等文件,以及根据法律、行政法规规定须报经有关部门审批的业务所提交的批准文件,即俗称的伪造批文。

3.采取其他欺诈手段隐瞒重要事实。此为兜底情形,为登记机关和法院留下解释空间。

(二)不予撤销的情形

公司登记机关对符合撤销情形的,以撤销为原则,以不撤销为例外。对不予撤销之情形,《市场主体登记管理条例》第41条规定:

有下列情形之一的,登记机关可以不予撤销市场主体登记:

(一)撤销市场主体登记可能对社会公共利益造成重大损害;

(二)撤销市场主体登记后无法恢复到登记前的状态;

(三)法律、行政法规规定的其他情形。

基于利益衡量,存在上述三情形时,登记机关可不予撤销市场主体登记,以兼顾法律惩治效果与社会公共利益的平衡。

三、虚假设立登记撤销的程序

《市场主体登记管理条例》第40条规定:

提交虚假材料或者采取其他欺诈手段隐瞒重要事实取得市场主体登记的,受虚假市场主体登记影响的自然人、法人和其他组织可以向登记机关提出撤销市场主体登记的申请。

登记机关受理申请后,应当及时开展调查。经调查认定存在虚假市场主体登记情形的,登记机关应当撤销市场主体登记。相关市场主体和人员无法联系或者拒不配合的,登记机关可以将相关市场主体的登记时间、登记事项等通过国家企业信用信息公示系统向社会公示,公示期为45日。相关市场主体及其利害关系人在公示期内没有提出异议的,登记机关可以撤销市场主体登记。

因虚假市场主体登记被撤销的市场主体,其直接责任人自市场主体登记被撤销之日起3年内不得再次申请市场主体登记。登记机关应当通过国家企业信用信息公示系统予以公示。

该条文含义丰富,解读如下:

(一)撤销主体

"谁登记谁撤销"是确认撤销主体的底层逻辑。先有登记错误的因,才有撤销登记的果。设立登记时,公司登记机关因申请人的欺诈行为产生错误认识,作出错误登记,所以通常应由实施原设立登记行为的公司登记机关进行撤销。

(二)启动主体

1.依申请撤销。根据《市场主体登记管理条例》第40条,受虚假设立登记影响的自然人、法人和其他组织可以向登记机关提出撤销设立登记的申请,例如被冒用身份的自然人、法人和其他组织(实践中常见的如假冒国企)可以提出撤销申请。

2.依职权撤销。根据《公司法》第39条,公司登记机关依职权撤销为应有之义。但值得注意的是,依《公司法》第250条,出现虚假设立登记情形时,首先应当责令当事人改正或限期改正违法行为,给予当事人采取补救措施的机会,而劣后考虑给予撤销登记的行政处罚。经调查认定存在虚假设立登记行为,且不存在不予撤销情形的,登记机关应当撤销设立登记。若相关当事人无法联系或者拒不配合的,登记机关可以将公司的登记时间、登记事项等通过国家企业信用信息公示系统向社会公示,公示期为45日。公司及其利害关系人在公示期内没有提出异议的,登记机关可以撤销市场主体登记。

(三)错误撤销之救济

《市场主体登记管理条例》第42条规定:

登记机关或者其上级机关认定撤销市场主体登记决定错误的,可以撤销该决定,恢复原登记状态,并通过国家企业信用信息公示系统公示。

045 如何处理虚假设立登记？（下）

（书接上问）

四、虚假设立登记撤销的后果

公司设立登记一旦被撤销，将产生溯及效力，应当认为该登记自始不存在，公司设立无效。实践中，通常公司系在已经营运、对外产生了债权债务后才被发现存在虚假设立情形，进而被撤销登记。因此，需要明确撤销后的公司相关民事责任如何承担。此时，首先应当组织清算，如果清算财产能够清偿全部债务，则剩余财产由投资人按照比例分配；如果清算后的财产不能清偿全部债务，则投资人不能享受有限责任的庇护，应当对不能清偿的债务承担连带责任。

另外，我国实行公司实名登记制，且公司需要对其所提交材料的真实性、合法性和有效性负责。因虚假公司登记被撤销的市场主体，其直接责任人自公司登记被撤销之日起3年内不得再次申请市场主体登记。登记机关应当通过国家企业信用信息公示系统予以公示。虚假公司登记被撤销后，对因虚假登记受到影响的自然人、法人和其他组织，相关信用惩戒和市场禁入措施应当停止执行。

五、虚假设立行为的司法救济：公司设立无效之诉

（一）司法救济

进一步的问题是，对于虚假设立行为，除行政机关责令改正、罚款、吊销营业执照以及撤销登记外，可否适用司法诉讼程序予以救济？

实务中，某个公司的存在本身，可能就会招致不少人的忌惮。这些人，可能是公司业务上的竞争对手，也可能是内部人士，如想逃避出资责任的设立股东、想逃避连带责任的董监高，或公司出现内部分歧时想要鱼死网破的股东等。公司面临内忧外患时，各方利害关系人会有一个想法——能不能让这家公司消灭？此时自然便会想到提出公司设立登记无效之诉。

公司设立登记无效之诉，指公司已经设立登记，但由于公司的设立登记存在瑕疵、不符合法律规定的相关条件，公司法人资格自始无效。一些域外法上存在此类

诉讼。

(二)我国不存在公司设立无效之诉

从《公司法》规定来看,我国不存在"设立登记无效之诉"。最高人民法院起草《公司法解释三(征求意见稿)》第6条第1款、第2款时曾作如下规定:

公司设立存在下列情形之一,股东、董事或者监事在公司营业执照核发之日起二年内以公司为被告,提起诉讼请求认定公司设立无效的,人民法院应予受理:

(一)违反法律法规强制性规定或者损害社会公共利益;

(二)以合法形式掩盖非法目的;

(三)发起人不符合法律法规规定的条件;

(四)公司资本未达到法定最低限额;

(五)从事特定事业的公司未经主管部门批准;

(六)其他违反法律法规强制性规定导致公司设立无效的情形。

存在前款第(一)项和第(二)项情形的,人民法院应当判决公司设立无效;存在前款第(三)项、第(四)项和第(五)项情形的,人民法院应当责令当事人在指定的合理期限内采取补正措施;当事人逾期未能补正的,人民法院应当判决公司设立无效。

但这一规定最终未出现在《公司法解释三》的成稿中。目前,对于虚假设立公司行为的规制仅有设立登记撤销制度,其属于行政机关针对错误登记行为的纠正行为,尚欠缺司法审判层面的救济。

(三)应否设置公司设立无效之诉

1. 前置补正程序:公司设立登记无效之诉的应有之义

承认公司设立无效之诉的价值,并非在于否定目前撤销程序中补正行为的作用。相反,公司设立登记无效之诉的适用劣后于设立登记补正程序,逾期不能补正的,才能进行诉讼流程。原因在于:

其一,出于对公司人格稳定性的维护,应给予公司自我改正的机会;

其二,出于对行政机关公信力的维护,应允许行政机关根据依法行政原则纠正自身先前的登记行为,进行自我纠错;

其三,出于便宜行事的目的,对于任何一方来说,开展一场诉讼的人力、精力成本,远大于修改登记信息、改正不合规营业行为,抑或自行解散、注销的成本。

2. 严格构成要件:防止公司设立登记无效之诉被滥用

设立登记无效之诉一旦胜诉,将"釜底抽薪"地消灭公司人格。若建立设立登记

无效之诉制度,应严格设置其要件,包括:

(1)适格原告:提起诉讼的原告应当与公司具有密切利益关系,如公司股东、董事等。

(2)提诉期间:为维护市场环境及市场主体资格的稳定性,原告应在公司成立后的一定时间内提起诉讼,如公司成立之日起两年内。

此外,在法律效果上,也应限制判决的溯及力,此前公司与第三人发生的法律关系不受公司设立登记之诉判决的影响。

046　登记联络人:中国版公司秘书有哪些职能?

一、送达难与公司秘书制度

公司秘书,是公司聘用的,主要负责向社会公开相关信息,以及接受查询等内外联络事项,确保公司能够收悉相关信息的人员,在公司内外联络事项上起着重要作用。

公司秘书制度起源于英国,在我国香港特区有着成熟的运行经验。公司秘书相当于公司的通信员、联系人,看似"不起眼",实则非常重要。在香港,公司一般聘任专职文员为公司秘书,负责公司内外联络事项,一人往往兼任多家公司秘书。

目前,我国上市公司设有董事会秘书制度,但这与公司秘书制度不是一回事,也有沿海城市的一些公司试行公司秘书制度,但尚不成型。公司秘书可以在多家公司兼任,类似的一种实践是,一些中小微公司内部不设专职财务人员,而是外聘财务公司的会计师、审计师等人员来帮助公司记账。很多财务公司的财务人员可能会同时为十几家乃至几十家公司做账。

在2023年《公司法》修订过程中,曾有最高人民法院法官及学者提出,应增设公司秘书制度,将公司秘书作为公司登记事项。那么,在公司登记层面,为什么公司秘书这个职位如此重要呢?设置公司秘书有什么具体作用?

其实,设置该制度的初衷,主要在于推动解决我国法院的送达难问题。司法实践中有很多"三无"公司:没有人员、没有业务、没有办公场所。一旦这些公司涉诉,法院需发传票,但由于其留存在登记机关的材料有问题,法官不仅无法确定公司联系人员,甚至连收件地址也无法明确。或因公司最初设立登记时填写的地址即虚假地址、模糊地址,或拆迁、搬迁导致登记地址不再准确。这种情况下,直接送达、邮寄送达等通常送达方式都无法适用,法院只好采用兜底的公告送达方式,但这与民事诉讼强调的时效性形成严重冲突。公告送达的时间成本过高,如诉讼中每一步骤都以此方式送达,诉讼周期会被极大拖长,致使法院与对方当事人苦不堪言。

现行公司法最终并未引入公司秘书制度,但公司登记实务引入了登记联络员制度,这是一项重要的制度创新。

二、登记联络员制度

2021年《市场主体登记管理条例》第9条规定,市场主体须将登记联络员作为应向登记机关办理的备案事项之一。2022年《市场主体登记管理条例实施细则》第16条规定,公司在办理备案事项时,应配合登记机关通过实名认证系统,采用人脸识别等方式对登记联络员进行实名验证。2024年国家市场监管总局发布的《公司登记管理实施办法》第14条规定:

公司设立登记时应当依法对登记联络员进行备案,提供登记联络员的电话号码、电子邮箱等常用联系方式,委托登记联络员负责公司与公司登记机关之间的联络工作,确保有效沟通。

登记联络员可以由公司法定代表人、董事、监事、高级管理人员、股东、员工等人员担任。

登记联络员变更的,公司应当自变更之日起三十日内向公司登记机关办理备案。

基于上述规定,对登记联络员制度略作解读如下:

1. 登记联络员系公司设立登记时必须备案事项之一,具体备案内容包括登记联络员的电话号码、电子邮箱等常用联系方式。

2. 登记联络员的职能在于负责公司与公司登记机关之间的联络工作,确保有效沟通。为此,如登记联络员有变更,公司应当自变更之日起30日内向公司登记机关办理备案。保持登记联络员一直"在场",是发挥其联络功能的前提。

3. 担任登记联络员的人员,限于公司法定代表人、董事、监事、高级管理人员、股东、员工。这就是登记联络员的有效关联规则,不能任由公司外部人员担任。上述人员中,除了股东外,均是与公司存在劳动合同关系、委任合同关系的人。至于股东,也是公司最重要的利害关系人。实务中,公司往往会指定在公司中承担一定公关职能的股东,或与控股股东存在密切关系的股东担任登记联络员。

047 如何理解公司印章的备案及其法律效力?(上)

一、公司印章的类型及备案

(一)狭义的公司印章

《民法典》第 490 条第 1 款第 1 句规定:

当事人采用合同书形式订立合同的,自当事人均签名、盖章或者按指印时合同成立。

民事活动中,加盖印章通常意味着相关民事主体作出了具有法律效力的意思表示。公司作为"非自然人",在意思表示中高度依赖印章。《公司法》第 55 条、第 149 条、第 196 条也分别提及,有限公司的出资证明书、股份公司纸质形式的股票、纸质形式的公司债券除由公司法定代表人签名外,还特别要求由公司盖章,足以凸显公司印章的重要性。

为适应经营需要、满足商事活动的效率要求,公司一般会置备多种类型的公司印章,以供公司内不同主体/部门在不同场合下使用。其中,狭义的公司印章(最重要的公司印章)即为公司法定名称章,俗称"公章"。公司公章在各类公司印章中具有最高法律效力,除必须使用公司专用章的特殊场合,凡是以公司名义发出的合同、证明等公司材料均需加盖公章。

(二)广义的公司印章

除公章外,广义上的公司印章还包括不同类型的公司专用章,这些印章的法律效力皆在不同层面受到限制,其类型包括但不限于以下 5 类:

1. 法定代表人章。如银行预留印鉴除加盖财务专用章或公章外,还需有法定代表人或其授权代理人的签名或者盖章。法定代表人作为公司的法定对外表意人,一般情况下,加盖法定代表人章即意味着该行为属于代表行为,最终的法律效力应由公司承担。

2. 合同专用章。该印章主要用于公司对外签订各类合同,可在合同约定的范围内代表公司,公司需承受由此产生的权利义务关系。

3.财务专用章。该印章主要用于公司的财务往来,如会计核算和银行结算业务等。

4.人事专用章。该印章主要用于公司人力资源管理事务,如劳动合同的签订,以及用于员工办理任职、去职、辞职、转任等相关文件。

5.部门公章。该印章是公司内部各职能部门的印章,代表该职能部门的意思表示,不代表公司整体的意志。因此,一般情况下部门公章并不对外使用,仅用于公司内部事务。

在效力方面,除部门印章外,合同专用章、财务专用章、人事专用章等公司专门印章在各自效力事项范围内与公司公章具有同等法律效力,亦可相互替代使用。但除必须使用专用章的特殊场合,若以公司专用章替代公司公章,则盖章行为的法律效力需根据专用章的类型、使用场景具体判定。公司实践及司法裁判一般认为,如各方当事人已形成以公司专用章替代公司公章之交易习惯,且专用章的使用并未超出其本身的适用范围,则应认定为其与公章具备同等法律效力。

(三)印章备案

市监局办理公司登记、备案事务时,并不要求公司印章备案,但为什么人们会有印章备案的说法呢？这大概是因为:

1.公司申请刻制诸印章,尤其是公章时,公安机关要求刻备案章,章上带着编号。

2.银行会要求公司留下法定代表人印鉴,以供核对。

3.市监局办理公司登记申请时,申请表上会要求公司盖章存档。

二、人、章一致时的印章效力

(一)职务行为之证明

公司作为法人组织体,就其从事的经营行为,需要通过特定自然人(法定代表人、代理人等,通称为经办人)的签字、盖章才能实现其意志。该经办人同时也是独立的法律主体,在此情况下,确定该经办人的行为是个人行为还是代表或代理公司的职务行为,至为关键。

一般而言,仅凭经办人签字,尚不足以区别某一行为是个人行为还是公司行为,因此,只能通过加盖公司印章加以区别。就此而言,盖章具有经办人签字所不具备的功能。经办人在合同书上加盖公司印章的行为表明,该行为是职务行为而非个人行为,应由公司承担法律后果;亦表明,公司对经办人经磋商确定的合同内容表示确认,进而将其作为自身享有权利、承担义务的依据。

(二)不同主体盖章之效力

公司各类经办人,只有在其代表、代理权限范围内加盖公司印章,才可视为公司的意思表示,进而由公司承担相应法律后果,否则该行为可能对公司不发生效力。因而,不同主体盖章的行为效力亦存在区别。

1. 法定代表人。作为公司的代表机关,法定代表人当然有权代表公司作出意思表示,其盖章行为是职责范围内的附属性权限,是对公司意思的一种确认。因此,法定代表人即使超越权限,除非相对人明知,其加盖公章的行为也对公司发生效力。

2. 商事辅助人,包括职员、店员等。如店员开具发票,在发票上加盖公司印章,其实也是对公司意思的一种确认,只不过属于职务代理行为,其应在代理权限范围内作出意思表示。

3. 受托保管人。如单纯交付印章给受托保管人,其并无代理权外观;如将印章和其他有关文件,如公司介绍信、空白单据、空白合同等交付受托保管人,则其被赋予相应代理权的外观,受托保管人的行为可能会对公司发生效力。

048 如何理解公司印章的备案及其法律效力?(下)

(书接上问)

三、人、章异常时的印章效力

实践中,对于公司印章效力,关注重点不应局限于人、章一致情形,更应注重人、章不匹配的非规范情形,即人、章异常时公司印章效力的认定。或是为了争夺公司控制权,或是为了逃避债务,有些公司有意刻制两套或多套印章,有些法定代表人或代理人甚至私刻印章,订立合同时恶意加盖非备案印章,发生纠纷后公司以加盖的是假印章为由否定合同效力。人、章异常时如何正确认定公司印章的法律效力,关乎公司、交易相对人的利益及交易安全。

为此,《民法典合同编通则司法解释》第22条沿袭《九民纪要》第41条"认人不看章"的认定思路,再次明确效力认定的核心在于判断经办人有无代表权、代理权,并对人、章异常的三种具体情形作出了规定,其内容为:

法定代表人、负责人或者工作人员以法人、非法人组织的名义订立合同且未超越权限,法人、非法人组织仅以合同加盖的印章不是备案印章或者系伪造的印章为由主张该合同对其不发生效力的,人民法院不予支持。

合同系以法人、非法人组织的名义订立,但是仅有法定代表人、负责人或者工作人员签名或者按指印而未加盖法人、非法人组织的印章,相对人能够证明法定代表人、负责人或者工作人员在订立合同时未超越权限的,人民法院应当认定合同对法人、非法人组织发生效力。但是,当事人约定以加盖印章作为合同成立条件的除外。

合同仅加盖法人、非法人组织的印章而无人员签名或者按指印,相对人能够证明合同系法定代表人、负责人或者工作人员在其权限范围内订立的,人民法院应当认定该合同对法人、非法人组织发生效力。

在前三款规定的情形下,法定代表人、负责人或者工作人员在订立合同时虽然超越代表或者代理权限,但是依据民法典第五百零四条的规定构成表见代表,或者依据民法典第一百七十二条的规定构成表见代理的,人民法院应当认定合同对法人、非法人组织发生效力。

对该规定,解读如下:

1. 真人假章

该情形指,尽管公章是假的,但行为人具有代表权、代理权。主要包括:其一,法定代表人在合同上签字;其二,代理人以代理人身份签字;其三,代理人尽管未在合同上签字,但能够证明其以代理人身份参与了缔约磋商。此时,行为人有代表权、代理权,且签订的合同也体现了公司意思,公司本应通过盖章行为予以确认,但其为逃避未来可能面临的责任,故意加盖假章,自然不应让其得逞。故此时即便盖的是假章,也不影响公司承担责任。

2. 有章无人

该情形指,合同上仅加盖公司印章,并无相应行为人签字。如能够确定合同系公司法定代表人、工作人员在其权限范围内签订,应当认定该合同对公司发生效力。反之,如不能确定公司印章系何人所盖或系与何人进行缔约接触,最终确定是假章时,当然不能对公司发生效力;即便盖的是真章,因为不能确定行为人,自然也谈不上适用代表、代理制度,此时应当认定合同不成立。

3. 有人无章

该情形指,合同上有行为人签字,但未加盖公司印章。此时要综合考虑合同内容、行为人身份及职权等因素,以确定行为人究竟是以个人名义签订合同,还是以法定代表人或代理人身份签订合同,不能简单以未加盖公司公章为由就认定属于个人行为。在确定是以法定代表人、代理人的身份签订合同后,再根据其有无代表权、代理权,或是否超越代表权、代理权,以及相对人是否善意等因素确定公司是否承担责任。若相对人能够证明公司法定代表人、工作人员在订立合同时未超越权限,应当认定合同对公司发生效力。但当事人明确约定以加盖公司印章作为合同成立或生效条件的,此时合同未加盖印章,即合同未成立或未生效,自然不对公司发生效力。

除上述3种已规定情形,公司实践中还普遍存在"先盖章后签约""假人真章"等其他人、章异常情形。无论何种情形,都可以行为人有无代表权或代理权为判断核心,结合相对人是否履行了核实行为人身份及权限的义务,参考《民法典》中的表见代表、表见代理规则,具体认定公司印章是否发生法律效力。

049 公司银行账户的资金用途有哪些限制?

一、什么是公司银行账户

(一)定义

公司银行账户,俗称对公账户,是指以公司名义在银行开立的经办各类经营收支的账户。公司经营活动的日常资金收付以及工资、奖金和现金的支取均通过公司银行账户办理。

(二)分类

公司银行账户分为基本存款账户、一般存款账户、临时存款账户以及专用存款账户。

1. 基本存款账户,也称企业基本户,是指公司因办理日常转账结算和现金收付需要开立的银行结算账户,主要用于公司日常的转账、结算和现金收付。

2. 一般存款账户，也称企业一般户，是指公司因借款或其他结算需要，在基本存款账户开户银行以外的银行营业机构开立的银行结算账户。公司的部分结算需经过一般户，如向基本户以外的银行借款，或为了获得基本户以外的银行所提供的特殊服务。可能的考量因素，包括其他银行结算速度快、业务范围广，以及规避同一家银行的金融风险等。根据《人民币银行结算账户管理办法》（部分失效）规定，一个公司只能在银行开立一个基本存款账户，但可以根据业务需要开设多个一般存款账户等。

3. 临时存款账户，是指存款人因临时需要并在规定期限内使用而开立的银行结算账户，主要用于公司临时经营活动的结算，有明确有效期。例如，公司承接了一个短期大型项目，在项目执行期间，即可开设临时存款账户以专门处理与该项目相关的资金往来，待项目结束后，该账户的使命即宣告完成。

4. 专用存款账户，是指公司根据法律、法规对其特定用途资金进行专项管理和使用而开立的银行结算账户，专款专用，具体包括社会保障资金账户、基本建设资金账户等。公司若欲开设该类账户，需要提供相关部门的批文或证明。

二、为什么要有公司银行账户

工资发放、特定用途资金专项管理、日常转账结算和现金收付等，都是通过各种公司银行账户进行的，其功能主要体现在以下方面：

1. 为保障公司的独立财产、独立人格，开立公司银行账户是必然要求。倘若公司设有以自己名义开立的账户，经营活动中的资金往来都通过股东、董事、法定代表人的个人账户完成，则公司不可能拥有独立财产，独立人格也就无从谈起。

2. 在日常经营方面，公司在与客户交易时，通常双方都必须使用对公账户收付款，以彰显各自的独立主体身份。使用对公账户亦便于公司对资金各用途的专项管理，提高资金管理效率。例如，公司根据不同资金需求开设一般户、临时存款账户等不同类型的银行账户，既可以清楚划分资金用途，也有利于展示各资金的流向。定期对各账户的流水进行分析，有助于公司作出更准确的资金筹划。

3. 在税务申报和税款缴纳方面，公司必须采用对公账户。作为公司必须履行的义务，记账、报税等税务性事务要求公司必须办理银行账户。对此，《税收征收管理法》第17条第1款规定，公司应当按照国家有关规定，持税务登记证件，在银行或者其他金融机构开立基本存款账户和其他存款账户，并将其全部账号向税务机关报告。由此,公司涉税事务都必须通过对公账户进行处理,以便税务部门开展税款核算、追溯等监管行为。

简言之,公司一切经营活动的资金往来都必须通过对公账户来完成。

三、公司银行账户的资金用途受到哪些限制

为防止公司与股东等其他主体财务混同,保障公司资金依法、依规使用,公司银行账户的资金用途受到以下限制。

(一)禁止公私混用

根据《人民币银行结算账户管理办法》(部分失效)第39~42条,公司基本存款账户在向个人账户转账时受到严格限制。首先,在转账原因上,仅限于工资收入、劳务收入、投资收益等特定合法款项类型,不得基于违法原因向个人转账。其次,在数额上,对个人转账金额每笔超过5万元的,应当由公司提供相应证明。个人获得收益应当纳税的,公司若作为扣缴义务人,还需提供完税证明。

此外,为避免股东将公司财产用于本人、家庭成员,或以借款名义随意支取公司款项,保障公司财产独立,《财政部、国家税务总局关于规范个人投资者个人所得税征收管理的通知》(财税〔2003〕158号)规定,股东获得的名为公司支出、实际归属个人的资金需由股东按照相应税目缴纳个人所得税。

若股东个人资金和公司银行账户资金发生严重混同,法院会综合考虑账户性质、资金来源、当事人主张等因素来判断资金性质,并视情况作出混同认定。

(二)特殊账户的限制

除公司基本存款账户外,另外三种公司银行账户也受到不同程度的限制。首先,针对一般存款账户,公司可借其办理转账结算和现金缴存,但不得办理现金支取。其次,针对临时存款账户,其有效期届满后需要办理展期,并且有效期最长不得超过2年。最后,针对专用存款账户,其资金用途受到严格限制,只能用于征地补偿、项目建设等特定目的,不得挪作他用。

因此,公司银行账户的资金用途受法律、行政法规、政策规定以及账户管理制度的约束,公司必须严格按照规定用途使用,否则可能面临法律上的不利后果。

050　公司住所的法律功能是什么？

一、公司住所及其特征

公司住所，是指为使法律关系集中于一处而确定的法人的地址，是法人资格取得的必要条件，通常也确定了公司法律关系的空间范围。

公司住所的基本特征包括：

1. 唯一性

《公司法》第8条规定：

公司以其主要办事机构所在地为住所。

实践中，尤其是近年来随着"总部经济"、税收优惠等竞争性政策的推动，很多公司往往设立双总部、多总部，给传统法律的公司住所认定方式带来了挑战。但根据该条规定，公司住所仅有一处，《民法典》第63条与此相同，并特别规定"依法需要办理法人登记的，应当将主要办事机构所在地登记为住所"。2021年《市场主体登记管理条例》第11条规定：

市场主体只能登记一个住所或者主要经营场所。

电子商务平台内的自然人经营者可以根据国家有关规定，将电子商务平台提供的网络经营场所作为经营场所。

省、自治区、直辖市人民政府可以根据有关法律、行政法规的规定和本地区实际情况，自行或者授权下级人民政府对住所或者主要经营场所作出更加便利市场主体从事经营活动的具体规定。

但是，《市场主体登记管理条例实施细则》有十几个条文提及住所，且都包含主要经营场所、经营场所，如第10条规定：

申请人应当根据市场主体类型依法向其住所（主要经营场所、经营场所）所在地具有登记管辖权的登记机关办理登记。

2. 公示性

《公司法》第32～33条、第46条、第95条以及《市场主体登记管理条例》第8条、第11条均规定，住所乃是：

——公司登记的六大事项之一；
——营业执照的载明事项之一；
——公司章程的绝对必要记载事项之一；
——国家企业信用信息公示系统向社会公示的重要信息之一。
由此可见，公司住所具有极强的公示性。

二、公司住所的确定

通过以上规定可知，对公司而言，住所的界定以其主要办事机构所在地为标准，又因交易安全、便捷所需，公司住所具有唯一性和公示性。住所乃公司进行民商事活动的基础，其确定问题至关重要。

一直以来，我国都以公司主要办事机构所在地为公司住所，公司设立必须具有固定的经营场所。登记机关在公司设立登记时，要求申请人提供住所的产权证明和用途证明，公司发起人必须先购置或租借相应的经营场所并获得产权证书或用途证明，才能顺利登记注册、取得营业执照。《民法典》第63条规定的"主要办事机构所在地"即"主要生产经营地"或"主要经营场所"，也是公司的生产经营管理中心所在地。如公司有多个经营场所，则以主营业地的经营场所为住所。

近年来，时常出现公司登记住所与实际经营场所的分离，这进一步造成公司注册地与主要办事机构所在地的不一致，给诉讼管辖的确定等带来了困难。解决此问题的妥适方案为：首先，根据《公司法》第8条，以公司主要办事机构所在地为住所，即"主要生产经营地"或"主要经营场所"；其次，主要办事机构所在地不能确定的，根据《民事诉讼法解释》第3条第2款，法人注册地或者登记地为住所地。由此可见，在以公司住所地作为连接点确定管辖法院时，公司注册地与主要办事机构所在地不一致的，按照更密切联系原则，应以其主要办事机构所在地为住所地。起诉时，公司主要办事机构所在地不能确定的，以其注册地或者登记地为住所地。

三、公司住所的法律功能

1.确定公司的诉讼管辖地。《民事诉讼法》第22条第2款规定，对法人或者其他组织提起的民事诉讼，由被告住所地人民法院管辖。作为民商事活动的重要主体，公司在经营活动中难免会与其他经济组织发生纠纷，因而确定公司的住所地具有重要的现实意义。

2.确定公司的受送达地点。公司在经营活动中,必然会与外界发生各种联系,确定公司住所地有利于其他组织及时、迅速地与公司取得联系。而且,司法机关也能够及时送达法律文书,为公司或者其他当事人依法维护合法权益提供保障。

3.确定债务的履行地。依《民法典》第511条,合同债务履行地点不明确,"给付货币的,在接受货币一方所在地履行;……其他标的,在履行义务一方所在地履行"。公司作为当事人的,其"所在地"就是其住所。可见,确定了公司的住所,也就确定了相关债务的履行地。

4.确定公司的登记机关。根据《市场主体登记管理条例实施细则》第10条,住所地的市监局就是公司的登记管理机关。另外,公司也有可能享受登记机关所在地的优惠政策。例如,公司住所在当地的经济技术开发区,则可能享受开发区税收减免、专利技术补贴等专项优惠政策。

051　公司只能有一个名称吗?

一、公司名称

公司名称,是指公司在从事商业活动时用以对外表彰自己营业的称谓。一方面,公司名称是公司人格独立的必要条件;只有具备合法有效的名称,公司才能区别于其他法律主体,进而可以自己的名义从事民商事活动,依法享有权利、履行义务。另一方面,公司名称也是公司无形资产的重要组成部分,公司经营活动均需以公司名称进行,这使得公司名称成为公司商誉最直接的载体。公司亦可通过许可他人使用自己的名称获得收益。

有鉴于公司名称作为公司必备要素及人格标志的特殊法律地位,倘若完全放任公司自由选用名称,不仅将导致名称混淆、攀附商誉等有违经济秩序的不正当竞争行为泛滥,更可能架空名称彰显法人人格的制度功能。因此,各国法律对公司名称均存在不同程度的规制。

在我国公司法语境下,规制体现为:首先,依法选用并经核准登记注册的公司名称方可获得法律保护,公司对此享有名称权。其次,公司名称具有相当程度的公示性,保障其作为公司对外标识能够迅速为交易相对方所了解。对此,《公司法》第

32~33条、第46条、第95条以及《市场主体登记管理条例》第8条、第10条均规定，公司名称乃是：

——公司登记的六大事项之一；

——营业执照的载明事项之一；

——公司章程的绝对必要记载事项之一；

——国家企业信用信息公示系统向社会公示的重要信息之一，且名称转让、授权使用等信息皆应公示。

二、公司命名的规制

《公司法》第6条第1款规定：

公司应当有自己的名称。公司名称应当符合国家有关规定。

公司欲取得具备法律效力的名称，在名称选用方面首先需满足合法性要求，符合《公司法》《市场主体登记管理条例》《市场主体登记管理条例实施细则》《企业名称登记管理规定》《企业名称登记管理规定实施办法》等法律、行政法规和部门规章对公司名称提出的诸多规定。对此，可归纳为规范性和禁止性规定两个方面。

（一）规范性要求

1. 数量要求。为避免一家公司拥有复数名称，造成主体识别困难，《市场主体登记管理条例》第10条、《企业名称登记管理规定》第4条规定，每个公司只能拥有一个受法律保护的名称。

2. 文字要求。《企业名称登记管理规定》第5条及《企业名称登记管理规定实施办法》第7条、第10条规定，公司名称应当使用规范汉字，民族自治地方的企业名称可以同时使用本民族自治地方通用的民族文字。

3. 组成要求。《企业名称登记管理规定实施办法》第8条规定，公司名称一般应当由行政区划名称、字号、行业或者经营特点、组织形式组成，并依次排列。要强调的是：

（1）行政区划名称应是公司所在地的县级以上地方行政区划名称，根据商业惯例等实际需要，可以加注括号的形式置于字号之后、组织形式之前。

（2）字号也即商号，是名称中最重要的部分，多数公司亦以字号为简称，因此《企业名称登记管理规定实施办法》第10条要求，字号应当具有显著性，由两个以上汉字组成，但原则上也不能冗长，可以是字、词或其组合。

(3)行业或者经营特点,主要根据公司的主营业务和国民经济行业分类标准确定。

(4)组织形式根据《公司法》第7条仅限于两种,即"有限责任公司"(或简称"有限公司")、"股份有限公司"(或简称"股份公司")。凡名称中缺乏以上两种组织形式的,均不属于依《公司法》设立并归其调整的公司。

(二)禁止性要求

除了从正面提出规范性要求,为进一步保障公司名称的识别功能与财产性功能,我国法律还对名称选用作出了部分禁止性规定。

1. 拟定的公司名称中的字号,不得与同一登记机关同行业或者不使用行业、经营特点表述的公司名称中的字号相同,但公司间具备投资关系或名称受让关系的除外。

2. 不得恶意申报名称、占用名称资源。根据《企业名称登记管理规定实施办法》第16条,一是不得使用与国家重大战略政策相关的文字,不得使公众误认为与国家出资、政府信用等有关联关系,如使用"西电东送""西气东输""南水北调"等涉及国家战略的文字;二是不得使用"国家级""最高级""最佳"等带有误导性的文字;三是不得使用与同行业在先有一定影响的他人名称(包括简称、字号等)相同或者近似的文字,如"口渴可乐";四是不得使用明示或暗示为非营利性组织的文字,如"设计院""勘察院""工程院""研究中心"等一般为事业单位、民办非企业单位组织形式的用语。

3. 不得违背公序良俗。为维护社会公共利益与经济秩序,公序良俗原则是所有民事主体从事民事活动必须遵循的基本原则,公司名称的选用亦不例外。《企业名称登记管理规定》第11条第7项明确规定,企业名称不得违背公序良俗或可能有其他不良影响。公序良俗原则是公司名称选用的兜底性禁止要求。

052　公司名称如何取得并获得保护?

一、名称的自主申报制

为落实以上规制,公司取得名称的第二步为完成名称自主申报及登记程序。改革开放以来,我国一直实行企业名称预先核准制度,即公司在设立登记前,需依法向登记机关申请对拟用名称进行事前审查核准。

但随着商事制度改革不断深化,新增企业快速增长,企业名称预先核准制度政府管制过多、核准效率较低等弊端日益凸显。为深化"放管服"改革,提高企业名称登记的便利化水平,2019年国家市场监管总局印发《关于做好取消企业名称预先核准行政许可事项衔接工作的通知》(国市监注〔2019〕70号),取消企业名称预先核准行政许可,登记机关提供企业名称自主申报行政服务,自主申报制度由此建立,公司名称登记管理方式由"事前审查"变为"事前明确规则和事中事后监管"。相应地,之后的《企业名称登记管理规定》《市场主体登记管理条例》等法律文件皆规定公司名称由申请人自主申报,企业登记机关为申请人查询、选择名称提供服务,不再对公司名称是否与其他公司名称近似作审查判断。

具体至操作方面,根据《企业名称登记管理规定实施办法》第21~26条,公司名称申请人拟定好若干名称后,可通过互联网登录企业名称申报系统,或者在公司登记机关服务窗口,提交有关信息和材料,并对提交材料的真实性、合法性和有效性负责。申报后,企业名称申报系统将会对申请人提交的公司名称进行自动比对,显示申报通过或不予通过的结果。但即便申报通过也并不意味着该名称一定会获得登记,登记机关将对公司名称进行审查,如违反禁止性条款将予以驳回并说明理由。所以,对部分申报通过的名称,申报系统同样会作出相关提示,告知申请者该名称存在不予登记的可能,或是在使用中面临因名称争议而被要求变更的风险。申请人应根据查询、比对和筛选的结果,选取符合要求的公司名称,并承诺若因其公司名称与他人公司名称近似而侵犯他人合法权益,依法承担法律责任。

企业登记机关会对申报通过的公司名称予以保留,一般公司的保留期为2个月;设立企业公司依法应当报经批准或经营范围中有在登记前须经批准的项目的,保留期为1年。公司名称保留期内,因公司未登记注册,尚未具备主体资格,自然不享有完整的公司名称权,法律法规仅限制在后申请人不得拟定与在保留期内名称字号相同的名称,因此有前申请人应当在保留期届满前办理公司登记;逾期后,公司名称将不予保留,公司无法办理公司登记,只能再次申报名称。

二、公司名称权的法律保护

(一)名称权的专用性

公司名称经过依法登记后,便受法律保护,同时产生法律上的权利和义务关系。

《民法典》第 1013、1014 条规定：

法人、非法人组织享有名称权，有权依法决定、使用、变更、转让或者许可他人使用自己的名称。

任何组织或者个人不得以干涉、盗用、假冒等方式侵害他人的姓名权或者名称权。

《公司法》第 6 条第 2 款规定"公司的名称权受法律保护"，首次在公司法中明确了公司名称权规则。所谓公司名称权，是指公司享有的依法决定、使用、变更、转让或许可他人使用自己名称的权利。该权利具有专用性，即公司名称只能由其登记注册的公司使用，该公司可以自由将公司名称用于经营活动，其他公司、组织未经许可不得使用该公司名称开展经营活动。否则，公司有权通过《民法典》第 110 条等规范依法寻求救济。

（二）侵权行为的类型

与公司名称权的内容及专用性相对应，侵害公司名称权的行为可以类型化为：

1. 非法干涉公司设定、变更名称权。根据《民法典》第 1013 条、第 1016 条，公司有权设定和改变自己的名称，除法律规定外，他人不得强制干涉。但公司名称一经变更登记后，原登记名称视为撤销，公司对此不再享有名称权，应当使用新登记的名称进行经营活动。

2. 非法干涉公司使用或授权他人使用、转让名称权。名称权虽属人格权，但具备财产属性，是承载公司商誉的重要无形资产，具有转让价值。《企业名称登记管理规定》第 19 条规定，公司有权将名称转让给他人。

3. 非法使用他人公司名称。公司对自己的名称享有独占使用权，但原则上仅限于同一行业及同一登记机关管辖范围。未经权利人许可而使用其公司名称，以及虽然经权利人许可，但在使用中超出许可使用的范围或方式，均属于非法使用他人公司名称。

（三）侵权救济方式

根据《企业名称登记管理规定》第 21 条、《企业名称登记管理规定实施办法》第 34 条，公司认为其他公司名称侵犯本公司名称合法权益的，可以向法院起诉或者请求公司登记机关处理。这意味着，被侵权公司可基于效率、成本等因素自由选择由公司登记机关调解、裁决或直接提起民事诉讼。例如，若需快速制止侵权行为，可优先选择申请行政裁决；若涉及较大金额的赔偿或不正当竞争行为，则可选择向法院起诉。但若法院已经受理被侵权公司的名称争议诉讼或作出裁判的,公司登记机关将依法不予受理。

053 公司经营范围的法律功能是什么?

一、公司经营范围

公司经营范围,又称公司目的范围,是指公司依据自身意愿选取并经市场监管部门确认的,从事经营的行业、商品类别与服务项目,反映公司从事经营活动的业务范围。

经营范围,在我国公司法上,与公司住所、名称等项目一起列为:

——公司登记的六大事项之一;

——营业执照的载明事项之一;

——公司章程的绝对必要记载事项之一;

——国家企业信用信息公示系统向社会公示的重要信息之一。

可见,公司经营范围具备极强的公示性。

二、经营范围的法律功能

根据"法不禁止即自由"的私法理念与法律行为准则,只要法律不设限制,公司依其自然性质所能为的行为均得依自由意志为之。原则上,现代公司法倾向于概括性地赋予公司广泛的权利,承认公司享有与自然人相同的从事一切必需或者必要的活动以执行其营业或者事务的权利,除非公司章程另有规定,也即授权公司根据实际情况对某些权利进行自我限制,经营范围即是其中的表现之一。因此,经营范围被普遍认为是公司能力最重要的内容,对公司内外的不同主体皆具备独特的法律功能。

1. 对公司而言,经营范围是其存在和发展的基础。公司基于特定意图设立,以经营范围规制特定生产要素及组织机构,确定特定营业的财产组织和功能状态,整合公司资源,有利于公司经营活动的专业化发展。

2. 对股东而言,经营范围是其预测投资风险、作出投资决策的依据。股东在投资设立公司时,以章程记载的经营范围限定公司日后的业务范围,可规避公司无限制对外经营所导致的不可控风险。

3.对董事、经理等公司经营者而言,经营范围是其从事经营活动的约束。在"两权分离"原则下,经营者要保证股东的投资用于经营范围内的事项;如其超越经营范围从事经营活动,造成公司损失,应对公司承担损害赔偿责任。

4.对交易相对人而言,经营范围是其判断交易风险的根据。交易相对人可借助广泛公示的经营范围,评估公司的资质、履约能力及经营前景等重要交易基础,进而决定是否与公司交易。

5.对政府而言,经营范围是其进行行业监管的工具。一方面,特定经营范围的登记数量及其变化,能够在一定程度上体现不同行业的发展情况,为政府制定行业政策提供参考;另一方面,经营范围中部分须经批准的项目,也可以帮助政府落实行业准入政策。

三、经营范围的确定及变更

根据《市场主体登记管理条例》第14条第1款,公司经营范围包括一般经营项目和许可经营项目,二者在确定及变更方面存在差异。

首先,一般经营项目属公司意思自治事项。《公司法》第9条第1款规定:

公司的经营范围由公司章程规定。公司可以修改公司章程,变更经营范围。

公司经营范围是公司的自我营业限制,原则上公司既可以自己规定经营范围,亦可以随时变更经营范围。公司章程作为纲领性文件,由其规定经营范围理所当然;如变更经营范围,则须修改章程。但无论经营范围的确定或变更,公司都需履行相应登记程序,并按照登记机关公布的经营项目分类标准办理,具体可参考国家市场监管总局以《国民经济行业分类》为基础制定的《经营范围登记规范表述目录(试行)》。

其次,许可经营事项的确定及变更则受到法律限制,《公司法》第9条第2款规定:

公司的经营范围中属于法律、行政法规规定须经批准的项目,应当依法经过批准。

基于公共安全、社会公共利益及市场秩序等因素的考量,对于涉及金融、文化等领域的特殊经营项目,法律、行政法规例外规定公司经批准后才可将其纳入经营范围,具体包括前置及后置许可经营项目两种。

四、经营范围与公司能力

公司经营范围是公司能力最重要的内容,但对于其与法人民事权利能力、行为能力的关系,则存在权利能力限制说、行为能力限制说、代表权限制说及内部责任说四种观点,主要分歧在于,如何认定法人超越其经营范围所实施法律行为的效力。对此,我国立法及司法实践经历了由一律无效到逐渐认定有效的演变过程。

我国曾经长期将经商事登记的公司经营范围作为其权利能力范围,要求公司在经营范围内从事经营,凡超越经营范围所签订的合同一概无效。1986年《民法通则》(已失效)第42条、1993年《公司法》(已修改)第11条、1994年《公司登记管理条例》(已失效)第71条都强调公司应当在登记的经营范围内从事经营活动,否则可能面临罚款等处罚。这表明立法对公司经营范围采权利能力限制说。1987年7月,《最高人民法院关于在审理经济合同纠纷案件中具体适用经济合同法的若干问题的解答》(已失效)第4条明确规定,"超越经营范围或者违反经营方式所签订的合同,应认定为无效合同"。可见,当时的司法实践对此也采权利能力限制说。

但这些做法是计划经济体制的产物,导致实践中大量超越经营范围订立的合同被认定为无效合同,这降低了交易的可预测性,与市场经济体制格格不入。立足于市场经济的发展需求,结合各国立法先进经验,1993年5月,最高人民法院《全国经济审判工作座谈会纪要》提出,不应将法人超越经营范围签订的合同一律认定为无效,应区别对待。《合同法》(已失效)第50条规定:

法人或者其他组织的法定代表人、负责人超越权限订立的合同,除相对人知道或者应当知道其超越权限的以外,该代表行为有效。

这表明立法转采代表权限制说。此外,1999年年底最高人民法院颁布的《关于适用〈中华人民共和国合同法〉若干问题的解释(一)》(已失效)第10条规定:

当事人超越经营范围订立合同,人民法院不因此认定合同无效。但违反国家限制经营、特许经营以及法律、行政法规禁止经营规定的除外。

根据该条规定,一般超越经营范围的行为不会导致合同无效,只有违反国家限制经营和特许经营以及法律、行政法规禁止经营规定而订立的合同才会被认定为无效。吸收以上规定,《民法典》第505条重申:

当事人超越经营范围订立的合同的效力,应当依照本法第一编第六章第三节和本编的有关规定确定,不得仅以超越经营范围确认合同无效。

概言之,公司经营范围并不等同于公司的权利能力、行为能力范围,不能仅因公司超越经营范围而认定其签订的合同无效。

054 变更登记、变更备案各有哪些事项?

一、公司登记事项及其变更

公司变更登记,是公司在原登记事项发生变化后,向登记主管机关办理改变登记事项的活动。要弄清楚变更登记事项,首先需要搞清楚公司登记事项。《公司法》第32条在《市场主体登记管理条例》等法规基础上系统性地规定了公司的六个登记事项。

(一)六个登记事项

《公司法》第32条列举的六个登记事项包括:

1. 公司名称;
2. 公司住所;
3. 公司注册资本;
4. 公司经营范围;
5. 法定代表人姓名;
6. 有限公司股东或股份公司发起人的姓名或名称。

以上六个事项实为公司法人的基本组成要素,一旦发生变更,依照《公司法》第34条,都需要依法及时办理变更登记。

(二)登记事项的公示

前述六项登记事项及其变更,还应在国家企业信用信息公示系统公示,以方便公众登录该网站查询前述登记信息。

(三)登记事项与备案事项的区别

依据《公司法》第34条,上述六个登记事项具有公信效力、对抗效力,与《市场主体登记管理条例》第9条规定的备案事项不同,后者无商事登记的诸效力。

所谓登记事项的公信效力,指善意相对人得以登记事实对抗登记义务人,将登记事实(仅在当事人之间)拟制为客观真实,并据此主张相关法效果;所谓登记事项的对抗效力,指登记义务人得以登记事实对抗相对人,推定其知悉登记事实的效力。

(四)变更登记的办理

《公司法》第 34 条规定:

公司登记事项发生变更的,应当依法办理变更登记。

公司登记事项未经登记或者未经变更登记,不得对抗善意相对人。

上述六个事项一旦发生变动,公司负有及时申请变更登记的义务。申请义务产生后,应"依法办理变更登记"。"依法"之"法"应采广义解释,包括法律、行政法规以及部门规章等法源。观察目前的规范供给情况,主要指《市场主体登记管理条例》和《市场主体登记管理条例实施细则》。

进一步而言,在公司内部,应由哪个法人机关负责申请变更登记?结合《公司法》第 106 条、第 67 条第 2 款第 2 项等规定,应锁定为董事会。如此,如董事会不及时妥善履行该项职务,则违反勤勉义务,由此给公司造成损失的,应依法承担相应赔偿责任。

二、公司备案事项及其变更

(一)公司备案

公司备案,是指公司向登记机关披露相应信息以留档备查,旨在便利登记机关对公司进行监管,提高监管效率。公司将相关信息予以备案不会创设新的权利或新的主体资格,其本身并不具备设权效力,只是对既成事实的相关信息存案留档以备考查,系事实行为而非法律行为。因此,未经备案并不导致相应备案事项不发生效力,公司登记机关也不对备案事项进行实质审查,形式审查也极其有限。

虽公司备案制度对公司外部交易安全鲜有重大影响,但对于公司的风险评估、运行状况等仍具有重要意义。

(二)备案事项范围

依照《市场主体登记管理条例》第 9 条,公司的备案事项包括:

1. 公司章程;

2. 公司经营期限;

3. 有限公司股东或者股份公司发起人认缴的出资数额缴;

4. 公司董事、监事、高级管理人员;

5. 公司登记联络员以及外商投资企业法律文件送达接受人；

6. 公司受益所有人相关信息；

7. 法律、行政法规规定的其他事项。

读者暂且不必急于对以上七项照单全收。这是因为，《市场主体登记管理条例》《市场主体登记管理条例实施细则》都颁布、实施于现行公司法之前，它们的规定还要与现行公司法相衔接，以准确界定公司备案事项的范围。此处需要重点讨论的是：

（1）现行公司法已取消股份公司的认缴制，故股份公司已不存在认缴与实缴事项的备案问题，仅需备案实缴信息。

（2）《公司法》第40条已规定公司应当按照规定通过国家企业信用信息公示系统公示"有限责任公司股东认缴和实缴的出资额、出资方式和出资日期，股份有限公司发起人认购的股份数"，因而需要衔接好公司信息公示与备案两制度间的关系，减少公司针对同一事项重复公示、备案的负担，便利操作流程，提升公司经营效率。

（3）关于公司经营期限，《公司法》未要求作为登记事项，市监局签发的营业执照也未要求必须列明（《公司法》第33条），亦未要求公司章程将其列为绝对必要记载事项（《公司法》第46条）。公司章程规定经营期限与否属于自治范围，是否有必要作为备案事项，尚需进一步斟酌。当然，既然《市场主体登记管理条例》规定了，实务中公司还是需要遵守。

（4）公司章程属公司内部法律文件，不宜向社会公示，但须向公司登记机关备案。若不进行备案，公司章程文本将处于不确定状态，不利于公司、股东及相关利益方，也不利于公司登记部门和其他行政部门的监管。

（三）备案效力

《市场主体登记管理条例》第29条规定，公司变更第9条规定的备案事项的，应当自作出变更决议、决定或者法定变更事项发生之日起30日内向登记机关办理备案。实务中，公司章程修改涉及非法定登记事项的，公司应当将修改后的公司章程或者公司章程修正案送原公司登记机关备案，如公司董事、监事、经理发生变动后的备案。可见，非法定登记事项的变更登记属于事后备案，目的仅在于让登记机关掌握必要信息，以便这些信息面向全社会公示。

此处需着重指出，公司章程绝对必要记载"公司法定代表人的产生、变更方法"而不记载其姓名，法定代表人的姓名是公司登记事项，但董监高是备案事项。这就意味着，不兼任法定代表人的董事、高管发生变更的，变更备案即可；但法定代表人本身发生变更的，需及时办理变更登记，但不需要修订公司章程。此外，《公司登记管理实施办法》第13条还规定：

设置审计委员会行使监事会职权的公司，应当在进行董事备案时标明相关董事担任审计委员会成员的信息。

前文已经提示，上述备案事项无商事登记诸效力。但如公司以外的第三人在交易中合理信赖这些信息并作出商业决策，最后因备案信息存在虚假记载、误导性陈述等情况而利益受损，且备案公司具有重大过错，该第三人有权主张合理的信赖利益保护。

055 注销登记如何办理？

公司注销登记分为依当事人申请与依职权注销两种模式，前者根据当事人申请为之，后者是登记机关发现法定事由进而注销之。在我国，公司解散、破产的，完成清算程序后必须进行注销登记，届时公司终止。

一、申请注销登记

《公司法》第37条规定：

公司因解散、被宣告破产或者其他法定事由需要终止的，应当依法向公司登记机关申请注销登记，由公司登记机关公告公司终止。

第239条又规定：

公司清算结束后，清算组应当制作清算报告，报股东会或者人民法院确认，并报送公司登记机关，申请注销公司登记。

自登记机关予以注销登记之日起，公司即告终止。公司完成清算后，需分别注销税务登记、企业登记、社会保险登记，涉及海关报关等相关业务的企业，还需办理海关报关单位备案注销等事宜。

根据《市场主体登记管理条例实施细则》第46条，申请办理注销登记，应当提交下列材料：

1. 申请书；

2.依法作出解散、注销的决议或者决定,或者被行政机关吊销营业执照、责令关闭、撤销的文件;

3.清算报告、负责清理债权债务的文件或者清理债务完结的证明(因合并、分立而申请注销登记的,无须提交该项材料);

4.税务部门出具的清税证明。

此外,法院指定清算人、破产管理人进行清算的,应提交法院指定证明;法院裁定强制清算或者裁定宣告破产的,有关清算组、破产管理人可以持法院终结强制清算程序的裁定或者终结破产程序的裁定,直接向登记机关申请办理注销登记。

二、强制注销登记

《公司法》第241条规定:

公司被吊销营业执照、责令关闭或者被撤销,满三年未向公司登记机关申请注销公司登记的,公司登记机关可以通过国家企业信用信息公示系统予以公告,公告期限不少于六十日。公告期限届满后,未有异议的,公司登记机关可以注销公司登记。

依照前款规定注销公司登记的,原公司股东、清算义务人的责任不受影响。

公司被强制解散的,仍应由清算义务人组成清算组进行清算;如清算义务人怠于履行清算职责,作出决定的机关或登记机关可以向法院申请强制清算,或者登记机关可以适用本条强制注销公司。需要强调,强制注销并不意味着公司无须清算,而是以先注销后清算的方式完成市场退出。

鉴于这一新制度的重要性,稍作解读如下。

(一)适用条件:行政解散

此即公司被吊销营业执照、责令关闭或者被撤销,且满3年未清算完毕。需要讨论的特殊情形是:

1.歇业企业不适用强制注销。歇业制度旨在尊重商主体的营业自由;处于歇业状态的企业不应适用强制注销机制,而应办理歇业登记。有学者认为,如果企业根据《市场主体登记管理条例实施细则》第42条第3款规定,决定不再经营且未及时办理注销登记,此时市场监管机关可以针对市场主体持续经营能力进行审查判断,进而考虑歇业制度与强制注销制度是否可以衔接。但对此,目前并无明确的法律规定。

2.失联企业可否适用强制注销有待明确。失联企业指通过登记的住所或经营场所无法取得联系的企业,现行规范将其纳入经营异常名录。如《深圳经济特区商事登记若干规定》《海南自由贸易港市场主体注销条例》均规定,失联被列入经营异常名录满两年的,登记机关可以作出除名决定,适用强制除名制度。上述文件同时将强制注销作为强制除名的后续程序,此种做法较为合理。

3.受到其他较重行政处罚的企业是否可适用强制注销有待明确。《行政处罚法》第9条第1~5项根据对行政相对人权益的影响,从轻到重列举了五种行政处罚措施,与《公司法》第241条程度相当的"较重的行政处罚"还有降低资质等级、限制开展生产经营活动、责令停产停业、限制从业等。目前,此类规制措施主要是通过将企业列入严重违法失信名单公示并实施相应管理措施。根据国家市监总局《市场监督管理严重违法失信名单管理办法》第21条规定,被列入严重违法失信名单之日起满3年的会被自动移出名单,停止公示相关信息,并解除相关管理措施。可以看出,被列入失信名单企业的主观恶意并不完全相同,针对满3年而不应被移出名单的企业,有必要考虑适用强制注销。有学者认为,应劣后适用强制注销,对此类公司可采用"司法命令解散+裁定强制注销"的方式,允许当事方进行自主清算与注销登记申请,唯有个别列入名单满3年后符合低效企业情形且不积极申请注销的,登记机关方可在审慎的审查与告知程序下,启动强制注销。如此可最大限度保障商主体的营业自由,同时适当矫正市场秩序。

(二)法律后果:不免除股东与清算义务人的责任

1.此处的股东责任,主要指股东的出资责任,如有股东未出资(无论届期与否),都应该继续缴纳出资。

2.此处清算义务人责任,主要是指《公司法》第232条第3款规定的清算义务人怠于履行清算义务的赔偿责任。

056 企业信息如何公示?

一、企业信息发布的类型及其效力

为推进信息公示制度的完善,强化信用监管,保障交易安全,切实维护债权人权益,《公司法》单设第二章"公司登记",规定对相关企业信息进行登记或者公示,二者皆属于企业信息发布范畴。根据发布媒介与效果的不同,可以分为登记公告、登记备案、企业信息公示三种。

(一)登记公告

学界对于登记公告的效力存在争议,主要有三种观点:

观点一:登记公告具有生效效力(设权效力)+公示效力。

观点二:登记公告具有一般效力(公信效力)+特殊效力(创设效力、弥补效力、宣告效力)。

观点三:登记公告具有确认效力+创设效力+公示效力。

根据《市场主体登记管理条例》第3条第2款,公司登记包括设立登记、变更登记和注销登记三种类型。通说认为,设立与注销登记具备生效与对抗效力,变更登记仅具有对抗效力。

(二)登记备案

登记备案的信息仅存档备查,不具有设权和公示效力。相较登记公告,登记备案原则上为非公开的存档状态,例外时公开。公司以外的第三人查看存档状态的登记备案事项,需有法院的调取令。

(三)企业信息公示

经过十几年的努力,我国建立与运行了国家企业信用信息公示系统。根据相关规定,登记机关及各公司在该系统公示企业信息,既有助于强化信用监管,更有益于保障交易安全。企业信息公示既包括公司登记机关将《公司法》第32条规定的公司名称、住所等六个公司登记事项通过该系统公示,也包括第40条规定的公司自主公示信息。《公司法》第40条规定:

公司应当按照规定通过国家企业信用信息公示系统公示下列事项:

(一)有限责任公司股东认缴和实缴的出资额、出资方式和出资日期,股份有限公司发起人认购的股份数;

(二)有限责任公司股东、股份有限公司发起人的股权、股份变更信息;

(三)行政许可取得、变更、注销等信息;

(四)法律、行政法规规定的其他信息。

公司应当确保前款公示信息真实、准确、完整。

针对公司自行公示的信息,为避免公司发布虚假信息,第40条要求公司应当确

保公示信息真实、准确、完整,否则,适用《公司法》第251条规定:

公司未依照本法第四十条规定公示有关信息或者不如实公示有关信息的,由公司登记机关责令改正,可以处以一万元以上五万元以下的罚款。情节严重的,处以五万元以上二十万元以下的罚款;对直接负责的主管人员和其他直接责任人员处以一万元以上十万元以下的罚款。

二、企业信息发布的事项

(一)登记公告事项

根据《公司法》第32条、《市场主体登记管理条例》第8条,公司登记公告事项主要为:名称、住所、经营范围、注册资本、法定代表人的姓名、有限公司股东或者股份公司发起人姓名或者名称、公司类型等。

(二)登记备案事项

根据《市场主体登记管理条例》第9条,公司登记备案事项主要为:章程、经营期限、有限公司股东或者股份公司发起人认缴的出资数额、董监高、登记联络员、外商投资公司法律文件送达接受人等。

(三)国家企业信用信息公示系统公示事项

根据《公司法》《企业信息公示暂行条例》的相关规定,公司公示事项大致包含上述公司登记公告、登记备案事项,但无须公示公司章程。在此基础上,需要公示的信息还包括:公司股权质押、动产抵押、行政处罚和行政许可信息,有限公司股东认缴和实缴出资额、出资方式、出资日期或者股份有限公司发起人认购股份数(因《公司法》改股份公司股东出资认缴制为实缴制,《企业信息公示暂行条例》第10条要求公示的股份公司发起人认缴和实缴的出资额、出资时间、出资方式等信息已丧失意义),有限公司股权转让变更信息,公司对外长期股权投资信息,公司基本联系信息,开业歇业清算等存续状态信息,网站信息等。

需强调的是,章程仅属于登记备案事项,且无须在国家企业信用信息公示系统公示。之所以不将章程作为登记公告事项,是因为我国有超过5000万家公司,即使是仅对其进行形式审查,其工作量之大也是难以想象的。此外,如审查中忽略了公司章程中违反公序良俗的条款,对其进行登记公告,反而会起到负面作用。

不同企业信息属何种公示事项,整理如表2-5-1所示:

表 2-5-1 企业信息公示事项对照

	是否为登记公告事项	是否为登记备案事项	是否于国家企业信用信息公示系统公示
1. 名称	√	×	√
2. 住所	√	×	√
3. 法定代表人的姓名	√	×	√
4. 注册资本	√	×	√
5. 公司类型	√	×	√
6. 经营范围	√	×	√
7. 营业期限	√	×	√
8. 有限责任公司股东姓名或者名称	√	×	√
9. 股份有限公司发起人姓名或者名称	√	×	√
10. 章程	×	√	×
11. 公司董事、监事、高级管理人员	×	√	√
12. 股东或者发起人认缴和实缴的出资额、出资时间、出资方式	×	√（部分）	√
13. 股东或者发起人股权、股份变更信息	×	×	√

注："√"为是，"×"为否。

03
第三篇

公司金融：公司资本与股东出资

分篇一

公司资本基本制度

现代公司乃资本企业,资本制度乃是公司法律制度的基本支点。注册资本、资本三原则的基本概念,是理解现代公司乃资本企业的核心内容。

本分篇共设 6 问,概括介绍现代公司资本制度的基本面,为下文详细展开提供必要铺垫,内容较为抽象,旨在提升读者的公司法基本理论素养。

001 为什么说现代公司是资本企业?

一、资合、人合

江平先生在 20 世纪 90 年代就明确提出,现代公司是资本企业。这是声如洪钟的判断。

资合性的概念与人合性相对,前者指企业的经营活动主要以资本为信用基础;后者指企业的经营信用主要来源于成员的个人信用(包括其个人资产与人际关系)。我国公司制度的建立具有后发的现代化优势,仅承认有限公司与股份公司。两类公司均为典型的资合企业,有限责任制度的设计使得股东仅以出资额为限对公司的债务承担限定责任,反过来公司则以自己全部的资产对自身债务承担全部责任。这就意味着,股东对公司债务不承担出资以外的个人责任,公司的信用自然也就与股东的个人信用剥离开来。在制度层面,对股东与公司债务关系的切割,使得公司这一商事组织摆脱了人合性。公司资本构成公司初始财产也即资产的第一桶金,其虽来自各个股东的出资,但股东仅是因为资本的聚合才汇集到公司这一商事组织中,故而公司是以资本信用为基础的企业,乃资合企业而非人合企业。

二、资合的决定因素是有限责任

如前所述,有限责任制度是公司资合性的根源,就此有必要对有限责任本身加以说明。通过对有限责任制度内涵及其意义的理解,得以更好地明晰公司资合性的价值所在。有限责任制度是"上帝之选"的法律安排,旨在保护投资者免受企业债务的影响,即投资人只以投入企业的财产为限对企业的债务承担责任。《公司法》第4条第1款规定:

有限责任公司的股东以其认缴的出资额为限对公司承担责任;股份有限公司的股东以其认购的股份为限对公司承担责任。

这是有限责任制度在《公司法》中的直接表达。有限责任制度的功能和优点包括:

1. 个人财产保护。有限责任制度确保股东的个人财产不会因公司的债务或法律诉讼而受到影响。即使公司面临破产或法律纠纷,股东的个人财产也不会被追索。

2. 弘扬企业家精神,鼓励投资和创业。有限责任制度下,股东的损失仅限于其投资金额,风险可控的制度设计起到了鼓励投资者积极参与公司投资的效果。与之相对,在无限责任制度的安排下,投资者往往会谨慎投资,因为任何项目都可能存在失败导致巨额连带责任的风险。

3. 降低监督和管理成本。有限责任制度使得股东尤其是少数股东可以放心地退出公司日常经营管理与监督,因为即使公司经营失败,其损失也是可控的、可预期的。由此,现代公司的资合性使得"两权分离"成为可能,促进了职业经理人群体的成长与发展,不仅降低了股东的监督成本和公司的管理成本,更在整体意义上提升了企业治理的水平。

4. 便利企业融资。同样基于损失风险的可控,有限责任制度使得股权交易的门槛骤降,不仅单一投资者可以实现多元化、分散化的投资行为,更多的低风险承受能力的投资者也可以参与到股权交易之中。与投资端效率提升相伴而生的是融资端需求的剧增,以大规模股权投资与转让为实质的近代金融市场由此诞生。

三、在资合与人合之间

不过,资合、人合之间并非水火不容,也难泾渭分明。例如,合伙企业虽因合伙人对企业的债务承担连带责任而谓为人合,但规模较大的合伙企业的信用基础同样可能在很大程度上立基于合伙企业自身的资本和资产,而非合伙人的个人信用。需要注意的是,虽然有限责任制度使得资合成为现代公司的基本特征,但在企业规模较小、股东人数较少、资本不甚充足的有限公司,其信用亦与股东个人信用息息相关;中小企业主动要求为企业债务提供个人担保,即为明证。

因此,所谓资合与人合,仅是帮助理解不同类型企业的一个原则性概念,是一种概括性的类型划分,是理解不同商事组织各自优劣势的理论工具。具言之,资合性强的企业在很大程度上摆脱了对人际关系、成员信用的依赖,治理模式上以资本多数决为核心,更有利于企业效率和权益架构的设计;人合性强的企业,治理模式上更依赖于人头决、一致决,但也更有利于成员个人信用及商业才能的释放。

此外,资合性企业与人合性企业在融资、税收、市场准入等方面也存在诸多差异。本书对此类问题均有详细的分述,此处不予展开。

002　如何设计公司的财务结构？（上）

一、财务结构

自成立之始,公司的运作一刻也离不开资金,组建公司的首要任务就是筹集资金,公司成立后如需扩大经营等也要筹集资金。公司资金的来源有二:一是发行股份(出资额),从股东那里获得资本,形成所有者权益,此为股权融资,或曰直接融资;二是发行债券或者借款,从债券购买人、贷款人那里获得借贷资金,或者在经营中占用客户、供应商资金,形成各种负债,此为债权融资,又称间接融资。

公司股权融资所得公司资本(≈所有者权益)与债权融资形成的负债共同构成了公司资产。公司的财务结构,或称公司资本结构、权益结构,是指公司资金来源(公司总资产)中公司资本与公司负债之间的比例关系。其背后的会计公式是:

公司总资产＝所有者权益＋负债

净资产＝公司总资产－负债

可见,净资产与所有者权益,虽概念内涵不同,但账面数额大致相当,反映内容上基本一致。为避免读者在下文阅读中陷入概念的迷宫,在此先作说明。

财务结构项下又有负债结构,其是指公司短期、中期、长期等各类债务组成的比例关系。

公司的财务结构对于公司运营与治理影响深远,这根源于公司财务结构中股权资本与负债所具有的不同的经济功能和法律意义。

1. 风险差异。资金的来源不同,公司所承受的风险也不同:所有者权益的比例越高,公司财务基础越稳固;反之,公司的负债率越高,公司经营风险就越高。这是因为,无论公司的经营情况如何,总要定期支付借款的本息,但股东只有在公司盈利且宣布分配的情形下才有权获得股利。当公司现金流不充足时,如还款期限接踵而至,支付本息的压力无疑是雪上加霜,必然进一步加剧资金紧张的情况,高负债率所导致的经营风险不言而喻。

2. 财务杠杆之"双刃剑"。资金来源中包含的负债具有使每股盈余(股东权益回报率)变动放大之效果,此称为财务杠杆。负债经营是实现公司价值最大化的一种有效的财务手段,借款与还贷的能力常常被视为公司经济实力的重要标志,公司负债经营则相应被称为一项"以小博大"的公司经营战略。

进一步分析,在公司投资收益率高于负债利率的情况下,负债经营可以提高股东权益的回报率,使公司获得财务杠杆的正向效益。并且相较于股权融资,债权融资的负债利率从公司税前成本扣除,与从税后利润中支付的股息相比,可以减轻公司税负。但与此同时,利益与风险并行,负债经营给公司带来利益,也会发生相伴的财务风险,且风险程度与负债比例正相关。当公司投资收益率小于负债利率时,负债经营将产生财务杠杆的副作用,且负债比例越高,公司偿还借贷本息的难度越大,财务杠杆的副作用越大,公司破产的风险也相应增加。

财务杠杆示例。设某股份公司股本100万元,发行股份1万股,每股100元,无债权资本,当年税前利润10万元,因无利息支出,利润全数归于股东,每股盈余10元,股东权益回报率为10%。设公司于次年度举债400万元(负债比例80%),年利率5%,且公司税前利润亦成长至50万元,则扣除利息支出(20万元)后的净利润为30万元,每股盈余30元,股东权益回报率为30%。可见,在资本不变的前提下,公司负债经营的,只要税前利润保持同比例增长,股东之获利必然高于不负债经营。而最低的要求,即是公司投资收益率高于负债利率(收益率大于5%),否则负债将成为公司经营的负担,高杠杆的副作用亦显现。

二、几个概念的明确

1. 财务(资本)结构

如前所述,财务结构也即资本结构,展现的是公司通过不同渠道获取资金的比例,主要分为股权融资和债权融资。衡量资本结构的常用指标包括:

资产负债率——总负债与总资产的比率,反映公司负债水平和偿债能力;

权益比率——股东权益与总资产的比率,反映股东对公司资产的占有比。

更进一步,债权融资内部存在公司负债结构,也即公司负债的组成情况,分为流动负债和非流动负债。流动负债包括应付账款、短期借款等,需要在一年内偿还;非流动负债包括长期应付款、长期借款等,偿还期限超过一年。

与之相对,股权融资即股东权益,指股东在公司中的剩余权益,包括股本、资本公积、留存收益等。股本,也即公司发行股票所对应的总资本额;留存收益,则指公司历年累计的净利润减去分红后的剩余部分。股东权益回报率则是净利润与股东权益的比率,用以衡量股东投资的回报率。

2. 资产结构

资产结构指公司资产的构成情况,主要分为流动资产和非流动资产。流动资产包括现金、应收账款、存货等,反映公司短期偿债能力和运营效率;非流动资产包括长期投资、固定资产、无形资产等,显示公司长期运营能力和发展潜力。

更进一步地,通过财务比率分析可以深入理解公司资产结构,评估公司短期偿债能力,主要包括流动比率——流动资产与流动负债的比率;速动比率——速动资产(流动资产减去存货)与流动负债的比率,这是更为严格的衡量标准。

需要着重强调现金流的概念,其作为公司资产的重要部分,分为经营活动现金流、投资活动现金流和融资活动现金流。经营活动现金流反映公司主营业务的现金收入和支出;投资活动现金流显示公司在固定资产、无形资产等方面的投资收入和支出;融资活动现金流则反映公司通过借款、发行股票等融资活动获得和偿还资金的情况。

003　如何设计公司的财务结构？（下）

（书接上问）

三、影响公司财务结构的制度因素

现实中影响公司财务结构以及负债结构的因素很多，包括公司所在法域的金融制度、银行制度、资本市场发展状况、少数股东与债权人的保护状况等。比如，美国实行金融业分业经营，严格限制商业银行的营业范围与区域，银行贷款占公司财务结构的比例很小；但证券市场很发达，公司主要通过发行股票、债券募集资金，长期公司债占公司财务结构的比重很高。又如，德国实行全能制银行和银行代理股票制度，日本实行主银行制度和以银行财团为中心的法人交叉持股制度，银行贷款占公司财务结构的比例很高，但日德证券市场相对不发达；公司的股票发行受制于大环境，但不乏自主抉择的空间。

我国企业融资存在的问题主要表现为：融资渠道以借贷为主，使得财务结构中间接融资占比过高，直接融资占比不足；融资时长以短期为主，使得负债结构中短期债务居多而中、长期债务不足，且出现了前者被用于长期投资项目之上的畸形状态。这体现了市场整体以投机而非投资为目标的致命弱点，也是企业发展遇到的核心障碍。这种重视债权融资、轻视股权融资的企业融资模式，一方面根源于我国资本市场所具有的后发劣势；另一方面也根源于既有政商强依附关系的模式下，尤以国家出资公司为主对财政过于倚重的路径依赖。

随着中国特色现代企业制度的逐步完善，资本市场的发展促进与新型政商关系的建立同步推进，融资渠道进一步开放与通畅。与此同时，公司法对类别股等兼具股、债性质的融资工具的认可，使得公司在多元化融资工具的配置上具有更多的选择。

四、单一公司的财务管理及策略

公司可以通过财务管理优化财务结构，降低运营风险，提高盈利能力。单一企业在对其财务结构进行配置、对其融资工具进行选择时，应当充分考虑股、债的风险差异性,首先保证公司能够持续平稳运营,这意味着必要的股权融资需要得到保证;其次可期待撬动更多的资源,在保证现金流充沛的情况下通过债权融资增加杠杆,谋求更多的收益。换言之,公司应当进行负债管理与股东权益管理,合理配置股权融资和债权融资,在控制负债规模和期限、确保偿债能力的同时,稳定和增加股东回报,优化资本结构以提高资产利用效率;而且,应当进行资产管理,降低资金成本,增强流动性,提升公司价值。

可以说,一个合理的财务结构是公司健康运营的关键所在;公司应该重视整体的财务管理架构,建立健全内部控制机制与风险控制机制,完善包括财务管理、审计、风险管理等方面的规定和流程,借以对信用风险、市场风险、流动性风险等进行防范。例如,公司应定期评估其资本结构,确保符合法律和监管机构的要求,其评估内容包括资本水平、股权结构、股东权益等。

公司亦应当遵循包括但不限于公司法、税法、证券法及相关行业监管法律等规范性文件的规定,落实公司财务合规的相关要求,确保公司的经营行为符合法律法规、公司章程规定。权责一致原则下,公司及其管理层在财务管理中负有谨慎决策的法律责任,如违反相应合规义务,可能面临民事诉讼与行政罚款甚至刑事责任的追究。

004 如何界定注册资本?

一、注册资本的定义

现代公司是资本企业,以股东出资作为交易的信用基础,而这个由股东出资所构成的"资金池",就是公司的注册资本。

注册资本,是指公司注册登记时在章程中所记载的股东、发起人认缴的出资总额。注册资本是公司法定资本的一部分,是公司股东对公司的出资承诺,也是公司正常运营和发展与在法律上承担民事责任的经济基础。

具言之,理解公司的注册资本,要结合以下几个方面:

1. 股东的出资承诺。注册资本代表股东对公司的出资承诺,即股东承诺在一定期限内缴足所认缴的注册资本总额。

2. 责任财产的一部分。注册资本是公司责任财产的一部分,公司在法律上以其全部资产对其债务承担民事责任。

3. 公司的信用之基。注册资本反映公司运营伊始的经济基础,是公司对外展示信用和实力的重要指标之一。

二、注册资本的法律意义

注册资本对公司、股东和公司债权人具有不同的法律意义。于公司而言,注册资本为其开始运营的基础资金,也构成了公司初始的资本信用。于股东而言,注册资本明确了各股东对公司所负之出资义务,股东需要按时足额缴纳其认缴的出资;相对应地,股东根据其出资比例对公司享有一定的利润分配权和表决权。由此,股东出资比例不仅框定了股东有限责任的范围,也明确了其在公司中的权益比例。于公司债权人而言,注册资本是公司对外承担债务的基础。为作出更理性的交易决策,公司债权人可以通过公司注册资本的数额初步评估公司的经营规模和偿债能力;较高的注册资本可以增强公司债权人对公司偿债能力的信心。

值得强调的是,正是因为股东权益与出资比例的正相关性,公司注册资本制度也深刻地影响着公司治理结构。股东出资结构的复杂性意味着公司治理的复杂性,且不同出资结构也导向差异化的公司治理问题,如一股独大情形下,控制股东权利滥用与少数股东权益保护往往是治理痛点;出资比例均衡的情形下,则公司僵局出现的比例大大增加;等等。

三、注册资本的基本法则

不同国家公司资本制度设计中对注册资本监管的宽严程度有所不同,差异化的规制存在于公司资产流入与资产流出两个环节。

资产流入环节,也就是公司资本形成的阶段,对于注册资本的监管主要围绕最低注册资本制、认缴登记制、出资类型管制等制度设计展开。由于对市场投资促进的程度有差异,各国就资本形成阶段的制度设计宽严有别,我国立法则呈现出明确的由严厉向宽松的演进趋势。

首先,就最低注册资本制,区别于欧洲各国立法相对严格的最低注册资本要求,我国公司法在2013年进行了制度转向,与美国公司法相类似,基本上取消了最低注册资本要求(除部分特殊行业、特殊类型的企业),允许公司根据司情设定注册资本数额,理论上一元钱也可以设立一家公司。其次,在公司设立阶段,《公司法》第47条、第98条规定,有限公司股东可以认缴一定数额的出资额,并按照公司章程规定自公司成立之日起5年内缴足;股份公司的发起人则应在公司成立前按照其认购的股份全额缴纳股款。其余内容本书后续将具体展开,暂不予论述。

资本流出环节,各国对于注册资本监管的差异根源于新兴的实际偿付能力模式对传统的资本维持模式的冲击。传统的资本维持模式下,资本维持原则是理论核心,公司资本被视为债务履行的基础或曰"保护垫",因此往往对注册资本采取更为严格的监管态度。但实际偿付能力模式下,公司资本不被强制要求留存于公司;更为灵活的偿债能力是立法关注的重点,对于注册资本的监管也就相应宽松。

我国现行公司法仍主要采资本维持模式,公司运营阶段的诸多规则均围绕资本维持原则展开。典型的例子是对抽逃出资行为的规制,在公司运营阶段,按照第53条、第105条,股东不得抽逃出资,也即公司净资产(公司总资产与负债之差)小于、等于股东已实缴注册资本时,公司资产不得向股东流出,此为资本维持原则的必然要求。又如,公司没有盈余时不得向股东进行利润分配,不得随意进行股权/股份回购,未经法定程序不得减资等,不一而足。因此,我国立法对于注册资本整体上呈现出较为严格的规制态度,资本维持的理念贯穿制度设计的始终。对于资本维持原则的整体阐释,下问将进行更加具体的展开。

005 如何贯彻"公司资本三原则"?

一、概述

滥觞于大陆法系的"公司资本三原则",是指传统公司法在设计公司资本制度时通常遵循的底线性要求,也即公司围绕自有资本进行一系列商业运营活动时必须遵守之原则,后被学者提炼总结其基本内涵为资本确定、资本维持、资本不变,并称为"公司资本三原则"。

公司资本三原则树立了公司资本制度的核心框架,确保公司在设立、运营过程中具有明确的资本结构、稳定的资本基础和合法的资本变更程序,也为公司资本的筹集、管理和变更等行为的合法性和透明性提供了法律保障,通过提升公司信用进一步保护股东、债权人和其他利益相关者的合法权益。

二、资本确定原则

资本确定原则是指公司设立时，公司章程必须明确记载公司的注册资本总额，并经商事登记。这一原则旨在确保公司在成立时拥有明确的资本结构，为公司运营提供法律和经济基础。《公司法》第33条、第40条规定，两类公司的注册资本应在公司营业执照中明确记载，且公司应当通过国家企业信用信息公示系统对注册资本的相应事项进行商事登记，包括有限公司股东认缴和实缴的出资额、出资日期、出资方式（如货币、实物等），股份公司发起人认购的股份数。这一原则确保公司注册资本在法律上的明确性，公司信用通过登记亦具有公示公信的作用。资本确定原则是资本维持和资本不变原则的参照标准，也是后续规则的适用前提。

三、资本维持原则

资本维持原则是指公司在运营过程中，必须保持注册资本的完整性，不得随意减少或挪用公司资本，以保证公司对外承担债务的能力。如前所述，现代公司是资本企业，股东出资之后，资本即属于公司这一具有独立法律人格的主体所有。资本维持原则也是其应然之要求，在维护公司自身利益的同时，亦维护附着于其上的债权人利益。

在专业的财务会计视角下，该原则要求公司净资产大于公司注册资本数额，否则禁止公司资产向外流出，亦即"资产负债表检测法"。如此，就可以让注册资本持续留存于公司中，发挥吸收经营损失、保障公司偿债能力的"保护垫"作用。为了进一步落实资本维持原则的要求，《公司法》针对不同的情境设计了针对性的规则体系。

以下择其要者，对公司资本维持原则的具体要求进行不完全列示：

1. 严格监管非货币出资。发起人和董事应对非货币出资的实际价值充足予以保证，否则应在出资不足范围内承担连带责任，以避免公司资本实质亏缺。《公司法》第50条规定：

有限责任公司设立时，股东未按照公司章程规定实际缴纳出资，或者实际出资的非货币财产的实际价额显著低于所认缴的出资额的，设立时的其他股东与该股东在出资不足的范围内承担连带责任。

2. 禁止折价发行股份。公司发行面额股时,不得以低于面额的价格发行,因为如折价发行,则相当于股东并未足额出资,违反了公司资本维持之要求。《公司法》第 148 条规定:

> 面额股股票的发行价格可以按票面金额,也可以超过票面金额,但不得低于票面金额。

3. 限制公司回购股权。《公司法》第 89 条、第 161 条、第 162 条等分别规定了公司回购股份的法定情形。基于公司资本维持原则的要求,法定情形外非经合法减资程序不得实施回购计划。

4. 规范公司对外投资、担保、捐赠行为。《公司法》第 15 条、第 163 条等对公司前述行为设置了严格的议决程序。

5. 无盈不分。公司在分配股利前应先弥补亏损并提取法定及任意公积金,如公司弥补亏损和提取公积金后并无利润,则公司不得动用资本进行分配。《公司法》第 210 条第 4 款规定:

> 公司弥补亏损和提取公积金后所余税后利润,有限责任公司按照股东实缴的出资比例分配利润,全体股东约定不按照出资比例分配利润的除外;股份有限公司按照股东所持有的股份比例分配利润,公司章程另有规定的除外。

6. 严禁抽逃出资以及其他损害公司资本的资产流出行为(广义分配行为)。《公司法》第 53 条第 1 款规定:

> 公司成立后,股东不得抽逃出资。

这是一项兜底规定,实际上,不论是禁止违法利润分配,还是限制股权回购,本质都是防止公司资产不当流出,也即避免广义上的股东抽逃出资行为。《公司法》第 53 条明确抽逃出资行为的违法性,是贯彻公司资本维持原则有力的兜底性规定。

四、资本不变原则

资本不变原则是指公司在运营过程中,不得随意变更注册资本,尤其指向不得随意减资;如需变更,应经严格的法律程序,根据《公司法》第 66 条、第 224 条,具体包括:股东会绝对多数决;编制资产负债表及财产清单;公告、通知公司全体债权人,债权人有权请求公司清偿债务或者提供相应的担保;修改公司章程;申请变更登记。

资本不变原则保障了公司资本的稳定性,通过严格的资本变更程序,确保公司资本变更的合法性并减少频繁变更所带来的不确定性,有助于维护公司信用,保护股东和债权人的利益。

006 如何理解资本信用?

一、公司资本多大程度上保护了公司债权人

"公司资本三原则"意欲确保公司保持与其注册资本(一般指实缴资本)相匹配的净资产数额,其主要的立法宗旨在于保护公司的债权人。当然,公司资本的确定、维持与不变,还具有保护公司财产、维护股东平等的功能,但这些目的在事实上可以通过多种路径实现,不必须诉诸严格的公司资本制度。长期以来,公司资本都被视作对公司债权人的担保;公司资本越充实,债权人得不到足额清偿的可能性就越小,即便公司不幸经营失败,充实的资本也可以保障债权人获得相对充分的清算财产。可以说,为公司划定一个确定的资金池并对其严加监管的规则设计,核心的保护对象主要是公司债权人。

然而,随着理论探讨与实践经验的不断发展,人们逐渐意识到,尽管公司资本在理论上被视为债务清偿的重要保障,但在实际操作中,资本信用存在诸多局限性,例如:

1.公司资本虚化的危机。一些公司设立初期,股东通过虚假出资、抽逃出资等方式使得公司资本虚空,导致实际资本与注册资本不符,影响了资本信用的真实性和有效性。

2.资本无法动态反映公司资产状况。注册资本在公司设立时已经确定,在公司存续期间,依据资本不变原则,非经法定程序不得随意变动。然而,公司真实的财务状况却处于不断动态变化的过程之中,静态的资本数额难以反映公司运营过程中资产和负债的实际变化。换言之,公司资本不过是公司资产负债表上的一个记账的数字,公司真实的运营情况由其所拥有的实际资产决定。静态的、原初的公司资本信用无法真实反映公司运营期间某个时点的偿债能力,动态的、即时的公司资产信用才是反映公司偿债能力的核心。

假设两则极端的案例。一则,A公司注册资本为13亿元,但在不良经营数年后

负债累累,总资产为负;二则,B 公司注册资本为 13 万元,在红红火火发展数年后,账上资金高达上亿元。可见,公司运营伊始的注册资本数额可能与公司运营过程中真实的资产情况天差地别。

另外,公司资本是纯粹的账面数额,无法反映出公司资产的真实构成。若公司资产的流动性较差,债权同样可能处于相对较大的风险之中。

3. 股东有限责任原则的限制。根据现代公司法,股东对公司的责任限于其出资额,如公司破产,债权人也只能期待公司现有资产作为责任财产,而无法追索股东的个人资产。这是资本信用所固有的局限性,更是其本质内涵所在。

二、资本信用、资产信用之辩

进入 21 世纪后,包括我国在内的全球范围内的公司法,都开启了从资本信用到资产信用的公司资本制度改革。所谓资产信用,指的是强调公司对外承担责任时的信用基础是其全部资产,而非注册资本或股东的实缴资本;其主张弱化注册资本的功能,放松对公司资本的管制。强调公司资产信用的优势在于:(1)动态反映公司财务状况。资产信用根据公司的实际运营情况动态调整,更加真实地反映公司的偿债能力。(2)强化债权人保护。通过对公司全部资产进行评估和管理,可以更好地保障债权人的利益,减少因资本虚化和资本数额固定所带来的风险。(3)提升公司治理水平。资产信用要求公司对其全部资产进行有效管理和披露,有助于提升公司治理水平,增强其透明度和市场竞争力。

我国在 2013 年的《公司法》修改中,取消了公司注册资本实缴制,改为认缴制,并简化了注册资本的验资手续,即体现了资本信用的弱化和资产信用的加强。不过,2023 年《公司法》再次将股份公司改为实缴制,将有限公司改为 5 年的限期实缴制,可见关于资本信用和资产信用的探讨,还远未终止。

尽管资产信用在理论上和规则设计上具有诸多优势,但在实际操作中仍面临很多挑战。由于信息不对称问题依然严峻,公司可能会通过各种手段隐瞒或夸大资产价值,影响债权人对公司偿债能力的判断。与此同时,纵使公司对全部信息进行合理合法的披露,公司资产亦因其固有特性而难以准确评估。一方面,公司资产种类繁多,包括固定资产、流动资产、无形资产等,如何对这些资产进行价值衡量是一个复杂的问题;另一方面,公司资产价值受市场波动影响较大,即时的评估结果可能存在相当的不确定性。

除去前述资产信用自身所具有的确定性难题,若公司资本制度立法由公司资本信用向公司资产信用转型,也面临着极大的阻力。我国公司法长期立基于资本信用与传统公司资本三原则,若想从根本上转向以资产信用为主的公司资本规则体系,其制度转型的成本是极其高昂的,其所带来的价值必须覆盖成本,如此方是有效的。然而,此问题之回答在我国现阶段仍莫衷一是。

资本信用向资产信用的制度设计转型,对应传统的资本维持模式向新兴的实际偿付能力模式的演进,其实质是由事前对公司资本行为的强制规制,转向事后对公司资本行为的责任追究。实际偿付能力模式下的核心规则是"偿债能力测试",也即依靠董事对公司当前及未来的偿付能力作出测试和预判,进而,通过对董事的不当行为追责以实现对公司资本行为的规制。本篇分篇七将对两种模式再作详细阐述,此处不赘。

这种由事前到事后的转型,灵活性有余而明确性不足。资产信用下的规则体系,具有对公司资本行为的先期信任与对司法裁判行为的高度依赖,高风险性不言而喻。实践中,债权人往往面临法律程序复杂、执行成本高等问题,这影响了资产信用规则的实际效果。现阶段,资本信用向资产信用的转型仍旧处于也只能处于初步阶段,实务操作中应对资产信用予以关注,但规则设计上仍围绕资本信用予以展开。

三、看山还是山

整体而言,"资产信用"应是公司信用的本意,但构成首笔公司资产且法定公示的公司资本,其信用价值也不容抹杀。毕竟,对于公司债权人而言,公司资产之大小及其真实性不易获得,但公司资本的大小一目了然且其缴纳具有强制性保障。总之,公司资本信用的价值不容忽视,公司债权人也绝不会忽视。

分篇二

股份、债券发行

资本结构明确后,公司的首要任务就是筹资。筹资可发行股份(股票)与债券两种形式的证券,本分篇将一并阐释股份与债券的发行。

发行股份的基本制度安排有法定资本制、授权资本制与折中授权资本制之分,现行公司法采法定资本制与授权资本制并行的双轨制。除了授权资本制,2023年公司法修订亦引入类别股制度,对于改良我国股份公司的股本结构具有重大意义。与此同时,债券发行制度在现行公司法中也得到完善;债券持有人权益保护机制是制度改良的重点所在。

针对公司资本制度,新公司法在贯彻既有立法思路的基础上,进行了颇有创新性的制度调整与完善,期待能够真正促进资本市场的繁荣。

本分篇共设13问,围绕授权资本制、类别股制度、债券发行制度等重大的制度创新展开,是分量很重的分篇。

007 "股债二分"(一):公司融资如何区分股与债?

一、股债二分

以公司为本位,在前述的公司财务结构中,股与债可以被视为公司融资交易的两个手段,分别对应股权融资与债权融资;以投资者为本位,股与债可以被视为投资者的两种投资选择,分别对应股权投资与债权投资。"股"与"债"指向两种有名合同,二者各自包含数量众多、类型丰富的子类型,介于二者之间亦有诸多呈股、债融合状态的无名合同。

二者的区别在于何处?

(一)制度经济学的视角

股权投资,作为投资人对企业资产所享有的权利,不同于债权人需要公司还本付息;就其成员权属性而言,股权包含投票权等身份性权利,股东原则上享有对公司的终极控制权。相对应地,就清偿顺位而言,作为公司成员的股东应然劣后于债权人参与公司财产分配,也相对债权人承担着公司失败带来的更大的风险。

就实质论,拥有组织法上的投票权、管理者的选择权甚至利润分配权,都并非将投资行为的性质判定为股权投资的充分条件。股与债之间的核心区别乃在于剩余利润获取的权利——是否参与全部剩余利润的按比例分配。股权投资者相较于债权投资者而言,劣后获得公司利益,也即股权投资者享有刨除债权额之外的公司全部的剩余价值。

司法实践中,存在着更为明确、具有可操作性的判定规则。最高人民法院民二庭第五次法官会议纪要指出:

投资人目的在于取得目标公司股权,且享有参与公司的经营管理权利的,应认定为股权投资;反之,投资人目的并非取得目标公司股权,而仅是为了获取固定收益,且不享有参与公司经营管理权利的,应认定为债权投资,投资人是目标公司或有回购义务的股东的债权人。

据此,关于明股实债及类似协议安排,是股还是债的核心判断指标,是投资目的以及是否参与公司的经营管理。

(二)法律技术的立场

1. 以股为债

由于现行法对于民间借贷的强监管立场,部分当事人被迫以股的形式实现债的目的,造成"以股为债"的类法律现象;其经过逐渐的变异与深化,成为公司融资过程中常见的融资工具和交易安排——投资方在形式上采取股权投资的方式,实际上以将投资本金、收益的远期有效退出为目标。例如,判定投资者与公司之间签订的对赌协议的性质,本质上就是一个如何处理股债关系的问题,经常放在"名股实债"的法律现象下予以讨论。既往司法裁判中,将"名股实债"认定为股权性质、债权性质的案例,在数量上几乎势均力敌。新近司法实践则不再倾向于对交易性质作出认定,而是直接对当事人合同义务的可履行性进行评价,尤其关注公司资本维持原则下的法律规定。

2. 以债为股

反向的实务操作是以债为股——股权投资人认为自己的身份实为债权人,公司、其他股东及公司债权人却认为投资人具有股东的身份而要求其承担股东出资责任等义务。出于优先受偿地位和更优税收待遇的考量,投资人有动机以借贷代替其作为股东对公司负担的出资义务。应当注意的是,股东借贷行为本身不应受到抑制,但需要对不正当的"名债实股"行为予以规制,防止投资者通过此种手段损害其他债权人利益。我国暂未明文引入次级债权规则,但司法裁判上已经存在判定股东对公司的债权应当劣后于其他债权人清偿的司法裁决(参见最高人民法院发布的"沙港公司诉开天公司执行分配方案异议案")。

二、股债融合

实践中,投资人可以与公司进行个性化的约定,因此,在公司融资领域内股债交融的投融资现象比比皆是。事实上,可转债、优先股等具有股债融合性质的投融资工具已在现行公司法上获得认可,这是对于融合型投融资工具之正当性的法律背书。由于司法实践的滞后性,部分法院仍旧倾向于否定股债融合的交易安排,强硬地对其进行"非股即债"的判断并进一步援引相应规则,这实有"削足适履"之嫌。

司法不能仅因为股债杂糅的性质本身而否定投资人与公司双方之间的合同安排。如评价合同效力,须遵循合同效力瑕疵判定的一般合同法规则;但在合同履行上,行为法必须让步于组织法规则,投资人与公司之间的合同约定可否履行需要根据是否违反组织法规定进行判断。"名股实债"的情形下,围绕资本维持原则的相关规定是规制核心;"名债实股"的情形下,则有必要考虑其他债权人利益,通过次级债权理论防止该投资者侵占其他债权人应有的投资收益。

008 "股债二分"(二):可转换债,是股还是债?

一、什么是可转换公司债券

可转换公司债券(Convertible Bonds)是发行人在发行债券时向债券持有人承诺,可以在一定期限内按照一定比率将其转换为公司股票的一种投资工具,简称可转换债。可转换债具有固定的债券利率、到期日,持有人可以根据预先设定的转换价格和转换比率将其转换为公司股票。"雌雄同体"的气质意味着此类债券兼具债与股的性质特点,结合了债权投资和股权投资各自的优势,能在股与债的世界里自由翻转。相应地,对于公司来说,可转换债亦具有诸多独特的金融价值:

1. 降低融资成本。可转换债相较于普通债券通常具有较低的利率,因为发行公司为投资者提供了未来转换为股票的权利。这降低了公司的债务成本,有利于提高融资效率。

2. 延长融资期限。可转换债通常具有较长的偿还期限,有助于延长公司的融资期限,减轻偿债压力。

3. 提高融资灵活性。可转换债具有灵活的转换机制,投资者可以根据市场情况选择是否转换为股票。这种灵活性也有助于公司灵活应对市场变化,调整融资情况,优化资本结构。

4. 激励管理层、骨干员工。通过发行可转换债,公司可以将股票转换作为激励手段,激励管理层、骨干员工,增强公司的竞争力和长期价值。

5. 扩大股东基础。可转换债的发行能够吸引更多元的投资者参与到公司的投资中,扩大公司的股东基础盘,增强公司的股东多样性。

二、我国的基本做法

(一)发行

《公司法》第202条规定:

股份有限公司经股东会决议,或者经公司章程、股东会授权由董事会决议,可以发行可转换为股票的公司债券,并规定具体的转换办法。上市公司发行可转换为股票的公司债券,应当经国务院证券监督管理机构注册。

发行可转换为股票的公司债券,应当在债券上标明可转换公司债券字样,并在公司债券持有人名册上载明可转换公司债券的数额。

这一关于可转换债的规定,有以下几个要点:

1. 发行主体

1993年《公司法》规定,只有股份公司与国有公司才能发行公司债券,有限公司不得发行公司债券;2005年《公司法》则规定,只有上市公司可以发行可转换债,其余公司仅能发行一般的公司债券;新《公司法》将可转换债的发行主体范围扩展到所

有的股份公司,明确了关于公司债券发行的新阶梯:

——任何类型的公司都可以发行公司债券,前提是符合相应的发行条件;可以公开发行,也可以不公开发行,其中公开发行的,要符合证券法规定的发行条件。

——只有股份公司才能发行可转换债;上市公司发行可转换债的,实行注册制。

2. 发行决策

结合《公司法》第59条第2款、第112条的规定,可知发行公司债券的议决机关是公司股东会,或者公司章程、股东会授权的董事会。

3. 发行要求

一是,可转换债募集办法须载明具体的转换办法;

二是,债券上须标明"可转换公司债券"字样,并在公司债券持有人名册上载明可转换债的数额。

(二)选择权

《公司法》第203条规定:

发行可转换为股票的公司债券的,公司应当按照其转换办法向债券持有人换发股票,但债券持有人对转换股票或者不转换股票有选择权。法律、行政法规另有规定的除外。

可用四句话总结本条的规定:

1. 一旦触发转换条件,债券持有人享有选择转换或不转换为股票的权利。

2. 债券持有人的转换权,也即选择权,通说认为其性质为形成权而非请求权。

3. 一旦持有人选择转换,则公司应当依约为之换发股票;否则,属于违约行为,且并不影响债券持有人转换股票的法律效果的实现。

4. 债券持有人的转换权也不是绝对的,"法律、行政法规另有规定的除外",此除外条款是2023年修订公司法新增的例外规定。

009　股份发行(一):法定资本制还是授权资本制?

一、资本形成制度之三分

公司资本是通过股份(包括有限公司的资本份额,下同)的发行而形成,可以在公司设立时一次形成,也可以在公司成立后分次形成。基于各国公司法对资本形成方式的不同设计,产生了三种资本形成制度,即法定资本制、授权资本制和折中资本制。

法定资本制,指公司设立时章程明确规定公司资本总额,并需一次性发行、一次性认足。

授权资本制,指章程载明公司资本总额,公司设立时资本额不必全部发行,可授权董事会在章定资本总额的范围内嗣后发行。

折中资本制,可再分为折中授权资本制和许可资本制。前者指公司设立时,章程载明资本总额,首次发行及认购部分资本公司即可成立,未发行部分授权董事会根据需要发行,但首次发行的资本不得低于资本额的法定比例;后者,亦称认许资本制,指公司设立时章程载明公司初始资本额,需要一次性发行并认足,公司方得成立,同时公司章程可以授权董事会在公司成立后一定期限内,在公司资本一定比例的范围内增加资本额、发行新股份而无须股东会决议。可以说,折中授权资本制和许可资本制分别以授权资本制和法定资本制为制度基础,又居于二者之间。

大体上讲,对于公司的设立人而言,授权资本制最为宽松,折中资本制次之,法定资本制束缚最多。但每一种资本制的宽严度仍然有较大的伸缩空间,法定资本制更是如此。法定资本制是一种结构多元和内容复杂的规范系统,包含出资形式多寡、出资期限长短、法定最低资本额高低、出资结构有无要求等多种子项目的选择及其组合,不同的组合表明在法定资本制框架下宽严不一的政策选择。许可资本制则是法定资本制之变式,其增加了资本发行控制权归属于董事会的新选项,故而,有学者称之为"授权股份制"。

与法定资本制相比,授权资本制有三大优势:(1)公司不必一次性发行全部股份,降低公司设立成本,避免资金闲置;(2)授权董事会自行决定发行资本,无须经股东会决议,简化了公司的增资程序,更有效率;(3)董事会根据公司经营情况发行资本,融资的灵活性和机动性提升,而且董事会决策可能更具专业性、科学性,更能帮助公司适应市场经济和资本市场的发展需求。但其优势大多可为许可资本制所吸收,因此域外公司法学不乏由"授权资本"向"授权股份"概念转型之呼声。

二、公司资本形成制度演变的中国版本

(一)法定资本制的不断调整

自1993年以来,我国一直实行法定资本制,也即要求公司股本总额必须在设立

时一次性发行、一次性认足,且股份发行控制权仅归属于股东会。1993年《公司法》、2005年《公司法》、2013年《公司法》都是在法定资本制框架下的技术性调整,总体趋势是放松资本管制,包括最低出资额的降低与取消、货币出资比例要求的降低与取消、出资形式的逐步多元化、一次性出资到分期出资,首期出资比例的降低乃至取消(2013~2023年)等。但无论如何,都仅聚焦于股东出资环节管制的放松,并未改变法定资本制本身。

(二)引入授权资本制

2023年《公司法》第152条规定:

公司章程或者股东会可以授权董事会在三年内决定发行不超过已发行股份百分之五十的股份。但以非货币财产作价出资的应当经股东会决议。

董事会依照前款规定决定发行股份导致公司注册资本、已发行股份数发生变化的,对公司章程该项记载事项的修改不需再由股东会表决。

第153条规定:

公司章程或者股东会授权董事会决定发行新股的,董事会决议应当经全体董事三分之二以上通过。

据2023年《公司法》第59条、第112条、第151条,公司新股发行权原则上由股东会享有,但第152条允许公司章程、股东会将新股发行权授予董事会,由此突破了原教旨的法定资本制,是公司资本制度的重大制度创新。这也是董事会中心主义模式的标志性制度构造之一。

然而,再次回顾前文对于法定资本制、折中资本制(许可资本制与折中授权资本制)、授权资本制的概念区分,2023年《公司法》修订真的实现了由法定资本制向授权资本制的彻底转型吗?学界不乏争议。

授权资本制及其变式——折中授权资本制,其本质特征在于设立时的资本额不必全部发行;法定资本制及其变式——许可资本制,其本质特征在于设立时的资本额必须全部发行。由此观之,在既有的理论体系下,公司法仍旧要求注册资本总额一次性发行、一次性认足,似乎并未跳脱法定资本制的范畴。董事会所享有的发行新股的权利,并非针对原有资本总额中的未发行部分而是新增的资本额。因此,现有制度应当定性为"许可资本制",或称"授权股份制"。

有鉴于此,学界不乏主张重新对新公司法中股份发行制度予以定性的声音,要求以"授权股份制"代替"授权资本制"的概念适用,但遇到了不小的阻力。本书认为,只要法律各界人士能够明确"授权资本制"在我国的真实制度设计,则强令概念转向并无较大必要。因此,本书仍延用"授权资本制"的概念,但请各位读者辨明其间的区别。

我国现有的资本形成制度应归属于既有理论体系中的许可资本制,但"授权股份"之制度修订也在一定程度上实现了资本信用向资产信用的转型、发行权由股东会向董事会的转移。为便利适用之故,无妨以之为本土化的"授权资本制"。但相较于授权资本制原有的概念内涵,仍有两处关注点:

其一,注册资本必须全部认缴,资本信用仍有重要价值;

其二,发行权由股东会下放于董事会,意味着增资决议程序上的软化,但相应的增资流程依旧需要履行,如注册资本登记数额的变更。

跳脱了原教旨的法定资本制,董事会便具有了发行股份的权力,但是与英美法上的授权资本制相比,我国关于董事会的职权限制仍旧较为严格,可谓"迷你版"授权资本制,引入新制度初期的谨慎与慎重也是可取的立场。被授权决定股份发行的董事会职权及其限制体现在:

1. 授权期限最长为3年。

2. 发行额度上限为公司已发行股份的50%。

3. 发行对价限于货币,如投资者以非货币财产出资的,仍应经股东会决议。

4. 董事会决议采绝对多数决。

当然,董事会发行股份后修改公司章程中的注册资本和已发行股份数不再需要由股东会表决,此规定系董事会享有新股发行权的必然逻辑结果,彰显了对效率的尊重。

将授权资本制引入,极大便利了股份公司的筹资行为,提升了股份公司的筹资能力。但是,授权资本制可能带来公司董事与股东之间以及股东之间的利益冲突。尤其是我国公司普遍股权结构集中,董事会往往处于控股股东的控制之下,新股发行造成中小投资者利益受损的潜在风险较大。为防范公司治理风险,降低代理成本,避免股东间利益冲突乃至股东压制,本书建议,公司章程有必要对董事会新股发行权建立个性化的约束和控制机制。

(三)法定资本制与授权资本制的并行

既然引入了授权资本制,为何还称为"法定资本制与授权资本制并行"呢?这是因为,《公司法》第152条未强行规定公司必须采授权资本制,而是赋权公司可以选择这一制度,也即如公司采授权资本制,还需要公司章程规定或者股东会授权董事会为之;反之,如公司章程、股东会没有授权董事会,公司仍然采取一次性发行、一次性认足且只能由股东会决议发行股份的制度,此仍为法定资本制。

010 股份发行(二):股票发行需要面额吗?

这一问题,涉及股份发行的价格。

一、票面价值:面额股与无面额股

《公司法》第 142 条规定:

公司的资本划分为股份。公司的全部股份,根据公司章程的规定择一采用面额股或者无面额股。采用面额股的,每一股的金额相等。

公司可以根据公司章程的规定将已发行的面额股全部转换为无面额股或者将无面额股全部转换为面额股。

采用无面额股的,应当将发行股份所得股款的二分之一以上计入注册资本。

据此,我国允许股份公司发行面额股与无面额股,采取"双轨制",但特定公司只能择其一,而不能在一家公司的股权结构中搞混合制的面额股、无面额股制度。

面额股制度曾是各国、地区公司资本制度的常例,但从目前来看越来越多的国家和地区的公司法改采无面额股制度。无面额股(non par-value stock)是指股票票面仅记载其所代表的股份数量,而不记载每股的票面金额的股份。与之相对,面额股制度下股票必须载明票面金额,且发行价格与票面价值关系密切。"票面价值"(par value),是公司章程规定的股票面额(face value)。票面价值可以是与股份相关的任意价值,但为了计算方便,通常都是整数,如 1 分、1 元、10 元、100 元等。票面价值记载于公司章程(《公司法》第 154 条),非经章程修改不得变更。

二、面额股的发行价格模式

在面额股制度下,按照与股票票面价值的关系,股票发行价格有三种模式。

1. 平价发行,即股票的发行价格等于票面价值。例如,章程规定注册资本 1000 万元,发行普通股份 1000 万股,每股票面价值 1 元,发行价格为每股 1 元。实务中,国家股、法人股的发行一般都是平价发行。平价发行的成本费用需要通过向投资者加收一定比例手续费的方式弥补，否则实质上有违资本维持原则。

2. 溢价发行，即股票的发行价格高于票面价值。例如，章程规定注册资本1000万元，发行普通股份1000万股，每股票面价值为1元，发行价格为每股1.7元。溢价发行所得的收益属于公司全体股东的共同权益，在公司财务处理上，首先用于填补公司公开发行股份的高额成本费用，余额列为公司的资本公积金（《公司法》第213条）。

1993年《公司法》第131条第2款规定"以超过票面金额为股票发行价格的，须经国务院证券管理部门批准"。2004年《公司法》修正案删除了这一条款，由此废除了发行价格的行政许可制，实行股份发行价格的市场形成机制。溢价发行在我国得到广泛应用，基本上所有上市公司发行的社会公众股都是溢价发行。具体操作表现为中间价发行，即以股份票面价额与市场价格之间的某一中间价格发行股份。由于股份发行或公司上市后，其市场价格通常会高于发行价格，中间价发行实际上是对IPO的投资者让利。我国上市公司对现有股东的配股通常也采用中间价发行方式。

3. 折价发行，即股票发行价格低于票面价值。折价发行的后果必然导致出现"掺水股"（watered shares），意味着公司实收资本低于其发行的资本额，有违资本确定和资本维持原则，因而规定票面价值的公司法都不约而同地选择禁止折价发行。

三、面额股与无面额股之制度对比

首先，票面价值的法律意义有二：一是为同股同价发行提供了形式上的标准；二是为债权人评估贷款风险提供了形式上的帮助。但其缺陷有三：

1. 票面价值不能反映股票的真实价值，因为公司资本与公司资产往往并不一致；

2. 公司折价发行股票的，势必导致"掺水股"存在，而"掺水股"使得面额股难以流通；

3. 增加公司税负，因为与股票发行相关的税收是以票面价值为依据计征的。

面额股制度仅具有形式上的优势，却存在诸多额外的缺陷，许多国家的公司法因而废除了股票的票面价值，允许任意确定股票的发行价格，只要遵循"同股同价"即可。无面额股制度因其制度优势而在世界范围内逐渐替代面额股制度，具体来说：

1.便利公司筹集资金,助力公司摆脱融资困境。区别于面额股,无面额股不存在票面金额,公司可以根据财务状况和现实需要自行决定发行价格,不受禁止折价发行规则的限制,尤其是对于财务上处于困境的公司,能够给予较大的定价空间和筹资空间。

2.如实反映公司价值,避免价格误导。无面额股每一份股票都代表了公司资产的一定份额;当公司资产的总价值发生改变时,不致像面额股那样对股份价值具有误导性的外观。

3.便于股份的拆分与合并,节省公司资本运作成本。股票无票面金额代表着股票数量与公司的资本额无必然关系,拆分与合并股票仅需在股票数量层面展开操作,而无须变动公司的资本,也无须进行烦琐的程序,降低了操作成本,有利于促进公司融资和重组等活动。

4.适应授权资本制的改革要求。无面额股制度强化了公司对股票发行的定价权,获得股东会新股发行授权的董事会可以基于商业判断决定更符合公司融资需要的发行价格,充分发挥了授权资本制的效能。

011　股份发行(三):发行股票需要记名吗?

利用回答这一提问的机会,可以系统介绍一下股份公司发行股票的不同方式及其分类。

一、公开发行与不公开发行

按股份发行是否面向特定对象作此分类,亦称为公募发行与私募发行。

公开发行,是面向社会不特定的人发行股份。公开发行在资本募集规模方面优势明显,因此成为最普遍的发行方式;但公开发行由于涉及社会公众利益,各国立法均对其严加规制,其相应的代价是条件严格、程序复杂和成本较高。在我国,公开募集股份必须符合法律、行政法规规定的条件,并依法经国务院证券监督管理机构或者国务院授权的部门注册。

不公开发行,是向不超过一定数量的特定对象发行股份。此处的特定对象包括个人投资者和机构投资者,前者通常是公司股东、管理层与雇员等。不公开发行不允许采用广告或公开劝诱性的方式如公告、广播、电视、网络、信函、电话等进行宣传。不公开发行具有操作便捷、发行成本低等优点，缺点是募集资金的能力受限。各国公司法、证券法对不公开发行通常制定特别的法律规范，如实行发行注册豁免制度，我国现行《公司法》《证券法》也对不公开发行进行了规定。

《公司法》第 91 条规定：

设立股份有限公司，可以采取发起设立或者募集设立的方式。

发起设立，是指由发起人认购设立公司时应发行的全部股份而设立公司。

募集设立，是指由发起人认购设立公司时应发行股份的一部分，其余股份向特定对象募集或者向社会公开募集而设立公司。

如前所述，股份公司设立方式可以区分为发起设立与募集设立。在前者，公司发行的股份全部由发起人认购，也不存在公开发行的问题；后者又分为私募与公募，只有公募也即"向社会公开募集而设立公司"的，才属于公开发行。

那么，公开发行的标准是怎么界定的呢？《证券法》第 9 条回答了这一问题，其规定：

公开发行证券，必须符合法律、行政法规规定的条件，并依法报经国务院证券监督管理机构或者国务院授权的部门注册。未经依法注册，任何单位和个人不得公开发行证券。证券发行注册制的具体范围、实施步骤，由国务院规定。

有下列情形之一的，为公开发行：

（一）向不特定对象发行证券；

（二）向特定对象发行证券累计超过二百人，但依法实施员工持股计划的员工人数不计算在内；

（三）法律、行政法规规定的其他发行行为。

非公开发行证券，不得采用广告、公开劝诱和变相公开方式。

二、记名发行与不记名发行

股份公司面向特定人群或者社会公众发行股票，可以记名（记载认购人的姓名或者名称）也可以不记名，分别形成记名股与不记名股。此前我国公司实践允许市场主体作自由选择，但现行公司法只允许记名发行，取消不记名发行。这一立法政策背后有诸多利益考量，当下反腐败、反洗钱的需求位列其中。

《公司法》第 147 条规定：

公司的股份采取股票的形式。股票是公司签发的证明股东所持股份的凭证。公司发行的股票,应当为记名股票。

其实,不仅股票记名发行,债券的发行也必须记名。《公司法》第197条规定:公司债券应当为记名债券。

三、电子发行与纸质发行

股份公司发行的股票可以采用纸面形式,也可以采用证监会规定的其他形式(主要是指电子形式)。据此,股份发行可以分为纸质发行与电子发行。如采纸质形式,《公司法》对其载明事项及格式都有明确的要求。第149条规定:

股票采用纸面形式或者国务院证券监督管理机构规定的其他形式。

股票采用纸面形式的,应当载明下列主要事项:

(一)公司名称;

(二)公司成立日期或者股票发行的时间;

(三)股票种类、票面金额及代表的股份数,发行无面额股的,股票代表的股份数。

股票采用纸面形式的,还应当载明股票的编号,由法定代表人签名,公司盖章。发起人股票采用纸面形式的,应当标明发起人股票字样。

类似地,《公司法》对于另一种有价证券——公司债券的纸质形式也有同样的要求。第196条规定:

公司以纸面形式发行公司债券的,应当在债券上载明公司名称、债券票面金额、利率、偿还期限等事项,并由法定代表人签名,公司盖章。

012 股份发行(四):如何设计公司的股权结构?

一、什么是公司的股权结构

(一)定义

公司的股权结构,是公司所有股东按照其持有的股份比例在公司中的权益分配情况。公司法理论与实践经验告诉我们,公司的股权结构是公司治理制度安排的基础,对后者影响深远;不同的股权结构也会直接影响公司的经营活动、战略决策和发展方向。

(二)主要类型

公司股权架构的类型可以根据持股比例、控制权归属、权益分配等要素进行类型化。以下是常见的股权架构类型:

1. 集中式股权架构

在集中式股权架构下必有控股股东。这种架构下,公司的决策通常由控股股东、实际控制人掌控,这类公司在各国、地区的家族企业中较为常见。

例1。沃尔玛(Walmart Inc.),世界最大零售公司,其股权结构相对集中,由沃尔玛创始人山姆·沃尔顿(Sam Walton)及其家族持有公司的主要股权。由于沃尔顿家族持有的股份比例较高,他们对公司的控制权相对稳固,尽管公司在公开市场上有一定数量的股票交易,但沃尔顿家族拥有足够的股权来保持对公司的控制力。他们在公司的战略决策、高层任命以及业务发展方向上均具有重要的影响力,家族成员通常在公司的董事会中担任重要职务,参与重大决策。

2. 分散式股权架构

分散式股权架构下,股权分散持有在多个股东手中,没有单一或少数几位股东对公司拥有绝对的控制力,公司大多存在"两权分离"现象,公司的重大决策多由股东会选举出的董事会等职业经理人组成的法人机关作出。

例2。腾讯控股有限公司,中国最大的互联网和科技公司之一,其股权相对分散,股东包括机构投资者、个人投资者以及其他法人股东。尽管创始人之一马化腾持有大额股份,但并未拥有绝对控制权,公司决策通常通过董事会、股东会等机构集体作出。

3. 特殊类别股结构

类别股的本质,是特殊类别股东相对于普通股东所具有的权利扩张或者限缩。《公司法》第144条引入的类别股包括:优先/劣后分配利润/剩余财产股,超级/低级表决权股,转让受限股,分别对应着财产权、表决权、处分权的差异化安排。公司发行类别股的,会存在特殊的类别股结构,例如,优先股持有者在分配红利或在公司破产清算时享有优先分配权等。

例3。"滴滴出行",中国乃至全球领先的移动出行平台之一。滴滴出行曾在融资轮次中引入优先股。在滴滴出行的股权结构中,此类投资者享有优先分配利润的特殊权益,但不享有对公司决策的控制权,通常也不会直接参与公司的日常经营和战略决策。

二、公司的股权结构设计

前述章节介绍了设立公司时签订发起人协议的注意事项,其中极为重要的一个问题是股权结构的设计,其不仅是公司设立的基础性框架,更直接影响着公司运营的稳定性和未来发展的潜力。科学合理的股权结构能够平衡各股东的利益,激励管理团队和员工,为公司的长远发展提供动力。下文详细探讨如何设计公司股权结构。

(一)基本原则

1. 公平与合理原则。确保各股东的出资及贡献和其持股权利相匹配;公平合理的股权分配能够减少内部矛盾,促进公司和谐发展。

2. 激励原则。通过合理的股权激励机制,能够激发管理层和员工的工作积极性和创造力,提高公司整体运营效率和竞争力。

3. 控制权平衡原则。确保控制权的合理分配,避免过度集中或过于分散。如控制权过度集中,可能导致"一股独大"的独裁情形发生,损害其他股东及公司长远发展利益;但如控制权过于分散,也可能导致决策效率低下,甚至影响公司正常运营。公司应当"量体裁衣",搭建适合自身的股权结构,如一些依赖发起人的个人能力的初创公司,可能更需要集中的股权结构。

4. 灵活性原则。股权结构应能够适应公司未来发展的需要;在公司发展的不同阶段,根据实际情况调整股权结构,确保其适应性和有效性。

(二)如何进行控制权的分配

1. 平均分配模式

创始人之间平均分配股权。例如,5位发起人各持股20%,在形式上最大限度地落实公平原则。但是,平均分配模式亦可能带来一些公司治理上的问题,如可能忽略股东能力及其对公司实际贡献的差异性,因"权责利"不一致而引发矛盾和摩擦。甚至在遇到重大决策时,如果创始人之间意见不一致,可能因各方势力相当导致决策难以达成,形成公司治理僵局。

2. 绝对控股模式

领头股东拥有超过50%甚至多达2/3的股权,在股东会上拥有绝对的表决权和控制力。其优势是控股股东可以迅速作出决策,避免因股东之间的分歧而导致的决策僵局,但相应地,其劣势是可能出现控股股东不受制约,滥用权利,从而侵害公司与其他股东、债权人利益的情形。

3. 相对控股模式

某一股东或股东集团拥有相对多数的股权,但未超过50%,没能形成绝对控制力。此模式下,相对控股股东通常持有30%~50%的股份,可以通过持股比例、董事会席位在公司治理与决策过程中发挥重要作用,但不具备单独决定权。这种模式既能集中决策权,又保留了一定的监督和制衡机制;有利于促进公司治理的透明和规范,是相对"中庸"的股权结构,在多数企业中被采用。不过,这种模式也可能在一定程度上减损公司的决策效率,存在发生公司治理僵局的风险。

4. 双重股权结构模式

引入表决权差异化安排的类别股,形成特殊的双重股权结构。例如,将股权分为A类和B类;A类股通常一股一票,B类股一股多票(如10票)。其优势是创始团队或核心股东可以通过持有B类股,在持股比例降低的同时保有对公司的控制权,从而提高决策效率、降低运营成本,而其他投资者通过持有A类股份享公司收益。其劣势是可能导致普通股东对公司治理的参与度降低,因而需要建立健全监督机制,防止超级表决权股持有人滥用控制权。

013 股份发行(五):可以发行类别股吗?

一、股东的异质化

随着资本市场的不断发展,股东由同质化走向异质化,不同的股东之间不仅具有投资目标和认知的差异,更有不同的选择偏好。因此,为满足不同投资者的需求,公司法必须克服普通股制度下单一化股权结构的历史惯性。既往立法在禁止权利分离原则的要求下,股东的具体权利不得与其成员资格相分离,股东的经济性权利也不得与其参与性权利相分离。

现阶段,股份种类有着多元化发展的需求,必须正视融资工具发展突破禁止权利分离原则桎梏的现实。类别股的出现,正当其时,现行公司法对于类别股的开放式认可立场,可谓顺应了市场需求,为商业实践提供了充分的制度供给。

二、类别股法定主义

《公司法》第144条规定：

公司可以按照公司章程的规定发行下列与普通股权利不同的类别股：

（一）优先或者劣后分配利润或者剩余财产的股份；

（二）每一股的表决权数多于或者少于普通股的股份；

（三）转让须经公司同意等转让受限的股份；

（四）国务院规定的其他类别股。

公开发行股份的公司不得发行前款第二项、第三项规定的类别股；公开发行前已发行的除外。

公司发行本条第一款第二项规定的类别股的，对于监事或者审计委员会成员的选举和更换，类别股与普通股每一股的表决权数相同。

该条将类别股定义为与普通股相对应的在股东权利义务方面有着特殊配置的股份类型，与普通股并列而互不包含；而且，将类别股的发行主体限于股份公司，并对类别股的具体类型作如上列举式规定。这一立法方式为类别股法定主义模式——借助强制性规范，将类别股种类及设置方法限定在立法划定的范围之内，但类别股创设与否及在法定类型中选定具体的类别样态仍旧由公司自治决定。

类别股种类法定的首要目的在于保障其流通性，与物权法定的理由相类似；如若类别股的种类与内容不受限制，则可能影响交易秩序与市场安全。公司法限制股份公司中的类别股类型，目的亦在于保障公众公司的公众股东能够了解类别股在股权权益上的差异性。毕竟，若公司章程能够随意设计不同类型的类别股，在以司法裁判为主的后端救济尚且不足的情况下，具有"搭便车"心态的公众股东利益极易受损。故而，通过对类别股种类法定的前端控制，能够在最大限度上保障公众股东的利益。

三、类别股的种类

1. 优先/劣后分配利润/剩余财产股

分配利润优先股、分配利润劣后股、分配剩余财产优先股、分配剩余财产劣后股，都是涉及财产权子权利的差异化安排。实务中，该种类别股以优先股为典型，是类别股最为常见和最早发端的种类。此类优先股股东享有的是在利益分配或剩余财产分配层面的优先权利，对应的代价往往是公司经营话语权的让渡，也即以分离部分股权权能为代价换取一部分债权权能,具有股债融合的属性。进一步地,优先/劣后分配利润、优先/劣后分配剩余财产的条件交叉组合,可以形成四类组合型的优先股类型。

2. 超级/低级表决权股

表决权数多于或者少于普通股的股份,涉及表决权子权利的差异化安排。每一股的表决权数少于普通股的为低级表决权股,主要针对公众投资者发行;每一股的表决权数多于普通股的为超级表决权股,主要为公司创业者等内部人所持有。

表决权差异化安排形成双层股权结构,其效果显著地表现为将公司治理从经济参与中剥离出来,这是有再融资需求的公司原有股东保持控制权的重要手段。该制度最早发端于证监会《关于在上海证券交易所设立科创板并试点注册制的实施意见》,其允许科技创新企业发行具有特别表决权的类别股份,将其适用范围扩张至所有的股份公司。值得注意,该实施意见未对差异化表决权的最高或者最低倍数予以限制,赋予了公司较大的自治权限。

举例。京东上市后,刘强东作为创始人所持股份比例已经不足两位数,但在公司上市前,通过公司章程中"刘强东所持股份的表决权数是其他普通股的20倍"的规则设计,轻松实现了其对公司控制权的保留和强化。类似的,福特汽车、华为公司的创始人对公司重大事项拥有的一票否决权,也属于此类类别股的设置。

3. 转让受限股

转让须经公司同意等转让受限的股份,涉及处分权子权利的差异化安排,其核心功能在于有效灵活地防止股权扩散。例如,公司发行附带拒绝权或超级表决权股份时,为避免此类"高能"股份落入第三人手中,对这些种类股附加限制转让条件。常见形态是公司要求在特定期间届满或者既定财务目标达成之前不能出售、转让或者质押特定股份,这已经成为现代企业实施人力资本战略的重要工具。应当注意的是,该项与《公司法》第157条可以由公司章程对股份转让进行限制的规定不同,后者是对包括普通股在内的全部股份设置转让条件,前者则仅限于一定的类别股范围内。

4. 其他类别股

《公司法》第144条第1款第4项进行了兜底性的规定,在类别股种类法定的基础上授予国务院继续规定其他种类类别股的权力。这为可转换股、可回赎股、追踪股等财产类子权利有特殊安排的类别股种类,以及附董事选任权股、领售股等控制类子权利有特殊安排的类别股种类,进一步获得法律认可并在实践中适用保留了可能。

需要指出,《公司法》第144条虽仅将类别股的设置限制于股份公司,但具有封闭性的有限公司完全具备类别股的适用空间。《公司法》第65条授权公司章程可以对股东表决权作出例外的规定,即在有限公司内部形成表决权差异化安排的类别股的形态;考虑到有限公司享有更加广泛的自治权,对于类别股的约定只要不违反法律的强制性规定,一般都能得到法律认可。当然,有限公司的股权差异化安排也需要遵循公司法对类别股设计的配套制度要求,包括通过章程公示其内部股权结构及类别股设计,必须落实类别股股东会议以保护作为少数派的类别股股东权益,防止普通股股东(控股股东)通过资本多数决损害其权益。

四、对类别股的特别限制

《公司法》第144条第2、3款还分别从类别股发行和类别股内容两方面对可发行的法定类别股种类进行了限制性规定。

1. 第2款:公众公司不得发行超级/低级表决权股、转让受限股

公众公司也即上市公司仅允许发行财产权特别股,不得发行表决权子权利存在差异化安排的类别股以及转让自由受到限制的类别股,但在公开发行前已经发行的股份可以继续维持。

禁止上市公司发行超级/低级表决权股,这出于保证上市公司控制权正常变动的要求。此种类别股塑造的双重股权结构可能使得公司控制权结构剧烈变化,有碍证券市场稳定性,损及投资者的利益。因此,有必要限制公众公司在公开发行后新发行此类股份。但公开发行前的控制权结构信息可为后加入的公众投资者提前获知,无须对未公开发行前已经作出的表决权差异化安排进行规制。

禁止上市公司发行转让受限股,这出于保证公众公司股份流动性的考虑。通过出售股份的方式及时退出公众公司,"用脚投票"是公开市场中投资者保护自身利益的重要手段。因此,保障股份流动性是保护投资者的关键所在,对于转让受限的类别股发行进行限制具有相当的合理性。而公开发行前已发行的转让受限的类别股不存在影响证券市场中公众投资者的可能,故而可允许该类股票在公开发行后继续存在。

2. 第3款：对类别股内容的限制

在类别股内容方面，表决权子权利存在差异化安排的类别股，对监事会或者审计委员会等行使监督职权的成员进行选举，应当享有与普通股每股相同的表决权。这也是类别股的表决权恢复机制，系出于保障监督机构妥善履行职责的考虑。监事会、审计委员会代表全体股东的利益对管理层的日常经营管理行为进行监督，因此应当防止其被小部分股东控制，首先是保证其选任过程中的独立性。双重股权结构的安排下，以表决权为核心的控制权容易集中至每股份的表决权子权利比例较高的股东手中，进一步因其对监督机构的选举具有控制力而使得后者产生依附性。通过对该种类别股内容的限制，各类股份对监督机构成员的选举权得以实现"一股一权"，有效纠正控制权集中所导致的监督机构依附性问题，使其真正独立行使监督职权，为全体股东负责。

014　股份发行（六）：公司章程如何规定类别股事项？

一、特殊的绝对必要记载事项

类别股法定主义模式下，公司在类别股种类法定的基础上仍享有充分的自治权，异质化股东可以通过协商在法定范围内创建多种类别股以满足差异化的投融资需求。此种契约自治性的安排必须通过公司章程予以固定，并明确界定各类类别股股东的权利、义务。唯有如此，当类别股股东享有的特殊权利受损或者类别股股东与其他种类股东的利益发生冲突时，方能回归章程以寻求契约性救济。

此外，类别股虽然基于投资者与公司之间的契约而创设，但仍涉及不确定的第三人利益。因此，须具有从外部可以加以识别的表征，也即通过章程记载和公示，使利益相关者有机会了解公司股权结构的设计与变动并合理评估投资风险，决定自身投资工具类别的选择。

为类别股设置相关条款，乃是发行类别股的公司章程的绝对必要记载事项，《公司法》第145条采"列举＋兜底"的立法方式，其中前三项分别指向三类法定类别股的章程记载需求。其规定：

发行类别股的公司，应当在公司章程中载明以下事项：

（一）类别股分配利润或者剩余财产的顺序；

（二）类别股的表决权数；

（三）类别股的转让限制；

（四）保护中小股东权益的措施；

（五）股东会认为需要规定的其他事项。

二、分类详解

1.公司发行优先/劣后分配利润/剩余财产的股份，章程需要明确类别股分配利润/剩余财产的顺序，以区分各股权群落并明确利润/剩余财产给付的梯级顺位。除优先股的分配顺位，其具体计算标准和计算方式也是公司章程必须载明的事项。章程需要明确优先股采取的是固定股息利率抑或浮动股息利率，其按照约定的股息分配完毕后，有权同普通股股东一起参与剩余利润分配的，公司章程还应当明确优先股股东参与剩余利润分配的比例、条件等事项。

2.公司发行超级/低级表决权股，章程中应当明确类别股的表决权数，清晰呈现公司双层股权结构下的控制权归属。除此之外，差异化表决权股份因可能具有对公司过度的控制力，存在极大的滥用股东权利的可能，故而公司章程亦应当规定配套的限制条款，如以超级表决权结束期限为内容的"落日条款"。

3.公司发行转让受限股，章程中应当明确规定类别股的转让限制条件，划定股份转让自由受限的边界；不仅包括有关具体内容的实质条件，取得公司同意的方式、公司决议等程序事项也应当予以明确规定。

4.第4项要求章程载明保护中小股东权益的措施，是课加公司义务，要求各公司"量体裁衣"地设置适宜本公司的中小股东保护机制。例如，公司法未对类别股股东会议的程序和方式进行明确规定，股东有必要结合自身情况灵活选择、妥善协商，通过公司章程予以明确。

5.第5项则是兜底式规定，赋予股东会对于章程记载事项的自治权，也即公司可以通过股东会决议修改章程以实现对于类别股相关事项的设计与变更。《公司法》第145条虽然是"应为"的强制性规定，但在绝对必要记载事项外为公司留足了自治空间，交由股东协商以实现灵活自治，充分回应了股东异质背景下类别股的多元化需求。

015　股份发行（七）：哪些事项须召开类别股股东会议？

一、分类表决

类别股是为满足不同股东对财产权益和公司控制权的差异化偏好而创设的；分类表决，是基于照顾不同利益诉求股东群体的意志表达而在股东会一般表决机制的基础上衍生出的特别表决机制。类别股股东会议以类别股股东为成员，是表决权弱势群体参与公司治理的一条有效通道。法律上此种设计相当于赋予了类别股股东群体相应的否决权，由此以公司行为保护类别股股东的利益。

针对会议方式，分类表决也就意味着要召开两个股东会（全体股东会、类别股东会）会议、两次表决、两次计票、形成两个决议，简称"四个二"，意在确保类别股股东会的独立性。相较于"一次开会、一次表决、两次计票、两个决议"的简易模式，规范的"四个二"的优势在于能够最大限度上避免普通股股东对于类别股股东的影响，保证其可以独立地对自身利益相关事项进行判断。

针对具体程序，类别股股东表决权的行使应当以集体行使为基本方式，准用普通股东会的程序规则。同时，为防止类别股股东滥权，《公司法》第146条规定类别股股东会决议应当经出席类别股股东会议的股东所持表决权的2/3以上通过，即绝对多数决通过。

类别股表决权是一把"双刃剑"，其既有助于防止占据公司控制地位的普通股股东滥用多数决侵害类别股股东利益，又因有否决公司决议的实质功能而存在妨害公司行为自由和经营灵活性的可能。对这两端利益进行平衡的重要节点，就是类别股分类表决的适用范围。

那么，哪些事项需要分类表决呢？

二、分类表决事项

（一）法定事项

现行公司法对分类表决事项的规定采"列举加概括"的立法模式。《公司法》第

146条规定:

> 发行类别股的公司,有本法第一百一十六条第三款规定的事项等可能影响类别股股东权利的,除应当依照第一百一十六条第三款的规定经股东会决议外,还应当经出席类别股股东会议的股东所持表决权的三分之二以上通过。
>
> 公司章程可以对需经类别股股东会议决议的其他事项作出规定。

本条第一款引致第116条第3款,指向修改公司章程、增加或者减少注册资本,以及公司合并、分立、解散或者变更公司形式等议决事项。对此七项重大事项,除股东会(全体股东组成)作出绝对多数决的特别决议外,还需经利益可能受损害的类别股股东会议的特别决议。

1. 修改章程。章程是类别股股东与公司之间记载类别股权益的合同性条款的载体,如修改其中与类别股相关的内容,自然有必要由类别股股东会议单独决议。需要指出,这一规定不能进行过于宽泛的理解;与类别股利益并不相关的章程条款修改,不必交由类别股股东会议单独决议,否则有程序冗余之嫌。

2. 增、减资。注册资本的变动属于公司的重大变动事项,对类别股股东利益影响甚巨,当由类别股股东会议单独决议。一则增资时,存在稀释既有股份而影响控制权的可能,也可能影响既有的利润、剩余财产分配的顺序;二则公司如进行减资,则有使得资本不充足的隐患,类别股中的优先股股东放弃作为股东对于公司的经营管理权,却可能只约定收取与债权人类似的固定股息,如此,减资行为必然严重影响优先股股东利益,其应当与债权人受到程度相当的保护。

3. 公司合并、分立、解散或者变更公司形式。该类事项涉及公司根本性的结构变化,存在对类别股股东利益产生重大影响的可能,当由类别股股东会议分类表决。

4. "等"事项,也即可能影响类别股股东权利的其他情形。立法列举难以囊括实践中出现的各种情形,故而通过"可能影响类别股股东权利"此实质要件的概括式规定来兜底。此处"等"字为"等外等",其余存在"影响类别股股东权利"的可能的事项亦应当由类别股股东会议分类表决。

(二)章定事项

《公司法》第146条第2款授权公司章程扩大分类表决的适用范围,且并无与类别股股东权益直接关联的限制,这无疑赋予了类别股股东对分类表决事项极大的自治权,满足公司、类别股股东个性化需要的同时,又得以覆盖类别股股东权益被间接侵害的情形。

那么,公司章程如何扩大适用事项?

1. 鼓励加法

公司章程可以将其他事项纳入类别股股东会议决议的范围,突破公司法的有限罗列,根据司情进行更为弹性的规定。

2. 禁止减法

由于类别股股东大多数情况下处于相对劣势的状态,其通过分类表决制度恶意干预公司经营的可能性较低,且公司章程修订多由普通股股东主导与控制,所以对类别股股东会议议决事项,公司章程禁止做减法。

016 公司发行债券(一):只能发行记名债券吗?

一、什么是公司债券

(一)定义

《公司法》第194条第1款规定:

本法所称公司债券,是指公司发行的约定按期还本付息的有价证券。

公司向投资者出售公司债务以筹措资金用于企业经营、扩大生产规模、投资项目或偿还债务等。投资者购买债券即成为债券持有人,乃公司债权人之一种,专称为公司债债权人,以区别于因为其他法律关系形成的公司债权人;发行人公司则为债务人。公司债券具有固定的利率和到期日,到期时公司按照约定偿还本金并支付利息。

(二)特点

1. 发行人为公司。公司债券的发行主体是公司,包括有限公司与股份公司。法定代表人、双控人、董监高等内部人员,无权以个人决定代替公司意思发行债券;在公司内部,一般由意思机关也即股东会依法作出发行债券的决议,也可依照《公司法》第59条第2款与第202条第1款规定,授权董事会作出决议。

2. 约定按期还本付息。债券的法律性质是公司向债券持有人出具的债务凭证,属于一种有价证券。债券的实质是债,专称为公司债。公司债券通常有固定的利率及到期日;到期时,发行公司会按照债券协议规定的方式偿还债券的本金和利息。

3.可以在证券市场上进行交易。证券市场为有价证券提供了一个二级市场,投资者可以在此买入或卖出公司债券,债券的价格在市场上会根据供求关系和其他因素而波动,具有流通性和一定的风险性。

4.可以设计成多种形式,包括可转换债券、浮动利率债券、零息债券以及不同期限区分的债券等,满足公司和投资者的差异化需求。

(三)许可类型

1.按照是否记名,可分为记名债券与不记名债券。记名公司债券,是指在券面上登记持有人姓名,支取本息要凭印鉴领取,转让时必须背书并到债券发行公司登记的公司债券;不记名公司债券,券面上无须载明持有人姓名,还本付息及流通转让仅以债券为凭证,无须登记。我国仅允许发行记名公司债券。

《公司法》第 197 条规定:

公司债券应当为记名债券。

第 201 条规定:

公司债券由债券持有人以背书方式或者法律、行政法规规定的其他方式转让;转让后由公司将受让人的姓名或者名称及住所记载于公司债券持有人名册。

2.按照持有人是否参加公司利润分配,可分为参加公司债券与非参加公司债券。参加公司债券,是指持有人除了可按预先约定的利息获得利息收入外,还可以在一定程度上参加公司利润分配的公司债券;反之,非参加公司债券持有人只能按照事先约定好的利率获得利息,而不得参与公司利润的分配。实务中的公司债券大多是前者。

3.按照债券持有人是否享有主张转换为股票的权利,可分为不可转换债券与可转换债券,二者在我国都被允许发行。关于可转换债券,前文已有详解,不赘。

二、公司债的发行程序

(一)依法发行

《公司法》第 194 条第 2、3 款规定:

公司债券可以公开发行,也可以非公开发行。

公司债券的发行和交易应当符合《中华人民共和国证券法》等法律、行政法规的规定。

(二)公开发行条件

《证券法》第 15 条规定:

公开发行公司债券,应当符合下列条件:

(一)具备健全且运行良好的组织机构;

(二)最近三年平均可分配利润足以支付公司债券一年的利息;

(三)国务院规定的其他条件。

公开发行公司债券筹集的资金,必须按照公司债券募集办法所列资金用途使用;改变资金用途,必须经债券持有人会议作出决议。公开发行公司债券筹集的资金,不得用于弥补亏损和非生产性支出。

上市公司发行可转换为股票的公司债券,除应当符合第一款规定的条件外,还应当遵守本法第十二条第二款的规定。但是,按照公司债券募集办法,上市公司通过收购本公司股份的方式进行公司债券转换的除外。

第16条规定:

申请公开发行公司债券,应当向国务院授权的部门或者国务院证券监督管理机构报送下列文件:

(一)公司营业执照;

(二)公司章程;

(三)公司债券募集办法;

(四)国务院授权的部门或者国务院证券监督管理机构规定的其他文件。

依照本法规定聘请保荐人的,还应当报送保荐人出具的发行保荐书。

第17条规定:

有下列情形之一的,不得再次公开发行公司债券:

(一)对已公开发行的公司债券或者其他债务有违约或者延迟支付本息的事实,仍处于继续状态;

(二)违反本法规定,改变公开发行公司债券所募资金的用途。

(三)主要流程

1.作出决议。首先需要确定发行公司债券的目的和规模,由股东会或者被授权的董事会作出发行决议,并制订发行计划,选择发行主承销商、律师事务所等相关机构,进行融资需求评估和风险评估,确定债券种类及发行条件。

2.注册、公告。如公开发行,需要注册与公告。《公司法》第195条第1款规定:公开发行公司债券,应当经国务院证券监督管理机构注册,公告公司债券募集办法。

3. 发行准备。发行公司须准备相关发行文件,包括发行公告、债券募集办法、承销协议等,选择承销团队,并开展市场宣传。

4. 募集资金。公司债券发行开始,投资者参与认购并向公司提供资金。通常情况下,公司债券发行需要经过询价、发行定价等程序。

5. 登记备案。发行公司需将发行结果报送中国证券登记结算有限责任公司(中国结算),完成债券发行登记备案手续。

6. 上市交易。公开发行的公司债券,在债券市场上市交易,投资者可以通过交易所进行买卖。

《公司法》第199条规定:

公司债券的登记结算机构应当建立债券登记、存管、付息、兑付等相关制度。

第200条规定:

公司债券可以转让,转让价格由转让人与受让人约定。

公司债券的转让应当符合法律、行政法规的规定。

公司债券是公司筹集资金的重要工具,具有优化资本结构、稳定现金流、增强信用评级、实现税务效应、吸引多样化投资者等多重功能。在制定债券发行策略时,公司需要综合考虑自身的财务状况、市场环境、融资需求以及投资者偏好,确保债券成功发行与资金高效使用。

017 公司发行债券(二):债券持有人会议可以作决议吗?

一、债券持有人会议

《公司法》第204条规定:

公开发行公司债券的,应当为同期债券持有人设立债券持有人会议,并在债券募集办法中对债券持有人会议的召集程序、会议规则和其他重要事项作出规定。债券持有人会议可以对与债券持有人有利害关系的事项作出决议。

除公司债券募集办法另有约定外,债券持有人会议决议对同期全体债券持有人发生效力。

本条规定的最大特色在于"分组召开、分组决议";如公司分批次发行债券,则应当分别设立债券持有人会议,以维护各期债券持有人利益。下面将围绕债券持有人会议的具体规则予以展开。

我国债券市场存量庞大,但作为防范持有人风险、约束发行人行为之利器的债券持有人会议制度却一直未被激活,长期流于形式。现行公司法引入债券持有人会议制度,是2023年修法强化保护债券持有人以及可能转换成为的少数股东的特殊制度安排。债券持有人会议整合了分散的债券持有人,是信息获取、利益维护的有效制度支持,亦是表达团体意志的重要途径。该立法思路遵循了大陆法国家债券持有人权益保护的通常立法模式,使具备契约品格的债券持有人会议决议在拘束力上实质具备了组织法之吞噬内部异议的效果。

需要指出的是,设立债券持有人会议制度是公开发行的公司债券的强制性要求;非公开发行的公司债券是否需要该制度,并无强制性规定。

二、债券持有人会议基本规则

《公司法》《证券法》等对于债券持有人会议的规范稀少,不能与公司股东会会议、董事会会议相提并论,所以更多地要依赖于公司的自治性规定。作为囊括公开发行公司债券主要内容的文本载体,债券募集办法应当详细规定债券持有人会议的召集程序、表决规则等事项,当然也可以在确有必要时借鉴公司法关于股东会会议、董事会会议的某些规定。根据一般经验,简介如下。

(一)会议召集情形

1. 应当召集的情形

公司应当召开债券持有人会议的情形主要包括三类:一是涉及本次债券项目本身的事项;二是涉及发行人自身的重大事项;三是直接涉及发行人偿债及相关担保措施的事项。上述情形的实质性条件在于,相关事项可能导致发行人偿债能力发生重大不利变化,进而给债券持有人的利益带来重大不利影响,因此需要通过债券持有人会议决定或授权采取相应的应对措施。

依据《公司债券发行与交易管理办法》第63条,债券受托管理人应当按规定或约定召集债券持有人会议之法定情形,包括拟变更债券募集说明书的约定;拟修改债券持有人会议规则;拟变更债券受托管理人或受托管理协议的主要内容;发行人不能按期支付本息;发行人减资、合并等可能导致偿债能力发生重大不利变化,需要决定或者授权采取相应措施;发行人分立、被托管、解散、申请破产或者依法进入破产程序;保证人、担保物或者其他偿债保障措施发生重大变化;发行人、单独或合计持有本期债券总额10%以上的债券持有人书面提议召开;发行人管理层不能正常履行职责,导致发行人债务清偿能力面临严重不确定性;发行人提出债务重组方案等对债券持有人权益有重大影响的事项。会议召集人应当参照该规定,明确会议召集的具体情形,保证会议及时召开。

2. 可以约定召集的情形

由于法律规范对应当召集债券持有人会议的具体情形列举有限,故可以在债券募集办法中约定补充。补充的情形载于债券募集办法后,表明得到了全体债券持有人和发行人的共同认可,任何一方均须遵守。

(二) 召集人

原则上,债券受托管理人和一定比例的债券持有人有召集债券持有人会议的权利。依照2023年《公司债券发行与交易管理办法》第63条第2款,只有在债券受托管理人应当召集而未召集债券持有人会议时,单独或合计持有本期债券总额10%以上的债券持有人有权自行召集债券持有人会议。

而且,考虑到发行公司本身掌握着第一手的经营信息,《公司法》第204条第1款第1句也施加了发行公司设立债券持有人会议的义务,发行公司亦可以担当召集人。由于发行公司的行为受到董事会的直接驱动,且债券持有人会议召集系公司日常经营管理事项,属于董事会职权范围内,故由董事会直接负责召集会议可以为公司运营节省时间、提高效率。

(三) 会议通知

当出现应召集债券持有人会议的情形时,无论哪一方主体准备召集会议,均需将相关事项向债券持有人通知到位,使得债券持有人有机会积极参与并行使相关权利。实践中,可以借鉴《上海证券交易所公司债券上市规则》第4.3.3条的程序性规定,包括时间限制、通知要求、前置程序等,使得债券持有人会议的召集程序尽可能规范,避免出现程序上的瑕疵。

"13海航债"事件中,发行人临时通知全体债券持有人在一个半小时之内召开会议,导致多位"13海航债"的持有人由于时间设置紧张而来不及参会。在近乎"突击"的情形下,会议表决通过了债券延期一年的决议。该行为严重违反正当程序原则的要求,实际侵犯了债券持有人的表决利益。然而,该案中债券展期的结果却丝毫未受到该严重程序瑕疵的影响,值得反思。

(四)表决规则

关于债券持有人会议的表决方式,未见法律的明文规定。2023年《公司法》修订案"三审稿"第204条第2款曾明确"债券持有人会议决议应当经出席债券持有人会议且有表决权的持有人所持表决权的过半数通过",后又删除。背后的立法考量可能是债券持有人会议的组成及表决方式等内容侧重于公司内部程序,应由当事各方自行决定,或提前经由债券募集办法确定。实践中,公司常以"过半数同意"作为会议决议通过的底线式标准。

三、债券持有人会议的决议效力

(一)对人效力

1. 对债权持有人的效力

债券持有人会议通过的决议,是参与会议的债券持有人的多数意思表示,对同期全体债券持有人均有约束力。《公司法》第204条第2款规定,"除公司债券募集办法另有约定外,债券持有人会议决议对同期全体债券持有人发生效力",进一步地,受托管理人依据债券持有人会议决议行事的结果由同期全体债券持有人承担。这里的持有人,包括所有出席会议、未出席会议、反对议案或者放弃投票权、无表决权的持有人,以及在相关决议通过后受让的持有人。

举例。无锡五洲国际装饰城有限公司与中海信托股份有限公司、五洲国际控股有限公司公司债券交易纠纷案[(2019)沪民辖终132号]中,上海高院认为债券持有人会议相关决议载明案件的争议解决方式对法院的管辖具有拘束力。又如,华溢之星资产管理(北京)有限公司与无锡五洲国际装饰城有限公司公司债券交易纠纷案[(2018)京民初188号]中,北京高院认为债券持有人会议通过的决议对全体持有人具有效力,可以据此认定单独持有人有起诉资格。

2. 对发行人的效力

《公司法》仅明确了债券持有人会议决议对同期债券持有人的效力,而未明确对债券发行人的效力。由于发行人实质影响债券持有人的根本利益,相关债券持有人会议决议唯有经过其履行方能最终落地,问题的核心是发行人是否受相关决议效力拘束?

在一定条件下,回答是肯定的。为充分发挥债券持有人会议作用,针对债券发行人充分参与或认可的债券持有人会议决议,应当认可其对发行人所具有的效力。

例如,发行人以书面形式对决议内容予以认可、债券募集文件明确约定决议内容对发行人具有约束力、债券持有人会议的决议事项由发行人提出等,此类事项表明发行人的意思亦为决议所吸收,债券持有人或者债券受托管理人据此主张发行人应当履行决议相关内容,应当认可。

(二)可否提起效力瑕疵之诉

债券持有人对决议有异议的情形下,如何予以救济?由于债券持有人会议决议与股东会决议、董事会决议同属组织法决议,如有效力瑕疵,可参照适用《公司法》第25~28条有关公司决议效力判断事由的规定。债券持有人对决议效力有异议的,可以提起诉讼或者仲裁。

018 债券受托管理人对谁负有信义义务?

一、受托管理人

受托管理制度与债券持有人会议制度是保护债券持有人利益的两大主要手段,域外法上有单独构建其一的,也有二者并行的,我国采后者。

《公司法》第205条规定:

公开发行公司债券的,发行人应当为债券持有人聘请债券受托管理人,由其为债券持有人办理受领清偿、债权保全、与债券相关的诉讼以及参与债务人破产程序等事项。

债券持有人会议通过对重大事项进行决策,构建起债券持有人的决策机制;受托管理制度通过由专门的受托管理人集中管理债券,构建起独立的管理者机制;决策机制与管理者机制相互联动。发行人通过聘请债券受托管理人、订立债券受托管理协议,将债券持有人、发行人和受托人三者连接起来,债券受托管理人解决债券投资者集体行动难题,降低交易成本,同时,借助其专业性可以弥补公司债券持有人固有的弱势地位。

二、信义义务

《公司法》第206条规定:

债券受托管理人应当勤勉尽责,公正履行受托管理职责,不得损害债券持有人利益。

受托管理人与债券持有人存在利益冲突可能损害债券持有人利益的,债券持有人会议可以决议变更债券受托管理人。

债券受托管理人违反法律、行政法规或者债券持有人会议决议,损害债券持有人利益的,应当承担赔偿责任。

这就明确了债券受托管理人对债券持有人负有信义义务,与公司法上董监高的信义义务相比,该信义义务的内容更为聚焦。

(一)勤勉义务

其中,勤勉义务聚焦于"勤勉尽责,公正履行受托管理职责,不得损害债券持有人利益",即要求受托管理人在管理债券事务的过程中为实现债券持有人利益最大化,应当保持合理范围内的谨慎和注意态度。《公司债券发行与交易管理办法》第58条第4句也规定:

债券受托管理人应当勤勉尽责,公正履行受托管理职责,不得损害债券持有人利益。

这亦是要求其做到审慎、积极、主动管理债券事务。

根据《公司法》第205条,受托管理人的职责在于为债券持有人办理受领清偿、债权保全、与债券相关的诉讼以及参与债务人破产程序等事项。结合《证券法》第92条第3款,债券受托管理人亦可以接受委托,针对债券发行人未能按期兑付债券本息,以自己名义代表债券持有人提起、参加民事诉讼或者清算程序。依据《公司债券发行与交易管理办法》第63条第2款,债券受托管理人亦是债券持有人会议的第一顺位召集人。此外,债券受托管理人应当遵守中国证券业协会发布的各种规章制度,包括《公司债券受托管理人执业行为准则》《公司债券受托管理人处置公司债券违约风险指引》等。

(二)忠实义务

《公司法》第206条第2款明确债券受托管理人不得与债券持有人存在利益冲突,避免其损害债券持有人的利益,此即忠实义务之要求。受托管理人与债券持有人如存在利益冲突,可能损害后者利益的,债券持有人会议可以决议变更债券受托管理人。实务中,受托管理人多由作为承销机构的证券公司担任,其因中介机构的性质往往具有多重身份,使其履职中极易面对利益冲突。在债券处置过程中,受托管理人与其他任意一方主体存在关联关系且对其维护债券持有人最大利益产生实质性影响时,债券持有人利益便暴露在极大的风险之中,应予警惕。利益冲突的常见情形包括:

1. 受托管理人与发行人另有关联关系。受托管理人与发行人之间可能存在关联关系或其他利害关系,典型如受托管理人为同一发行人提供其他的金融服务或受托管理人直接或间接持有发行人股份等。在发行人的影响下,本应代表债券持有人利益的受托管理人可能作出损及其最大利益的行为。

2. 受托管理人同时为债券持有人。现行法未禁止受托管理人持有自己管理的发行公司的债券,如持有,则存在利益冲突。例如,发行人偿债能力有限时,受托管理人与其受托的债券持有人之间存在债务兑付的竞争,此时受托管理人可能会以自身利益优先,在得知信息后隐瞒信息,排挤与之具有竞争关系的债券持有人。

019 股东可以查阅、复制债券持有人名册吗?

一、债券持有人名册

《公司法》第198条规定:

公司发行公司债券应当置备公司债券持有人名册。

发行公司债券的,应当在公司债券持有人名册上载明下列事项:

(一)债券持有人的姓名或者名称及住所;

(二)债券持有人取得债券的日期及债券的编号;

(三)债券总额,债券的票面金额、利率、还本付息的期限和方式;

(四)债券的发行日期。

置备公司债券持有人名册,是现行公司法中取代旧法关于公司债券发行过程中置备债券存根簿的新规定。债券存根簿制度是纸质时代的产物,随着互联网和文件电子化的发展,不利于携带且不利于修改的纸质版存根并无保留的必要,逐渐为实践所淘汰。

债券持有人名册是相对中立性的概念,并不具体指向纸质的还是电子的,故而制备形式上更具包容性。从债券存根簿到债券持有人名册,称谓的改变也是适应公司债券无纸化实践发展的需要,提升了公司治理的效率与便捷性。

二、查阅

(一)立法规定

《公司法》第110条第1、2款针对股份公司规定:

股东有权查阅、复制公司章程、股东名册、股东会会议记录、董事会会议决议、监事会会议决议、财务会计报告,对公司的经营提出建议或者质询。

连续一百八十日以上单独或者合计持有公司百分之三以上股份的股东要求查阅公司的会计账簿、会计凭证的,适用本法第五十七条第二款、第三款、第四款的规定。公司章程对持股比例有较低规定的,从其规定。

问题在于,2018年《公司法》第97条规定,股份公司股东有权查阅债券存根,但新《公司法》第110条并未规定其有权查阅债券持有人名册。此举是否限制了股东的查阅权?

还有一个立法体系上的细节,两类公司皆可以发行债券,但2018年《公司法》仅在股份公司的章节规定股份公司股东有权查阅债券存根(第97条),在有限公司章节没有规定(第33条),2018年《公司法》进行差异化的规制缺乏实义,如股东确有查询需求,对两类公司中的股东不应区别对待。那么,股东究竟有无查阅权?

(二)股东不得查阅

有观点认为,此为立法的不周延之处,即股份公司与有限公司的股东均可以查询公司置备的债券持有人名册;也有反对观点认为,这是立法有意为之。从体系解释来说,《公司法》第109条将"债券存根"替换为"债券持有人名册",明确要求股份公司应当置备该文件,与之相邻的第110条股东可查阅的文件中却不再出现"债券持有人名册",可见系立法者故意为之。并且,第110条采逐一列举的方式,并无"等"字,封闭而无弹性空间。这一立法内容传递着这样一个信息:除立法枚举的文件外股东均无权查询,否则即有侵犯公司权益的危险。

本书也持否定观点。股东与公司之间存在股权关系,但公司债券反映的是发行人与债券持有人之间的债权债务关系,股东与公司债券并无直接的利害相关。因此,股东对于自身股权的查询对象应为股东名册,并无查阅债券持有人名册的直接动因。更为重要的是,查阅主体"另有其人"——对于公司债券持有人名册的查阅主体,各个行业已有各自较为完备的规则,以2019年银行间市场清算所股份有限公司发布的《银行间市场清算所股份有限公司债券持有人名册查询业务操作规程》为例,第 3 条列举有权向上海清算所申请查询债券持有人名册的申请人,分别是发行人或创设人、债券持有人会议召集人、受托管理人、提供信用增进服务的机构、对发行人进行经营管理的托管人或接管人、破产管理人、税收代扣代缴义务人,以及其他依据法律法规、行业组织自律规则有权查询债券持有人名册的机构。由此可见,股东并不在可查询债券持有人名册的主体范围之内。

(三)保障债券持有人的知情权

虽然公司没有义务配合股东对债券持有人名册的查阅请求,但考虑到债券持有人名册作为一份记录债券持有人身份和持有量的文书,是债券持有人权益保护的重要依据,有必要保障债券持有人的知情权。在置备债券持有人名册时,公司应当注意以不同方式提供,以保证债券持有人及时、准确地获取相应信息。比如,公司可将书面名册以寄送的方式邮递给债券持有人,确保名册的安全性和及时性。此外,公司也可将名册提供给中央存管机构或其他专业机构进行管理,债券持有人可以通过这些机构查询和更新名册信息,提高操作的便捷性和效率。最后,还可以利用互联网和电子化手段提供名册,使得债券持有人通过网络平台进行查询和管理,实现"一站式"服务。

分篇三

股东出资

在最狭窄的意义上理解，股东出资属于公司设立制度的范畴，指向公司资产的流入，或曰公司资本的形成。公司法的主要规制环节包括出资期限、出资形式、出资履行、验资等。广义的出资制度还包括在公司存续期间的减资、增资等资本变动及其履行，拟于分篇六展开。公司法对股东出资设有不同程度的规制措施，以调整股东、公司与公司债权人之间的法律关系。一方面，股东出资与股东资格的取得、变更、丧失等联系密切；另一方面，公司法作为组织法规制股东出资行为，首要目标是对公司债权人利益的保护。由此，公司资本制度设计需平衡多方利益，明确股东出资义务的同时，对债权人保护作出准确定位。

本分篇共设12问，将股东出资的实体问题与程序问题"一网打尽"。

020 股东出资期限（一）：完全认缴制、限期认缴制与实缴制之别？

一、几个概念

在公司资本制度框架下，仅就股东缴纳出资环节的制度设计，可以分为认缴制与实缴制。

认缴制，是指无论公司设立时发起人股东认缴出资（股份），还是公司增资扩股时认股人认购新出资（股份），对于应当何时缴纳出资，法律都不作要求，可以由公司通过章程规定或者发起人协议、认股协议约定进行自治。认缴制的极端形式就是完全认缴制，法律对首期缴纳额（比例）、缴纳期限不作任何要求。

实缴制,是指无论公司设立时发起人股东认缴出资(股份),还是公司增资扩股时认股人认购新出资(股份),法律都要求即时予以缴纳。实缴制的极端形式就是一次性实缴制,法律要求对于认缴份额即时、一次性缴纳完毕。

介于二者之间的,通过对首期缴纳比例大小或额度高低、剩余部分的缴纳期限长短进行规定,还可以作宽严不等的分期缴纳设计,从而形成接近于完全认缴制抑或一次性实缴制的多种组合,谓为限期认缴制(或者分期实缴制,其内涵相同)。不同宽严程度的制度设计,折射了法律对股东缴纳出资环节进行管制的差异化立场。

再次强调,认缴制与实缴制,仅就股东出资环节而言,与公司资本形成(股份发行)制度的设计是两回事,不可混为一谈。法定资本制可以采实缴制,也可以采认缴制;授权资本制亦然。

二、制度变迁

前文提到,2023年《公司法》将推行10余年的全面认缴制改为有限公司5年限期认缴、股份公司实缴模式,引发社会各界广泛关注。

仅就股东认缴出资后缴纳环节的制度设计,自1993年以来的30多年,我国先后经历一次性实缴制、分期实缴制、完全认缴制与实缴制并存,以及限期认缴制与实缴制并存的制度变迁过程。同时,相应配套的制度设计还有最低资本有无、出资形式多寡等,可谓组合丰富,演进过程跌宕起伏,蔚为壮观。

1993年初立《公司法》,吸取此前20世纪80年代"皮包公司"的教训,实施严格的一次性实缴制,注册资本一经定额,需要一次性实缴完毕;贯彻强监管、防舞弊的立法思路,严格限制出资形式的同时,对最低资本进行要求,有限公司根据行业不同分为10万元、30万元、50万元,股份公司则不得低于1000万元。实践经验证明,这一模式弊远大于利,过度拔高了市场准入门槛,注册资本制度沦为合法限制竞争、扭曲公平入市的工具。

2005年修订《公司法》,贯彻松绑的立法理念,放宽出资形式,大幅降低最低资本要求,有限公司降至3万元,股份公司降至500万元,且实行分期实缴制——公司设立时先实缴注册资本的20%,剩余部分在2~5年内分期缴纳,但公众公司等特殊行业公司仍要求一次性实缴。

2013年修正《公司法》,贯彻"放管服",鼓励全民创新、万众创业,除上市公司、金融类等27个特殊行业公司仍实行最低资本制、一次性实缴制外,其余的占据绝对数量优势的公司一概实行完全认缴制——不再设最低资本要求，注册资本的首期缴纳额及剩余部分的缴纳期间皆不作任何限制。与此改革相适应，实行多年的货币出资比例限制、验资程序等配套的规制措施也被同时取消，极大地刺激了社会公众的创业热情。

然而，完全认缴制的实施也引发了天价注册资本、超长期出资期限等极端现象，引发了对公司债权人保护不力的重大难题，诸如加速到期等"亡羊补牢"的诱发性制度争议接踵而来。2023年修订《公司法》再次转向，对有限公司采限期认缴制，要求公司自成立起5年内缴纳完毕，对于股份公司则采一次性实缴制。对有限公司，《公司法》第47条规定：

有限责任公司的注册资本为在公司登记机关登记的全体股东认缴的出资额。全体股东认缴的出资额由股东按照公司章程的规定自公司成立之日起五年内缴足。

法律、行政法规以及国务院决定对有限责任公司注册资本实缴、注册资本最低限额、股东出资期限另有规定的，从其规定。

对股份公司，《公司法》第96条及第98条第1款规定：

股份有限公司的注册资本为在公司登记机关登记的已发行股份的股本总额。在发起人认购的股份缴足前，不得向他人募集股份。

法律、行政法规以及国务院决定对股份有限公司注册资本最低限额另有规定的，从其规定。

发起人应当在公司成立前按照其认购的股份全额缴纳股款。

《公司登记管理实施办法》第5条第1款规定：

有限责任公司股东认缴出资应当遵循诚实信用原则，全体股东认缴的出资额由股东按照公司章程的规定自公司成立之日起五年内缴足。股份有限公司发起人应当在公司成立前按照其认购的股份全额缴纳股款。

综上所述，现行公司法采股份公司实缴、有限公司限期认缴的双轨并行模式，体现了立法者在解决股东出资问题时，在措施有效性与社会接受度之间的审慎权衡，既期望在一定程度上消除旧有制度的弊病，又避免因改革的步幅过大而有损商业实践的稳定。现有模式究竟能够在多大程度上解决全面认缴制遗留下的诸多难题，尚待商业实践与司法智慧的进一步检验。

021　股东出资期限（二）：存量公司如何过渡？

一、问题的提出

依照法不溯及既往原则，上述《公司法》第47条、第96条、第98条的规定不能适用于此前的存量公司——具体是指在2013年《公司法》实施期间，也即2014年3月1日至2024年6月30日设立的各类有限公司、股份公司。这一期间设立的公司，除上市公司等少数行业的公司外，其余公司都实行完全认缴制。如此一来，如不采取特殊的法政策，很长时间内均可能有两类实行不同出资政策的公司并存。有鉴于此，《公司法》第266条规定：

本法自2024年7月1日起施行。

本法施行前已登记设立的公司，出资期限超过本法规定的期限的，除法律、行政法规或者国务院另有规定外，应当逐步调整至本法规定的期限以内；对于出资期限、出资额明显异常的，公司登记机关可以依法要求其及时调整。具体实施办法由国务院规定。

本条实际上部分打破了法不溯及既往原则，立法依据在于《立法法》第104条规定：

法律、行政法规、地方性法规、自治条例和单行条例、规章不溯及既往，但为了更好地保护公民、法人和其他组织的权利和利益而作的特别规定除外。

根据全国人大常委会法工委的授权，2024年7月1日，国务院公布并施行《关于实施〈中华人民共和国公司法〉注册资本登记管理制度的规定》；2024年12月，国家市场监管总局发布《公司登记管理实施办法》。前者为行政法规，后者为行政规章，两部法规正式确立了过渡政策。

二、过渡政策

根据前述两份规范性文件的规定，主要内容包括：

一是明确存量公司调整认缴出资期限的过渡期安排。2024年6月30日前登记设立的公司，有限公司剩余认缴出资期限自2027年7月1日起超过5年的，应当在

2027年6月30日前将其剩余认缴出资期限调整至5年内并记载于公司章程,股东应当在调整后的认缴出资期限内足额缴纳认缴的出资额;股份公司的发起人应当在2027年6月30日前按照其认购的股份全额缴纳股款。公司生产经营涉及国家利益或者重大公共利益,国务院有关主管部门或者省级人民政府提出意见的,国务院市场监督管理部门可以同意其按原出资期限出资。

二是规定公司出资异常的处理方法。公司出资期限、注册资本明显异常的,公司登记机关可以结合公司的经营范围、经营状况以及股东的出资能力、主营项目、资产规模等进行研判,认定违背真实性、合理性原则的,可以依法要求其及时调整。

三是完善监管措施。公司调整股东认缴和实缴的出资额、出资方式、出资期限,或者调整发起人认购的股份数等,应当依法向社会公示。公司登记机关对公司公示认缴和实缴情况进行监督检查,根据公司的信用风险状况实施分类监管。公司未按照规定调整出资期限、注册资本的,由公司登记机关责令改正;逾期未改正的,由公司登记机关在国家企业信用信息公示系统作出特别标注并向社会公示。

022　股东出资期限(三):有限公司股东被要求加速到期?

实行限期认缴制的有限公司股东享有最长5年的出资期限利益,但在公司出现不能清偿到期债务的情形下,能否被要求加速到期?此为涉及公司、其他股东及公司债权人利益的重大问题。对此,《公司法》第54条规定:

公司不能清偿到期债务的,公司或者已到期债权的债权人有权要求已认缴出资但未届出资期限的股东提前缴纳出资。

本条构建的股东出资加速到期制度,要点包括:

一、适用条件

加速到期的适用条件为"公司不能清偿到期债务",但重点是如何对此简略的立法语言进行准确理解。对于加速到期的适用,以公司存在届期债务未履行的事实即可,还是公司必须穷尽执行措施仍无财产可供执行方满足呢?

两观点之间形成对立态势,在股东期限利益与公司资本利益、债权人利益之间各有偏向。如对"不能清偿"采严格解释,要求由人民法院确定公司确无清偿能力方能适用,则其实质是股东在认缴出资范围内对债权人承担补充赔偿责任,或可理解为对公司债务承担一般保证责任。这无疑使得加速到期制度的适用在一定程度上受限,公司资本充实和债权人保护的制度价值也难以在最大限度上发挥。

反之,如仅以公司存在未履行债权为适用条件,其实质是以股东在认缴出资的范围内对公司债务承担连带保证责任。如此,公司资本和债权人利益得到充分保护的同时,极大地简化了诉讼程序、降低了诉讼成本:如由公司请求股东加速到期,只要自证存在"不能清偿到期债务"之事实即可;如由债权人起诉公司,无须以公司进入执行阶段且终本等程序为前提,只要债权人举证存在"公司对其某笔债务到期而没有偿付"的事实即可。

但采此种宽松的适用模式,也可能存在债权人追责体系上的错位,也即相较于具有过错的瑕疵出资股东(依据《公司法解释三》第13条第2款,其承担补充赔偿责任),无过错的未届期股东却因出资加速到期制度的宽松适用而更容易被债权人追责。

二、请求权主体

(一)公司

问题的关键是,公司主张请求加速到期的决定由谁作出?不无争议。综合公司法关于股东出资制度中的董事会职权配置而言,由董事会负责较为妥当。如董事会作决议,则有三个问题需要明确:

1. 董事会需要恪守面向全体股东的平等、中立原则,公平对待每一个股东。比如,未届期的全体股东认缴出资额为10亿元,公司到期未偿债务仅有1亿元,假设全体股东的出资期限是一样的,或者首批到期的部分股东认缴额合计7亿元。公司应当面向全体(或者首批到期)股东按比例要求加速到期,还是选定其中的某个股东要求加速到期?这是一个基于股东平等原则的重要问题,理应为前者。

2. 董事会要求加速到期的出资额,是全部未届期的股东出资总额,还是与已到期债务相当的数额?考虑到比例原则的应然要求,理应为后者。

3. 董事会作决议时,存在利害关系的董事是否需要回避?以及未作出要求股东加速到期的决议导致公司损失的,反对董事是否承担对公司的损害赔偿责任?等等。对此两个亟待回答的实务问题,本书认为理应持肯定立场。

公司提起该类诉讼的,诉讼性质上为普通的债权债务之诉,也即给付之诉。

(二)已到期债权的债权人

如有多位债权人,可以共同起诉,或者起诉后合并审理。不赘。

如公司与多个已到期债权的债权人均主张且提起诉讼,如何安排多个诉讼之间的关系,包括相关主体的诉讼主体身份,也是一个有待解决的程序法问题。

首要的问题是,债权人起诉的路径是什么?共有三条可供选择:

1.提起债权人代位之诉。在民商法理上,但凡股东对公司存在债务的(包括被加速到期的出资义务),公司债权人都可以在具备代位之诉的条件下提起诉讼。

2.将公司与某位出资未届期的股东列为共同被告。如将公司作为被告之一,有利于查明"公司不能清偿到期债务的"前提事实。

3.已经起诉公司且进入执行阶段的,将某位出资未届期的股东追加为被执行人,也符合《变更、追加当事人规定》中的规则设计。

问题是,如先不起诉公司,或者不同时起诉公司的,可否仅将某位出资未届期的股东列为单一被告而提起直接诉讼?依照《公司法》第54条,尤其是对"公司不能清偿"采宽松解释时,似乎不存在法理障碍,但是实务中多数法院不予受理。

三、被请求主体

凡没有实际出资的股东,皆在列。应明确,如由公司起诉,要恪守股东平等原则;但如由公司债权人起诉,选定其中一个或者部分股东为被告,当无疑问。

四、诉讼效果:入库还是出库

这是争议最大的问题。不同于公司起诉胜诉后实行当然的入库规则,已到期债权的债权人起诉的,其胜诉后是由作为被告的股东直接清偿给债权人(原告),还是将出资款交付给公司,涉及出库规则与入库规则之分,争议巨大。从《公司法》第54条的文义解释看,立法者似乎更倾向于入库规则以实现债权平等;但从加速到期制度的目的解释与功能主义立场看,有力说为激励适格债权人提起诉讼,认为应采出库规则——也即"谁起诉谁受益"的清偿规则。

实际上,出库还是入库规则,与公司债权人起诉股东的诉讼类型也有极大干系。如债权人对某股东提起债权人代位之诉,则适用《民法典》第537条的规定,自然原则上适用出库规则;而只有债权人直接对某股东提起直接诉讼的,才存在入库、出库的争议问题。按照现行有效的《公司法解释三》第 13 条第 2 款规定,已到期的公司债权人可以请求加速到期的股东对自己的债权承担在其应出资范围内的补充赔偿责任,所以不必走债权人代位之诉。但是,关于公司股东对公司债权人承担"补充赔偿责任"的请求权基础备受质疑。未来的新公司法解释一旦否定这一点,则意味着公司债权人只能走债权人代位之诉,入库、出库之争自然也就落下帷幕。

适用新公司法加速到期规则第一案——北京市西城区人民法院首例"非破产、解散情形下的股东出资加速到期案"。李某曾系某文化公司员工,因公司拖欠工资向劳动仲裁委员会申请仲裁,经仲裁委调解,公司应于 2023 年 4 月 30 日前支付拖欠工资 70,000 余元。后因公司未按期履行债务,强制执行时亦未发现公司名下有可供执行的财产,李某遂向西城区法院申请追加股东张某为被执行人,承担公司对其所负债务。张某系某文化公司持股比例 60% 的股东,认缴出资额 180 万元人民币,认缴出资日期为 2052 年 3 月 15 日。张某对北京西城区法院追加其为被执行人的裁定不服,主张自己在认缴出资期限未届满前仍享有期限利益,该文化公司不符合破产情形,不应直接适用加速到期规则,追加自己为共同被执行人。

新公司法出台之前,股东对其认缴出资额的期限利益受到法律保护,如股东已将出资期限明确登记在信息公示系统,人民法院对公司及公司债权人主张出资期限加速到期的,原则上不予支持。但 2023 年《公司法》第 54 条首次明确以立法的形式规定了非破产、解散情形下的股东出资加速到期规则。法院经审理后认为,本案根据公司法时间效力司法解释,依法适用第 54 条的规定。因某文化公司已符合不能清偿到期债务的法定情形,法院判决认定债权人李某有权根据债权人代位权规则,向张某主张在其未出资范围内对公司不能清偿的债务承担补充赔偿责任。

023 股东出资期限(四):有限公司如何约束股东的缴纳出资义务?

一、为何是有限公司

股份公司采一次性实缴制,如在公司设立时不完成实缴,公司无以成立,这就足以保证公司成立时注册资本已经实际到位;如在公司增资扩股场合下新老股东认购新股后不实缴的,公司注册资本则不能完成变更登记,也就无法公示、没有公信力,公司通过增资扩股以增强资本信用的目的也就不达。至于股东造假搞虚假出资、抽逃出资,那是另外一回事。

综上,在股份公司法定的一次性实缴制的背景下,公司自身约束股东履行缴纳出资义务的任务,没有那么重要。

但有限公司的情况就复杂多了。由于实行5年制的限期认缴制,5年的期间,可谓短(站在股东的立场),也可谓长(站在公司债权人的视角)。当然,5年仅是公司法容忍的有限公司股东最长出资期限,公司与股东可以约定短于5年的出资期限。围绕股东所享有的出资期限利益,除了可能的与公司债权人的利益冲突外,还有股东(先出资)与股东(后出资)之间的利益冲突,公司管理层、职工与股东之间的利益冲突——独立的管理层以及职工自然也希望股东早日缴纳出资,以及公司(如果控制公司意思的人不是股东)与股东之间的利益冲突。

为实现多方利益平衡,在尊重股东出资期限利益的同时,对其出资缴纳义务予以约束亦是应然要求,公司有必要采取相应措施,避免其瑕疵出资(广义)损及其他相关者的利益。

二、公司的武器库及展示

(一)武器库

那么,有限公司通过什么路径约束股东的缴纳出资义务呢?

答案是:发起人协议(设立协议);公司章程;单个股东与公司之间的认股协议;全体股东协议;股东会决议;等等。所有的私法自治意思载体,都可以用来约束股东的缴纳出资义务。

(二)武器展示

1. 发起人协议

发起人签署发起人协议(设立协议),乃是公司设立的第一步。发起人协议的核心任务是明确发起人之间的权利义务关系,以及彼此在公司设立过程中的分工。《公司法》第43条、第93条规定,设立有限公司时发起人可以选择签订发起人协议,设立股份公司时发起人应当签订发起人协议。虽然《公司法》未强制规定有限公司的发起人签订协议,但为了能够有效规避潜在的法律风险,确保公司设立的顺利进行和未来运营的稳定性,建议创业者设立公司时主动签订一份合理、详尽的发起人协议,确保公司设立过程中及公司设立后权力分配、组织架构等方面的清晰和稳定。

出资义务是发起人协议的核心内容之一,具体包括发起人的出资方式、出资金额、出资期限、出资比例等。发起人乃公司的首批股东,理应身体力行,充当出资模范,以为其他认股人可效仿之对象。总结实务经验,有以下建言:

(1)发起人的出资义务安排,应当明确具体的缴付时间和方式,规避虚假出资、抽逃出资之可能。

(2)注重发起人协议公平公正。发起人协议应注重公平公正,经过充分协商而确定,确保各方合理的期待利益与个性化需求得到关注、满足,避免条款不公平导致部分发起人心怀怨怼,从而滋生后续纠纷。

(3)恪守合规底线。出资安排应当符合相关法律法规的要求,确保协议的合法性和有效性。

(4)保护公司利益。出资安排应当注重保护公司的整体利益,防止个别发起人利用协议条款损害公司利益。特别是在出资义务履行方面,应当采取合理的约束措施。

(5)确立相互监督机制。后文将阐释,如发起人沆瀣一气、相互遮掩进行虚假出资、抽头出资等,彼此应当对公司、公司债权人承担连带责任。而且,如有发起人违反发起人协议,就应对其他发起人承担违约责任。通过这两类法律责任,可见规则设计之目标——发起人应该相互监督,争当如约履职的模范。相互监督,就足以克服发起人朋比为奸,也足以阻止个别发起人作奸犯科。

(6)倡导理性、理解、宽容、激励相容的企业文化氛围,鼓励形成集体主义、公司利益至上的价值观。如发起人之间在出资义务履行上相互推诿、锱铢必较,公司则有滑入深渊之危机。

2.公司章程

发起人协议关于各个股东缴纳出资义务的约定,也可能直接转化为公司章程的相应约款。公司章程本身的绝对必要记载事项,也包括股东缴纳出资的信息,《公司法》第46条规定:

有限责任公司章程应当载明下列事项:

……

(三)公司注册资本;

(四)股东的姓名或者名称;

(五)股东的出资额、出资方式和出资日期;

……

公司章程约束公司、全体股东、管理层等,如股东缴纳出资义务的履行违反了公司章程的规定,公司以及其他利害关系人也得依据章程约款追究该股东的相应责任。

3. 认购协议

公司增资扩股中的认购出资协议,是新老单个股东与公司之间的协议,自然约束公司与股东双方当事人。如股东不依约缴纳出资,在行为法上属于违约行为,依法应承担违约责任;在组织法上,则可能遭受除名、除权的组织体惩罚。

4. 全体股东协议

在公司运营过程中,可能基于公司运营需要,全体股东达成协议对于全体、部分股东缴纳出资的既有约定予以调整,课以新义务或加重责任,如要求比原来的出资方案更早出资等。由于全体股东协议建立在全体股东合意的基础之上,自然可以约束全体股东。

5. 股东会决议

本书的其他章节反复提到,如果是全体股东一致决的股东会决议中对全体、部分股东缴纳出资课以新义务,其与全体股东协议的效力相当,应然对相应股东具有约束力;然而,如果多数决通过的决议中对非赞成股东课以新义务或加重责任,则可能是多数股东滥用表决权的结果,对相应股东不具有约束力,此处不再展开。

024　股东出资程序(一):出资的一般流程是什么?

一、出资义务的确定

任何公司股东的出资义务都来自其认缴出资,具体如上问所述,发起人的出资一般经由发起人协议、公司章程确定,其他股东的出资则经由认股协议确定;在后续经营过程中,股东出资义务也可能经由全体股东协议、全体股东一致决议而有所变更。此外,未履行出资义务的股权转让的,也可能引发出资义务的移转。

二、出资义务的适当履行

(一)基本要求

《公司法》第 51 条第 1 款规定:

有限责任公司成立后,董事会应当对股东的出资情况进行核查,发现股东未按期足额缴纳公司章程规定的出资的,应当由公司向该股东发出书面催缴书,催缴出资。

根据该条,董事会对股东出资义务的履行情况负有核查义务,如发现未适当履行的,还负有催缴义务。这就提出了一个问题,董事会如何判断股东是否适当履行了出资义务。

这并不难,本质上即为合同义务的适当履行,具体涉及股东出资的流程问题。

《公司法》第 49 条第 1、2 款规定:

股东应当按期足额缴纳公司章程规定的各自所认缴的出资额。

股东以货币出资的,应当将货币出资足额存入有限责任公司在银行开设的账户;以非货币财产出资的,应当依法办理其财产权的转移手续。

1. 货币出资

股东应当将货币出资存入公司指定的银行账户;存入发起人个人、其他法人的账户都是留下隐患的行为。

2. 非货币出资

非货币出资,也即广义上的现物出资、实物出资,是指以货币之外的其他财产出资,包括但不限于动产、土地使用权、房屋所有权、知识产权、股权、债权、数据、网络虚拟财产等可以估价且能够转移的有形、无形财产。

股东需将非货币财产交付公司,或(以及)办理过户手续等合法转移程序。依据法律属性不同,各类非货币财产出资的履行方式也不尽相同,相应的产权转移手续主要规定在《民法典》物权编、合同编之中。比如,关于土地使用权出资的履行,《公司法解释三》第 8 条规定:

出资人以划拨土地使用权出资,或者以设定权利负担的土地使用权出资,公司、其他股东或者公司债权人主张认定出资人未履行出资义务的,人民法院应当责令当事人在指定的合理期间内办理土地变更手续或者解除权利负担;逾期未办理或者未解除的,人民法院应当认定出资人未依法全面履行出资义务。

限于篇幅，此处不再对每种形式的出资财产履行程序展开论述。

(二)出资履行时间

《公司法》第 30 条规定：

申请设立公司，应当提交设立登记申请书、公司章程等文件，提交的相关材料应当真实、合法和有效。

申请材料不齐全或者不符合法定形式的，公司登记机关应当一次性告知需要补正的材料。

由于货币出资不存在履行程序上的时间成本，股东应当及时按期履行，自无异议。但就非货币财产出资，结合上述规定，可以认为现物出资办理了财产权转移手续后，公司才能成立。但在实践中，办理现物出资的财产权转移需要耗费较多的时间成本，尤其是涉及诸如房产、车辆、土地使用权、专利、商标等时，往往都需履行诸如核准、登记、备案等比较复杂的手续。如待一切手续办理完毕才能成立公司，势必影响公司设立的效率。所以，实践中先成立公司、后办理财产转移过户手续的情况普遍存在。

三、公司的义务

无论是货币出资还是非货币出资，公司接受了股东的出资财产后，均应出具相关文件用以证明股东出资义务的履行。

(一)有限公司

对于有限公司，《公司法》第 55 条规定：

有限责任公司成立后，应当向股东签发出资证明书，记载下列事项：

(一)公司名称；

(二)公司成立日期；

(三)公司注册资本；

(四)股东的姓名或者名称、认缴和实缴的出资额、出资方式和出资日期；

(五)出资证明书的编号和核发日期。

出资证明书由法定代表人签名，并由公司盖章。

需正确理解该条的句首"有限责任公司成立后"，其强调的不是签发出资证明书的条件，而是签发出资证明书的时间。真实的意思只能解读为：有限公司设立场合下，如在有限公司设立阶段发起人股东已经缴纳出资，公司最早在成立后签发出资证明书;公司成立后,如股东并未缴纳出资,当然也就不得签发出资证明书。可见,股东实际缴纳出资,才是公司签发出资证明书的前提条件。

那么,在有限公司运营过程中增资扩股的场合下,公司何时签发出资证明书呢?显然不能以认股人认购新的出资份额为充分条件,仍应以认股人实际缴纳出资为必要前提。

此外,依照《公司法》第87条,有限公司出让股权的,如该股东已实际缴纳出资,则公司应该及时回收、注销其出资证明书,同时为受让人换发新的出资证明书。言外之意,如该股东并未实际缴纳出资,则不存在回收、注销其出资证明书的问题,待受让人(或者转让人)实际缴纳出资后,公司再及时为新股东签发出资证明书即可。

(二)股份公司

股份公司采实缴制,所以设立股份公司的,公司收到股东实际缴纳出资的,对应的义务即为交付股票。《公司法》第150条规定:

股份有限公司成立后,即向股东正式交付股票。公司成立前不得向股东交付股票。

对本条的解读,类似于上述第55条,也要正确理解该条的句首"股份有限公司成立后",强调的不是交付股票的条件,而是交付股票的时间,真实的意思只能解读为:股份公司设立场合下,如发起人、认股人已经缴纳出资,公司最早在成立后交付股票;反过来,公司成立后,如股东并未缴纳出资,当然也就不得交付股票。可见,股东实际缴纳出资,才是公司交付股票的前提条件。关于股票的形式及其记载内容,《公司法》第149条规定:

股票采用纸面形式或者国务院证券监督管理机构规定的其他形式。

股票采用纸面形式的,应当载明下列主要事项:

(一)公司名称;

(二)公司成立日期或者股票发行的时间;

(三)股票种类、票面金额及代表的股份数,发行无面额股的,股票代表的股份数。

股票采用纸面形式的,还应当载明股票的编号,由法定代表人签名,公司盖章。

发起人股票采用纸面形式的,应当标明发起人股票字样。

那么,在股份公司运营过程中增资扩股的场合下,公司何时交付股票呢?显然不能以认股人认购新的股份为充分条件,仍应以认股人实际缴纳出资为必要前提。

025　股东出资程序（二）：需要评估、验资吗？

一、非货币出资的价值评估

（一）一般规定

《公司法》第48条第2款规定：

对作为出资的非货币财产应当评估作价，核实财产，不得高估或者低估作价。法律、行政法规对评估作价有规定的，从其规定。

与货币出资不同，非货币出资的财产价值无法直接由其自身客观表现而具有一定的主观性，且受外部因素影响明显而具有较强的变动性，因此需要在某一个基准日对非货币出资进行客观、真实、准确的价值评估。非货币出资对应的章程中记载的出资额应当与其财产的客观价值相当，不得由出资人自己决定，亦不得由公司与股东协商作价确定。出资人保证非货币财产的价值真实为法定义务，其涉及股东利益与债权人利益的平衡问题，如过高估价，将使公司的资本虚化，损害债权人利益；过低估价，将损害该股东的利益，有违公平原则。

在我国公司实务中，由于发起人、多数股东在公司设立、运营中占据主导地位，过高估价更为常见。同时，也存在国有资产被恶意低估的情况，导致国有资产流失的重大问题。

（二）评估权在谁

《公司法》关于评估权主体的规定不明确，仅于第104条规定募集设立股份公司由成立大会对发起人非货币财产出资的作价进行审核。不过，从《公司法》关于评估作价规定的精神来看，于有限公司、发起设立股份公司，评估权应属于全体发起人。

如有股东以未经评估作价的非货币财产出资，由于其实际价值是否与章程所定价额相符并不明确，就会滋生纠纷。对此，《公司法解释三》第9条规定：

出资人以非货币财产出资，未依法评估作价，公司、其他股东或者公司债权人请求认定出资人未履行出资义务的，人民法院应当委托具有合法资格的评估机构对该财产评估作价。评估确定的价额显著低于公司章程所定价额的，人民法院应当认定出资人未依法全面履行出资义务。

(三)风险承担

非货币出资价值评估的基准时间点,应该为交付或者办理其他移转产权手续时。实践中,出资人以非货币财产出资后,市场变化或者其他客观因素导致出资财产贬值的现象客观存在,对于这一风险的承担,应该按照转移标的物所有权合同的风险承担原则来解决。依据《民法典》第604条确立的交付主义,自然由交付后的公司承担。具体而言,《公司法解释三》第15条规定:

出资人以符合法定条件的非货币财产出资后,因市场变化或者其他客观因素导致出资财产贬值,公司、其他股东或者公司债权人请求该出资人承担补足出资责任的,人民法院不予支持。但是,当事人另有约定的除外。

(四)虚假评估的法律责任

对此,《公司法》第257条规定:

承担资产评估、验资或者验证的机构提供虚假材料或者提供有重大遗漏的报告的,由有关部门依照《中华人民共和国资产评估法》、《中华人民共和国注册会计师法》等法律、行政法规的规定处罚。

承担资产评估、验资或者验证的机构因其出具的评估结果、验资或者验证证明不实,给公司债权人造成损失的,除能够证明自己没有过错外,在其评估或者证明不实的金额范围内承担赔偿责任。

二、关于验资

1. 验资人

验资,是法定机构依法对出资进行检验并出具相应证明的行为;验资制度是法定资本制的要求和保障。对于现金出资,由金融机构出具缴款证明;对于现物出资,验资机构是经选任或认可的专家及律师事务所、会计师事务所、审计事务所、税务事务所等,由其对相应非货币财产的价值进行检验。

2. 强制、自愿验资

《公司法》仅在第101条规定,募集设立股份公司的,发行股份的股款缴足后,必须经依法设立的验资机构验资并出具证明。据此,《公司登记管理实施办法》第5条第2、3款规定:

采取向社会公开募集设立的方式成立的股份有限公司,办理登记时应当依法提交验资机构出具的验资证明;有限责任公司、采取发起设立或者向特定对象募集设立的方式成立的股份有限公司,办理登记时无需提交验资机构出具的验资证明。

法律、行政法规以及国务院决定对公司注册资本实缴、注册资本最低限额、股东出资期限等另有规定的,从其规定。

那么,公司自愿(章定)验资制度有无存在空间?除募集设立股份公司外,股东出资的验资不再是法律的强行性要求,但这不妨碍股东之间约定进行自愿的验资,股东也可以将这一约定写入公司章程,成为章定验资制度。这种自愿(章定)验资制度的积极意义在于:可作为确定股东已经实际出资的依据(证据),并明确股东出资的具体信息,包括出资形式、出资时间与出资额度等,同时对外公示该公司具有良好的资本信用。

3. 验资者的责任

验资证明必须客观、真实,否则,验资机构要承担相应的法律责任(《公司法》第257条第2款)。

026　股东出资程序(三):公司可以善意取得非货币出资财产吗?

一、问题的提出

股东出资的本质,就是转移出资财产给公司,换取对价也即公司相应份额的股权,公司作为受让人取得出资财产的财产权。可见,出资行为在性质上属于股东对出资财产的处分行为。这样一来,如果出资人用自己并不享有处分权的财产进行出资,该出资行为从行为法的视角看构成无权处分,虽然合同效力不因此受到影响,但处分行为的效力待定——公司能否取得该出资财产,需要依据《民法典》合同编、物权编等相关规定分别而论。

二、无权处分、善意取得的一般原理

《民法典》第597条规定:

因出卖人未取得处分权致使标的物所有权不能转移的,买受人可以解除合同并请求出卖人承担违约责任。

法律、行政法规禁止或者限制转让的标的物,依照其规定。

据此,对于法律、行政法规不禁止、不限制流转的标的物进行无权处分的,该买卖合同的效力不受无权处分行为的影响,如果不存在其他效力瑕疵情形,就是有效的。

那么,在该合同有效的前提下,物权变动的法律效果应适用《民法典》第311条的规定:

无处分权人将不动产或者动产转让给受让人的,所有权人有权追回;除法律另有规定外,符合下列情形的,受让人取得该不动产或者动产的所有权:

(一)受让人受让该不动产或者动产时是善意;

(二)以合理的价格转让;

(三)转让的不动产或者动产依照法律规定应当登记的已经登记,不需要登记的已经交付给受让人。

受让人依据前款规定取得不动产或者动产的所有权的,原所有权人有权向无处分权人请求损害赔偿。

当事人善意取得其他物权的,参照适用前两款规定。

也即,无权处分情形下的物权变动效果,可分为两种情形分别讨论。

1. 经权利人追认或者行为人订立合同后取得处分权的,买卖合同继续履行,经过交付或者办理权属变更手续后,无论第三人主观状态如何,都不妨碍其继受取得相应财产。

2. 权利人不追认,且行为人订立合同后也未取得处分权的,原则上买卖合同不得履行。如行为人尚未交付或者尚未办理权属变更手续,则应当立即停止履行、恢复原状,第三人可以追究行为人的违约责任,自不待言;如行为人已经将财产交付或者办理权属变更手续的,原则上权利人有权追回,但唯一的例外是,如第三人符合《民法典》第311条规定的善意取得要件,其可以主张善意取得该财产所有权。

三、股东出资的,公司也可以适用善意取得规则

相应地,出资人用自己并不享有处分权的财产对公司进行出资的,也应该如此分别处理。值得注意的是,由于货币遵守"占有即所有"的原则,因此不存在无权处分可能,无善意取得规则的适用空间,下文论述仅针对非货币财产出资的情形。也可以分为两种情形分别讨论:

1. 经权利人追认或者出资人订立合同后取得处分权的,股东出资的合同继续履行,经过交付或者办理权属变更手续后,无论公司善意与否,都不妨碍其继受取得出资财产。此时,应当认定出资人全面履行了出资义务。

2. 权利人不追认,且出资人订立合同后也未取得处分权的,该出资合同不得履行。如出资人尚未将出资财产交付给公司或者尚未办理权属变更手续,则应当立即停止履行、恢复原状,公司可以追究出资人的瑕疵出资责任,自不待言;如出资人已经将出资财产交付给公司或者办理权属变更手续的,原则上权利人有权追回,但唯一的例外是——如符合《民法典》第311条规定的要件,公司作为出资财产的受让人可以主张善意取得,从而拒绝原权利人的返还原物请求权,该财产终局地为公司所取得。至于受到损害的原权利人如何追究进行无权处分的出资人的法律责任,与公司无关。

司法实践承认股东出资情形下善意取得规则之适用,《公司法解释三》第7条对此规定:

出资人以不享有处分权的财产出资,当事人之间对于出资行为效力产生争议的,人民法院可以参照民法典第三百一十一条的规定予以认定。

以贪污、受贿、侵占、挪用等违法犯罪所得的货币出资后取得股权的,对违法犯罪行为予以追究、处罚时,应当采取拍卖或者变卖的方式处置其股权。

依照《民法典》第311条,于此场合下公司主张善意取得出资财产的,需证明自己满足以下要件:(1)公司受让出资人处分的非货币财产是善意的,也就是对于出资人不享有处分权这一事实并不知情,且无重大过失;(2)以合理的价格受让,此处公司支付的对价就是相应份额的股权,至于是否合理,需要对照出资财产的价值与公司股权的价值来具体考察、认定;(3)出资财产依照法律规定已经完成交付(动产)或者产权登记手续(不动产等)。

按照《民法典》规定,可以适用善意取得制度的财产包括动产所有权、不动产所有权以及其他物权,如土地使用权等用益物权,公司可以善意取得的出资财产亦应作如是解释。明确在股东非货币财产出资场合下公司可以主张适用善意取得制度,有利于保护公司资本的稳定性,规避公司资产流出的风险,从而保障交易相对人的利益。但善意取得制度本身是一个利益衡平的法律工具,如不加以必要限制,势必造成各方利益格局的失衡。根据我国的现行立法与司法实务做法,遗失物、盗赃物等不得善意取得,原权利人或司法机关可以直接追回;股东非货币财产出资的情形下,公司亦不得主张善意取得这类财产。

另外值得关注的是,为严格追究严重违法违规行为,贪污、受贿、侵占、挪用等违法犯罪所得的相应赃款、赃物应被依法查处。但如此一来,司法机关如直接将股东通过犯罪所得的出资财产从公司抽出,无疑不利于公司资本维持与债权人利益保护。有鉴于此,根据《公司法解释三》第7条第2款规定,法院应当采取拍卖或变卖的方式处置相应股权,也就是将出资财产所形成的股权进行折价处置,在对相应赃款赃物予以"变相"的彻底追缴的同时,兼顾了公司资本维持的需求。从公司的角度来说,这实际上意味着对于具有赃款、赃物性质的出资财产,公司变相地、间接地取得了相应的财产价值;非货币出资情形下,可谓之实现了"善意取得"。

027 股东出资形式(一):货币是最佳出资形式吗?

一、股东出资诸形式

《公司法》第48条第1款规定:

股东可以用货币出资,也可以用实物、知识产权、土地使用权、股权、债权等可以用货币估价并可以依法转让的非货币财产作价出资;但是,法律、行政法规规定不得作为出资的财产除外。

本款规定也适用于股份公司(《公司法》第98条第2款)。据此,可用于出资的非货币财产要符合两个要件:可以用货币估价;可以依法转让。那么,哪些非货币财产可用于出资呢?更详细的规定在《公司登记管理实施办法》第6条第1款:

股东可以用货币出资,也可以用实物、知识产权、土地使用权、股权、债权等可以用货币估价并可以依法转让的非货币财产作价出资。法律对数据、网络虚拟财产的权属等有规定的,股东可以按照规定用数据、网络虚拟财产作价出资。但是,法律、行政法规规定不得作为出资的财产除外。

二、货币出资的优势

货币出资历来为立法首选的出资形式,1993~2013年,公司法强调货币出资占比不得低于法定比例,可见立法对货币出资的推崇。实务中,货币是一种常见的出资形式,其因无须评估作价而更有利于保障股东出资的真实性和公司资本的扎实程度,其又具有极高的流动性而更有利于保障公司经营的正常展开和商事活动的及时参与。

具言之,货币出资的优势在于:

1.货币作为一种通用交换媒介,具有很高的流动性,公司可以随时将货币用于支付开支、投资或扩大业务规模。

2.货币出资的使用和管理相对简单,不涉及评估程序和资产管理,有利于降低公司的运营成本和管理风险。

3.货币出资一般不受到资产贬值、市场波动等因素的影响,相对稳定,有助于降低公司的经营风险。

4.货币出资可以随时进行,不受时间和地点的限制,有利于公司根据市场变化和业务需要作出及时的资金调配。

5.充裕的现金流可以增强公司的偿债能力,提升公司的信用评级,有利于获得贷款或其他融资。

三、货币出资的劣势

有一利必有一弊,货币出资也有其局限性,不必然是对所有公司都最为有利的选择。

1.货币自身的增值能力不如不动产、稀有物资等无须专门管理即可获得收益的、抗风险能力较强的出资。在资本庞大的公司,单纯的货币出资可能会带来不小的资金管理压力,甚至可能造成资金的浪费和闲置。

2.对一些特定类型的企业来说,对股东自身技能及特殊财产的需求,可能大于对资金的需求。如科技行业对关键研发人员的需求,建筑行业对某一股东所掌握的土地资源的需求等。因而,股东以公司所需之关键资源出资,效果要好于其以货币出资。

3.考虑到一些公司的财务状况和资金需求,如公司已经具备充足的现金流或可以通过其他融资方式获取资金,股东以货币出资可能并不是必要的选择。相反地,将其他资产或资源注入公司,可以实现资源的多样化配置,降低公司的财务风险。

4.强令股东以货币出资会给股东带来现金压力,甚至可能需要其动用备用储蓄或举债;增加个人和家庭的财务负担,这会抑制股东的创业热情。鼓励多元化的投资方案,更有利于公司集中创业者的不同优势,优化资源配置,更高效地投入生产经营。

某科技公司初创,其核心业务是开发新型智能手机应用程序,以提供个性化的健康管理服务。创始团队成员之一是一位技术专家,拥有丰富的软件开发经验和技术专长,另一位创始团队成员是一位商业领袖,具有丰富的市场营销和业务拓展经验。创始团队希望通过股东出资来支持公司的发展,在考虑出资形式时面临着货币、非货币的选择。他们了解到,虽然货币出资可以为公司提供即时的流动资金支持,但不必然是最好的选择。深入思考后,创始团队决定采用非货币形式的出资方式,以技术专长和市场营销经验作为出资财产。原因有以下几点:(1)价值补充和资源整合。技术专家和商业领袖的专业能力和经验与公司的业务需求相辅相成,可为公司提供更多的价值。技术专家负责开发、优化手机应用程序,商业领袖负责市场推广和用户获取,两者的资源整合可以更好地推动公司的发展。(2)降低资金压力。创始团队以技术专长和市场营销经验作为出资,可以降低对现金流的依赖。(3)激励团队成员。创始团队成员以自身的专业能力和商业经验作为出资,表明他们对公司的承诺和信心,也可以激励其他团队成员更加积极地投入公司的发展中。这种出资形式可以建立更紧密的团队合作关系,激发团队的凝聚力和合作精神。

028　股东出资形式(二):非货币出资有何商业风险?

一、法律风险

一是估价的不确定性。非货币资产的价值评估具有较大的主观性和复杂性,如评估不准确,可能会导致公司资产虚高或低估,进而影响公司的财务状况和股东权益。就此,需要聘请专业的评估机构独立评估,确保出资资产的价值评估科学、合理。

二是产权风险。非货币出资涉及资产转让和产权变更,须依法办理相关法律手续。如非货币资产的过户手续未完成,或存在产权瑕疵和潜在纠纷,将影响公司的资产安全。与之相对,货币因适用"占有即所有"的原则,因此不存在产权瑕疵的可能,以之出资法律风险较低。因此,公司在接受非货币出资前应全面调查,确保出资资产产权清晰、无权益纠纷。

二、财务风险

一是价值变动。对于股权出资,引发股权价值变化的内外部因素是多样的,也是不可控的,更可能是剧烈的。对于债权出资,则可能存在坏账、呆账的可能性,甚至最终一文不值。

二是变现困难。非货币出资的资产如实物设备、技术专利等,可能存在变现困难的问题,影响公司的财务灵活性,无法为公司紧急的现金需求提供支持。为此,建议公司评估非货币出资资产的流动性,确保其变现的可能性,同时保持一定比例的货币出资,确保公司财务的灵活度。

三是大概率贬值。实物资产在使用过程中会逐渐折旧或减值,这可能会导致公司资产账面价值下降,影响公司的财务结构。为此,公司应制定科学的资产折旧和减值政策,定期评估和调整资产账面价值,同时建立资产维护和管理制度,延长资产的使用寿命。

需要强调的是,非货币出资资产在财务报表中的确认和计量,具有一定的复杂性,如处理不当,可能会影响财务报表的透明度和可比性。公司应严格按照会计准则和财务制度,确认和计量非货币出资的资产价值,确保财务报表的真实、准确和透明。

三、管理风险

非货币出资的资产种类多样,管理和维护的复杂度较高,可能增加公司的管理负担,影响公司的运营效率。为此,公司应建立完善的资产管理制度,明确资产管理责任和流程,确保资产的有效管理和使用。同时,应引入专业的管理团队,提高管理效率。

非货币出资的股东往往在公司中担任重要职务,现代公司治理的"两权分离"更加难以落实,如利益关系处理不当,可能会导致利益冲突,影响公司的运营程序和决策效率。公司应制定明确的公司治理制度,确保股东和管理层的职责分离,防范利益冲突。同时,应建立利益冲突披露和处理机制,确保公司决策的公平性和透明度。

另外,如非货币出资的资产是某种关键技术或知识产权,公司可能会对该技术或知识产权形成依赖;出资人离职或技术更新不及时,可能会对公司的持续发展形成制约。公司应进行技术储备,确保关键技术持续更新和发展。而且,应通过知识产权保护和技术共享机制,降低对单一技术的依赖。

029　股权出资形式（三）：股权出资的特殊风险是什么？

一、股权出资

(一)定义

股权出资是指股东以其持有的其他公司的股权作为出资,投入新设公司或者增资扩股的公司中。股权出资的根本属性为股权转让。

股权出资自 2005 年《公司法》修订开始获得合法性,其后在实务中越发得到关注,尤其在资本运作和企业并购过程中,股权出资的身影十分常见。

(二)分类

股权出资,根据出资时公司所处的不同阶段,在实务中可以分为两类:

一是直接出资,即公司设立时,发起人股东或者其他认股人直接以其所持有的其他公司的股权作为出资财产,转让给公司,取得相应的该公司股权(出资额)。

二是换股出资,即公司运营过程中增资扩股的,认股人将其在其他公司所持有的股权转让给公司,以此获得公司增资扩股后的股权份额。相较于直接股权出资,换股出资的表现更为多样,也更复杂,实务中主要有几种表现:

1. 在公司并购重组过程中,收购方可以以换股方式向被收购方股东支付对价,从而减少现金支出,降低并购风险;对股东来说,即是通过换股出资取得重组后公司的股份。

2. 公司之间进行战略合作时,可以通过换股出资的方式实现股权互换,形成交叉持股的结构,加强双方的战略协同。

二、特殊风险

股权出资涉及的法律问题与实操层面问题比较复杂,需要特别关注其风险。

1. 法律层面

《公司法解释三》第 11 条第 1、2 款规定：

出资人以其他公司股权出资，符合下列条件的，人民法院应当认定出资人已履行出资义务：

(一)出资的股权由出资人合法持有并依法可以转让；

(二)出资的股权无权利瑕疵或者权利负担；

(三)出资人已履行关于股权转让的法定手续；

(四)出资的股权已依法进行了价值评估。

股权出资不符合前款第(一)、(二)、(三)项的规定，公司、其他股东或者公司债权人请求认定出资人未履行出资义务的，人民法院应当责令该出资人在指定的合理期间内采取补正措施，以符合上述条件；逾期未补正的，人民法院应当认定其未依法全面履行出资义务。

股权出资的前提是股权本身的合法性、可转让性和无负担性。如出资股权存在权利瑕疵，如其上设置质押、被冻结、具有其他限制转让情形的，或者出资人为无权处分的，该股东可能构成瑕疵出资，亦给公司资本带来损害。因而，公司对此应当展开尽调，确保股权的合法性、可转让性、无负担性；如有不得不接受的权利负担，则应评估其法律风险。

此外，股权出资可能涉及股转所得税等税负问题，股东在出资前应了解相关税务政策，筹划税务负担，依法履行纳税义务。

2. 财务层面

股权出资情况下，需要对出资股权进行价值评估，确保其价值的公允性、合理性。相应评估结果应作为双方作价的重要依据，并以此为凭签署相关的认股协议、换股协议等。

3. 操作方面

如前所述，股权出资实为一种股转行为，自然要遵守股转的实体规则与程序规则。就前者，如出资股权属于有限公司的股权，则要提前通知其他股东，征求其行使优先购买权的意见，只有其他股东全部弃权，股权出资方可继续进行(《公司法》第 84 条)；如出资股权是股份公司的股份尤其是上市公司股票，特殊主体在禁售期内，原则上不得用于出资，但可以签署附期限的股权出资合同(《公司法》第 160 条)。就后者，股权出资的义务履行，要遵循相应的股权变动手续。

可见,股权出资的操作程序相对复杂,在一般的出资程序之外,需要兼顾股转的程序要求,如操作不规范,可能对公司造成不当损害。就此,公司要制订接收股权的可操作方案,确保各环节的合规性。

举例。设 A、B 公司达成协议,前者以其持有的 C 有限公司 10% 股权(出资额)作为出资,换取 B 股份公司新发行股份 1000 万股。A 公司召开股东会,表决通过换股出资的投资方案;B 公司召开股东会,获得 2/3 以上多数同意增发股份,并以 C 公司股权为出资形式。A、B 公司共同聘请评估机构评估 C 公司市值,确定公允价为 10,000 万元。A 公司取得 C 公司其他股东放弃优先购买权的意思表示。A、B 公司签订换股协议,A 公司以 C 公司 10% 股权出资,换取 B 公司发行的 1000 万份新股。嗣后,B、C 公司分别办理变更登记手续。

030　股东出资形式（四）：债权出资的特殊风险是什么？

一、债权出资

(一)定义

债权出资是指股东以其对公司或其他主体的债权,作为对公司出资的方式。债权出资的根本属性为债权转让。

债权可否用于出资,曾面临激烈的理论争鸣。支持者认为,债权出资能够灵活补充公司资本,优化资本结构,提升公司融资能力,而且在债权出资过程中通过严格的公司治理机制和风险控制措施,可以有效管理和控制债权出资的风险。反对者认为,债权出资可能对公司财务状况产生不利影响,尤其是在债权评估不准确或债务人违约的情况下,将导致公司资产不充足。

必须承认的是,债权出资作为一种灵活的出资方式,既有其法律基础和合理性,也面临较多的法律风险和操作挑战。我国 2005 年《公司法》修订后开始肯定债权出资的合法性,但迄今尚未有细致的辅助规则出台。

(二)分类

股东既可以以对第三人的债权出资,也可以以对目标公司的债权出资,此为第一层分类。其中,以对公司所享有的债权进行出资又可以二分:

一是股东以对公司享有的债权增资入股;二是在已认缴出资的情形下,股东以对公司享有的债权抵消尚未履行的出资义务,其本质可视为股东出资形式的变更。

如前所述,债权出资面临着激烈的讨论,但其固有的风险已经逐渐为各界接受,只要不损及公司资本,均应予以认可。问题的核心在于股东以对公司的债权抵消未履行出资是否可行,实践中存在极大的争议。该情形下,当公司不具有充足的偿债能力时,如允许股东债权抵消,则将实质产生该股东优先于公司其他债权人受偿的效果,极大损害了公司债权人利益。

有鉴于此,最高人民法院案例库参考案例"北京某建材公司诉北京某科技公司、马某等买卖合同纠纷案"(入库编号:2023-08-2-084-028)在裁判要旨部分明确了股东以对公司的债权抵消出资义务的条件:

一、应当通过股东会决议修改公司章程,将出资方式变更为债权出资,并确认实缴出资;

二、前述股东会决议作出时,公司应当具有充足的清偿能力;

三、修改后的公司章程应当经公司登记机关备案。

对于不符合上述条件,债权人请求该股东在未出资本息范围内对公司债务不能清偿的部分承担补充赔偿责任的,人民法院将依法予以支持。也即,如未满足上述条件,股东以债权出资的行为无效,仍要履行原本的出资义务。

该案例目前仍属于个案经验,以对公司债权抵消出资义务的具体规制之宽严把握尚未得出统一的结论,究竟应当"一棒子打死"还是"全然接受",抑或如该案在一定条件下留有余地？但这本质上不过是立法政策选择的问题了。

二、特殊风险

1. 法律层面

《民法典》第545条规定:

债权人可以将债权的全部或者部分转让给第三人,但是有下列情形之一的除外:

(一)根据债权性质不得转让;

(二)按照当事人约定不得转让;

(三)依照法律规定不得转让。

当事人约定非金钱债权不得转让的,不得对抗善意第三人。当事人约定金钱债权不得转让的,不得对抗第三人。

股东必须确认债权可以依法转让,没有法律上的限制或障碍。某些债权依法禁止转让或者合同约定不得转让的,或需经过特定程序才可转让的,股东不应以此出资,否则将承担瑕疵出资的相应责任。

同时,为规避前述法律风险,确保出资债权的有效性、真实性,公司也应当对出资债权全面尽调,包括债务人身份、债权金额、债权文件、担保文书,重点关注账龄、可履行性、有无超过诉讼时效等信息。为此,有必要聘请法律专业人士审核上述资料,避免可能的法律风险。

公司董事会对债权出资的审核和实现负有勤勉义务,应当审慎决策、合理注意。董事具有关联关系的,应回避决策与执行,避免利益冲突。债权出资的股东亦当坚守诚信原则,确保债权真实有效的同时,要对债务人的信用情况、财务状况等如实披露;否则,可能构成民法上的欺诈,参与虚构债权的出资人或债务人需在对应的出资额范围内承担相应的不利后果。

2. 财务风险

债权估价涉及的影响因素较为复杂,包括债务人的信用状况,债务有无到期及其账龄,债务有无担保以及担保质量等。为此,公司要考虑聘请有资质的评估机构对债权价值进行科学、合理的专业评估,确定其公允价值。根据评估结果,双方再合理确定债权的出资价格,防止债权价值虚高而侵害公司、其他股东利益。但纵使进行了相应的评估,债权出资的风险依然远大于其余的非货币财产出资,问题在于,是否因此应当对债权出资人课加额外的瑕疵担保责任?

一种观点认为,债权出资亦是非货币出资的一种,只要依法完成了相应出资形式的法定流程,债权无法清偿之风险即转移至公司,与一般的非货币出资适用相同的规则。由此,作为风险的承担方,公司对债权价值进行评估时必须充分考量其清偿风险,合理确定债权出资所对应的出资额。与此相对的另一种观点则主张,正视债权出资的特殊性,为维持公司资本,参照域外法规定债权出资人承担相应的瑕疵担保责任。相应地,公司的评估责任减轻,债权出资股东则要始终背负债权无法清偿的风险。

可以说,债权出资的财务风险之大绝不可以忽视,至于究竟应当将债权不能清偿之风险分配给出资股东抑或公司承担,本质上是立法者的价值选择与利益衡量问题。对债权出资人课加瑕疵担保责任,延续了公司法对于资本维持原则的重视与强调,对公司组织利益、债权人利益采取了保护色彩浓厚的"父爱主义"立法模式;反之,则是对当事人双方意思自治的信任和保护。

由于债权出资在我国方兴未艾,究竟哪一立法路径更为合理,仍有待公司法学界和实务界进一步研究。

3. 操作风险

如前所述,债权出资实为一种债权转让行为。所以,债权出资股东既要遵守《民法典》关于债权转让的规则,也要遵守公司法的股东出资规则。

《民法典》第546条规定:

债权人转让债权,未通知债务人的,该转让对债务人不发生效力。

债权转让的通知不得撤销,但是经受让人同意的除外。

由此,以债权出资的股东应当及时通知债务人,避免因此导致公司的损失。

031 股东出资形式(五):劳务出资、干股,可行吗?

一、争议

劳务出资,也称人力资源出资,是指股东不直接对公司投入货币、实物等财产,而是通过提供劳务或专业技能给公司的形式,实现公司权益增值。这种方式下,股东的出资以劳务或专业技能的形式体现。

实然上也即立法层面,我国公司法始终拒绝承认劳务出资的合法性,究其原因,回归《公司法》第48条的规定不难看出,劳务不符合非货币出资的两项要求:可以货币作价值评估;可以依法转让。

应然上也即理论层面,劳务出资究竟是否可行,一直存在着对立的观点。

支持者的理由是:

1. 劳务出资可能带来更多的灵活性和创新性,由此为企业带来专业知识、技能和人力资源,提升企业的生产力和竞争力,从而帮助企业更好地应对市场变化和挑战。

2. 与现金或实物出资相比,劳务出资更注重企业的长期利益和可持续发展。股东因与企业有更深层次的关联,更有动力为企业的长远发展贡献力量。

反对者的理由是：

1. 劳务的价值难以准确评估，通常是主观的，不同人对同一项劳务的价值评估可能存在相当的差异性。此种价值评估困境，极可能引发出资人和其他财产出资股东之间的龃龉；又由于劳务之债不具有可强制执行性(《民法典》第580条)，难以构成公司资产信用的一部分，劳务出资对公司债权人的利益也有所损及。

2. 由于劳务出资的价值难以衡量，如对其价值评估畸高，则意味着对公司、其他股东与公司债权人不公平，损及诸人利益；反之，如对其价值评估过低，则提供劳务的股东所获得的回报可能不足以体现其付出的价值，并不公平。

3. 过度依赖劳务出资可能会影响公司的正常经营和发展，毕竟劳务出资难以转化为直接的经济效益，可能会给公司带来额外的负担和管理上的挑战。

二、干股，是否为变相的劳务出资

(一)尝试

由于劳务出资的合法性问题未获解决，纯粹的劳务出资将面临法律风险，于是实务中有人试图变相为之，使其形式合法化。操作路径主要有：

1. 股东将自己的技术、专业知识提供给公司作为对公司的劳务支持，公司以期权作为回报。这并非直接的劳务出资，但可以一定程度上达到劳务出资的效果。

2. 公司以财务资助的方式为股东提供用于购买自己股权的借款，待股东获得股权之后，以自身劳务所获得的报酬偿还其对公司的债务。虽然《公司法》第163条规定股份公司原则上不允许为他人取得本公司的股份提供财务资助，但对有限公司并无此规定，且股份公司也例外允许公司实施员工持股计划和为公司利益而进行的财务资助。因此，以公司提供的借款出资似乎可以成为变相实现劳务出资的合法有效路径。

3. 劳务股东从其他股东处无偿受让已实缴出资的股权，或以其他股东代持的方式持有公司股权。这在性质上相当于劳务股东以自身劳务报酬，通过公司的分配机制偿还其对其他股东代为出资的债务。

(二)干股

实务中还有一种值得警惕的现象，也即所谓"干股"——公司无偿赠送的股份，持有干股的人不需要实际出资，但可以享有公司的分红权，或者享有完整的股东权利。实务中，干股有用作公司发起人的酬劳的，有时也会赠送给公司的重要职工或

拉拢其他与公司存在重要利害关系的人。实务中,干股的获取方式主要有以下几种:

1. 股权赠送:公司设立后,股东直接将部分股份赠与他人,受赠人成为干股股东。

2. 股权激励:为了留住人才,大股东将自己手中的部分股权无偿奖励或以优惠价格转让给受激励对象。

3. 以无形资产出资:公司允诺该股东可以劳务、专业知识出资等获取该股权。

三、风险

本书的读者应有一个思维底线:天下没有免费的午餐;任何人获得股权,最终都要实缴资本,否则所获股权最终也将不保。所以,绝无理由忽视以上任一操作背后的风险,无论其合法外衣为"干股"、"期权"还是"财务资助"。

首先,针对其余股东赠与股权的情形,要看赠送者是否履行了缴纳出资的义务,否则,依照《公司法》第88条,该受让股东终究免不了补缴出资,除非放弃该股权,甚至可能欲弃权而不得。其次,针对公司直接允诺或者以期权、财务资助方式获得股权,相应股东都需要补缴出资款,无论是直接以货币形式缴纳,还是以对公司的劳务报酬债权进行抵销。当然,股东以对公司的债权抵销出资义务,其风险已于前问明确,此处亦无不同,不再赘述。

分篇四

瑕疵出资行为责任

在出资法律关系中，出资人只要认缴出资，即可成为股东，实缴与否，并不是其取得股东资格的前提条件，但是终究要履行实缴义务。

否则，股东本人就要对公司承担补缴责任与赔偿责任，对其他股东承担违约责任，以及对公司债权人承担相应的赔偿责任。这些责任，就组成了瑕疵出资股东的行为责任。

但公司法的魅力显然不限于此。如瑕疵出资股东本人不能履行对公司、公司债权人的上述责任，是否可以追究与瑕疵出资事实存在某种牵连关系的一众人等的连带责任？如是，可谓瑕疵出资责任的主体扩张，或谓"株连"。本分篇的重心就在于此。

本分篇共设13问，内容体系上的展开可谓酣畅淋漓。

032 瑕疵出资的行为认定（一）：何为抽逃出资？

一、定义及本质

(一)定义

在前文关于公司资本维持原则的探讨中，已对抽逃出资的概念有所涉及。不过，鉴于此概念在我国公司法中的重要地位，以及其引发的实践纠纷的普遍性，本问对抽逃出资作进一步的说明。

抽逃出资，是指已经缴纳出资给公司的股东，利用各种手段将该出资的全部或者部分从公司处返还给自己，却仍保留股东身份和原有出资数额的一种欺诈性违法行为。

《公司法解释三》第12条规定：

公司成立后，公司、股东或者公司债权人以相关股东的行为符合下列情形之一且损害公司权益为由，请求认定该股东抽逃出资的，人民法院应予支持：

（一）制作虚假财务会计报表虚增利润进行分配；

（二）通过虚构债权债务关系将其出资转出；

（三）利用关联交易将出资转出；

（四）其他未经法定程序将出资抽回的行为。

这一规定有两层意思：一是明确了可以提起股东抽逃出资确认之诉的原告有三：公司、其他股东、公司债权人，这三类主体也正是抽逃出资行为的主要受害者。二是列举了抽逃出资的四类情形，其中第四类属于概括条款。依据公司法的基本法理，股东一经出资，断无抽回之道理，除非依法经过公司资产流出程序，否则，一概可以认定为抽逃出资行为。

（二）概念存废之争

有学者认为，抽逃出资是一个伪概念，因为不论是在法律逻辑还是在会计视角下，抽逃出资本质上是股东窃取了拥有独立人格及独立财产权的公司的财产。股东的出资一旦到位（完成财产权移转手续），业已构成公司资产的一部分，且随着公司经营活动的开展，已经融入公司整体资产之中而实时处于变动状态，不可能也无法证明股东抽逃某一笔特定的出资，而只能证明其从公司资产中取走了一部分占为己有。尤其是，对于货币出资，基于货币的等价物特性如何证明某股东抽回的货币就是其此前出资的货币呢？一言以蔽之，所谓抽逃出资行为就是股东对于公司资产的侵权行为，不必与公司注册资本、股东出资行为牵连在一起。有鉴于此，主张废除抽逃出资概念及其相应规则的声音一直存在。

应当说，如果单纯从行为法的视角而论，上述否定抽逃出资概念的观点并非没有道理。但是从公司组织法的角度而论，抽逃出资概念及其规则仍然有独立存在的必要。质言之，抽逃出资概念的存在是为了保护以注册资本为核心的公司资本制度，乃是以公司资本维持原则为基础的规则体系中不可分割的组成部分。

虽然从技术上看，界定股东抽回其出资财产（尤其在货币出资的情形下）存在相当的困难，但并非技术上不可行。对于实物出资而言，特定物如某品牌汽车、某栋大楼、某项专利技术等之抽逃仍可准确界定。就货币出资而言，在专业的财务会计视角下，仍可为抽逃出资作一个大致界定，这种方法也即本篇分篇一中已经提及的资本维持模式下的"资产负债表检测法"。具言之,公司资产向特定股东流出后,如导致其净资产少于股东已经实缴的出资额,则资本维持模式下依法留存于公司中的注册资本已经受到侵害,即应认定为股东抽逃出资;否则,如净资产仍旧大于注册资本数额,则仅应认定为侵害公司资产,尚未构成抽逃出资。

更重要的是,从公司注册资本与股东出资制度的视角而论,抽逃出资的概念独立,可以将抽逃出资拉回到公司资本与股东出资的制度场域进行监视,而不仅限于普通的侵权行为,这具有不言而喻的超越侵权行为定性的额外价值,也即维护公司的独立财产以及公司注册资本制度的严肃性;这也是资本维持原则的应有之义。

(三)抽逃出资与瑕疵出资的关系

下问还要详细介绍狭义瑕疵出资的概念及其复杂样态。此处先指明,广义瑕疵出资包括抽逃出资与狭义瑕疵出资,也即抽逃出资属于广义瑕疵出资之一种。

之所以将抽逃出资列入广义瑕疵出资的概念体系之中,是因为其后果与瑕疵出资的其他类型相同,也即在抽逃范围内形同未出资。

(四)总结

抽逃出资,从民法的视角而论,是行为人对公司财产的侵权行为,且多数是共同侵权行为(详见下文);从公司组织法视角而论,是对股东特定出资的非法返还,侵害了公司注册资本,造成注册资本不实,构成广义瑕疵出资行为。

二、抽逃出资的法律后果

(一)民事责任

股东抽逃出资的法律后果,与广义瑕疵出资概念下的其他瑕疵出资行为具有共性,但也有个性。共性在于,都构成瑕疵出资,所以就股东出资责任领域内的后果,是一致的,所以本篇第34问及其以下所指称的瑕疵出资概念,如未特别指明,都包含抽逃出资在内。个性在于,抽逃出资还构成对公司的侵权,其性质为侵权与违约之竞合形态,但其他瑕疵出资行为都不存在侵权行为的性质,仅能定性为违约行为(当然,如果实物出资存在质量瑕疵导致公司其他损失的,则构成加害给付,引发另一重意义上的侵权、违约竞合)。

《公司法》第53条规定:

公司成立后,股东不得抽逃出资。

违反前款规定的,股东应当返还抽逃的出资;给公司造成损失的,负有责任的董事、监事、高级管理人员应当与该股东承担连带赔偿责任。

根据该规定,对比《公司法》第49条规定的其他瑕疵出资行为下股东对公司的行为责任,可以发现三点:

1. 返还责任。抽逃出资后,股东返还出资,乃是应有之义,这与其他瑕疵出资行为引发的补缴责任虽然名称不一,但实质相同——均为违约责任中的继续履行、采取补救措施。

2. 赔偿责任。抽逃出资造成公司损失的,该股东对于公司的赔偿责任,与其他瑕疵出资行为引发的股东对公司的赔偿责任并无二致。

3. 董监高的赔偿责任。特殊之处仅在于,抽逃出资还构成侵权,且往往是共同侵权——股东要实现抽逃出资,需要公司内部负责财务事项的管理层的配合。如果股东身兼该管理职务,如一人公司情形下,则为单独侵权,否则就会构成共同侵权。参与抽逃出资的管理层,要与抽逃出资股东一起承担连带责任。至于此处"负责"的含义,以及承担责任的董监高范围,本书其他章节已有多处阐述,此处不再展开。

此外,抽逃出资还可能引发公司人格否认,具体参见本分篇的最后一问。

(二)行政责任

如果在广义瑕疵出资行为体系下比较抽逃出资与其他瑕疵出资行为,可以看到立法者似乎认为抽逃出资更为可恶,所以其行政处罚力度更大,请对比以下两个条文。

《公司法》第252条:

公司的发起人、股东虚假出资,未交付或者未按期交付作为出资的货币或者非货币财产的,由公司登记机关责令改正,可以处以五万元以上二十万元以下的罚款;情节严重的,处以虚假出资或者未出资金额百分之五以上百分之十五以下的罚款;对直接负责的主管人员和其他直接责任人员处以一万元以上十万元以下的罚款。

第253条:

公司的发起人、股东在公司成立后,抽逃其出资的,由公司登记机关责令改正,处以所抽逃出资金额百分之五以上百分之十五以下的罚款;对直接负责的主管人员和其他直接责任人员处以三万元以上三十万元以下的罚款。

033 瑕疵出资的行为认定（二）：何为瑕疵出资（狭义）？

一、狭义瑕疵出资

（一）本质为违约行为

广义瑕疵出资包括但不限于抽逃出资，意味着在抽逃出资之外还存在其他瑕疵出资行为，姑且将后者称为狭义瑕疵出资行为。

狭义瑕疵出资，本质上就是违约行为，因为股东与公司之间的出资关系，实际上是一个双务、有偿合同关系。展而言之：

初始股东，无论是两类公司依据发起人协议（设立协议）加入公司的发起人股东，还是募集设立股份公司依据认股协议加入公司的认股人股东，与公司之间都存在认股合同关系。

后加入股东，也即公司增资扩股时加入公司的股东，无论是老股东认购新股，还是新股东初次认购股份（出资额），也都与公司之间存在认股合同关系。

继受股东，也即通过买卖、赠与、互换、继承、遗赠等方式继受取得股权的股东，表面上与公司之间没有认股合同关系，但实际上亦是存在的——其承继前手股东与公司之间的认股合同关系。明确这一点，也就不难理解，为何《公司法》第87条规定有限公司股权转让的，公司要回收、注销原股东的出资证明书，同时为新股东签发一份新的出资证明书。

既然存在双务、有偿的认股合同关系，那么股东的义务就是依约出资，对价即是获得公司的股权。如果股东未依约出资，也就构成了违约行为——这就是狭义瑕疵出资行为的本质。

（二）狭义瑕疵出资行为的理论分类

《民法典》第577条规定：

当事人一方不履行合同义务或者履行合同义务不符合约定的，应当承担继续履行、采取补救措施或者赔偿损失等违约责任。

第578条规定：

当事人一方明确表示或者以自己的行为表明不履行合同义务的,对方可以在履行期限届满前请求其承担违约责任。

据此,我国民法学界一般将违约行为体系建构为:

1. 预期违约。在债务到期前的违约行为,系预期违约;反之,为实际违约。

2. 实际违约。进一步区分为:

(1)不履行:又可以分为拒绝履行(主观不履行);履行不能(客观不能履行)。

(2)不适当履行:包括迟延履行、部分履行、质量瑕疵与权利瑕疵给付等。

按照这一体系,股东瑕疵出资也可以进一步区分为:

1. 预期瑕疵出资:在出资期限到来之前,股东明确表示或者以自己的行为表明不履行出资义务的。

2. 实际瑕疵出资:进一步区分为:

(1)不出资:又可以分为拒绝出资(主观不出资);出资不能(客观不能出资)。

(2)不适当出资:包括迟延出资、部分出资、现物出资存在质量瑕疵或权利瑕疵等。

具体来讲,股东出资的各个环节(数量、质量、时间等)是否合乎约定、有无违约行为,其判断标准包括公司章程、发起人协议、认股协议等意思自治文件以及法律规定,其所导致的直接结果是公司注册资本不实。

(三)狭义瑕疵出资行为的现实形态

公司实务以及公司立法基于组织法的视角,对于股东瑕疵出资采用了另一种更具有实效性的分类标准,分为货币出资瑕疵与非货币出资不实(虚假出资),如《公司法》第50条规定:

有限责任公司设立时,股东未按照公司章程规定实际缴纳出资,或者实际出资的非货币财产的实际价额显著低于所认缴的出资额的,设立时的其他股东与该股东在出资不足的范围内承担连带责任。

第99条也规定:

发起人不按照其认购的股份缴纳股款,或者作为出资的非货币财产的实际价额显著低于所认购的股份的,其他发起人与该发起人在出资不足的范围内承担连带责任。

据此,发起人的瑕疵出资行为分为:

1. 所谓"不按照其认购的股份缴纳股款",专指货币出资的瑕疵履行情形,即股东未依约按期足额缴纳货币出资。

2.所谓"作为出资的非货币财产的实际价额显著低于所认购的股份的",专指非货币出资不实的情形,也即虚假出资。如分篇三中所明确,非货币出资价值评估的基准时间点应该为交付或者办理其他移转产权手续时,如后期非货币财产因市场变化或者其他客观因素而贬值,并不属于虚假出资,出资人及其他责任人无须担责。

出资不实的非货币出资人往往通过制作虚高估价的资产评估报告等手段伪造出资事实,实际上构成欺诈行为。需要强调非货币出资不实情形中的欺诈成分,而在货币出资的情形中并不存在。

二、广义的瑕疵出资

广义的瑕疵出资,含括本问的狭义的瑕疵出资与上问的抽逃出资两种样态。需要注意,包括《公司法解释三》等在内的立法、司法解释文件,在不同的条文中使用的瑕疵出资概念,其外延并不一定完全相同,有时涵盖抽逃出资在内,有时又不包括抽逃出资,需要结合上下文进行体系性、合目的性解释,以求正确理解与适用各个条文。

034 瑕疵出资行为责任(一):对公司负有补缴责任吗?

一、一个背景:行为责任与组织责任

正如《公司法》第 1 条开宗明义,其旨在"规范公司的组织和行为",其既是组织法也是行为法。相应地,公司法上瑕疵出资行为的法律后果也区分为组织责任(组织法处理)与行为责任,后者是指瑕疵出资股东就其瑕疵出资行为对公司、其他股东、债权人等利益受损者所负的民事责任,前者则是公司法的特有规则,也即公司作为商事组织可以对其成员(股东)所施加的惩罚,包括但不限于除名(褫夺股东资格)、除权(剥夺部分股东权利)、限权(限制部分股东权利的行使)等。

本分篇将先讲述行为责任及其扩张("株连"),下一分篇进一步讲述组织责任。首先,从瑕疵出资股东对公司的民事责任讲起。

二、对公司的补缴责任

(一)责任性质

瑕疵出资首先影响的是公司资本的形成,减损了公司可用于商业经营的财产,故瑕疵出资股东最重要的责任之一,是其对公司的责任。《公司法》第49条第3款规定:

股东未按期足额缴纳出资的,除应当向公司足额缴纳外,还应当对给公司造成的损失承担赔偿责任。

又据《公司法》第98条,本款同样适用于股份公司,一共规定了瑕疵出资股东对公司的两项责任:补缴责任与赔偿责任。其中,补缴责任也即股东及时补足所欠出资,这一责任属于违约责任中的继续履行、采取补救措施,确保公司资本的完整性和真实性。股东以货币出资的,应当将尚未缴足的货币出资足额存入公司的银行账户;以非货币财产出资的,应当依法办理财产权的转移手续,如股东出资的非货币财产的实际价值显著低于其应当出资的价额,当以货币或其他足以补充差价的非货币财产补足出资。

(二)不适用诉讼时效期间

《民法典》第196条规定:

下列请求权不适用诉讼时效的规定:

(一)请求停止侵害、排除妨碍、消除危险;

(二)不动产物权和登记的动产物权的权利人请求返还财产;

(三)请求支付抚养费、赡养费或者扶养费;

(四)依法不适用诉讼时效的其他请求权。

《民事案件诉讼时效规定》第1条规定:

当事人可以对债权请求权提出诉讼时效抗辩,但对下列债权请求权提出诉讼时效抗辩的,人民法院不予支持:

(一)支付存款本金及利息请求权;

(二)兑付国债、金融债券以及向不特定对象发行的企业债券本息请求权;

(三)基于投资关系产生的缴付出资请求权;

(四)其他依法不适用诉讼时效规定的债权请求权。

公司对瑕疵出资股东的补缴出资请求权,也即本条第(3)项规定的"基于投资关系产生的缴付出资请求权",不适用诉讼时效规则,这是公司资本维持原则的应有之义。

035　瑕疵出资行为责任(二):对公司负有赔偿责任吗?

一、对公司的赔偿责任

股东赔偿因瑕疵出资给公司带来的损失,其性质相当于违约责任中的损害赔偿金、违约金、定金等责任形式,只不过定金责任很少适用于股东出资场合,故在此处不论。

(一)损害赔偿金

股东未按期足额缴纳出资,可能给公司带来直接或间接的经济损失,应予以赔偿。

1. 直接损失

直接损失首先体现在公司的利息损失。

例1。A公司是一家电子设备生产商,该公司的其他股东均已缴纳出资完毕,按照约定,B股东应当在公司成立之日起3年内以货币出资2000万元。后B股东延迟了5个月缴纳完毕,则B股东应对A公司支付5个月的利息。

此外,公司维持正常运营需要足够的流动资金来支付各种日常支出,如员工工资、供应商货款、办公场所租金、水电费等。如股东未按期足额缴纳出资,公司可能会面临资金短缺,无法及时支付上述费用,从而影响正常运营的窘境,甚至引发诉讼,诉讼一起则必然发生相应的额外支出如诉讼费、律师费等。又如,公司既定的生产计划、投资项目如遭遇资金不到位,将无法按计划进行,导致计划、项目延误或取消。再如,为解决资金短缺问题,公司可能不得不寻求高息借款或其他融资渠道,这又将增加公司的负债和财务成本。凡此种种,都是公司可能因股东瑕疵出资而致的损失,均在瑕疵出资股东的赔偿范围之列。

依照违约损害赔偿金的基本法理,如公司主张股东在补缴出资之外承担赔偿责任,应证明:(1)损失发生的事实;(2)股东瑕疵出资事实;(3)瑕疵出资与损失发生之间的因果关系。至于瑕疵出资股东是否具有过错,在所不论。

例2。设上述例1中B股东的现金出资，依照既定计划用于为公司购买一套设备。然而，由于B股东爽约，A公司接收设备后对卖方构成违约且遭到起诉，后支付违约金及其他必要费用270万元。对此，B股东应否承担A公司的270万元费用支出？答案是肯定的。

2. 间接损失

《民法典》合同编及其相应的司法解释均支持守约方请求违约方承担间接损失的赔偿责任，只不过间接损失额要受到可预见性规则的限制，且守约方也负有不真正义务——采取适当措施防止损失扩大，否则不得就损失扩大的部分要求赔偿。

《民法典》第584条规定：

当事人一方不履行合同义务或者履行合同义务不符合约定，造成对方损失的，损失赔偿额应当相当于因违约所造成的损失，包括合同履行后可以获得的利益；但是，不得超过违约一方订立合同时预见到或者应当预见到的因违约可能造成的损失。

《民法典合同编通则司法解释》第60条规定：

人民法院依据民法典第五百八十四条的规定确定合同履行后可以获得的利益时，可以在扣除非违约方为订立、履行合同支出的费用等合理成本后，按照非违约方能够获得的生产利润、经营利润或者转售利润等计算。

非违约方依法行使合同解除权并实施了替代交易，主张按照替代交易价格与合同价格的差额确定合同履行后可以获得的利益的，人民法院依法予以支持；替代交易价格明显偏离替代交易发生时当地的市场价格，违约方主张按照市场价格与合同价格的差额确定合同履行后可以获得的利益的，人民法院应予支持。

非违约方依法行使合同解除权但是未实施替代交易，主张按照违约行为发生后合理期间内合同履行地的市场价格与合同价格的差额确定合同履行后可以获得的利益的，人民法院应予支持。

据此，公司也可以要求瑕疵出资股东承担间接损失的赔偿责任，如股东瑕疵出资导致公司资本金不足而丧失的机会利益。总结司法实务经验，有两点需要提示：

1. 股东主张瑕疵出资股东赔偿间接损失的，因果关系的举证是一个考验。

2. 基于诚信原则的考虑，公司应及时告知股东出资瑕疵的事实，且对其及时催缴。股东的瑕疵出资有可能是过失造成的,如公司未履行相应的核查义务以及未及时告知股东补缴出资,法理上也有一定的不妥乃至过错。毕竟,依照《公司法》第51条,董事会在有限公司成立后有义务对股东的出资情况进行核查,发现股东未按期足额缴纳出资的,应当由公司向该股东发出书面催缴书,催缴出资。

(二)违约金

违约金,本质为预先约定的损害赔偿金,其优势在于:如守约方难以证明违约方的违约行为导致己方的损失大小及其因果关系时,违约金条款具有相当的便利性——违约金条款的适用并不以损失发生为前提,遑论因果关系;至多,损失额大小可能引发违约金金额的调整而已。

恰恰是,实务中公司举证股东瑕疵出资导致自己的损失——无论直接损失额还是间接损失额,都具有极大的困难;至于因果关系,困难更甚。所以,如果认股协议、公司章程等约定了相应的违约金条款,对公司自然有利。

最后指出,瑕疵出资股东对于公司的损害赔偿责任,适用诉讼时效期间规则。

二、责任如何追究

《公司法解释三》第13条第1、2款规定:

股东未履行或者未全面履行出资义务,公司或者其他股东请求其向公司依法全面履行出资义务的,人民法院应予支持。

公司债权人请求未履行或者未全面履行出资义务的股东在未出资本息范围内对公司债务不能清偿的部分承担补充赔偿责任的,人民法院应予支持;未履行或者未全面履行出资义务的股东已经承担上述责任,其他债权人提出相同请求的,人民法院不予支持。

对该规定,解读如下:

1.第1款:对于瑕疵出资股东对公司的补缴责任,公司自身以及其他股东均为请求权主体。此处要稍作解释,"公司、其他股东"提诉的请求权基础是什么。由于瑕疵出资股东与公司之间存在出资合同关系,前者违约,后者作为合同当事人请求其补缴出资(实为合同违约责任之"继续履行责任"),自不待言。但是,其他股东为何享有请求瑕疵出资股东对公司履行补缴责任呢?这需要法理上的阐释。应当看到,瑕疵出资股东不仅与公司之间存在出资合同关系,瑕疵出资股东与其他股东(守约股东)之间也存在发起人协议(设立协议)、公司章程等契约文书,这些契约文书约定了各个股东(缔约当事人)共同向公司依约出资的义务,如某方当事人违约,其他各方自然也得依约主张其向公司履行出资义务。可见,其他股东提诉请求瑕疵出资股东向公司履行补缴责任(以及下文的赔偿责任),请求权依据依然在合同。

2. 第1款的扩张解释:本款没有规定瑕疵出资股东对公司赔偿责任的追究路径,这是因为2005年《公司法》没有规定赔偿责任。站在新《公司法》的立场,宜解释为:公司、其他股东也得成为瑕疵出资股东对公司赔偿责任的请求权主体。

3. 第2款:公司债权人可以追究瑕疵出资股东的补充赔偿责任,这是公司法直接创设的债权债务关系;对这一债务,债权人得直接以自己名义主张之,也即提起普通的赔偿之诉,而不必依赖所谓的债权人代位之诉。但正如前文指出的,第2款所确立的公司债权人请求公司股东承担:"补充赔偿责任"的请求权依据是备受质疑的,新公司法解释很可能将废弃本款规定。

4. 第1、2款的延伸。针对瑕疵出资股东对公司的补缴责任、赔偿责任,公司债权人在符合债权人代位之诉的条件下,自然可以援用代位之诉规则而起诉。如果《公司法解释三》第13条第2款被弃,那么债权人只能走债权人代位之诉这唯一路径。

036　瑕疵出资行为责任(三):对其他股东负有违约责任吗?

一、立法变迁

2018年《公司法》第28条第2款规定:

> 股东不按照前款规定缴纳出资的,除应当向公司足额缴纳外,还应当向已按期足额缴纳出资的股东承担违约责任。

本款规定确立了瑕疵出资股东(违约股东)对其他依约缴纳出资股东(守约股东)的违约责任。但在新公司法中,本款被取消了,这就产生了一个立法上的历史解释问题——现行公司法还支持股东间的出资违约责任吗?

回答是肯定的。那么疑惑在于——既然如此,为何2023年修订公司法又取消了这一规定呢?

合理的解释是,进入民法典时代,法律人思考私法问题理应秉持体系化的法典思维——既然是违约责任,理应归民法典合同编规范。此前,民商合一的《民法典》未出台,公司法直接规定股东间的违约责任尚可理解。但在颁布实施了《民法典》之后,公司法若还要规定这一责任,多少有些"狗拿耗子"的嫌疑。

申言之,(发起人)股东之间的发起人协议(设立协议)(无论有无书面文本的签署,这一契约关系都是客观存在的),以及公司章程作为实质意义上的契约文本,都有关于各个(发起人)股东出资义务的约款。对此约款的违反产生违约责任,这是毋庸置疑的,至于公司法有无必要规范这一责任,仅涉及部门法的规范对象分工问题。2023年修订公司法之所以删去了股东间的违约责任,立法者的本意在于——违约责任应由契约法进行调整,公司法并无强调规定的必要。否则,公司法上的违约责任颇多,岂不都要规定? 这就难免挂一漏万,徒增争议。加之对于有限公司,《公司法》第43条业已规定"有限责任公司设立时的股东可以签订设立协议,明确各自在公司设立过程中的权利和义务",特意增设设立协议条款,再次强调了股东之间合同性质的权利义务关系,对股东之间瑕疵出资的违约责任按照合同法规定处理,公司法自然无须重复规定。

即便将全体股东之间的发起人协议(设立协议、公司章程等)约定的对公司出资义务视为"向第三人履行债务"的协议,依据民法典也能体系化解释出各股东之间的违约责任。《民法典》第522条第1款规定:

当事人约定由债务人向第三人履行债务,债务人未向第三人履行债务或者履行债务不符合约定的,应当向债权人承担违约责任。

总之,瑕疵出资股东违反了公司章程等合同性文件规定的出资义务,构成了对其他依约履行出资义务的股东的违约,应当依法对其他股东承担违约责任。

二、违约责任的依据

既然是"违约责任",就需要股东之间具有契约。瑕疵出资股东对其他股东承担违约责任,首先要解决"约"为何的问题。

正确答案是,包括但不限于发起人协议(设立协议)、公司章程、认股协议、全体股东协议以及全体股东一致决的股东会决议等。

设立公司时,发起人股东之间要订立发起人协议以及相应的类似文件。对于有限公司,《公司法》第43条规定：

有限责任公司设立时的股东可以签订设立协议,明确各自在公司设立过程中的权利和义务。

对于股份公司,第93条第2款规定：

发起人应当签订发起人协议,明确各自在公司设立过程中的权利和义务。

需要指出,无论有限公司设立时股东有无签订书面的设立协议,只要其从事了设立公司行为,设立公司的合同关系都是事实上存在的。

第46条第5项规定：

有限责任公司章程应当载明下列事项：

(五)股东的出资额、出资方式和出资日期；

第95条第6项规定：

股份有限公司章程应当载明下列事项：

(六)发起人的姓名或者名称、认购的股份数、出资方式；

以上说明,即便发起人协议(设立协议)对于发起人股东的出资义务规定不详,公司章程也会明确记载股东的出资义务,成为股东之间必然存在的书面契约。据此,瑕疵出资的发起人股东应当直接依据发起人协议以及而后形成的公司章程,对其他守约的发起人股东承担违约责任。

公司运营期间增资后加入公司的股东瑕疵出资的,是否对其他发起人股东承担违约责任,以及增资后加入公司的股东能否请求瑕疵发起人股东承担违约责任？回答是肯定的,这与设立过程并无区别,不再赘述。契约包括但不限于认股协议、股东会决议等关于出资义务的协议,以及公司章程的规定。

举例。设D公司无力支付法院判决的支付场地租金,其股东A、B的出资义务早已届期,依约缴纳出资的股东C可基于发起人协议、公司章程规定要求股东A、B对公司缴纳出资,以及对自己承担违约责任。

三、如何承担违约责任

(一)违约金条款的重要性

上问已指出,实务中公司请求瑕疵出资股东承担赔偿责任,面临的最大考验是举证瑕疵出资导致公司的损失大小以及其间的因果关系。相较之下,如其他股东请求瑕疵出资股东承担违约责任,无疑将面临更大的举证能力挑战——损失发生与因果关系的证明,均难上加难。

可行的办法是在发起人协议、公司章程等契约性文件中规定股东间的违约金责任条款,如规定某股东若迟于某日期出资,就支付定额违约金给其他股东。由于违约金的适用并不以损失发生为前提,所以守约方股东不需要承担损失发生及因果关系的举证责任。至于损失额的大小影响违约金金额调整的,对于"违约金过分高于损失",违约方请求法院调整的,需要由违约方负担举证责任。

实践经验证明,只有有了违约金条款,股东间违约责任才能真正对瑕疵出资股东形成威慑。

(二)诉讼时效的适用

守约股东请求瑕疵出资股东承担违约责任的,属于债权请求权,当然受到诉讼时效的限制。实务中,有部分法院认为基于投资关系产生的缴付出资请求权不适用诉讼时效的规定,故基于投资关系衍生的股东间损害赔偿请求权也不应受到诉讼时效的限制,这一理解当然是错误的。

守约股东应当单独、及时且明确地主张违约责任,一旦发现诉讼时效即将届满,要积极采取(如要求债务人回函予以确认等)补救措施。而瑕疵出资股东,应当认真检视诉讼时效届满与否,及时提出诉讼时效的抗辩。

037 瑕疵出资行为责任（四）：对公司债权人负有赔偿责任吗?

一、问题的提出

一方面,公司不能清偿到期债务,另一方面,公司资本金并未充实,有股东构成瑕疵出资。此时,公司债权人是否享有某种请求权要求股东缴纳出资或者直接对自己承担偿付责任?

《公司法》并未回应这一问题,但是基于第 54 条关于"已到期债权的债权人有权要求已认缴出资但未届出资期限的股东提前缴纳出资"的规定,也即加速到期的规定,举轻以明重,公司债权人的上述诉求理应得到满足。

《公司法解释三》第 13 条第 2 款规定：

公司债权人请求未履行或者未全面履行出资义务的股东在未出资本息范围内对公司债务不能清偿的部分承担补充赔偿责任的，人民法院应予支持；未履行或者未全面履行出资义务的股东已经承担上述责任，其他债权人提出相同请求的，人民法院不予支持。

2023 年《公司法》未直接吸收《公司法解释三》这一条款，在新公司法解释文本出台前，这一条款应继续适用。

针对实务中的常见疑惑，此处特别作一补充。有人认为，债权人仅得在债权发生之前股东所认缴的出资额范围内主张补充赔偿责任，因而，如债务发生后公司进行增资扩股，相应的股东瑕疵出资的，债权人不得对其主张权利。姑且不论第 13 条第 2 款的存废，但仅在法定代位的逻辑之下，该观点也无立足之处。债权人对股东追责是基于债权人与公司、公司与股东之间均存在债权（股权）关系而形成的法定代位，只以债权人向股东主张时均已届期为要件，而与两债权（股权）关系的形成时间无关。因此，债权人可对任一场合下的瑕疵出资股东在其未履行出资范围内主张补充赔偿责任。

二、责任性质与追诉路径

从请求权的依据看，债权人请求瑕疵出资股东承担补充赔偿责任的性质是什么？与已到期债权的债权人请求未届期股东出资加速到期的法理基础大致相同，此问题与债权人起诉的路径选择紧密相关。在此展开讨论：

（一）债权人提起何种诉讼

1. 债权人代位之诉之证成

在民商法理上，但凡股东对公司负担某项到期债务（包括补缴责任），公司资产又不足以清偿到期债务且公司怠于向股东主张债权而伤害债权人利益的，均符合民法上债权人代位诉讼的构成要件，公司债权人均可提起债权人代位之诉。据此，债权人如对瑕疵出资股东在出资本息范围内提起代位之诉，当然是成立的。

2. 债权债务之诉（直接之诉）之存废

但是，《公司法解释三》第 13 条第 2 款规定的显然不是债权人代位之诉，其请求的标的也是"在未出资本息范围内对公司债务不能清偿的部分承担补充赔偿责任"，所以债权人据此可以对瑕疵出资股东提起普通的债务之诉，而不是代位之诉。具体而言,可以先起诉公司,待公司不能履行的事实出现后,再起诉瑕疵出资股东;或者将公司与瑕疵出资股东一并起诉,以上两条路径都可以在实体上实现"补充赔偿责任"。

那么,如果债权人可以直接请求瑕疵出资股东承担"补充赔偿责任",其请求权依据是什么?排除侵权之债、无因管理之债、不当得利之债等答案,可能的理据应确定为法定之债,也就是组织法所规定的特定之债。这正是当年起草《公司法解释三》第13条第2款的立论基础。但正如前文反复指出的,目前的质疑是,该款立论在民商法上缺乏理论基础,故而可能被新公司法解释所扬弃。

(二)存在出库、入库之争吗

如前所述,已到期的债权人诉请未届期的股东加速到期缴纳出资的,胜诉后的股东责任承担面临出库、入库之争。那么,债权人诉请瑕疵出资股东承担补充赔偿责任的,仍然存在出库、入库之争问题吗?正确答案是:不存在。依据上引第13条第2款规定的逻辑,强调两点:

1. 谁起诉谁受益,胜诉利益与其他公司债权人没有关系。

2. 被追诉的瑕疵出资股东已对公司某债权人承担补充赔偿责任的,其他债权人提出相同请求的,不予支持。

举例。某A有限公司注册资本5000万元,其余股东依约缴纳出资3500万元,唯有股东甲尚有1500万元出资款到期未缴付。A有限公司欠付B、C公司各1000万元的到期债务,B公司先起诉甲,要求承担补充赔偿责任1000万元并获执行。后C公司也起诉甲,要求承担补充赔偿责任1000万元,则至多支持余额500万元。

当然,如新公司法解释废除第13条第2款,以上围绕该款的一切讨论也就烟消云散了,一切回归到债权人代位之诉。

038 瑕疵出资行为责任的"株连"(一):发起人的资本充实担保责任?

在接下来的连续7问,将共同讲述一个主题:瑕疵出资股东对公司的补缴责任、赔偿责任,还可能因为某种原因扩张到其他相关主体,包括但不限于:其他发起人股东、存在过错的董监高、存在过错的中介机构以及股权转让的前后手等。形象地说,此可谓瑕疵出资股东行为责任的"株连"。

本问,先讲述发起人股东彼此间的资本充实担保责任。

一、定义

所谓发起人的资本充实担保责任,是指公司发起人就各自的瑕疵出资,彼此对公司承担连带责任,以确保公司资本充实,其本质上为一种连带保证责任;其制度意旨在于抑制发起人之间可能的相互勾结,制造虚假出资骗局,损害公司利益进而坑害后加入公司的股东以及公司债权人的行为;其在公开募集设立股份公司的场合下尤为关键。

二、适用情形

(一)制度变迁

在 2005 年《公司法》上,有两个条文规定这一责任,分别针对有限公司、股份公司:

第 31 条规定:

有限责任公司成立后,发现作为设立公司出资的非货币财产的实际价额显著低于公司章程所定价额的,应当由交付该出资的股东补足其差额;公司设立时的其他股东承担连带责任。

第 94 条规定:

股份有限公司成立后,发起人未按照公司章程的规定缴足出资的,应当补缴;其他发起人承担连带责任。

股份有限公司成立后,发现作为设立公司出资的非货币财产的实际价额显著低于公司章程所定价额的,应当由交付该出资的发起人补足其差额;其他发起人承担连带责任。

不难发现,以上两条规定表明两类公司的发起人股东对瑕疵出资承担连带责任的情形并不一样:有限公司仅限于"非货币财产的实际价额显著低于公司章程所定价额的"情形,也即"出资不实";股份公司包括"未按照公司章程的规定缴足出资的"情形,以及"非货币财产的实际价额显著低于公司章程所定价额的"情形,也即"出资不足"与"出资不实"。

但是,上述区别在 2011 年《公司法解释三》上"消除"了,其第 13 条第 3 款一体适用于两类公司,规定:

股东在公司设立时未履行或者未全面履行出资义务,依照本条第一款或者第二款提起诉讼的原告,请求公司的发起人与被告股东承担连带责任的,人民法院应予支持;公司的发起人承担责任后,可以向被告股东追偿。

(二)现行公司法的规定

《公司法》也分别针对有限公司、股份公司设置两个条文:

第50条规定:

有限责任公司设立时,股东未按照公司章程规定实际缴纳出资,或者实际出资的非货币财产的实际价额显著低于所认缴的出资额的,设立时的其他股东与该股东在出资不足的范围内承担连带责任。

第99条规定:

发起人不按照其认购的股份缴纳股款,或者作为出资的非货币财产的实际价额显著低于所认购的股份的,其他发起人与该发起人在出资不足的范围内承担连带责任。

可见,上述两条文确立的规则与《公司法解释三》第13条第3款是一样的:无论是有限公司还是股份公司,发起人股东对瑕疵出资承担连带责任的情形是一样的,既包括出资不足,也包括出资不实。

上述分析揭露出一个无情的现实:其他发起人股东对某发起人的资本充实担保责任,乃属于无过错责任,不因其他发起人股东无故意或过失而免责,责任陡然加重。这也提示投资人在选择创业"战友"时要慎之又慎,因为这一责任在某种意义上比之夫妻财产责任的亲密性有过之无不及。

三、责任主体

(一)发起人

发起人资本充实担保责任的主体仅限于发起人股东。关于发起人,《公司法解释三》第1条规定:

为设立公司而签署公司章程、向公司认购出资或者股份并履行公司设立职责的人,应当认定为公司的发起人,包括有限责任公司设立时的股东。

接下来需要回答两个问题:公司成立后增资扩股的,新加入的股东是否要对发起人股东的瑕疵出资承担连带责任,以及发起人股东是否要对新加入股东的瑕疵出资承担连带责任?或者浓缩为一句话,非发起人股东应否加入瑕疵出资的连带责任群?

对此,《公司法》第228条规定:

有限责任公司增加注册资本时,股东认缴新增资本的出资,依照本法设立有限责任公司缴纳出资的有关规定执行。

股份有限公司为增加注册资本发行新股时,股东认购新股,依照本法设立股份有限公司缴纳股款的有关规定执行。

这一规定的本意是,对于《公司法》第三章第一节、第五章第一节(包括第50条、第99条)规定的公司设立时的股东出资责任,也适用于公司增资扩股时后续加入公司的股东(也包括原股东认缴新股的)。

但发起人股东之间承担资本充实责任的规则意旨在于抑制发起人相互勾结,不应适用于后加入的股东,因而排除出《公司法》第228条的涵摄范围。而且,《公司法解释三》第13条第1、3款也明确规定,其他发起人需就瑕疵出资承担连带责任,但后加入公司的股东无须承担该连带责任,且后加入股东还享有对其他发起人承担连带责任的请求权。该规定一定程度上能够保障公司资本充实,让更多主体监督并追责瑕疵出资股东及其担保人。

(二)终身制

既然发起人相互就资本充实承担的担保责任,是基于其作为公司设立时的发起人(设立人)地位而生的,那么这一责任是否随着发起人股东转让股权而消灭?对此,存在理论上以及裁判实务上的争议,多数说持否定立场,也即,发起人彼此间的资本充实担保责任乃是终身制的。可谓,一日为联合创始人,终身承担连带责任。

例1。A有限公司有五个股东甲、乙、丙、丁、戊,公司成立后前四个股东出资到位,唯有戊未依约出资。就戊的未出资部分,甲、乙、丙、丁承担连带责任。后甲转让其股权给张三。请问:对戊的未出资部分的连带责任,此后是由甲承担还是张三承担?回答是甲。

再次强调,资本充实担保责任并不适用于非发起人股东也即后加入的股东,无论该后加入股东是增资扩股时认购新股而加入公司的,还是继受原有股权而加入公司的。

(三)追偿权

《公司法解释三》第13条第3款最后一句话是"公司的发起人承担责任后,可以向被告股东追偿。"这一规定彰显出资本充实担保责任的本性——保证责任。既然为保证责任,任何一位其他发起人对某发起人未出资部分承担补缴责任后,自然享有追偿权。

四、责任范围

问题是,如有发起人股东瑕疵出资的,其他发起人股东的责任范围到底是前者认缴的出资额,还是公司成立时首期缴纳的出资额?对此,旧公司法可谓语焉不详,一段时期以来各级法院的判决并不一致。2023年《公司法》明确了这一责任数额,定位于"公司设立时"。表3-4-1比较几个立法文件版本的不同,有助于精准理解2023年《公司法》第50条的文义。

表3-4-1 发起人资本充实担保责任规范的各立法版本对照

立法文件版本	条文内容
2018年《公司法》	(第30条)成立后+非货币财产出资价额不足
《公司法解释三》	(第13条)设立时+未履行或者未全面履行出资义务
《公司法一审稿》	(第47条)成立后+未按期足额缴纳出资/非货币财产出资价额不足
《公司法二审稿》	(第52条)成立后+非货币财产出资价额不足
《公司法三审稿》	(第50条)设立时+未按期足额缴纳出资/非货币财产出资价额不足
2023年《公司法》	(第50条)设立时+未按期实际缴纳出资/非货币财产出资价额不足

例2。设上例中的A有限公司注册资本共为1亿元,五个股东各认购2000万元,设立协议及公司章程规定公司成立时各出资800万元,后甲、乙、丙、丁四股东均出资完毕,唯有戊一分钱未出,请问:如甲、乙、丙、丁对戊的出资不足部分承担连带责任,责任额是多少钱?正确答案:800万元;公司成立后将要续缴的1200万元,不在连带责任之列。

五、资本充实担保责任的规避

既然资本充实担保责任的范围仅限于"公司设立时"依照公司章程规定应当缴纳的部分,似乎存在着并不复杂的操作即可逃避。

(一)规避手段

1.设立一人公司

在美国公司法历史上,曾经有人通过先设一人公司,而后转让股权变更为多个股东的方式,来规避发起人之间的连带责任。其中的机理是:公司设立时是一人公司,发起人仅为一人,即便没有实际出资,也没有其他发起人股东可承担连带责任;

后又转让股权给多人的,受让股东并非发起人股东,完美避过连带责任。

如果这一幕出现在我国公司法上,虽然成功规避了联合创始人彼此之间的资本充实担保责任,但问题在于,一人公司的初始股东将股权转让后,依照《公司法》第88条的规定,无论转让时出资期限是否到期,原则上转让前后手就出资责任还是要承担连带责任。

2.公司设立时,公司章程规定无须缴纳首笔出资

既然资本充实担保责任的范围仅限于公司成立时依照公司章程规定应当缴纳的部分,如果公司章程规定在公司设立时不需要任何股东缴纳一分钱的出资,岂不是完美规避了发起人连带责任的承担?毫无疑问,这一设计可以完美实现避法需求,但实务中并无多少创业企业家去采用。毕竟,人们创业的初衷大都在于踏踏实实干事,干踏踏实实的事,如果众人皆为规避法律责任而不缴纳出资,又如何启航自己的商业之旅?在真正的干实事与规避可能的责任之间,企业家们大都选择前者而不是后者。

六、原告及其追诉路径

依照《公司法解释三》第13条第3款的规定,可以诉请追究其他发起人的资本充实担保责任的主体有三。为了对照法条进行精准分析,此处再次引述第13条前三款:

股东未履行或者未全面履行出资义务,公司或者其他股东请求其向公司依法全面履行出资义务的,人民法院应予支持。

公司债权人请求未履行或者未全面履行出资义务的股东在未出资本息范围内对公司债务不能清偿的部分承担补充赔偿责任的,人民法院应予支持;未履行或者未全面履行出资义务的股东已经承担上述责任,其他债权人提出相同请求的,人民法院不予支持。

股东在公司设立时未履行或者未全面履行出资义务,依照本条第一款或者第二款提起诉讼的原告,请求公司的发起人与被告股东承担连带责任的,人民法院应予支持;公司的发起人承担责任后,可以向被告股东追偿。

1.公司

公司可以请求瑕疵出资股东履行对自己的补缴责任,自然也可以请求其他发起人对此承担连带责任。

2. 其他股东

如前文所引第13条第1款,包括"其他发起人"在内的"其他股东"可以请求瑕疵出资股东履行对公司的补缴责任,但此处的"其他发起人"能否也请求其他发起人对公司承担连带责任?这恐怕在逻辑上很是悖逆——因为连带责任人毕竟不能请求其他连带责任人对公司承担连带责任。

例3。如上例中,总不能由甲请求乙、丙、丁对戊的800万元未出资部分对公司承担连带责任,自己却置身事外。对于乙、丙、丁的任何一人而言,亦然。但是,如果A公司后来增资扩股时还加入庚、申两位股东,如由庚、申出面请求甲、乙、丙、丁就戊的未出资部分对公司承担连带责任,自然可行。

由此可见,第3款所谓"依照本条第一款或者第二款提起诉讼的原告,请求公司的发起人与被告股东承担连带责任"云云,是有欠严谨的,因为此处的原告显然不能包括第1款规定的原告之一——"其他股东"中的"其他发起人股东"。

3. 公司债权人

公司债权人依据第13条第2款可以请求瑕疵出资股东在未出资本息范围内对公司债务不能清偿的部分承担补充赔偿责任,依据第3款也可以请求其他发起人股东在某发起人瑕疵出资本息范围内对公司债务不能清偿的部分承担补充赔偿责任。至于公司债权人的起诉路径,如前文的分析,包括债权人代位之诉,也包括直接的债权债务之诉,但后者可能即将被废止。

039 瑕疵出资行为责任的"株连"(二):瑕疵出资股权转让双方的连带责任?

一、问题的提出

在认缴制背景下,如果某股东转让的股权所对应的出资并未缴纳,在股转后,应由谁来承担缴纳责任?对于公司、其他股东、公司债权人的利益保护而言,这无疑是重要的问题;对于股转当事人双方而言,无疑也是股转合同约款不可缺少的内容之一,深刻影响着双方的权利义务分配。

通常,股权受让人应当知晓所受让的股权份额所对应的出资义务是否已经履行,且股转合约也应当对哪一方承担出资义务作出安排,毕竟,这一安排与股权定价息息相关。无论合约安排哪一方承担出资义务,抑或另外通过担保、违约条款等方式对风险进行分配,都是有效的约定,不属于《民法典通则司法解释》第16条所规定的约定违反强制性规定而无效的情形,应受到法律和司法裁判的尊重。但问题在于,依照合同相对性,这一约定只能约束当事人双方,确定谁是最终的缴纳出资方,但不得对抗公司、其他股东及公司债权人。为保护公司、债权人等外部主体的利益,究竟由谁来承担缴纳责任,仍需作为组织法的公司法出面规定。公司法介入此私人自治领域,明确股转关系中的出资义务分配,乃是基于资本维持原则而必须为之。

二、公司法的回应

《公司法》第88条规定:

股东转让已认缴出资但未届出资期限的股权的,由受让人承担缴纳该出资的义务;受让人未按期足额缴纳出资的,转让人对受让人未按期缴纳的出资承担补充责任。

未按照公司章程规定的出资日期缴纳出资或者作为出资的非货币财产的实际价额显著低于所认缴的出资额的股东转让股权的,转让人与受让人在出资不足的范围内承担连带责任;受让人不知道且不应当知道存在上述情形的,由转让人承担责任。

可见,公司法将上述问题一分为二予以处理:

1.第1款:转让股权时,出资期限尚未届期的,由受让人也即现时股东承担出资责任;如其不能承担,则由转让人承担补充责任。

2.第2款:转让股权时,出资期限已经逾期也即构成瑕疵出资的,原则上由股转前后手承担连带责任;如受让人不知道且不应当知道存在瑕疵出资,则免责,也即由转让人单方承担出资责任。

鉴于第88条规定的重要性,我们分为两问来讲述,本问讲述第2款,下一问专注第1款。

三、瑕疵出资股权转让的出资责任承担

依照上引第88条第2款规定,瑕疵出资对应的股权转让后,出资责任的承担规则,由四点组成:

1. 原则上,股转当事人也即前后手承担连带责任;如有多次转让,则形成"串烧式"连带责任。

例1。A 有限公司设立一年有余,经营开始步入正轨且小有盈利,其中甲股东持有 20% 股权,对应的出资义务为 2000 万元,已在一年前到期但甲未出资到位。是年 3 月 1 日,甲转让给乙,约定股价 300 万元、由乙在 1 个月内缴纳出资;8 月 1 日,公司经营大有起色,乙转让给丙,约定股价 400 万元、由丙在 1 个月内缴纳出资。但截至案发,这笔 20% 股权对应的出资均未缴纳。问:公司可以请求谁来承担出资责任。回答:甲、乙、丙应承担连带责任。

2. 如受让人不知道且(注意不是"或者")不应当知道受让股权存在瑕疵出资,则免责;应由受让人对该事实承担举证责任。

问题是,实务中,受让人几乎难以具备"不知道且不应当知道"这一免责情节。一般而言,受让股权乃是一桩重大商事交易,受让人依照惯例理应作相应的尽调工作(应当知道),并不难以发现存在瑕疵出资的事实。如其并未进行尽职调查,则不符合"不应当知道"这一情节;如其经过尽调之后知道了存在瑕疵出资的事实仍然受让股权,则不符合"不知道"这一情节。

事实上,仅有少数情形下可能满足受让人"不知道且不应当知道"这一免责情节,那就是转让人进行了抽逃出资行为、虚高估价实物出资行为且具有相当的隐匿性,从而达成了纵使受让人尽职调查亦难以发现的状态。此时,受让人也是受害者(受欺诈者),值得同情,可以免责。司法实践中,并不对受让人"不应当知道"之标准作过于严苛的认定,只要受让人证明查阅了公司的章程、股东名册、出资证明书等公司文件表明出资义务全面履行,即可认定受让人充分证明其"不知道且不应当知道",除非相对方提供相反的证据。

3. 股转合同关于缴纳出资条款的安排,在双方当事人之间有效。

实务中,股转合同通常有约款规定由哪一方承担出缴纳责任,并且将其作为股转定价的重要考量因素之一,恰如上例所示:如约定由受让人承担,则会降低股转定价,如约定由转让人承担,则会提高股转定价。无论如何,这些约款都是当事人进行充分的利益衡量后意思自治的产物,并不违反法律,值得司法裁判尊重。

4. 如非由股转合同约定的某方对外承担连带责任,其享有追偿权。

从上述规则 3 不难推定,股转前后手的某一方承担对于公司的补缴责任或者对公司债权人的赔偿责任后,如其属于股转合同约定的实缴义务方,则责任归位;否则,其可以依约向股转合同的对方当事人追偿,如存在"串烧式"的连带责任情形,则依次追偿理所当然。

例2。回到例1,假设当初甲乙合同约定由甲承担实缴责任、乙丙合同约定由乙承担之,后丙对公司缴纳了出资或者对公司债权人承担赔偿责任。则丙可依约向乙追偿、乙担责后再向甲追偿;当然,如乙无力承担被追偿的责任,丙也得代位向甲追偿。反之,假设当初甲乙合同约定由乙承担实缴责任、乙丙合同约定由丙承担之,后甲对公司缴纳了出资或者对公司债权人承担赔偿责任,则甲可依约向乙追偿、乙担责后再向丙追偿;当然,如乙无力承担被追偿的责任,甲也得代位向丙追偿。以此类推。

四、谁来追究出资连带责任

1. 公司

实际上,瑕疵出资股权转让前后手对于出资的连带责任,乃是《公司法》第49条规定的瑕疵出资股东补缴出资责任的延伸。既然是补缴责任,请求权主体自然指向公司本身。

2. 股东

依据《公司法解释三》第13条第1款规定,也不难得出其他股东也可以为请求权主体的结论——其他股东有权请求瑕疵出资股权转让前后手对公司承担连带出资责任。

3. 公司债权人

依据《公司法解释三》第13条第2款规定,也不难得出公司债权人也可以作为请求权主体——公司债权人有权请求瑕疵出资股权转让前后手在未出资本息范围内对公司债务不能清偿的部分承担补充赔偿责任,但这一路径可能被新公司法解释废止。

又依据凡是股东对于公司的出资责任(债务),公司债权人在适格条件下皆可以提起代位之诉的原理,公司债权人也可以对股转前后手提起代位之诉。

040 瑕疵出资行为责任的"株连"(三):出资未届期股权转让人的补充责任?

上问讨论了《公司法》第88条第2款,本问接着讨论激起了巨大争议的第88条第1款。

一、为何转让人仍然承担补充出资责任

如同前文所论,出资期限未届的股权转让后,出资责任的承担,也由四点组成:

1. 由受让人也即现时股东承担出资责任,转让人承担补充责任,也即第二顺位的责任;如有多次转让,则形成"递延式"补充责任。

例1。回到上问的例1,假设甲股东的出资义务在2年后到期,是年3月1日,甲转让给乙,约定股价300万元、由乙在届期后缴纳出资;8月1日,乙转让给丙,约定股价400万元、由丙在届期后缴纳出资。现在,出资期限已届,截至案发该笔出资仍未缴纳。问:公司可以请求谁来承担出资责任。回答:丙承担,乙承担补充责任、甲次之。

2. 转让人承担补充责任,是一种客观责任。

只要未来受让人在出资届期后未缴纳出资,转让人就要担责,并不区分其主观上的善恶,以及转让对象的出资能力、转让时公司债务有无发生等情节。

这正是理论上与实务中众人对本款规定质疑的焦点所在,质疑者主张应当基于以上情节的差异性分别规制。鉴于这一问题的重要性,容后独立讲解。

3. 股转合同关于缴纳出资的条款安排,在双方当事人之间有效。

如前文所述,股转合同通常设约款规定某一方承担未来的实缴出资责任,并将其作为影响股转定价的重要考量因素之一。但鉴于股转时出资期限尚未到来,股转合同多约定由受让人承担。此种约定,一方面会降低股转定价,另一方面实则由转让人承担了较大的风险——一旦将来受让人食言不依约缴纳出资,转让人即将承担补充责任。俗谚云,从南京到北京,买的不如卖的精。这是对于交易信息严重不对称情形下交易风险与道德风险的中国版描述,可谓形象生动,但在出资未届期股权转让的场合下,这一谚语未必能够成立。

无论如何,股转合同关于哪一方承担实缴责任的约款都是当事人进行充分的利益衡量后意思自治的产物,并不违反法律,司法裁判应当予以尊重。

4. 如非由股转合同约定的某方对外承担连带责任,其享有追偿权。

从上述规则3不难推定,股转前后手的某一方承担对公司的实缴出资责任或者对公司债权人的补充赔偿责任后,如其恰属股转合同约定的实缴义务方,则责任归位;否则,其可以依约向股转合同的对方当事人追偿,如存在递延式的补充责任情形,则依次追偿理所当然。

例2。回到本问例1,假设后来丙、乙无力承担实缴责任,甲最终承担了对公司的实缴出资责任或者对公司债权人的补充赔偿责任,则甲应向乙追偿,乙担责后再向丙追偿;当然,如乙无力承担被追偿责任,甲也得代位向丙追偿。以此类推。

二、为何转让人仍然承担补充出资责任——一个重大法理解释

就第88条第1款确立的受让人补充责任,理论界与实务界部分人士均提出了质疑,他们认为该款规定并无理据,受让人不应担责,或者应区分情形而论。对此,有多种理论学说可以作为证成本款规定的理据,限于篇幅,仅介绍其中一种学说,也即债务加入说。

该说的构造并不复杂,以三段论展示——

1. 无论出资期限届满与否,股东如没有实缴出资给公司,其对公司的出资义务(债务)总是存在的,其所为转让股权行为,亦内含了其对公司债务的移转,也即"债随股转"。

2. 股转行为本身并不需要公司同意,只需要事后通知公司即可(《公司法》第86条),这同时意味着由股转带来的债务转移也不需要债权人——公司的同意。

3. 依照《民法典》第551~552条,未经债权人同意的债务转移,应为连带式债务加入而非免责式债务移转。

至此已经得出结论,作为原债务人的转让人当然要对原出资债务继续承担连带责任。

只不过是,这一连带责任,在《公司法》第88条第2款为(平行)连带责任,在第88条第1款降为(补充)连带责任,这一差异基于股转时出资期限届满与否(债务到期与否)——如果届期,就是(平行)连带责任(第2款);反之,则为(补充)连带责任(第1款)。在此意义上,立法者已经给足出资未届期股权的转让人以情绪价值与利益保障,将其降为第二顺位的责任人。

实际上,质疑第1款理据的诸位读者必须直面的问题在于:如若质疑第1款,为何不质疑第2款呢?第1、2款的担责要件差异极小——仅在于股转所附带的债务到期与否,仅此而已。如并无合理的回应,那么在认可第2款规则设计的情形下,针对第1款的质疑未免缺乏必要的逻辑连贯性。

三、对转让人承担补充出资责任若干质疑的一一回应

1. 质疑之一:区分善意恶意股转论

有人提出,如转让人将出资未届期股权转让给明显不具有出资能力或者出资能力不如己的受让人,说明其有甩锅(逃避出资责任)的主观恶意,不得免责;反之,如受让人出资能力胜己,说明转让人没有甩锅的主观恶意,客观上也有利于公司、公司债权人,所以应当免责。

该说(观点1)流传甚广,乍看似乎有道理且通俗易懂,也容易引发公众的道德共鸣。但该说不堪一击——无论受让人是谁,《公司法》第88条第1款既然安排转让人为第二顺位责任人,其担责的前提已然是受让人未出资,也即如转让人实际担责,恰恰是以受让人缺乏出资能力为前提。既然如此,转让人因担责而抗辩时,还大谈特谈受让人的出资实力如何,岂不是很讽刺吗?!

2. 质疑之二:区分债务发生时间论

有人提出,如转让人将出资未届期股权转出时,公司并无负债,其后有新债发生,该债权人主张转让人担责,由于债是在股转后发生的,转让人不应担责;反之,转让人应担责。

这一观点(观点2)也很具有迷惑性,且与观点1一样容易博得公众的道德共鸣。但遗憾的是,同样不堪一击:主张者显然混淆了股东财产与公司财产、公司债务与股东债务——股东与公司之间的股权关系,公司债权人与公司之间的债权债务关系是彼此独立的。公司法规定股东对公司债务承担责任,虽然似乎在公司债权人与股东之间搭建起了桥梁,但本质上是一种法定的代位——以股东对公司所负债务、公司对公司债权人所负债务均应履行为前提,而这二者的判定是独立的、前置的。质言之,股东应否对公司债权人承担赔偿责任,此问题在逻辑上滞后于、取决于股东应否对公司履行出资义务。

因此,股东对公司承担出资责任,与公司与债权人之间的债权债务关系无涉,更与公司该笔债务的发生时间没有任何关系。比方说,甲股东2023年1月加入A公司,如其没有依约出资,则在出资本息范围内对A公司债务担责,并不存在对此前发生的债务担责、对此后发生的债务不担责的逻辑;抑或反之。可见,无论公司债务何时发生,都是公司债务,股东应在认缴出资范围内对任一公司未能清偿的债务承担连带责任,股东的责任性质与责任范围问题与该笔债务的发生时间又何干呢!瑕疵

出资股东责任如是,未届期股权转让的原股东责任亦如是。

3.质疑之三:区分股转时公司有无偿债能力论

这一观点与上述观点2类似,其主张如转让人将出资未届期股权转出时,公司有独立的偿债能力,转让人不应担责;反之,如股转时公司已经负债累累,转让人应该担责。

鉴于这一说法的逻辑错误与观点2如出一辙,此处不再证成其误。

实务中还有其他情形也进入法院裁判时决定转让人担责与否的考量范围,不一而足,但也一样经不起推敲。限于篇幅,不再展开。

解答了第88条第1款的立法理据问题,下文继续探讨另一个问题——纵使认可第88条第1款具有充分的正当性,但其应否具有溯及力是一个全新的、独立的问题。该问题在商法学界引发了一场法律"大战",我们继续探讨。

四、第88条第1款应该具有溯及力吗

(一)新公司法溯及力的基本规定

新公司法施行之际,最高人民法院发布《公司法时间效力规定》(2024年6月29日公布,自2024年7月1日起施行),其第4条规定:

公司法施行前的法律事实引起的民事纠纷案件,当时的法律、司法解释没有规定而公司法作出规定的下列情形,适用公司法的规定:

(一)股东转让未届出资期限的股权,受让人未按期足额缴纳出资的,关于转让人、受让人出资责任的认定,适用公司法第八十八条第一款的规定;

这一规定就确立了《公司法》第88条第1款的溯及力原则。从上述司法解释的整体来看,《公司法》中具有溯及力的并非仅有本款,事实上凡是对少数股东、公司债权人有利的条款,一概具有溯及力。《公司法时间效力规定》第1条就确立了"从旧兼从有利"原则,曰:

公司法施行后的法律事实引起的民事纠纷案件,适用公司法的规定。

公司法施行前的法律事实引起的民事纠纷案件,当时的法律、司法解释有规定的,适用当时的法律、司法解释的规定,但是适用公司法更有利于实现其立法目的,适用公司法的规定;

……

众所周知,一部新法原则上并无溯及力,但允许合理例外的存在,其依据在于

《立法法》第 104 条规定：

> 法律、行政法规、地方性法规、自治条例和单行条例、规章不溯及既往。但为了更好地保护公民、法人和其他组织的权利和利益而作的特别规定除外。

然而，问题的复杂性在于，法律本就在相冲突的利益之间居中制衡，公司法中更是有着诸多差异的利益相交会。某一规则设计如对某类主体有利，可能对其他主体不利，究竟如何适用《立法法》第 104 条的"有利原则"，不同利益主体之间难免存在不同的立场与理解。这也正是后来围绕《公司法》第 88 条第 1 款展开"法律大战"的根源所在。

（二）来自全国人大常委会法工委的否定

《公司法时间效力规定》确立《公司法》第 88 条第 1 款具有溯及力之后，确实出现了公司债权人追索目标公司原股东责任的诉讼热潮，这些原股东有的转股已经多年，感觉"莫名其妙"，各地的原股东结成了某种形式的利益联盟（团体），利用各种方式对法院系统施压，他们的核心诉求是：第 88 条第 1 款是新法律规范，不应具有溯及力，让已经股转多年的原股东担责，逾越了其当初设立公司及转股的法律预期，构成了某种形式的不公平。

2024 年年底，《全国人民代表大会常务委员会法制工作委员会关于 2024 年备案审查工作情况的报告》公布多起案例回应社会关切，其中有案例提到了《公司法》第 88 条第 1 款：

> 有的司法解释规定，公司法施行前，股东转让未届出资期限的股权，受让人未按期足额缴纳出资的，关于转让人、受让人出资责任的认定，适用公司法第八十八条第一款的规定。有些公民、组织对这一规定提出审查建议，认为公司法第八十八条不应适用于法律施行前发生的行为。法工委经审查认为，立法法第一百零四条规定："法律、行政法规、地方性法规、自治条例和单行条例、规章不溯及既往，但为了更好地保护公民、法人和其他组织的权利和利益而作的特别规定除外。"这是一项重要法治原则；公司法第八十八条是 2023 年修订公司法时新增加的规定，新修订的公司法自 2024 年 7 月 1 日起施行；公司法第八十八条规定不溯及既往，即对新修订的公司法施行之后发生的有关行为或者法律事实具有法律效力，不溯及之前；公司法第八十八条规定的事项不存在立法法第一百零四条规定的但书情形。法工委将督促有关司法解释制定机关采取适当措施予以妥善处理。

这就否定了第 88 条第 1 款的溯及力。

(三)最高人民法院的回应

三天后,最高人民法院发布《关于〈中华人民共和国公司法〉第八十八条第一款不溯及适用的批复》(法释〔2024〕15号),全文为:

河南省高级人民法院:

你院《关于公司法第八十八条第一款是否溯及适用的请示》收悉。经研究,批复如下:

2024年7月1日起施行的《中华人民共和国公司法》第八十八条第一款仅适用于2024年7月1日之后发生的未届出资期限的股权转让行为。对于2024年7月1日之前股东未届出资期限转让股权引发的出资责任纠纷,人民法院应当根据原公司法等有关法律的规定精神公平公正处理。

本批复公布施行后,最高人民法院以前发布的司法解释与本批复规定不一致的,不再适用。

这就等于否定了此前《公司法时间效力规定》第4条第1项的规定,重新明确《公司法》第88条第1款不具有溯及力。

五、2024年7月1日之前的司法裁判立场

读者肯定感兴趣的一个问题是,2024年7月1日之前,各级法院究竟是怎么处理出资未届期股权转让人的出资责任问题的?以下借助对当时裁判的实证研究来回答这一问题。

有商事律师团队研究了2014~2022年(2013年修正公司法引入完全认缴制,这一问题才开始产生)此类案件的裁判,发现各级法院的裁判观点可以分为三类:

观点1:原股东不免责,仍负有出资责任,如(2018)沪02民终9359号案、(2021)粤民终1071号案、(2021)苏03民终7173号案等;

观点2:原股东不再承担出资责任,如(2021)皖民终427号案等;

观点3:原则上原股东不再承担出资责任,但有若干例外情形,如恶意转让股权侵害债权人利益的、股转时债权人的债权已经发生的等,典型案例有(2020)最高法民申5769号案、(2021)沪01民终14752号案、(2022)京01民终2731号案、(2022)苏02民终4872号案等。

一言以蔽之,这一时期的主流裁判观点还是认为转让人原则上应承担出资责任,以应对原股东在认缴期限未届满时以股转方式逃避、免除自身出资义务之恶性

问题;当然,裁判者也注意到认缴制下原股东存在期限利益,在出资未届期时并不存在对公司的实缴义务,且股转系对股权所附权利义务的概括移转,如一律认定原股东承担第一顺位责任,也与认缴制的宗旨不完全契合。所以,司法实践中合理平衡认缴制下股东权益与公司、公司债权人的利益,合理框定原股东担责情形,更为中庸平和。

六、正确理解批复精神,抵制转让人绝对免责论

通过实证分析可以清晰看出,未届期股权转让的原股东应当担责,一直是我国法院的主流裁判立场,并非在 2024 年 7 月 1 日之后突袭式地课加责任。但是,是否可以认为,在《最高人民法院关于〈中华人民共和国公司法〉第八十八条第一款不溯及适用的批复》(法释〔2024〕15 号)发布之后,对于主要法律事实发生在 2024 年 7 月 1 日之前的案件裁判,各级法院再也不能让原股东担责了呢?

很多人认为应肯定回答。遗憾的是,这一解读如果不是完全错误的,也是有意曲解、绝不准确的。需认真研读法释〔2024〕15 号文的这句话:

对于 2024 年 7 月 1 日之前股东未届出资期限转让股权引发的出资责任纠纷,人民法院应当根据原公司法等有关法律的规定精神公平公正处理。

所谓"根据原公司法等有关法律的规定精神公平公正处理",准确理解其真实含义,只能请读者诸君再次回顾本问第五部分的论述。

七、《公司法》第 88 条第 1 款与第 54 条的并用

既然第 88 条第 1 款规范的是出资未届期股权转让后的出资责任承担,难免与第 54 条规定的加速到期规则牵连在一起,从而在某些案件中一并适用;如果该份股权还存在多次转让,则会形成"串烧式"燥热承担的样态。此类案件,在 2023 年《公司法》于 2024 年 7 月 1 日起实施后,已经呈现频发之态势。

例3。回到例1,设甲股东的出资义务在 4 年后到期,是年 3 月 1 日,甲转让给乙,约定股价 300 万元、由乙在届期后缴纳出资;8 月 1 日,乙转让给丙,约定股价 400 万元、由丙在届期后缴纳出资。现在出资期限的到来尚有 2 年多时间,但公司经营状况急转直下,不能清偿到期债务,问:如公司请求加速到期,可以请求谁来承担加速到期的出资责任。回答:丙承担,乙承担补充责任、甲次之。

上面是我们假设的案例,下面附三则真实判例①。

判例1:重庆市渝中区人民法院首例"未届期股权转让责任案"。

基本案情。2015年6月16日某公司登记设立,公司章程载明注册资本1180万元,股东分别为李某(持股比例51%,出资601.8万元)、谭某(持股比例为49%,出资578.2万元),出资时间均为2016年6月18日前。2016年4月18日,马某分别与谭某、李某签订《股权转让协议》,马某受让谭某持有的某公司49%的股权,受让李某持有的某公司51%的股权,并办理工商变更登记,公司章程载明出资时间为2025年12月31日前。2018年9月17日,吴某与马某签订《股权转让协议》,马某将其持有的某公司100%的股权转让给吴某。公司章程载明股东吴某出资额为1180万元,出资比例100%,出资时间为2025年12月31日前。2021年2月18日,吴某与代某签订《股权转让协议》,吴某将其持有的某公司118万元的股权转让给代某。代某认缴出资额118万元,出资时间为2025年12月31日。2023年7月6日,案外人王某以某公司不能清偿到期债务,并且明显缺乏清偿能力为由,向重庆市第五中级人民法院申请对某公司进行破产清算。重庆市第五中级人民法院于2023年8月16日作出(2023)渝05破申501号民事裁定书,裁定受理王某对某公司的破产清算申请。后管理人代表某公司起诉要求股权受让人吴某和李某承担缴纳出资责任,某公司股权的转让人在转让范围内承担连带清偿责任。

裁判结果。法院经审理后认为,本案根据《公司法》时间效力司法解释,依法适用新修订《公司法》第88条规定。吴某受让马某转让的未届出资期限的股权1180万元后成为某公司股东,之后,代某受让吴某转让的未届出资期限的股权118万元亦成为该公司股东,上述出资额认缴出资时间均为2025年12月31日,现某公司已经破产,吴某应缴纳其所认缴的出资1062万元,代某应缴纳认缴出资118万元。同时吴某对其转让给代某的未届出资期限的118万元股权的出资应承担补充责任。马某应在其转让的1180万元股权范围内对吴某应承担的责任承担补充责任。李某应在601.8万元的范围内对马某的责任承担补充责任。谭某应在578.2万元的范围内对马某的责任承担补充责任。

法官释法。新公司法明确规定了股东转让已认缴出资但未届出资期限股权的

---

① 以下三个引注来自同一公众号文章,所以可以统一进行引用。
以下案例参见陈鸣鹤:《新〈公司法〉施行后的11个"首案"(截止2024年7月19日)》,载微信公众号"最高判例"2024年7月23日,https://mp.weixin.qq.com/s/SoOFtQW4h95TW4c81skmFQ。

情况下,受让人与转让人的责任承担问题,该规定直接填补了司法实践中对未届期股权转让出资义务承担问题的法律空白。在新公司法施行前,由于缺乏规则供给,对未届期股权转让出资义务承担问题的解决只能依赖对《公司法解释(三)》第13条、第18条的理解与适用,而实践中因为个案的区别,法官在处理不同案件时裁判思路亦有区别,对未届期股权转让的处理结果也不尽相同。新公司法对该情形直接作出规定后,为公司债权人主张权利提供了明确的依据。

判例2:东莞市第一人民法院首例"未届出资期限转让股权,转让人对出资承担补充责任案"。(略)

判例3:南通市崇川区人民法院首例"加速到期规则以及转让方对受让方的出资义务承担补充责任规则案"。(略)

041 瑕疵出资行为责任的"株连"(四):管理层的赔偿责任?

一、出资责任转换为赔偿责任

(一)原理

管理层就股东瑕疵出资应当承担相应的责任吗?对于这一问题,旧公司法几乎没有涉及,但现行公司法增补了一系列赔偿责任的规定。这些规定的本质是,由于董事会等管理层对于股东出资负有核查、催缴的义务,如其履职不当,致使瑕疵出资(广义)事实发生且(或)长期存在,乃至于损失无法挽回——由于时机的错失,瑕疵出资股东丧失了出资能力;甚至管理层为虎作伥,协助股东抽逃出资,导致公司损失,则管理层涉嫌违反对公司的忠实、勤勉义务,应承担对公司的违信责任。

(二)具体规定之体系扩张

纵览现行公司法,涉及不当公司资本行为所引发的管理层赔偿责任的条款颇多,瑕疵出资情形下董事被"株连"的情形主要指向违反《公司法》第51条的出资核查与催缴义务。以该条为起始,下面对与公司资本相关的管理层违信责任的《公司法》规定进行简要的体系梳理,(当然,公司资本的不当流出可归属于广义瑕疵出资的概念范畴内,亦可以此为广义瑕疵出资的董事责任体系)更为具体的论述请参见本书第九篇"董监高的任职、信义义务"。体系如下：

1.董事会对股东出资负有核查义务与催缴义务，不恰当履行相应义务的董事如导致公司损失，应承担赔偿责任，具体规定于《公司法》第51条：

有限责任公司成立后，董事会应当对股东的出资情况进行核查，发现股东未按期足额缴纳公司章程规定的出资的，应当由公司向该股东发出书面催缴书，催缴出资。

未及时履行前款规定的义务，给公司造成损失的，负有责任的董事应当承担赔偿责任。

2.协助股东抽逃出资造成公司损失的，负有责任的董监高应对公司承担赔偿责任，具体规定于《公司法》第53条：

公司成立后，股东不得抽逃出资。

违反前款规定的，股东应当返还抽逃的出资；给公司造成损失的，负有责任的董事、监事、高级管理人员应当与该股东承担连带赔偿责任。

3.违法分红（广义），造成公司损失的，负有责任的董监高应对公司承担赔偿责任，具体规定于《公司法》第211条：

公司违反本法规定向股东分配利润的，股东应当将违反规定分配的利润退还公司；给公司造成损失的，股东及负有责任的董事、监事、高级管理人员应当承担赔偿责任。

4.违法减资导致公司损失的，负有责任的董监高应对公司承担赔偿责任，具体规定于《公司法》第226条：

违反本法规定减少注册资本的，股东应当退还其收到的资金，减免股东出资的应当恢复原状；给公司造成损失的，股东及负有责任的董事、监事、高级管理人员应当承担赔偿责任。

5.清算义务人违反及时组织清算义务，清算组成员怠于履行清算职责而违反忠实、勤勉义务，由此给公司造成损失的，也应对公司、公司债权人承担赔偿责任，具体规定如下：

《公司法》第232条第3款规定：

清算义务人未及时履行清算义务，给公司或者债权人造成损失的，应当承担赔偿责任。

第238条规定：

清算组成员履行清算职责,负有忠实义务和勤勉义务。

清算组成员怠于履行清算职责,给公司造成损失的,应当承担赔偿责任;因故意或者重大过失给债权人造成损失的,应当承担赔偿责任。

二、管理层承担赔偿责任的几个要点

(一)何谓"给公司造成损失"

管理层的违信赔偿责任,其本质是侵权责任,故以公司损失发生为前提,所以以上条文均界定了"给公司造成损失"的要件。

以《公司法》第51条为例,主要是指由于错过催缴时机,造成瑕疵出资股东履行不能而给公司带来的不可弥补的损失。

举例。股东A、B、C为某公司股东,各负5000万元出资义务,股东A、B实缴完毕,股东C资产良好但延迟出资,董事会无动于衷;三年后,股东C陷入破产境地。对股东C因无法缴纳出资而给公司资本造成的损失,过错董事即应当承担相应的损害赔偿责任。当然,即使股东C未破产,在此三年期间也可能因股东出资不到位而导致公司缺乏实缴资本金,进而导致机会利益的损失,亦归属于董事应当赔偿的范畴。

(二)何谓"负有责任的"

"负有责任的",是指对于造成上述损失负有责任之意,包含了因果关系与过错的双重含义。

仍以《公司法》第51条的董事会催缴出资为例。具言之:(1)董事会应核查各股东的出资情况,包括增资扩股时认股人的出资情况;(2)董事会经核查后发现有瑕疵出资的,以及需要加速到期的(参见《公司法》第54条,有力说认为需要对董事催缴义务采取扩张解释),董事会应当以公司名义发出书面催缴书进行催缴;(3)如被催缴的股东置之不理,则董事会还负有启动诉讼、仲裁等司法手段以进行催缴的义务。以上任一步骤完成不当,均不属于催缴义务的恰当履行,董事则涉嫌违反了信义义务。

(三)责任主体是谁

此处的责任主体可能是指某一个董事(以及高管、监事),亦有可能是复数形式的多个董事。仍以《公司法》第51条为例,形式上享有催缴职权的主体是董事会、作出催缴与否这一商业决策的也是董事会,但实际的催缴义务却会落实到某一位或某几位董事个人,也即"集体行权,个人义务"。因此,所谓"负有责任的"董事,是指未能勤勉履行催缴义务的董事个人,对其是否违信(具有过错)的判断应当结合董事个人所负的职责分工进行。

从降低董事履职风险的视角来看,由于董事会由多人组成,尤其是大中型公众公司董事会的组成具有复杂性,如董事会内部对于各个执行董事有明确分工,那么将来怠于行使核查、催缴职责的可能并非全部董事会成员,而是指向负有该项职责的某些(个)董事。这无疑在提示公司内部治理时应当明确分工,划定各董事的具体义务,降低董事互相推诿导致董事会职权未能正常行使、董事义务亦未恰当履行的风险。

(四)管理层担责后并无追偿权

《公司法解释三》第 13 条第 4 款规定,公司增资的情形下,董事如怠于履行催缴义务而对公司承担损害赔偿责任后,可以向瑕疵出资股东追偿。这一规定并未被现行公司法继受。这是因为,此处董事承担的并非瑕疵出资股东出资不足部分的补缴责任,由此区别于发起人股东的资本充实责任——此类责任属于保证责任,自然产生追偿权;其责任性质为违信责任,与瑕疵出资股东补缴出资的责任性质和渊源全然不同。董事所承担的为最终责任,自然不存在向瑕疵出资股东追偿的问题。

三、请求权主体为何

依照上述规定,公司自然有权向管理层请求赔偿;如公司受其控制而丧失起诉的能力,少数股东可以依法提起股东代表诉讼而追究管理层对公司的赔偿责任。

又依据凡是对公司承担债务的,公司债权人皆可以依法提起债权人代位之诉的民法理论,公司债权人也可依法提起债权人代位之诉。

需要讨论的是,公司债权人可否直接针对管理层提起直接赔偿之诉?正如本书所反复强调的,这要取决于公司法有无直接规定公司债权人的该种请求权。针对《公司法》第 51 条怠于履行催缴义务董事对于公司的赔偿责任,《公司法》文本并未规定对公司债权人的赔偿责任,但《公司法解释三》第 13 条第 4 款规定公司债权人可以提起补充赔偿之诉,补充了《公司法》文本的规定,债权人直接起诉就有了法律依据。

042 瑕疵出资行为责任的"株连"（五）：中介机构的赔偿责任？

一、公司法上的中介机构

根据现行公司法规定，在股东出资、公司合并、公司分立、发行债券、发行股票等场合下需要向国家机关提交经过有关评估、验资或验证机构出具的证明文件。所谓资产评估、验资或者验证机构，是指承担相应职责的社会中介机构，如资产评估机构、会计师事务所、律师事务所等。比如，设立公司时股东用实物、知识产权、土地使用权、股权、债权等非货币财产作价出资的，应委托中介机构对相应非货币财产评估作价；募集设立股份公司，发行的股份募足后，应当经法定的验资机构验资并出具证明。

由于资产评估、验资和验证机构出具的证明文件，不仅对公司能否登记成立起着重要作用，也关涉到公司、其他股东、公司债权人等一众利益主体的权益。中介机构如参与造假，不仅破坏了商事登记秩序，还将严重侵害诸利益主体的合法权益，所以法律要求资产评估、验资和验证机构必须提供真实且无重大遗漏的证明文件。

那么，在此过程中如果中介机构谋取私利而提供虚假或存在重大遗漏的证明文件，中介机构可能会承担何种责任呢？

二、中介机构的法律责任

中介机构应当承担的责任包括行政责任、刑事责任与民事责任。《公司法》第257条规定：

承担资产评估、验资或者验证的机构提供虚假材料或者提供有重大遗漏的报告的，由有关部门依照《中华人民共和国资产评估法》《中华人民共和国注册会计师法》等法律、行政法规的规定处罚。

承担资产评估、验资或者验证的机构因其出具的评估结果、验资或者验证证明不实，给公司债权人造成损失的，除能够证明自己没有过错的外，在其评估或者证明不实的金额范围内承担赔偿责任。

(一)行政、刑事责任

中介机构承担行政责任的情形有二:一是提供虚假材料;二是提供有重大遗漏的报告。所谓虚假材料,是指此类社会中介机构提供的资产评估报告、验资报告、验证证明、审计报告等中介证明文件在内容上不真实;所谓有重大遗漏的报告,是指中介证明文件遗漏了对拟评估、验资、验证对象具有实质性影响的事实和判断的报告,如仅因过失遗漏了不重要的、非实质性的、影响不大的内容,就不属于重大遗漏。应当注意,以上两种情形不区分故意和过失,而是将提供虚假材料和提供有重大遗漏的报告两种情形合并规定,相应行政责任的判断援引其他相关法律规定。

值得注意的是,中介机构的负责人不仅有义务承担其个人的行政处罚,还有可能需要缴纳中介机构所受行政处罚的剩余罚款。例如,在震惊业界的"康美药业财务造假案"中,法院终审裁定:作为特殊普通合伙企业的广东正中珠江会计师事务所(以下简称正中珠江),暂无财产可供执行证监会行政处罚罚没款,证监会有权追加正中珠江合伙人杨某某为被执行人。可见,法院认为具有重大过错的合伙人应当对合伙企业(特殊的普通合伙企业)的行政处罚承担无限连带责任。暂不论该判决是否符合"过责相当"原则,都给中介机构相关从业者敲响了警钟。

中介机构的行为如构成《刑法》第229条所规定的"提供虚假证明文件罪""出具证明文件重大失实罪",还将受到相应的刑法处罚。

(二)民事责任

中介机构承担民事责任的情形,根据《公司法》第257条第2款的规定,其基本要点是:

1. 归责方式:过错推定。如因中介机构所出具的评估结果、验资或验证证明不实,给公司债权人造成损失,除非中介机构能证明自己没有过错,即被推定为有过错,承担赔偿责任。

所谓证明不实,是指报告的内容与客观事实不符,如会计师事务所出具的具有虚假记载、误导性陈述或者重大遗漏的审计业务报告,均应认定为不实报告。"提供虚假材料和提供有重大遗漏的报告"两种情形都应包括在内。

在关于承担资产评估、验资或者验证的机构是否承担民事责任的诉讼中,债权人只需证明自己因为信任中介机构所提供的不实证明材料遭受了损失,而无须证明承担资产评估、验资或者验证的机构是否存在过错。相反,承担资产评估、验资或者验证的机构需要证明自己在提供评估结果、验资或者验证证明时没有过错,方能构成有效抗辩而不承担对公司债权人的赔偿责任。

2.责任范围:"在其评估或者证明不实的金额范围内",对公司债权人承担赔偿责任。

3.责任性质:连带责任。中介机构的赔偿责任多与股东出资责任相联系,在造假金额范围内,中介机构要与其他责任人(瑕疵出资股东、其他发起人股东、负有责任的董监高等)一起承担连带责任,具体金额可能会进一步限缩,也即在造假金额范围内实行比例连带责任。

举例。A公司成立时,某会计师事务所出具了验资报告,证明三位股东共计1000万元的出资金额已经存入某银行的临时存款账户。但公司债权人申请执行公司财产时该账户经查并不存在,属于虚假账户,则该验资报告就属于《公司法》第257条第2款规定的不实证明。该不实证明造成债权人损失,如会计师事务所不能证明其没有过错,应在证明不实的1000万元金额范围内对债权人承担赔偿责任。

4.责任主体:中介机构本身。

5.请求权主体:公司债权人。

043 瑕疵出资行为责任的"株连"(六):清算义务人、清算人的赔偿责任?

一、问题的提出

公司进入解散清算阶段,如何处理尚未缴纳出资的股权?

在完全认缴制下,投资者倾向于选择在公司章程中规定较长的出资期限,当公司因为各种原因进入解散清算阶段,股东尚未缴纳的出资财产也作为清算财产的一部分,不论届期还是未届期,股东的出资责任都不因此而豁免。对此,《公司法解释二》第22条第1款规定:

公司解散时,股东尚未缴纳的出资均应作为清算财产。股东尚未缴纳的出资,包括到期应缴未缴的出资,以及依照公司法第二十六条和第八十条的规定分期缴纳尚未届满缴纳期限的出资。

据此,一旦公司进入解散清算程序,公司停止其营业行为,瑕疵出资股东的出资责任将遭到清算,出资未届期股东的期限利益也不复存在;由此保证公司资本的充足性,避免造成对公司债权人、其他股东合法利益的侵害。

举例。A、B、C 为某有限公司股东,各负有 500 万元的出资义务,股东 A 实缴完毕,股东 B、C 早已知晓公司经营不善而计划跑路,公司剩余财产不足以偿付所有债务,债权人也难以找到股东 B、C。此例,说明了在公司清算解散时对股东出资及时追缴的必要性与重要性。

也可以说,本问的责任"株连",某种意义上与前几问有别,不再是责任主体的扩张,而是责任发生阶段的扩张——前文董事赔偿责任在清算阶段的某种延续。

二、公司解散清算阶段,清算义务人、清算人如何被追责

(一)债权人如何维权

公司清算时,公司债权人可以直接向瑕疵出资股东追缴,或者要求出资未届期股东加速到期,进而实现个别清偿吗?

不可以。公司解散清算涉及众多法律关系和利害关系人,如各行其是,必将导致混乱无序,最终损害各方利益。因此,法定的解散清算程序就是意在确保清算组统一负责清产核资、偿付债务的工作,并确保在此过程中平等对待每一个股东、公司债权人。

(二)清算义务人的责任

清算义务人为公司董事,其法定职责就是及时启动清算程序,也即《公司法》第 232 条第 1 款所规定的:

……董事为公司清算义务人,应当在解散事由出现之日起十五日内组成清算组进行清算。

否则,就要适用同条第 3 款规定:

清算义务人未及时履行清算义务,给公司或者债权人造成损失的,应当承担赔偿责任。

因清算义务人未及时启动清算程序而导致公司、债权人损失的情形是多样的,如公司资产贬值、被哄抢等,但就与股东出资责任的关联而言,与《公司法》第 51 条、第 53 条规定的催缴股东出资不力、协助股东抽逃出资等情形下的董事违信情形异曲同工。

(三)清算人的责任

清算人也即清算组成员,通常由董事组成,故清算组也可以视为正常运营期间的董事会在清算阶段的延续,《公司法》第 238 条规定:

清算组成员履行清算职责,负有忠实义务和勤勉义务。

清算组成员怠于履行清算职责,给公司造成损失的,应当承担赔偿责任;因故意或者重大过失给债权人造成损失的,应当承担赔偿责任。

据此,在清算期间,对于瑕疵出资股东的补缴出资责任、赔偿责任以及出资未届期股东的缴纳出资责任的主张,如清算组成员怠于履行导致公司损失,或者存在故意、重大过失导致债权人损失,均应当承担赔偿责任。

(四)请求权主体

1. 公司

《公司法》第 232 条、第 238 条都规定公司是请求权主体,得追究怠于履职、违反信义义务并致损失的清算义务人、清算人的赔偿责任。

2. 公司股东

一方面,如清算义务人、清算人怠于履职、违反信义义务的行为直接导致某个股东的损失,该股东依照《公司法》第 190 条规定进行合目的性扩张解释,可以直接起诉追究清算义务人、清算人的赔偿责任;另一方面,如清算义务人、清算人怠于履职、违反信义义务的行为导致公司损失,但公司因为受其控制无法起诉,股东也可以提起股东代表诉讼请求追究清算义务人、清算人对公司的赔偿责任。

3. 公司债权人

一方面,《公司法》第 232 条规定清算义务人怠于履职侵害债权人利益的,第 238 条规定清算人故意、重大过失侵害债权人利益的,债权人均得对其直接起诉请求赔偿。另一方面,按照第三人对公司负债的,公司债权人均可依法提起债权人代位之诉的原理,在清算义务人、清算人对公司赔偿责任成立的前提下,公司债权人也得提起债权人代位之诉。

044　瑕疵出资行为责任的"株连"(七):可能引发公司人格否认吗?

一、问题的提出

《公司法》第 23 条第 1 款规定:

公司股东滥用公司法人独立地位和股东有限责任,逃避债务,严重损害公司债权人利益的,应当对公司债务承担连带责任。

这是关于公司人格否认的基本规定。众所周知,公司人格否认的适用要件有三:股东滥用权利(行为要件);逃避债务(主观要件);严重损害债权人利益(后果要件)。其中,关于滥用权利的类型化,《九民纪要》第10~12条列出了资本显著不足、过度支配与控制、人格混同三类典型情形,其中,"资本显著不足""过度支配与控制"与此处讨论的瑕疵出资(广义,下同)关系密切。

所提出的问题是,资本显著不足、过度支配与控制均可引发公司人格否认,那么其与瑕疵出资行为之间究竟是什么关系?股东瑕疵出资是否会由此导致公司人格否认的适用?如是,由于公司人格否认的后果是滥权股东对公司债务承担连带责任,则不啻又一种出资责任的"株连"。

二、"资本显著不足"与瑕疵出资的关系

(一)何谓资本显著不足

关于资本显著不足的认定,《九民纪要》第12条规定:

资本显著不足指的是,公司设立后在经营过程中,股东实际投入公司的资本数额与公司经营所隐含的风险相比明显不匹配。股东利用较少资本从事力所不及的经营,表明其没有从事公司经营的诚意,实质是恶意利用公司独立人格和股东有限责任把投资风险转嫁给债权人。由于资本显著不足的判断标准有很大的模糊性,特别是要与公司采取"以小博大"的正常经营方式相区分,因此在适用时要十分谨慎,应当与其他因素结合起来综合判断。

据此,"资本显著不足"的核心认定标准是"股东利用较少资本从事力所不及的经营,表明其没有从事公司经营的诚意",且最终企图是将投资风险转嫁给债权人。具体到实务中,主要是指对处于资金密集型行业的公司,由股东出资组成的实际的公司资本数额过低,以致与其所从事的业务所需要的正常资金量严重不匹配。这样说,"资本显著不足"的核心定义,与股东瑕疵出资尚不能画等号。

(二)关系分析

但是,上述的概念分析并不意味着股东瑕疵出资与"资本显著不足"之间并无关联,恰恰相反,二者存在着相当密切的联动关系。

在公司经营过程中,股东受到有限责任的保护,是以公司资产与股东资产相隔

离为前提的,但股东主导下的公司可能会作出高风险决策,一旦公司没有足够资产偿还债务,债权人即成为受害人,承担了公司的经营成本。此时,公司人格否认规则起到"安全阀"的作用,取消无视公司独立人格的股东的有限责任待遇。早在最高院1994年颁布的《关于企业开办的其他企业被撤销或者歇业后民事责任承担问题的批复》(已失效)就规定,对于实际没有投入资金,或者投入的资金达不到法定最低资本限额的股东,认定该企业不具有法人资格,股东承担无限责任。如今最低注册资本在绝大多数领域被取消,资本显著不足失去了形式上的判断标准,但《九民纪要》与时俱进,对"资本显著不足"作出了动态性的体系化界定——"股东利用较少资本从事力所不及的经营,表明其没有从事公司经营的诚意"。据此,"资本显著不足"的认定需要综合各因素进行判断。

具体而言,"资本显著不足"又可分为两种情形:一是股东认缴的注册资本数额过低或认缴期限过长,以至纵使股东并未或暂时并未违反实缴义务,其行为也存在严重恶意。该情形下,对"资本显著不足"的认定应当采取相对严格的标准,注册资本较低或出资未届期的,不能据此直接否认股东的经营诚意。二是股东存在严重的出资瑕疵,虽然已认缴的注册资本数额合理,但实际投入公司的资本严重不足,则其构成"资本显著不足"的可能性将会大幅提升。

(三)结论

限于篇幅,此处不再展开说理,两点简要结论如下:

1. 瑕疵出资(广义)本身不等于"资本显著不足",况且在瑕疵出资事实下,债权人可以适用公司法上的一系列行为责任规则获得救济,不必然诉诸证明责任更加繁重的公司人格否认规则。

2. 但在注册资本显著偏低、股东又存在瑕疵出资的情形下,公司人格否认规则的适用应该纳入考虑。

三、"过度支配与控制"和抽逃出资的关系

(一)何谓过度支配与控制?

《九民纪要》第11条第1款的界定是:

公司控制股东对公司过度支配与控制,操纵公司的决策过程,使公司完全丧失独立性,沦为控制股东的工具或躯壳,严重损害公司债权人利益,应当否认公司人格,由滥用控制权的股东对公司债务承担连带责任。实践中常见的情形包括:

(1) 母子公司之间或者子公司之间进行利益输送的;

(2) 母子公司或者子公司之间进行交易,收益归一方,损失却由另一方承担的;

(3) 先从原公司抽走资金,然后再成立经营目的相同或者类似的公司,逃避原公司债务的;

(4) 先解散公司,再以原公司场所、设备、人员及相同或者相似的经营目的另设公司,逃避原公司债务的;

(5) 过度支配与控制的其他情形。

(二) 关系分析

一方面,抽逃出资行为背后的运作机制可以分为两类:

1. 个别股东利用控制公司的优势抽逃出资。此举不仅损害公司的利益,也损害其他股东、公司债权人的利益。

2. 全体(或者主要)股东之间基于合谋,相互配合与遮掩,均进行抽逃出资。此举不仅损害公司的利益,也损害少数股东、公司债权人的利益。

其中,第1种情形也即股东基于控制权为抽逃出资的,可能会构成对公司过度支配与控制的情形。

另一方面,《九民纪要》第11条直接指明了至少抽逃出资的一种类型——"先解散公司,再以原公司场所、设备、人员及相同或者相似的经营目的另设公司,逃避原公司债务的",必然在"过度支配与控制"的情形之下方能完成。

综上,不难得出结论:某些抽逃出资行为极有可能构成股东"过度支配与控制"公司的情形,从而引发公司人格否认规则的适用。

(三) 结论

从公司资本维持原则与整个公司资本制度的视角来看,对于广义瑕疵出资体系下的抽逃出资行为,《公司法》第53条已经规定了瑕疵出资股东以及对此负有责任的董监高对公司、公司债权人的法律责任,足以保护公司债权人利益,并无动辄适用公司人格否认规则的必要。

再则,公司人格否认规则作为现代公司法基石——股东有限责任的反动,其适用应当具有明显的谦抑性。公司人格否认规则的适用,不仅需满足行为要件,还要满足逃避债务(主观要件)、严重损害债权人利益(后果要件)等要件。尤其是,虽然抽逃出资可能满足股东滥权及逃避债务两要件,但在债权人利益受损尚未达到"严重"程度时,不得轻易适用公司人格否认规则,从而让股东对公司债务承担可能超越其应缴纳出资范围的连带责任,这是非常严厉的加重责任。相较而言,《公司法》第53条规定的仅仅是在"导致公司损失的"范围内承担赔偿责任而已。

举例。上海悦捷机电设备有限公司诉雷某某、骆某某等股东损害公司债权人利益责任纠纷案[(2016)沪02民终9045号]中,法院认为,"不能简单地将抽逃出资行为与公司法人人格否认相等同",故而不支持原告仅以抽逃出资为由主张公司人格否认。

综合以上,结论是:

1. 一般情形下,股东抽逃出资的,优先适用《公司法》第53条规定的返还出资及相应的赔偿责任。

2. 对于股东基于控制公司的便利为抽逃出资行为的,如符合公司人格否认规则的法定要件,自然也会引发公司人格否认规则的适用,在个案中追究抽逃出资股东对公司债务的连带责任。

分篇五

瑕疵出资的组织法处理

上一分篇详细分析了瑕疵出资行为引发的一众责任主体对一众权利主体的行为责任,包括违约责任、侵权责任等,尤其为公司债权人提供了行为法所不能提供的诸配套保护措施。公司法的特别魅力还在于,如瑕疵出资股东无论如何实在不能履行出资义务,也并未停留在终本执行的尴尬处境,而是可以选择对其进行组织法上的处理——除名、除权与限权。

当然,公司是执着于行为责任的追究,还是不失灵活地进行组织处理,对于公司董事会而言,实为一项商业判断,而不仅仅是法律技术的展示。所以,本分篇的内容,不仅处处透着法律规则的逻辑,更在于商业决策的智慧。

本分篇共设 5 问。

045 组织法的基本思路(一):从行为责任到除名、除权?

一、何谓组织法处理

前一分篇用了 13 问的超长篇幅,详解瑕疵出资行为引发的诸责任主体对诸权利主体的法律责任,之所以命名为"行为责任",是因为其论述仅限于违约责任、侵权责任的追究。

但是,读者肯定会思考一个问题,无论公司其他股东还是债权人出面请求瑕疵出资股东履行补缴责任、赔偿责任,如后者目前处于履行不能的状态,又如之奈何呢?有没有另外一种思路可以解决这一法律僵局呢?

办法当然是有的,最直接的思路就是由公司出面,将瑕疵出资股东开除(除名),

或者剥夺其相应的股权份额(除权)。此外,还有一种思路,就是限制瑕疵出资股东的股东权利的享有、行使。由于这些思路是独属于公司组织体的责任追究手段,所以命名为"瑕疵出资的组织法处理"。

对比《公司法》第51条、第52条的两个关键条文,可以发现二者的区别及其逻辑关联,也就是对瑕疵出资股东从行为责任追究到组织法处理的范式转变。

二、从除名到除权

(一)除名

《公司法解释三》第17条规定:

有限责任公司的股东未履行出资义务或者抽逃全部出资,经公司催告缴纳或者返还,其在合理期间内仍未缴纳或者返还出资,公司以股东会决议解除该股东的股东资格,该股东请求确认该解除行为无效的,人民法院不予支持。

在前款规定的情形下,人民法院在判决时应当释明,公司应当及时办理法定减资程序或者由其他股东或者第三人缴纳相应的出资。在办理法定减资程序或者其他股东或者第三人缴纳相应的出资之前,公司债权人依照本规定第十三条或者第十四条请求相关当事人承担相应责任的,人民法院应予支持。

据此,对于不出资、抽逃全部出资的股东,催告缴纳、返还的合理期限过后,股东会可以代表公司作出解除该股东的股东资格的决议,由此确立了有限公司的除名制度,迈出了公司法对于瑕疵出资股东进行组织法处理的第一步,意义重大。

但是这一制度也有很大的局限,此处不再展开分析其制度规则的明显纰漏,仅仅指出其适用时的两大局限:(1)仅适用于有限公司,不能适用于股份公司;(2)仅适用于不出资(包括拒绝出资、出资不能)与抽逃全部出资,不能适用于广义瑕疵出资体系下的不完全出资、抽逃部分出资等情形。

(二)除权

有限公司除名制度实施多年后,2023年《公司法》往前再迈一步,其第52条规定:

股东未按照公司章程规定的出资日期缴纳出资,公司依照前条第一款规定发出书面催缴书催缴出资的,可以载明缴纳出资的宽限期;宽限期自公司发出催缴书之日起,不得少于六十日。宽限期届满,股东仍未履行出资义务的,公司经董事会决议可以向该股东发出失权通知,通知应当以书面形式发出。自通知发出之日起,该股东丧失其未缴纳出资的股权。

依照前款规定丧失的股权应当依法转让，或者相应减少注册资本并注销该股权；六个月内未转让或者注销的，由公司其他股东按照其出资比例足额缴纳相应出资。

股东对失权有异议的，应当自接到失权通知之日起三十日内，向人民法院提起诉讼。

该条文正式确立了针对瑕疵出资的除权制度。除权与除名的关系是，前者包括后者但不限于后者。除权制度又可称为失权制度，前者之于公司，后者之于股东，仅具有适用语境的差异。

举例。A有限公司有股东数人，其中甲股东认缴2000万元，占股比40%，但未出资，后经公司催缴，分文未缴，此时股东会可以决议除名之；但如其出资800万元，如之奈何？依据第17条文义，是无解的，如果作合目的性解释，可以确认其持股比例下降为16%，除去其余的24%股权。这一规则正是除权制度。

与除名制度相比，除权制度的适用对象大为拓展：(1)适用于两类公司；(2)适用于所有的广义瑕疵出资行为。

从实质规范意义上看，《公司法》第52条的股东失权制度是对前述司法解释"有限公司股东除名"制度的改良，改良的细节体现在正当程序与实体结果的许多方面。关于这些细节，后文还将分别展开分析。

三、一个题外话：公司章程可否规定除权的其他事由

《公司法》第52条仅规定催告失权的一种事由——瑕疵出资且被催缴后仍未出资，那么，公司章程可否另行规定其他的除权事由？实务中，也有法院支持章程约定除权的其他事由。如段红海与舒振宇等公司盈余分配纠纷民事二审案[(2021)沪02民终11972号]，案涉公司章程规定股东必须与集团公司签订劳动合同或存在劳动合同关系，一旦被集团公司依法解除劳动合同，股东资格即丧失，不享有当年公司的分红，法院支持了公司的主张。

046 组织法的基本思路（二）：正当程序如何展开？

《公司法》第52条构建了一个闭环的股东除权程序，可以分为四步。

一、限期催缴

1. 核查与催缴

依照《公司法》第51条,对于股东出资情况,董事会负有核查、催缴义务。核查就是全面掌握股东出资信息——有无瑕疵出资?如无,有无必要加速到期;如有必要,则要催促加速到期;如未获得回应,则要提起加速到期之诉(仲裁)(《公司法》第54条)。如有,则要发出催缴出资的书面通知。

如果公司催缴出资的通知未获得股东响应,又当如何?《公司法》第51条没有进一步交代。权威解释认为,董事会应该决策起诉请求瑕疵出资股东等承担补缴、赔偿责任(《公司法》第49~50条),否则,董事会行为亦不属于催缴义务的适当履行。

2. 催缴后的进一步

问题是,即便公司提起了诉讼,瑕疵出资股东仍然不能履行实缴义务的,又当如何?这就轮到《公司法》第52条"隆重登场"了。

二、除权决议

依照《公司法》第52条第1款规定,股东未按照公司章程规定的出资日期缴纳出资,公司依照第51条第1款规定发出书面催缴书催缴出资的,可以载明缴纳出资的宽限期;宽限期自公司发出催缴书之日起不得少于60日。

但宽限期届满,股东仍未履行出资义务的,董事会为公司最大利益而勤勉履职,可以选择及时作出除权决议。关于该决议,有几个细节需要申明:

1. 除权决议由董事会作出。这就改变了《公司法解释三》第17条所规定的股东会作出决议的做法。这一改变,一方面适应了现行公司法倡导的董事会中心主义模式,与强化董事会职权相适应;另一方面也与《公司法》第51条规定的董事会负有核查、催缴股东出资义务相配套,做到权责一体。

2. 董事会作决议的,关联董事是否应当回避?如被除权的是股东甲,张三是股东甲提名的董事。那么张三需要回避吗?如是上市公司,应该回避,参见《公司法》第139条;对于非上市公司,公司法并未要求回避(未落入《公司法》第185条列举的事项范围之内),但如公司章程有回避的规定,从之。

实际上,如果关联董事张三不予回避,其参与议决时一定是尴尬的:投赞成票,有一点大义灭亲的意味;投反对票或者弃权票,如果因此而阻止了背后的关联股东被除权决议的通过,可能面临违反对公司所负忠实义务的拷问。

3. 所以,接下来的问题就是——如瑕疵出资股东应被除权,但董事会未通过除权决议并因此导致公司损失,那些投反对票、弃权票的董事是否要承担对公司的赔偿责任?

对此有两种意见。一种意见的回答是肯定的,具体依据参见《公司法》第125条第2款:

董事应当对董事会的决议承担责任。董事会的决议违反法律、行政法规或者公司章程、股东会决议,给公司造成严重损失的,参与决议的董事对公司负赔偿责任;经证明在表决时曾表明异议并记载于会议记录的,该董事可以免除责任。

另一种意见认为,不能简单以未支持董事会的除权决议来问责董事,反对除权不必然构成对于法律、行政法规或公司章程、股东会决议的违反,也就是说"瑕疵出资股东应被除权"这一判断前提本身不必然正确。《公司法》第52条仅规定董事会"可以"向股东发出失权通知,与前一条规定"应当"对股东出资情况进行核查、"应当"发出书面催缴书,形成鲜明的对比。由此,公司对瑕疵出资股东是否必须要作除权的处理?答案是否定的。

股东除权本身属于典型的商业判断问题,董事会要进行要么追究其行为责任、要么作组织法处理的选择题。这是一个极其重要的判断,董事会如决策失误,可能给公司造成重大的损失,并因此"引火上身",有可能被认定为违反对公司所负勤勉义务甚至忠实义务(如果董事对此具有利害关系),进而被追究相应的赔偿责任。

那么,何种情形下,董事会理当选择"催缴"(依据《公司法》第51条)?又何种情形下,董事会理当选择"催告失权"(依据《公司法》第52条)呢?应该说,在正常的有限公司语境下,如公司经营状况较差且走下坡路,董事会宜选择催缴;反之,如公司经营状况良好且蒸蒸日上,则董事会宜选择催告失权。如董事会逆向选择,对决议投出肯定票的董事即有违反勤勉义务之嫌——依一般逻辑,董事此行为并非为了公司利益最大化;如董事为关联董事,则有违反忠实义务之嫌。可见,究竟董事会决议选择一直催缴之还是不失时机地催告失权,涉及公司利益最大化的考量,审慎地进行该商业判断是董事信义义务的必然要求。

三、发出通知

《公司法》第52条第1款规定,董事会作出除权决议后,可以向该股东发出失权通知。关于该通知,有三处细节需要申明:

1. 通知应以书面形式发出。书面包括但不限于纸质、电子等形式。

2. "自通知发出之日起,该股东丧失其未缴纳出资的股权",也即除权决议对被除权股东的生效时间并不是通常所理解的通知送达之日,而是发出之日。

此处之所以采通知发出主义而非到达主义,原因大致有二:一是此举符合商法所追求的效率原则;二是实务中存在送达难的现状,可能是因为被除权股东有拒不接收的故意,也可能是因为被除权股东的通信方式不明,公司客观上难以联系到自然人本人,或者法人股东长期处于未清算但也未注销登记且无人负责的状态。

四、异议:可能的诉讼

读者显然会提出疑问,在采通知发出主义的背景下,如被除权股东未接到通知却已经失权,岂不是对其很不公平?是的,不仅不公平,也容易诱发道德风险。所以,《公司法》第52条第3款又迅速对通知发出主义作出适当的调适,其规定:

股东对失权有异议的,应当自接到失权通知之日起三十日内,向人民法院提起诉讼。

这句话的信息量实在太大了,简析三四:

1. 除权决议发出即生效,如股东收到后也无异议,则失权成为事实。

2. 虽然除权决议发出即生效,但是被除权股东有权提出异议,异议理由可能包括:已出资到位、催缴程序存在错误、宽限期过短等。

3. 被除权股东的救济途径之一:除权异议之诉。股东向法院申请权利救济的起始日为"接到失权通知之日起三十日",这一安排的深意是:如股东未接到除权通知,异议之诉的除斥期间不开始计算,这是对被通知除权股东的一项保护措施,也是对前述通知发出主义的一个平衡措施。一方面确保被除权股东提出决议瑕疵之诉的权利,不会因为没有接到通知而丧失;另一方面确保除权决议不会因为被除权股东无法联系等自身原因而长期处于不确定的状态。

股东起诉,经法院裁决确认失权决议有效的,该股东在通知发出之日即失权;法院裁决否定失权决议效力的,该股东的股权保持且出资义务仍应继续履行。

4. 被除权股东的救济路径之二:除权决议不成立、可撤销、无效之诉。理论上,除权既然需要董事会作出决议,从而可以适用决议效力制度。既然法律规定30日的除斥期间以保障股权的稳定性,那么对于错过了30日除斥期间的异议股东,虽然不能提起失权异议之诉,也即不能以异议提起决议效力之诉,但不妨以其他理由对董事会的决议提起效力瑕疵之诉,如董事会召集程序违反法律、行政法规或者公司章程等。

047 组织法的基本思路(三):所得股权如何善后?

一、被除的股权如何处理

(一)法定的三个方案

《公司法》第52条第2款规定:

依照前款规定丧失的股权应当依法转让,或者相应减少注册资本并注销该股权;六个月内未转让或者注销的,由公司其他股东按照其出资比例足额缴纳相应出资。

被除权的股东丧失未缴纳出资对应的股权,但该部分股权后续必须得到处置,处置方案无外乎:

方案1:转让给第三人或者其他股东;

方案2:公司减少对应的注册资本并注销该股权;

方案3:由其他股东按出资比例分担出资额,如此,相当于强行摊派给其他股东相应的股权份额。

那么,以上三方案的适用有先后之分吗?《公司法》第52条第2款将上述方案1与方案2并列,方案3乃是不得以的备选方案。

那么,从商业的视角而论,上述三方案有什么逻辑关联或者优劣之分吗?这是实务中需要回答的问题,下文将根据公司经营情况一分为二地回答。

(二)可能的两种选择

1. 经营向好背景下的选择

如果董事会在公司经营向好的背景下才会作出催告失权而不是催缴出资的商

业决策,那么该股权的处理将变得简单——将该股权转让给外部第三人,有机会获得资本溢价;或者转让给其他股东,亦是一件"赠人玫瑰,手留余香"的好事。甚至如股东之间竞争激烈,董事会也可以寻求定向减资并核销股权,这样一来,其他股东的股权比例也各有相应的增加,皆大欢喜。减资固然需要公司债权人同意,但在公司经营向好的背景下,这也不难。

2. 经营艰难背景下的选择

反之,如董事会在公司经营艰难的背景下作出除权的决策,需要审慎。如前所述,此种商业判断的作出容易受到信义义务的拷问。当然,这并不意味着公司经营艰难的情形下董事会就绝对不能作出除权决议,如果经过诉讼手段后的催缴仍然不成功,作出除权决议有时也是董事会不得不作出的选择。

难点在于,在公司经营艰难的背景下进行除权,无论将该股权转让给其他股东、公司外部第三人,还是走减资程序、注销股权,都很难实现。所以,事情顺理成章地走向了第三条路径——"六个月内未转让或者注销的,由公司其他股东按照其出资比例足额缴纳相应出资",也即其他股东成为"接盘侠"。有鉴于此,董事会在此背景下作出除权决策更要慎之又慎,否则,难免要面对接盘股东的诘问与追责。

二、股权转让款、出资义务的处理

还有两个重要问题需要进一步明确:(1)一旦除权,该股权转让给他人(外部第三人或者其他股东)的,该股权转让款由谁享有?(2)被除权的股东,是否应继续承担出资义务?

(一)股权转让款

实务中,被除权后,该股权转让可能仍有溢价,在公司经营向好的情形下这是大概率事件。

举例。A 公司成立多年,经营步入正轨,开始盈利,前景看好。持股 20% 的甲股东负有的 5000 万元出资义务无法履行,故被除权,公司将该 20% 的股权转让给第三人张三,张三出价 6000 万元。其中,5000 万元用于补缴出资(承债式购买股权),另外 1000 万元支付给谁呢?

正确答案是甲。这意味着,瑕疵出资股东只是被除去股东资格,但股权价值仍然属其所有;那么公司为什么以及以什么身份处分该股权呢?对此有多种学说,其中法定代理说为有力说,解决了两个问题:(1)公司出面处分,并非无权处分;(2)也可作为股权转让对价归属被除权股东的理据。

当然,这只是一种假设,真实的世界恐怕是,被除的股权转让后可能并无溢价,被除权股东能够顺利找到愿意承接出资义务的"接盘侠",已属幸运;或者该部分股权被公司注销、减资处理的,也就无所谓对价问题。

(二)出资义务

被除权后,如该部分股权被公司注销且已经依法减资,自然不存在被除权股东的补缴出资问题;但如转让给他人,或者由其他股东按比例受让,则原则上由受让人承担出资义务,自不待言。问题是,如受让人其后并未实缴出资,被除权股东是否应承担《公司法》第88条第2款规定的连带责任?答案是肯定的。这一责任安排,与上段所言的被除权股东享有股转款,形成权利、义务的一致性。

这一安排的重要之处还在于,唯有如此,才能避免道德风险,否则该制度有被某些控制股东滥用的风险——以被失权乃至除名的通道,逃避巨额的出资义务,或者最终将出资责任转嫁到其他股东身上;如受让人、其他股东本身并无出资能力,乃至控制股东的马甲甚至代其持有股权,除权制度被滥用的风险就更大了。因为借由被除权甚至除名的机会,前述控制股东得以成功逃脱公司法规定的股东出资责任条款,包括《公司法》第88条第2款规定的瑕疵股权转让情况下原股东的出资责任。这是不得不警惕的事情。

有鉴于此,更有必要建议公司章程规定董事会作出除权决议时实行关联董事的回避表决制度。

(三)损害赔偿义务

根据《公司法》第49条第3款的规定,瑕疵出资股东不仅应当对公司承担补缴责任,还应当对给公司造成的损失承担赔偿责任。股东失权之前已然构成瑕疵出资的情形,自然应当对因其未及时出资而给公司造成的损失承担损害赔偿责任;纵使其被除权,无论相应股权已被注销,抑或转让于他人或由其他股东按比例受让,均不影响其损害赔偿责任的存在与承担,公司得依法对其主张。

048　组织法的另一种思路：股东权利减损？（上）

一、问题的提出

如果经公司催缴后瑕疵出资股东仍不实缴，即便经过诉讼也无法强制执行，公司董事会经过商业判断后认为除权并非上策——无人愿意接手该股权，债权人反对下，公司减资程序也走不通，其他股东亦不愿意接手股权而由此承担出资责任，怎么办？那么，公司组织法上还有什么路径能够解决这一法律难题呢？

答案是：限制瑕疵出资股东的股东权利及其行使。

问题是，股东权利是一个权利束，包含多种具体的股东权利；是全部的股东权利皆受限制，还是需要类型化处理？

答案是后者。

二、限制瑕疵出资股东的自益权

（一）公司法的基本立场

《公司法解释三》第16条规定：

股东未履行或者未全面履行出资义务或者抽逃出资，公司根据公司章程或者股东会决议对其利润分配请求权、新股优先认购权、剩余财产分配请求权等股东权利作出相应的合理限制，该股东请求认定该限制无效的，人民法院不予支持。

根据权利实现的法益不同，股东权利可以分为股东自益权与共益权。自益权是指专门为自己利益行使的权利，主要是财产性权利，如利润分配请求权、新股优先认购权、剩余财产分配请求权等；共益权是指为公司利益，间接为自己利益行使的权利，如表决权等。依据《公司法解释三》第16条，瑕疵出资股东可以被限制的子权利主要集中在自益权，这些权利限制实际上在《公司法》文本中都有相应的体现：

《公司法》第210条第4款规定：

公司弥补亏损和提取公积金后所余税后利润，有限责任公司按照股东实缴的出资比例分配利润，全体股东约定不按照出资比例分配利润的除外；股份有限公司按照股东所持有的股份比例分配利润，公司章程另有规定的除外。

第227条第1款规定：

有限责任公司增加注册资本时，股东在同等条件下有权优先按照实缴的出资比例认缴出资。但是，全体股东约定不按照出资比例优先认缴出资的除外。

第236条第2款规定：

公司财产在分别支付清算费用、职工的工资、社会保险费用和法定补偿金，缴纳所欠税款，清偿公司债务后的剩余财产，有限责任公司按照股东的出资比例分配，股份有限公司按照股东持有的股份比例分配。

《公司法》第236条虽未明确有限责任公司应当按照股东实缴的出资比例分配剩余财产，但考虑到剩余财产分配请求权与利润分配请求权、新股优先认购权均为自益权，应依目的解释限缩此处"出资比例"为股东实缴的出资比例。

对于前引三条瑕疵出资股东的法定权利限制，除非全体股东一致同意否则不得排除适用。法律规定此严格的公司自治要求，意在防止控制股东通过章程修改或普通决议方式，改变实缴出资比例为认缴出资比例或其余更加不合理的分配比例，轻易规避法律对其瑕疵出资行为的组织法处理。

(二)合目的性的适当扩张解释

但有疑问的是，除了《公司法解释三》第16条罗列的、也有相应的公司法文本条文支撑的上述三种股东权利(利润分配请求权、新股优先认购权、剩余财产分配请求权)外，其他股东权利可否也由公司章程规定或者全体股东约定而被限制？回答是肯定的，因为第16条罗列上述三种股东权利之外还有一个"等"字，其性质为"等外等"。其余权利仍可根据是否与上述三种股东权利性质相同而进行划分。性质相同的其他股东权利，也就是其他自益权，如转让股权的权利、有限公司股东的优先购买权等，原则上应无疑问，公司自然可以自治以限制。但就共益权而言，则存在争议，焦点集中在知情权、表决权等是否在列。

三、限制瑕疵出资股东的知情权

知情权与表决权一样属于共益权，能否限制瑕疵出资股东的知情权，其原理与下述的表决权限制是类似的，具体来讲是三句话：

1. 公司法并不鼓励限制瑕疵出资股东的知情权；
2. 如公司章程规定或者股东会决议限制，法院予以支持；
3. 但限制措施应该是节制性的，如构成"实质性剥夺"瑕疵出资股东的知情权，

则公司章程或者股东会决议应属无效。对此,《公司法解释四》第9条规定:

公司章程、股东之间的协议等实质性剥夺股东依据公司法第三十三条、第九十七条规定查阅或者复制公司文件材料的权利,公司以此为由拒绝股东查阅或者复制的,人民法院不予支持。

此处的"实质性剥夺股东知情权"的约定无效,指向的是全体股东,并不区分有无瑕疵出资的情节。

049 组织法的另一种思路:股东权利减损?(下)

(书接上问)

四、限制表决权

(一)一般法理

能否限制瑕疵出资股东的表决权,一直有争议。否定说认为,表决权是基于股东地位产生的固有权利,不得以公司章程或股东会决议等方式予以剥夺或限制。肯定说则主张,《公司法解释四》第16条列举的三项权利限制无法威胁瑕疵出资股东的股东地位。瑕疵出资股东未履行出资义务,咎由自取,对其表决权进行限制实属当然。对此,最高人民法院通过《九民纪要》第7条作出的回应是:

股东认缴的出资未届履行期限,对未缴纳部分的出资是否享有以及如何行使表决权等问题,应当根据公司章程来确定。公司章程没有规定的,应当按照认缴出资的比例确定。如果股东(大)会作出不按认缴出资比例而按实际出资比例或者其他标准确定表决权的决议,股东请求确认决议无效的,人民法院应当审查该决议是否符合修改公司章程所要求的表决程序,即必须经代表三分之二以上表决权的股东通过。符合的,人民法院不予支持;反之,则依法予以支持。

这一规定有两层含义:

1. 第1款:出资未届期的股东,其未缴纳出资部分对应的表决权并不受限制,除非公司章程或者股东会决议另有规定。具言之,出资未届期的股东对未缴纳部分的出资是否享有以及如何行使表决权等问题,应根据公司章程、股东会决议来确定;如没有特别规定,应按照认缴出资而不是实缴出资的比例行使表决权。

这一规定的反向解释就是,在符合相关程序要求的情况下,可以对出资未届期的股东表决权进行合理的限制;这一规定的延伸解释就是,举轻以明重,既然如此,遑论瑕疵出资股东的表决权!当然也可以基于公司章程、股东会决议而限制。这一延伸解释,实际上也就是第2款的内容。

2. 第2款:如公司章程、股东会决议规定瑕疵出资股东就其未出资部分对应的股权不享有表决权,该决议有效。

(二)公司的意思自治

实际上,早在《九民纪要》征求意见的过程中,曾有人提出,出资未届期、瑕疵出资的股东的表决权应当然解释为受到限制,依据就是《公司法解释三》第16条的规定。这一观点值得商榷,首先,第16条规定针对的对象是瑕疵出资(广义)股东;其次,即便对于瑕疵出资股东,股东权利受到限制的范围也未必包括表决权这样的共益权。无论如何,公司法并不主动地、当然地限制瑕疵出资股东的表决权,遑论出资未届期股东的表决权,至于公司本身基于意思自治限制之,另当别论。

在意思自治的领域内,实际上,有限公司章程限制任何股东的表决权,都不存在法理上的障碍。《公司法》第65条针对有限公司规定:

股东会会议由股东按照出资比例行使表决权;但是,公司章程另有规定的除外。

根据体系解释,公司章程当然也可以限制瑕疵出资股东行使表决权。

(三)限制瑕疵出资股东的表决权,具有重大现实意义

悖论在于,倘若不限制瑕疵出资股东的表决权,那么公司章程、股东会决议约定限制其股东权利的意思本身极有可能是无法作出的;更为荒谬的是,诸如上述限制其利润分配请求权、新股优先认缴权、剩余财产分配请求权等自益权的权利限制手段也是难以付诸实施的。展开而论:

实务中,构成瑕疵出资的往往是大股东,所以一方面,除非基于合意机制的初始公司章程已经明确对瑕疵出资股东的股东权利进行限制的约款,否则,如要通过新的股东会决议修订公司章程或者直接通过股东会决议限制瑕疵出资股东的股东权利,无异于与虎谋皮。只要该大股东投反对票(一定会投反对票),该类决议自然无法通过,那么一切限制其股东权利的设想都是"空中楼阁"。

另一方面,瑕疵出资股东拥有与其认缴出资额相匹配的表决权,其完全可以阻止所有拟实现股东权利的决议通过,使得公司法、公司章程规定的限制股东权利的条款无法真正得到适用。以分红权(利润分配请求权)为例,在大股东实缴之前的年度,每逢分红提案,只要瑕疵出资的大股东反对通过,分红决议就无法作出,所谓"依照实缴比例分红"的规定也就束之高阁。那么,瑕疵出资的大股东何时会支持分红决议呢——等到其实缴完毕之后。

举例。王某某、山东黑豹集团有限公司诉威海汤泊温泉度假有限公司等公司决议效力确认案[(2020)鲁民终2501号]。被告也即威海汤泊温泉度假有限公司由王某某、山东黑豹集团与虹口大酒店出资设立,虹口大酒店抽逃出资,于是被告公司股东会通过决议,决定减资也即减少虹口大酒店的出资额。但是,该决议未达到2/3以上多数支持,无法通过。法院认为,瑕疵出资股东对限制其股东权利的股东会决议不应享有表决权。排除其表决权后,该决议得以成立;如允许瑕疵股东对限制其股东权利的议题参与表决,决议可能无法达成。

依据现行公司法,该案例属于催告失权,即对虹口大酒店抽逃出资部分除权并进行减资以注销,依据其第52条,应当由董事会作出决议。但该案例发生时尚无相应规定,故认定为减资事宜而直接由股东会作出决议。在现行法下该案例情形已不会发生,但其应对瑕疵出资股东表决权予以限制之启示,仍然十分有价值。

五、总结:公司自治的重要性

综上,作一总结:

1. 对于利润分配请求权、剩余财产分配请求权、新股优先认购权等自益权,公司法及其司法解释文本已经设置了对瑕疵出资股东的限制。

2. 对于以上自益权,在公司法及其司法解释文本设置的对瑕疵出资股东限制措施的基础上,如果公司章程作出进一步的限制,或者取消法定的限制,皆无不可。只要公司的意思自治不违反法律、行政法规的强制性规定,都是有效的。

3. 对于表决权等共益权,法律并未设立对瑕疵出资股东的股东权利的限制;如果公司章程或者股东会决议依法作出必要限制,则予以尊重。

总之,如果说对瑕疵出资股东的除名、除权是公司组织法上的剧烈处理措施,那么限权则是一种相对温和的思路,因为这在很大程度上表明完全出资股东愿意与瑕疵出资股东继续共存。相较于除名、除权,瑕疵出资股东权利减损制度可以在不解除股东资格、不除去股东权利的前提下,仅是直接"冻结"其未缴纳出资对应的部分股东权利。一方面,可以"督促"其继续履行出资义务;另一方面,也更符合人们心目中的公司正义理念,实现完全出资股东与瑕疵出资股东之间相处的公平、融洽。最后,也给了公司董事会根据股东后续的缴纳出资情况作出适时调整的空间,具有更大的灵活性,更加适应真实的商业环境。

分篇六

公司增资、减资

关于公司增资、减资的规定被安排在《公司法》第十一章"公司合并、分立、增资、减资"中,虽然这并非公司资本制度所在的主要章节(第三章、第五章),但其内容仍然属于公司资本制度的重要组成部分。

公司增资,对于公司、员工、债权人为皆大欢喜之事,公司法关注的核心是股东之间股权比例调整对其利益的影响;公司减资,对于公司债权人不是好消息,所以保障债权人利益乃是第一关注。在不同比减资情形下,股东间的权利义务关系乃是第二关注。

本分篇共设6问,其间包含若干诉讼实务相关的内容。

050 公司增资(一):议决权在谁?

一、问题的提出

现代公司尤其是公众公司的一大功能,就在于筹集资金,以开展更大规模的经营事业。通常情形下,公司运营一段时间后,往往有增资扩股的现实需求。

公司增资扩股,意味着资本实力增强,也是公司发展的重大表征,对于公司、员工、债权人自然都是好事。唯因增资可能导致股东利益格局之调整,所以公司法主要关注股东之间的利益平衡问题,其中的关键制度设计便是议决权的设置。

通常情况下,公司增资的议决权在股东会,但在实务中也面临着更为复杂的操作问题。一则现行公司法在股份公司引入授权资本制,使得董事会亦可在授权范围内作出增资决议;二则部分有限公司通过章程将股东会的增资议决权转授权给董事会,但这一做法的合法性目前存疑。

二、公司法的基本规定

在公司发行股份、增资扩股事务上的权责分配,首先梳理一下公司法的基本安排。

(一)股东会的权责

增资作为公司的重大经营事项,需要经过股东会特别多数决通过(《公司法》第66条第3款、第116条第3款),其重要性不言而喻。就新股发行的决议而言,《公司法》第151条对决议的必备事项作了规定:

公司发行新股,股东会应当对下列事项作出决议:

(一)新股种类及数额;

(二)新股发行价格;

(三)新股发行的起止日期;

(四)向原有股东发行新股的种类及数额;

(五)发行无面额股的,新股发行所得股款计入注册资本的金额。

公司发行新股,可以根据公司经营情况和财务状况,确定其作价方案。

稍作展开说明:

1. 新股的种类和数额。股份公司如依照《公司法》第144条的规定引入类别股,新股发行决议需明确发行股份是普通股还是类别股,以及本次新股发行的数额是多少。

2. 新股的发行价格。《公司法》第151条第2款对于作价方案进行了提示性规定,即公司应当按照自身经营状况和财务状况确定发行价格。新股发行价格关涉新股东与老股东之间的利益平衡,也涉及公司融资的具体效果,其价格的确定属于商业判断的范畴。

3. 新股发行的起止日期,即本次新股发行的期限。根据《证券法》第33条,上市公司若采取代销方式发行股票,代销期限届满,向投资者出售的股票数量未达到拟公开发行股票数量70%的,为发行失败。

4. 向原股东发行新股的种类和数额。此问题涉及原股东优先认购权的行使问题,见后问。

5. 无面额股事项。发行无面额股的,决议需明确新股发行所得股款计入注册资本的金额。发行无面额股需处理发行所得股款与注册资本、资本公积金之间的关系。据《公司法》第142条第3款规定,发行无面额股的,应将所得股款的1/2以上计入注册资本,因此公司决议可以在此范围内确定具体的股款计提比例。

6. 对有限公司而言,新出资额发行决议还应明确认缴新股的出资期限,最长不得超过5年;股份公司实施实缴制,不存在此问题。

(二)董事会的权责

1. 制订增资方案。制订增资方案是董事会的法定职权(《公司法》第67条第2款、第120条第2款)。实践中,往往是由经理先提出增资的动议并研究增资的具体细节,随后由董事会就增资方案的制订进行表决。增资方案需包括上述新股发行决议涉及的事项,合理合法制订增资方案是董事信义义务的重要内容。

2. 实施增资。在股东会新股发行决议通过后,董事会需执行新股发行决议。具体而言,新股东需要按照增资决议认缴、缴纳出资,董事会需颁发出资证明书或交付股票,并相应变更股东名册、公司章程和工商登记。

3. 核查、催缴出资。根据《公司法》第228条,公司增资亦参照适用公司设立时出资的有关规范。据此,在公司增资时,董事会亦需对股东履行出资义务的情况进行核查(《公司法》第51条、第107条)。具体而言,董事会需核查股东出资是否按期限缴纳以及非货币出资是否真实。若股东存在瑕疵出资的情形,则董事会需要以书面形式进行催缴,并在必要时提起诉讼督促股东履行出资义务。若股东拒不履行出资义务,则董事会可以视公司经营情况决定是否对瑕疵出资股东发出失权通知(《公司法》第52条)。若董事公司增资违反上述核查和催缴义务,则需承担相应的违信责任。

三、转授权问题

如前所述,《公司法》第59条第2款特别规定了公司债券事务议决权的转授权。对此存在两种理解,一种理解是股东会不能再将其余事项的权限转授给董事会,另一种理解是《公司法》并未禁止股东会将其余事项的权限转授权给董事会。本书认为对于第59条第1款规定的其余七项职权,应该分别而论,其中第五、七、八项职权不得转授给董事会,这几项职权关涉的正是需要股东会绝对多数决通过决议的事项。类似的规定,如《公司法》第172条:

国有独资公司不设股东会,由履行出资人职责的机构行使股东会职权。履行出资人职责的机构可以授权公司董事会行使股东会的部分职权,但公司章程的制定和修改，公司的合并、分立、解散、申请破产，增加或者减少注册资本，分配利润，应当由履行出资人职责的机构决定。

上述见解适用于有限公司，也即不得由董事会代替股东会作出增资决议，大致不错。问题是，对于适用授权资本制的股份公司而言，应该如何理解呢？

051　公司增资（二）：授权资本制下，股份公司董事会如何受权？

依照《公司法》第152条的规定，股份公司引入授权资本制，允许股份公司以公司章程概括授权或以股东会决议灵活授权董事会进行新股发行。这意味着部分增资扩股的权力由股东会移转到董事会。由于《公司法》的规定非常抽象，尚有诸多具体问题亟待进一步明确。

一、如何授权

有人提出，既然《公司法》规定股东会通过增资决议需要绝对多数决（2/3以上，《公司法》第66条第3款、第116条第3款），那么股东会授权董事会发行新股的决议，也应当适用绝对多数决规则。对此，应该这样看待：

不应将《公司法》第152条规定的股东会授权决议理解为绝对多数决。原因在于，立法并未明确要求此处适用绝对多数决；出于对效率原则的尊重，应将此处决议理解为第116条第2款规定的普通多数决。

当然，如果公司章程规定此处的股东会决议适用绝对多数决规则，从之。

二、法定的授权限度

1. 关于授权期限

法定的最长期限为3年，公司可以结合司情设置更短的授权期限。比如，因股份公司每年至少召开一次年会，可以根据自身经营战略设置1年的授权期限；若需延长，在年会上作出新决议即可。

2. 关于发行额度

董事会发行新股数额的法定上限是已发行股份的50%。在50%的范围内，对具体比例的设定,股东既要考虑公司未来融资的可能规模,也要考虑自己股权可能被稀释的限度。此外,公司章程、股东会决议还可以从发行数额角度进行限权,如规定董事会发行数额不得超过××亿元。

3. 关于发行对价

董事会决定发行的新股对价仅限于货币出资,认股人如以非货币财产出资,仍应经股东会同意。据此,公司章程、股东会授权董事会以非货币财产发行新股的,无效。实务操作中,董事会利用定向增发策略进行反收购时,第三人只能以现金购买股票,因而引入"白衣骑士"的难度提高,董事会利用增资进行反收购的能力受到限制。

4. 关于多数决比例

就新股发行事项,《公司法》第 153 条要求董事会决议采 2/3 以上多数决,这是底线式规定了如公司章程或者股东会决议根据董事会组成情况而规定了更高比例的多数决要求,从之。

以上四点讨论,是基于《公司法》第 152～153 条规定的法定条件展开的,除此之外,根据域外立法以及我国实务经验,还有几个细节需要进一步补充。

三、其他限权手段

1. 关于控制权变动

现行公司法仅对董事会决定的发行额度进行限制,然而,即使董事会在此圈内"跳舞",其有权决定的发行新股数额也有可能导致公司控制权变动,这一点在股权结构相对分散的公司中更为显著。因此,为防止管理层滥用发行权以变动公司控制权,股东可以考虑在公司章程中订入控制权变动条款,要求新股发行可能导致公司控制权变动的,其发行事宜转由股东会作决议或者董事会需向股东会进行事前报告以待审议批准。

对于上市公司而言,此条款的订入也需考虑公司反收购的现实需求。因为,订入控制权变动条款意味着,能够影响控制权的新股发行需经过包括收购人在内的股东会同意,由此导致董事会反收购手段严重受限。

2. 关于优惠发行

新股的发行价格合理与否,关涉公司融资情况与新老股东间的利益平衡。若新股发行价格过低,将导致老股东的权益被稀释,背离股份发行公平、公正原则。现行公司法仅对董事会发行对价提出要求,而未对发行价格作规定。这是考虑到特定情况下,公司亦存在以低于市价的优惠价格发行新股,以获取公司经营发展所需的特定资产、技术、知识产权及销售渠道等商业资源,故不宜一概禁止优惠发行。

有鉴于此,根据司情,公司章程、股东会决议可以规定新股发行的最低价格或最低价格计算方法,以确定发行价格底线,或者在公司章程规定董事会以低于市价发行新股的,当向股东会事前报告以待审议批准或者由股东会决定之。

3. 关于优先认购权

公司法默示推定股份公司股东不享有优先认购权,因此在授予董事会新股发行权时,章程设计者需要慎重考虑应否在公司章程中订入优先认购权条款。若订入,老股东控制权利益保障程度更高,但公司融资效率会受限;若排斥,则股东可考虑采用前文所述的控制权变动条款、发行额度条款等来加强对自身控制权的保障。

四、与授权资本制匹配的董事信义义务

授权资本制使董事会获得发行新股的权力,由此也必然需要课以相应的义务。董事信义义务的判定涉及新股发行行为合法性的判断,域外法已经积累了丰富的理论知识与实务经验,但在我国这仍是一个近乎空白的问题。

(一)程序合法

《公司法》第 188 条规定董事执行职务时负有遵守法律、行政法规和公司章程的合规义务。在授权资本制下,要求董事会发行新股严守法律、法规和公司章程的程序和实体限制。就程序而言,主要是指董事会新股发行的决议需经 2/3 以上全体董事同意,以及依法依章需要报股东会审议批准的,从之。

(二)实体合法

所谓实体合法,是指董事会发行新股应恪守忠实义务和勤勉义务,避免自身利益和公司利益冲突,并坚持以公司利益最大化行事。具言之:

1. 确定发行价格公允

新股发行价格公允与否,本质上是一个由董事会进行的商业判断,董事会需要兼顾公司融资需求和股东利益保护,实现公司整体利益的最大化。对于上市公司而言,董事会确定新股发行价格时需遵守证券监管机关的价格规制。根据《上市公司证券发行注册管理办法》第 54 条,上市公司向不特定对象发行股份的,发行价不低于公告招股意向书前 20 个交易日或者前 1 个交易日公司股票均价,第 56 条规定上

市公司向特定对象发行股票,发行价格应当不低于定价基准日前 20 个交易日公司股票均价的 80%。

就股份缺乏流通的非公众股份公司而言,发行价格的判断缺乏市场标准支撑,实务中董事会在确定发行价格时应当根据公司估值、财务状况等合理化确定股价。如为实现特殊商业目的而以低于公允市价的价格发行,必要时董事会应向股东会报告并说明原因,以防日后受到违信责任的追究。

2. 确保发行目的正当

公司新股发行的目的是多元化的,但无论董事会发行新股的目的为何,都需要具有正当性,尤其是不能单纯以变动公司控制权或稀释股东股权比例为目的。公司法对股份公司优先认购权实施"选入制",并不意味着在公司未选入优先认购权规则时,董事会便可以随意向第三人定向发行股份。结合信义义务的内涵,董事会的新股发行行为须以公司利益最大化为目标,基本判断标准就是公司的融资必要性。

以上规则的核心适用场域为敌意收购。在资本市场上,董事会面对敌意收购时,为击退"门口的野蛮人",发行新股以引入"白衣骑士"是常见的反收购手段之一。但理论和实务一般认为,新股发行行为不能以反收购为唯一目的,即单纯谋求控制权变动或者稀释特定股东持股比例,否则该行为将违反股东平等原则,构成发行权滥用,相关董事亦面临被追究违信责任的风险。

五、违法发行新股的救济

在授权资本制下,董事会存在滥用新股发行权损害老股东利益之可能,实务中常见的情形包括但不限于:剥夺股东知情权、不征询股东是否行使优先认购权、为行权设置严苛的条件来侵害股东的优先认购权、通过设置过低发行价对特定投资者进行利益输送等。如面临此种损害,老股东如何寻求救济?

(一)事前、事中救济:行为保全

在新股发行决议作出后、股份发行前,股东尚没有受到实际损失,可以尽快提起决议瑕疵之诉,以否定新股发行决议的效力。但由于诉讼费时较长,为避免董事会趁机实施新股发行行为,股东可以援引《民事诉讼法》第 104 条向法院申请行为保全,禁止董事会执行新股发行决议。在法院采取保全措施 30 日内,股东需要提起决议瑕疵之诉,否则法院将解除行为保全措施。

(二)事后救济

1. 决议瑕疵之诉

董事会发行新股的,势必要作出相应的决议。股东如认为该决议存在程序违法违章,或者内容违反公司法、公司章程关于授权期限、发行比例、出资对价等明确的限制性规定,或者存在侵犯股东优先认购权、以不合理低价进行利益输送等其余的内容违法情形,可以提起董事会决议瑕疵之诉。

股东会决议发行新股的,股东也可以就其决议提起瑕疵之诉。

2. 恢复原状和行使优先认购权

如股东请求法院否定新股发行决议效力的诉请得到支持,则股东可以依据该判决请求公司停止继续实施增资决议,并主张如已履行的部分恢复原状,包括向认缴股东退还出资并变更工商登记、股东名册和公司章程。此外,如法院裁定决议瑕疵是基于股东优先认购权所受侵害,股东也可以请求行使优先认购权。

但需注意,上述诉请一旦获得支持且实现,将导致公司现有股权结构、组织机构的再调整,由此给公司带来较大组织成本;而解除与外部投资人的增资协议,还有可能使公司面临违约责任。可见,恢复原状和优先认购权行使将极大影响公司内外部法律关系,如所造成的公司经营成本超出合理的范围,则实际上构成恢复原状的履行不能。

3. 损害赔偿

公司治理实践中,恢复原状或行使优先认购权的请求在许多情形下操作成本过高,或根本不具有可操作性,因此,由被告承担损害赔偿责任便成为真正可行之救济路径。授权资本制下的董事会违法发行新股导致股东利益受损的,股东可以请求负有责任的董事对其直接承担赔偿责任,依据《公司法》第190条提起股东直接诉讼;如违法发行新股导致公司利益受损,则适格股东可以依据《公司法》第189条提起股东代表诉讼,追究违反信义义务董事对公司的赔偿责任。

(三)可能触发的其他救济手段

考虑到上述措施的局限性,也可以尝试通过股权回购来为老股东提供终局的救济。《公司法》第89条第3款规定,公司的控股股东滥用股东权利,严重损害公司或者其他股东利益的,其他股东有权请求公司按照合理的价格收购其股权。在新股发行中少数股东利益受损,如董事会受控股股东操纵而为之,或该新股发行明显有利于控股股东利益,则受损股东可以依据《公司法》第89条主张公司回购其股权。

前述违法新股发行的情形与救济均是在授权资本制的背景下展开的,故而,均围绕董事会决议论述,但实际上可以适用于所有的增资场合。换言之,如仍由股东会对新股发行进行决议,亦应确保发行价格公允、发行目的正当;因不当发行受损的股东,亦可以采取包括行为保全、决议瑕疵之诉、恢复原状、损害赔偿、股权回购等救济手段,并无二致,不赘。

052　公司增资(三):原股东享有新股优先认购权吗?

一、一个背景:设立发行、新股发行之异同

(一)两种发行

股份公司在设立时可以发行股份,在存续期间也可以发行股份。公司立法以此为标准将公司的股份发行行为区分为设立发行和新股发行。有限公司亦如是,但由于股份公司的发行行为更为复杂,故以其为论述原点。

股份公司分为发起设立与募集设立,在这两种设立情形下发行股份的,都属于设立发行,又称初次发行、首次发行。设立发行的主体为设立中的公司,目的是募集公司设立时所需的注册资本。

新股发行,发生在公司成立之后,主体是公司,目的是增加公司资本、改变公司财务结构或股东持股结构。

(二)新股发行的条件与程序

新股发行除具备设立发行的一般要求外,立法通常会规定更严格的条件,尤其是经营业绩方面的要求,《证券法》第12、14条对此有明确规定。其程序约略为:

1.决议。《公司法》第151条规定,公司发行新股,股东会应当决议下列事项:新股种类及数额;新股发行价格;新股发行的起止日期;向原有股东发行新股的种类及数额;发行无面额股的,新股发行所得股款计入注册资本的金额。

2.注册。公司公开发行新股的,也需要注册,应依据《证券法》第13条规定报送募股申请及相应的注册文件。

3.签订承销协议。《公司法》第155条规定,公司向社会公开募集股份,应当由依法设立的证券公司承销,签订承销协议。

4.募集股款。《公司法》第156条规定:"公司向社会公开募集股份,应当同银行签订代收股款协议。代收股款的银行应当按照协议代收和保存股款,向缴纳股款的认股人出具收款单据,并负有向有关部门出具收款证明的义务。公司发行股份募足股款后,应予公告。"

二、原股东的新股优先认购权

(一)原理

优先认购权(preemptive rights),指老股东(existing shareholders, holders of outstanding shares)享有的以确定价格按其持股比例优先认购新股的权利,公司以这种方式发行股份,实务中称为"配股""新股配售"。优先认购权的背景是,公司发行新股将影响老股东的利益,如稀释(dilution)其股东权益,赋予其优先认购权则可以保护其比例利益(proportionate interest),维持原有股东对公司的比例控制权(proportional control)。

优先认购权在性质上属于选择权、期待权,股东可以选择行使,也可以选择放弃;只有公司增资扩股时,股东才有机会行权。在内容上,优先认购权只限于认购顺序上的优先性,而不是在发行价格或者其他认购条件上得到优惠。

质言之,新股的优先认购权旨在保障老股东同比增资,除公司注册资本增大外,不会引发公司股权结构的变化也即股东间权益比例的调整;反之,如不实行优先认购权,则增资行为导致公司股权结构发生变化,甚至引发控制权的移转。

(二)制度变迁

原本公司法仅规定有限公司老股东享有增资扩股时的优先认购权,不适用于股份公司。但考虑到100多万家股份公司中公众公司的数量有限,非公众股份公司与有限公司的实质区分并不显著,所以2023年修订公司法促进了有限公司与非公众股份公司的制度同质化。这体现在很多方面,其中老股东的优先认购权即是一例。

《公司法》第227条规定:

有限责任公司增加注册资本时,股东在同等条件下有权优先按照实缴的出资比例认缴出资。但是,全体股东约定不按照出资比例优先认缴出资的除外。

股份有限公司为增加注册资本发行新股时,股东不享有优先认购权,公司章程另有规定或者股东会决议决定股东享有优先认购权的除外。

1. 股份公司:选入规则(opt in)

本条第 2 款,是公司法首次回应股份公司股东的优先认购权,确立的基本立场是:公司法不赋予老股东优先认购权,但允许私法自治的优先适用——公司章程另有规定或者股东会决议决定股东享有优先认购权的,适用之。

2. 有限公司:选出规则(opt out)

对于有限公司的立法政策,几乎相反,第 1 款延续公司法的既有规定:公司法赋予原股东优先认购权,但允许私法自治的优先适用——全体股东约定不享有的,适用之。

还需要注意,优先认购权的比例确定不是按照此前股东们的"认缴比例",而是"实缴比例",这是对积极践行缴纳出资义务股东的褒扬与激励。

两类公司上述规则的差异背后是制度价值选择的不同——有限公司采公平第一、效率次之的价值选择;股份公司采效率优先、公平其次的价值选择。但也从中折射出二者价值共同点:都在寻求公平与效率之间的平衡,只不过有限公司更偏向公平,股份公司更偏向效率。这是非常合乎法理的,如有限公司固守优先认购权而不作任何变通,那么可能会因少数股东故步自封、纯粹自利的立场,而导致公司丧失引入有价值的战略投资者的机会;如股份公司绝对不适用优先认购权,具有企业家精神的作为公司"精神领袖"的创业股东也可能随时面临持股比例稀释乃至丧失控制权的挑战。

三、优先认购权适用的若干细节

如前所述,在公司引入外部投资者或内部不同比增资的情况下,新股发行将导致公司股权结构的调整,为保障股东比例利益、维护公司人合性,《公司法》第 227 条规定了有限公司股东享有优先认购权,同时明确了股份公司也可以选入优先认购权规则。优先认购权是理解和开展公司增资的重点和难点,也是司法实践中的纠纷多发地,下文重点剖析优先认购权的适用细节,为股东提供启示。

(一)如何选入

有限公司中优先认购权实行"选出规则",公司增资时原则上应予适用,除非全体股东另有约定。对于该例外规则,应当理解为需要经全体股东合意,至于合意的内容,既可以约定股东不以"实缴比例"而以"认缴比例"等其他标准行权,也可以彻底排除全部或者部分老股东的优先权。

股份公司中优先认购权实行"选入规则",可以基于"公司章程另有规定或者股东会决议"赋权。有疑义的是,约定优先认购权的股东会决议应达到何种表决比例?一种意见认为,由于公司章程修改需要适用绝对多数决,比照"公司章程另有规定",股东会决议亦应当采用2/3以上绝对多数决;另一种意见认为,"公司章程另有规定或者股东会决议决定"表述的文义解释,应是若章程有规定则依章程,若章程无规定则属于《公司法》第116条规定的普通决议,仅需经出席会议的股东所持表决权过半数通过。

上述两种观点哪个更有道理呢?实际上,对于股份公司意思自治的程序要求,本法有多处条款出现"公司章程另有规定或者股东会决议决定"的表述,应该作统一解释。在法律并无明文规定的情况下,考虑到股份公司的效率追求,不宜将此处决议表决比例提高至2/3以上。

(二)股东如何行权

行权股东需就新增股本作出认缴的意思表示。一般而言,在公司召开股东会会议讨论时,股东应在会上作出行权的意思表示;该意思表示一经作出,即与公司就认缴出资达成合意,此合意通常反映在增资决议或公司与股东事后签署的认股协议中。

实践中,有公司通过章程、股东会决议等自治文件为股东行权设置条件,如规定"若股东不在××日前将增资款打入公司账户中,则视为放弃行使优先认购权"。此类规定一般具有效力,若股东未按规定行事,视为放弃优先权,但是,如公司设置的"视为弃权"条件并不合理,则有变相剥夺或限制股东行权之嫌,可能构成相应决议的效力瑕疵。

另外,股东需遵守"同等条件"的行权限制。根据体系解释,可参照《公司法》第84条对有限公司股东优先购买权的"同等条件"规定,综合考虑请求认缴的股权数量、价格、支付方式及期限等因素。

(三)股东能否就其他股东弃权的份额内行使优先认购权

在公司增资过程中,如A股东放弃优先认购权,对其放弃的出资份额,B股东可否主张之?回答是否定的,理由在于股东的优先权原则上仅限于其实缴比例部分,就超出部分不享有。若部分股东弃权,对应的份额实行自由认购规则。

问题是,A股东与B股东如达成受让优先认购权的合意,那么B股东可否就A股东弃权的出资份额行使优先权,这就涉及下一个问题。

(四)优先认购权能否转让

所谓优先认购权的转让,是指股东将优先认购权转让给他人行使;根据受让主体是否为股东,又分为对内转让和对外转让。一般认为,有限公司中优先认购权原则上仅可以对内转让。这是因为,内部转让并未使得股东以外的人获得股权,没有破坏公司的封闭性,并无理由禁止。即使法律强行禁止,A 股东也可以先以 B 股东的资金认缴出资,再将股份转让给 B 股东,毕竟有限公司内部转让并无优先购买权的限制,不受到其他股东干扰。由此可见,即使立法禁止优先认购权内部转让,也无法实现其规范意旨,反而徒增交易成本。

但是,优先认购权不得外部转让。这是因为,优先认购权本身即是股东享有的按照实缴出资比例优先于股东以外的人认缴新增资本的权利,其附着于股东资格。如转让给外人,则制度意旨落空,也将极大破坏公司的封闭性,与优先认购权规范意旨不符。

为避免不必要的纠纷,公司章程可以明确优先认购权的行使、放弃和转让的规则,以此规范增资程序,指引各方行事。

至于股东优先认购权被侵害的救济途径,详见本书的其他章节。

053　公司减资(一):如何保护债权人?

一、保护公司债权人,乃是减资规则的第一要务

减资,是指公司通过一定程序减少注册资本的行为。前文指出,增资乃是对公司债权人友好的行为,因为其意味着股东投资增加与公司责任财产增多;但与此反方向的减资,则显然是对债权人不友好的行为。

在各类减资纠纷中,矛盾最突出、诉讼数量最多的便是公司债权人与公司及股东之间的纠纷。有鉴于此,本分篇关于公司减资的内容,首先分析债权人保护主题;本问聚焦于程序合规要点,下问关注实体规则也即违法减资的处理。

二、减资的正当程序

《公司法》第 224 条第 1、2 款规定:

公司减少注册资本，应当编制资产负债表及财产清单。

公司应当自股东会作出减少注册资本决议之日起十日内通知债权人，并于三十日内在报纸上或者国家企业信用信息公示系统公告。债权人自接到通知之日起三十日内，未接到通知的自公告之日起四十五日内，有权要求公司清偿债务或者提供相应的担保。

根据以上条文以及相关规定，除去下文将谈及的简易减资外，公司减资的基本程序为：

1. 编制资产负债表及财产清单。

2. 公司决议。依据《公司法》第67条、第120条以及第66条、第116条的规定，减资方案由公司董事会制订，提交股东会以特别决议通过，以示慎重。同时，减资后的注册资本不得低于法定的最低限额（如有）。

3. 通知债权人和公告。公司自作出减资决议之日起10日内通知债权人，并于30日内在报纸上或者国家企业信用信息公示系统公告。

4. 债权人异议。或曰获得债权人同意。债权人自接到通知之日起30日内，未接到通知的自公告之日起45日内，有权要求公司清偿债务或者提供相应的担保。

5. 实施减资。获得债权人同意后，公司依照股东会的决议办理减资事宜，退还各股东相应的出资。

6. 变更登记。公司须变更公司章程关于注册资本以及股东出资额等信息的记载，并办理相应的变更登记手续。

违反上述程序的，理论上可能导致减资行为的效力瑕疵。

关于简易减资程序的特殊性，详见下文。

三、几个细节

(一)通知、公告，是个技术活

通知、公告实际上是对公司履行信息披露义务的要求。实务中，关于公司违反信披义务的主要争议点集中于公告载体和通知对象等方面。

1. 为何通知加公告

首先，公司有义务对已知的全部债权人进行通知。

其次，公司还要依法广而告之。有读者提出疑问，既然已经通知了债权人，为何还要劳民伤财地进行公告？其实，通知与公告绝非"叠床架屋"之举，也不是公司任选其一即可。原因在于,通知的对象只能是公司已知的债权人——通常是合同之债、单方允诺之债等意定之债的债权人,或曰主动债权人,但在正常逻辑下还可能存在未知的债权人——主要是侵权之债、不当得利之债、无因管理之债、缔约过失之债等法定之债的债权人,或曰被动债权人,或有债权人。后者,需要借助于公司公告,才能获得公司行将减资的信息。

此外,通知与公告的效率存在较大差异,前者可以较为确切地使得特定债权人知晓公司的减资方案,而后者只能在一定概率内使得潜在债权人得知公司的减资方案。

2. 通知对象

还有一个疑问是,通知的债权人是否限于司法确认的债权人?根据实务经验,除生效法律文书已经确定的债权外,对于减资时已经存在的债权债务关系,无论其是否得到司法确认,只要债权人的或然债权有转化为现实债权的可能性,公司就有义务对其进行通知。

需要提醒,履行通知程序的过程中,公司需要积极保留好相关证据,如电子邮件截图、纸质快递单及回执、电话录音等,避免将来出力还不讨好。而作为减资决议的履行行为,实际履行减资信息披露职责的是公司董事,该董事亦应当积极履职并保留相应证据,以免事后面临承担违信责任的风险。

3. 公告载体

就公告载体而言,现行公司法新增了国家企业信用信息公示系统公告的方式,以此来降低公告成本。如公司仍然选择登报方式,则报刊选择的妥当性是一个关键的问题。实践中,部分公司选择在发行量少、影响力低的地方专业报刊上公告减资信息,以此降低减资事宜被债权人知晓的可能性,最终被法院判定为未履行信息披露义务,得不偿失。《公司法解释二》第11条第1款对公司清算程序中的公告报纸作出具体规定,要求:

……根据公司规模和营业地域范围在全国或者公司注册登记地省级有影响的报纸上进行公告。

这一规定对于减资公告不无参考价值。

(二)债权人异议权规则

依据《公司法》第224条第2款规定,债权人可在法定期限内选择要求公司清偿或提供担保。

实践中,有观点认为应区别对待已到期、未到期债权人,前者享有选择要求提前清偿或提供担保的权利,后者仅享有要求提供担保的权利。从文义上看,该款并未区分已到期、未到期债权。但就未到期债权而言,公司确实存在着不予现时清偿的正当抗辩,且若公司提供充足担保时债权人仍要求清偿债务的,并无合理依据。因此,应允许公司仅对未到期债权人提供担保而不予直接清偿;至于公司自愿提前清偿的,在所不论。

四、正当程序的价值

如公司未履行信息披露义务,或拒绝为债权人提供担保、提前清偿,则公司违反了债权人保护的程序规则,构成违法减资。此时,债权人如何获得救济呢?

(一)重要制度补漏

公司减资行为如不遵循保护公司债权人的法律规定,如之奈何? 长期以来我国公司法对此语焉不详,致使债权人保护沦为空谈。现行公司法弥补了这一漏洞,《公司法》第226条规定:

违反本法规定减少注册资本的,股东应当退还其收到的资金,减免股东出资的应当恢复原状;给公司造成损失的,股东及负有责任的董事、监事、高级管理人员应当承担赔偿责任。

这一规定,对于解决违法减资纠纷,可谓意义重大,但就其解读,也存在诸多并非不重大的争议。

(二)违法减资的效力

在过去的司法实践中,由于缺乏违法减资行为的效力认定规范,法院多回避判断,仅要求股东在被减免范围内就公司不能清偿债务部分对债权人承担责任。这一规则,谓为个别清偿。

《公司法》第226条引入违法减资无效规则。目前理论界的争议是,究竟理解为股东会减资决议无效,还是减资行为无效? 本书认为,该条所称"违反本法规定减少注册资本的",是指违反《公司法》第224~225条保护公司债权人的程序性规定,其所指向的不是减资决议,而是减资决议之后的减资行为。所谓违法减资行为,是指侵害了公司债权人利益的情形——即未通知、公告债权人或者未经债权人的同意。

当然,减资决议与其他任何公司决议一样,如其内容违法,也归于无效,但此处的减资决议内容违法,并不是指违反《公司法》第224~225条的规定;减资决议无效也与减资行为无效有根本性的区别。

违法减资的情形下,公司减资行为的效力为无效,导致的后果是"股东应当退还其收到的资金,减免股东出资的应当恢复原状"。对此理解需要分开讨论:

1. 已经出资且获得返还出资的股东,需退还相应返还的出资。该退还责任,属于不当得利的返还。

2. 尚未出资且获得出资义务减免的股东,其出资义务恢复。

以上两种责任均为无过错责任,所有减资股东均需在各自减资范围内承担相应责任。无论是返还不当得利抑或恢复原状,其前提都是股东获得的此类财产性利益不存在法律依据,这是违法减资行为无效的应然法律后果。以上两种责任的课加,其目标是将公司的注册资本恢复到减资前的水平,所以迥异于此前的个别清偿政策。

除退还出资、恢复原有出资义务外,恢复原状还包括公司进行相应的变更登记、变更股东名册记载、变更公司章程约款等,恢复原有记载。

五、损害赔偿责任

(一)前提:给公司造成损失

"给公司造成损失"的具体范围,一般指减资后获得返还出资的股东事后不能退还相应的出资及其利息。此外,公司亦有可能因注册资本减少而丧失商业机会,由此遭受机会利益的损失。当然,此种损失不具有典型性,举证也较为困难。

(二)损害赔偿的责任主体

1. 股东

一般认为,仅对减资程序具有过错的股东才需要承担损害赔偿责任。司法实践中,许多法官将是否对减资决议投赞成票认定为股东是否具有过错的依据。此种裁判思路不合理之处在于,违法减资是指公司行为违反债权人保护的程序性要求,责任追究亦应当以对债权人的利益侵害为行为要件,而非对减资决议支持与否。同时,如苛责所有股东对减资程序的合法性承担注意义务,将造成股东责任的扩大化,殃及无辜。

合理归责思路应当是,具体分析股东是否对违法减资存在故意,关注股东积极追求减资决议通过以促进违法减资、明知减资行为违反债权人保护的程序性规定却仍然协助公司办理减资登记等恶意行为。质言之,股东对减资决议投赞成票仅是认定股东对减资违法具有过错的证据之一,而非认定股东具有过错的唯一依据,更不是直接证据。

此外,考虑到我国股权结构集中、"一言堂"现象突出,许多公司的违法减资是在双控人的操纵下进行的,如双控人滥用影响力操控董事会恶意不通知债权人等。此时,相关权利主体可利用《公司法》第180条第3款"事实董事"、第192条"影子董事"等规范,追究祸首"双控人"的责任。

2.负有责任的董监高

董监高在减资场景中承担损害赔偿责任的依据,是其所负对公司的信义义务,因此,裁判的重点是探究董监事是否违反其在减资程序中的信义义务,尤以勤勉义务为核心。

就董事、高管而言,在不同减资环节中,其职责有所不同,所应承担的信义义务也不尽相同。在减资决策环节,董事会承担着制订减资方案、编制资产负债表和财务报表等义务,因而若存在制订不合理减资方案、编制虚假资产负债表等行为,则有违反信义义务之嫌。在减资执行环节中,若作为业务负责人的董事、高管不积极通知、公告债权人,或者违法拒绝为债权人提供担保或清偿,亦构成违反信义义务。当然,应区别者在于,减资决策行为涉及商业判断,司法介入需要审慎,董事抗辩的空间相对较大;减资执行环节则不存在商业判断的适用空间,因此董事、高管的勤勉义务标准较高,司法审查更为严格。

最后,减资行为与公司监事(或者审计委员会委员)何干呢?监事担负着监督公司董事、高管职务行为的职责,亦应对董事、高管的减资决策和执行行为进行监督,以确保减资程序合法性。当监事怠于履行监督职责,放纵或忽视董事、高管的违法职务行为,导致公司因违法减资而受到损失的,亦应承担相应的损害赔偿责任。

(三)如何追究

一般来说,公司为原告,应当提起诉讼追究股东的返还责任以及股东、董监高的赔偿责任。但考虑到公司提起诉讼往往需要控股股东、董事、高管的决策,而此类主体恰恰就是违法减资的责任主体,因此,由公司提起诉讼的可能性较低。在公司不对股东、负有责任的董监高起诉的情况下,股东可以依据《公司法》第189条提起股东代表诉讼。

如公司怠于追究上述返还、赔偿责任,且公司又不能履行到期债务的,公司债权人可以依据《民法典》规定提起债权人代位之诉,要求前述责任主体承担责任。

如董事、高管在减资行为中存在故意或重大过失,给债权人造成损害,债权人还可以依据《公司法》第191条请求董事、高管直接承担赔偿责任。

六、拓展：轻微瑕疵豁免之可能

如前所述,现行法解释论下一旦"违反本法规定",公司相应减资行为即归于无效,并进而引发恢复原状、损害赔偿的法律后果。然而,如不对"违反本法规定"进行必要的限制,则可能会出现微小的违法瑕疵导致整个减资行为无效的低效状态。例如,公司未通知到一位1万元债权的债权人,却要因此否定1000万元的减资行为效力。此状态下,以恢复原状为公司轻微瑕疵的违法减资行为的救济手段,无疑是有违比例原则的,也无益于公司组织的稳定性。

因此,学界不乏对于公司违法减资轻微瑕疵予以豁免的观点,也即如公司违法减资行为仅具有轻微瑕疵,减资行为并未实质影响多数债权人利益,便不应否定整个减资行为的效力。由此,减资行为效力维持的同时,仅需要对受侵害的少数债权人予以损害赔偿,相应的责任主体仍为公司、股东与负有责任的董监高。但是,该制度设计必然面临着法理不清、债权人保护不力、适用标准模糊等诸多问题,因而迟迟未能真正入法。

054　公司减资（二）：不同比减资合法吗？

一、同比减资、不同比减资

顾名思义,同比减资,可谓之"股东同退",也即老股东按照原有持股比例各自退回出资款。同比减资后,公司股权结构保持不变,股东间的权益比例也如初。细节是,此处的"原有持股比例"是指认缴比例还是实缴比例？这对于实行认缴制的有限公司而言,是一个重要问题。基于公司法的立法本意,应该解释为认缴比例。

反之,不同比减资,或称定向减资,就是老股东之间不按照原有持股比例各自退回出资款,或者有的股东减资、有的股东不减资。不同比减资的,首先仍然关涉债权人利益,其次还将导致公司股权结构的调整,进而引发股东间的权益格局变动。所以,不同比减资规则的设计担负双重功能,不仅需要保护公司债权人利益,还需要保护股东(主要是指少数股东)的利益。就后者而言,公司减资实行股东会的多数决,在控股股东持有 2/3 以上表决权时,凭其意志可以通过不同比减资决议,少数股东权益有可能遭受侵害。

二、立法政策

《公司法》第 224 条第 3 款规定:

公司减少注册资本,应当按照股东出资或者持有股份的比例相应减少出资额或者股份,法律另有规定、有限责任公司全体股东另有约定或者股份有限公司章程另有规定的除外。

这是公司法首次回应不同比减资。一言以蔽之,减资原则上是同比减资,但允许三种例外情形下的不同比减资。

(一)法律另有规定

此处的"法律另有规定",是实指而非虚指,总观《公司法》之规范,共有三种情形。

1. 股东回购请求权

简言之,依照《公司法》第 89 条、第 161 条、第 162 条第 1 款第 4 项以及第 219 条,异议股东、受到压制的少数股东以及简易合并下的少数股东均有权请求公司回购股权,公司回购股权的,将对该股权进行转让或者注销;一旦注销,实际上就是定向减资。

2. 除权(催告失权)

依照《公司法》第 52 条,瑕疵出资股东被催告后仍然不依照宽限期缴纳出资的,可能被除权;股东除权后,将对其股权进行转让或者注销,一旦注销,实际上也是定向减资。

3. 与公司对赌失败

投资者与目标公司签订对赌协议,一旦对赌失败,公司负有回购股权的义务。依照《九民纪要》相关规定,公司回购后如要注销该股权,仍然要走减资程序。

(二)有限公司全体股东另有约定

有限公司如要不同比减资,需取得全体股东一致同意,其逻辑在于:有限公司除因股东出资而带来的资合性以外,还具备高度的封闭性(人合性),其出资比例系各股东之间形成的一致合意。法律允许公司自治,但谨防控股股东滥权,所以务必建立在合意机制上。当然,实务中应对此种"全体股东另有约定"作宽泛理解。可以指初始章程的规定,因为有限公司初始章程本身也是全体发起人股东合意通过的,也可以指全体股东协议,或者全体股东一致通过的股东会决议(包括全体股东一致决通过的公司章程修订案)等文件。

(三)股份公司章程另有规定

与有限公司不同,股份公司仅需要"公司章程另有规定"即可进行不同比减资,其理论预设在于股份公司股东人数众多,人合性较弱,需要兼顾公司效率。

问题是,股份公司的初始章程实际上(基本上)也是合意制的,但修改之仅需要绝对多数决,由此可能导致控股股东先利用多数决优势修改公司章程,增设不同比减资条款,再利用此条款作出减资的股东会决议。其中便蕴含了控股股东滥用表决权进行股东压制的风险。倘若如此,少数股东可寻求的救济路径是结合《公司法》第21条、《民法典总则编司法解释》第3条第3款等规定,请求司法机关认定控股股东修改公司章程之行为构成表决权滥用,以此否定修改章程之效力,进而否定不同比减资之效力。

055　公司减资(三):何为简易减资?

一、何谓简易减资

《公司法》第225条规定:

公司依照本法第二百一十四条第二款的规定弥补亏损后,仍有亏损的,可以减少注册资本弥补亏损。减少注册资本弥补亏损的,公司不得向股东分配,也不得免除股东缴纳出资或者股款的义务。

依照前款规定减少注册资本的,不适用前条第二款的规定,但应当自股东会作出减少注册资本决议之日起三十日内在报纸上或者国家企业信用信息公示系统公告。

公司依照前两款的规定减少注册资本后,在法定公积金和任意公积金累计额达到公司注册资本百分之五十前,不得分配利润。

这就是关于简易减资的规定。何谓简易减资?很多人较为陌生,实务中也不司空见惯,但是对于某些公司而言,确有现实需求。

根据公司资产是否实际流向股东,可以将减资区分为普通减资和简易减资。前者或称实质减资,是指在公司注册资本减少的同时,公司资产也即原本来自股东出资的财产也向股东流出,由此导致公司资产实质性减少;后者或称形式减资,仅仅形式上减少注册资本的数额,却不会导致任何资产向股东实际流出。

公司在经营发展的过程中,出现亏损的情形也是常态,为减少注册资本与真实资产的极大差距,公司存在着通过减少资产负债表中"实收资本"的账户金额来充抵因亏损而呈负数的"可分配利润"账户的财务需求。换言之,简易减资只是对于会计科目作账面调整,并非公司资产的实际流出,因此不降低公司清偿能力,也不会损害债权人利益,无必要适用前述的债权人保护程序。

一言以蔽之,简易减资,是减少注册资本额,不减少公司资产,是账面数额的调整,不是实际资产的流出。

二、如何实施简易减资

1. 适用前提

前提是公司仅通过减少注册资本的账面数额来弥补亏损,故而不得向股东返还出资财产或者免除股东缴纳出资或股款的义务,以此防止债权人利益受损。特别提醒,从会计学的角度而论,股东认缴而尚未实缴的出资不会出现在资产负债表中,因此公司无法通过减少股东认缴出资来弥补亏损。

2. 信息披露

简易减资的,公司不需要通知债权人及为债权人提供担保或提前清偿,但仍应自股东会作出减少注册资本决议之日起30日内在报纸上或者国家企业信用信息公示系统公告,即"仅公告,不通知"。相较于普通减资45日的公示期,简易出资的公示期更短。若公司未履行公告程序,有可能因违反程序性规定而面临行政责任或者(以及)民事责任。

3. 事后的分红限制

为防止公司借简易减资补亏以降低分红门槛,间接导致资产流出,变相损害债权人利益,立法要求公司在简易减资后提存的法定公积金和任意公积金累计额达到公司注册资本50%的,才得以分配利润。若公司违反此限制进行分红,则适用《公司法》第211条关于违法分红的规定,股东以及负有责任的管理层承担相应的法律责任。

三、红线

如公司以简易减资之名,实质性向股东返还了出资财产,那么不再构成简易减资,则会落入普通减资范畴,须承担《公司法》第226条规定的违法减资责任。若公司违反第225条第3款的规定以分红形式行变相的实质减资行为,导致公司资产的实际流出,则要适用《公司法》第211条关于违法分红的规定。

分篇七

公司财务、会计

公司财务、会计制度，在公司法上异常重要。

如果说公司法具有相当的专业性，那么财务、会计领域无疑是"专业中的专业"，而多数法律从业者对于公司财务、会计知识知之甚少。

本分篇共设 7 问，重心是公司分红（盈余分配）制度与公积金制度。鉴于股东分红权及其救济将在第八篇详尽阐述，所以本分篇重在从公司合规的角度介绍公司分红规则。

056　公司法为什么要规制公司财务、会计？

一、公司法为何深入公司内部记账琐务

《公司法》专设第十章，以 11 个条文（第 207～217 条）对"公司财务、会计"予以深度规制，第 207 条、第 208 条开宗明义地提出了基本要求：

公司应当依照法律、行政法规和国务院财政部门的规定建立本公司的财务、会计制度。

公司应当在每一会计年度终了时编制财务会计报告，并依法经会计师事务所审计。

财务会计报告应当依照法律、行政法规和国务院财政部门的规定制作。

这就提出了一个立法问题——公司法作为商事组织法，为何深入公司内部调整其"记账""做账"的琐事？在私法自治的理念下，此种立法似乎是不可理喻的。如果对照《合伙企业法》《个人独资企业法》《农民专业合作社法》，该疑问更为凸显。毕竟，这些组织法如常规认知一般，并未对其内部的记账、做账行为予以调整。

但事实上,公司法深入公司内部规制公司财务、会计行为,乃是各法域的一致做法,不仅必要而且重要。究其根源,正是为了应对作为现代公司根基的股东有限责任。

有限责任的制度安排将股东的投资风险完全限制在其对公司的出资范围内,从而成功地实现了与股东其他财产的风险隔离,可谓现代公司法保障股东利益的核心措施;但在这一制度安排背后,却将公司经营失败的风险极大地抛给了公司债权人等其他利益相关者。为此,相对应地,公司财产亦应当与股东个体相分离,具有完全的独立性而实现反向的风险隔离。换言之,公司财务、会计制度的语境下,"股东承担有限责任"的真正含义,不是承担责任的"负担",而是责任有限的"利益"。

现代公司法恪守一个原则——股东有限责任的法益享有,以个人财产与公司财产的绝对隔离为前提;否则,如公司财产独立之"利益"受到侵害,股东有限责任的"利益"将被同时剥夺,转而对公司债务承担无限责任,如公司人格否认规则即为相配套的制度设计。

可以说,财务、会计制度即旨在实现将公司财产(资产)与股东财产完全隔离之目标。理想状态下,自然要求股东与公司在日常经营管理中时时坚守与刻刻遵循,而不是被诉到法庭时佯嗔薄怒与虚与委蛇。为落实之,作为公司日常经营管理中财务行为的忠实记录者,财务会计报告肩负了核心的监视、证明之重任,且看下文对财务会计报告的介绍。

二、什么是公司财务会计报告

《企业财务会计报告条例》第2条第2款对财务会计报告的概念作出了规定:

本条例所称财务会计报告,是指企业对外提供的反映企业某一特定日期财务状况和某一会计期间经营成果、现金流量的文件。

《公司法》第208条要求公司在每一会计年度终了时编制的财务会计报告,是指年度财务会计报告,主要包括资产负债表、利润表、现金流量表及相关附表,同时包含公司的收入、支出、资产、负债、利润等重要财务信息。这些报告通常按照一定的标准和准则编制,以确保信息的准确性和可比性。

通过公司财务会计报告,投资者、股东、管理层和其他利益相关者可以了解公司的经济状况、盈利能力和财务健康状况;这些信息可以帮助投资人作出投资决策、公司管理层作出战略规划、相对人作出交易判断等,无论如何强调其重要性都不为过。

三、公司财务会计报告的重要性

1. 信息披露和投资决策

财务会计报告的核心价值是满足股东作为投资者了解公司的经营情况和经营成果并据此作出正确决策的需求。投资者可以利用财务会计报告来评估公司的盈利能力、财务稳健性和潜在增长机会，从而作出投资决策。保障股东对财务会计报告的知情权是公司应尽的义务，也是"股东—公司"之间投资法律关系的应有之义。

举例。某上市公司近年来业绩稳步增长，但财报分析显示其应收账款周转率持续下降，且存货积压严重。这表明该公司在应收账款管理和库存管理方面存在问题，可能面临较大的经营风险。股东作为投资者有权对公司该运营情况进行了解，并对其投资风险予以准确评估。

2. 风险管理和业绩评估

财务会计报告可以帮助公司管理层识别和评估公司面临的风险。通过对财务会计报告、财务数据的深入分析，管理者可以及时发现企业在成本控制、资产管理、账款收取等方面存在的问题，进而及时调整经营方法、修改管理策略、降低经营风险。公司也可以利用财务会计报告来评估自己的业绩表现，并与竞争对手和行业标准进行比较，对自身准确定位。

3. 信用证明和监管依据

财务会计报告也是商事交易中常用的表明公司信用的基础资料。实务中，公司申请商业贷款，参与竞争性业务的招投标、竞拍，以及与客户、供应商之间的商事交易，可能均需要提供财务会计报告，以作为交易对方评估其信用的参考。银行和其他融资机构也通常会要求公司提供财务会计报告作为借贷决策的依据，以评估公司的信用风险和偿债能力。

最后，财务会计报告也是行政机关对公司进行监督、管理的重要文件之一，尤其是针对涉税业务。

四、公司财务会计报告如何对股东公开

《公司法》规定所有公司都应当依法委托会计师事务所制作定式的财务会计报告；有限公司应当依据公司章程定期将财务会计报告送交各股东，股份公司则应当于公司中置备之；所有公司的股东均有权查阅、复制公司财务会计报告，上市公司则

应当依法披露之。以上规定散见于《公司法》第 57 条、第 109～110 条、第 137 条、第 208～209 条等。稍作展开：

1. 有限公司

第 209 条第 1 款规定，有限公司应当按照公司章程规定的期限将财务会计报告送交各股东。由于有限公司的股东在 50 人以下，股东人数较少，强制其将财务会计报告送交全部股东，并不会过度增加其负担。至于送交的期限，立法并未作强制性规定，公司应当依照章程的自治性规定执行。据此，建议有限公司在章程中规定，在召开股东会会议前的一定日期内将财务会计报告送交各股东。

如果公司不履行送交义务，《公司法》第 57 条明确股东随时得主张查阅、复制之，对于与财务会计报告密切联系的会计账簿、会计凭证，股东也可以在说明正当目的后申请查阅。

2. 股份有限公司

《公司法》预设股份公司规模较大、股东人数较多，不可能像有限公司那样将财务会计报告直接送交各股东，所以，第 209 条第 2 款规定：

股份有限公司的财务会计报告应当在召开股东会年会的二十日前置备于本公司，供股东查阅；公开发行股份的股份有限公司应当公告其财务会计报告。

针对上市公司，由于其公众性较强，股权相对分散，股东人数众多，如与一般股份公司相同，仅采取现场置备和查阅的方式则可能会使公司运营成本陡增，亦缺乏便利性。所以，立法明确要求上市公司以"公告"的方式披露其财务会计报告。《证券法》第 79 条对上市公司的定期披露作出具体规定，要求其在每一会计年度结束之日起 4 个月内报送并公告经过会计师事务所审计的年度报告，并在每一会计年度的上半年结束之日起 2 个月内，报送并公告中期报告。

057 如何理解公司财务会计的关键词？（上）

一、公式与概念

除非出身于财务会计专业，否则读者们普遍会感受到公司财务、会计制度的专业性压迫。正确理解公司总资产、所有者权益、负债、税前/后利润、净利润、弥补亏损、公积金、可分配利润、留存利润等专业名词，将有助于理解公司财务、会计的知识体系。

大家都熟悉这么一个公式：

公司总资产＝所有者权益＋负债

这是我们理解公司财务、会计制度的出发点，也需要进一步掌握其余相关的概念。本问主讲其中相对具有独立性的公积金，下问讲述其他概念。

二、公积金

(一)概念

公积金，是将一部分净利润或资本溢价转入特定的账户中进行保留的资金，其作用在于增加公司的资产，巩固公司的财产基础，提高公司的信用。虽然功能与注册资本(股本)相似，但公积金本身不构成公司的注册资本，可称为"附加股本"，其与股本一起构成公司的自有资金。在会计科目上，归属于所有者权益。

(二)类型

以公积金的来源为标准，公积金分为盈余公积金和资本公积金。

1. 盈余公积金

盈余公积金也即从公司盈余中提取的累积资金。根据提取方式的不同，盈余公积金又区分为法定盈余公积金(也即法定公积金)和任意盈余公积金(也即任意公积金)。前者，是依据法律规定而必须强制提取的公积金，其提取比例(或数额)及用途，都由法律直接规定，法定公积金亦称强制公积金；后者，是公司根据章程或股东会决议而在法定公积金的基础上自由设置或提取的。对于两类公积金，《公司法》第210条前3款规定：

公司分配当年税后利润时，应当提取利润的百分之十列入公司法定公积金。公司法定公积金累计额为公司注册资本的百分之五十以上的，可以不再提取。

公司的法定公积金不足以弥补以前年度亏损的，在依照前款规定提取法定公积金之前，应当先用当年利润弥补亏损。

公司从税后利润中提取法定公积金后，经股东会决议，还可以从税后利润中提取任意公积金。

2. 资本公积金

资本公积金也即依照法律规定将特定的公司收入项目列入资本公积金账户的累积资金。与盈余公积金的最大区别是，资本公积金的来源与公司盈余无关，只要公司收入中出现法定的项目,就应提取。在此意义上,资本公积金亦具有"法定性"。

关于资本公积金的来源,《公司法》第213条规定:

公司以超过股票票面金额的发行价格发行股份所得的溢价款、发行无面额股所得股款未计入注册资本的金额以及国务院财政部门规定列入资本公积金的其他项目,应当列为公司资本公积金。

据此,资本公积金共有两个来源:股份公司溢价发行股份所得的溢价款(premium)、发行无面额股所得股款未计入注册资本的金额;国务院财政部门规定列入的其他收入。此处的"其他收入",主要包括:处置公司资产所得;资产重估增值;接受捐赠;股份公司发行新股时冻结申购资金期间的利息;投资准备等。

(三)如何依法使用公积金

《公司法》第214条规定:

公司的公积金用于弥补公司的亏损、扩大公司生产经营或者转为增加公司注册资本。

公积金弥补公司亏损,应当先使用任意公积金和法定公积金;仍不能弥补的,可以按照规定使用资本公积金。

法定公积金转为增加注册资本时,所留存的该项公积金不得少于转增前公司注册资本的百分之二十五。

本条规定有意放松对资本公积金使用的管制,其重要规则简述如下:

1. 公积金(所有的公积金),可用于三个用途:弥补亏损;扩大生产;转增注册资本。其中,法定公积金转增注册资本的,有限额规定。

2. 弥补亏损的顺序:先使用任意公积金;次之法定公积金;又次之资本公积金。

058　如何理解公司财务会计的关键词?(下)

(书接上问)

三、所有者权益、负债、总资产

1. 所有者权益

公司财务报表中的所有者权益,是公司归属于所有者——股东的资金总额,反映了公司的净资产和股东对公司的权益,与负债形成对应。所有者权益通常分为以下几个主要部分:注册资本(股本)、资本公积、盈余公积、未分配利润等。

所有者权益是公司财务稳健性和偿债能力的重要指标之一,也是投资者评估公司价值和投资风险的重要依据。

2. 负债

顾名思义,负债就是公司作为债务人对于其他主体所负有的债务,项目上包括流动负债、长期负债、递延税项等,即为企业资产负债表的负债合计项。

根据不同标准,负债也可以进一步分为到期债务与未届期债务,确定债务与或有债务(Contingent Liability)等。

3. 总资产

总资产,具体是指企业拥有或控制的全部资产。在公司财务报表上,总资产即为"所有者权益"加"负债"。分篇一中对于公司财务结构的论述亦围绕此公式展开,所有者权益与负债的比例即反映了公司的财务结构,展现的是公司通过不同渠道获取资金的比例。

在资产类型构成上,总资产包括流动资产、长期投资、固定资产、无形及递延资产、其他长期资产、递延税项等,也是企业资产负债表的资产总计项。如用公式表达,则为:

资产总额=流动资产+长期投资+固定资产+无形资产及递延资产+其他资产。

根据分篇一中对公司资产结构的论述,上述公司中子项之间的比例即反映了公司的资产结构,展示的是公司资产流动性等财务数据。

举例。假设一家公司在年初的资产总额为126,000元,负债总额为48,000元,那么根据公式可以得出所有者权益为78,000元(126,000-48,000=78,000)。本年度,该企业的收入为89,000元,发生费用93,000元,据此计算出本年度的利润总额为-4000元(89,000-93,000=-4000)。因此,年末所有者权益将减少4000元,计算得到年末所有者权益为74,000元(78,000-4000=74,000)。如年末企业的负债总额增加到50,000元,利用公式可以推算出年末资产总额应为124,000元(74,000+50,000=124,000)。这个简单的财务计算过程帮助我们理解了企业财务状况的变化。

四、税前/后利润

税前利润是公司营业收入在扣除营业成本、营业费用、财务费用等各项费用之后所获得的利润总额。这个数字如实反映了公司在经营活动中所创造的价值,以及公司的盈利能力。税前利润通常被用来评估公司的经营状况和盈利能力,以及投资者对公司未来发展的预期,但是不可作为分配盈余的对象。

与之相对,税后利润是公司在计算纳税后所获得的利润,数额上与净利润大致相当。公司在一定会计期间内应缴纳的各种税费在财务报表中通常体现为两个方面:

1. 所得税费用:指公司在财务报告期内应缴纳的所得税。公司通常根据适用的税法规定来计算其应纳税额,并在财务报表中列示为所得税费用。所得税费用的计算通常基于税前利润,并考虑各种税法规定下的折旧、摊销、减免等税收优惠政策。

2. 递延税项:指在会计利润与税务利润之间的差异所产生的税收后果。当公司在财务报表中确认了某些会计利润或损失时,可能会导致会计利润与税务利润之间存在差异,从而形成递延税项。递延税项通常在财务报表中列示为资产或负债,反映了公司未来可能需要缴纳或获得的额外税收。

这些税收项目呈现在公司财务报表中是为了保证公司纳税情况的透明度和准确性,以及向投资者和利益相关者展示公司在税务方面的表现和责任。另外,税收数据也是投资者评估公司盈利能力和未来现金流的重要指标之一。

五、净利润

净利润为可分配利润的基础;营业收入减去营业成本、营业费用、财务费用、所得税等各项费用后的剩余金额,方为公司在会计期间内实现的净利润。但在计算可分配利润时,可能仍旧需要对净利润进行一些调整,包括对特定项目的会计处理,如资产减值准备、非经常性损益等。

进一步地,在直接将净利润进行分配而实现股东获利之前,亦需要兼顾组织体利益,这就进入了公司立法予以明确规制的范畴。

六、弥补亏损

在公司财务领域中,弥补亏损是指公司通过利润留存或其他方式来补偿之前发生的亏损,以恢复公司的净资产达到正值或其他法定要求。弥补亏损是管理层应对公司此前亏损的一种重要财务手段,能够帮助公司恢复财务稳健性,维护股东利益,确保公司行稳致远。

弥补亏损的具体方式,需要根据公司的财务状况、法律法规要求和经营策略来综合考虑和决定。依据法律规定,如公积金不足以弥补亏损,则应当以当年利润弥补亏损,而不得分配。需注意的是,以税前利润或税后利润弥补亏损并不具有统一性,公司行为应当遵守相应的税法规定。

七、可分配利润

如公司净利润无须弥补在先亏损或弥补亏损后仍有盈余,在利润分配之前仍要进行公积金的提取。该部分已于前问明确,不再赘述。

至此,公司财务报表中的可分配利润数额得以明确,其是公司在一定会计期间内实现的净利润,经过一系列的调整和剥离后,最终可以用于分配给股东或用于公司内部再投资的利润额。当然,可分配利润数额并不必然与真实的分配利润相等,其涉及公司的分红政策与留存利润的概念。

八、留存利润

公司可以根据自身的财务状况和经营需求,制定不同的利润分配政策(或称分红政策)。一般来说,公司可以将可分配利润用于向股东派发现金股利、进行股票回购等;也可以选择将一部分可分配利润留存作为未来发展的资金储备,用于支持公司的业务扩张、研发投入等,以谋未来的大发展,此即留存利润。

059 资本公积金如何转增为注册资本?

一、公司法规定

资本公积金转增为公司注册资本(股本),是企业财务会计的常见操作;具体指在不变动公司净资产的情况下,将资本公积金减少并相应提高注册资本数额。这一方面可以改善公司财务结构,通过增加注册资本来提高公司信用评级、便利后续股权融资;另一方面对于上市公司而言,转增股本能够提高公司股票的流动性,刺激交易量。

资本公积金转增公司注册资本,受到《公司法》的支持,第214条规定:

公司的公积金用于弥补公司的亏损、扩大公司生产经营或者转为增加公司注册资本。

公积金弥补公司亏损,应当先使用任意公积金和法定公积金;仍不能弥补的,可以按照规定使用资本公积金。

法定公积金转为增加注册资本时,所留存的该项公积金不得少于转增前公司注册资本的百分之二十五。

二、基本流程

资本公积金转增公司股本,形式上也是公司增资的一种手段,因此需要遵循关于增资的法定程序要求。根据《公司法》规定,资本公积金转增资本需由董事会制订转增方案,然后经过股东会特别多数决通过,接着实施转增方案,申请变更登记等程序。

在《公司法》第152~153条引入授权资本制的背景下,董事会有权在股东会或公司章程的授权下发行新股,那么能否由董事会决定资本公积金转增公司股本呢?公司法对此无明文规定。从法理上看,授权资本制的本意为便利公司融资,且董事会新股发行被限定为货币出资场景。据此,董事会转增公司股本的自治空间存疑,由股东会决定为妥。比如,《深圳证券交易所上市公司自律监管指引第1号——主板上市公司规范运作》《上海证券交易所上市公司自律监管指引第1号——规范运作》明确规定,公积金转增股本应当经上市公司股东会审议通过。

三、实务要点

1. 能否不按实缴出资比例转增股本

资本公积金在转增公司股本的过程中,按照股东实缴出资比例转增自无疑问。但在投融资实践中,为了协调创始人和投资人的利益,往往存在不按实缴出资比例转增股本(定向转增)的客观需求。此种行为将造成部分股东利益减损,有违股东平等原则,因此面临合法性质疑。

从本质上看,转增股本亦是公司对股东的分配。据《公司法》第210条第4款规定,公司不按照出资比例分红的前提条件是有限公司全体股东另有约定或股份公司章程另有规定,因此建议公司定向转增的,最好提前获得全体股东一致同意,或者在全体股东协议中明确定向转增条款,以避免后续效力争议。

2. 能否认定为实缴出资

实践中,部分股东试图将资本公积金转增股本作为履行出资义务的方式。资本公积金转增股本,实系公司内部资本结构的调整,无实际资金流入公司,股东权益亦未发生改变。质言之,资本公积金在投入公司时已成为公司财产,不能用于弥补公司实收资本,否则就是用公司财产履行股东的出资义务。有鉴于此,司法机关已明确资本公积金转增股本不能作为实缴出资。

3. 上市公司的特殊性

在会计科目上,资本公积金转增股本是所有者权益在不同报表项目之间的重新分配。通常情形下,上市公司在完成公司资本公积转增后,由于股本规模扩大而股东权益总额维持不变,公司必须按照监管部门要求及会计准则进行相应的除权操作,即降低股票价值,以维持每股净资产的稳定。对此,《上海证券交易所交易规则》(2023年修订)第4.3.1~4.3.3条等监管规则规定了资本公积金转增股本时除权的处理方法。

在上市公司破产重整中,资本公积金转增股本作为一种出资人权益调整方式而备受欢迎。与通常情形的转增股本不同,在破产重整中,转增后股份并非向出资人,而是向债权人及重整投资人分配,后者以不同形式给付了相应对价。具言之,无论是以股抵债还是以股作价吸引投资,由于重整公司债务降低、资产增加,股东权益实现了增长,因而不必进行除权操作。目前,法院、监管部门均认可当转增股份未向(或全部向)原股东分配,转增后公司所有者权益大幅增加,且定价方案经债权人大会表决通过时,不一定严格按照统一的除权公式进行除权。

4. 涉税问题

与分红、送股等分配形式相比,资本公积金转增股本的重要优势在于税收优惠。《国家税务总局关于股份制企业转增股本和派发红股征免个人所得税的通知》(国税发〔1997〕198号)第1条规定:

股份制企业用资本公积金转增股本不属于股息、红利性质的分配,对个人取得的转增股本数额,不作为个人所得,不征收个人所得税。

在此基础上,《国家税务总局关于原城市信用社在转制为城市合作银行过程中个人股增值所得应纳个人所得税的批复》(国税函〔1998〕289号)进一步明确,股份制企业股票溢价发行收入所形成的资本公积金转增股本由个人取得的数额不作为应税所得征收个人所得税;而与此不相符合的其他资本公积金分配个人所得部分,应当依法征收个人所得税。据此,应根据转增股本的资本公积金来源来确定应否缴纳个人所得税。此外,依据税法有关规定,企业法人股东无须就公司资本转增股本缴税。

060　公司分红（一）：如何理解公司分红政策？

一、分红的条件

根据公司法规定,公司实行分红条件有二:

1. 有可分配利润

《公司法》第210条规定,公司形成会计利润后,接下来的几个动作顺序是:(1)缴纳税款,形成税后利润;(2)弥补亏损(如有亏损);(3)提取法定公积金;(4)提取任意公积金(如愿意)。

尔后形成可分配利润。其中法定公积金的提取比例应为税后利润的10%。法定公积金累计额为公司注册资本的50%以上的,可以不再提取;任意公积金的提取须由股东会决议。

可分配利润,是公司可以分红的最大额。至于分或不分,分多少,则取决于股东会通过的分配盈余决议(以下简称分红决议)的内容,而这背后是公司控制人掌控的分红政策。

2. 有效的分红决议

董事会制订公司的利润分配方案,提交股东会审议批准,由此形成分红决议。

决议形成后,接下来就是付诸执行,执行人由公司章程规定或者股东会决议确定,否则推定董事会为执行人。

在股东会通过分红决议但公司拒不执行的情况下,股东有权起诉公司要求依决议支付分红款。详见后文。

二、公司分红的附加价值

公司分红是公司市场价值与股东投资回报的直接体现,但也不仅限于此,公司分红对公司还有其他重要的功能和意义:

1. 信号作用

分红是一个重要的市场信号,公司积极分红显然向市场传递了公司盈利能力强、财务状况稳健的信息,可能提高公司的市场估值。如公司再实施奖励性的股权激励措施,两政策相叠加无疑昭示了管理层对公司现金流和未来持续盈利的信心。

反之,如公司勉强维持分红水平甚至不分红,则无论公司盈利状况是否良好,均可能导致投资者对公司财务健康产生较为消极的认知。

2. 公司资本结构优化

分红,本就是公司经营的基本规则之一,合理的分红政策可以优化公司的财务结构,避免过多的闲置资金,提高资本使用效率;分红还会减少公司持有的现金,降低公司规划及处理现金流带来的代理成本,从而降低公司整体的运营成本。

但是,如过度追求分红导致公司现金大幅流出,则可能导致公司不得不依赖外部融资,增加公司债务负担,进而增加财务风险。

一言以蔽之,公司分红不仅仅是"分钱",更是公司运营过程的一部分,公司在制定分红政策时应综合考虑盈利能力、现金流状况、投资机会和股东需求,确保分红政策有利于公司整体价值的实现和长期健康的发展。

三、我国公司的分红政策概观

(一)非上市公司

分红是公司财务、会计管理的基本事项,也是公司治理中的重要商业决策。在公司有可分配利润的前提下,秉持何种分红政策是公司的自治事项,以广大的有限公司、非上市股份公司为代表,可以窥见几种代表性的分红政策:

1. 一个极端,分干吃净。公司账上但凡有利润,当年分干净,不留丝毫,全体股东都化身为只为短期营利的财务投资者,至于企业的长远发展大计,在所不论,这是大多数中小微企业的状况。

2. 另一个极端,长期不分红、少分红。在双控人或管理层控制下,即便公司盈利丰厚,且也无扩大生产计划,仍旧不分红或者尽量不分红,留存利润由双控人、管理层掌管。

3.介于二者之间的理性分红政策。也可以说,无论是从公司短期、中长期利益衡量,还是从股东投资回报与公司扩张发展之间衡量,公司分红都处于一个相对合理的状态,不同公司根据自身情况制定差异化的分红政策。具体又可以类型化为积极分红、积极扩张两种政策,前者为吸引长期投资者,后者保留更多利润用于再投资。

举例。苹果、华为公司坚持高分红政策。苹果在积累大量现金储备后,实施大规模的股票回购和分红计划,不仅增加了股东回报,还传递了公司财务稳健的信息,增强了市场信心。华为每年对虚拟职工股的分红政策,也是如此。

亚马逊公司则是低分红的代表。亚马逊在很长时间内未进行分红,而是将利润再投资于业务扩展和创新。尽管短期内股东无法获得直接回报,但随着公司在主投业务领域的长期价值显著增长,股价表现强劲,最终带来了巨大的资本增值。

对于上述第一种状态,法律一般不予干预,除非由此损害了公司债权人利益;对于上述第二种状态,法律也恪守谦抑性原则,审慎干预,但如果此举构成股东压制或者控制人滥用权利且伤害其他股东利益的,则为除外。

(二)上市公司的分红政策指引

长期以来,我国资本市场中有一个不算好的传统——绝大多数上市公司,即便有不菲盈利,也不分红;即便分红,也用转增股的形式进行,而不动用现金。如此一来,投资者只得依赖股票"低买高卖"的转手获利,长此以往,自然滋生种种问题,耐心资本也就难以培养。

为此,2023年10月20日证监会就《上市公司监管指引第3号——上市公司现金分红》(以下简称《现金分红指引》),以及2025年《上市公司章程指引》对现金分红相关条款进行了修改,沪深证券交易所同步修改完善规范运作指引,明确可操作性要求。主要内容有以下几点:

1.鼓励公司在章程中制定明确的分红政策,确立现金分红的目标,稳定投资者分红预期。

2.对不分红、分红少、财务投资规模较大但分红比例不高的公司,通过强化披露要求督促分红。深主板公司分红比例低于30%的,被责令充分解释原因,对财务投资较多但分红水平偏低的公司重点关注,督促提高分红水平,专注主业。

3.便利公司中期分红的实施程序。允许上市公司在召开年度股东会审议年度利润分配方案时,在一定额度内审议批准下一年度中期现金分红的条件和上限,便利公司进一步提高分红频次。

4. 加强对异常高比例分红企业的约束,引导合理分红。对资产负债率较高且经营活动现金流量不佳,却存在大比例现金分红情形的公司保持重点关注,防止对企业生产经营、偿债能力产生不利影响。

5. 引导公司在章程中制定分红的约束条款,防范企业在利润不真实、债务过高的情形下实施分红而导致运营风险加大。

061　公司分红（二）：何谓广义的公司分红？

一、分红形式

1. 现金分红

现金分红也即公司将盈利以现金形式返还给股东,其金额根据公司的盈利状况和商业决策来确定。例如,一家上市公司宣布每股派发1元,某甲持有10,000股,也就获得10,000元的现金。

2. 股票分红

股票分红多见于上市公司,又分为两种形式:送股和转增。前者,上市公司将盈余公积或未分配利润转化为股本,并按照一定比例发放给股东;后者,上市公司将资本公积转化为股本,并按照一定比例发放给股东。

与现金股利不同,在没有额外操作的情况下,股票股利不会导致公司资产减少。如上市公司每10股送10股后,在没有其他因素的影响下,股票的除权价格会"打五折",也即在发放股票股利后,该投资者手里的股票数量"翻倍",但股价"打五折"。

3. 实物分红

公司以实物或其他资产(如产品、房产等)形式向股东分配红利。

二、什么是广义的公司分红

《公司法》第4条第2款规定:

公司股东对公司依法享有资产收益、参与重大决策和选择管理者等权利。

此处的"资产收益"包括但不限于分红,除分红外,还包括通过低买高卖的股价差获利等。但需要指出,我国公司法上的分红,仅指股东通过公司分配利润的决议而从公司处获取税后利润之一部分。在比较法上,还有一个更为宽泛的概念——广义的公司分红,也即但凡股东从公司处取得财产,存在公司资产向股东的流出,皆视为分红。这一概念的产生与公司偿债能力测试的发展具有密切关系。

美国公司资本制度早期采相对严格的资本维持模式,公司分红只能针对资产大于负债与资本之和的"盈余"部分进行,即公司分配时要使留存的净资产大于资本,以此保证公司后续的债务清偿与运营能力。不过,由于资本维持模式所采用的资产负债表检测法存在其固有的僵化缺陷,不仅实际上无法为债权人提供显著的保护,还容易导致资产利用效率低下。美国律师协会在20世纪70年代末修订示范商事公司法时采纳了两个新思路:

1. 任何对股东按其持股比例的分红、股份回赎、回购或者减资等,对于公司和股东都具有相同的经济效用,其减少了公司资产且没有改变股东在公司中的比例性利益,因此这些行为应被法律相同对待。这一观点统合了所有实质上对股东进行分配的行为,也即形成了"大分配"或者说"广义分红"的概念,我国亦有学者称为资本报偿行为。

2. 对于公司进行分配的自由,没有任何理由必须依靠任意的、经济上无关的数字——如股票的票面价值、声明资本等,对其进行限制。这一观点将烦琐的资本维持模式下的规则统统抛弃,形成所谓的"偿债能力测试"规则。偿债能力测试的最终目的在于防止控制公司的人做出破坏公司价值的行为,以此来保护债权人赖以获偿的公司资产。

至此,美国《标准商事公司法》以"广义分红"(大分配)与"偿债能力测试"为核心,搭配董事违法分配责任,重新塑造了公司资本制度体系,也即形成了实际偿付能力模式。

三、所谓偿债能力测试

(一)体系

偿债能力测试,是以公司偿付能力为核心财源约束的公司分配检验方法,其并不依赖于公司资本的概念,而是采取一定的方法去甄别公司分配对偿债能力的影响。其中包含三项标准:以"衡平测试"与"资产负债表测试"(与资本维持模式下的

"资产负债表检测法"存在实质性的区别)为核心,辅之经判例确立的"资本充足测试"。因此,实际偿付能力模式下,当公司债权人、股东起诉董事,认为董事对公司是否符合偿债能力测试作出了错误的判断时,法官要进行三层检验。

1. 衡平测试。衡平测试要求公司分配后仍能在正常经营中偿付到期债务,确保现金流充足。据美国《标准商事公司法》的官方评注,在决定公司是否满足衡平测试时,如无相反证据证明,则推定公司能够获得足够资金以应对可预见的债务。换言之,除非原告能够证明公司不具有偿债能力,否则法院应相信公司董事的判断。之所以如此,乃因衡平测试要求董事对公司未来的财务状况作出判断,这蕴含了大量商业判断的因素;法院不会主动考察董事判断正确与否,而更多关注董事进行判断的程序,也即,董事在衡平测试中可以获得商业判断规则(Business Judgment Rule,BJR)的保护。

2. 资产负债表测试。资产负债表测试要求董事以资产负债表为基础检验公司资产是否大于负债,以防分配后直接出现公司资不抵债的情形。需要注意,美国法院以判例形式确认仅负债总额超过总资产并不必然导致分配违法,如董事依据可靠的未来融资预期或者稳定的未来利润来源作出分配决策,那么即便会导致分配之时总资产无法覆盖总债务,也仍旧可被认定为合理且合法的商业判断。

3. 资本充足测试。资本充足测试要求公司具有足以支撑公司运营的资本。所谓公司资本不充足,指的是公司具有显著不合理的少量资本以至于其无法根据现有的资本组织生产、维持运营。判断资本是否充足需要考察公司的债务股本比,比较公司历年的资本状况,也可以参考同类公司运营所需资本情况。这一判断标准注定了个案判断的灵活性,并非如资本维持模式下执着于注册资本的账面数字,而是切实关注公司实际所需的资本数额。

(二)对我国的借鉴意义

如分篇一中所明确,我国公司法仍旧采纳资本维持模式,以资本维持原则为核心建立了利润分配规则、减资规则、股权回购规则、禁止抽逃出资规则等制度群;通过对注册资本的严格监管,实现对公司资产流出行为的规制。但这一体系面临着如下困境:

其一,后端规则较为僵化。减资、回购等行为须经过复杂的议决程序,难以适应融资创新之需求,如与公司间的对赌协议履行受阻等。

其二,债权人保护实效不足。资本维持原则依赖注册资本等静态指标,公司实际偿债能力实际上取决于动态资产状况,静态会计指标难以反映公司的偿债能力。

其三,资产利用率低下。强制公司注册资本留存于公司,如果公司资本额畸高,明显超出公司营业所需,则容易导致资金利用并不充分,闲置资金的管理成本过高。

相较之下,美国法的广义分红与偿债能力测试为我们提供了重要的制度转型思路:统合资产流出的"大分配"行为,动态评估公司偿债能力。通过董事声明锁定责任,将公司资产可否流出的判断交由作为商业决策者的董事会,以此应对各类纷繁复杂的资本交易,克服成文法以庞杂规则各自为政的局限。如此,可在真正保护债权人权益的同时,释放公司资本的运作效率。

从资本维持模式的"资产负债表检测"向实际偿付能力模式的"偿债能力测试"转型,实现了"资本信用"向"资产信用"的演进,其优点不容置疑。但是如分篇一中所述,我国是否已经做好了转型的充分准备,又将如何借鉴他山之石?是如新西兰一般直接照搬美国经验,彻底废除以禁止抽逃出资规则为兜底性规范设计的资本维持模式;还是如日本仅在公司回购和利润分配场合引入偿债能力测试以适当改良,莫衷一是。我国的资本制度改进,在理论上和实践上,都还有很长的路要走。

062 公司分红(三):何谓违法分红?

一、问题的提出

《公司法》第十章"公司财务、会计"用了3个条文(第210~212条)规范公司分红,主要立法目的就是确立分红的基本规则,进而推出违法分红的概念,明确违法分红的法律责任与救济。

就违法分红的救济,本书在第八篇关于"股东分红权"部分已有详细介绍,此处不赘。本问的任务是详细介绍违法分红的概念以及相应的法律责任。应当注意,该问"分红"概念在狭义上使用。

二、违法分红的情形

违法分红,就是指公司违反法律法规、公司章程的强制性规定进行利润分配。这一概念强调违法行为发生在分红的决议程序以及决议内容之上,至于分红决议的执行环节，不在此列。

实务中常见的违法分红情形主要有：

(一)违反法律、法规规定的分红

公司分红必须遵守公司法、会计法等相关法律法规的规定，如违反这些法律、法规的强制性规定，则构成违法分红。

1. 未弥补亏损而分红。资本维持模式下，法律、法规要求公司在分红前必须先弥补以前年度的亏损；如公司未弥补亏损而进行利润分配，属于违法分红。

2. 未依法提取法定公积金而分红。公司在分红前应提取一定比例的利润作为法定公积金，除非法定公积金已经达到法定的数额；如公司在未依法提取法定公积金的前提下分红，构成违法分红。

3. 虚增利润而分红。财务造假，通过虚假财务报表虚增利润，进而分红；这属于对公司资产的恶意侵害，必然属于违法分红。

4. 简易减资情形下违反法定限制而分红。《公司法》第225条第3款规定，公司简易减资后，在法定公积金和任意公积金累计额达到注册资本的50%之前，不得分配利润。因此，如公司进行了简易减资，但在未满足法定条件的情况下即分红，属于违法分红。该条具体法理已于分篇六简易减资部分阐释，不再赘述。

(二)违反公司章程规定的分红

公司章程对利润分配有具体规定的，公司应依章程分红。有的公司章程可能对年度利润分配的比例和方式均有具体规定，如公司违反章程规定分红，也构成违法分红。

(三)违反程序性规定的分红

未经股东会有效决议进行分红，即属于违反程序性规定的分红。根据公司组织机构的职权分配，应由董事会制订利润分配方案，而后交付股东会议决。如公司未经股东会会议审议批准擅自分红，构成违法分红。

(四)实质意义上的违法分红

纵使符合现有立法所采资本维持模式下的规定，通过了资产负债表检测，也可能出现公司分红导致公司无力偿还到期债务的情形。此处可以借鉴实际偿付能力模式下的偿债能力测试，如该分红行为构成实质性侵害公司债权人权益，也属于违法分红。这就实现了实际偿付能力模式中"偿债能力测试"在狭义分红领域内的有限引入。

三、违法分红的危害与法律责任

(一)危害

违法分红行为不仅会对公司自身的财务状况和运营稳定性产生深远的负面影响,还可能对股东、债权人甚至整个市场秩序造成严重的损害。

从公司的角度看,违法分红导致公司资产流失,偿债能力削弱,可能面临资金链断裂的风险,对其生存和发展构成严重的威胁。站在债权人的立场,公司资产流失无疑会加大其债权风险,自不必言。

从股东的角度看,全体股东或者部分股东(比如实缴股东)通过违法分红成为受益者,在后一种情形下,也就意味着会有另一部分股东(未能成为分红对象的未实缴股东)成为受害者。即便在前一种情形下也即全体股东暂时受益,最终也可能成为实质意义上的受害者——一个没有良好的风险控制、公司治理机制的公司,不能行稳致远,作为投资者的股东即便侥幸得逞于一时,最终也将成为公司经营失败的买单者。

(二)法律责任

据公司法、证券法、会计法等规定,违法分红的公司尤其是上市公司可能面临以下法律责任。

1. 行政处罚:包括罚款、公开谴责、责令整改等。

2. 民事责任:包括股东返还违法分红款及其利息,以及股东与负有责任的管理层的损害赔偿责任等。

3. 刑事责任:对涉及伪造财务报表、虚假信息披露等严重违法行为的责任人,追究刑事责任。

违法分红发生后,受到损害的股东、债权人的民事救济手段,本书其他章节已经详述,不赘。此处仅补充一点:在破产程序中,为了充实破产财产,管理人可能面临追回股东前期的违法分红款的问题。管理人负有职责核查股东是否曾经从公司处非法获取分红,如是,管理人应代表公司向股东追回"红利";如有必要,则需要提起相应的诉讼。

四、小结

一如前文所不断重复的,我国现行法采资本维持模式的公司资本制度,就资产流出领域,形成了包括利润分配规则、减资规则、股权回购规则、禁止抽逃出资规则等制度群。虽然公司法针对单一的资产流出行为设计了独立的规则,但是,所有大分配(广义分红)行为的规则设计核心均在于实现资本维持。禁止抽逃出资规则作为兜底性的制度设计,旨在规制一切有损公司资本的抽逃行为。以上大分配(广义分红)行为,即使规避了针对单一行为的规则限制,只要使得公司净资产小于注册资本之数额(资产负债表检测法),也将落入禁止抽逃出资规则的规制范围内。

现行公司法虽然并未引入实际偿付能力模式,但实务操作中,公司仍应在进行大分配(广义分红)行为而导致公司资产向股东流出时,关注是否可能损及公司偿债能力进而侵害债权人利益,借鉴、学习偿债能力测试的实质精神。

04

第四篇

股权转让

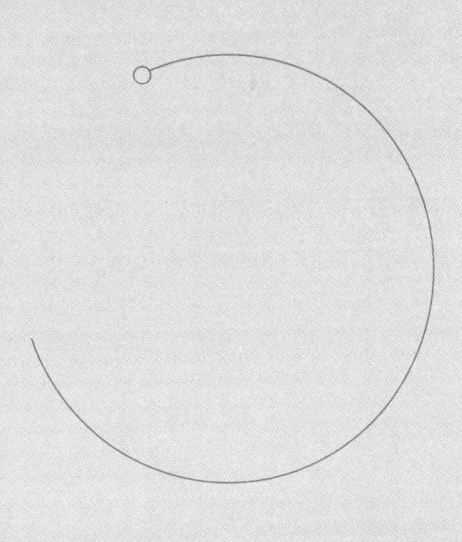

分篇一

股转合同

在最高人民法院《民事案件案由规定》规定的24种公司纠纷中,股权转让纠纷在实务中最为频发。广义上,股权转让纠纷还包括与股权转让相关的股东名册记载纠纷、请求公司变更登记纠纷、请求公司收购股份纠纷等,这使其顺理成章地在实践中成为第一大公司纠纷。

股权转让纠纷具有明显的"两性"——由合同法(行为法)与公司法(组织法)共同调整。一方面,股转多数通过合同进行,股转合同的成立、生效、履行、担保与保全、权利义务移转、终止、违约责任等当然归《民法典》合同编调整;另一方面,股权乃是公司法上的商事权利,股转将导致公司组织成员及(或)成员持股比例的变动,不可避免地涉及公司、其他股东乃至公司债权人的利益。如股转导致公司控制权转移,影响面也就更大了。所以,公司法的调整同样至关重要。总体而言,合同编规范与公司法规范属于一般规范与特别规范的关系。

就股转合同而言,履行周期长、标的金额大、涉及主体多元,是其典型特征。本分篇共设5问,先介绍股转的各种方式,后分析股转合同。

001 股转有哪些方式?

一、股东的固有权

(一)可转让是财产权的基本特性

民法上的财产权,无论物权、债权、知识产权还是其他新兴的无形财产权,都具有可转让性。股权作为现代社会的一种重要财产权,亦不例外。唯有转让,才能体现出股权的交换价值,转让市场是重要的"价格发现机制"。股权作为股东将动产、不动产、债权、股权等有价值且可移转的财产权出资到公司换取的对价,自然具有价值且可以变现,也即可转让性。

(二)转让权是股东的固有权

股东权利是股东对公司享有的相对权,是由成员权、财产权等多项权利组成的权利束,其中便包括转让权。以股权能否被公司剥夺为标准,股权又可分为固有权与非固有权,转让权属于前者,公司章程、股东协议等可以对转让权进行合理限制,但不得剥夺或变相剥夺,否则将归于无效。

二、股转的广泛形态

有读者将股转理解为买卖,这很直观,但不全面。广义上的股权转让,是指导致股权移转的所有行为,包括但不限于买卖、互易、赠与、公司收购(回购)、质押、共有股权分割、继承与遗赠等行为。

1.买卖,指受让人以货币购买股权的行为,此时股转合同也称股权买卖合同。

2.互易,指以股权交换股权,导致两份股权的移转。

举例。张三持有A公司20%的股权,交换李四持有的B公司10%的股权。此外,股东以股权出资时,实际上就是一次股权互易。例如,王五以其持有的C公司20%的股权作价1000万元,与其他股东共同投资入股D公司,D公司注册资本1亿元,王五占D公司10%的出资份额。此后,D公司持有C公司20%的股权。此处股权出资的本质,便相当于王五与D公司进行股权互易。

3.赠与。在《民法典》上,买卖与赠与都是导致标的物所有权移转的行为,差异仅在于是否有偿。

4.公司收购(回购)。股权受让人是股东外的任何人,既可以是其他股东,也可以是公司外部人,还可以是公司自身。以公司为受让人的股转,便是股权回购。公司回购自身股权后,将自持股权,这容易滋生弊端。所以,公司法的立场是"原则不可,例外允许"。

5.股权质押。股权质押是一种担保行为,质权设立后,便可能通过拍卖、变卖、折价等方式将股权变现,从而实现股权的移转。因此,股权质押也属于广义上的股转行为,与之类似的还有股权让与担保等非典型担保行为。

6.共有股权分割。与物权相同,股权亦可能为多人所共同共有,如夫妻共有、家庭共有等,按份共有亦有可能。共有关系结束时,股权的分割便将导致股权变动,最典型的是夫妻共同共有股权在双方离婚、一方死亡时的分割。如离婚夫妻分割共有股权,非股东方取得部分或全部股权的,其取得股权的规则同样适用《公司法》关于有限公司股权外部转让的规定(第84条第2款)。

7.继承与遗赠。自然人股东死亡的,其股权作为遗产可由其继承人法定继承、遗嘱继承,也可以按照遗嘱人与法定继承人以外的第三人订立的遗赠扶养协议而遗赠。继承或者遗赠均将导致股权移转。

002 股转合同适用哪些法律规范?

一、股转合同的重要性

尽管股转形式多样,但占据压倒性优势的还是股权买卖、赠与、互易、质押、让与担保、回购等行为,且首先是买卖行为。买卖合同是绝大多数股转的原因行为,有关股转法律问题的讨论亦应先从合同开始,该合同受《民法典》合同编与《公司法》的共同规范。

二、股转合同的性质

很多读者存在一个疑问:既然股转合同那么重要且常见,现行民商法为何没有关于股转合同的规定?——《民法典》合同编第二分编"典型合同"所列的19种典型合同中没有股转合同的一席之地,《公司法》也没有关于股转合同的特别规定。本书的回答是,合同编第二分编第一章"买卖合同"就是关于股转合同的基本规定。要理解这句话,就要对《民法典》的立法体系有一个基本了解。《民法典》合同编第467条第1款、第646~647条已经提供了股转合同准用买卖合同的依据。

第467条第1款规定:

本法或者其他法律没有明文规定的合同,适用本编通则的规定,并可以参照适用本编或者其他法律最相类似合同的规定。

第646条规定:

法律对其他有偿合同有规定的,依照其规定;没有规定的,参照适用买卖合同的有关规定。

第 647 条规定：

当事人约定易货交易，转移标的物的所有权的，参照适用买卖合同的有关规定。

在性质上，除赠与外，股转合同首先是一个双务、有偿合同，在此意义上足以参照适用买卖合同（第 646 条）；此外，广义上，股转合同还是一个转移标的物"所有权"的合同，与买卖合同最相类似。根据以上规定，股转合同得参照适用买卖合同的规定，具体如价款支付、股权移转、风险负担、孳息归属等规则。

三、股转合同的特殊性

（一）基本法理

相较转移有体物所有权的买卖合同，股转合同的特殊性主要有以下四个方面：

1. 作为相对权、对人权、请求权的股权，与作为绝对权、对世权、支配权的所有权存在很大的差异，这决定了股权变动与所有权变动不可采同一模式。

2. 股转合同是股权变动的原因行为，作为公司组织法上的成员权，其变动不仅关涉转让双方，还关涉组织体本身，也与其他股东的权益密切相关（尤其是在有限公司中），甚至可能关乎公司债权人利益。这与所有权移转中买卖双方当事人的法律关系相较，更为复杂。

3. 股权是一个由多项独立权利组成的权利束，比有体物所有权的权能（占有、使用、收益与处分）更为复杂，其中可能涉及复杂、渐进的控股权移转，这决定了股转合同往往是一个长期合同、分期付款合同。合同履行期间，双方当事人复杂的博弈往往一直持续，这是动产交付、不动产登记即转移所有权的有体物买卖合同所不可比拟的。

4. 股转合同作为典型的商事合同，在合同的一些基本层面也具有商事特殊性。在我国民商合一的立法体例下，不应忽视商事公司的特殊性，在法律适用上，商事法规范也优先于民事法规范。

（二）特性举例：分期付款的股转合同

《民法典》合同编规定，动产、不动产买卖合同可以分期付款，其中，动产分期付款买卖合同往往还会设置所有权保留买卖条款。对此，《民法典》第 634 条规定：

分期付款的买受人未支付到期价款的数额达到全部价款的五分之一，经催告后在合理期限内仍未支付到期价款的，出卖人可以请求买受人支付全部价款或者解除合同。

出卖人解除合同的，可以向买受人请求支付该标的物的使用费。

在分期付款合同中，出卖人对买受人进行授信，承受了较大风险。为了平衡权责利，这一条确立了以下规则：买受人违约达到1/5（具体指买受人未支付到期价款的数额达到全部价款的1/5），即为根本违约，出卖人取得单方解约权或合同变更权。

实践中，多数股转合同也采分期方式，一次性完成付款的并不多见。股转的过程的确与菜市场中"一手交钱、一手交货"的交易存在区别。进一步的问题在于，《民法典》第634条规定的卖方单方解约权、单方变更权是否也适用于分期付款的股转合同呢？

最高人民法院的立场是：不适用。在汤长龙诉周士海股权转让纠纷案（最高人民法院指导案例67号）[①]中，再审法院（最高人民法院）认为：

分期付款买卖的主要特征为：一是买受人向出卖人支付总价款分三次以上，出卖人交付标的物之后买受人分两次以上向出卖人支付价款；二是多发、常见在经营者和消费者之间，一般是买受人作为消费者为满足生活消费而发生的交易；三是出卖人向买受人授予了一定信用，而作为授信人的出卖人在价款回收上存在一定风险，为保障出卖人剩余价款的回收，出卖人在一定条件下可以行使解除合同的权利。

本案买卖的标的物是股权，因此具有与以消费为目的的一般买卖不同的特点：

---

① 本案案情：原告汤长龙与被告周士海于2013年4月3日签订的《股权转让协议》及《股权转让资金分期付款协议》约定，周士海将其持有的青岛变压器集团成都双星电器有限公司6.35%股权转让给汤长龙，股价710万元，分4期付清。协议签订后，汤长龙于2013年4月3日依约向周士海支付首期款150万元。因汤长龙逾期未支付二期款，周士海于同年10月11日以公证方式向汤长龙送达《关于解除协议的通知》，以其根本违约为由提出解除《股权转让资金分期付款协议》。汤长龙遂诉讼，要求确认周士海发出的解除协议通知无效，并责令其继续履行合同。一审法院（成都市中级人民法院）观点：《合同法》第167条第1款规定"分期付款的买受人未支付到期价款的金额达到全部价款的五分之一的，出卖人可以要求买受人支付全部价款或者解除合同"，汤长龙未支付的到期款项150万元已超过全部价款710万元的1/5，周士海有权解除合同。故汤长龙要求确认周士海解约无效的诉求不能成立，不予支持。二审法院（四川省高级人民法院）观点：关于买卖合同分期付款的内容，其最根本的特征是标的物先行交付，也即在出卖人交付货物、买受人实际控制货物后，出卖人收回款项的风险加大，法律赋予出卖人在一定情形下规避风险的措施，包括解除合同和要求一次性支付货款，立法宗旨在于平衡出卖人、买受人间利益。本案股权转让款710万元分4次支付，但未明确约定股权交付与分期付款的时间先后顺序，不具备分期付款买卖合同中关于标的物先行交付的基本特征，故本案《股权转让资金分期付款协议》不适用《合同法》第167关于买卖合同分期付款的规定。

一是汤长龙受让股权是为参与公司经营管理并获取经济利益,并非满足生活消费;二是……其因分期回收股权转让款而承担的风险,与一般以消费为目的分期付款买卖中出卖人收回价款的风险并不同等;三是双方解除股转合同,也不存在向受让人要求支付标的物使用费的情况。综上……对案涉《股权转让资金分期付款协议》不宜简单适用《合同法》第一百六十七条规定的合同解除权。

对于本案中最高人民法院的裁判观点,学术界尚有不小的争议。鉴于本书的定位,此处不展开学术讨论,仅为读者提供以最高人民法院为代表的司法立场。

003　如何理解否定股转合同效力的慎重性?

一、股转合同效力如被否定

(一)基本规则

合同效力被否定,广义上是指合同被认定为不成立、确定不生效、无效、被撤销。一旦合同效力被否定,根据《民法典》第157条等,便自始没有约束力。如已经履行或者部分履行,则需恢复原状,相互返还财产,不能返还的则需折价补偿;一方有损失的,还可以请求过错方承担缔约过失赔偿责任。详情如《民法典合同编通则司法解释》第24条规定:

合同不成立、无效、被撤销或者确定不发生效力,当事人请求返还财产,经审查财产能够返还的,人民法院应当根据案件具体情况,单独或者合并适用返还占有的标的物、更正登记簿册记载等方式;经审查财产不能返还或者没有必要返还的,人民法院应当以认定合同不成立、无效、被撤销或者确定不发生效力之日该财产的市场价值或者以其他合理方式计算的价值为基准判决折价补偿。

除前款规定的情形外,当事人还请求赔偿损失的,人民法院应当结合财产返还或者折价补偿的情况,综合考虑财产增值收益和贬值损失、交易成本的支出等事实,按照双方当事人的过错程度及原因力大小,根据诚信原则和公平原则,合理确定损失赔偿额。

合同不成立、无效、被撤销或者确定不发生效力,当事人的行为涉嫌违法且未经处理,可能导致一方或者双方通过违法行为获得不当利益的,人民法院应当向有关行政管理部门提出司法建议。当事人的行为涉嫌犯罪的,应当将案件线索移送刑事侦查机关;属于刑事自诉案件的,应当告知当事人可以向有管辖权的人民法院另行提起诉讼。

上述规则作为合同法的基本规则,适用于所有合同,股转合同自不例外。但是,如前所述,股转合同作为涉及组织法上成员变动,尤其是控制权变动的商事合同,其在适用上述规则时具有极大的特殊性。

(二)股转合同:"回头太难"

以最常见的动产、不动产买卖合同为例,一旦合同被否定,标的物的返还一般不成问题。即便因标的物的使用、时间经过而带来价值起伏,也可以通过折价补偿的方案解决;如权属涉及第三人,则适用以维护交易安全为核心的善意取得规则即可。相较之下,股转合同的恢复原状可能遭遇的情形便要复杂得多。

1.股转合同的标的物是股权,而股权价值与公司经营状况息息相关。受让人,尤其是购买了控股权的受让人,进入公司后,即便没有其他因素的变化,仅是经营股东的变动,在一段时间后都可能带来股权价值的巨变,这就是企业家的重要性之所在——受让人可能"撒豆成兵",使困境中的企业一路向好;受让人也可能糟糕无比,将一家原本运行良好的企业折腾得奄奄一息。除了企业业绩及其决定的股权价值,问题的复杂性还在于,一旦恢复原状,上述巨变很可能马上面临逆向的重复!且不说此时恢复原状在技术上是否完全实现,公司本身也难以经受这样的来回折腾,这毕竟不是实验室里可以精准量化的实验。

2.股转后,由于其他生产要素的投入,公司注册资本及其股权结构很可能发生巨变,如增资、减资。其中,增资扩股尤其常见,原来股转合同的标的股权很可能已发生巨变——由少数股权摇身变为控股股权,或者相反。

3.股转后很可能发生股权的再变动,此时为保护交易安全而无法适用恢复原状。股权的客体——有限公司的出资比例与股份公司的股份,具有无形性、可分割性,以下情形并不少见:张三通过其与李四的股转合同取得A公司15%的股权,不仅通过增资扩股变成了55%,且数天前又将该55%股权出售给王五、马六、丁七各18%,自己仅保留1%。如果回过头来,张三李四的股转合同被否定,如何恢复原状?又如何折价补偿?

结论是:已经履行或者部分履行一段时期后的股转合同,如效力被否定,适用恢复原状,出卖人一方返还股权价款固然可行,但买受人返还股权的义务,即便无法理障碍,在技术上也面临无法逾越的难题。

二、股转合同如被解除

同样的难题还出现在股转合同被解除的场合,合同解除后也将面临恢复原状的问题。《民法典》第566条第1款规定:

合同解除后,尚未履行的,终止履行;已经履行的,根据履行情况和合同性质,当事人可以请求恢复原状或者采取其他补救措施,并有权请求赔偿损失。

对于已经履行的部分,解约权人根据履行情况和合同性质可以请求恢复原状。如上文所述,在处理股转合同解除纠纷时,法官同样不得不考虑公司股权架构的稳定与交易安全。在买受人已经深度介入公司事务,甚至掌握公司经营权的背景下,如转让人行使解除权,势必打破业已形成的公司运营机制,导致公司治理结构、管理秩序、股权架构重新洗牌,更会引发一系列合同关系的连锁性混乱,影响债权人的利益。比如,受让人在接手公司后为公司债务提供担保,如合同解除,受让人还要承担担保责任吗?对于公司债权人而言,是不言而喻的;但对于受让人而言,却不是这个逻辑。可能有读者会说,股转合同当事人对此自然会有智慧达成相应协议予以妥善安排。这是一种理想化的说法,现实生活却并非如此。更何况,解约多基于单方解约权的行使而发生,当事人难以达成协议。

综上,进入履行阶段的股转合同,无论被否定还是被解除,其善后问题都远比其他合同复杂。这提示我们在司法实践中,对于否定、解除股转合同应当谨慎,否则,将不利于公司秩序、合同秩序的稳定,弊大于利。反之,如将一方当事人的救济途径限定在选择支付股权转让款、赔偿损失等,把纠纷、矛盾、利害关系、利益取舍限制在股转合同当事人之间,不涉及股转合同之外其他法律关系的变动,则利大于弊,也符合法律公平、公正的价值取向。

004 如何理解转让人的风险:人出局,钱没拿到?

一、背景:股转合同的复杂博弈

"从南京到北京,买的不如卖的精",一语道尽了买卖合同双方当事人的博弈状态。稍有经济学常识的人都明白,卖方之所以占有博弈优势,在于信息不对称,也即卖方对于自己要出售的商品所掌握的信息优于买方；陌生人间的即时买卖、一次性买卖尤其如此，此时卖方不仅在缔约时拥有信息优势，且在事实上无须承担违反信用的成本，可谓占尽缔约、履约的优势。

这句话适用于股转合同吗？据著者多年的实务经验与观察，回答基本是否定的。原因大致在于，股权是一种特殊的商品，公司市值及其股价受多重因素影响而瞬息万变，难以辨识其真伪及高低。且大额的股权转让价款多为分期支付，属于长期合同，加之股权变动涉及繁杂的环节，均为双方当事人在履行过程中的再博弈留足了充分的空间与时间；在分期付款方式下，情况可能是受让人已支付相当比例的股权款，但迟迟不能进入公司大门，也可能是受让人仅支付首期款项即进入公司行使股东权乃至控股权，不仅控制目标公司，更控制了此前的公司文件资料，摇身变为信息优势方，转让人此时便很可能遭受此前非信用行为的反噬。

在此背景下，简单来说，双方的交易各有风险，不存在哪一方的绝对优势——对于转让人来说，最大的风险就是：目标公司脱手，人离场了，钱没拿到；对于受让人而言，最大的风险是：钱出去了，人进不来，目标公司遥不可及。

为了让读者更直观地体会到双方履约过程中再博弈的激烈程度，下文我们假定双方交易的对象是目标公司的控股权。

二、转让人缔约时的优势

股转合同转让人在缔约时的信息优势是不言而喻的，与其他买卖合同的卖方并无二致。目标公司的控股股东尤其如此，其不仅是交易标的信息的拥有者，也是制作者，受让人对于目标公司几乎所有的信息都来自转让人的单方提供。尽管实务中受让人会亲自或者委托专业第三方进行尽调，但尽调未必能够掌握全部的真实信息，因为尽调信息的提供人仍然是转让人。转让人不仅制作、掌握目标公司过去、现时的信息，对目标公司未来发展信息的掌握也通常优越于受让人。

三、转让人的非信用

(一)缔约时的非信用

占尽信息优势的转让人在缔约阶段如违反诚实信用原则，滥用权利，制作、传递虚假信息给受让人，是一件较为容易的事情。这就是转让人的非信用行为之一——缔约非信用。

上市公司践行强制信息披露制度,有证监会、证券交易所的日常监管以及全社会监督,所以其非信用状况比非上市公司少得多,这是一个客观事实。尽管仍然不乏个别上市公司铤而走险,搞虚假陈述,但这毕竟是少数。所以,上市公司股份转让的规范性、信用性,要比非上市公司的股权转让好得多。

(二)履约中的非信用

转让人的非信用行为之二是履约中的非信用,主要有两种形态:

1. 一次性支付股权款交易。在此类交易中,出卖人往往利用自身的缔约优势,约定受让人交付股权款在前、出卖人履行义务在后。一旦拿到款项,出卖人作为控股股东便利用实际控制公司的机会,要么以种种理由拖延办理各种手续——变更股东名册、变更章程记载、换发出资证明书、变更公司登记,要么拒不提供公司印章、营业执照副本等证件资料给受让人,要么本人及其下属占据管理层岗位不肯退出,或者提出不合理的天价价码。总之,转让人想尽一切办法搞非信用行为,拿钱但不退出公司。

2. 分期付款交易。此类交易中,往往约定受让人每支付一笔分期款、转让人也有对应的逐渐交付目标公司的义务,直到末期款到位、公司交接完毕。由于双方的权利义务比较对等,且互有同时履行抗辩权(或先履行抗辩权),任何一方的非信用行为被较好地抑制。尽管如此,实务中仍有转让人为非信用行为的空间——要么如前一类交易,拿到某笔分期款,但不履行对应的义务,反而利用控制公司的优势要求受让人交付下一期股款;要么抓住受让人的轻微履行瑕疵行为,借主张解约之名拖延时间,拒不交接目标公司……不一而足。

四、转让人的风险及其应对

(一)风险

转让人的风险主要出现在履约过程中:良善的股权出让人,也可能遭遇不讲信用的受让人;反之,遇到强势的受让人,不讲信用在先的转让人可能被反噬。

1. 受害

一言以蔽之,市场交易中的一切风险都是债权人的风险,而不是债务人的风险。依据民法常识,站在转让人的立场,只要约定受让人付款在前、自己交付股权(目标公司)在后,一般就不会成为受害方;反之,若遇人不淑,自己成为受害方便是大概率事件。

2. 反噬

实践中,也有不讲信用的转让人,自以为聪明至极,在缔约时大搞虚假陈述,虚构交易合同,制造虚假交易信息,伪造财务资料,隐瞒真实成本,虚构巨额利润。以上种种,均意在抬升公司市值,提高出售的价款。但所谓道高一尺魔高一丈,岂不知受让人亦非善类,或虽为诚信商人,但拥有巨大的政商资源,一旦进入公司后将很快发现造假信息。此时,轻者将停止付款(尤其是分期付款),重者则会立马启动刑事追诉程序,报案追究转让人包括但不限于合同诈骗罪、职务侵占罪、挪用资金罪等罪名。

(二)应对

其一,转让方在签订转让合同时也要对受让人反向尽调,全面、及时、真实地了解受让方及其实控人的信誉状况与财务状况。针对大额的股权交易,要求买受人的相关利害关系人提供担保,也是防止人财两空的有效方式。尤其是,在分期付款方式下,对受让人支付比例不高就得以进入、控制公司的安排,一定要慎之又慎。否则,转让人失去股东身份后,难以凭借股东身份进行维权,与受让人之间仅剩下债权债务关系,很容易造成竹篮打水一场空的局面,概括来说就是"他进来,我出去,钱没拿到"。

其二,受让人在履约中的反悔,多数是由于接手公司后发现经营情况、财务状况不如自己的设想,虽造成这一状况的真实原因很可能是其不善经营,但问题是很少有受让人会自我反思、自我归因,其往往是回过头来寻找出让人在缔约、履约中的毛病,向法院起诉要求否定、解除合同等。这不仅是受让人的认识问题,更是人性本身。基于法律行为的股权变动,有效的转让合同是确认股权变动的前提,法院在审理股权转让纠纷时,也会不可避免地首先审查转让合同的效力。

举例。济南某制水有限公司与山东某投资咨询有限公司股权转让纠纷案[(2016)最高法民申724号]。某制水公司起初一致同意以5200万元的价格收购股份,后以转让价格过高为由主张股转合同无效,法院审理认为股份的定价经过某制水公司董事一致同意,且与转让方达成共识,没有证据表明其中有欺诈、胁迫、乘人之危、显失公平的情况,某制水公司的主张缺乏事实和法律依据,不予支持。

005　如何理解受让人的风险：钱到位了，人却进不去？

一、受让人缔约时的劣势

如前文所述,转让人在缔约时的信息优势,恰是受让人的劣势。相对而言,收购上市公司及其子公司、国家出资公司及其子公司的股权时,受让人遭遇的信息劣势要小一些,毕竟这些公司的财务会计信息相对而言更值得信赖。在封闭公司、民营公司的股权收购中,受让人的信息劣势就会更大,这决定了其缔约时的主要目标之一在于防范合同诈骗行为,防止自己成为合同诈骗罪的被害人。

二、受让人的履约风险及其应对

在股转合同履行过程中,相对而言,受让人的风险比转让人更为复杂,这里牵涉一个重要的公司法问题——股东身份的认定。比较简单的纠纷可能表现为,受让人支付了价款,但公司怠于为其办理相关手续,使其迟迟无法行使股东权利。更为复杂的纠纷则表现为,受让人虽形式上进入公司,但遭遇进一步的股东压制,得不偿失。

(一)风险

1.公司拒不配合办理相关手续,包括变更股东名册、变更公司章程记载、签发出资证明书、申请变更登记等。更有甚者,公司可能以股转违反法律、公司章程为由,拒不承认受让人的股东身份。实践中,公司意思往往由管理层、双控人控制,公司的不配合与不承认,在非控股股转的场合,很可能是双控人及管理层在从中作梗;在控股股转的场合,转让人亦可能利用剩余的影响力从中作梗。

2.转让人拒不退出公司,或拒不交出控制权。即便公司愿意配合办理相应手续,也承认受让人的股东身份,但若转让人拒不退出公司,受让人仍将面临"钱到位了,人进不来"的窘境,陷入一场合同履行与公司组织的双重纠纷。如转让人是控股股东,那就是转让人不肯交出控制权,双方将展开一场公司控制权之争;如果转让人是非控股股东,双方的拉锯战也将使公司、管理层及其他股东卷入其中。

(二)应对

1.公司拒不配合办理相关手续,或拒绝承认受让人股东身份的,应对方式如下：

第一,如转让人为非控股股东,则公司拒不配合办理相关手续的责任一般不在转让人,受让人正确的应对措施有二：(1)在股转合同中尽可能约定,如出现这种情况,受让人有权单方解约,进而成功退出是非之地,将矛盾抛回转让人。毕竟这一局面通常是由转让人与其他股东的旧怨引发的;(2)选择与转让人并肩作战,起诉公司办理相关手续。当然,此时虽名义上系与公司作战,真正的敌人仍是公司背后的双控人、管理层等。

第二,如转让人为控股股东,受让人的应对措施同样有二：(1)选择起诉公司,此时实际上是与公司背后的控股股东作战;(2)"硬刚"转让人,如股权转让合约针对这种情况设置了受让人的单方解约权,受让人自然可以借此成功退出是非。

举例。在谢某视诉张某昌、某刚公司股权纠纷案(《最高人民法院公报》2003年第1期)中,在目标公司某中外合作企业股转的过程中,中外合作企业及转让人怠于办理审批手续,导致股转协议不能生效,受让人向法院起诉要求判决中外合作企业及转让人在规定期限内,将股转事宜送至审批机关办理相关变更手续,并要求转让人及中外合作企业按照股转协议的规定履行义务。

2.转让人拒不退出公司,或者拒不交出控制权的,受让人的应对也一分为二：

第一,如转让人为非控股股东,受让人应尽可能争取公司(背后的其他股东、管理层)的支持,将转让人驱逐出公司,优先运用组织法的手段;如不能实现前一点,那借助合同法的帮助,起诉转让人根本违约,要求解除合同并赔偿损失,或要求其继续履行合同。

第二,如转让人为控股股东,受让人的应对措施较为直白,就是一场控制权争夺战。至于如何打赢一场公司控制权战争,请参见本书相应的内容。

三、受让人履约中的劣势反转

如缔约时转让人作了虚假陈述,合约约定的股价远超实际价值,转让人可能构成民法上的欺诈乃至刑法上的合同诈骗罪,受让人很可能完全蒙在鼓里。但后知后觉的受让人不要自乱阵脚,受让人如仅支付部分价款就进入公司,此时第一步的止损措施就是找寻、收集转让人的违约证据,进而拒付剩余股权款。此时,即便股权价格偏高或者畸高,若受让人仅支付了部分价款就取得了公司控制权,其完全也可以反转局势,牢牢把控主动权,让造假的转让人得不偿失;如果受让人已经支付了全部价款,除收集相关证据进行民事诉讼(撤销合同之诉、解约之诉、违约赔偿之诉等),受让人还可以尝试启动刑事程序,让造假的转让人付出应有的法律代价,维护自身的合法权益。

分篇二

股权变动模式

物权法上有物权变动模式,债法上有债权变动模式,公司法上则有股权变动模式。股权变动模式,解决的是受让人何时取得股权,也即何时成为新股东的问题。不论是基于法律行为(如股转合同)的股权变动,还是非基于法律行为(如继承)的股权变动,都有着比物权、债权变动更为繁复的法律程序。所以股权变动的节点到底在哪里?

有限公司中,股权变动模式是一个极其重要且富有争议的问题。这一方面在于其本身的复杂性,另一方面与公司法规定不明以及司法解释中的分歧也不无关系。

股权变动模式还决定了股权善意取得的理解与适用等一系列相关法律问题。本分篇共设8问,先就股转合同的重要方面予以系统介绍,最后一问附带介绍公司债券转让及其变动模式。

006　有限公司股权变动模式(一):受让人何时成为股东?

一、股权变动模式的分类

在物权法上,所谓物权变动,是指物权的设立、变更、转让与消灭。关于物权变动模式的基本分类,按照物权变动原因,可分为基于法律行为与非基于法律行为的物权变动,前者主要指依据债权合同、单方允诺等法律行为发生的物权变动,后者主要指基于行政行为、司法裁决、继承以及合法建造、拆除房屋等非民事法律行为而发生的物权变动。根据《民法典》物权编第二章,基于法律行为的物权变动,原则上采形式主义,以不动产登记、动产交付为物权变动的形式要件,例外(农地承包经营权、地役权、动产抵押权)采意思主义,合同生效,则物权设立;非基于法律行为的物权变动,则以非法律行为的法律事实发生时为准。

所谓股权变动,指股权的设立、变更、转让与消灭。尽管股权变动模式的基本法理与物权变动模式并不是一回事,但这并不影响股权变动的分类可以借鉴物权变动分类的智慧。

二、基于法律行为的有限公司股权变动

此处仅以股权买卖合同为例。

(一)问题的提出

为方便读者理解所讨论问题的实质,并尽快构建相关知识体系,此处假设一案例:

某年某月1日,甲、乙达成股转意向书,甲将其持有的A公司25%股权中的10%出售给乙,售价1000万元;

2日,甲一一通知其他股东,后者均表示放弃优先购买权;

3日,甲、乙两人签订10%股权的转让合同;

4日,乙支付给甲1000万元的股权转让款;

5日,甲向A公司管理层通知了股转事宜,A公司无异议;

7日,A公司变更股东名册记载,录入乙的个人信息及持股信息;

9日,A公司修订公司章程相关条款,变更甲、乙的相关信息;

11日,A公司注销了甲的原出资证明书,且向甲、乙签发新出资证明书;

13日,A公司向乙发出通知,告知将在本月29日召开临时股东会议;

30日,A公司向市场监督管理局申请变更登记,更新甲、乙的登记信息。

问题是:乙何时成为A公司的股东?

(二)众说纷纭

股权买卖合同是一种典型的双务、有偿合同,其法律效力有二:一是货币(股权款)所有权的转移;二是股权变动,即转让人丧失所转让的股权,同时受让人取得相应股权。此处关注的就是第二点。

这一问题,不论在理论界还是裁判实务中,都存在巨大争议。

观点1:3日,即以股转合同生效为准,采债权意思主义,此为主流观点。

观点2:4日,即以受让人交付股权款为准,司法实务中确有采此观点的裁判。这有公然违反法律常识之嫌,毕竟交付价款决定的是货币所有权的转移,与股权转移何干?但似乎也体现了部分法官的"朴素正义观"——你要成为股东,不得掏钱吗?

观点3:5日,即以通知公司为准。既然股权是股东对公司的权利,自然应通知公司后才对公司生效。

观点4:7日,即以公司变更股东名称记载为准。这是有力观点,在2023年《公司法》施行后似乎有成为权威观点之势。

观点5:30日,即以变更登记为准,股权变动需要通过登记公示。这是学理上的一种"浪漫主义",但与《公司法》第34条确立的变更登记的对抗效力明显冲突。第34条规定:

公司登记事项发生变更的,应当依法办理变更登记。

公司登记事项未经登记或者未经变更登记,不得对抗善意相对人。

(三)《公司法》第86条的规定

《公司法》第86条规定:

股东转让股权的,应当书面通知公司,请求变更股东名册;需要办理变更登记的,并请求公司向公司登记机关办理变更登记。公司拒绝或者在合理期限内不予答复的,转让人、受让人可以依法向人民法院提起诉讼。

股权转让的,受让人自记载于股东名册时起可以向公司主张行使股东权利。

上述条文中,引人注目的是第2款,这一规定脱胎于2018年《公司法》第32条第2款,该款规定为:

记载于股东名册的股东,可以依股东名册主张行使股东权利。

两者相较,前者突出了"自记载于股东名册时起"这一节点,很多人也就据此认为,2023年《公司法》突出强调了股东名册记载乃是有限公司股权变动的节点(时点),也即股东名册记载是有限公司股权变动的形式要件,可以称之为债权形式主义,用公式表达就是:

有效的股转合同 + 股东名册记载 = 股权变动

但是,如将股东名称记载作为基于法律行为的股权变动之形式要件,将面临四大难以治愈的"硬伤":

1.《公司法》第 86 条逻辑的不自洽

《公司法》第 86 条第 1 款规定了两个给付之诉,也即转让人、受让人均可依法向人民法院提起诉讼,要求公司变更股东名册、办理变更登记。那么,受让人在起诉时的身份为何?显然,受让人应当是股东,因为只有股东才有提起此诉的权利。这也至少间接证明,当转让人通知公司时,股转便对公司生效,受让人得以股东身份要求公司履行义务,而不需要有其他形式要件。

2. 与《公司法》第 87 条直接冲突

《公司法》第 87 条规定:

依照本法转让股权后,公司应当及时注销原股东的出资证明书,向新股东签发出资证明书,并相应修改公司章程和股东名册中有关股东及其出资额的记载。对公司章程的该项修改不需再由股东会表决。

第 87 条的字面意思显示,股转的事实发生后,公司即负有义务变更股东名册记载。显然,变更股东名册记载不是股转之要件,而是股转后的公司义务。

3. 严重侵害股转自由原则

股东名册乃公司制作、置备的,如唯有股东名册记载,受让人才能成为公司股东,这就等同于将受让人能否成为股东的命运交付给公司决定,而决定公司意思的乃是背后的管理层、双控人等。这就等于,股东如要顺利移转股权,要看其他人的眼色!真是岂有此理!

加之,实务中各公司对股东名册的管理差异很大,恶意涂抹、恶意篡改、恶意漏记等现象时有发生,将股东身份的认定完全交由股东名册这一公司内部文件资料,只会为受让人能否进入公司凭空增加不确定性,易生额外阻碍。

4. 与公司实践严重脱节

虽没有具体的统计数据,但是人们都公认,5000 多万家有限公司中,依法置备股东名册的不在多数,是极少数。据此,如将股东名册记载作为股权变动的形式要件,将会发生更大的混乱,对受让人也极其不利。

(四)对《公司法》第 86 条的正确解读

限于篇幅以及本书的定位,我们不再展开说理,此处只交代结论:

1. 股转合同生效后,在转让人与受让人之间即转移股权。

2. 转让人通知公司后,公司无异议的,对公司生效,也即公司认可受让人的股东身份,且有义务配合办理四项手续。

3.公司有异议,不认可受让人股东身份的,相关争议通过民事纠纷解决程序解决。

4.公司办理变更登记是对股转事实的公示,可以对抗第三人;否则,不得对抗善意第三人。

需要稍作解释的是,公司认可受让人的股东身份,有多种途径,包括但不限于:(1)变更股东名册记载;(2)变更公司章程记载;(3)为受让人颁发出资证明书;(4)通知受让人参加股东会;(5)向受让人分配股利;(6)变更登记等。公司对受让人为上述任何行为,在认可受让人股东身份这一点上的效力都是等同的,没有必要揠苗助长,唯独对变更股东名册记载"另眼相看",以其为股转的唯一形式要件。

那么,如何理解《公司法》第86条第2款"股权转让的,受让人自记载于股东名册时起可以向公司主张行使股东权利"的含义呢?正确解读应是:

从正面理解,既然股东名册由公司制作、置备,若公司已将受让人的名姓记载于此,自然代表公司对其股东身份的认可,受让人据此向公司主张股东权利,自然无疑;但是,禁止对这一规定作反向解释:受让人未记载于股东名册的,就不是股东,故不能向公司主张股东权利。

此时,回到本问篇首的问题,不难看出,设例中7日、9日、11日、13日的四类行为具有同等效力。

当然,要深刻理解上述要点,回避不了公司、其他股东在股转中扮演的角色,不能忽视其意思参与。本书专设以下两问专门探讨公司、其他股东的意思参与问题。

三、非基于法律行为的有限公司股权变动

(一)物权法的规定

关于非基于法律行为的物权变动,《民法典》物权编共设三个条文。

第229条规定:

因人民法院、仲裁机构的法律文书或者人民政府的征收决定等,导致物权设立、变更、转让或者消灭的,自法律文书或者征收决定等生效时发生效力。

第230条规定:

因继承取得物权的,自继承开始时发生效力。

第231条规定：

因合法建造、拆除房屋等事实行为设立或者消灭物权的，自事实行为成就时发生效力。

(二)股权变动，情同此理

以上三个条文规定的基本法理照样适用于股权，可以分别表述为：

1. 因人民法院、仲裁机构的法律文书导致股权变动的，自法律文书生效时发生效力。

例1。张三生前持有A有限公司10%的出资额，遗留有多份遗嘱涉及该出资额的继承，后四个子女各自主张归属于自己，为此打了一场股权继承官司，最后某中级人民法院二审判决确认该股权归属于大儿子张小三所有。本案中，张小三取得股权的时间即为二审判决生效之日。

2. 因继承取得股权的，自继承开始时发生效力。

例2。张三生前持有A有限公司10%的出资额，死于2025年2月1日，未留有遗嘱，儿子张小三为其唯一法定继承人。本例，张小三在2025年2月1日取得A公司股权。

3. 因出资、公司终止等事实行为设立、消灭股权的，自事实行为成就时发生效力。

例3。张三与其他投资人一起在2011年11月11日订立发起人协议，约定共同出资1亿元设立某A有限公司，其中张三认缴出资款1500万元，占出资比例的10%；2012年2月，A公司获颁营业执照成立；张三于2013年5月出资完毕；2014年7月，A公司增资扩股到5亿元，李四作为新投资人认购5000万元，取得10%的出资比例；2024年1月，A公司股东会决议解散，完成解散清算后于2024年6月注销登记。张三取得股权的时间是2012年2月，李四取得股权的时间是2014年7月，两人股权的消灭时间都在2024年6月。

007　有限公司股权变动模式（二）：公司如何参与股转？

本问继续深入讲解基于法律行为的股权变动。上问解决了股转合同双方当事人之间的股权丧失、取得的关系，但要深入挖掘的一个问题是，如何理解公司本身在有限公司股转中的法律地位?

一、公司不是当事人,但其意思参与不可缺位

如公司作为股权收购人,由于公司此时系股权受让人,自然是一方当事人;除此之外,公司都不是股转合同的任何一方当事人。

但是,实务中确实存在一些股转合同,在签约时不仅有双方当事人的签字盖章,公司也作为一方参与签约。即便如此,首先要澄清,即使参与签约,公司也不是合同的一方当事人。存在的,未必就合理。公司作为一方出现在股转合同中,通常是当事人的误解,他们误以为公司也是股转合同的一方当事人,此种现象通常在控股股东转让股权时才会出现,因为其掌握公司印章,加盖印章很方便,少数股东就很少这样操作。对此现象的正确解读是,公司既然加盖了印章,便等同于公司获得了股转当事人的通知,也即被通知了股转事实。

进一步的问题在于,股东转让股权为何要通知公司?这是因为公司虽非当事人,但其意思参与不可或缺。

二、公司应被通知

公司应当被通知股转事实吗?回答是肯定的,《公司法》第86条句首就是"股东转让股权的,应当书面通知公司"。转让人要通知公司股转事实,原因主要有三:

一是,股权乃股东对公司的权利,股东是权利主体,公司是义务主体,股转后,自然要通知义务主体,否则义务主体不知晓权利转让的事实,如何响应受让人的权利主张?反过来说,公司也得在未被通知时拒绝受让人的权利主张,或者说该股转对公司不发生效力。个中道理,与《民法典》第546条规定的债权人转让债权要通知债务人如出一辙。《民法典》第546条第1款规定:

债权人转让债权,未通知债务人的,该转让对债务人不发生效力。

二是,通知公司后,公司有权利依据法律、公司章程的规定,对股转提出异议,或者拒绝认可受让人的股东身份。

三是,通知公司后,如公司没有异议,即负有义务为受让人作出下文的四项行为。

三、公司对受让人股东身份的认可与拒绝

依照《公司法》第86条,公司被通知后,会有两类反应:

一是,无异议,也即认可。认可的意思表示可以是积极的,也可以是消极的,公司被通知后若未以积极的方式提出异议,即推定为无异议。公司无异议的,便有义务主动为新股东作出下文的四个行为。

二是,有异议,也即拒绝承认受让人的股东身份。异议只能以积极的意思表示为之。如有异议,公司得拒绝履行上述四义务。

读者可能会问,既然股转合同的当事人是转让人与受让人,公司并非当事人,且股转的效果仅发生在原股东(转让人)与新股东(受让人)之间,公司为何有权提出异议?又凭借何种理由提出异议?这个问题问得好,深刻触及股转法律关系的灵魂。

例1。某A有限公司的甲、乙、丙、丁、戊五位发起人订立的发起人协议(设立协议)以及公司章程都设有以下条款:"在公司设立之日起5年内,所有股东都不得转让股权,以保障所有投资人专注创业。"两年过后,甲股东转让股权给张三并通知公司。此时,A公司应当如何应对?

例2。某C国有公司持有某B有限公司10%的股权,现C公司转让股权给某D民企,依照相关规定要遵守的法定程序包括:走招拍挂程序、在产权交易所进行、获得国资委审批等。现C、D公司未遵守以上程序,直接签约并通知B公司股转事实。此时,B公司应当如何应对?

以上两例,请读者自己思考。稍作提示,目标公司此时有义务也有权利维护法律、章程条款的实施,这便是公司对股转合同效力提出瑕疵之诉、对股权移转的法律效力提出异议的正当性。个中道理与《民法典》第545条的规定是一样的。

四、公司的四个义务

依照《公司法》第86~87条,公司被通知后,如对股转无异议,应当自觉做以下四件事:

1.变更股东名册中有关股东及其出资额的记载。根据《公司法》第56条第1款,股东名册记载的事项包括:(1)股东的姓名或者名称及住所;(2)股东认缴和实缴的出资额、出资方式和出资日期;(3)出资证明书编号;(4)取得和丧失股东资格

的日期。所以,无论发生了内外股转,都需要变更股东名册的记载。

2.需要办理变更登记的,向公司登记机关办理变更登记。根据《公司法》第32条,公司登记事项仅包括股东姓名而不包括出资额的信息,所以此处的"需要",是指除股权内部转让以外的其他股转,股东内部股转一般无须办理变更登记。

3.及时向新股东签发出资证明书,同时注销原股东的出资证明书。

4.相应修改公司章程关于股东信息的记载。需注意的是,此时对公司章程的该项修改不需要再由股东会表决。

以上四项义务,如公司不主动为之,转让人(原股东)、受让人(新股东)将提出请求,如公司拒绝或者在合理期限内不予答复,转让人、受让人得起诉公司为之。

008　有限公司股权变动模式(三):其他股东如何参与股转?

一、不是股转当事人,但其意思参与不可缺位

有限公司股转合同的双方当事人是转让人(原股东)与受让人(新股东),前问已述,作为股权义务主体的公司不是当事人,那么其他股东是当事人吗?回答同样是否定的。

但实务中,确实存在一些股转合同不仅有双方当事人的签字、盖章,还有其他股东作为一方参与签约。常见的情形是,在股东转让股权给外部第三人时,公司为此召开股东会,让其他股东也参与进来。此类情形的出现,制造出了一种假象——其他股东也参与股转。

对以上情形恰当的解释是,其他股东虽不是股转合同当事人,但也会以某种意思表示的方式参与其中,且这种参与不可或缺。

二、被通知

2018年《公司法》第71条第2、3、4款规定:

股东向股东以外的人转让股权,应当经其他股东过半数同意。股东应就其股权转让事项书面通知其他股东征求同意,其他股东自接到书面通知之日起满三十日未

答复的,视为同意转让。其他股东半数以上不同意转让的,不同意的股东应当购买该转让的股权;不购买的,视为同意转让。

经股东同意转让的股权,在同等条件下,其他股东有优先购买权。两个以上股东主张行使优先购买权的,协商确定各自的购买比例;协商不成的,按照转让时各自的出资比例行使优先购买权。

公司章程对股权转让另有规定的,从其规定。

据此,股东转让股权给外部第三人的,需要两次通知其他股东:一是征求其他股东的意见,意在取得其他股东"人头过半数"同意;二是征求其他股东是否行使优先购买权。

2023年《公司法》第84条删去了上述第2款,大体上保留了第3、4款,这传递了两层重要的意思:

1. 仍要通知其他股东,以征求其有关是否行使优先购买权的意思;

2. 如公司章程保留了2018年《公司法》第71条第2款有关征求其他股东过半数同意的条款,以强化公司的封闭性,裁判者应予以尊重。

三、主张优先购买权

在股东转让股权给外部第三人时,关于其他股东的优先购买权及其行使,后文还有更详细的介绍,此处仅介绍其他股东主张优先购买权对股转合同效力及股转法律效力的影响:

1. 其他股东的优先购买权应当受到尊重。股转合同签署前,转让人应当如实将股转的数量、价格、支付方式和期限等事项书面通知其他股东,并给出不少于30日的静默期,以静待其他股东优先购买权的行使。

2. 如侵害其他股东的优先购买权,不足以影响股转合同的效力。其他股东无权因此主张股转合同无效。

3. 相关股转合同存在履行障碍。若其他股东依法主张优先权,股转合同不能履行,只能转让给行权的其他股东,股转合同当事人移转股权的目的将落空。

四、公司章程的其他规定

2023年《公司法》第84条第3款保留了2018年《公司法》第71条第4款,规定"公司章程对股权转让另有规定的,从其规定"。这一规定含义丰富,既可以限制上述法定的其他股东的参与机制,也可以在法定基础上扩张其他股东的参与机制。总之,只要章程条款不违背法律、行政法规的效力性强制规定以及公序良俗,都是有效的,得约束全体股东,任何股东转让股权时都应遵守。

009 有限公司股权变动模式(四):管理层、职工、债权人是股转的利害关系人吗?

一、问题的提出

有限公司股转时,除公司、其他股东以非当事人的身份参与外,是否还有其他主体,比如,公司管理层、职工、公司债权人等参与?如是,说明这些主体与股转之间具有利害关系,甚至也将间接承担某些义务,这需要展开探讨。

二、管理层

此处的管理层,是指负责公司日常经营管理的董事会成员、监事会成员及全体高级管理人员,其中以董事长、总经理、法定代表人(兼任)最为关键;如公司存在实际负责经营管理的双控人,也被包含在内。

管理层在有限公司股转过程中,主要的参与方式包括:

1. 转让人在通知其他股东时,可能是自己一一通知,也可能是通过管理层代为通知。毕竟管理层掌握股东名册,由其通知最为高效、全面。实务中,尤其是重要股东转让股权或涉及控制权转让时,也有公司为此特意召开临时股东会会议,以集体通知全体股东,甚至可能当场公布股转合同的主要条款,以征求其他股东是否同意对外转让(2018年《公司法》第71条第2款,以及公司章程特别保留同意权的情形)、是否行使优先购买权的意见。如召开股东会,召集人、主持人都由管理层担任。

2. 转让人与受让人签署股转合同并通知公司时,具体的通知对象就是管理层。如公司有异议,需由管理层代表公司告知股转当事人公司的异议立场及理由;如有必要,管理层还将代表公司对股转合同的效力提出瑕疵之诉。

3. 转让人与受让人签署股转合同并通知公司后,如管理层代表的公司不持异议,则管理层需进一步代表公司主动履行四个配合义务:变更股东名册记载、变更公司章程记载、换发出资证明书以及申请变更登记。如管理层代表公司拒绝为上述行为,或在合理期限内不予答复,股转当事人可以进一步请求或起诉公司为之。

如公司怠于履行以上义务导致受让人遭受损失,受让人自然可以请求公司承担赔偿责任。进一步的问题是,此时受让人(新股东)可否依据《公司法》第190~191条提供的程序规范与实体规范,对基于故意、重大过失的职务行为导致其利益受损的管理层提起直接诉讼(第190条),请求其与公司一道承担连带赔偿责任(第191条)？回答应当是肯定的。

《公司法》第190条规定:

董事、高级管理人员违反法律、行政法规或者公司章程的规定,损害股东利益的,股东可以向人民法院提起诉讼。

第191条规定:

董事、高级管理人员执行职务,给他人造成损害的,公司应当承担赔偿责任;董事、高级管理人员存在故意或者重大过失的,也应当承担赔偿责任。

三、职工

一般而言,少数股东的股转行为即便与公司职工有利害关系,也是社会经济意义上的,而不是法律意义上的;如控股股东转让其控制权,便涉及公司并购行为。并购中,职工是重要的利益相关者,这一利害关系突破了社会经济层面,上升到了法律层面,自然有相应的法律规范予以适用,以维护职工的权益。限于篇幅,本部分内容不拟展开,有兴趣的读者可参阅其他书目的介绍。

四、公司债权人

相较公司职工,股转行为对公司债权人的利益影响要复杂得多,简要介绍如下:

1. 瑕疵出资股权,或出资期限尚未到期的股权转让后,涉及对应出资义务的履行问题,由此涉及公司债权人赔偿请求权的对象厘定问题。《公司法》第88条对此有规定,本书其他部分有详细介绍,此处不展开。

2. 无论何种股权转让,如原股东对公司债务负有担保责任,其转让股权后是否继续承担担保责任？站在债权人立场上,当然是;但股转当事人在此场合往往另有约定,或者会与公司债权人达成新的协议。对此,遵循合同法理去解决问题即可。

010 有限公司股权变动模式（五）：名义股东处分股权，适用善意取得吗？

一、股权变动模式与善意取得

众所周知,善意取得本是物权法上动产所有权原始取得的一种方式,后逐渐扩展到不动产所有权,再进一步扩展到债权、票据权利以及商事法上的多项权利的原始取得。有限公司股权的善意取得,就是在此背景下提出的。

物权法上,善意取得之所以属于原始取得,是因为其适用以无权处分为前提。善意第三人最后取得物权,不是建立在处分权人的权利或同意的基础上,而是因为其具备了公司法规定的善意取得的法定要件。简单地说,没有无权处分,也就无善意取得。

我国《民法典》比较彻底地承认了物权善意取得规则(第311条),这与《民法典》物权编确立的物权变动模式息息相关。

基于法律行为的有限公司股权变动模式,与股权善意取得能否适用以及如何适用同样息息相关。我国公司法承认有限公司股权适用善意取得制度。依照《公司法解释三》等,主要有两个场合,安排本问以及下问分述之。

二、名义股东处分股权的

(一)何谓名义股东

现实生活中,股权代持的形成原因及其代持方式有很多种,本书其他内容有详细介绍,此处仅以最常见的股权代持为例,介绍善意取得的适用原理。

例1。张三与王五、马六、丁七等四人设立 A 有限公司,张三出资额占公司注册资本的20%。出于某种考虑,张三未登记自己为股东,而是私下与李四签署了股权委托代持协议,每年给李四代持费1万元,将股权登记在李四名下。对此代持协议及代持事实,其他三股东王五、马六、丁七可能完全知晓(不完全隐名),也可能完全不知晓(完全隐名)。

本例中,李四的身份有二,即委托代持协议的受托人(行为法)、名义股东(组织法);张三也有两个身份,即委托代持协议的委托人(行为法)、实际出资人(组织法)。在公司法上,一份股权对应的只能是一个股东,张三、李四不能同时为股东,那么究竟谁是股东呢?《公司法解释三》第24条作了清晰的回答:

有限责任公司的实际出资人与名义出资人订立合同,约定由实际出资人出资并享有投资权益,以名义出资人为名义股东,实际出资人与名义股东对该合同效力发生争议的,如无法律规定的无效情形,人民法院应当认定该合同有效。

前款规定的实际出资人与名义股东因投资权益的归属发生争议,实际出资人以其实际履行了出资义务为由向名义股东主张权利的,人民法院应予支持。名义股东以公司股东名册记载、公司登记机关登记为由否认实际出资人权利的,人民法院不予支持。

实际出资人未经公司其他股东半数以上同意,请求公司变更股东、签发出资证明书、记载于股东名册、记载于公司章程并办理公司登记机关登记的,人民法院不予支持。

本条称处于上例张三地位的人为"实际出资人"而非所谓"实际股东""实质股东",称处于上例李四地位的人为"名义股东"而非所谓"代持人""受托人",用意深刻。一言以蔽之:实际出资人未经本条第3款规定的"显名程序",并非公司股东,公司仅承认登记股东为股东(名义股东)。

(二)名义股东为无权处分

司法实务中所谓名义股东无权处分其名下股权,这一定义本身含有悖论,存在概念上的争议。为交流方便,我们续接上文的案件场景进一步举例。

例2。代持期间,为偿还自身债务,李四私下与丘八达成一份转让其名下20%股权的意向书,并通知王五、马六、丁七三位股东,后者表示放弃优先权。李四、丘八正式签署股转协议,丘八依约支付价款给李四,后李四通知A公司,后者无异议,并办理了公司内外的一系列手续。又几日,张三才知晓此事,向丘八追要股权,但丘八表示自己付出了对价(有偿),对张三、李四的内部代持关系一无所知,之所以信任李四为股东,乃是基于对商事登记的信赖(善意),以及股转过程中其他股东、目标公司的配合。

对于上例中李四与丘八间的股权交易行为,在丘八(交易第三人)与张三(实际出资人)之间,明眼人都能一眼看出法律需要保护前者,这一点上没有争议;有争议的是如何保护丘八,也即保护善意交易人的路径如何选择的问题。可选择的路径有二:

路径一:承认李四就是股东,故其与丘八的股转行为乃是有权处分,丘八依据有效的股转合同取得了股权,无须举证自己符合善意取得的一系列要件(有偿、善意、完成变动)。

路径二:承认李四仅是名义股东,对名下股权无处分权,故其与丘八的股转合同乃是无权处分,原则上丘八不能依据该股转合同取得股权,除非其自证自己符合善意取得的一系列要件(有偿、善意、完成变动)。

很显然,路径一对交易相对人更加有利,对实际出资人极其不利,逻辑则简明扼要;路径二虽也能保护善意相对人,但对其要求较高,平衡了交易相对人与实际出资人的利益。

那么,我国公司法采哪一条路径呢?

(三)《公司法解释》第25条的解读

《公司法解释三》第25条规定:

名义股东将登记于其名下的股权转让、质押或者以其他方式处分,实际出资人以其对于股权享有实际权利为由,请求认定处分股权行为无效的,人民法院可以参照民法典第三百一十一条的规定处理。

名义股东处分股权造成实际出资人损失,实际出资人请求名义股东承担赔偿责任的,人民法院应予支持。

本条采上述路径二。

理论界对于《公司法解释三》第25条的逻辑存在质疑,但也不乏坚定的支持者,在此简要回应。

质疑一:既然《公司法解释三》第24条已经承认代持人就是(名义)股东,委托人仅为实际出资人,为何又要在第25条否定名义股东的有权处分行为?

确实,《公司法解释三》第24条与第25条之间存在逻辑悖论。按照第24条的逻辑,名义股东处分名下股权就应该属于有权处分,路径一更具有逻辑周延性。肯定者则从第24条第2款切入,指出当实际出资人与名义股东因投资权益产生争议时,法院会支持实际出资人的主张,实质上是将实际出资人与名义股东间的关系拉回到了组织法领域去讨论。照这个逻辑来看,在组织法上还是认定实际出资人具有股东身份,名义股东擅自处分股权构成无权处分,交易相对人只能按善意取得主张股权。

实际上,路径一、二之争及司法解释的最终选择,与其说是逻辑之争,不如是说利益平衡的选择——如按照路径一处理,对实际出资人过于残酷,不利于多方利益的平衡,更会诱发代持人的道德风险。

质疑二:如果说在完全隐名的情形下,名义股东与交易相对人之间的股转行为适用善意取得,尚具有一定的合理性,在不完全隐名的情形下,受让人构成善意将受到社会生活实践理性的拷问。这是因为,名义股东处分股权时,要提前通知其他股东主张优先权,也要通知公司以完成相应手续,这样一来,受让人与交易相对人的股转行为难以如物权法上的动产、不动产交易那样具有保密性。在不完全隐名的情况下,自然会受到其他股东、公司管理层的质疑,甚至可能会及时告知实际出资人。实际出资人一旦出现,相对人也就难以保持善意的主观状态,自然不得主张善意取得。这一质疑不无道理。

011 有限公司股权变动模式（六）：一股再卖,适用善意取得吗?

一、何谓一股再卖

所谓"一股再卖",不同于平常所说的"一股二卖",后者源于物权法上的"一物二卖",强调的是出卖人就同一物订立两个及以上的买卖合同时,都享有处分权。"二卖"强调两个以上的买卖合同都建立在有权处分的前提下,而"再卖"强调后一个买卖合同订立时,出卖人已然丧失了对股权的处分权,进而构成无权处分行为。

例1。某年某月1日,甲、乙就甲持有的A公司10%股权达成1000万元的转让协议意向书;

2日,甲一一通知A公司的其他股东,后者表示放弃优先购买权;

3日,甲、乙签订股转合同;

4日,乙支付了1000万元的转让款;

5日,甲就转让股权给乙的事实通知A公司,后者无异议。

一周后,12 日,甲又将同一份股权以 1300 万元出售给丙,达成意向协议书;

13 日,甲就转让给丙的事宜再次通知 A 公司的其他股东,后者再次表示放弃优先购买权;

14 日,甲、丙二人签订股转合同;

15 日,丙支付了 1300 万元的转让款;

16 日,甲就转让股权给丙的事实通知 A 公司,后者无异议;

17 日,A 公司给丙签发新出资证明书;

18 日,A 公司申请变更登记,将甲、丙的登记信息更新。

本例中,甲、乙交易在前,且在 3 日已经完成股权变动(意思主义);14 日,甲、丙签订股转合同就属于一股再卖,此时甲已不再是股东,故构成无权处分。

问题在于:目前谁拥有 A 公司 10% 的股权?

二、《公司法解释三》第 27 条的解读

(一)《公司法解释三》第 27 条的规定

《公司法解释三》第 27 条对此做出回答,规定:

股权转让后尚未向公司登记机关办理变更登记,原股东将仍登记于其名下的股权转让、质押或者以其他方式处分,受让股东以其对于股权享有实际权利为由,请求认定处分股权行为无效的,人民法院可以参照民法典第三百一十一条的规定处理。

原股东处分股权造成受让股东损失,受让股东请求原股东承担赔偿责任、对于未及时办理变更登记有过错的董事、高级管理人员或者实际控制人承担相应责任的,人民法院应予支持;受让股东对于未及时办理变更登记也有过错的,可以适当减轻上述董事、高级管理人员或者实际控制人的责任。

(二)《公司法解释三》第 27 条的逻辑

1. 发生无权处分

结合《公司法解释三》第 27 条讨论上例中善意取得的适用,显然是针对丙而言,因为 14 日甲出售给丙的股权已然属于乙——这是前文讨论的基于法律行为的有限公司股权变动采意思主义模式的精髓。正是这一模式决定了 14 日甲是在出售乙的股权,构成典型的无权处分,这是讨论善意取得规则的前提。

2. 再买人如何构成善意取得?

(1)关于善意。丙作为交易相对人何以构成善意?答案是丙基于对股权登记的

信赖,依照《公司法》第34条,对于在先的乙而言,其虽已取得股权,但尚未完成变更登记(甚至也没有完成公司内部的股东名册变更记载等),不能对抗善意第三人。所以,在14日甲、丙签订股转合同时,丙有理由相信甲仍是A公司10%股权的股东。

(2)关于有偿。这个要件的判断一目了然,不展开。

(3)关于完成股权变动。上例中,甲乙、甲丙的交易都没有效力瑕疵,且乙交易在先,也完成了股权变动,公司法为何要安排后来居上的丙完胜交易在先的乙?难道仅仅因为乙没有完成变更登记手续吗?这是一个灵魂之问。对此,可以从两个方向归谬式展开。

一是,如果甲、乙的交易走完了所有手续——征求了其他股东的意见且取得了放弃优先权证明,通知了公司,在公司内部完成了股东名册变更记载、公司章程变更记载、签发出资证明书三手续,在公司外部也完成了变更登记。那么,14日的甲、丙之交易不可能适用善意取得,因为没有丙构成善意的空间。

二是,如甲、丙交易所完成的步骤,如甲、乙的交易一样,仅截止到16日。此时,如丙可以主张善意取得,那就不是一般意义上的荒唐了,公司法此时保护后来居上的丙,不仅缺乏逻辑,也不符合法益保护的基本法则。换言之,丙之所以值得优位保护,甚至不惜牺牲在先交易的乙的利益,一定是丙完成了所有的股转手续,至少比在先交易的乙完成了更多的股转手续。

三、质疑与回应

(一)质疑

与前一问讨论的在不完全隐名情形下,名义股东无权处分股权适用善意取得所遭受的质疑如出一辙的是,在一股再卖情形下,后来居上者丙如何在股转中保持善意?这在逻辑上似乎能够成立——丙对股权登记的信赖,但还是会受到社会生活实践理性的拷问。

这是因为,股权交易不同于动产、不动产交易,当中涉及公司(及其管理层)、其他股东的意思参与,这就不可能有保密性,在后交易的丙难以保持善意状态。仍回到上例,在先交易的甲、乙,已就股权转让通知其他股东征求其行使优先权与否的意思,并通知公司(及其管理层);但仅过了一周,甲又通知其他股东、公司(及其管理层)其与丙的同一桩股权交易,此时其他股东、公司管理层不会感到纳闷?没有人通知乙?也没有人将甲、乙在先交易的事实告知丙?这是很难想象的——似乎全部的人都在演戏,都在隐瞒事实真相不让丙知晓,以全力保持丙的善意(不知情且无过失)"金身不破"。

(二)回应

以上质疑不无道理且不无力量。但回到司法实践会发现,实务中司法裁决支持一股再卖场景下善意取得的不在少数,且能够有力地回应上述质疑。

著者近年来一直坚持做公司诉讼类型化的实证研究,发现法官判决支持善意取得有三种场景,这三种场景都无法被上述质疑涵盖。

1. 场景一:一人公司再转让

一人公司的股权再卖,就不会存在其他股东的意思参与,也不真实存在公司(及其管理层)的意思参与,因为转让人就是唯一的股东兼管理层。

例2。甲拥有A公司100%股权,甲先将该股权出售给乙,收到股价款后再出售给丙,乙、丙都蒙在鼓里,后来者丙有构成善意的充足空间。

2. 场景二:家族公司的"蛇鼠一窝"

家族公司的股东、管理层都是亲属关系,如有股东操作一股再卖,其他股东及管理层完全可能昧良心与之配合,合力将在先交易的受让人、再买的受让人蒙在鼓里,后者也有构成善意的充分空间。

例3。甲与几个兄弟姐妹合持有A公司100%股权,全体股东兼任管理层,甲持有20%,甲先将该股权出售给乙,收到股价款后再出售给丙。虽然两次交易都通知其他股东及公司管理层,但实际上都是甲的兄弟姐妹,乙、丙都蒙在鼓里也就顺理成章。

3. 场景三:法庭拒绝考察其他股东、公司的意思参与

这也是善意取得适用最多的场景。即便公司还有很多的其他股东,但法庭拒绝在先受让人的请求,不考察其他股东、公司(及其管理层)的意思参与,裁决书也不说明其他股东、管理层是否泄露消息给两个交易相对人等情节,为后来者人为制造出"善意"的空间。

012 如何理解股份公司的股份变动模式?

一、基于法律行为的股份变动

(一)理解两类公司股权变动的差异

两类公司股权变动采不同模式的原因有二:

一是技术上的差异。有限公司的出资证明书并非民法上的有价证券,而属于证书,股份公司的股票则属于有价证券。有价证券具有可交易性与流动性,后者的股权变动有明确的权属依托,而证书不能流动,且只能由公司签发与换发。实际上,公司股权在权利结构上与债权更为接近,两者同为相对权,决定了股转一般应遵循意思主义模式;作为例外,股份公司成立并发行股票后,其股权借助股票得以证券化,故而股份转让遵循形式主义。

二是实质上的差异。有限公司的封闭性与股东间的人身信任关系,以及常见的公司章程等文件对股权变动的限制,使股权变动不得忽视公司、其他股东的独立意思,但股份公司的股权变动不存在这一问题。

(二)为什么可以借鉴物权变动的债权形式主义

大陆法系物权法上基于法律行为的物权变动,以奥地利、瑞士、韩国等国的民法典为代表采债权形式主义,又称意思主义与登记或交付的结合。其核心要点为:物权变动,只需在债权的意思表示之外加上登记或者交付即可,不需要另有物权的合意,故无物权行为的独立性;既然无独立的物权行为,则物权变动的效力自然受其原因行为——债权行为(如买卖合同)的影响,故也不存在物权行为无因性。简言之,债权形式主义下物权变动的要点有二:一是物权变动以债权行为有效为前提;二是登记或者交付分别是不动产与动产物权变动的生效要件。此处不动产登记或者动产交付的构成,一是要求在主观上有变动物权的意思,二是要求在客观上完成产权登记或者动产占有转移的行为。

(三)股份变动的债权形式主义模式

比照物权变动的债权形式主义,股份公司的股权变动也采债权形式主义,其含义是:股权变动的发生,一则以股转协议(负担行为)生效为前提,二则以股票交付或类似行为为股权变动的生效要件。

所以,《公司法》第159条规定:

股票的转让,由股东以背书方式或者法律、行政法规规定的其他方式进行;转让后由公司将受让人的姓名或者名称及住所记载于股东名册。

股东会会议召开前二十日内或者公司决定分配股利的基准日前五日内,不得变更股东名册。法律、行政法规或者国务院证券监督管理机构对上市公司股东名册变更另有规定的,从其规定。

这一规定的含义如下:

1. 由股票持有人以背书或者其他法定方式转让。实物券式的记名股票的主要转让方式是背书。至于背书的具体方式,公司法没有规定,可以参照《票据法》关于票据背书的规定为之,即由转让人在股票背面的受让人处记载受让人的姓名,并在转让人处签名或者盖章。背书一经完成,股权即发生变动。簿记式记名股票的转让无法背书,通常先由证券登记结算公司托管,再由证券登记结算公司将股票交证券交易所二次托管。每一股东的持股数表现为证券交易所中央电脑的电子信息,股东本人的股东账户簿或账户卡记载持有股份的数量及增减情况。

2. 由公司将受让人的姓名或名称及住所记载于股东名册,即办理内部的过户手续。未完成该记载变更的,不影响股转的效力,但公司有抗辩权,即受让人不得依股东身份向公司主张股权。当然,受让人有权请求公司办理过户手续,转让人也负有协助义务。即使未办理过户手续,因为股转已经生效,受让人在此期间也可以再背书将股票转让给第三人。

3. 股东名册封闭期内,不得进行变更记载。这一规定并非不允许在此期间转让股份,只是该转让不得进行股东名册的变更记载;受让人申请变更记载的,公司有权拒绝。这样做,有利于公司确认行权股东的身份:只有在册股东才有权利参加股东会会议,参与股利分配。

二、非基于法律行为的股份变动

个中模式,与本篇第6问中的"三、非基于法律行为的有限公司股权变动"完全一样,此处不赘。

013　公司债券如何依法转让？

公司债券转让，是指债券持有人将所持公司债券的权利义务转让给第三人的法律行为。公司债券作为可流通的有价证券，自然可以转让，这给予债券持有人退出通道，也给予其他投资者交易机会。

对于发行公司而言，公司法提供了参与债券交易市场的机制，允许发行公司回购公司债券以提前偿还债务，并通过公司债的转让维持债券市场价格、稳定股票市场价格。公司债券是公司债权的证券化，配有背书转让、债券持有人名册变更记载等特殊规定，影响并形成了背书方式的公司债券变动模式。除背书转让方式，还可以通过贴现、回购、集中竞价交易、非集中竞价交易、现货交易、期货交易、保证金交易、期权交易等形式实现公司债券的转让，但背书仍旧是债券转让的主要形式。

其一，背书行为是债券转让的生效要件。公司债券经法律规定可以背书转让，而无须依民法债权让与之规定进行。债券背书是指，债券持有人在债券的背面签章并记载有关事项，随后将该债券交付受让人，从而将债券权利转让给受让人的法律行为。而依据民法债权让与的基本原理，双方达成债权让与合意即可发生债权转让的效力。由于背书行为是将债券权利转让给受让人，背书行为人须为债券持有人，当背书人愿将债券上所表彰的权利转让，并将该债券背书交付被背书人时，即发生公司债的债权让与。

其二，交付行为不是债券转让的生效要件，而是对抗要件。当债券持有人完成背书，但尚未履行交付义务时，受让人已然取得了对公司的债权。具言之，背书行为意味着转让双方已经达成将公司债券转让的合意，发行人与转让人之间的债权债务关系已经转移至受让人，转让人对作为该法律关系证明凭证的公司债券已属无权占有，应及时履行交付义务。交付行为并非债券让与的生效要件，仅具有对抗作用。

其三，公司债券持有人名册主要发挥对发行公司的对抗作用，对其余第三人的对抗作用则通过记名债券的交付实现。公司债券持有人名册是记载债券持有人信息、债券信息的重要文件，是公司债券受让人行使权利的充分条件而非必要条件。在公司债券变动模式中，受让人应当及时通知作为债务人的公司，并请求其变更债券持有人名册信息，达成债权让与的对抗要件，实现对公司的对抗效力。在未变更公司债券持有人名册记载、发行公司不知情的情况下,发行公司有权按照公司债券持有人名册记载的债券持有人信息履行还本付息的义务。但经变更记载后,受让人得以债券持有人名册对抗公司,要求公司对其履行相应义务。因此,受让人在查询公司债券权利变动情况时,公司债券持有人名册也是重要的公示文件。

其四,值得注意的是,债权转让的价格采取市场化机制,具体有两种定价方法:

一是债券市值法,是指以市场化的价格来计算证券内在价值变化,反映债券资产每天的涨跌,能够及时有效地体现价格变化。但价格下跌或上涨仅属于账面浮亏,到期兑付并不受市场波动影响。债券市值法主要分为两种,分别是收盘价估值和第三方估值。收盘价估值,是指以在交易所中上市和托管的债券为对象,按照债券真实交易产生的收盘价进行估值,能够较为公允地反映每天的证券价值变化;第三方估值,是指根据中债估值、中证估值等数据编制收益曲线,确定个券的收益率,利用现金流折现模型对个券进行估值。二者均能及时、客观、全面地反映债券资产的价格波动。

二是成本法,是指考虑债券的成本、到期损益,通过按日平均摊销的方式估值,包括买入成本法和摊余成本法。买入成本法,是指以债券买入价格进行理财估值,不考虑买入时债券的折溢价;摊余成本法,是指在以债券买入价格进行理财估值的基础上,考虑票面利率或商定利率及买入时的折溢价,将累计收益按日平均分摊计提,抹平每日的净值波动,形成相对稳定的产品收益的方法。

分篇三

有限公司股东的优先购买权

有限公司具有封闭性（有人称为人合性），也即强调股东间的相互信任与合作。如有股东向外部第三人转让全部或部分股权，引入陌生人，势必打破原来的封闭圈子。尤其是股东转让全部股权，可能给其他股东留下合作隐患甚至一地鸡毛。

那么，留下的股东如何阻止陌生人进入、保障公司的封闭性？2018年《公司法》赋权两项：一是股权外转需要其他股东过半数同意（按人头计），二是赋予股东优先购买权。但实践证明，过半数同意规则一方面可能流于形式（在其他股东人数众多的情形下更是如此），另一方面可能徒增程序复杂性，增加股转成本，所以2023年《公司法》删除了这一制度。

优先购买权制度的设计逻辑，在于平衡股转自由原则与保障公司封闭性。有限公司的封闭性，决定了股东，尤其少数股东退出之艰难，股转是为数不多的退出渠道之一。在股转自由原则与保障公司封闭性之间，前者属于优位法益，比如赋予转让股东反悔权，就是落实股转"自由之匙"，万不可为了封闭而封闭。这是读者理解优先购买权的前置性知识背景。

本分篇共设4问，系统介绍优先购买权的行使与救济。

014　公司章程可以限制股权的内外转让吗？

股权（出资）转让涉及三种形式，即股东间转让（以下简称内部转让）、向外部第三人转让（以下简称外部转让）与公司回购。

一、内部转让

(一)基本法理

公司法不限制有限公司股权的内部转让,理由是内部转让不影响有限公司的封闭性。但是,内部转让会引起股东持股比例与股权结构的改变,甚至导致控制权的移转,进而可能导致股东间利益格局的动荡与信任基础的动摇。对此,公司法允许公司章程对内部转让作出特别规定。

举例。A有限公司原有甲、乙、丙、丁四股东,分别持股45%、29%、20%、6%。现丙转让股权,乙有意购买,丁表示不买,甲犹豫不决。甲的犹豫,即可能源于对公司控制权的取舍:一旦乙购买,则乙为多数股东,自己多数股东的地位不保;如自己购买,将成为控股股东,但丙要价太高,或自己财务能力有限。当然,甲内心的最佳方案是只购买其中6%的股权。

(二)公司章程的限制

《公司法》第84条第1、3款规定:

有限责任公司的股东之间可以相互转让其全部或者部分股权。

公司章程对股权转让另有规定的,从其规定。

第1款确立内部自由转让原则,不作实体限制,也不作程序限制。这意味着只要当事人达成股转协议,即发生股转的效力。实务中内部转让在转让人、受让人与其他股东间会发生诸多争议,本款规定简单,需要公司章程补充完善。

第3款赋权公司章程作特别限制。只要不违背法律强制性规范,章程可以作任何必要限制。比如,规定董事股东的股权在一定期限内不得转让。再如,规定两个以上的其他股东竞相购买股权的,可以选择以下解决方案:由转让人决定,由竞争者平均购买,按照转让时竞争者的股权比例购买,抓阄决定等。

最常见的公司章程限制性规定,出现在国有企业/集体企业改制为有限公司的职工股中,其往往具有"身股"特性,所以章程往往规定人走股留(公司回购)、人走股转(转让给其他股东)。就后者而言,究竟转让给谁,公司章程往往规定由股东会、董事会或者董事长决定。职工股东离开公司时,若不愿意遵守公司章程规定而转让给外人或者拒绝转让给公司、其他股东,公司起诉,纠纷由此产生。法院审理此类案件,首先要审查章程条款的效力。公司章程限制性规定的效力边界在于,不能违背内部自由转让原则,如限制条件高于外部转让,就违背了公司组织法理。如《法国商事公司法》第47条第2款规定,公司章程可对内部转让加以限制,但应低于对外部转让的限制。

二、外部转让

(一)基本法理

外部转让同样会引起股东持股比例与股权结构的改变,关键在于,其因吸收新人加入公司而打破了原有的封闭性,可能会影响甚至破坏原股东群体的信任。为此,公司法对外部转让设置了较严格的规制,但这种限制不能过分影响股东对股权的处分权,从而构成对股转自由的实质性阻碍。否则,这将使本就存在转让困难的有限公司股转难上加难,立法需要在保障出资转让自由与维护有限公司封闭性之间寻求一种平衡。

(二)公司章程的限制

《公司法》第84条第2、3款规定:

股东向股东以外的人转让股权的,应当将股权转让的数量、价格、支付方式和期限等事项书面通知其他股东,其他股东在同等条件下有优先购买权。股东自接到书面通知之日起三十日内未答复的,视为放弃优先购买权。两个以上股东行使优先购买权的,协商确定各自的购买比例;协商不成,按照转让时各自的出资比例行使优先购买权。

公司章程对股权转让另有规定的,从其规定。

关于第2款的优先购买权,后文专门讲述,此处仅讨论第3款。

第3款的规定也适用于外部转让,即允许公司章程对外部转让规定特别限制。这意味着章程可以在公司法规定的基础上提高限制条件,但这种限制性规定也有其效力边界,如违反法律、行政法规的强行性规定或者公序良俗,或者实质剥夺股东的转让权(固有权),也是无效的。如章程规定绝对禁止或实质性禁止股权外部转让的,应认定为无效。

在经济学上,股转的价值不仅在于保障股权可变现,还体现在股权的价值发现功能。如章程取消其流动性,会严重压抑其价值。实务中,对有限公司股转的限制往往成为多数股东欺压少数股东的工具,使遭受欺压的少数股东维权不能、欲退不能,被动挨打。法院审理此类纠纷时,有必要对章程的限制性规定进行合法性审查。这种合法性审查,不能拘泥于条款的自身逻辑,而应从公共政策角度进行解释。凡具备可转让性的财产权之转让都不应受到绝对禁止。

015　股东优先购买权如何主张?

一、优先购买权是何种权利

私法上有几类优先购买权,如房屋承租人的优先购买权、按份共有人的优先购买权、合伙人的优先购买权等。与此相比,有限公司股东的优先购买权既有共性,也有特性。

民法关于优先权的性质,存在期待权、选择权、形成权、请求权等多种学说,众说纷纭。至于股东优先购买权,作为公司组织法上的一种特殊权利,具备较强的程序性权利特征,很难与交易法上的民事权利类型完全对应——交易法的请求权说、形成权说等传统学说,都认为应赋予其他股东要求出让股东强制缔约甚至交付的权利,系以损害出让股东对股权享有的经济价值为代价,以维护其他股东的所谓人合性利益,这并不可取。

二、行使优先购买权中的博弈

(一)启动:出让股东的通知义务

在股东优先购买权实现的整个程序中,出让股东是启动者。《公司法》第84条规定,出让股东仅需履行一次通知义务,通知采用书面形式,方式包括但不限于个别征求单个股东的意见,或者采用股东会会议的形式集体通知征求全体股东的意见,内容包括股转的数量、价格、支付方式和期限等主要事项。受通知的其他股东享有不少于30天犹豫期的期限利益,自收到通知之日起算。

出让股东通知如存在虚假内容,或欺诈,或与外部第三人恶意串通,使其他股东作出了放弃优先购买权的非真实意思表示的,后者可获得侵权救济,详见后文。

(二)应对:犹豫期

其他股东在收到书面转让通知后,享有不少于30日的犹豫期。之所以说不少于30日,是由于《公司法》第84条第2款规定30日,允许章程设置更长期限。《公司法解释四》第19条规定:

有限责任公司的股东主张优先购买转让股权的,应当在收到通知后,在公司章程规定的行使期间内提出购买请求。公司章程没有规定行使期间或者规定不明确的,以通知确定的期间为准,通知确定的期间短于三十日或者未明确行使期间的,行使期间为三十日。

在此犹豫期内,其他股东可以充分斟酌是否主张优先权。30 天内,可以明示行权或者弃权;30 天后,如不答复也即保持沉默,推定为弃权。

(三)行权前提:同等条件

约束其他股东行使优先购买权的主要限制措施是转让合约的同等条件,也即其他股东不能以低于外部人的交易条件获得优先权的庇护。关于"同等条件",《公司法解释四》第 18 条规定:

人民法院在判断是否符合公司法第七十一条第三款及本规定所称的"同等条件"时,应当考虑转让股权的数量、价格、支付方式及期限等因素。

可见,同等条件不限于股价,系包含多种重要交易要素的综合考量。一般而言,关于数量,购买出让人的全部股权优于购买部分股权;关于价格,主张优先购买权不应低于出让股东报价;关于支付方式,一次性付款方式优于分期付款,若多个受让人都采用分期付款方式,则应进一步考量分期付款期限;关于支付期限,短的支付期限优于长的支付期限。

总之,只要为出让股东所合理看重、足以对交易产生实质影响的各类交易因素,均应在"同等条件"的考量范围内。当然,不应包括其他股东无论怎样努力也不可能具备的随意条件,比如感恩或情感偏好。

(四)推倒重来:出让股东的反悔权

这是实务中最具挑战性与理论深度的问题之一。首先还是不能回避股东优先购买权的权利性质这一理论问题——请求权,形成权,抑或其他?

例 1。如为请求权,假设 A 有限公司有甲、乙、丙三股东,现甲欲出让股权给丁,通知乙、丙并征求其行权意愿,如乙、丙向甲主张行权,则甲须与乙、丙签订股转合同;否则甲就要承担缔约过失甚至是违约责任,这显然与正常逻辑相悖,因为既然甲在出让股权时不是第一时间通知乙、丙,而是寻求外部人缔约,就说明其没有内部转让股权的意思。如是形成权,就更霸道了,形成权是一方当事人可以设立、变更、消灭民事法律关系的权利,这意味着一旦乙、丙主张行权,甲与乙、丙间的合同即成立,这更荒谬!

所以，出于维护股东转让自由这一优位法益的价值考量，赋予出让方反悔权。这一制度设计的目的在于保障出让股东利益最大化，维护出让股东的股转自由，也打破了关于股东优先购买权系形成权、期待权、请求权的传统成见。《公司法解释四》第20条规定：

有限责任公司的转让股东，在其他股东主张优先购买后又不同意转让股权的，对其他股东优先购买的主张，人民法院不予支持，但公司章程另有规定或者全体股东另有约定的除外。其他股东主张转让股东赔偿其损失合理的，人民法院应当予以支持。

这句话比较反复，主要意思有三层：

1. 赋权出让股东反悔权。一旦反悔，其他股东不得再主张优先权，也即出让股东可以推倒重来。

例2。若例1中，甲通知乙、丙关于自己与丁的交易条件，核心条件是股款5000万元，签约之日起10日一次性付清。乙表示弃权，丙表示接受。但甲执意要出售股权给丁，所以接到丙的答复后表示，不出售了。改天，甲又提出6000万元的交易价码。

2. 反悔权不是绝对的，如公司章程另有规定，或者全体股东另有约定不得反悔的，从之。

3. 出让股东反悔导致其他股东损失的，后者可以要求转让股东赔偿其合理损失，也即主张出让股东承担缔约过失责任。

例3。若例2中，丙已经在为履约筹借资金，并为此支付了数万元的费用，可以请求甲予以赔偿。

（五）竞争的处理

《公司法》第84条第2款末句规定，如有两个以上股东竞相行使优先权，处理这一竞争的机制是：各方协商确定各自的购买比例；协商不成的，按照转让时各自的出资比例行使优先购买权。需要明确，此处的"出资比例"，如章程没有另外规定或者全体股东没有另外约定，自然是指认缴比例而非实缴比例。

三、公司章程可以限制优先购买权吗

回答是肯定的。《公司法》第84条第3款"公司章程对股权转让另有规定的，从其规定"的规定，也适用于第2款外部转让的场合，包括优先购买权的适用。如某公司章程规定股东对外转让股权,其他股东不享有优先权,或在法定基础上进一步限制优先权适用的场合,或对优先权的行使设置额外条件,这些条款都是有效的。一般认为,股东优先购买权并非股东固有权,允许私法自治对其进行限制、剥夺。如果取消股东的优先购买权,有利于股转自由原则更为彻底地实现,这对减轻股东压制也不无好处。所谓,兴一利必生一弊,除一弊必生一利,此之谓也。

016 继承、赠与、拍卖、强制执行等场合适用优先购买权吗?

一、优先购买权的适用场合

(一)转让的含义

依据《公司法》第84条第2款,股东对外转让股权的,其他股东得主张优先权。这就限定了优先权的适用场合:一是外部,股权内部转让不适用;二是转让。

何为"转让"?《公司法解释四》第16条规定:

有限责任公司的自然人股东因继承发生变化时,其他股东主张依据公司法第七十一条第三款规定行使优先购买权的,人民法院不予支持,但公司章程另有规定或者全体股东另有约定的除外。

这一规则表明,股权通过买卖、出资、互易、共有分割等符合双务、有偿方式转让的,都适用优先购买权规则。

如股权互易。互易属于一种特殊买卖,甲将所持A公司10%股权与丁所持B公司25%的股权互易,A公司或B公司的其他股东能否行使优先购买权呢?逻辑上是无碍的,可能读者的担心在于其他股东如何符合"同等条件"之前提?若A公司的其他股东乙也拥有B公司25%的股权,便无碍了。

再如夫妻分割共有股权。夫妻离婚,共有股权登记在一方名下的,其配偶并非股东,该配偶欲分割部分或者全部股权的,须尊重其他股东的优先购买权。也即优先购买权规则适用于夫妻共有股权分割的场合,是因为共有股权分割并非无偿的,而是存在对价的。

除此之外的"转让",包括通过遗产继承方式发生变动的,原则上不适用优先购买权,自治(公司章程另有规定或者全体股东另有约定)除外;同理,在赠与、受遗赠等场合,可以准用上述遗产继承的规则。关于后者,下文详细展开。

(二)几类特殊的"转让"

1.股权继承:原则上不可,私法自治例外

有人认为,由于继承不存在对价,其他股东的优先购买权不能适用,这一认识有些偏颇。实际上,继承股权不存在对价,与被继承的股权是否存在市场价值(该价值可以被评估)是两回事。如其他股东主张优先权,可以支付市价作为获得股权的对价,由继承人继承对价即可。正因如此,《公司法解释四》第16条没有规定股权继承场合绝对不适用优先购买权规则,而是规定"公司章程另有规定或者全体股东另有约定的除外"。

当然,《公司法解释四》第16条之所以规定股权继承场合原则上不适用优先购买权规则,难点就在于"同等条件"的满足。这一难点,还不在于其他股东难以匹配继承人与被继承人的身份关系——继承权虽源于血缘关系,但继承对象只能是财产,故继承本质上是一个财产法问题,而是在于,继承解决的是财产的代际传承,本身并非双务、有偿,其他股东如何举证与继承人具备"同等条件"?确实是一个难题,实务中主要有两种情形:

(1)对被继承的股权进行作价,若其他股东愿意支付该对价,继承人便面临选择继承股权还是接受价款的选择。

(2)被继承的股权对应的有负债,甚至负债等于或者大于股权作价,其他股东愿意以承债方式购买该股权。

以上两种情形,也正是《公司法解释四》第16条但书规定的适用场合。此外,如有限公司章程限制股权继承,也就一劳永逸地解决了股权继承下优先购买权的适用问题,此时不发生股权继承,自然没有必要讨论优先权的适用。

如可行权,其他股东不必担心优先购买权行使程序中通知义务的履行问题。因为原股东去世是一个事实问题,不需要经过认定与告知,继承人在主张继承时会主动告知公司、其他股东,这本身就足以让其他股东知晓股权继承的事实。

股权继承的上述法则,也适用于股权遗赠。

2.股权赠与:留待私法自治

无论《公司法》第84条还是《公司法解释四》第16条,都没有明确股权赠与场合的优先购买权适用与否的问题,故需要学理解释。

文义上,赠与属于转让范畴,但实质上,与买卖、互易、出资等相比,赠与不具备双务、有偿之特征,也即不具有"买"的要素,难以与"优先购买权"相联系。再则,在赠与场合,其他股东欲主张优先购买权,面临"同等条件"的自证难题。有读者会问,那其他股东就只能眼睁睁看着陌生人凭赠与堂而皇之地进入公司吗?在这里我们要明白,天下没有免费的午餐,某股东要将股权赠与他人,就说明二人之间具有强烈的依附关系,或者是出于投桃报李的心理,或是二人之间有其他关系,这是个社会问题,单纯依靠公司法来解决,显然过于拔高了公司法的功能。这时候,就彰显了公司章程、全体股东协议等私法自治手段的重要性,如在制定初始章程时就明确规定任何股东不得将股权赠与给外部第三人。

二、两个特殊的转让场合

(一)拍卖

《公司法解释四》第 22 条规定:

通过拍卖向股东以外的人转让有限责任公司股权的,适用公司法第七十一条第二款、第三款或者第七十二条规定的"书面通知""通知""同等条件"时,根据相关法律、司法解释确定。

在依法设立的产权交易场所转让有限责任公司国有股权的,适用公司法第七十一条第二款、第三款或者第七十二条规定的"书面通知""通知""同等条件"时,可以参照产权交易场所的交易规则。

这就表明,通过拍卖向外部第三人转让有限公司股权的,也适用股东优先购买权规则。在依法设立的产权交易所转让国有股权的,也适用股东优先购买权规则,同时可以参照产权交易场所的交易限制。

那么,拍卖过程中其他股东如何跟进呢?首先,股东要进场。其次,就是"同等条件"的认定,其他股东进入拍卖后通常是询价、跟价两种形式。询价,是指拍卖主持人提出一个价格问愿不愿意买,只要有股东一直愿意匹配主持人报价,就能在同一价格下行使优先购买权。跟价,是指就外部购买者竞买的价格,只要有股东始终愿意跟进,在同一价格下该股东可以实现优先购买权,除非有外部人出更高的价格。

(二)强制执行

《公司法》第 85 条规定:

人民法院依照法律规定的强制执行程序转让股东的股权时,应当通知公司及全体股东,其他股东在同等条件下有优先购买权。其他股东自人民法院通知之日起满二十日不行使优先购买权的,视为放弃优先购买权。

股权的拍卖可以进一步延伸为在强制执行程序中主张优先购买权的问题。《公司法》第85条首先肯定,在这种场合其他股东可以主张优先购买权,这既便于债权的执行,又有助于维护有限公司的封闭性。

为便于法院强制执行股权,应及时履行通知程序。应注意,在非强制执行场合,通知人是转让股东,通知对象是其他股东。但在强制执行程序中,通知义务主体是法院,通知对象除全体股东外,还包括公司。这样做的目的是确保股东有效行权,否则,其他股东难以获悉股权被强制转让,由此可能导致外部第三人在未与股东协商、未就优先购买权达成合意的情况下进入公司,进而导致有限公司的封闭性受到损害。

法院通知公司及全体股东后,如有股东愿意以同等条件购买转让的股权,则股权交易的机会属于该股东。强制执行程序中的优先权受到短期时限的限制,即股东需在接到法院通知之日起的20日内行权,否则视为弃权;此处较《公司法》第84条规定的30日犹豫期更短,体现了强制执行对效率的追求。

017　侵害优先购买权,会导致股转合同无效吗?

一、被侵害,如何救济

有限公司股东优先购买权遭受侵害后如何救济?《公司法解释四》第21条规定:

有限责任公司的股东向股东以外的人转让股权,未就其股权转让事项征求其他股东意见,或者以欺诈、恶意串通等手段,损害其他股东优先购买权,其他股东主张按照同等条件购买该转让股权的,人民法院应当予以支持,但其他股东自知道或者应当知道行使优先购买权的同等条件之日起三十日内没有主张,或者自股权变更登记之日起超过一年的除外。

前款规定的其他股东仅提出确认股权转让合同及股权变动效力等请求,未同时主张按照同等条件购买转让股权的,人民法院不予支持,但其他股东非因自身原因导致无法行使优先购买权,请求损害赔偿的除外。

股东以外的股权受让人,因股东行使优先购买权而不能实现合同目的的,可以依法请求转让股东承担相应民事责任。

这一规定提出了三个问题:

1. 优先权如何被侵害?
2. 侵害优先权的股转合同效力如何?
3. 主张优先权的股东如何获得股权?

二、侵害优先权的两个形态

依照司法经验,股东优先权被侵害主要有两种形态:

一是其他股东未获通知"股权转让事项",也即转让股东公然不提前通知其他股东转让股权的事宜,就与外部第三人签订股转合同,然后利用自己控制公司的机会完成相应手续,这叫"霸王硬上弓",从而使后者错过了行权机会,可谓程序权利受到侵害,也叫阳谋。

二是转让股东通知其他股东虚假的股转信息,比如,出让股东虚构高对价意图吓退其他股东,或与外部第三人搞阴阳合同,致使不明真相的其他股东作出了弃权的(非真实)意思表示,可谓实质权利受到侵害,也叫阴谋。

三、侵害优先权的股转合同效力

(一)一般原理

曾几何时,我国民商法上侵害各类优先购买权(房屋承租人、按份共有人、合伙人)的合同,皆为无效。但随着民商法体系的健全与现代民商法理论的发展,这些合同不再被宣告为无效,至多仅存在履行障碍(甚至不存在)。侵害有限公司股东优先权的股转合同也是如此,2017年《公司法解释四》出台前,其多被各级各地法院宣告无效,但《公司法解释四》第21条宣告了无效时代的结束。

2019年《九民纪要》第9条进一步延伸说明:

审判实践中,部分人民法院对公司法司法解释(四)第21条规定的理解存在偏差,往往以保护其他股东的优先购买权为由认定股权转让合同无效。准确理解该条规定,既要注意保护其他股东的优先购买权,也要注意保护股东以外的股权受让人的合法权益,正确认定有限责任公司的股东与股东以外的股权受让人订立的股权转让合同的效力。一方面,其他股东依法享有优先购买权,在其主张按照股权转让合同约定的同等条件购买股权的情况下,应当支持其诉讼请求,除非出现该条第1款规定的情形。另一方面,为保护股东以外的股权受让人的合法权益,股权转让合同如无其他影响合同效力的事由,应当认定有效。其他股东行使优先购买权的,虽然股东以外的股权受让人关于继续履行股权转让合同的请求不能得到支持,但不影响其依约请求转让股东承担相应的违约责任。

合同有效、合同履行障碍说的核心,是区分合同效力(债权)与股权变动(类似物权变动)效果,包含四层意思:

其一,一旦其他股东主张优先购买权,股权只能转让给行权股东,转让股东与外部第三人的股转合同不能继续履行。

其二,股转合同有效,保障无过错的第三人追究出让股东的违约责任,获得最充分的救济。也即"股东以外的股权受让人,因股东行使优先购买权而不能实现合同目的的,可以依法请求转让股东承担相应民事责任"。

其三,其他股东仅提出确认股转合同及股权变动效力等请求,未同时主张按照同等条件购买转让股权的,不支持。这与《民法典物权编司法解释》第12条关于按份共有人优先购买权救济的规定一致,也即杜绝其他股东"损人不利己"的干扰。

其四,其他股东非因自身因素导致无法行使优先权的,比如,股权再转让无法恢复的,可请求出让股东承担侵害优先权的损害赔偿责任。

(二)恶意串通的股转合同无效

《民法典》第154条规定:

行为人与相对人恶意串通,损害他人合法权益的民事法律行为无效。

如转让股东与外部第三人恶意串通侵害其他股东的优先购买权,依照《民法典》,自然是绝对无效的。

举例。吴某崎与吴某民确认合同无效纠纷案[(2015)苏商再提字第00068号]。甲、乙持有A公司股权,甲有60股,想出让给外部人戊,又想规避乙的优先购买权,于是合谋制定以下方案:先出让1股给戊,价格畸高,乙弃权;戊顺利进入公司后,甲再转让其余59股给戊,单价不到前次的1/10,但属于股东内部转让,乙不得主张优先权。后乙发现两次股转价格悬殊,于是以优先购买权遭侵害为由,诉请法院宣告甲、戊间的两次股转协议无效,理由是涉嫌恶意串通损害第三人利益。

审理法院:民事活动应遵循诚实信用的原则,民事主体依法行使权利,不得恶意规避法律,侵犯第三人利益,案涉两份股转协议的目的在于规避公司法关于股东优先购买权制度的规定,剥夺乙在同等条件下的优先购买权,当属无效。

需指出,本案甲、戊股转合同之所以无效,是因为构成恶意串通,并非仅因侵害乙的优先购买权。

分篇四

股权转让的特殊方式

如本篇分篇一的第1问所述,股权转让的方式多样,除股权买卖、互易、赠与外,还有一些导致股权转让的方式,本分篇在此集合讲述。

股权作为财产权,自然可继承与分割。继承、分割有限公司股权,要顾及有限公司的封闭性(人合性)。对于自然人股东离婚导致的共有股权分割,以及自然人股东死亡导致的股权继承,公司法均有限制性规定,也鼓励公司章程作出自治性限制措施,宗旨皆在于寻求有限公司封闭性保障与股权继承、分割自由之间的平衡。相对而言,股份公司之股份分割、继承,公司法少有干预。这一部分内容,在民营企业普遍进入二代传承之际,更显重要。

股权质押、让与担保等非典型转让方式,在近年来纠纷日益增长,同样值得重视。

本分篇共设9问,读者尤其注意以公司章程特别条款为代表的私法自治工具的重要性。

018　夫妻共有股权分割(一):夫妻共有股权如何认定?

一、股权共同共有

民法上的财产共有分为按份共有与共同共有,后者又包括夫妻共同共有、家庭共同共有、遗产共同共有等。

股权的共同共有又分为有限公司股权(出资份额)的共同共有与股份公司股份的共同共有,下文偏重讲述前者。

实践中,许多民营企业是夫妻档共同创业,一起奋斗出来的。即便是其中一方出来独当一面创业，另一方也是贤内助，负责照顾好家庭，让另一方创业无忧。依照《民法典》婚姻家庭编的规定，婚内男女任何一方取得的财产，除非法律有特别规定，或者夫妻有特别约定（约定为个人所有，或者夫妻按份共有），均属于法定的共同共有。据此，这些民营企业股权不论登记在夫妻一方名下还是双方名下，如无特别约定，都属于夫妻共同共有。

但问题在于，股权属于夫妻共同共有，与夫妻都是股东，是两个概念。这正是股权共有的难点所在，也表明这不仅是一个婚姻法问题，更是一个公司法问题。

二、夫妻共同共有股权的认定

（一）认定的法律意义

仅讨论登记在夫妻某一方名下的股权，究竟归谁所有，情况比较复杂，理论上其可以是个人财产，也可能是夫妻按份共有财产，还可能是夫妻共同共有财产，甚至与夫妻双方都没有关系——夫妻一方仅仅是为他人代持股权而已。所以，无论是夫妻离婚分割财产，还是一方死亡引发遗产继承分配，首先都需要确权——定分，才能止争。

举例。甲乙结婚多年，甲名下有 A 有限公司 15% 的股权（出资份额）。现甲死亡，对于该 15% 股权的处理，首先要确定其属于甲一人所有还是甲乙共有，如属于前者，则直接就是甲个人遗产的分配问题；如属于后者，则首先是甲乙夫妻共有财产的分割问题，分割后属于甲的部分才涉及个人遗产分配问题。

（二）认定之一：区分个人所有、按份共有、共同共有

三个概念的区分，遵循《民法典》关于夫妻财产的一般规定，公司法并无特殊性：

1. 股权的个人所有，比如，夫或妻一方婚前投资某公司所享有的股权；

2. 股权的夫妻按份共有，比如夫妻婚前共同投资某公司，约定按照各自的投资份额按份共有的股权，后二人结婚；

3. 股权的夫妻共同共有，典型就是夫妻婚内以共同财产投资某公司所享有的股权。

（三）认定之二：共同财产投资的股权，共同共有

接下来我们讨论，婚内夫妻以共同财产投资有限公司形成股权的归属与登记、记载的关系问题。对此，《民法典婚姻家庭编司法解释二》第 10 条规定：

夫妻以共同财产投资有限责任公司，并均登记为股东，双方对相应股权的归属

没有约定或者约定不明确,离婚时,一方请求按照股东名册或者公司章程记载的各自出资额确定股权分割比例的,人民法院不予支持;对当事人分割夫妻共同财产的请求,人民法院依照民法典第一千零八十七条①规定处理。

对第10条的字面意思以及延伸意思,简要解读如下:

1. 夫妻婚内以共同财产投资有限公司形成的股权,有约定的,从约定;如无约定或者约定不明,均属于夫妻共同共有;无论登记、记载在一方名下,还是区分份额分别登记、记载,都不改变该股权的权属。

2. 如果分别登记在夫、妻各自名下,离婚时任何一方请求法院按照商事登记、股东名册记载的状态认定个人分别享有相应股权的,当然不予支持。

3. 同理,如果该股权全部登记、记载在一方名下,任何一方请求法院按照商事登记、股东名册记载的状态认定个人所有的,当然也不予支持。

4. 当然,认定谁是股权的所有权人,与认定谁是公司股东,是两回事。如上例登记在甲一人名下15%的股权属于甲乙夫妻共同共有,但股东仅是甲一人。这涉及股东身份认定与对应的股权分割,具体请阅读下文的内容。

019　夫妻共有股权分割(二):如何分割?

一、分割有智慧

如果夫妻和睦,公司、家庭经营有方,乃个人生活与公司运营之幸事。但夫妻本是同林鸟,大难临头各自飞。无论是夫妻陷入离婚大战,还是一方作为民营企业家这一"高危职业"而身陷囹圄,双方被迫离婚或者技术性离婚,夫妻财产的分割均不可避免。

在所有万贯家财的分割中,有限公司股权分割是最复杂的法律事务,也是最需要双方智慧解决的家务难题。因为这不仅是二人分财之事,还涉及公司经营秩序与发展前景,稍有不慎,公司将备受其累,甚至鸡飞蛋打。

---

① 《民法典》第1087条:离婚时,夫妻的共同财产由双方协议处理;协议不成的,由人民法院根据财产的具体情况,按照照顾子女、女方和无过错方权益的原则判决。对夫或者妻在家庭土地承包经营中享有的权益等,应当依法予以保护。

二、基本规定

夫妻共有股权往往登记在一方名下,登记人是股东,另一方并非股东,也往往不被公司知悉。离婚时,一旦进行财产分割,将会产生另一方显名的要求,如无法妥善处理,除了给公司带来麻烦,也会给其他股东带来困扰。

对此,《民法典婚姻家庭编司法解释一》第73条规定:

人民法院审理离婚案件,涉及分割夫妻共同财产中以一方名义在有限责任公司的出资额,另一方不是该公司股东的,按以下情形分别处理:

(一)夫妻双方协商一致将出资额部分或者全部转让给该股东的配偶,其他股东过半数同意,并且其他股东均明确表示放弃优先购买权的,该股东的配偶可以成为该公司股东;

(二)夫妻双方就出资额转让份额和转让价格等事项协商一致后,其他股东半数以上不同意转让,但愿意以同等条件购买该出资额的,人民法院可以对转让出资所得财产进行分割。其他股东半数以上不同意转让,也不愿意以同等条件购买该出资额的,视为其同意转让,该股东的配偶可以成为该公司股东。

用于证明前款规定的股东同意的证据,可以是股东会议材料,也可以是当事人通过其他合法途径取得的股东的书面声明材料。

一言以蔽之,本条是关于离婚股东的配偶分钱还是股权的规定,其设立了股东配偶要求分割股权以成为股东的过滤机制:

未经其他股东过半数同意,或者其他股东均放弃优先权的,配偶不得分割股权,只能分割转让股权所得财产;唯有经其他股东过半数同意且均放弃优先权的,该配偶才能分得相应股权,成为公司股东。

这一过滤机制的依据,是2018年《公司法》第71条第2款规定的股权对外转让时其他股东的过半数同意规则,股东配偶要求分割股权、加入公司,形同股权对外转让。但2023年《公司法》第84条已经取消了过半数同意规则,所以除非某有限公司章程仍然约定有过半数同意规则,上述司法解释第73条的过滤机制已经不便使用,只余下优先购买权堪当过滤机制。

三、多种方案供选择

基于上述立法变化,结合2023年《公司法》第84条,可以对上述司法解释第73条的内容进行选择性适用,方案如下:

(一)两个言外之意

1. 分别所有

作为该条的言外之意与基本背景之一:如股权登记在夫妻名下,或者在设立、运营公司期间夫妻已经分割了股权而分别登记在各自名下,则离婚时的股权分割,由夫妻意思自治或者法院判决,不涉及其他股东的意思参与。夫妻可以协议或者法院可以判决如登记状态一样分割,可以调整二人的股权比例,也可以全部归于一方,公司依照协议或者法院判决配合办相应手续即可。

2. 个人所有

作为本条的言外之意与基本背景之二:登记在一方名下且属于个人财产的,离婚时不涉及夫妻共有财产分割问题,股权之享有与登记状态均不受离婚的影响。

(二)分割方案

登记在一方名下且属于共同共有的股权,处理方案有二:

1. 方案一:分割股权

夫妻协议将该股东名下部分或全部股权分给配偶的,要事先通知其他股东并留足不少于30日的犹豫期,其他股东均明确表示放弃优先购买权的,该股东的配偶才能成为该公司股东。夫妻分割共有股权,非股东配偶欲取得股权,须尊重其他股东的优先购买权,也即优先购买权规则适用于夫妻共有股权分割的场合,是因为共有股权分割不是无偿的,而是存在对价。

2. 方案二:分割股价款

分股价款的方案,根据夫妻离婚协议情况可以细化为四种情形:

情形一:接方案一,方案一的言外之意是,此时如有其他股东主张优先权,其他股东支付对价并取得该部分股权,配偶分得该股价款。

情形二:该股东的配偶无意分割股权、只要对价款,于是夫妻协议由该股东给配偶以相当于该部分股权款的补偿,全部股权归该股东个人所有。这就是人们所说的"分手费",现实生活中很多企业家都曾这样操作。

情形三:该股东的配偶无意分割股权、只要对价款,但该股东不愿或无力补偿,于是夫妻双方就转让股权比例及转让价格等事项协商一致后，主动通知其他股东，征求其优先权行使意愿。其他股东愿以同等条件购买该股权，或者虽没有其他股东行使优先权但最终对外转让该股权的，该配偶分得相应股价款。

情形四：夫妻二人均无意持有股权，且整体出售股权可能更划算，于是协商好将全部股权出售，并通知其他股东，征求其优先权行使意愿。其他股东愿以同等条件购买该股权，或没有其他股东行使优先权但最终对外转让该股权的，再由夫妻协议或法院判决分割对应股价款。

020 夫妻共有股权分割（三）：发生无权处分吗？

一、事出有因

有些夫妻在走向离婚的路上，关系也一步步恶化，信任逐步破裂。在此期间，如夫妻共有股权登记在一方名下，登记股东就有可能背着配偶擅自转让股权，以贪占股权款。也有时，夫妻感情没有问题，但登记股东自信满满（或鬼迷心窍），认为股权出手"正当时"，在未与配偶协商甚至配偶明确反对的情况下，擅自做主，转让股权，或为兄弟两肋插刀，应邀为其债务提供股权质押担保。

待配偶发现，股权变动已经完成，生米煮成熟饭。但配偶岂会善罢甘休，一纸诉状递交法院，要求宣告股权处分行为无效，配偶与交易第三人间的利益冲突由此展开，法院如何处理？

二、基本规定：有权处分，抑或无权处分

（一）司法解释的规定

《民法典婚姻家庭编解释二》第9条规定：

夫妻一方转让用夫妻共同财产出资但登记在自己名下的有限责任公司股权，另一方以未经其同意侵害夫妻共同财产利益为由请求确认股权转让合同无效的，人民法院不予支持，但有证据证明转让人与受让人恶意串通损害另一方合法权益的除外。

以上规定，前半部分规定了处分行为的一般效力，但书部分规定了恶意串通的

特例,下文先讨论前半部分。

(二)学术分歧

一种观点认为,这属于有权处分,虽然股权属共有,但登记在谁名下,谁就是股东。登记股东对股权享有处分权,故其转让给第三人的行为属于有权处分,股转合同有效且第三人继受取得股权;至于夫妻另一方,事后向登记股东主张股价款的共有分割即可。

另一种观点认为,这属于无权处分,因为股权属于夫妻共同共有,其处分应经双方一致同意。登记股东未经另一方同意而转让,构成无权处分;当然,无权处分合同也是有效的,受让人可以依据善意取得主张取得股权,夫妻另一方事后向登记股东主张股价款的共有分割即可。

上述两种观点,在第9条规定下都可以自洽。因为本条仅明确股转合同有效——既可以解释为有权处分合同,自然有效;也可以解释为无权处分合同,也是有效的(《民法典》第597条)。

相较之下,前一观点,对交易相对人提供了最好的保护,但对登记股东的配偶最不利;后一观点,给登记股东配偶追回股权留下余地——如果交易相对人不能构成善意取得,便可以追回股权。当然,如交易相对人构成善意取得,则与前一观点的处理结果并无二致。读者也可以总结为:在交易相对人善意、有偿的情形下,两种观点的处理结果并无不同,区别仅在于交易相对人非善意、非有偿的情形。

(三)实务经验

实证研究表明,法院裁判存在多种立场,有的法院以登记股东为有权处分人,认定其将股权转让给第三人的行为有效,第三人系继受取得;也有的法院认为第三人取得股权是基于善意取得,因为登记股东擅自转让的行为属于无权处分;还有的法院适用表见代理判决,只要另一方不提异议,就视为对登记股东转让的同意。

典型案例。彭某静与梁某平、王某山、河北某海岸房地产开发有限公司股权转让侵权纠纷案(《最高人民法院公报》2009年第5期),法院采取表见代理的认定逻辑,认为股权无论登记在谁的名下,只要在夫妻关系存续期间,双方都享有财产的处分权。对于登记一方与他人订立转让合同的效力,应当结合另一方对股转是否明知、受让人是否为善意综合判断分析。

最高人民法院第二巡回法庭2020年第三次法官会议纪要形成的观点如下:

股权不属于夫妻共同财产,登记方单方决定转让系有权处分。背后的逻辑是:

出资并非取得有限公司股权的充分条件，不能仅因出资来源于夫妻共同财产而认定该股权为夫妻共同共有；当股权登记于一方名下时该股权的各项权能应由股东本人独立行使，故而股东有权单独处分该股权，因处分该股权所获的收益属于夫妻共同财产。

三、但书：恶意串通无效

《民法典婚姻家庭编解释二》第9条但书规定，如有证据表明转让人（登记股东）与受让人恶意串通损害夫妻另一方合法权益，该股转合同是无效的。这一规定自然符合《民法典》关于恶意串通的规定。《民法典》第154条规定：

行为人与相对人恶意串通，损害他人合法权益的民事法律行为无效。

根据"谁主张，谁举证"的规则，夫妻一方要就登记股东与相对人间构成恶意串通承担举证责任。要达到这个证明标准，不是件容易的事情。参照《民法典合同编通则司法解释》第23条第2款的规定，法院应综合考虑当事人之间的交易习惯、合同在订立时是否显失公平、相关人员是否获取了不正当利益、合同的履行情况等因素，能够认定转让股东与相对人存在恶意串通的高度可能性的，可以要求相关人员就合同订立、履行的过程等相关事实作出陈述或者提供相应的证据。其无正当理由拒绝作出陈述，或者所作陈述不具合理性又不能提供相应证据的，法院可以认定恶意串通的事实成立。

实务中，确实存在登记股东利用共有股权登记在自己名下的便利，与相对人恶意串通，将共有股权转让给相对人，侵害另一方合法权益之情形。此处相对人，并非单纯知悉目标股权的权属状况——如是，则为恶意第三人，而是要求其积极参与转让股东发起的不法交易，在实践中多是转让股东的利害关系人，包括近亲属、亲朋好友等。

021　股权继承（一）：股权可以继承吗？

本问所说的股权，包括有限公司的股权，也包括股份公司的股份。

一、股权继承的复杂性与重要性

从民法的视角看,股权作为财产权当然可依法继承;从公司组织法的视角看,股权作为公司组织法上的成员权,其继承必然引发公司成员的变化,要受到公司组织法、公司章程的必要限制,这在有限公司中体现得尤为明显。

在此假设一例。甲、乙、丙、丁4个老伙计创立A有限公司,风风雨雨合作30多年,彼此关系融洽,十分难得。现带头大哥、占股51%的大股东甲去世,其4个子女(同父异母)及现任妻子主张平分甲的股权。这是一个大麻烦,因为股东一下子从4个变为8个,且新加入的5个股东明争暗斗,还可能跟乙、丙、丁的理念不合,给公司经营管理与未来发展带来极大的不确定性。

面对股权继承可能给有限公司带来的潜在风险,《公司法》第90条肯定了公司章程对股权继承的约束,赋权公司通过章程限制股权继承,比如,规定任何自然人股东去世后只能指定某一继承人继承股权,这种约定在性质上与被继承人的遗嘱具有同等效力。如此,上例中甲一旦去世,其长子可以作为股东同乙、丙、丁这些叔叔辈的人继续合作,其余子女或可共享股权带来的收益,或可由继承人给予相应的金钱补偿。甚至,若股东的继承人们不争气,也可以规定不得继承股权,只能变现为现金继承,这都取决于公司创始人的智慧。

二、股权继承的基本规则

有限公司的股权与股份公司的股份,作为财产权都可以继承。针对有限公司,《公司法》第90条规定:

自然人股东死亡后,其合法继承人可以继承股东资格;但是,公司章程另有规定的除外。

针对股份公司,《公司法》第167条规定:

自然人股东死亡后,其合法继承人可以继承股东资格;但是,股份转让受限的股份有限公司的章程另有规定的除外。

上述两规定的前半句完全一样,后半句存在差异,需要讨论两个问题。

(一)解读之一:股权可以继承是公司法的基本原则

如公司章程无特别限制,股权继承在公司法上并无障碍。只是股东们需注意,无障碍的股权继承可能给公司带来极大的风险,成熟的企业家总是未雨绸缪,能够在章程或遗嘱中做好妥当安排,或生前就做好接班人的布局。

如公司章程不设继承限制条款,继承人是否当然取得股东身份?要一分为二来讲:

1. 对于股份公司的股份继承,没有任何法律障碍。

2. 对于有限公司的股权继承,则要进一步分析:

(1)继承人本来就是股东的,则股权继承相当于股权的内部转让,继承人当然取得股东身份,不受其他特别限制。

(2)继承人原本不是股东(以下简称非股东继承人)的,则股权继承相当于股权外部转让,继承人当然取得股东身份,还是适用《公司法》第84条第2款的规定,存在争议。从保障有限公司封闭性的角度看,应适用该款的规定,其他股东可以主张优先购买权,以阻止非股东继承人的进入。这样理解并不奇怪,因为股权继承本来就受公司法、继承法的共同调整。在继承问题上,公司法的规定属于特别法,优于作为一般法的继承法。至于有限公司股权继承场合其他股东如何主张优先购买权,请参见本篇分篇三的相应内容,此处不赘述。

(二)解读之二:公司章程依法特别限制的,从之

极具实务价值的问题是,公司章程如何限制股权继承?

1. 有限公司

有限公司章程对股权继承的限制,包括对继承权的内容限制与程序限制。

内容限制实质上反映了自然人股东生前对遗产的自由处分,如同以遗嘱方式指定由某人继承遗产一样,这一处分若得到其他股东认可并记载于章程,就得以剥夺其他继承人对股权的继承权。

程序限制通常是指股权继承须经其他股东多数同意,否则,只能转让给其他股东,继承人则继承股转所得价款。读者会问,2018年《公司法》第71条第2款规定的有限公司股权对外转让需经其他股东过半数同意的规则,已经被2023年《公司法》删除了,难道公司章程还可以"死灰复燃"吗?回答是肯定的,这正是公司章程实行私法自治的价值所在。有限公司章程如果设置类似的程序限制,一点都不奇怪。

有限公司章程对继承权的限制存在效力边界,要受到合法性审查。一般而言,公司章程对非股东继承人继承股权的限制条件不得高于章程规定的外部转让条件,否则,有悖于法理、情理,其效力不应受支持。如《法国商事公司法》第44条第2款

规定,公司章程对股权继承或在夫妻之间清算共同财产时转移股权规定的条件,不得高于向公司外第三人转让股份的条件,否则,该条款无效。这一规定值得借鉴。

举例。A 有限公司章程规定,股东向股东外的第三人转让股权,须经其他股东 2/3 以上同意;自然人股东死亡后,继承人要继承股权,须经其他股东一致同意。这一规定显示出,公司对自然人股东继承人进入公司的防范甚于其他人,其合理性受到质疑。

2. 股份公司

严格来说,股份公司章程对股份继承的限制,与有限公司章程对股权继承的限制,不在同一个层次上。对比《公司法》第 90 条与第 167 条不难看出,前者规定的有限公司章程得对股权继承进行任何合法限制,但后者规定的股份公司章程对股份继承的限制仅限于"股份转让受限的股份有限公司的章程另有规定的",所谓"股份转让受限"就是指向股份公司发行类别股——《公司法》第 144 条第 1 款第 3 项规定"(三)转让须经公司同意等转让受限的股份"。至于未发行类别股的股份公司,公司章程不得限制股份继承。

022 股权继承(二):如何理解遗嘱安排的重要性?

一、挑战

我国存在大量的家族公司,且核心人物的家庭情况可能较为复杂,很多人不止一段婚姻。在继承方面,不同妻子所生子女的斗争往往较激烈。股权继承涉及公司股权乃至控制权的传承与变动,股权继承就意味着公司控制权的易位,这足以决定一家公司的成败兴亡,不可不慎重。但凡有眼光、有智慧的企业家,都应重视这一问题。特别是当下,诸多互联网企业市值动辄亿万元,创始人又较为年轻,其对立遗嘱的提议往往接受程度较低,公司根据实情在章程中提前作出预防性布局,是为未雨绸缪。

因股权继承对簿公堂的公开案例并不多见,与相关案例涉及隐私有关,财经新闻披露的民营企业继承案例则并不少见。在此,仅根据新闻报道的信息,整理出两个民企股权继承案例,这两个案例的走向与结果可谓截然不同,令人深思。某瑶集团主要创始人王某瑶及时通过遗嘱,对自身股权作出了符合公司发展的分配,保证了公司权力交接的平稳过渡;某耀东方集团创始人李某斌在遗嘱问题上作出的安排引发家族成员内斗,不仅导致两败俱伤,公司也陷入绝境。可谓一念成佛,一念成魔。

二、某瑶集团、王某瑶

2004年11月7日,年仅38岁的某瑶集团董事长王某瑶在上海去世,由于其正式遗嘱没有披露,此处仅根据所收集到的媒体报道以及某瑶集团此后的股权格局来谈。王某瑶将生前持有的某瑶集团50%的股份一分为三,40%由家属和子女持有,因为某瑶集团是兄弟三人共同经营,所以这部分股权就由王某瑶的兄弟王某金、王某豪代管,另外两部分股权平分给兄弟二人各5%(如图4-4-1所示)。

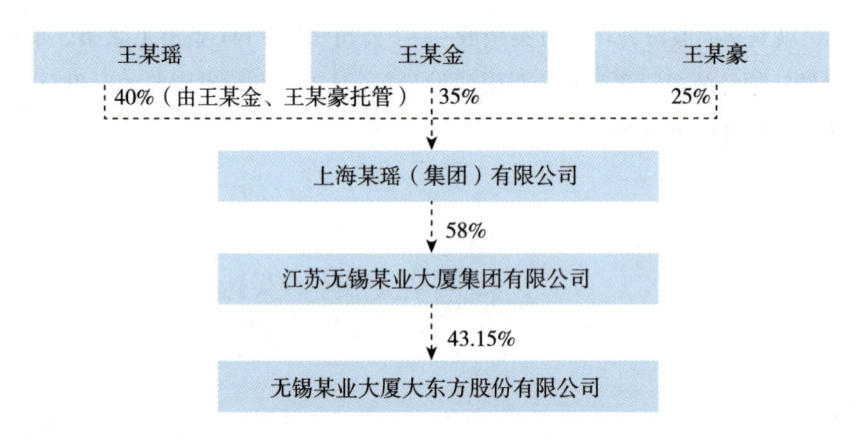

```
  王某瑶                王某金              王某豪
40%(由王某金、王某豪托管)   35%              25%
                          ↓
              上海某瑶(集团)有限公司
                        ↓ 58%
              江苏无锡某业大厦集团有限公司
                        ↓ 43.15%
              无锡某业大厦大东方股份有限公司
```

资料来源:大东方年报。

图4-4-1 王某瑶股权托管详情

2004年11月18日,某瑶集团召开了王某瑶去世后的首次媒体见面会,会上接任董事长王某金带领全体董事会成员亮相,虽未具体公布王某瑶的遗嘱安排,但从某瑶集团公开的股权结构文件也可以看出端倪。某瑶集团的两个主要控股公司"温州某瑶集团有限公司""上海某瑶(集团)有限公司"分别完成了股权继承。2007年9月14日,温州某瑶(集团)有限公司股权也发生转让,王某瑶生前持有的40%股份中,38.5%无偿转让给王某甲(王某瑶长子),0.5%无偿转让给王某弟(王某瑶母亲),0.5%无偿转让给王某乙(王某瑶次子),0.5%无偿转让给王某丙(王某瑶长女)。上海某瑶(集团)有限公司的股权结构调整为王某甲、王某金、王某豪、王某乙和王某丙分别持股35.5%、35%、25%、4%和0.5%。披露的相关文件也写明,王某甲虽是第一大股东,但不参与公司实际经营。

事实证明,某瑶集团在王某瑶去世后通过其一系列遗嘱安排实现了管理权与控制权的平稳过渡,王某金、王某豪兄弟也展现出不俗的经营能力,某瑶集团达到了新高度。某瑶集团在大股东、董事长突然逝世后,之所以能保证自身发展,首先在于王某瑶充分发挥了家族成员的个体优势,弥留之际其子女均未成年,传承重任果断交给两弟弟,且二人性格互补,前者沉稳,后者外向,有效地避免了家族内部的股权争夺战;其次就是妥善准备,在查出患癌后,王某瑶就着手传承事宜,病中除进行细致的股权划分,还积极奔走于政府、社会,为此后某瑶集团的发展打下了坚实的政商关系与社会资源;最后是长期维持了公司内人员关系的稳定,王某瑶在世时,某瑶集团经营范围已涵盖航空票务、乳业、旅游、酒店等多领域,在未来发展战略上也与两弟弟、其他高管达成基本共识。即使本人离世,接任者也不会对集团发展作出根本性改变,这使集团长期发展更加明朗。

三、某耀东方、李某斌

与某瑶集团形成鲜明对比的,是某耀东方叔嫂内斗案。在控股股东李某斌猝然离世后,某耀东方集团陷入长期的股权争夺战,第二任妻子徐某与李某斌之弟李某杰、长子李某东(李某斌与前妻所生)围绕李某斌所留资产展开了长达5年的拉锯战,持久的纷争导致某耀东方集团早不复当年,管理层大多被卷入这场家产纠纷,重要员工离职、公司经营困难、资产被陆续变卖、资金流向不明。法院多份文书显示,核心企业及其高管都被列为失信人、限制消费,且可执行资产所剩无几。徐某虽如愿以偿最终赢得了股权继承官司,但在成为大股东、实控人的同时也成了最大债务人。

某耀东方的控股权继承,可谓一场悲剧,也侧面印证了创业企业家若不妥善处理股权继承,将遗患无穷。对于企业家而言,潜在的继承风险可谓方方面面,包括非婚生子女或多段婚姻中子女的遗产分配问题、夫妻财产分割问题,加之企业家去世且主要继承人未成年,股东权利通常由法定监护人代为行使,企业控制权易主带来的风险更不可控。

023 股权质押有哪些禁忌？

一、民法典上的股权质押

股权质押是一种典型的权利质押，股东为担保自己、他人的债务履行，以其持有的股权出质，当债务人不履行到期债务，债权人得就股权变现所得价金优先受偿。

《民法典》第440条第4项规定：

债务人或者第三人有权处分的下列权利可以出质：

（四）可以转让的基金份额、股权；

第443条规定：

以基金份额、股权出质的，质权自办理出质登记时设立。

基金份额、股权出质后，不得转让，但是出质人与质权人协商同意的除外。出质人转让基金份额、股权所得的价款，应当向质权人提前清偿债务或者提存。

第388条还规定，设立担保物权，应当依法订立担保合同。据此，两类公司的股权皆可用于出质，股权质权的设立采债权形式主义，有效的质押合同加上质权登记即等于质权设立。其中，公开发行的股份设质，在证券登记结算机构办理出质登记；非公开发行的股份及有限公司的股权出资，在市场监管部门办理出质登记。

股权质权的效力，与其他权利质权并无不同。股权设质后，不得提前转让，除非经过质权人同意，转让所得价款用于"两提"（提前清偿债务或者提存）；股权质权的实现方式，就是将来转让股权，并将所得价款用于优先清偿所担保的债务。

二、公司法上的股权质权

《公司法》关于股权质权的规范共有两处，以下分述之。

（一）股份公司不接受本公司股权设质

《公司法》第162条第5款规定：

公司不得接受本公司的股份作为质权的标的。

这句话读起来稍显拗口。究其真意，需结合该条前4款的规定进行体系解释。

第162条确立了股份公司回购股份的"原则禁止、另外允许"规则,本款即意在防止公司规避法定事由,进行曲线回购——毕竟,如股份公司接受了本公司股份的质押,将来就有可能作为债权人通过折价方式将该股份收入囊中。

对于该款,存在三个疑问:

1. 是否也适用于有限公司?

事实上,任何公司回购自己的股权都要受到严格限制,股份公司如此,有限公司亦然。值得注意,两类公司都有(少数)股东回购请求权制度(《公司法》第89、161、219条),除此之外,第162条还特意为股份公司规定了主动回购股份的若干情形,但并未为有限公司开此绿灯,可以理解为有限公司回购股权受更严格的限制。既然股份公司不能接受本公司股份作为质权的标的,有限公司更是不言而喻。

2. 为何有此禁止性规定?

若仅是为了防止曲线回购,这一禁止性规定似乎有"用力过猛"之嫌。众所周知,股权设质只是蕴含了潜在的股转可能,非必然发生股转,更遑论股权回购。

第一,股权设质作为一种担保方式,并不意味着一定要变现,只有在债务人不履行到期债务或出现当事人约定的实现质权的情形,质押股权方需进行变现。在很多情形下,包括股权质权在内的所有担保方式,主要还是作为一种增信措施而存在,并不是真的要实现。

第二,即便要实现,变现方式包括拍卖、变卖与折价,拍卖、变卖是出售给第三人,不会发生股权回购,唯有采折价方式,才会发生股权回购的问题。

既然如此,只要规定公司接受本公司股权作为质权标的时,不得以折价方式变现,不就足以达到立法目的了吗?为何一定要兴师动众地禁止公司接受本公司的股权作为质权标的呢?

3. 违反该款规定,是否导致质押合同无效?

该款使用"不得",无疑为禁止性规定,但不属于效力性规定。《民法典合同编通则司法解释》第18条规定:

法律、行政法规的规定虽然有"应当""必须"或者"不得"等表述,但是该规定旨在限制或者赋予民事权利,行为人违反该规定将构成无权处分、无权代理、越权代表等,或者导致合同相对人、第三人因此获得撤销权、解除权等民事权利的,人民法院应当依据法律、行政法规规定的关于违反该规定的民事法律后果认定合同效力。

回到《公司法》第162条第5款,其是在同条第1款原则上禁止公司回购股权的背景下作出的规定,如上分析的,公司接受以本公司股份为标的设立的质权,将来有可能变现,也有可能不变现,即便变现,也存在多种可能,并不当然导致公司回购股权,且这一结果也是可以回避的。如不发生公司取得自己股份的结果,也就不违反法律、行政法规的强制性规定,只是在变现方式上,仅有拍卖、变卖两种方式供公司选择。因此,根据《民法典合同编通则司法解释》第18条,《公司法》第162条第5款不属于效力性强制性规定。

(二)股份质权人行权限制

《公司法》第160条第3款规定:

股份在法律、行政法规规定的限制转让期限内出质的,质权人不得在限制转让期限内行使质权。

与《公司法》第162条第5款异曲同工的是,对《公司法》第160条第3款的理解也需结合同条前两款的规定。第160条第1、2款规定限售股制度——发起人股东、实控人、管理层等特殊群体所持股份,在法定期限内被限制转让,《公司法》第160条第3款的目的正是进一步落实这些转让限制。了解了这一立法宗旨,《公司法》第160条第3款的解读如下:

1. 法律、行政法规规定的限售股,限售期间可以以其为标的设立质权;
2. 限售股的质权人,在限售期内不得变现(转让);
3. 该规定仅适用于股份公司,在有限公司没有适用余地。

024 股权让与担保(一):如何识别、认定让与担保?

一、一种非典型担保

民法上的担保方式,除保证、抵押、质押、留置、定金等典型担保方式,尚有非常活跃的非典型担保方式。《民法典担保制度司法解释》之"四、非典型担保"专门规定了所有权保留、融资租赁、保理、让与担保等非典型担保制度,其在第63条统一规定:

债权人与担保人订立担保合同,约定以法律、行政法规尚未规定可以担保的财产权利设立担保,当事人主张合同无效的,人民法院不予支持。当事人未在法定的登记机构依法进行登记,主张该担保具有物权效力的,人民法院不予支持。

这一规定有两层核心意思:

其一,当事人约定的具有担保功能的合同,本身是有效的,相关约定的债权效力依法受支持;

其二,没有依法进行物权担保登记的,不得主张担保物权的效力,是为恪守物权法定主义。

二、几类让与担保

(一)基本规范

2019年《九民纪要》专门就让与担保进一步规范,第71条规定:

债务人或者第三人与债权人订立合同,约定将财产形式上转让至债权人名下,债务人到期清偿债务,债权人将该财产返还给债务人或第三人,债务人到期没有清偿债务,债权人可以对财产拍卖、变卖、折价偿还债权的,人民法院应当认定合同有效。合同如果约定债务人到期没有清偿债务,财产归债权人所有的,人民法院应当认定该部分约定无效,但不影响合同其他部分的效力。

当事人根据上述合同约定,已经完成财产权利变动的公示方式转让至债权人名下,债务人到期没有清偿债务,债权人请求确认财产归其所有的,人民法院不予支持,但债权人请求参照法律关于担保物权的规定对财产拍卖、变卖、折价优先偿还其债权的,人民法院依法予以支持。债务人因到期没有清偿债务,请求对该财产拍卖、变卖、折价偿还所欠债权人合同项下债务的,人民法院亦应依法予以支持。

到了2020年《民法典担保制度司法解释》第68条,有了更具有法律规范的语言予以描述:

债务人或者第三人与债权人约定将财产形式上转移至债权人名下,债务人不履行到期债务,债权人有权对财产折价或者以拍卖、变卖该财产所得价款偿还债务的,人民法院应当认定该约定有效。当事人已经完成财产权利变动的公示,债务人不履行到期债务,债权人请求参照民法典关于担保物权的有关规定就该财产优先受偿的,人民法院应予支持。

债务人或者第三人与债权人约定将财产形式上转移至债权人名下,债务人不履行到期债务,财产归债权人所有的,人民法院应当认定该约定无效,但是不影响当事人有关提供担保的意思表示的效力。当事人已经完成财产权利变动的公示,债务人不履行到期债务,债权人请求对该财产享有所有权的,人民法院不予支持;债权人请求参照民法典关于担保物权的规定对财产折价或者以拍卖、变卖该财产所得的价款优先受偿的,人民法院应予支持;债务人履行债务后请求返还财产,或者请求对财产折价或者以拍卖、变卖所得的价款清偿债务的,人民法院应予支持。

债务人与债权人约定将财产转移至债权人名下,在一定期间后再由债务人或者其指定的第三人以交易本金加上溢价款回购,债务人到期不履行回购义务,财产归债权人所有的,人民法院应当参照第二款规定处理。回购对象自始不存在的,人民法院应当依照民法典第一百四十六条第二款的规定,按照其实际构成的法律关系处理。

对于以上两个条文,可以从两个方面解读,此处先讲让与担保的认定与识别,其效力问题留待下问讨论。

(二)交易结构

这一规定界定了让与担保的基本构造、法律效力及其变现方式。实务中的让与担保,有动产让与担保,不动产让与担保及股权让与担保等,但鲜有一份纸质合同摆在你面前,名称就叫"某某让与担保合同(协议)"。即便真叫这一名称,也未必就是让与担保合同。因此,各位读者阅读的关键在于,通过法律知识掌握如何识别与认定让与担保。

简单来说,让与担保既不是质押、抵押等物保合同,也不是转移标的物所有权的转让合同,而是形式与内容介于这些合同之间的一种具有担保功能的特殊条款。要准确识别与认定之,关键在于将其与物保合同、转让合同区分开来。

例1。动产让与担保。

设甲欠乙100万元,甲、乙间就一辆豪车可能签署四类合同:

(1)为乙设立抵押权的,核心特征有三:名为抵押合同,无须转移占有,通常需要办理抵押登记以对抗第三人。

(2)为乙设立质权的,核心特征有三:名为质押合同,转移占有,无须办理登记。

(3)出卖给乙抵债的,核心特征有三:名为买卖合同以明确抵债数额,转移占有,办理过户登记。

(4)为乙设立让与担保的,核心特征有三:名为让与担保合同;转移占有及办理可能需要的过户登记(不必需);声明如甲将来一段时期能够还债,则乙有义务返还占有、配合变更过户登记手续,如不能还债,则将该车辆变现以偿债。

例2。不动产让与担保。

设甲欠乙1000万元,甲、乙间就一栋楼房可能签署三类合同:

(1)为乙设立抵押权的,核心特征有三:名为抵押合同,无须转移占有,办理抵押登记以设立不动产抵押权。

(2)出卖给乙抵债的,核心特征有三:名为买卖合同以明确抵债数额,转移占有,办理过户登记。

(3)为乙设立让与担保的,核心特征有三:名为让与担保合同;办理过户登记及办理可能需要的转移占有(不必需);声明如甲将来一段时期能够还债,则乙有义务返还占有、配合办理变更过户登记,如不能还债,则将该房屋变现以偿债。

例3。股权让与担保。

设甲欠乙1000万元,甲、乙间就甲持有的某A有限公司10%的股权可能签署三类合同:

(1)为乙设立质权的,核心特征有三:名为质押合同,办理股权质押登记,乙不得以股东身份进入公司。

(2)出卖给乙抵债的,核心特征有三:通知其他股东并征求其是否放弃优先购买权的意思;名为股转(买卖)合同,以明确抵债数额;通知公司办理相关的变更记载、登记手续,乙以股东身份进入公司。

(3)为乙设立让与担保的,核心特征有三:名为让与担保合同;办理变更记载、登记手续,但乙不得在公司内部主张股东身份;声明如甲将来一段时期能够还债,则乙有义务配合办理变更记载、登记手续,如不能还债,则将股权变现以偿债。

(三)形式相似与实质区分

上述举例目的是让不熟悉让与担保的读者尽快熟练掌握之,结合《九民纪要》第71条的第一段叙述,可以简单总结让与担保与两类合同的区分:

1. 与抵押、质押等传统物保合同的区分要点,在于让与担保要在形式上将标的物移转到债权人名下,包括交付动产以转移所有权、过户登记不动产以转移所有权,以及有限公司股权的变更记载、登记等。

2. 与标的物买卖合同的区分要点:虽然都具有移转标的物所有权、股权的形式要件——交付、过户登记及变更记载、登记等,但本质区分在于,买卖合同的买受人不仅完成了这些权利的权属移转手续,更核心的是其有取得这些权利的意思;让与担保债权人恰恰欠缺取得这些权利的意思。

既然让与担保的债权人并无取得标的物权利的意思，也未取得这些权利，为何还要在形式上完成标的物权属的移转手续呢？这是优秀的读者，才能提出切中让与担保制度核心的灵魂之问——与抵押、质押的债权人相比，让与担保债权人最大的优势就在于：由于其形式上是权利人，在债务人不履行债务时，其就彻底掌控了变现标的物以优先受偿的主动权。这也是人们偏爱让与担保的根源所在。

一句话，让与担保终究是一种担保方式，而不是标的物买卖关系，其与抵押、质押是近亲关系，与买卖之间存在质的区别。

聪慧的读者会看出，在某种意义上，让与担保是一种"丑陋的"担保方式。让与担保的大流行，也暴露了当前社会信用整体状况不佳、人与人之间信任较低的社会现实。

025 股权让与担保（二）：股权让与担保有何特殊性？

一、股权让与担保的认定

（一）股权让与担保的定性与识别标准

实践中法院主要通过三个要素对其性质进行把握：

（1）是否存在被担保的合法有效债权。天津某投资发展有限公司诉新疆某房地产开发有限公司等合同纠纷案中，法院认为当事人关于保本与待项目合作完毕后冲抵股权回购款的约定，表明当事人间不存在作为基础的民间借贷法律关系，不构成股权让与担保。

（2）是否具有股转的形式。某恒阳（北京）投资有限公司等与西藏某国安房地产项目管理有限公司股权转让纠纷案中，法院认为，作为权利移转型担保的股权让与担保，应当包含让与和担保两个基本要素。本案当事人之间不存在股转关系，不符合让与担保的基本架构。

（3）是否具有担保债权实现的目的。程某云等与冯某兴股权转让纠纷案中，法院认为案涉股转协议明确约定了转让主体、标的、对价、付款安排及转让后果，并无提供担保的意思表示，进而否定了当事人关于股权让与担保的主张。

(二)一种特殊场合的适用

《九民纪要》第89条就信托公司资产或者资产收益权转让及回购交易中的股权让与担保作出以下具体规定：

信托公司在资金信托成立后，以募集的信托资金受让特定资产或者特定资产收益权，属于信托公司在资金依法募集后的资金运用行为，由此引发的纠纷不应当认定为营业信托纠纷。如果合同中约定由转让方或者其指定的第三方在一定期间后以交易本金加上溢价款等固定价款无条件回购的，无论转让方所转让的标的物是否真实存在、是否实际交付或者过户，只要合同不存在法定无效事由，对信托公司提出的由转让方或者其指定的第三方按约定承担责任的诉讼请求，人民法院依法予以支持。

当事人在相关合同中同时约定采用信托公司受让目标公司股权、向目标公司增资方式并以相应股权担保债权实现的，应当认定在当事人之间成立让与担保法律关系。当事人之间的具体权利义务，根据本纪要第71条的规定加以确定。

据该条第3款，股权让与担保的基本交易结构，是融资人依据合同约定融入资金，将所享有的股权转让给投资人，同时双方签订股权回购协议，约定在特定条件成就时以特定价格回购股权，如融资人到期不履行或不完全履行，投资人可以就已取得的股权进行变现以优先获得债务清偿。

二、股权让与担保的效力

(一)让与担保的一般效力

《九民纪要》第71条与《民法典担保制度司法解释》第68条规定了让与担保的双重效力特征：

1. 具有债的担保功能与债权效力。让与担保合同本身并不违法，可以有效，其效力体现在：到期债务人不履行债务的，债权人可以自动变现标的物，债务人也可以请求变现标的物，通过拍卖、变卖或折价方式优先实现债权。

2. 不具有物权效力。首先，让与担保合同约定如债务人不履行债务，标的物权利直接归债权人的，该约定无效，这类似于流押(流质)条款。当然，该条款无效不影响让与担保合同其他条款的效力。其次，债务人不履行债务后，债权人凭借权属变动手续，请求确认财产归其所有的，也不受支持。实务中，法院将参照股权质押的规定，即担保权人只能就股权拍卖、变卖所得优先受偿。山东某集团有限公司诉北京某房地产开发有限公司等股权转让纠纷案中,法院认为案涉协议的实质是以全部股权抵偿债务,构成流质,相应条款无效。

(二)有限公司股权让与担保效力的特殊注意点

《民法典担保制度司法解释》第69条规定:

股东以将其股权转移至债权人名下的方式为债务履行提供担保,公司或者公司的债权人以股东未履行或者未全面履行出资义务、抽逃出资等为由,请求作为名义股东的债权人与股东承担连带责任的,人民法院不予支持。

该条的贡献在于,确认了股权让与担保结构下"名义股东债权人"并非股东、实为债权人的立场,以此严格区别于股权转让。所以,无论公司还是债权人,都不得请求其与公司股东承担瑕疵出资、抽逃出资的连带责任。

(三)让与担保的公司组织法之问

股权让与担保中,担保权人通常是转让股权的受让人或增资股权的认购人,系商事登记簿上的股东。由此产生的疑义是,担保权人是股东吗?可以行使股东权利吗?依照《民法典担保制度司法解释》《九民纪要》等,担保权人仅为名义股东而非实际股东,既不享有股东权利,也不承担相应的股东义务。在让与担保合同安排下,股权作为标的物仅服务于担保债务清偿之经济目的,如无特别约定,担保权人无权行使股权,不享有《公司法》中股东所享有的参与决策、选任管理者、分取红利等股东权利;与此相对应,如上问所述,目标公司或者公司债权人请求让与担保权人与股东一起承担对公司出资义务缴纳之连带责任的,也不予支持。话虽如此,实务中问题的复杂性在于,让与担保权人是不是股东,在很多场合是一件不容易说清楚的事情。

026 股权让与担保(三):如何控制股权让与担保的凶险?

一、何谓风险凶恶

如前所述,一方面,让与担保本身与股权质押、股权转让之间并非完全泾渭分明,一旦发生纠纷,对于合同性质的认定,往往成为第一个焦点。根据著者的实务经验,大多数股权让与担保合同在签署时,合同名称并非如此,有些当事人并不十分明白何为让与担保。尤其是对于有巨大融资压力的债务人而言,其签约时的关注点在于尽快拿到融资款,对让与担保内含的权责义及法律风险,可能知道得不多,也不大关心,等到纠纷遂起,方才如梦方醒。

另一方面,让与担保本身就是双方当事人信任程度极低的法律产物,且多发生在陌生人之间,熟人社会的那套社会交往及纠纷解决机制在此失灵。在低信任度的背景下,一旦纠纷出现,双方往往都往最坏的方向打算。进攻与设防之间,往往会把原本有回转空间的事情搞得两败俱伤。

更为重要的是,据著者观察,股权让与担保的双方当事人往往在法律经验、法律知识、获取专业法律服务能力等方面实力相差悬殊。比如,一些职业放贷人、非银行专业金融机构,往往是股权让与担保交易方式的始作俑者,也是合同文本的提供方,对手则是业务知识与法律经验都相对匮乏的民营企业,甚至不排除有些居心叵测的不良商人,盯住了陷入资金困境、急需资金帮扶的民营企业而"垂涎三尺",并由此开始了一场精心布局……反之,也不排除有些实业界人士经营的企业表面风光,但真实情况早已四面楚歌、负债累累,却通过一场精心设计的股权让与担保交易找人垫背,不仅融到一笔不菲的现金,还成功实现了金蝉脱壳——假戏真做地使让与担保的债权人成为公司股东,承担巨额的瑕疵出资填补责任、赔偿责任等。

如此说来,读者是否会对股权让与担保感到有些脊背发凉?其实,制度本身是中性的,但如频频被不良者利用,这个制度设计也需要反思。一言以蔽之,从公司法的专业视角来看,让与担保蕴藏的商业风险可以说是凶恶,这恰恰在于形式股东(让与担保的债权人)与实际股东(债务人、提供担保的第三人)的不一致,进而可能引发商事交易外观主义的适用。

二、债务人股东的法律风险

用于让与担保的股权,可以由债务人提供,也可以由第三人提供,实务中多数由债务人提供,以下为叙述方便,我们就假定系债务人本人提供,称之为债务人股东。

债务人股东提供股权让与担保后,可能的法律风险来自强势让与担保权人的"假戏真做",以及司法机关在某些情形下的"支持",简要分析如下:

(一)股权被无权处分

让与担保权人利用自己被登记为股东的优势,以自己名义出售股权给第三人,债务人股东事后发现的,即便主张追回股权,可能也并不受支持,因为该第三人可以依据《公司法解释三》主张善意取得,进而取得股权。至于该第三人是否为让与担保权人的白手套,实际上是民事审判难以查清的。

由此,债务人股东就会丧失股权(通常为控制权),被扫地出门。

(二)鹊巢鸠占

以控股权为客体的让与担保权设定后,让与担保权人毫不客气地宣布自己就是股东,并召开股东会重新选举自己控制的董事会,更换管理层、法定代表人、财务负责人等,完全控制公司。

实务中,让与担保权人完成这一操作,往往要走两步棋:第一步,温柔可怜的"小绵羊"——以一个"担惊受怕"的假股东形象出现在债务人股东面前,比如,"我被登记为股东,目前公司经营状态又不好,承担很重的责任,所以如果不任命我或我信得过的人为法定代表人,我担不了这个责任""作为公司名义上的控股股东,责任这么大,如果公司印章、营业执照副本、财务资料等不在我手中,我干不了,我也不干"等等,软磨硬泡下,让债务人股东将权柄及权柄象征一步步移交;第二步,露出大灰狼的獠牙——在公司收买人心、清除异己,等局势控制得差不多了,就公然以真股东自居,在公司内外宣布当初的合同并非让与担保合同,而是股转合同,或以债务人股东构成债务违约为由,直接主张债权变股权,总之主张自己已成为"真股东"。

由此,债务人股东就会丧失股权(通常为控制权),被扫地出门。

(三)更大的隐性风险

上文提到,让与担保权人原则上不得行使股东权利,但在实务中也不能把话说死,因为确有某些股权让与担保合同明确约定了,让与担保权人可以行使某些股东权利,这一约定并不完全和担保目的冲突,甚至可能是担保目的实现的保障之一。对此类约定,司法裁判肯定其效力,也存在不完全否认其股东资格的做法。

举例。中融国际信托有限公司与北京家全基业物业管理有限公司等公司决议效力确认纠纷案[(2021)京01民终176号]中,面对当事人间约定,在特殊情形下赋予担保权人对外转让股权、提议召开股东会重新选举董事、分配利润或者解散清算等股东权利时,法院也含蓄地表明了对该约定的认可态度。

三、让与担保权人的法律风险

(一)想法丰满,结果骨感

实务中不少让与担保合同约定了债务人不偿还债务,目标公司股权直接归债权人,不少让与担保权人信以为真。让与担保权人直接取得股权的想法,不但实现不了,还可能会害苦自己。抱着这么一个想法,特别是面对债务人股东的一脸真诚时,大笔一挥,巨额资金就这样"飞"出去了。这里面有侥幸,有深刻的算计,也不乏"趁机"贪占别人便宜的成分;但出现风险后,股权拿不到,终得一场空。

(二)承担沉重的债务

众所周知,瑕疵出资股东或出资义务未届期的股东转让股权的,公司、公司债权人可以请求股转当事人,也即前后股东承担连带或补充责任(《公司法》第88条)。据此,债务人股东原本没有缴纳出资款或抽逃出资的,将相应股权让与担保后,让与担保权人被登记为股东,就可能被目标公司、公司债权人起诉请求承担出资款的缴纳责任。固然,《民法典担保制度司法解释》第69条规定让与担保权人依法不承担此责任,但这建立在正确厘清让与担保法律关系的基础上。实务中,让与担保合同被司法机关认定为(或误认定为)股转合同的不在少数。前者,让与担保权人稀里糊涂地承担了出资责任;后者,承担责任后即便再审胜诉,可能也已经无法实现执行回转——转头再向债务人股东追偿时,人去楼空,追了一个寂寞。

分篇五

对特殊主体的股权转让限制

公司法、证券法基于维护证券市场秩序与公司治理秩序的目的，对股份公司的股东、实际控制人、管理层股东都设置了特定规制措施。违反这些规制措施，可能会导致交易行为无效，并引发相应法律责任。股份公司章程在此基础上，还可以设定更严厉的合理限制条款。

在公司法、企业国有资产法上，为保障国有资产保值增值，防止国有资产流失，对国有股权转让的方式、场所、审批等环节也设有监管措施，若违反这些规定，也会影响交易行为的效力，引发相关责任人员的党纪政纪责任、法律责任。

此外，有限公司基于维护封闭性及股东长久合作的目标，也可以通过条款限制某些发起人股东的股转，包括限制转让与强制转让，最典型的就是国有企业、集体企业改制为公司的，职工股具有身股性质，公司章程或公司改制文件、全体股东协议往往设有"人走股留""人走股转"的规定，这些规定的效力如何以及如何执行，都是重要且常见的股转纠纷。

本分篇共设9问，对所有特殊主体的股转特别规制一一分析，内容实务性强，也请读者尤其注意以公司章程特别条款为代表的私法自治工具的重要性。

027　股份公司股东、实控人的股转是否受限？

一、规范体系

《公司法》第160条第1款规定：

公司公开发行股份前已发行的股份,自公司股票在证券交易所上市交易之日起一年内不得转让。法律、行政法规或者国务院证券监督管理机构对上市公司的股东、实际控制人转让其所持有的本公司股份另有规定的,从其规定。

这一规定体现了对股份公司上市后股份转让的限制,具体表现为两个方面:

(一)原始股转让受限

相较 2018 年《公司法》,该款在开头删除了"发起人持有的本公司股份,自公司成立之日起一年内不得转让"的规定,但保留"公司公开发行股份前已发行的股份,自公司股票在证券交易所上市交易之日起一年内不得转让"的规定,即所谓"原始股"转让受限。这一规定意在防止原始股东在公司上市初期通过大量抛售股份进行套现,从而影响公司股价稳定与市场信心。同时,这也是对原始股东的一种约束,要求他们在公司上市后的一段时间内继续持有股份,共同承担公司经营风险,分享公司成长带来的收益。

(二)减持新规

2023 年《公司法》增加了"法律、行政法规或者国务院证券监督管理机构对上市公司的股东、实际控制人转让其所持有的本公司股份另有规定的,从其规定"。一段时期,证监会不断出台关于严格监管主要股东、实控人减持的相关规定。

2023 年 8 月 27 日,《证监会进一步规范股份减持行为》(被称为"史上最严减持规定"),要求:

上市公司存在破发、破净情形,或者最近三年未进行现金分红、累计现金分红金额低于最近三年年均净利润 30% 的,控股股东、实际控制人不得通过二级市场减持本公司股份。控股股东、实际控制人的一致行动人比照上述要求执行;上市公司披露为无控股股东、实际控制人的,第一大股东及其实际控制人比照上述要求执行。

同时,从严控制其他上市公司股东减持总量,引导其根据市场形势合理安排减持节奏;鼓励控股股东、实际控制人及其他股东承诺不减持股份或者延长股份锁定期。

2023 年《公司法》增加前述规定,实质上赋予证监会制定减持政策的合法性。2024 年 5 月 24 日,证监会发布《股东减持管理办法》(已被修改)以及《董监高持股变动规则》(已被修改),其中《股东减持管理办法》31 个条文,将原有的规范性文件上升为规章,重点内容为:

一是严格规范大股东(持股 5% 以上)减持。明确控股股东、实际控制人在破发、破净、分红不达标等情形下,不得通过集中竞价交易或者大宗交易减持股份;增加大股东通过大宗交易减持前的预披露义务;要求大股东的一致行动人与大股东共同遵守减持限制。

二是有效防范绕道减持。要求协议转让的受让方锁定6个月;明确因离婚、解散、分立等分割股票后,各方持续共同遵守减持限制;明确司法强制执行、质押融资融券违约处置等,根据减持方式的不同,分别适用相关减持要求;禁止大股东融券卖出或者参与以本公司股票为标的物的衍生品交易;禁止限售股转融通出借、限售股股东融券卖出等。

二、违反《公司法》第160条第1款的行为效力

禁止股份公司原始股在上市之后一定期限内转让,以及严格限制大股东、实控人的股份减持,体现了现行法的强监管特色,旨在维护公司稳定运营,保护广大公众投资者利益,防止内部人利用信息优势进行套利。

《公司法》第160条第1款属于效力性强制性规范,违反将导致交易行为无效。

经典案例。张某平诉王某股转合同纠纷案(《最高人民法院公报》2007年第5期)。

裁判要旨:股份公司发起人在设立公司过程中很重要,如果发起人在其不当发起行为导致的法律后果实际发生前转让股份退出了公司,则不仅不利于保护他人或社会公众的合法权益,还很难追究发起人的法律责任。为了防范发起人利用公司设立谋取不当利益,并通过转让股份逃避发起人可能承担的法律责任,《公司法》第147条对发起人持有的公司股份规定了禁售期,即发起人持有的本公司股份,自公司成立之日起3年内不得转让。但法律并不禁止发起人与他人订立合同约定在3年后转让股权,该合同不违反《公司法》第147条的禁止性规定,应认定合法有效。只要不出现实际交付股份和办理股权登记的情况,就不会改变发起人股东身份和引起股权关系的变更,发起人仍然是公司的股东,其法律责任和股东责任并不因签订股份转让合同而免除。

关于该案,有两点需要说明:一是,虽该案裁判引用2004年《公司法》的规定,但对其规范性质的判断,仍然未变;二是,该案当事人清楚知道签约时转让人的股份尚在禁售期,故约定了一个附期限的股转合同,法院认定有效。反之,根据裁判意旨,即时转让,则为无效。

028　股份公司管理层直接持股的转让受到何种限制？

一、规范体系

(一)公司法的基本规定

《公司法》第160条第2款规定：

公司董事、监事、高级管理人员应当向公司申报所持有的本公司的股份及其变动情况，在就任时确定的任职期间每年转让的股份不得超过其所持有本公司股份总数的百分之二十五；所持本公司股份自公司股票上市交易之日起一年内不得转让。上述人员离职后半年内，不得转让其所持有的本公司股份。公司章程可以对公司董事、监事、高级管理人员转让其所持有的本公司股份作出其他限制性规定。

该款规定了三个意思：

1. 股份公司对股份持有和转让情况有申报义务，这一要求与上市公司权益披露的监管规则保持一致。

2. 董监高在三个特定期限内的限售规则，此为该款的重点内容。

3. 授权公司章程作出其他限制性规定，详情见下文。

其中，关于第2点，展开如下：

(1)任职期间内，董监高每年可转让份额为其当期持股数额的25%，不是绝对禁止转让，以让管理层有机会分享公司经营带来的股份增值收益，符合公司正义。

(2)董监高离职后半年内，不得转让任何股份，这是必要的隔离期。

(3)上市公司中，董监高所持股份自公司股票上市交易之日起一年内不得转让。任职期间，每年通过集中竞价、大宗交易、协议转让等方式转让的股份不得超过所持股份总数的25%，但因司法强制执行、继承、遗赠、依法分割财产等导致股份变动的除外。

此外，上述各期间，限售股可设定质权，但限售期内不得行权变卖，否则等同于变相转让(第160条第3款)。

(二)证券法

《证券法》规定禁止上市公司董监高短线交易。大股东(持有5%以上股份的股东)、董监高将其持有的本公司股票或者其他具有股权性质的证券在买入后6个月内卖出,或者在卖出后6个月内又买入,由此所得收益归公司所有,公司董事会将收回其所得收益。

此外,在敏感期——如上市公司年度报告、半年度报告公告前30日内;上市公司季度报告、业绩预告、业绩快报公告前10日内;自可能对本公司证券及其衍生品种交易价格产生较大影响的重大事件发生之日或在决策过程中,至依法披露之日内;证券交易所规定的其他期间内,董监高也不得买卖本公司股票。

(三)证监会的追加

对董监高在上述三个特定期限内限售规则的理解与适用,还需对多个概念进行进一步界定,否则没有可操作性。证监会《董监高持股变动规则》完成了这一工作,摘录主要条文以供参考(鉴于其用语简明易懂,不再作进一步解读):

第三条 上市公司董事、监事和高级管理人员所持本公司股份,是指登记在其名下和利用他人账户持有的所有本公司股份。

上市公司董事、监事和高级管理人员从事融资融券交易的,其所持本公司股份还包括记载在其信用账户内的本公司股份。

第四条 存在下列情形之一的,上市公司董事、监事和高级管理人员所持本公司股份不得转让:

(一)本公司股票上市交易之日起一年内;

(二)本人离职后半年内;

(三)上市公司因涉嫌证券期货违法犯罪,被中国证监会立案调查或者被司法机关立案侦查,或者被行政处罚、判处刑罚未满六个月的;

(四)本人因涉嫌与本上市公司有关的证券期货违法犯罪,被中国证监会立案调查或者被司法机关立案侦查,或者被行政处罚、判处刑罚未满六个月的;

(五)本人因涉及证券期货违法,被中国证监会行政处罚,尚未足额缴纳罚没款的,但法律、行政法规另有规定或者减持资金用于缴纳罚没款的除外;

(六)本人因涉及与本上市公司有关的违法违规,被证券交易所公开谴责未满三个月的;

(七)上市公司可能触及重大违法强制退市情形,在证券交易所规定的限制转让期限内的;

(八)法律、行政法规、中国证监会和证券交易所规则以及公司章程规定的其他情形。

第五条　上市公司董事、监事和高级管理人员在就任时确定的任职期间,每年通过集中竞价、大宗交易、协议转让等方式转让的股份,不得超过其所持本公司股份总数的百分之二十五,因司法强制执行、继承、遗赠、依法分割财产等导致股份变动的除外。

上市公司董事、监事和高级管理人员所持股份不超过一千股的,可一次全部转让,不受前款转让比例的限制。

第六条　上市公司董事、监事和高级管理人员以上年末其所持有的本公司股份总数为基数,计算其可转让股份的数量。

董事、监事和高级管理人员所持本公司股份年内增加的,新增无限售条件的股份当年可转让百分之二十五,新增有限售条件的股份计入次年可转让股份的计算基数。

因上市公司年内进行权益分派导致董事、监事和高级管理人员所持本公司股份增加的,可同比例增加当年可转让数量。

第七条　上市公司董事、监事和高级管理人员当年可转让但未转让的本公司股份,计入当年末其所持有本公司股份的总数,该总数作为次年可转让股份的计算基数。

(四)公司章程的追加

《公司法》第160条第2款规定,上市公司章程可以在法定基础上对管理层股转进行"其他限制性规定"。所谓"其他限制性规定",一是新增其他情形的额外限制规则,二是指对既有的禁止、限制转让规则的严厉化。例如,《董监高持股变动规则》第8条规定:

上市公司章程可以对董事、监事和高级管理人员转让其所持本公司股份规定比本规则更长的限制转让期间、更低的可转让股份比例或者附加其他限制转让条件。

二、违反《公司法》第160条第2款的行为效力

法律对管理层的股份转让设限理由有两个方面:一是防止利益冲突和市场不公。董监高掌握公司运营计划、商业信息和决策信息,这些信息影响公司的经营业绩和股东的经济利益,如其利用这些信息转让股份以套取私利,会给广大少数股东及公众投资者带来利益的不确定性,破坏市场公正。二是促进利益一致和勤勉经

营。董监高作为实际经营者,其利益与公司股东的利益应当一致,法律允许其持有公司股份,旨在将公司利益与其个人利益联系起来,促使他们更勤勉尽责地经营公司,维护公司与股东的整体利益。

与同条第1款一样,该款也属于效力性强制规范,违反将导致交易行为无效。

029　股份公司管理层间接持股的转让受到何种限制?

一、问题的提出

实践中,不少董监高除直接持有本股份公司的股份,亦通过员工持股平台、资产管理计划等间接持有公司股份。上问管理层直接持股的限售规则,是否适用于此类间接持股情形,也即《公司法》第160条第2款是否适用于间接持股?

二、自身承诺

长期以来,对间接持股的限制匮乏,仅限于自身承诺。2019年7月,深圳证券交易所发布咨询问答:

问:高管在任期内离职,其间接持有的公司首发前限售股在原定任期内和任期届满后6个月内是否受减持新规每年转让不得超过25%的限制?

答:关于上市公司高管减持间接持股无禁止性规定,但高管或直接持股股东做出其他承诺的,还应按承诺履行。

即使在如此宽松的规定下,仍有公司违背仅有的红线规则。

举例。A股"彩票龙头"鸿某股份有限公司(以下简称鸿博股份)于2024年1月11日发布2023年业绩预告,但在距离年报披露不足半月的4月13日,鸿某股份突然发布业绩预告修正公告,将其业绩预告从大幅盈利修正为大幅亏损,足见2024年1月11日发布的业绩预告实为虚假报告。之后,实控人屡次三番地进行被动减持,从1月15日开始,鸿某股份两大股东寓泰控股和辉熠贸易被多次司法划扣,到2月23日最后一次被山东潍坊市中级法院划扣后,两大股东合计持有鸿某股份的股份比例仅剩0.65%。也即短短一个多月内,实际控制人连续违反承诺,被动减持占上市公司总股本16.56%的股份,导致鸿某股份变更为无实控人,所谓的不减持承诺早已形同儿戏。

为遏制此种不履行公开承诺的行为,现行法规主要规定两类责任机制:

一是行政责任。根据《上市公司监管指引第 4 号——上市公司及其相关方承诺》第 17 条,承诺人违反承诺的,由证监会采取责令改正、监管谈话、出具警示函、责令公开说明等监管措施,并记入诚信档案。该监管指引第 18 条则规定,证监会可对承诺人提交的行政许可申请审慎审核或不予许可,在承诺人明知不可为而承诺时,还可依法限制其对持有或实际支配的股份行使表决权。

二是民事赔偿责任。《证券法》第 84 条规定:

除依法需要披露的信息之外,信息披露义务人可以自愿披露与投资者作出价值判断和投资决策有关的信息,但不得与依法披露的信息相冲突,不得误导投资者。

发行人及其控股股东、实际控制人、董事、监事、高级管理人员等作出公开承诺的,应当披露。不履行承诺给投资者造成损失的,应当依法承担赔偿责任。

三、监管进展

《证券法》规范短线交易、《上市公司收购管理办法》规范收购行为时,均将有关主体"实际持有"的股票当作"持有"股票。《董监高持股变动规则》第 3 条规定:

上市公司董事、监事和高级管理人员所持本公司股份,是指登记在其名下和利用他人账户持有的所有本公司股份。

上市公司董事、监事和高级管理人员从事融资融券交易的,其所持本公司股份还包括记载在其信用账户内的本公司股份。

此处规定的"持有"尚不包括间接持股,若身兼董监高职务的大股东,通过间接收购方式(购买持有上市公司股权的企业的股权)来收购上市公司,此时"持有"又该如何解释?依上位法优于下位法,法律优于部门规章的逻辑,理应统一将"持有"都理解为"实际持有",这就使对于间接持股只能通过上述承诺予以规制,直接的规范性限制难以借力。

但这也并不代表监管对间接持股不管。《股东减持管理办法》及相关配套规则,适用对象为上市公司大股东、实际控制人、董监高减持股份,以及其他股东减持其持有的公司首次公开发行前发行的股份,规定集中竞价买入不适用破净、破发、分红不达标的减持限制的内容,设置了禁止融券卖出,或者参与以本公司股票为标的物的衍生品交易,禁止限售股转融通出借、限售股股东融券卖出等相关规定,试图构筑起以《股东减持管理办法》为核心、以《董监高持股变动规则》《上市公司创业投资基金股东减持股份的特别规定》为补充的"1+2"规则体系。

030 公司章程如何限制职工股转让？

一、一个实务问题

读者一般理解,所谓限制股权转让,就是限制、禁止出售股权。但实践中其还有完全相反的意思——法律、公司章程强制股东出售股权给特定主体。

这一类纠纷主要发生在国有企业/集体企业改制的现代公司,员工就身股转让与公司发生纠纷。这也是一个比较有价值的话题,因为实务中此类纠纷并不少见。

对此,《公司法》及相关司法解释都没有直接的法律规范。由于纠纷多发生在有限公司,此处回到有限公司的规范群讨论。公司法对于有限公司的股权转让(国有公司除外),除相关程序性要求外,并无其他限制,限制主要来自公司章程的规定,也有的来自全体股东签署的股东协议。典型的公司章程限制,出现在20世纪90年代末国有企业、集体企业改制,厂长经理带领员工搞MBO,全员或者大部分员工持股取得改制公司的股权。但股权伴随着显著的身份性特征,要求持有者除正常退休外,不能离开公司,如若被开除、主动辞职等,则要"人走股留""人走股转"。这就带来一个矛盾尖锐的问题:外部市场不断开放,外面的世界越来越精彩,风口就出现了——持有身股的高管、技术员工等想离开原企业,但不愿意放弃辛苦多少年换来的身股,便对章程规定的"人走股留""人走股转"这类强制规定不满,纠纷由此产生。

二、章程如何强制员工售股

(一)基本做法

1.人走股留。即员工以正常退休以外的方式退出公司的,须将股权出售给公司,或曰公司回购股权。这一做法可能涉及公司非法减资、公司能否突破公司法规定进行合意回购股权等一系列敏感问题。

2.人走股转。即员工以正常退休以外的方式退出公司的,须将股权出售给公司股东会、董事会或者董事长指定的其他在职员工,至于如何指定、出售给哪些人,均由章程规定。这一做法不涉及公司减资、回购等敏感问题,但是公司指定机关、被指定者的合法性问题,往往成为争议焦点。

(二)指导案例的立场

最高人民法院指导案例96号——宋文军诉西安市大华餐饮有限公司股东资格确认纠纷案。

案件背景。该案所涉纠纷体现了我国独特的社会历史背景,反映了为平衡国企改制过程中企业职工等各方利益的特殊政策要求。依托有限公司的闭锁性,改制后的初始章程明确"人走股留、公司回购"的职工持股维持模式。某案作为国企改制为有限公司中,章程约定对股东股权转让进行限制,以及公司回购股权条款的典型,被选为指导案例。"人走股留、公司回购"的章程规定涉及两个问题:(1)公司章程的约定范围问题,也即能否约束和限制股东的股权行使及其限度问题;(2)公司与股东之间合意股权回购的合法性问题。

案情。西安市大华餐饮有限责任公司成立于1990年4月5日。2004年5月,大华公司由国企改制为有限公司,宋文军系员工,出资2万元成为自然人股东。公司章程第三章"注册资本和股份"第14条规定:"公司股权不向公司以外的任何团体和个人出售、转让。公司改制一年后,经董事会批准后可在公司内部赠与、转让和继承。持股人死亡或退休经董事会批准后方可继承、转让或由企业收购,持股人若辞职、调离或被辞退、解除劳动合同的,人走股留,所持股份由企业收购……"第十三章"股东认为需要规定的其他事项"下第66条规定,"本章程由全体股东共同认可,自公司设立之日起生效"。该章程经大华公司全体股东签名通过。

2006年6月3日,宋文军向公司提出解除劳动合同,并申请退还其所持有的公司股权所对应的股金款2万元。2006年8月28日,经法定代表人赵来锁同意,宋文军领到退出股金款2万元整。2007年1月8日,公司召开2006年度股东大会,应到股东107人、实到104人,代表股权占公司股份总数的93%,会议审议通过了宋文军等三位股东退股的申请并决议"其股金暂由公司收购保管,不得参与红利分配"。

后宋文军以大华公司的回购行为违反法律规定,未履行法定程序且《公司法》规定股东不得抽逃出资等为由,请求依法确认其具有大华公司的股东资格。

裁判。西安市碑林区人民法院于2014年6月10日作出(2014)碑民初字第01339号民事判决,判令:驳回原告宋文军要求确认其具有被告西安市大华餐饮有限责任公司股东资格之诉讼请求。一审宣判后,宋文军提出上诉。西安市中级人民法院于 2014 年 10 月 10 日作出了(2014)西中民四终字第 00277 号民事判决,驳回上诉,维持原判。终审宣判后,宋文军仍不服,向陕西省高级人民法院申请再审。陕西省高级人民法院于 2015 年 3 月 25 日作出(2014)陕民二申字第 00215 号民事裁定,驳回宋文军的再审申请。

从陕西省高级人民法院的裁判文书来看,该案的焦点问题如下:

1. 大华公司章程关于"人走股留"的规定,是否违反了《公司法》的禁止性规定,该章程"人走股留"条款是否有效;

2. 大华公司回购员工股权是否违反《公司法》关于股权回购的相关规定?毕竟公司法原则上不支持股权回购;

3. 大华公司回购员工股权,是否构成抽逃出资?这涉及公司回购股权的资金来源问题。

对于第一个焦点,法院认为,首先,上引章程乃是有限公司章程,系公司设立时全体股东一致同意并对公司及全体股东产生一致约束力的规则性文件,宋文军在公司章程上签名的行为,应视为其对前述规定的认可和同意,该章程对大华公司及宋文军均产生约束力。其次,基于有限公司封闭性和人合性的特点,由章程对股东转让股权作出某些限制性规定,系公司自治的体现,不违反《公司法》的禁止性规定。最后,章程第 14 条属于对股东转让股权的限制性规定而非禁止性规定,宋文军依法转让股权的权利没有被公司章程禁止,大华公司章程不存在侵害宋文军股权转让的情形。

对于第二个焦点,该案大华公司是否有权基于章程约定及与宋文军的合意而回购股权,对应的是公司是否具有回购宋文军股权的权利,《公司法》第 74 条特许公司回购的法定情形不能适用于该案。

对于第三个焦点,《公司法》所规定的抽逃出资,专指公司股东抽逃其对公司出资的行为,公司不能构成抽逃出资的主体。

(三)裁判规则总结

在上述案件的审判过程中,法院使用了一种比较温和的口吻,表达了对"人走股留"条款的支持——国企改制为有限公司,其初始章程对股转进行限制,明确约定公司回购条款,只要不违反《公司法》等法律的强制性规定,可认定为有效;有限公司按照初始章程约定支付合理对价回购股东股权,并通过转让给其他股东等方式进行合理处置的,人民法院应予支持。当然,该案尚有很多问题,还需要进一步讨论与思考。

031　公司章程限制股权转让的效力边界何在?

一、问题的提出

上问讲述了宋文军案的始末,围绕宋文军案产生的争议展开讨论,会发现这个案件本身所不能涵盖的更多内容,此处不妨发散性地讨论一下——有限公司章程(以及全体股东协议、入股协议等,以下统称为公司章程)限制股权转让(包括禁止转让、限制转让与强制转让等)条款的效力及其边界何在?

对此,学术界的意见与司法裁判观点不一致,可以总结出两大观点:

一是认为,自由转让股权是股东的固有权,限制股权自由转让的条款,都应归于无效。

二是主张,公司法上关于有限公司股权转让的限制性规定,可以被视为一种补充性规定,只要不违反强行法规、公序良俗或有限公司之本质,任何事项均可交付私法自治,限制股东股权转让的条款当然有效。

实践中,持后一种观点的学者较多,认可合理的限制性条款合法有效,应当得到司法的尊重。

二、有限公司:分类讨论

1.初始章程、章程修正案

问题是,既允许有限公司章程设置条款限制股权转让,此处的公司章程是否要区分初始章程和章程修正案?毕竟初始章程代表了全体股东的合意,而章程修正案仅代表多数股东的意志。

有学者主张,无论初始章程还是章程修正案,对股东产生约束力是因为其自治规范属性,与条款合意的充分程度无关。反之,有学者则认为,应区分二者,毕竟初始章程乃是全体股东合意的产物,章程修正案仅是资本多数决的表决结果。

本书认为,区分看待初始章程和章程修正案可能更为妥当。初始章程代表全体股东合意,具有契约效力,章程修正案是基于资本多数决作出的安排。质言之,对于少数股东而言,当初订立初始章程时,并无限制股权转让条款,随着公司的发展,控股股东可能基于自利加入限制股权转让条款,而少数股东所持的表决权不足以否定修正案——修改公司章程要经代表 2/3 以上表决权的股东通过,少数股东持股不足 1/3 的,就丧失了否决权。这里可能会涉及违反《公司法》第 21 条有关禁止滥用股东权利的规定,这种更多代表控股股东意志的章程修订案条款,应接受更加严苛的司法审查,来决定其效力,这就是公司章程限制股权转让条款的效力边界。

2. 实质问题:合意回购的合法性

实务中,有限公司职工身股的"人走股留",会引申出一个更宽泛的话题——《公司法》第 89、162 条分别规定了两类公司回购股权的法定情形,立法的原意是公司原则上不得回购,除非满足法定例外。问题是,除了法定许可情形,可否允许公司通过公司章程、全体股东协议、特定股东的入股协议等形式,另外约定回购情形,也即意定回购股权是否被公司法允许?

其实宋文军案已经涉及这一问题。宋文军本人提出的诉请包含了"人走股留"涉嫌公司违反资本维持原则,法院的裁判也回应了这一问题——只要公司账上利润足以支付股价款,就不涉及违法问题。

对于有限公司,实务中的意定股权回购,除职工身股外,还有大量与外部投资方签署的公司回购型对赌协议。此类协议的效力也得到肯定,只是在履行环节受资本维持原则等公司法规则的约束,详情见本分篇的最后一问。

三、股份公司的问题

关于股份公司发行类别股,现行公司法持开放立场。依《公司法》第 144 条,股份公司可以按照公司章程规定,发行"转让须经公司同意等转让受限的股份"。由此明确两点:其一,股份公司可以发行转让受限的类别股份;其二,"转让受限"股份的类型并不限于"转让须经公司同意"这一种,还可以有其他类型,类似于有限公司职工身股,约定在某些情形下强制股东转让给其他股东、转让给公司,也未必不可。

此外,实务中,公司与私募股权基金等专业投资机构作为外部投资方达成的公司回购型对赌协议,如前述所述,其效力也是得到肯定的,只是在履行环节受到资本维持原则等公司法规则的约束,详情见本分篇的最后一问。

032　国有股权转让规制（一）：何谓国有股权转让？

一、国有股权的监管体系

我国实行社会主义市场经济体制,国有企业、民营企业、外资企业是经济发展的"三驾马车",其中前者处于基础性地位,掌控了巨量的社会经济资源。公有制为基础,是我国区别于域外市场经济主体的核心特征。

国有股权,顾名思义,是指国有股东代表国家以国有资产进行投资,而对公司享有的股东权利。更大的概念叫国有产权,是指国有产权单位代表国家以国有资产进行投资,而对企业享有的所有者权益。在外延上,除国有股权,还有投资于非公司企业和非企业单位形成的投资权益等。本书专注于公司法,不对国有股权、国有产权、国有资产作严格的概念区分。

从所有制形态的视角,股权可以分为国有股权与非国有股权;二者转让的区别在于,对国有股权的转让,实质上就是对国有资产的处分。国有资产的终极所有者是全体人民,但全体人民无法直接管理国有资产,于是设计了层层委托代理机制。正是基于国有资产的性质及其制度构成的特性,法律从来都把国有资产保值增值当作第一要务,这不仅是一种法律责任,也是一项政治责任,因而受到更多的管制,不容有失。

所以,国有股权的转让既要符合公司法关于股转的一般规定,更要遵循国有资产监督管理法规体系,后者是一个庞大的规范体系。就主要规范性文件来讲,主要有两部法律、两部法规,前者指《公司法》《企业国有资产法》,后者指 2016 年 6 月国务院国资委、财政部联合出台的《国有资产监管办法》以及 2018 年 5 月国务院国资委、财政部、证监会联合发布的《国有股权监管办法》,它们共同组成了企业国有资产交易监管制度体系,覆盖范围囊括上市公司国有股权和非上市公司国有产权。

二、何谓国有股权

前文指出,国有股权就是国有股东所持的股权。国有股权的定义,取决于国有股东的定义。国有股东所持的国有股权,在不同立法文件中的概念界定有所不同。

《公司法》专设第七章"国家出资公司组织机构的特别规定",其定义的国家出资公司,包括国有独资公司与国有资本控股公司,后者又分为全资控股公司、绝对控股公司与相对控股公司。

《企业国有资产法》第2条规定:

本法所称企业国有资产(以下称国有资产),是指国家对企业各种形式的出资所形成的权益。

《国有资产监管办法》第4条规定:

本办法所称国有及国有控股企业、国有实际控制企业包括:

(一)政府部门、机构、事业单位出资设立的国有独资企业(公司),以及上述单位、企业直接或间接合计持股为100%的国有全资企业;

(二)本条第(一)款所列单位、企业单独或共同出资,合计拥有产(股)权比例超过50%,且其中之一为最大股东的企业;

(三)本条第(一)、(二)款所列企业对外出资,拥有股权比例超过50%的各级子企业;

(四)政府部门、机构、事业单位、单一国有及国有控股企业直接或间接持股比例未超过50%,但为第一大股东,并且通过股东协议、公司章程、董事会决议或者其他协议安排能够对其实际支配的企业。

《国有股权监管办法》第3条规定:

本办法所称国有股东是指符合以下情形之一的企业和单位,其证券账户标注"SS":

(一)政府部门、机构、事业单位、境内国有独资或全资企业;

(二)第一款中所述单位或企业独家持股比例超过50%,或合计持股比例超过50%,且其中之一为第一大股东的境内企业;

(三)第二款中所述企业直接或间接持股的各级境内独资或全资企业。

可以看出,《国有股权监管办法》对国有股东的要求是绝对控股,《公司法》《国有资产监管办法》对国有股东的认定,拓宽到了相对控股,《企业国有资产法》对国有资产规定的范围,涉及国家对企业各种形式的出资所形成的权益。

不同领域对国有企业有不同的界定,具体到国有资产交易监管领域,确定《国有资产监管办法》项下"国有企业"的外延,是适用国资交易系列规则的前提。《国有资产监管办法》第4条对这一问题作出了较为清晰的界定,其将国有企业划分为"国有独资、全资企业""国有控股企业""国有实际控制企业",构成了当前在国资交易监管领域认定国有企业的主流标准。具体解读如下:

其一,国有独资、全资企业。指政府部门、机构、事业单位出资设立的国有独资企业(公司),以及上述单位、企业直接或间接合计持股为100%的国有全资企业,具体包括非公司制的全民所有制企业,以及公司制的国有独资公司、国有全资公司。其中,国有独资企业都属于"一级企业",国有全资企业则不尽然。

其二,国有控股企业。据《国有资产监管办法》第4条第2项、第3项,国有控股企业分为两类。第一类国有控股企业,其股东需为政府部门、机构、事业单位出资设立的国有独资企业、国有全资企业中的一个或多个。若其系由多个股东共同出资,则不仅要求以上适格股东合计持股超过50%,还要求适格股东其中之一为最大股东。第二类国有控股企业,则是由国有独资企业、国有全资企业、第一类国有控股企业出资,且股权比例超过50%的各级子企业。

其三,国有实际控制企业。据《国有资产监管办法》第4条第4项,国有实际控制企业需满足四个条件:(1)股东需为政府部门、机构、事业单位、单一国有及国有控股企业,需注意,此处"单一"强调单独持股;(2)前述适格股东需直接或间接持股比例未超过50%;(3)前述适格股东需为第一大股东;(4)前述适格股东需能通过股东协议、公司章程、董事会决议或者其他协议安排实际支配企业。

基于上述,实践中,若股权出让人没有国资成分,或虽有国资成分但未达到上述标准,则其股转便不受《国有资产监管办法》的约束,无须履行进场交易等系列程序。

三、何谓国有股权转让

《企业国有资产法》第51条规定:

本法所称国有资产转让,是指依法将国家对企业的出资所形成的权益转移给其他单位或者个人的行为;按照国家规定无偿划转国有资产的除外。

法学理论上,国有资产无偿划转,类似于赠与,会导致国有资产的移转,当然属于转让情形之一。但基于《企业国有资产法》调整国有资产转让的初衷在于市场化流转,保证国有资产规范运作,国有资源市场化配置,以及促进国有资产保值增值,防止国有资产流失等,故将国有资产无偿划转排除在外。

针对上市公司,《国有股权监管办法》第2条规定,上市公司国有股权变动行为包括国有股东所持上市公司股份通过证券交易系统转让、公开征集转让、非公开协议转让、无偿划转、间接转让、国有股东发行可交换公司债券;国有股东通过证券交易系统增持、协议受让、间接受让、要约收购上市公司股份和认购上市公司发行股票;国有股东所控股上市公司吸收合并、发行证券;国有股东与上市公司进行资产重组等行为。

四、国有股权转让监管的一般原则

《企业国有资产法》第五章第五节专节规定国有股权转让的一般原则,第52～57条的规定简述如下:

1.服务国家经济发展战略布局、防止国有资产流失原则。第52条规定:

国有资产转让应当有利于国有经济布局和结构的战略性调整,防止国有资产损失,不得损害交易各方的合法权益。

2.恪守正当程序原则,包括第53条的审批程序、第54条的场内交易、第55条的依法评估、第56条的关联人信披与回避等。鉴于以下几问的内容要围绕以上四条展开,此处不赘。

3.涉外转让维护国家安全与社会公共利益原则。第57条规定:

国有资产向境外投资者转让的,应当遵守国家有关规定,不得危害国家安全和社会公共利益。

033　国有股权转让规制(二):必须场内交易?

一、产权交易所

《企业国有资产法》第54条规定:

国有资产转让应当遵循等价有偿和公开、公平、公正的原则。

除按照国家规定可以直接协议转让的以外,国有资产转让应当在依法设立的产权交易场所公开进行。转让方应当如实披露有关信息,征集受让方;征集产生的受让方为两个以上的,转让应当采用公开竞价的交易方式。

转让上市交易的股份依照《中华人民共和国证券法》的规定进行。

这就确立了国有股权转让的场内交易原则,除按照法律、法规规定可以直接协议转让的以外,非上市公司国有股权转让应当在依法设立的产权交易场所公开进行,上市公司股份在证券交易所公开进行。

目前,各省级人民政府都建立了各自的产权交易所,此外,还有上海金融交易所,专司金融类股权的场内交易。最大的产权交易所是成立于2004年的北京产权交易所,其是经北京市人民政府批准设立的综合性产权交易机构,也是北京市国资委指定的市属企业国有产权交易场所、国务院国资委选定的从事中央企业国有产权转让业务的试点产权交易机构。北京产权交易所在成立之初具有双重职能,一是对国家各部委在机构改革中的国有资产进行重组、产权转让、资产并购、股权融资、资源整合等全要素、全流程服务;二是作为服务于多品种权益交易的基础性资本市场平台。

二、一般的交易流程

一般来讲,各产权交易所内的国有股权转让规则,都是依据《公司法》《企业国有资产法》《国有资产监管办法》《国有股权监管办法》等法律法规制定的,大同小异,其主要流程及特别注意事项如下:

1. 申请立项

转让方做好企业国有产权转让的可行性研究,按照公司章程和内部决策程序,对可行性研究报告进行审议,形成书面决议,并将书面决议情况在转让标的企业公示5个工作日,征集职工对决议的意见。转让方依法向批准机构提交企业国有产权转让立项的书面申请,批准机构接到转让方提交的合规书面申请后,在15个工作日内作出批复。需报同级人民政府批准的,国资监管机构在正式受理后15个工作日内上报。转让方在取得批准机构的立项批复后,应将批复情况在转让标的企业公示2个工作日,在公示期间由转让方和批准机构受理职工意见。

2. 清产核资、审计和评估

产权转让立项申请经批准后,转让方应委托会计师事务所对转让标的企业进行审计。涉及参股权转让不宜单独进行专项审计的,转让方应当取得转让标的企业最近一期年度审计报告。在清产核资或审计的基础上,委托有资质的中介机构进行资产评估,由转让方将评估结果报国资监管机构核准或备案;涉及土地资产评估的,应先报自然资源管理部门备案。需注意的是,产权转让需要聘请中介机构的,审计和评估业务不得委托同一机构进行。

3. 制订转让方案,获得审批

转让方应制订企业国有产权转让方案,一般需载明下列内容:(1)转让标的企业国有产权基本情况;(2)企业国有产权转让行为的有关论证情况;(3)受让方应当具备的基本条件;(4)转让底价的确定情况;(5)转让标的企业的职工安置方案;(6)转让标的企业涉及的债权、债务(包括拖欠职工债务)处理方案;(7)企业国有产权转让收入预算支出方案;(8)批准机构认为需要载明的其他内容。

转让方案经转让方内部决策程序通过,并由律师事务所出具法律意见书后,报国资委、人民政府等有权批准机构审批,经批准后在转让标的企业公示5个工作日。

4. 委托交易机构,进行场内交易

企业国有产权转让原则上通过产权交易所公开进行。在确定转让底价、制订转让方案并报经批准公示后,转让方应委托省级国资委确定的产权交易机构公开转让。转让方可以根据企业实际情况和工作进度安排,采取信息预披露和正式披露相结合的方式,通过交易所网站分阶段对外披露产权转让信息,公开征集受让方。因产权转让导致转让标的企业实际控制权发生转移的,转让方应当在转让行为立项获批后10个工作日内,通过交易所进行信息预披露,时间不得少于20个工作日。转让方可以根据转让标的情况,选择合理的竞价方式,包括网络竞价、拍卖、招投标,以及不违反国家法律法规的其他竞价方式。

5. 变更登记

完成产权转让后,标的企业应修改公司章程,按照《市场主体登记管理条例》办理股东变更登记。

总之,要正确处理好企业国有产权(股权)转让工作,依法遵守国家法律法规和政策规定,遵循等价有偿和公开、公平、公正的原则,严格履行审批、审计评估、进场交易程序,严格执行"三重一大"决策机制。对于办理过程中遇到的问题,可主动向国资管理部门和企业上级主管部门请教,少走不必要的弯路。

三、违反场内交易的情形

如果国有股权交易未在法定的产权交易所场内进行,其效力如何呢?来看几则案例。

例1。公报案例——巴菲特投资有限公司诉上海自来水投资建设有限公司股权转让纠纷案(《最高人民法院公报》2010年第4期)。本案的裁判要旨。国有产权的转让,应当遵循相关的法律法规的规定,根据《企业国有资产监督管理暂行条例》第十三条的规定,国务院国有资产监督管理机构可以制定企业国有资产监督管理的规章、制度。国务院国资委、财政部制定实施的《企业国有产权转让管理暂行办法》第四条规定,企业国有产权转让应当在依法设立的产权交易机构中公开进行,不受地区、行业、出资或者隶属关系的限制,擅自将国有产权委托他人通过拍卖方式转让的,未在依法设立的产权交易机构中公开进行的,违反了该办法的规定。根据《中华人民共和国合同法》第五十二条规定,违反法律、行政法规的强制性规定的合同无效。

本案的判决摘要。根据《企业国有资产监督管理暂行条例》第十三条的规定,国务院国有资产监督管理机构可以制定企业国有资产监督管理的规章、制度。根据国务院国资委、财政部制定实施的《企业国有产权转让管理暂行办法》第四条、第五条的规定,企业国有产权转让应当在依法设立的产权交易机构中公开进行,企业国有产权转让可以采取拍卖、招投标、协议转让等方式进行。企业未按照上述规定在依法设立的产权交易机构中公开进行企业国有产权转让,而是进行场外交易的,其交易行为违反公开、公平、公正的交易原则,损害社会公共利益,应依法认定其交易行为无效。

例2。但在北京安联置业发展有限公司与北京安恒达投资有限公司、国澳投资有限公司股权转让案[(2015)民二终字第399号]中,最高人民法院认为,即使安联公司出让上述股权未在产权交易场所公开进行、未办理股权资产评估备案,但在没有充足证据证明国有资产监督管理机关否定股权转让的情形下,不宜直接认定安联公司出让涉诉股权的行为无效。

例3。北京菜篮子集团有限公司等与北京和昌投资有限公司合同纠纷案[(2022)京民申4973号]中,北京市高级人民法院认为,虽然案涉国有资产转让没有在产权交易场所公开进行,但企业国有资产法关于国有资产转让的决定、评估、交易方式等规定,系对履行出资人职责的机构及相关人员行为的规范,是法律课予国有资产管理者的义务,均属规范内部程序的管理性规定,而非效力性规定,不应影响国有企业与第三人订立合同的效力,且本案不存在恶意串通、低价转让国有资产的情形,亦未损害国家利益、社会公共利益。

可见,实践中,若国有股权未依法进场交易,对于相关股转合同的效力争议较大。此时,股转行为是否实质损害国资利益,可能是法院的重点考量因素。若相关股转不存在恶意串通、低价转让、损害国家或社会利益等情形,且上级主管企业或国资委亦未明确否定股转行为的效力,则不排除法院认为有关进场交易的规定仅系管理性规定,相关股转合同有效。

034 国有股权转让规制(三):如何进行招拍挂、评估与关联转让?

一、招拍挂

国有股权转让的招拍挂,是招标、拍卖、挂牌出让三种竞价机制的简称。

招标出让国有股权,是指出让人发布招标公告,邀请特定或不特定的自然人、法人和其他组织参加国有股权投标,根据投标结果确定国有股权受让人的行为。

拍卖出让国有股权,是指出让人发布拍卖公告,由竞买人在指定时间、地点进行公开竞价,根据出价结果确定国有股权受让人的行为。

挂牌出让国有股权,是指出让人发布挂牌公告,按公告规定的期限将拟出让国有股权的交易条件在指定的交易场所挂牌公布,接受竞买人的报价申请并更新挂牌价格,根据挂牌期限截止时的出价结果或者现场竞价结果,确定国有股权受让人的行为。

《企业国有资产法》第54条第1款规定:
国有资产转让应当遵循等价有偿和公开、公平、公正的原则。

国有股权转让的招拍挂制度相较直接协议出让有着明显的优势,是贯彻"三公"原则的主要举措,可以让国有股权以更公平、更合理的价格出让,减少人为干扰因素,杜绝腐败产生。

二、依法评估

(一)评估价格

国有股权转让招拍挂的开展,需要有一个基础价格作为起步,基础价格如何确定?那就是依法评估。

国有资产转让时必须进行评估,《企业国有资产法》第47条规定:

国有独资企业、国有独资公司和国有资本控股公司合并、分立、改制,转让重大财产,以非货币财产对外投资,清算或者有法律、行政法规以及企业章程规定应当进行资产评估的其他情形的,应当按照规定对有关资产进行评估。

第 55 条规定:

国有资产转让应当以依法评估的、经履行出资人职责的机构认可或者由履行出资人职责的机构报经本级人民政府核准的价格为依据,合理确定最低转让价格。

国有资产转让应当依法评估,且经履行出资人职责的机构认可,或以由履行出资人职责的机构报经本级人民政府核准的价格为依据。

(二)资产评估方法

《企业国有资产法》第 48~50 条分别做出如下规定:

第 48 条规定:

国有独资企业、国有独资公司和国有资本控股公司应当委托依法设立的符合条件的资产评估机构进行资产评估;涉及应当报经履行出资人职责的机构决定的事项的,应当将委托资产评估机构的情况向履行出资人职责的机构报告。

第 49 条规定:

国有独资企业、国有独资公司、国有资本控股公司及其董事、监事、高级管理人员应当向资产评估机构如实提供有关情况和资料,不得与资产评估机构串通评估作价。

第 50 条规定:

资产评估机构及其工作人员受托评估有关资产,应当遵守法律、行政法规以及评估执业准则,独立、客观、公正地对受托评估的资产进行评估。资产评估机构应当对其出具的评估报告负责。

三、国有股权关联交易的特别规制

(一)关联股权转让

国有股权转让涉及关联交易的,要恪守关联交易的正当程序原则。《企业国有资产法》第 56 条规定:

法律、行政法规或者国务院国有资产监督管理机构规定可以向本企业的董事、监事、高级管理人员或者其近亲属,或者这些人员所有或者实际控制的企业转让的国有资产,在转让时,上述人员或者企业参与受让的,应当与其他受让参与者平等竞买;转让方应当按照国家有关规定,如实披露有关信息;相关的董事、监事和高级管理人员不得参与转让方案的制定和组织实施的各项工作。

关于董监高与公司自我交易的正当程序,《公司法》第182、185条有原则性规定,包括信息披露、交付董事会(股东会)表决与表决回避三制度,上述第56条的规定可被视为对《公司法》原则规定的具体化。

(二)其他关联交易

《企业国有资产法》第五章第三节"与关联方的交易"设专节规范关联交易。首先,第43条定义狭义的关联交易:

国家出资企业的关联方不得利用与国家出资企业之间的交易,谋取不当利益,损害国家出资企业利益。

本法所称关联方,是指本企业的董事、监事、高级管理人员及其近亲属,以及这些人员所有或者实际控制的企业。

第44~46条从多角度规范关联交易规则。

第44条规定:

国有独资企业、国有独资公司、国有资本控股公司不得无偿向关联方提供资金、商品、服务或者其他资产,不得以不公平的价格与关联方进行交易。

第45条规定:

未经履行出资人职责的机构同意,国有独资企业、国有独资公司不得有下列行为:

(一)与关联方订立财产转让、借款的协议;

(二)为关联方提供担保;

(三)与关联方共同出资设立企业,或者向董事、监事、高级管理人员或者其近亲属所有或者实际控制的企业投资。

第46条规定:

国有资本控股公司、国有资本参股公司与关联方的交易,依照《中华人民共和国公司法》和有关行政法规以及公司章程的规定,由公司股东会、股东大会或者董事会决定。由公司股东会、股东大会决定的,履行出资人职责的机构委派的股东代表,应当依照本法第十三条的规定行使权利。

公司董事会对公司与关联方的交易作出决议时,该交易涉及的董事不得行使表决权,也不得代理其他董事行使表决权。

035　国有股权转让规制（四）：如何走审批程序？

一、审批——涉及国有公司重大经营事项的一般程序

通观《企业国有资产法》，凡涉及国有资产运营的重大事项，都需要履行出资人职责的机构（如国务院国资委、财政部门）审批决定，特别重大事项还要报请本级人民政府批准。择其要者，列举如下：

1. 对于国企的重大经营事项，《企业国有资产法》第34条规定：

重要的国有独资企业、国有独资公司、国有资本控股公司的合并、分立、解散、申请破产以及法律、行政法规和本级人民政府规定应当由履行出资人职责的机构报经本级人民政府批准的重大事项，履行出资人职责的机构在作出决定或者向其委派参加国有资本控股公司股东会会议、股东大会会议的股东代表作出指示前，应当报请本级人民政府批准。

本法所称的重要的国有独资企业、国有独资公司和国有资本控股公司，按照国务院的规定确定。

第35条规定：

国家出资企业发行债券、投资等事项，有关法律、行政法规规定应当报经人民政府或者人民政府有关部门、机构批准、核准或者备案的，依照其规定。

2. 对于国企改制（与股转息息相关），《企业国有资产法》第39条对其进行定义：

本法所称企业改制是指：

（一）国有独资企业改为国有独资公司；

（二）国有独资企业、国有独资公司改为国有资本控股公司或者非国有资本控股公司；

（三）国有资本控股公司改为非国有资本控股公司。

对于国企改制的程序，《企业国有资产法》第40条规定：

企业改制应当依照法定程序，由履行出资人职责的机构决定或者由公司股东会、股东大会决定。

重要的国有独资企业、国有独资公司、国有资本控股公司的改制，履行出资人职

责的机构在作出决定或者向其委派参加国有资本控股公司股东会会议、股东大会会议的股东代表作出指示前,应当将改制方案报请本级人民政府批准。

3.关于国有股权转让,《企业国有资产法》第53条规定:

国有资产转让由履行出资人职责的机构决定。履行出资人职责的机构决定转让全部国有资产的,或者转让部分国有资产致使国家对该企业不再具有控股地位的,应当报请本级人民政府批准。

该条确立了国有股权转让的三个基本程序:

(1)国有股权转让事项,由履行出资人职责的机构决定(批准),此规定可以理解为履行出资人职责的机构在行使相当于普通公司的股东职权,因为顾名思义,既然为股东的股权转让,自然应该由该股东来亲自决定转让事宜。

(2)如该国有股权转让导致国有股东丧失股东地位,报请本级政府批准,这一规定的法理,可以理解为鉴于国有股权的特殊性,其股东权利实由履行出资人职责的机构与本级人民政府行使,前者是基于后者的委托授权而行权,但重大权力仍保留在后者手里。

(3)那么,无论是国资委、财政部门等"履行出资人职责的机构"所作出的决定(批准),还是全部股权转让及导致国有控股地位丧失的重大股权转让须报请本级人民政府批准的程序,到底是属于股东对自身持有的股权转让的股东行权体现,也即股东权利行使行为,还是属于行政审批行为?对此存有不同的看法,见仁见智,但从我国司法实务立场看,似乎以后一种意见为主流,详见下一专问的分析。

二、审批管理

(一)一般规定

《国有资产监管办法》第7条规定:

国资监管机构负责审核国家出资企业的产权转让事项。其中,因产权转让致使国家不再拥有所出资企业控股权的,须由国资监管机构报本级人民政府批准。

第9条规定:

产权转让应当由转让方按照企业章程和企业内部管理制度进行决策,形成书面决议。国有控股和国有实际控制企业中国有股东委派的股东代表,应当按照本办法规定和委派单位的指示发表意见、行使表决权,并将履职情况和结果及时报告委派单位。

第 10 条规定：

转让方应当按照企业发展战略做好产权转让的可行性研究和方案论证。产权转让涉及职工安置事项的，安置方案应当经职工代表大会或职工大会审议通过；涉及债权债务处置事项的，应当符合国家相关法律法规的规定。

根据《国务院办公厅关于加强国有企业产权交易管理的通知》第 2 条，不同规模、不同机关管理的企业，政府审批级别有所不同。地方管理的国企如有中央投资的，产权转让要事先征得国务院有关部门同意，如由中央管理，产权转让由国务院有关部门报国务院审批。所有特大型、大型国有企业（包括由地方管理的国企）的产权转让，均需报国务院审批。关于大型企业的界定，《统计上大中小微型企业划分办法（2017）》根据行业类型、从业人员人数、营业收入、资产总额等设置了不同的标准，大型企业须同时满足所列指标的下限（而非仅满足其中一项指标），否则下划一档。特大型企业的规格必然高于大型企业，只要满足大型企业的条件，即须报国务院审批。

（二）上市公司股权的特别规定

《国有股权监管办法》第 6 条规定：

上市公司国有股权变动的监督管理由省级以上国有资产监督管理机构负责。省级国有资产监督管理机构报经省级人民政府同意，可以将地市级以下有关上市公司国有股权变动的监督管理交由地市级国有资产监督管理机构负责。省级国有资产监督管理机构需建立相应的监督检查工作机制。

上市公司国有股权变动涉及政府社会公共管理事项的，应当依法报政府有关部门审核。受让方为境外投资者的，应当符合外商投资产业指导目录或负面清单管理的要求，以及外商投资安全审查的规定，涉及该类情形的，各审核主体在接到相关申请后，应就转让行为是否符合吸收外商投资政策向同级商务部门征求意见，具体申报程序由省级以上国有资产监督管理机构商同级商务部门按《关于上市公司国有股向外国投资者及外商投资企业转让申报程序有关问题的通知》（商资字〔2004〕1 号）确定的原则制定。

按照法律、行政法规和本级人民政府有关规定，须经本级人民政府批准的上市公司国有股权变动事项，国有资产监督管理机构应当履行报批程序。

可见，上市公司国有股权转让实行分级监管原则。

036　国有股权转让规制（五）：审批是合同生效要件吗？

一、行政审批——作为合同生效要件的一般原理

（一）民法典的基本规定

《民法典》第 502 条第 1、2 款规定：

依法成立的合同，自成立时生效，但是法律另有规定或者当事人另有约定的除外。

依照法律、行政法规的规定，合同应当办理批准等手续的，依照其规定。未办理批准等手续影响合同生效的，不影响合同中履行报批等义务条款以及相关条款的效力。应当办理申请批准等手续的当事人未履行义务的，对方可以请求其承担违反该义务的责任。

《民法典》的这一规定对于合同审批程序的法律定性具有重大意义，主要意思可分为三层：

1. 第 1 层：一般而言，合同成立即生效，只有两个例外，一是"当事人另有约定"，具体又分为附条件的合同，附期限的合同两种情形，详见《民法典》第 158～160 条的规定；二是"法律另有规定"，直接指向第 2 款。

2. 第 2 层：法律、行政法规规定需经审批才能生效的合同，此处的审批乃合同的生效要件，这就意味着：(1) 唯有经过审批才能生效的合同，仅限于法律、行政法规的规定；(2) 在申请审批之前，该合同已经成立，否则也无法申请审批；(3) 审批乃合同的生效要件，故未经审批，该合同不生效；(4) 如因负有报批义务的一方不履行义务导致合同不生效，致使另一方受有损失的，后者可以主张缔约过失赔偿。

3. 第 3 层：履行报批义务约款本身，在此类合同成立的同时就生效了，也即报批义务约款本身不以合同获得审批为生效要件，此谓报批义务约款生效的独立性——类似于合同争议解决条款。所以，单就报批义务约款而言，负有报批义务的某一方不履行的，另一方可以追究其违约责任。

（二）司法解释的进一步阐释

对于《民法典》第 502 条的上述三层意思，2023 年《民法典合同编通则司法解

释》予以具体化,其第 12 条规定:

合同依法成立后,负有报批义务的当事人不履行报批义务或者履行报批义务不符合合同的约定或者法律、行政法规的规定,对方请求其继续履行报批义务的,人民法院应予支持;对方主张解除合同并请求其承担违反报批义务的赔偿责任的,人民法院应予支持。

人民法院判决当事人一方履行报批义务后,其仍不履行,对方主张解除合同并参照违反合同的违约责任请求其承担赔偿责任的,人民法院应予支持。

合同获得批准前,当事人一方起诉请求对方履行合同约定的主要义务,经释明后拒绝变更诉讼请求的,人民法院应当判决驳回其诉讼请求,但是不影响其另行提起诉讼。

负有报批义务的当事人已经办理申请批准等手续或者已经履行生效判决确定的报批义务,批准机关决定不予批准,对方请求其承担赔偿责任的,人民法院不予支持。但是,因迟延履行报批义务等可归责于当事人的原因导致合同未获批准,对方请求赔偿因此受到的损失的,人民法院应当依据民法典第一百五十七条的规定处理。

(三)《九民纪要》的进一步阐释

2019 年《九民纪要》更加周详地规定了有关合同审批的裁判立场。关于未经审批的合同效力,第 37 条规定:

法律、行政法规规定某类合同应当办理批准手续生效的,如商业银行法、证券法、保险法等法律规定购买商业银行、证券公司、保险公司 5% 以上股权须经相关主管部门批准,依据《合同法》第 44 条第 2 款(《民法典》第 502 第 2 款——引者注)的规定,批准是合同的法定生效条件,未经批准的合同因欠缺法律规定的特别生效条件而未生效。实践中的一个突出问题是,把未生效合同认定为无效合同,或者虽认定为未生效,却按无效合同处理。无效合同从本质上来说是欠缺合同的有效要件,或者具有合同无效的法定事由,自始不发生法律效力。而未生效合同已具备合同的有效要件,对双方具有一定的拘束力,任何一方不得擅自撤回、解除、变更,但因欠缺法律、行政法规规定或当事人约定的特别生效条件,在该生效条件成就前,不能产生请求对方履行合同主要权利义务的法律效力。

关于报批义务及相应违约责任的条款效力的独立性,第 38 条更直白地规定:

须经行政机关批准生效的合同,对报批义务及未履行报批义务的违约责任等相关内容作出专门约定的,该约定独立生效。一方因另一方不履行报批义务,请求解除合同并请求其承担合同约定的相应违约责任的,人民法院依法予以支持。

关于审理过程中报批义务的释明,第39条规定:

须经行政机关批准生效的合同,一方请求另一方履行合同主要权利义务的,人民法院应当向其释明,将诉讼请求变更为请求履行报批义务。一方变更诉讼请求的,人民法院依法予以支持;经释明后当事人拒绝变更的,应当驳回其诉讼请求,但不影响其另行提起诉讼。

关于判决履行报批义务后的处理,第40条规定:

人民法院判决一方履行报批义务后,该当事人拒绝履行,经人民法院强制执行仍未履行,对方请求其承担合同违约责任的,人民法院依法予以支持。一方依据判决履行报批义务,行政机关予以批准,合同发生完全的法律效力,其请求对方履行合同的,人民法院依法予以支持;行政机关没有批准,合同不具有法律上的可履行性,一方请求解除合同的,人民法院依法予以支持。

二、审批是国有股转合同的生效要件吗

(一)基本立场

基于上述,国有股转合同未经批准的,合同成立但不成效。《最高人民法院关于审理与企业改制相关的民事纠纷案件若干问题的规定》第17条规定:

以协议转让形式出售企业,企业出售合同未经有审批权的地方人民政府或其授权的职能部门审批的,人民法院在审理相关的民事纠纷案件时,应当确认该企业出售合同不生效。

第30条规定:

企业兼并协议自当事人签字盖章之日起生效。需经政府主管部门批准的,兼并协议自批准之日起生效;未经批准的,企业兼并协议不生效。但当事人在一审法庭辩论终结前补办报批手续的,人民法院应当确认该兼并协议有效。

例1。公报案例——深圳市标榜投资发展有限公司与鞍山市财政局股权转让纠纷案(《最高人民法院公报》2017年第12期)。最高人民法院认为,案涉《股份转让合同书》虽已成立,但因未经有权机关批准,应认定其未生效。标榜公司主张案涉合同已经鞍山市政府批准,其所依据的是鞍山市国有银行股权转让说明书,但该说明书仅是鞍山市政府对案涉股权挂牌出让的批准,并非对案涉《股份转让合同书》的批

准。标榜公司关于案涉合同已生效的上诉理由,不符合法律规定,不能成立。关于合同责任,最高人民法院认为,鞍山财政局未将案涉合同报送批准存在缔约过失……应认定案涉合同报批义务由鞍山财政局承担。但鞍山财政局违反合同约定,未履行报批义务,亦未按照有权机关要求补充报送相关材料,对标榜公司交易机会的损失应予以赔偿。

例2。典型案例——陈发树与云南红塔集团有限公司股权转让纠纷上诉案[(2013)民二终字第42号]。最高人民法院同样认为,案涉《股份转让协议》依法属于应办理批准手续的合同,需经财政部批准才能生效,但因红塔有限公司上级主管部门中烟总公司不同意本次股权转让,报批程序已结束,《股份转让协议》已确定无法得到有权机关批准,故应依法认定为不生效合同。

(二)实务中的变通做法

实务中有些地方国资委、地方人民政府在监督管理地方国企过程中存在变通做法,比如规定对于一定交易数额之下的国有股权转让(国有资产转让)采取事后向国资委、财政部门备案的方式,甚至更小数额的国有股权转让(国有资产转让)豁免备案。

分篇六

公司回购股权

在股权转让这一话题上，公司受让本公司股权，也即回购，是一种特殊的股权转让方式。

现代公司法上，公司回购股权制度也已洋洋大观，包含：

其一，法定的股权回购制度，又包括：(1)有限公司与非上市股份公司的异议股东回购请求权(评估权)；(2)股东压制、简易合并等特定情形下的少数股东股份回购请求权；(3)股份公司主动回购股份制度。其中，前两项制度在本书少数股东救济部分已有介绍。

其二，意定的股权回购制度，又包括：(1)有限公司职工"人走股留"安排下的公司回购股权；(2)与目标公司对赌协议下的公司回购股权；(3)其他类似的私法自治安排。

本分篇共设5问，重点介绍法定的股份公司主动回购制度与对赌协议下公司的意定回购，同时将与此密切关联的公司为购买本公司及其母公司股份提供担保制度一并介绍。此外，还有一问将回应一个重要的理论争议——股权回购请求权的法律性质及其适用期间。

037 公司回购股权（一）：股份公司可以主动回购股份吗？

一、股权（股份）回购体系

本书在少数股东权利救济部分系统讲述了有限公司、非上市股份公司的异议股东回购请求权(评估权)，以及有限公司少数股东在遭受股东压制和简易合并场合的回购请求权,主要立足于股东权利体系,尤其是从少数股东权利救济的视角展开。本质上,该权利是公司法在股权结构高度集中的语境下,为少数股东构建的退出机制,由《公司法》第89条、第161条、第162条第1款第4项及第219条组成其规范体系。

传统观点认为,相较有限公司,股份公司的股份流动性大,流动便利,股东退出的可选余地大,故仅在有限公司设置异议股东回购请求权。但2023年《公司法》第161条、第162条第1款第4项,为股份公司引入异议股东回购请求权。这是考虑到,我国100多万家股份公司中,上市公司不足1%,其余绝大多数非上市股份公司的封闭性与有限公司同质化,股东人数少,且退出渠道有限,少数股东同样面临着控股股东压制问题,同样需要法律提供退出渠道。

除此法定情形,公司还能回购股权(股份)吗?回答是肯定的,主要涉及两类特殊情形:

1. 股份公司主动回购股份。《公司法》例外允许股份公司主动回购股份,见于第162条。

2. 意定股权回购。实务中,此类约定的主要类型有二:(1)前文讲述的国有企业、集体企业改制为有限公司中,公司章程规定的职工股"人走股留",实为意定股权回购;(2)外部投资人与公司之间签署对赌协议,约定的对赌条件失败后引发的公司回购义务。

本分篇对以上两类特殊股权(股份)回购制度进行介绍,与前文的异议股东/少数股东回购请求权一起组成完整的股权(股份)回购制度体系。

二、法定的股份公司主动回购股份

(一)公司法的基本规定

《公司法》第162条共5款,前4款的内容是:

公司不得收购本公司股份。但是,有下列情形之一的除外:

(一)减少公司注册资本;

(二)与持有本公司股份的其他公司合并;

(三)将股份用于员工持股计划或者股权激励;

(四)股东因对股东会作出的公司合并、分立决议持异议,要求公司收购其股份;

(五)将股份用于转换公司发行的可转换为股票的公司债券;

(六)上市公司为维护公司价值及股东权益所必需。

公司因前款第一项、第二项规定的情形收购本公司股份的,应当经股东会决议;公司因前款第三项、第五项、第六项规定的情形收购本公司股份的,可以按照公司章程或者股东会的授权,经三分之二以上董事出席的董事会会议决议。

公司依照本条第一款规定收购本公司股份后,属于第一项情形的,应当自收购之日起十日内注销;属于第二项、第四项情形的,应当在六个月内转让或者注销;属于第三项、第五项、第六项情形的,公司合计持有的本公司股份数不得超过本公司已发行股份总数的百分之十,并应当在三年内转让或者注销。

上市公司收购本公司股份的,应当依照《中华人民共和国证券法》的规定履行信息披露义务。上市公司因本条第一款第三项、第五项、第六项规定的情形收购本公司股份的,应当通过公开的集中交易方式进行。

(二)解读之一:五项情形下的主动回购股份

该条第1款规定的6项情形,除第4项属于异议股东回购请求权(评估权)外,其余皆属于股份公司主动回购股份的情形:

第1项,股份公司主动减资的,可以通过回购股份、注销股份来实现;

第2项,因与持有本公司股份的其他公司合并,形成自持股份的状态;

第3项,用于员工持股计划或股权激励而需要回购股份的;

第5项,此前发行可转换债券,现转换为股票而需要回购股份的;

第6项,上市公司为维护公司价值及股东权益所必需,而动用资金回购股份的,即俗称的"托市"行为。

(三)解读之二:回购的决策权

对于第1款规定的股份公司主动回购股份的5项情形,决策权一分为二:

1.第1、2项涉及公司减资、合并,依公司法的规定须由股东会特别决议通过。

2.第3、5、6项取决于公司章程规定,可以由股东会决策,也可以经由公司章程规定或者股东会授权,由董事会绝对多数决通过。这说明,如公司没有特别的意思自治,回购决策权都是归股东会的。

(四)解读之三:回购后的股份处理

虽公司法例外允许股份公司主动回购股份,但并不代表股份公司自持股份这一状态的合理性。所以,一旦回购后形成股份公司自持股份的状态,则应当在尽可能短的时期内消除这一状态。至于消除的方法,要么转让,要么注销。关于各类情形下的转让、注销期限及其限额,详见第 3 款,不再赘述。

(五)解读之四:上市公司主动回购股份特则

该条第 1 款规定的 6 项情形也适用于上市公司,其中第 6 项专用于上市公司。

依第 4 款,上市公司收购股票的,将对股价造成重大影响,属于证券法规定的强制信息披露事项;上市公司因上述第 3、5、6 项情形回购股票的,应当通过公开的集中交易方式进行。

038　公司回购股权（二）：对赌失败时，公司负有回购义务吗？

一、对赌协议

依照 2019 年《九民纪要》的定义,"对赌协议",又称估值调整协议,是指投资方与融资方在达成股权性融资协议时,为解决交易双方对目标公司未来发展的不确定性、信息不对称及代理成本而设计的,包含股权回购、金钱补偿等对未来目标公司的估值进行调整的协议。

从订立"对赌协议"的主体来看,主要有三类情形：

——投资方与目标公司的全体股东订立的,往往要求目标公司提供保证担保；

——投资方与目标公司的控股股东、实际控制人订立的,也可能要求目标公司提供保证担保；

——投资方与目标公司订立的,往往要求全体股东或者控股股东提供保证担保。

对赌协议属于典型的合同法、公司法共同规范的合同,故《九民纪要》指出：

人民法院在审理"对赌协议"纠纷案件时,不仅应当适用合同法的相关规定,还应当适用公司法的相关规定;既要坚持鼓励投资方对实体企业特别是科技创新企业投资原则,从而在一定程度上缓解企业融资难问题,又要贯彻资本维持原则和保护债权人合法权益原则,依法平衡投资方、公司债权人、公司之间的利益。

二、对赌协议的效力

对于对赌协议的效力,过去20多年来,我国司法机关经历了一个从不承认对赌协议效力到逐步认可各类对赌协议效力的发展过程。现行的《九民纪要》规定:

对于投资方与目标公司的股东或者实际控制人订立的"对赌协议",如无其他无效事由,认定有效并支持实际履行,实践中并无争议。但投资方与目标公司订立的"对赌协议"是否有效以及能否实际履行,存在争议。对此,应当把握如下处理规则:

投资方与目标公司订立的"对赌协议"在不存在法定无效事由的情况下,目标公司仅以存在股权回购或者金钱补偿约定为由,主张"对赌协议"无效的,人民法院不予支持,但投资方主张实际履行的,人民法院应当审查是否符合公司法关于"股东不得抽逃出资"及股份回购的强制性规定,判决是否支持其诉讼请求。

投资方请求目标公司回购股权的,人民法院应当依据《公司法》第35条关于"股东不得抽逃出资"或者第142条关于股份回购的强制性规定进行审查。经审查,目标公司未完成减资程序的,人民法院应当驳回其诉讼请求。

投资方请求目标公司承担金钱补偿义务的,人民法院应当依据《公司法》第35条关于"股东不得抽逃出资"和第166条关于利润分配的强制性规定进行审查。经审查,目标公司没有利润或者虽有利润但不足以补偿投资方的,人民法院应当驳回或者部分支持其诉讼请求。今后目标公司有利润时,投资方还可以依据该事实另行提起诉讼。

以上这段话的逻辑是:投资方与目标公司的对赌协议有效,但协议可能因存在障碍而无法履行。业内人士也戏称为"协议有效、难以履行"条款。对其内容简要解读如下:

1. 投资方与目标公司的对赌协议,如无合同法上的效力瑕疵事由,就是有效的。

2. 投资方如要求目标公司履行回购义务,属于意定股权回购,如涉及公司减资,需要遵守公司减资规则——通知且公告债权人,满足债权人提前清偿债务或提供担保的要求,否则不得减资。如无法履行减资程序,公司构成履行不能,法院将驳回投资方的回购请求。

3. 投资方要求目标公司承担金钱补偿义务的,若目标公司账上没有足以支付的利润(既然对赌失败,这是大概率事件),则涉嫌抽逃出资或者违法分配股利,仍然不能支持投资方的回购请求。

039　公司回购股权（三）：回购请求权，请求权还是形成权？

一、问题的提出

在公司回购型对赌协议纠纷的裁判中，有一个问题始终不能回避——投资方所享有的股权回购请求权，是形成权还是请求权？

这一问题涉及投资方行权的基本面——协议约定的回购条件触发时，投资方请求回购股权的意思表示一经送达公司，将产生怎样的效力？有无行权期间要求？该期间是诉讼时效抑或除斥期间？逾期将导致何种后果？等等。

不仅是对赌协议中的投资方，公司法上所有的回购请求权主体，包括异议股东、少数股东等在内，都面临这一追问。

有读者认为，既然名为"股权回购请求权"，难道不是请求权吗？这一问题，需要专业探讨。

二、最高人民法院的回应

2024年9月最高人民法院的"法答网"上出现了以下问答：

问题2："对赌协议"中股权回购权性质及其行权期限如何认定？咨询人：上海市高级人民法院商事审判庭（破产审判庭）　孟高飞

答疑专家：最高人民法院民一庭　杜军

答疑意见：

"对赌协议"中经常约定股权回购条款，如约定目标公司在×年×月×日前未上市或年净利润未达到××万元时，投资方有权要求股东或实际控制人按照×价格回购投资方持有的股权。审判实践中，对上述股权回购权性质和行权期限，存在较大争议。有观点认为投资方请求回购股权系债权请求权，适用诉讼时效制度。也有观点认为投资方请求回购股权系形成权，受合理期间限制。

我们认为，该问题的实质是如何认识投资方请求大股东或实际控制人回购股权的权利性质。就股权估值调整协议中投资方有权请求大股东或实际控制人回购股权的约定,根据民法典第一百四十二条第一款确立的合同解释规则,对该约定除按照协议所使用的词句理解外,还要结合相关条款、行为的性质和目的、习惯以及诚信原则来理解。从双方约定的目的看,实际上是在符合(未上市或利润未达标)条件时投资方既可以请求对方回购进而自己"脱手"股权,也可以不请求对方回购而继续持有股权。因投资方行使此种权利有自主选择的空间,以合理期限加以限定,较为符合当事人的商业预期。具体而言:1. 如果当事人双方约定了投资方请求对方回购的期间,比如约定投资方可以在确定未上市之日起3个月内决定是否回购,从尊重当事人自由意志的角度考虑,应当对该约定予以认可。投资人超过该3个月期间请求对方回购的,可视为放弃回购的权利或选择了继续持有股权,人民法院对其回购请求不予支持。投资方在该3个月内请求对方回购的,应当从请求之次日计算诉讼时效。2. 如果当事人双方没有约定投资方请求对方回购的期间,那么应在合理期间内行使权利,为稳定公司经营的商业预期,审判工作中对合理期间的认定以不超过6个月为宜。诉讼时效从6个月之内、提出请求之次日起算。

三、问答解读:在形成权与请求权之间[①]

(一)问答的背景是什么?

背景是,在近年经济不断下行的压力下,前些年在私募股权投资领域颇为盛行的"对赌协议"集中到期,并大规模触发回购条件,引发诸多商事纠纷。大部分金融措施,都旨在信息不对称情况下,通过制度安排弥补商业信用风险、促使交易达成,比如担保、债务加入等,但有时候这些金融措施会起到反作用,形成逆向选择、增加信息不对称,如资管产品刚兑、中小企业主须对企业债务提供连带责任保证等。私募投资领域的对赌协议,也是反面典型:境外很少使用的赎回权条款,由于创投市场发展阶段等,在我国演变为私募股权投资的"标配",发展出中国式对赌协议(股权回购+业绩补偿),将最终风险锁定给了创业者。其后,私募机构产生懈怠心理、疏于管理、丧失共同进退的主人翁觉悟、降低对创始人的监督与支持力度,反而导致信息不对称的加剧,最终事业崩塌。可见,简单粗暴"设对赌",是问题之源。

但是,纠纷出现时,简单粗暴地"拆对赌",与简单粗暴地"设对赌"一样,都是不

---

① 关于该答复的以下解读,重点参考了"金融法驿站"王立先生原创的《对赌回购权法答细解:用心良苦 答卷半成》一文,在此表示感谢。

尽职的表现。该问答的初衷,大致以诉讼时效或除斥期间为工具,试图缓解被投企业的回购权之困。法院运用能动司法思维为创业者纾困,其用心可谓良苦,应予以肯定。但能否达到其预期,又是一回事。

(二)审判者的困境

能动司法理念下的商事审判逻辑,是助力商主体实现利益最大化。要中之要,便是让企业组织体能够"活下来",再可持续发展(法答网表述为"为稳定公司经营的商业预期"),而不是轻易地因为某个合同纠纷导致企业组织体的崩盘,从而产生巨大的社会负面效应。

但另外,私法自治终是民商法治之根本,若随意否定对赌条款的效力,会影响法律的权威性、可预期性。在之前各地关于对赌协议纠纷审理的经验总结中,法官们似乎找到了一个制度工具:对赌条件触发后,投资人若长期不行权,不利于稳定公司经营的商业预期,所以要给行权加一个期限;民法上的期限主要有诉讼时效和除斥期间两种,超过这两类期限的,对赌回购权就会受到限制乃至丧失。如此,从权利丧失、行权受限的角度切入,商事审判找到了抑制回购请求权诉请的路径。

(三)形成权还是请求权

这一问答的智慧在于,回避了回购请求权性质非此即彼的选择式站队,直接奔向行权期限。毕竟,"以合理期限加以限定,较为符合当事人的商业预期",回答主文的最后两个段落类似于《民法典》第564条关于解约权行权期间的规范构造:

法律规定或者当事人约定解除权行使期限,期限届满当事人不行使的,该权利消灭。

法律没有规定或者当事人没有约定解除权行使期限,自解除权人知道或者应当知道解除事由之日起一年内不行使,或者经对方催告后在合理期限内不行使的,该权利消灭。

合同解除权乃是不争的形成权。此前,沿海地区一些法院的裁判,直接就将对赌回购的行权约等于投资合同的解除,进而认定对赌回购权不是债权请求权,而属于形成权,类推适用一年的除斥期间。

与之相反的裁判观点则认为,形成权乃是权利人依单方意思表示即可发生、变更、消灭法律关系的权利,其行使效果不需要对方的同意或配合。对赌协议下投资方回购权的行使与生效(股权款支付),都离不开公司的配合,与形成权显然不合,因此属于请求权,适用诉讼时效。

两种学术观点各有道理,但似乎也不存在非此即彼的观点交锋:两者可以共存——先用形成权固定法律关系,后依此法律关再请求对方履行义务。以合同解除为例,先通知对方解除合同,合同解除后,再请求对方返还标的、赔偿损失等。前者为形成权之行使,后者为请求权之行使,前因后果,并存无碍。质言之,形成权的行使结果,都是确定生成新的请求权,二者关系的本质就在此。

循此思路,这一问答关于行权期间的效力安排似乎认可了"形成权+请求权"模式,继而先适用形成权的除斥期间,后适用请求权的诉讼时效期间。

(四)尚有诸多待解之问

比如,在没有法律规定或合同约定的情况下,审判者能否依职权适用除斥期间?以及该除斥期间定为6个月的依据是什么,是否合理?

又如,对赌协议写明行权期间但未明确逾期行权后果的,如何处理?是定位于督促性条款,还是定位于失权?如果定位于失权——很多法院就是这样理解的,那么很快就会出现与法答网初衷相悖的结果——这将驱使外部投资人以更快速度行权。原本在回购条件触发时,他们还愿意再观望、再给创业者更多的时间,等待业绩的转机。

040　公司可以为股权转让款之债提供担保吗？（上）

一、问题的提出

实务中,公司为股东间股权转让款之支付提供担保,常有出现。常见情形包括:

其一,公司在增资扩股过程中,引入战略投资者,入股协议定有投资方退出条款。所附退出条件实现的,要么由公司回购,要么由控股股东、实控人或者原全体股东收购,且就后者收购股权款的支付,由公司提供担保。至于担保的方式,最常见的是连带保证,也有公司财产抵押、质押等。

其二,外部投资者与目标公司控股股东、实控人或全体股东对赌,对赌协议约定,如对赌失败,后者负有收购股权义务,且就后者收购股权款的支付,由公司提供担保。

其三,公司为股东间股权转让之价款支付提供担保。这在公司股权重组的情况下,较为常见,最典型的就是公司为控股股东收购少数股东股权提供担保。

其四，公司为外部人购买其某一股东股权之价款支付提供担保。这在一人公司中也有出现。

举例。张三是某 A 一人公司的唯一股东，现张三出售所有股权给李四，股转合同约定，如李四不能支付股权款给张三，则 A 公司提供连带保证。后李四不出所料地不能支付，张三便要求 A 公司承担连带保证责任，A 公司应声承担之，张三顺利拿到股权款，A 公司也被掏得一干二净，李四没花钱而取得了一个空壳公司。似乎还有一个结果——张三在未减资、未解散公司的情况下，顺利套现，实现了唯一股东的"乾坤大挪移"，挥一挥手，带走了所有的云彩。

以上案例提出一个共同的问题——公司能否以其资产为其股东间的股权转让交易提供担保？该担保行为是否有效？

二、公司法的回应

《公司法》第 163 条规定：

公司不得为他人取得本公司或者其母公司的股份提供赠与、借款、担保以及其他财务资助，公司实施员工持股计划的除外。

为公司利益，经股东会决议，或者董事会按照公司章程或者股东会的授权作出决议，公司可以为他人取得本公司或者其母公司的股份提供财务资助，但财务资助的累计总额不得超过已发行股本总额的百分之十。董事会作出决议应当经全体董事的三分之二以上通过。

违反前两款规定，给公司造成损失的，负有责任的董事、监事、高级管理人员应当承担赔偿责任。

简要解读如下：

1. 基本政策

在一般情形下，不允许股份公司为他人取得本公司、母公司的股份提供财务资助，包括但不限于赠与、借款与担保方式，两个例外是：

(1) 唯一特殊的法定事由，即公司基于实施员工持股计划的需要。

(2) 限额且经正当程序。即为公司利益，经股东会决议或经公司章程、股东会授权的董事会绝对多数决议，且财务资助的累计总额不超过已发行股本总额的 10%。

2. 法律后果

该条属于效力性强制规范，违反禁止性规范，将导致两个法律后果：

(1)公司对外的财务资助行为无效；
(2)由此导致公司损失的,负有责任的董监高承担赔偿责任。

3.适用对象

该条出现在《公司法》第六章"股份有限公司的股份发行和转让"第二节"股份转让"中,在立法逻辑上,仅约束股份公司。但基于其规范宗旨与立法目的,有限公司也可参照适用。

公司法之所以严格规制公司为取得其自身及其母公司股权的行为提供担保,原因在于,股权转让是股东退出公司的重要途径,退出者在退出之际利用控制公司意思的优势,要求公司提供担保的,该担保行为可能会变相导致退出股东抽回出资,从而损害公司、其他股东及债权人的利益。具体到个案,司法裁判有认定担保行为无效的,也有认定有效的,详情见下问。

041 公司可以为股权转让款之债提供担保吗？（下）

（书接上问）

如果公司为他人取得本公司及其母公司的股份提供了担保,司法如何裁判该担保行为的效力？

三、裁判立场

(一)裁判立场之一:认定担保无效

1.认定依据:违反《公司法》第53条第1款"公司成立后,股东不得抽逃出资"的禁止性规定,故担保无效。

典型案例1。吕某升、金某平合同纠纷案[(2018)最高法民终111号]中,法院认为,某朝公司作为《股权转让合同》的目标公司,其所担保的付款义务为某朝公司的新股东向原股东支付股权转让款的责任,在受让人不能按期支付股权转让款的情况下,某朝公司作为担保人承担代为支付的义务,该义务的履行将导致某朝公司原股东从公司退出后的出资款由公司支付,这违反了我国公司法中禁止股东从公司抽逃出资的规定。因此,《股权转让合同》约定由某朝公司担保吕某升、靖某支付股权转让款的条款为无效条款，某朝公司不承担案涉股权转让款的担保责任。

2. 认定依据：未经公司合法决议通过，恶意串通、损害公司债权人利益，故担保无效。

典型案例2。中国信达资产管理股份有限公司福建省分公司与漳州市龙文区桂溪房地产开发有限公司破产债权确认纠纷上诉案[(2018)闽06民终2287号]中，法院认为，公司法不禁止公司为股东的债务提供担保，但必须履行合法程序。本案虽可以证明公司曾召开股东会，对公司为股东间股权转让提供担保的事项进行表决，但该股东会决议不符合公司法对公司提供担保的表决程序的相关规定，公司的担保行为不合法。转让股东为保证实现其债权，受让股东为减轻其支付股权转让款的义务，合谋以公司资产提供抵押担保，转让股东和受让股东明显存在恶意串通、损害公司债权人利益的情形。根据《合同法》第52条第2项规定，恶意串通，损害国家、集体或者第三人利益的合同无效，因此，抵押合同无效。

(二)裁判立场之二：认定担保有效

1. 认定依据：公司意思自治的体现，并不违反法律强制性规定。

典型案例3。广西万晨投资有限公司与陈伙官及一审、二审胡升勇、一审陈赛花股权转让纠纷案[(2016)最高法民申2970号]中，法院认为，某晨公司根据《股权协议书》已于2012年8月22日完成了股权变更登记，陈某官已不再是某晨公司的股东，股权转让发生在陈某官、胡某勇两个股东之间，陈某官出让自己持有的某晨公司60%的股权，胡某勇受让股权并应承担支付股权转让款的义务，《股权协议书》约定某晨公司承担连带责任，不存在损害其他股东利益的情形。某晨公司承担连带责任经过公司股东会决议，是公司意思自治的体现，并不违反法律强制性规定。

2. 认定依据：担保不必然导致公司资产的减少，主张无效缺乏依据。

典型案例4。成都市棒棒娃实业有限公司、李湧股权转让纠纷案[(2019)最高法民申4849号]中，法院认为，关于案涉担保是否构成抽逃出资的问题，某娃公司作为案涉股权转让的目标公司，为股东间的股权转让款提供担保，并不违反《公司法》第16条有关公司担保的相关规定。某娃公司承担担保责任后，与债务人李某形成新的债权债务关系，对李某享有追偿权，故该担保并不损害某娃公司的利益，其有关案涉担保构成抽逃出资的主张，法院不予支持。

四、结论

公司法并未一概禁止公司为股东的股权转让款提供担保,此类担保行为效力之判断,需综合《公司法》第15、28、163条等规定,结合个案情形,进行体系性研判:

1. 实体法规则上,《公司法》第163条属于第15条的特别规范——后者并不禁止公司为任何第三人(包括公司股东、实控人)的债务提供担保,但前者,就收购本公司及其母公司股份的股权价款这一特定债务担保,设定了一定的实体性禁止规则。

2. 程序法规则上,即便属于《公司法》第163条许可的情形,也要恪守正当程序及其限额规定。其中,就正当程序,不仅要恪守第163条的特别规定,如董事会的绝对多数决,也要恪守第15条的规定,如本公司股东、实控人收购其他股东股份时(债务人为股东、实控人的),只能由股东会决议,不能转授权给董事会决议,以及股东会决议时关联股东的回避规则(第15条第2、3款)。

无论如何,如该类担保行为的公司决议,违反了公司法作为"法律"规定的实体规则或正当程序,则相关决议存在效力瑕疵(无效、可撤销),由此也将可能影响公司根据该决议对外签署的担保合同的效力。具体规则,请参见本书关于公司担保、公司决议(涉及《公司法》第15条、第28条第2款)相应内容的介绍。

分篇七

股权转让的税负承担

任何有收入的行为,原则上均需依法纳税,股转亦不例外。当前,税务机关已将个人股权转让纳入"先税后证"的监管体系。这意味着,在个人股东股转前,税务机关将实施前置审核,唯在确认纳税人足额缴纳应纳税款后,才能办理股权变更登记。尽管企业股权转让无须完全遵循"先税后证"的监管体系,但若税款未缴纳到位,企业除承担法律责任外,还可能面临转让失败的风险。因此,税负承担是股转不可回避的重要议题,其能否被妥当处理,甚至在一定程度上决定着股权交易的成败。

民商法与税法共同适用于股转行为,但税法有其特殊逻辑,可能与通常的生活经验及民商法思维相悖。例如,股转所得的认定、税款的计算方法、纳税主体的确定等问题,看似简单,实则学问很大。无论如何,股转各方须高度重视股转中的税负承担问题,以避免因税务问题招致法律风险与经济损失。

本分篇共设6问,重在介绍股转涉及的各税种及对应的实务难点。

042 股转涉及的税种有哪些?

一、所涉税种的复合性

除股权继承、遗赠、赠与及共有股权分割等完全无偿的股转行为,无论何种形式的股转,即便未产生收益,原则上均须依法缴纳相应税款。根据转让的主体、方式、对价、股权类型等多种因素,不同股转行为涉及的税种及相应的税率、税收优惠等税收政策皆有差异。在通常情况下,一个股转行为涉及的税种也绝非单一,所得税、印花税等多税种的同时适用,才是股转的常态。涉及税种的复合性,加剧了股转的复杂性,若不提前了解并进行相应筹划,转让很可能因此面临巨大障碍,甚至失败。

二、所涉税种的具体类型

(一)所得税

在股转涉及的所有税种中,所得税最为重要,通常纳税金额也最高。根据出让主体的不同,股转涉及的所得税可分为企业所得税与个人所得税两类。公司、合伙企业转让股权时,需将股转所得计入应税所得,缴纳企业所得税;个人及个人独资企业转让股权时,应按财产转让所得缴纳个人所得税。企业所得税和个人所得税在税率上也存在差异,前者通常为25%,后者为20%。

所得税不仅是股转中最重要的税种,也最为复杂。表面上,通过应税金额乘以相应的税率,即可确定纳税义务人的应缴税额。但仔细深究,应税金额的具体计算方式、适用税率的选择、纳税人的确定等问题,都隐藏着复杂的法律与税务挑战。可以说,妥善筹划好所得税的缴纳问题,乃股转涉税事务中的第一要务。有鉴于此,本书将以独立篇幅详细介绍股转所得税,此处不展开。

(二)印花税

《印花税法》第1条第1款规定:

在中华人民共和国境内书立应税凭证、进行证券交易的单位和个人,为印花税的纳税人,应当依照本法规定缴纳印花税。

根据该法所附《印花税税目税率表》,包括股转书据在内的产权转移书据,皆属应税凭证范畴。所以,无论是通过转让合同等形式进行的非上市公司股权转让,还是借助证券交易所进行的上市公司股票买卖,都应缴纳印花税,但二者在税率、纳税主体等方面存在差异。

1. 非上市公司的股权转让

(1)税率及计税依据。由于不涉及增值税的征收,此时应缴纳的印花税税款为股转合同载明的转让价款的万分之五。若合同未载明转让价款,则计税依据根据转让双方实际结算的金额确定。若实际结算金额仍无法确定,则按照股转合同签订时该股权的市场价格确定。

(2)纳税主体。股权转让出让人、受让人都应缴纳印花税。例如,若股转合同金额为100万元,出让人和受让人皆应缴500元的印花税。

(3)纳税期限。出让人、受让人应在股转协议生效后15日内缴纳,逾期未缴纳的,税务机关将依法处理。

(4)特殊情况。《财政部、税务总局关于印花税若干事项政策执行口径的公告》(财政部、税务总局公告2022年第22号)第3条第4项规定,若股转时出让人并未全部实缴到位,则计税依据不包括合同中列明的,认缴后尚未实际出资的权益。

例1。甲持有A公司50%的股权,对应注册资本认缴额1000万元,已实缴500万元。甲乙签订股转合同,约定A公司50%股权的转让价为600万元;本次股转完毕后,出让人不再承担对A公司的任何出资义务,受让人履行未实缴的500万元出资义务。其中已实缴出资部分对应的转让价款为550万元;未实缴出资部分对应的转让价款为50万元。根据上述合同,本次股转印花税的计税依据为列明的已实缴部分的转让价款550万元,甲、乙各应缴纳2750元。

2. 上市公司的股权转让

(1)税率及计税基础。上市公司的股转方式为证券竞价交易,根据《印花税法》规定:此时应缴纳的印花税税款为证券交易成交金额的千分之一。若证券交易无转让价格,计税依据按照办理过户登记手续时,该证券前一个交易日的收盘价计算确定;无收盘价的,按照证券面值计算确定。《财政部、税务总局关于减半征收证券交易印花税的公告》(财政部、税务总局公告2023年第39号)规定:

为活跃资本市场、提振投资者信心,自2023年8月28日起,证券交易印花税实施减半征收。

据此,目前证券交易印花税的实际税率为万分之五。

(2)纳税主体。不同于非上市企业的股权转让,证券交易中,仅对证券交易的出让人征收印花税,也即投资者只有卖出股票时需缴纳印花税,买入时无须缴纳。

(3)纳税期限。证券交易印花税按周解缴,证券登记结算机构作为扣缴义务人,应当自每周终了之日起5日内申报解缴税款以及银行结算的利息。

(三)增值税及附加税费

股权作为一种投资方式,升值后会为投资人带来收益。根据《增值税法》,股转在特定情况下,可能涉及增值税及附加税费的缴纳。

1. 征收范围。上市公司股票属于金融商品,转让上市公司股票属于增值税的征收范围。相反,非上市公司未公开发行股票,其股权不属于有价证券,非上市公司股权转让不在增值税的征收范围之列。转让新三板企业股权也属于非上市公司的股权转让,暂不征收增值税。

2.纳税主体。仅上市公司股票的出让人应缴纳增值税,且由于个人从事金融商品转让免征增值税,只有企业法人转让上市公司股票时才需缴纳增值税。

3.税率。在一般情况下,此时增值税税率为6%,但若转让人为小规模纳税人,则适用3%的税率。

4.计税依据。若仅有一次股票交易,以股票卖出价扣除买入价后的余额作为销售额,仅销售额为正值时才需缴纳增值税。若存在多次股票交易,且出现正负差时,应先将差额进行盈亏相抵,将相抵后的余额作为销售额来计算增值税。若相抵后出现负差,可以结转至下一纳税期,与下期的转让销售额相抵。但年末仍出现负差的,不得转入下一会计年度。

例2。假设A公司在2024年买入B公司的股票3000万元,并在当年进行转让。第一次转让70%的股票:买入价为2100万元,卖出价为1500万元,产生负差600万元。第二次转让剩余30%的股票:买入价为900万元,卖出价为2000万元。根据规定,第一次转让产生的负差600万元,可以结转到第二次转让时抵减销售额。因此,第二次转让的销售额为2000万元-900万元-600万元=500万元。此时A公司应缴纳的增值税为500万元÷(1+6%)×6%≈28.3万元。但若第二笔卖出发生在2025年,则两笔增值税应分开计算,前一笔因产生负差无须缴纳增值税,后一笔应以1100万元为销售额,应缴纳的增值税为1100万元÷(1+6%)×6%≈62.3万元。

若企业转让上市公司股票且需缴纳增值税,应以实际缴纳的增值税费为计税依据,缴纳随征的附加税费。其中,城市维护建设税按照城市市区7%、县城镇5%、其他地区1%缴纳,教育费附加按照3%缴纳,地方教育附加按照2%缴纳。

(四)土地增值税

股转主要涉及公司股权的变更,仅需缴纳所得税、印花税等主要税种。而土地使用权转让一般涉及土地增值税、契税、所得税和印花税等各类税种,加之我国土地增值税实行四级超额累进税率,其税率通常远高于所得税,基于税费成本的考虑,一些公司会采取名为股权转让,实为土地使用权转移的交易模式。

针对此种情形,《国家税务总局关于以转让股权名义转让房地产行为征收土地增值税问题的批复》(国税函〔2000〕687号)规定:

鉴于深圳市能源集团有限公司和深圳能源投资股份有限公司一次性共同转让深圳能源(钦州)实业有限公司100%的股权,且这些以股权形式表现的资产主要是土地使用权、地上建筑物及附着物,经研究,对此应按土地增值税的规定征税。

此后,国家税务总局还多次就个案中的类似情形作出了相同认定。因此,若以股权转让之名,行土地使用权转让之实,如通过转让公司100%股权间接转让土地使用权,税务机关可能将股权转让认定为土地交易,并要求缴纳土地增值税。

043　股转合同约定受让人缴纳所得税,有效吗?

一、所得税的缴纳人

股权转让交易发生后,出让人通常会获得对价。若扣除成本及相关费用后,仍有盈余,便产生了所得,需缴纳所得税。税收征管的首要环节是明确纳税主体,只有确定了纳税义务人,确定税率、应税所得等后续问题才有实际意义。

根据所得税的一般原理,谁所得,谁纳税。所以,无论企业还是个人转让股权,转让人都是纳税义务人。

与纳税义务人相对的概念为扣缴义务人。在股转中,一般是个人或非居民企业股权转让时支付对价的受让人,需履行代扣代缴等法定义务。《个人所得税法》与《股转个人所得税办法》以及《企业所得税法》等作出了规定。具体而言,根据《股转个人所得税办法》第5~6、20~22条等,在个人股权转让中,受让人作为扣缴义务人,应于股转相关协议签订后5个工作日内,将股转的有关情况报告主管税务机关;同时也应当在法定期限内,向主管税务机关申报纳税。另据《企业所得税法》第37~40条,非居民企业股权转让实行源泉扣缴制度,支付人为扣缴义务人,企业所得税税款由其在每次支付或者到期应支付时,从支付或者到期应支付的款项中扣缴。

不可混淆的是,扣缴义务人承担扣缴义务,并不免除股权出让人的纳税义务,股权出让人仍为纳税人,需承担缴纳税款、滞纳金等法定的纳税义务。股权受让人在支付转让款时,可以直接从应支付的金额中扣除应缴的所得税款,并代为缴纳给税务机关。若受让人未扣缴,出让人有自行申报纳税的义务,二者的责任相辅相成,并非相互替代。

二、如何理解受让人缴纳所得税约定的效力

所得税的应纳税款金额通常较高,对于出让人来说是一笔不小的负担。因此,尽管税法规定出让人为纳税义务人,但实践中,股转合同经常约定由受让人承担并缴纳所得税,即"买方包税"。表面上,税款由出让人还是受让人承担,似乎属于合同双方意思自治的范畴,当事人可选择于己最有利的合同安排。但该种做法在税法层面却使出让人承担了巨大的潜在风险,应当慎重考虑适用。

1. 内部效力

从民商法的角度看,股转合同中"买方包税"的约定是当事人之间意思自治的结果,对合同当事人均具有拘束力。若后续受让人未按约定缴纳税款,该约定可作为处理当事人内部关系的依据。

但实践中,"买方包税"的约定常因不够明确引发争议。例如,转让当事人可能仅在合同中简单约定"买方负责缴税",但却未具体说明合同中列明的股权转让款是否包含税款,当事人事后往往就税款计算及承担来回扯皮。所以,倘若出让人希望将税负责任明确转移给受让人,合同必须清晰写明股权转让款与税款相互独立,并明确由受让方额外承担税款。即合同条款应明确,最终的交易金额是"含税价"还是"不含税价",避免出现模糊不清的"包税"条款。

2. 外部效力

与内部关系由民商法调整不同,"买方包税"的外部关系主要是股转当事人与税务主管机关间的税收管理关系,适用税法的相关规定和原则。《税收征收管理法实施细则》第3条第2款规定:

纳税人应当依照税收法律、行政法规的规定履行纳税义务;其签订的合同、协议等与税收法律、行政法规相抵触的,一律无效。

由于《股转个人所得税办法》《企业所得税法》明确规定股权出让人为纳税义务人,依法承担缴纳税款的义务,即使双方在合同中约定由受让人承担税款,税务机关仍会认定出让人为纳税义务人,并要求其履行纳税责任。这也凸显了税法和民商法分别作为公法、私法的区别,在税负问题上,合同约定无法对抗税法的规定。

三、受让人不缴纳税款的法律后果

若股转合同明确约定由受让人缴纳所得税,但受让人最终违约未缴纳税款,此时出让人将会陷入非常不利的境地。

首先,从税务机关的角度看,该约定依据税法的规定应属无效,出让人仍是纳税义务人,需最终缴纳所得税税款,并承担相应的滞纳金和其他法律责任。

其次,从出让人的角度看,该约定在内部仍有拘束力,除追究受让人的违约责任,出让人还可以在民事关系中依据该约定,通过诉讼等手段向受让人追索其已支付的税款、滞纳金。但民事法律关系中的责任认定和执行往往非常复杂,即便出让方希望通过合同条款追偿买方未履行的税务责任,最终效果未必如意。

044 股转所得税,如何计算?

所得税应纳税额的基本公式为应纳税所得额乘以税率,确定了应税所得和税率这两个关键要素,也就基本解决了股转所得税的计算。

一、应税所得计算

无论是企业所得税还是个人所得税,应纳税所得额都可以通过股转收入减去股权原值和合理税费后计算得出,因此计算应税所得需分别核定该三要素。

1. 股转收入计算

《股转个人所得税办法》第 7 条规定:

股权转让收入是指转让方因股权转让而获得的现金、实物、有价证券和其他形式的经济利益。

第 8 条还规定:

转让方取得与股权转让相关的各种款项,包括违约金、补偿金以及其他名目的款项、资产、权益等,均应当并入股权转让收入。

据此,若受让人在股转合同履行过程中存在未依约付款等违约行为,出让人获得的违约金也应计入股转收入。

实践中,为降低税负,当事人经常签订阴阳合同,即表面签订一个低价合同以降低股转收入,从而减少应税所得,而实际交易额却远高于合同列明的价格。这种情况通常很难被外界察觉,因为阴阳合同通常只在交易双方之间秘密达成,但税务机关依然有办法对其进行监管。税务机关对阴阳合同的监管主要依赖市场评估机制,通过查阅被投资企业的资产负债表等相关资料,细致分析其中的净资产部分或企业资产构成,在企业净资产显示盈利或即便亏损但资产具有显著升值潜力时,税务机关将会重新核定明显偏低的股转收入。可见,签订阴阳合同来规避税负,面临风险。

不过,并非所有明显偏低的股转收入都会被税务机关重新调整,根据《股转个人所得税办法》第13条,三代以内的直系亲属、两代以内的旁系亲属或抚养、赡养关系人之间进行股转,以及存在被投资企业因国家政策调整而生产受到重大影响等其他合理情形时,可按双方约定价格转让股权,税务机关通常不干涉价格高低。

2. 股权原值计算

股权原值,通俗而言,是指出让人在原始获得被出让股权时的成本。无论是货币出资还是非货币出资,税务机关都会以此为凭证确定或核定股权原值,当事人虚增股权原值的做法当然也是不可取的。

随着有限公司资本形成制度从完全认缴制过渡为限期认缴制,在转让未完全实缴的股权时,应税所得的计算值得注意。正确的处理方式为:如股转合同约定仍由出让人承担出资义务,则计算应税所得时的股转收入应当扣除相应的待实缴金额,即根据实收资本和实际收益来确定应税所得。

此外,《国家税务总局关于贯彻落实企业所得税法若干税收问题的通知》(国税函〔2010〕79号)第3条规定:

……企业在计算股权转让所得时,不得扣除被投资企业未分配利润等股东留存收益中按该项股权所可能分配的金额。

3. 合理税费计算

《企业所得税法》第8条规定:

企业实际发生的与取得收入有关的、合理的支出,包括成本、费用、税金、损失和其他支出,准予在计算应纳税所得额时扣除。

《股转个人所得税办法》第4条也规定,计算应税所得时,应扣除股转时按照规定支付的有关税费。所以,出让人承担的尽职调查费用、审计费、资产评估费、律师费等合理费用,有正规发票依据的,均可在计算应税所得时扣除。另外,股权转让涉及的印花税等其他税费,也应在计算时予以扣除。

但并非所有成本都可作为合理税费被扣除。例如,资金成本等费用通常不得扣除。尤其是个人股权转让中,个人购买股权的资金很可能并非自有资金,而来自利息标准较高的民间借贷,直至股转之时,资金成本可能超过股权原值。但税法关注的仍为"低买高卖"所产生的溢价,不涉及期间产生的资金成本。毕竟,这些成本在日常经营中很可能已通过利润、分红等方式得到一定弥补。

二、税率的确定

1. 个人所得税

通常,个人股权转让所得适用财产转让所得税目,适用20%的比例税率。但针对不同股权类型,是否征收个人所得税存在差异。根据现行法,适用20%的税率征收个人所得税的股权转让类型包括转让非上市公司股权、转让上市公司限售股、转让新三板挂牌公司原始股票。除此之外,个人转让上市公司非限售股、新三板挂牌公司非原始股票均无须缴纳个人所得税。

2. 企业所得税

根据《企业所得税法》相关条文规定:在一般情形下,居民企业之企业所得税的适用税率为25%;非居民企业适用税率为20%;符合条件的小型微利企业,适用20%的税率;国家需要重点扶持的高新技术企业,适用15%的税率。至于企业股权转让所得的税率等其他具体问题,由于涉及企业所得税的复杂计算和调整,本书不作详介,感兴趣的读者可参考专业书籍。

045　如何确定股转所得税的缴纳时点?

一、缴纳时点及期限

1. 个人所得税

《股转个人所得税办法》第20条规定:

具有下列情形之一的,扣缴义务人、纳税人应当依法在次月15日内向主管税务机关申报纳税:

（一）受让方已支付或部分支付股权转让价款的；

（二）股权转让协议已签订生效的；

（三）受让方已经实际履行股东职责或者享受股东权益的；

（四）国家有关部门判决、登记或公告生效的；

（五）本办法第三条第四至第七项行为已完成的；

（六）税务机关认定的其他有证据表明股权已发生转移的情形。

因此，只要发生股转合同签订、支付部分转让价款等该条所述的任一行为，出让人作为纳税人，或者受让人作为扣缴义务人，都应在行为发生次月15日内依法申报纳税、扣缴。这一规定，与普通人所认为的"实实在在取得股转收入后才交税"的理念，存在明显差异，但更大的认识差异还在后头。

股转中，尤其涉及大额交易时，分期付款相当普遍。在此情形下，根据上述规定，只要股转协议生效或受让人支付了第一期转让款，出让人就需对全部转让款缴纳个人所得税，由此可能会导致出让人收到的转让款难以支付税款的困境。例如，若第一笔转让款只有100万元，依照前述规定，出让人可能需要缴纳300万元的税款，徒增交易难度。更极端的情形是，一旦股转合同生效或者股权变更手续完成，不论出让人是否已经实际收到转让款，纳税义务已产生，出让人就必须按全额缴纳税款。这些做法体现了税法无偿性、固定性、强制性的特点。所以我们一再强调，在股转时，出让人务必要提前做好资金规划，以确保能够及时缴纳税款，避免因此产生滞纳金或其他法律后果。

2. 企业所得税

不同于个人股权转让时一次性的所得税缴纳，企业所得税以"每一纳税年度的收入总额，减除不征税收入、免税收入、各项扣除以及允许弥补的以前年度亏损后的余额"为应税所得，按照纳税年度进行统一缴纳。

因此，即便一个纳税年度内，一个企业发生了多笔股权转让，有亏有盈且总体为亏损，也应将各笔交易统一计入该年度的应税所得中，依企业总体营收情况缴纳企业所得税。至于每一笔股转收入的确定时点，根据《国家税务总局关于贯彻落实企业所得税法若干税收问题的通知》第3条的规定，"应于转让协议生效、且完成股权变更手续时，确认收入的实现"。

当然，企业股转所得税的缴纳，对于不少企业来说是一个巨大的负担，为减缓缴纳税款的压力，企业可根据《财政部、国家税务总局关于企业重组业务企业所得税处理若干问题的通知》(财税〔2009〕59号)、《财政部、国家税务总局关于促进企业重组有关企业所得税处理问题的通知》(财税〔2014〕109号)等文件的规定,利用特殊性税务处理、股权划转等方式实现递延纳税。

二、滞纳金计算

《税收征收管理法》第32条规定:

纳税人未按照规定期限缴纳税款的,扣缴义务人未按照规定期限解缴税款的,税务机关除责令限期缴纳外,从滞纳税款之日起,按日加收滞纳税款万分之五的滞纳金。

同时,《税收征收管理法实施细则》第75条规定:

税收征管法第三十二条规定的加收滞纳金的起止时间,为法律、行政法规规定或者税务机关依照法律、行政法规的规定确定的税款缴纳期限届满次日起至纳税人、扣缴义务人实际缴纳或者解缴税款之日止。

据上,对于股转过程中产生的印花税、个人所得税、企业所得税及增值税等纳税义务,若纳税义务人或扣缴义务人未全面缴纳或扣缴,自税款缴纳期限届满次日起,税务机关将会以未缴纳的税款金额为基数,按日加收万分之五的滞纳金,直至实际缴纳之日止,但滞纳金累计不得超过税款本金。

上述滞纳金看似不多,但若纳税人累计一年不缴纳税款,所产生的滞纳金就已达滞纳税款的18.25%,这在大额股转中无疑会极大加重纳税人的负担。因此,出让人在进行股转前,更应提前做好税收筹划,保证按时足额缴纳相关税款,避免不必要的经济损失。

046 拒绝缴纳股转所得税,构成犯罪吗?

借助这一话题,本书对涉股转所得税缴纳的法律责任进行介绍。

一、民事责任

1. 合同违约责任

若股转合同明确约定由受让人缴纳所得税,而受让人拒绝缴纳,根据本篇第43

问所述,该约定有效,在出让人作为纳税义务人最终缴纳税款及滞纳金后,有权向受让人追偿,并追究其违约责任。

在当前股权转让,尤其是个人股权转让,全面实行"先税后证"监管的背景下,即便合同未明确约定税款承担方,若出让方拒绝纳税,根据《个人所得税法》第15条,股权变更登记将无法成功办理,受让方的利益如因此受损,可根据《民法典》第577条追究出让方的违约责任。

2. 隐名股东责任

实务中,股权代持时有发生,当被代持股权转让,多数情况下交易仍需以显名股东的名义进行,而股价款则落入实际出资人的口袋。在处理税务问题时,若税务机关不了解股权代持情况,很可能会依据登记外观要求显名股东承担纳税义务。显名股东缴纳税款后,可根据代持协议或公平原则向实际出资人追偿相应款项,要求其承担责任。为避免类似争议,双方签订股权代持协议时,务必充分考虑相关涉税风险,并妥善约定解决方案。

二、行政责任

税收管理关系本质上属于行政管理关系,因此,行政责任是拒绝缴纳股转所得税产生法律后果中的重点。

1. 追缴税款与滞纳金

股权出让人作为纳税义务人,若拒绝缴纳所得税,根据《税收征收管理法》第32条,税务机关在责令其限期缴纳税款的同时,还会按日加收滞纳税款万分之五的滞纳金,以督促其及时履行纳税义务。

另外,股权受让人是个人所得税的扣缴义务人,如其选择扣除税款并代缴,出让人实际收到的款项即为扣除税款后的金额;如其不选择代扣代缴,而是将转让款全额支付给出让人,则出让人就需自行申报并缴纳税款。如此一来,假设受让人在支付股权转让款时扣除了应缴税款,但未上缴税务机关,将构成截留税款行为,实属逃税行为。对此,《税收征收管理法》第63条规定,税务机关将向扣缴义务人追缴税款、滞纳金。

2. 罚款

相较追缴税款、滞纳金,罚款是更严厉的行政处罚措施。根据《税收征收管理法》相关规定,无论出让人拒绝缴纳所得税,还是受让人截留税款,税务机关均会对其处以不缴或者少缴的税款50%以上5倍以下的罚款。

除上述行为外,《税收征收管理法》第62条还规定:

纳税人未按照规定的期限办理纳税申报和报送纳税资料的,或者扣缴义务人未按照规定的期限向税务机关报送代扣代缴、代收代缴税款报告表和有关资料的,由税务机关责令限期改正,可以处二千元以下的罚款;情节严重的,可以处二千元以上一万元以下的罚款。

若出让人存在签订"阴阳合同"降低股转收入,或虚报股权原值等偷税行为,除被追缴税款、滞纳金外,亦会被税务机关处以不缴或者少缴的税款50%以上5倍以下的罚款。

3. 强制执行

若出让人、受让人在税务机关责令限期缴纳税款后,逾期仍未缴纳或解缴税款,则根据《税收征收管理法》第40条第1款规定:

……经县以上税务局(分局)局长批准,税务机关可以采取下列强制执行措施:

(一)书面通知其开户银行或者其他金融机构从其存款中扣缴税款;

(二)扣押、查封、依法拍卖或者变卖其价值相当于应纳税款的商品、货物或者其他财产,以拍卖或者变卖所得抵缴税款。

税务机关在采取行政强制执行时,会同时对当事人未缴纳的滞纳金进行强制执行,且可一并作出罚款决定。

三、刑事责任

《刑法》第201条第1、2款对逃税罪作了具体规定:

纳税人采取欺骗、隐瞒手段进行虚假纳税申报或者不申报,逃避缴纳税款数额较大并且占应纳税额百分之十以上的,处三年以下有期徒刑或者拘役,并处罚金;数额巨大并且占应纳税额百分之三十以上的,处三年以上七年以下有期徒刑,并处罚金。

扣缴义务人采取前款所列手段,不缴或者少缴已扣、已收税款,数额较大的,依照前款的规定处罚。

同时,根据《最高人民法院、最高人民检察院关于办理危害税收征管刑事案件适用法律若干问题的解释》,签订阴阳合同降低股转收入、拒绝缴纳税款等行为均属于逃税罪的规制对象。只要纳税人、扣缴义务人逃避缴纳税款10万元以上并占应纳税额 10% 以上,即可达到入罪标准;若数额达 50 万元以上并占应纳税额 30% 以上,即构成加重情节。

所以,如在股权转让中,企业和个人拒绝缴纳所得税,一旦达到入罪条件,均有可能被判处逃税罪。但鉴于税收监管的特殊性,《刑法》第 201 条第 4 款还规定:

有第一款行为,经税务机关依法下达追缴通知后,补缴应纳税款,缴纳滞纳金,已受行政处罚的,不予追究刑事责任;但是,五年内因逃避缴纳税款受过刑事处罚或者被税务机关给予二次以上行政处罚的除外。

所以,在多数情况下,只要纳税人积极配合税务机关,履行纳税义务、承担行政责任,就可以免予承担刑事责任。

047 对赌失败后,出让人可以请求税款返还吗?

一、问题的提出

资本市场中,对赌协议作为一种兼具风险分配与估值调整功能的工具,旨在平衡投资方与出让方对目标公司未来发展的信息不对称与估值偏差。从税法视角审视,当投资方基于对赌协议向目标公司注资,股权出让人因股权转让获得收益,毫无疑问需依法缴纳所得税等税款。然而,若目标公司业绩未达预期,对赌失败,出让人需履行股权回购、金钱补偿等义务,不仅可能失去前期股权转让收益,甚至可能遭受投资亏损。

在此情形下,出让人是否可以请求税务机关返还税款?目前尚无法律文件明确规定应如何作出税务处理,这导致实务中的观点与处理方式也不尽相同。

二、两种相反的做法

1. 支持返还

对该问题,东莞市税务局的处理方式为直接返还税款,案例具体介绍如下:

例1。2016 年 6 月,某禧科技与某科电子股东胡某赐等人签订《业绩补偿协议》,约定某禧科技收购胡某赐等人所持某科电子合计 66.20% 的股权,并由胡某赐等人对某科电子 2016 年度至 2018 年度的净利润作出承诺,若未达到目标,胡某赐等人需就利润不足部分进行现金补偿。清算时发现,某科电子2016年度至2018年度的合计净利润为负5000余万元,胡某赐等人需进行业绩补偿。由于此前,某禧科技已就胡某赐等人取得的股权转让款进行了个税代扣代缴,胡某赐等人支付业绩补偿款后,某禧科技于2019年7月向东莞市税务局申请办理退税,东莞市税务局受理该申请,并为其办理退税。这一处理方式表明,东莞税务局将对赌失败后的业绩补偿视为对股权转让所得的调整,从而支持税款返还。

2.不支持返还

与支持返还的观点相对,以下案例中,便不支持出让人税款返还的请求,并维持原审法院判决。

例2。王某与国家税务总局上海市税务局等税务行政管理纠纷上诉案[(2024)沪03行终133号]中,一审法院不支持返还主要系基于三点理由:(1)个人转让股权份额应以财产转让所得为基准缴纳个人所得税,股转即构成征收个人所得税的应税事实,相关交易应税事实明确,不属于预缴性质;(2)因利润未达标,公司回购并注销王某所持股份,该情形并未改变应税事实确定,系发生了新的行政法律关系;(3)王某的退税申请已经超过纳税人可以申请退税的期限,不符合退税条件。

二审中,上海市第三中级人民法院维持原判,主要理由如下:(1)《税收征收管理法》第五十一条仅适用于超过应纳税额缴纳的税款的退还,本案并不存在多缴纳税款的情形;(2)对于《利润预测补偿协议》约定的补偿行为,目前个税法领域并无相应的退税规定。虽然上诉人股权转让的实际获益最终随着《购买资产协议》《利润预测补偿协议》等一揽子协议整体履行完毕而确定,但是,在税收领域,目前尚未针对此类交易模式设计专门的税收征管安排;(3)上诉人在没有退税依据的情形下,不存在超过退税申请期限之情形。

上述实务分歧的出现,根源在于,对赌协议失败后,各方对股权回购、业绩补偿等义务的性质存在不同理解。若将该种补偿义务理解为出让人股权出让行为的一部分,则回购行为可被视为出让人部分或全部收回了先前出让的股份,构成对于股权转让所得的变动,此时应根据回购后出让人实际的持股比例重新计算应税所得。出让人提出申请后,税务机关自然可以作出退税决定。

反之,若将该种补偿义务理解为独立于股权出让的行为,如上海市三中院将其界定为对目标公司经营风险的补偿,那么回购行为不会影响出让人转让股权的税务处理结果,当初缴纳的所得税款也无退还依据。回购后的税务处理此时成为一个独立的问题,由受让人(对赌投资人)依据补偿义务履行后的所获利益缴纳转让所得税。

三、正确处理对赌协议的涉税风险

1. 正视风险

虽然上引例2中上海市三中院不支持返还已缴所得税款,但法官在判决书的最后部分指出:

本案所涉的股权转让和利润预测补偿模式,呈现了投融资各方为解决对目标公司未来发展不确定性而设计的交易新形态。案涉一揽子协议的合法有效履行,有助于提升市场活力,助推经济发展。为了营造更加规范有序、更显法治公平的税收营商环境,建议税务部门积极调整相关政策,持续优化税收征管服务举措,为经济新业态提供更合理更精准的税收规则,健全有利于高质量发展、社会公平、市场统一的税收制度。

这段论述较为积极地肯定了,对赌协议带来的市场活力提升等正面效果,同时呼吁税务部门出台相应政策,以解决相关问题法律依据空缺的现状。因此,面对实务中迥异的处理态度,对赌协议中的股权出让人应正视对赌失败后可能存在的、无法请求税款返还的风险,提前做好税收筹划,充分发挥对赌协议对企业发展的助推作用。

2. 了解风险

鉴于目前各地税务机关对该问题的处理方法不尽相同,建议出让人在对赌协议签订前,就相关事宜充分向当地税务机关咨询,明确税务机关的态度,并据此在协议中作出相应安排。目前,上海、北京等地已经推出了"税收事先裁定"制度,针对未来发生的特定、复杂、重大涉税事项,企业可就其应如何适用现行税收法律、法规、规章、规范性文件,向税务机关提出申请,并在税务机关给出明确答复的基础上,提前知晓税收后果。利用该制度,对赌协议中的出让人也可事先明确当地税务机关的处理方式,充分了解可能面临的涉税风险。

3. 预估风险

明确当地税务机关的态度后,出让人应充分衡量个人及企业的抗风险能力,在确保个人及企业有足够能力缴纳应纳税款、履行补偿义务的前提下,方可考虑签署对赌协议。否则,不仅出让人可能面对巨额亏损,企业也将面临破产等负面生产经营影响。此外,在与投资人协商对赌协议的具体条款时,出让人可以与投资人合理确定各方的税款承担,以更好地实现出让人、投资人、目标企业共赢的局面。

05

第五篇

股东会的组成与运行

分篇一

组成与召开

股东会是公司的权力机关。什么是权力机关？是不是就是公司权力最大的机关，抑或独掌大权的机关？想必很多读者会有望文生义之想，抑或有更丰富的遐想。的确，正如江平先生所言，现代公司乃是国家的缩影。如果不正确理解分权制衡框架下的权力运行机制，我们很难正确理解股东会的职权、职能、功能。

本分篇共设15问，围绕公司股东会的法律地位、组成以及召开股东会会议的准备而展开。

001 股东会的定位与组成（一）：最高权力机关？

《公司法》第58条、第111条均规定，两类公司：

股东会由全体股东组成。股东会是公司的权力机构，依照本法行使职权。

本分篇的前三问，即围绕着这句话而展开。

一、什么是权力机关

1. 公司成员组成的机关

所谓公司的权力机关，就是由其组织成员（股东）组成的法人组织机构。在所有权上，公司属于股东所有，故由股东组成的法人机关就是公司的权力机关（此处在相同意义上使用机关、机构），处于公司法人机关之核心。

另外，权力机关是相对于执行机关、监督机关而言的。《民法典》将营利法人的法人机关划分为权力机构、执行机构与监督机构，而公司正是最典型的营利法人。前述三者，在公司法上大致对应股东会、董事会与监事会。当然，从现行法来看，"三会"并不见得在所有公司中都存在,但股东是必不可少的,再不济,也有代为履行出资人职责的机构。

对于权力机关,应在与执行机关、监督机关的职能对比中加以理解。权力机关行使的是修改法人章程,选举或者更换执行机关、监督机关成员,以及法人章程规定的其他职权。权力机关不同于执行机关,后者决定法人的经营计划和投资方案,以及法人内部管理机构的设置。权力机关也不同于监督机关,后者依法行使检查法人财务,监督执行机构成员、高管执行法人职务的行为。当然,在现代公司法中,权力机关偶尔也会行使监督职能,例如在依法不设监督机构的公司中,其监督职能往往便落在了股东与股东会头上,但这并非权力机关的固有职能。

2. 最高权力机关

股东会为公司的权力机关,是公司法对其唯一正确的定性,但有人偏偏要进一步,将股东会视为最高权力机关,这是公司实践的常见歧见之一。实践中,往往有人将股东会异化为最高权力机关,认为股东会是董事会、监事会的上级机关,这一观点颇有市场。但实际上,公司三个法人机构的应然状态是一种分工制衡关系,三者彼此间并无职权高下、大小之分,仅仅是分工(分权)不同,立法者从没有将"权力"凌驾于"执行""监督"之上的意思。

这一错误观点,与我国公司股权结构的集中有相当的关联。在这一错误观点下,还有人创设了"股东会领导下的董事会负责制""股东会领导下的董事长负责制""股东会领导下的总经理负责制""董事会领导下的某某负责制"等表述,甚至为此冠以公司治理体制创新之名,但这实际上都是对现代公司法治的悖反。为彻底厘清这一误区,后文将不厌其烦地重申个中法理。

二、三会之关系定位

1. 股东会是董事会、监事会的上级吗

从应然的角度来看,股东会、董事会、监事会之间的关系系分权制衡关系,三者之间没有上下级之分,股东会自然不是董事会的上级。但从实然的角度来看,在股权高度集中的背景下,不少公司的股东大搞"一言堂",将董事完全当成其下级,甚至是"马仔",这正是中国公司治理"骨感"的现实。当然,这并不是我国独有的问题。在域外,为应对董事习惯性地遵循某人的指示或者命令而行事的情况,英国法发展出影子董事规则,以规制董事背后的操盘手,我国现行公司法则同样确立了具有中国特色的影子董事制度。总而言之,股东会不是董事会的上级,若股东事实上将董事"马仔化",规制将随之而来。

2. 董事会、监事会对股东会负责吗

从现行法来看,这一问题的答案是明确的:董事会、监事会无须对股东会负责。现行法删除了"董事会对股东会负责"的表述,意在突出董事会作为执行机构的独立地位,明确分权制衡的现代公司法精神。以董事会、董事为例,董事首先是公司的董事,应向公司负责,虽然股东利益与公司利益在许多时候大体一致,但风险恰恰发生在二者产生利益分歧之时。实践中,董事会对股东会负责,抑或个体董事对委派股东负责的观念在一定程度上存在,可能为董事招致违信责任。

3. 分权制衡才是现代公司治理的真谛

良好的公司治理在分权制衡中产生。公司应当警惕股东会的"一言堂"现象,防止执行机构与监督机构的空洞化。分工、分权、制衡,是科学、规范、有效地进行公司治理的正确方向。

002 股东会的定位与组成(二):职权法定原则如何形塑三会之关系?

《公司法》第58条、第111条规定,两类公司的股东会"依照本法行使职权",是为股东会职权法定的基本规定。如何理解股东会职权法定?根据我国公司实践经验,可以从以下几方面展开。

一、股东会权力清单初览

《公司法》第59条第1款规定:

股东会行使下列职权:

(一)选举和更换董事、监事,决定有关董事、监事的报酬事项;

(二)审议批准董事会的报告;

(三)审议批准监事会的报告;

(四)审议批准公司的利润分配方案和弥补亏损方案;

(五)对公司增加或者减少注册资本作出决议;

(六)对发行公司债券作出决议;

(七)对公司合并、分立、解散、清算或者变更公司形式作出决议;

(八)修改公司章程;

(九)公司章程规定的其他职权。

同时,根据第112条第1款的规定,前述职权同样适用于股份公司的股东会。

相较旧法,本条删除了"决定公司的经营方针和投资计划"与"审议批准公司的年度财务预算方案、决算方案"两项职权。主要原因在于:其一,这两项职权过于宏观,在实践中容易被虚化;其二,旧法同时规定了董事会有"决定公司的经营计划和投资方案"的职权,方针与计划、计划与方案在实践中很难区分,强行区分的收益不大。

除第59条第1款所列举的股东会权力清单外,股东会的职权还散见于《公司法》的其他条文中:

(1)批准公司为公司股东或实际控制人提供担保(第15条第2款);

(2)批准董监高的自我交易行为(第182条);

(3)批准董监高利用公司机会的行为(第183条);

(4)批准董监高的同业竞争行为(第184条)。

有关股东会的具体权力,详见本篇第61问。

二、三会职权关系

(一)职权法定与分工

股东会、董事会、监事会的职权关系与三者在公司治理结构中的关系直接相关。如果认为股东会是董事会与监事会的上级,那么股东会行另外二者的职权似乎也无可厚非。但如前问所述,股东会、董事会与监事会之间的关系属于分权制衡关系,彼此的职权不存在高低之分。从三者职权的具体内容来看,董事会负责执行,监事会负责监督,而股东会则负责对公司的重大事项进行审批,三者分工合作,职权相互衔接与配合。

基本的结论是,股东会与董事会的职权不可以相互僭越,否则将可能影响决议的效力,具体理由在本篇第66问中将详细讨论。

(二)恪守股东会职权法定,是理解股东会制度的起点

职权法定为股东会划定了明确的职权范围,对于股东会权力清单范围内的职

权,非经授权,其余法人机关(尤其是董事会)不得僭越,否则将可能影响决议的效力。公司能否将股东会权力清单上的职权转授给其他法人机关,同样不可一概而论,而应区分职权的具体性质而定。例如,有关审议批准董事会的报告的职权,自然不可转授至董事会,这符合运动员不可兼任裁判的朴素价值判断。确立股东会职权法定主义的另一意义在于,防止股东会对其他法人机关的职权采单方面的拿来主义。这一实践中的错误做法实际上同样源于股东会系"最高权力机关"的错误观念,后文对此有详细论述,此处不赘。

003 股东会的定位与组成(三):令人诧异的股东代表大会?

一、股东会由全体股东组成

《公司法》第 58 条、第 111 条明确规定,有限公司、股份公司的股东会由"全体股东"组成。公司是社团法人,股东是公司的成员,作为公司的成员,股东参与公司的意思机关(权力机关)乃是其天然的权利,而且这一权利仅以股东身份为前提,不附加其他条件。也就是说,每个股东都有参加股东会的权利和资格,遗漏任何一个人,都可能是违法的。实务中,一些公司变相地阻止部分股东参加股东会,如在公司章程中规定股东必须持股满 180 天或 60 天才能参会,就是公然剥夺股东正常参加股东会权利的不当之举。总之,一切或明或暗的、不当限制股东参会的规定都是违法的。

二、召开股东代表大会是错误的

在实务中,有公司选择召开股东代表大会,即由股东选举出部分代表,再由这些"股东代表"组成股东代表大会行使公司法规定的股东会职权。这一做法自然是错误的,其同样非法剥夺了部分(少数)股东参与股东会的权利。

(一)股东会不是"民意代表大会"

有限公司的股东人数一般较少,召开股东代表大会也几乎没有必要。即便在股东人数较多的股份公司,也不能召开股东代表大会。有时候,我们会把公司与国家作比较,说公司是小的国家,国家是大的公司。但这只是一种比喻,至少在"权力机构"这一层面上,二者并不能等同。现代国家的绝大多数立法机构都采代议制,这是因为选民人口众多,通过选举产生民意机关是实现民主治理的高效方式。但股东会不是民意机关,而是一个社团组织体的成员会议,是一个完整的权力机构。既然股东会是一个"成员机构",那么从社团法人的角度考虑,作为公司的成员,任何股东都有权参加股东会。至于特定成员实际参与会与否,则是其行权自由的范畴,正所谓"我可以不要,但你不可以不给"。

(二)股东的参会权利也可以自愿放弃

权利是可以放弃的。一句话,股东会是全体股东组成的,至于具体成员参会与否,则丰俭由人。在公司实务中,不乏有股东选择不参加股东会,背后的原因可能是股东对自身权利不重视,也可能是其深思熟虑后的结果——参加股东会是需要付出时间、精力与金钱(比如参会的差旅费)成本的,如果参加股东会的收益很低,成本很高,那么不参会岂不是一个理性选择?这一现象,就是公司治理中的"搭便车"(free ride),也被称为理性的权利漠视。对于股东作出的放弃参加股东会的选择,公司及其他股东应当予以尊重。

(三)股东积极主义的兴起

但是,如果绝大多数的少数股东都选择"搭便车",则不利于对少数股东的保护,这便利了控股股东对公司的控制乃至滥权,进而降低公司治理的质量。所以,各国公司法与资本市场的软法规范,都鼓励少数股东积极参加股东会,借此参与公司治理。鼓励手段主要是降低少数股东的参会成本。比如,积极推行电子通信方式召开股东会、允许股东委托代理人投票、在公众公司推行公开征集投票权制度,等等。这些鼓励手段在我国公司法上都存在。

004 股东会召开(一):会议多久召开一次?

一、公司的基本规定

作为公司权力机关,股东会在公司治理结构中举足轻重。作为一个会议体,股东会要行权以参与公司治理,唯一的方式就是召开会议。那么,股东会会议应当多长时间召开一次比较好呢？这是人们经常提出的问题。

上述问题取决于不同的公司与会议类型。针对有限公司，《公司法》第62条规定：

股东会会议分为定期会议和临时会议。

定期会议应当按照公司章程的规定按时召开。代表十分之一以上表决权的股东、三分之一以上的董事或者监事会提议召开临时会议的，应当召开临时会议。

对于股份公司，第113条则规定：

股东会应当每年召开一次年会。有下列情形之一的，应当在两个月内召开临时股东会会议：

(一)董事人数不足本法规定人数或者公司章程所定人数的三分之二时；

(二)公司未弥补的亏损达股本总额三分之一时；

(三)单独或者合计持有公司百分之十以上股份的股东请求时；

(四)董事会认为必要时；

(五)监事会提议召开时；

(六)公司章程规定的其他情形。

二、分类讨论

(一)上市公司年度股东会(周年大会)

上市公司应当遵守上引《公司法》关于股份公司的规定。一般来说，上市公司的股东会会议至少一年召开一次，也就是所谓的股东年会。年会要决定公司的很多重大事项，例如财务预决算、分红、公司年报等，一年一次是法律的底线要求。

(二)年度股东会以外的定期会议

根据上引第62条的规定，有限公司股东会有定期会议，实际上，股份公司也有定期会议，上文所说的年度股东会即可视为底线式的定期会议。一般认为，公司法虽未明文要求有限公司每年至少召开一次股东会，但实践中，有限公司在正常情况下，每年至少召开一次股东会会议。

那么，对于各类公司而言，除了每年一次的底线式定期会议外，是否还存在更高频次的定期会议实践呢？答案是肯定的。至于定期会议到底以何种频次召开，则属于公司自治事项——如公司章程有规定，股东会循此召开即可；如公司章程没有规定，必要时，股东会也可以作出决议。

另外,无论是公司章程还是股东会决议,都需要确定定期会议的召开日期。比如,可确定在每个季度或每个月第几周的某天召开,或者直接确定一个固定日期。既然是定期会议,到期自然就需要召开,这是董事会的法定职责,因为董事会是正常情形下股东会会议的唯一法定召集人,董事长则是正常情形下股东会会议的唯一法定主持人;若未按期召集与主持,可视为董事违反勤勉义务,给公司造成损失的,负有责任的董事应承担相应的法律责任。

(三)临时股东会会议

临时股东会会议的召开需要分情况处理。

一种情况是,一些体量较小的封闭性公司中,股东会和董事会很难分开,可能全体股东都是董事、全体董事都是股东,所以有时会以董事会取代股东会、以股东会取代董事会,一年开很多次也很正常。

另一种情况则是,公司进入了某种紧急状态,或者面临重大突发事件,或者陷入了公司治理的某种危机,亟须召开临时股东会会议来应对。可见,临时股东会会议的召开虽未必是负面的,但一般是紧急的、非正常的。这从《公司法》第62条、第113条的规定就能看得出来。

最后的问题是,临时股东会会议应该召开多少次呢?这不能一概而论。但不能天天召开,如果天天处于危急状态的话,这家公司的治理也太不正常了。治大国若烹小鲜,治理公司也是如此。当然,如果在特定紧急情况下,相关事项未能获得解决,那么在特殊时期内连续召开多次也是可能的,一切随情况而定。

实际上,公司实务中真正有价值的问题,不是临时股东会会议召开多少次,而是其能否正常召开,这背后往往存在各利益相关者的激烈博弈。

005 股东会召开(二):临时会议如何召开?

关于这一问题,《公司法》关于股份公司的规定更为翔实,下文据此讲解,但其基本法理也适用于有限公司。

一、董事会决定

依照上引第113条的规定,有五种情形应当在2个月内召开临时股东会会议。

前两种情形指向公司的紧急事项,即"董事人数不足本法规定人数或者公司章程所定人数的三分之二时"和"公司未弥补的亏损达股本总额三分之一时";第三种至第五种情形取决于相关法人机关等主体的意愿,即"单独或者合计持有公司百分之十以上股份的股东请求时"、"董事会认为必要时"和"监事会提议召开时";最后一种是兜底情形,即"公司章程规定的其他情形"。

董事会认为有必要而决定召开临时股东会会议的,得召集之。董事会作为股东会法定的第一顺位召集人,此为其当然的职权。当然,这意味着董事长需要依法召集、主持董事会,对是否召集临时股东会会议作出决议。

二、监事会提议

这里包含三层含义:一是监事会提议,以监事会主席依法召集、主持监事会,作出提议召开临时股东会会议的决议为前提;二是一旦监事会提议,临时股东会会议就应当召开,具有强制性;三是监事会提议的相对人是董事会,如董事会不予回应,监事会应当召集之(第114条第2款)。

三、少数股东请求

实务中容易产生争议与困惑的,是单独或者合计持有公司10%以上股份的股东请求召开临时股东会会议时,应当如何处理。2018年《公司法》没有规定好配套措施,导致实务中少数股东召集请求权的疲软。2023年《公司法》补强了配套措施,第114条第3款规定,少数股东请求召开临时股东会会议的:

……董事会、监事会应当在收到请求之日起十日内作出是否召开临时股东会会议的决定,并书面答复股东。

这就意味着,持有10%以上股权的股东提议召开临时股东会会议,并非仅具有软约束效力,董事会原则上应当予以回应,也即在收到请求之日起10日内作出是否召开临时股东会会议决定,并书面答复股东,说明不召开的理由,或者董事会准备召集的计划(在2个月内召开);如果董事会不予以回应,持有10%以上股份的股东将继续提议监事会召开临时股东会会议,监事会也应予以回应,也即在收到请求之日起10日内作出是否召开临时股东会会议决定,并书面答复股东,说明不召开的理由,或者监事会准备召集的计划(在2个月内召开);如果监事会也不予以回应,则持有10%以上股权的股东将着手自行召集、主持股东会。

有人问,如果董事会、监事会无正当理由消极应对少数股东的请求,是否可视为违反对公司的勤勉义务?这一问题值得讨论。

四、公司章程任意性记载事项的补充

按照上引第113条的规定,公司章程也可以规定需要召开临时股东会会议的其他情形。这属于公司章程的任意记载事项,每家公司基于自身情况以及治理经验,都可以按需规定召开的其他情形,对完善公司治理不无裨益。

五、限期回复义务在有限公司的参照适用

对比《公司法》第63条、第114条,可以发现有限公司与股份公司在关于少数股东请求召开临时股东会会议时,董事会、监事会是否具有限期回复义务的规定上存在差异,后者规定了股份公司董事会、监事会的限期回复义务,意义重大。因为在少数股东自行召集临时股东会会议的程序中,其背景通常为,希望召开临时股东会会议的少数股东与反对召开临时股东会会议的控股股东、管理层之间产生了矛盾。此时前置程序往往会成为董事、监事故意拖延的挡箭牌,董事会、监事会对少数股东请求召开临时股东会会议的书面去函进行消极处理。但在少数股东自行召集临时股东会会议并作出决议后,其他股东又以董事会、监事会并未拒绝召集为由要求撤销决议,可谓耍尽流氓手段。根据第114条第3款的规定,少数股东请求召开临时股东会会议的,董事会、监事会应当履行限期回复义务,有助于克服董事会、监事会故意拖延的实践痼疾。但是,第63条未对董事会、监事会的限期回复义务进行规定。在有限公司和股份公司制度设计同质化的趋势下,无论是从定分止争的实务角度,还是从体系解释的法理角度,都没有理由将有限公司排除在这一具有重要实践价值的制度之外。

006 股东会召开(三):时间、地点的安排有何奥妙?

一、公司法的基本规定

召开股东会会议首先要有会议通知,《公司法》对此设有明文规定。具体而言,根据《公司法》第64条第1款、第115条第1款的规定,有限公司召开股东会会议,

应当于会议召开 15 日前通知全体股东;但是,公司章程另有规定或者全体股东另有约定的除外。股份公司召开股东会会议,应当将会议召开的时间、地点和审议的事项于会议召开 20 日前通知各股东;临时股东会会议应当于会议召开 15 日前通知各股东,且股东会不得对通知中未列明的事项作出决议。同时,《公司法》第 26 条第 2 款明确,未被通知参加股东会会议的股东,自知道或者应当知道股东会决议作出之日起 60 日内,可以请求人民法院撤销。

当股东会决议符合各方心意时,股东会会议通知即使稍有瑕疵,一般也不成问题。但当某方主体对股东会决议心存不满,股东会会议通知的合法性往往便会成为争议焦点。

例 1。三亚保力房地产投资开发有限公司等与三亚保力房地产投资开发有限公司等公司决议撤销纠纷再审申请案[(2016)最高法民申 300 号]中,相关股东会会议通知是否生效,系原审的重要争点。最高人民法院认为,三亚保力房地产投资开发有限公司只有海南天久置业有限公司与宝恒投资有限公司两个股东,且海南天久置业有限公司为持有 90% 股份的大股东,在宝恒投资有限公司未参加临时股东会会议和董事会会议的情形下,应认为临时股东会会议和董事会会议的召集程序和表决方式存在重大瑕疵,虽然存在形式上的临时股东会决议和董事会决议,但不存在实质上的临时股东会决议和董事会决议。

会议通知的重要性由此可见一斑。

会议通知有三要素:(1)会议召开的时间;(2)会议召开的地点;(3)会议召开的事项。一些公司的股东会会议之所以召开得不成功、不顺利,或在后续引发纠纷,很多都是在会议通知这一步就栽了跟头。鉴于会议通知的重要性,我们分两问进行解析,本问首先讲会议召开的时间和地点。

二、安排会议召开时间的学问

(一)会议超过预先通知的时长,还能继续开吗

股东会会议召开的时长非常重要。

例 2。某公司通知,某日上午 9:00 到 12:00 开会。由于公司内部大小股东意见不合久矣,小股东不愿配合开会,企图妨碍该场股东会会议的进行。会议当日,在主持人暨董事长介绍完股东会会议的议程、审议了各项议案,提出要进入投票程序时,有一小股东行使质询权,接连提出数个问题。董事长等高管回答了该股东提出的所

有问题之后,时间已经到了11:30。董事长再次提出要进入投票程序时,又有其他小股东主张有重要问题要质询,否则信息不充分,无法投票。结果上午12:00已过,问题仍没回答完,议案不能按时交付表决了。

读者可能当然地认为,会议超时了,下午继续开不就可以了吗?但问题在于,会议通知的时间是上午9:00至12:00,下午还能视为符合会议通知的时间吗?因上午有事而缺席的其他股东,会不会主张撤销决议?毕竟,他们可能上午没时间,但下午有时间,如会议表决定在下午,他们本能正常参会表决。这场股东会会议算是彻底搞砸了。

(二)如何规避会议超时的问题

吃一堑,长一智。吃过亏的公司知道,会议通知仅规定会议开始的时间,不限定会议结束的时间,才能规避会议超时的尴尬。许多上市公司股东会会议的通知就很有经验,只通知会议开始的时间(如上午9点),而不通知会议结束的时间。因为当复杂的问题出现时,主持人可能难以掌控会议的走向,因此需要提前给会议的表决预留出充足的时间。

对于一个顺利的会议,其召开时间可能只有半个小时到一个小时,但我们真正需要防备的,恰恰是会议无法顺利召开的情形。万一出现特殊情况,会议召开的总时长不该受到限制,可以到会议决议的作出时才算会议结束,这能保证会议决议的有效性。既然开会了,就要保障会议的连续性、完整性和最终作出有效决议,这是一个会议的终极目标。

三、会议召开地点的选择因素

一个和谐的家庭,吃饭在哪里吃都行,在室外花园、在客厅、在炕上吃,都能其乐融融。但是,一个不和谐的家庭,在哪里吃饭就非常重要了,毕竟还有鸿门宴的故事可供参照。同理,一家治理和谐的公司,在哪里开股东会都可以,一家内部不和谐甚至存在重大利益冲突的公司,则不然。作为会议召集人,在会议通知里确定会议地点,颇有学问,因为召集人肯定希望会议顺利召开,力争开一个团结、胜利的大会。要保障股东会会议的成功举办,会议地点的选择也很重要。股东会会议地点选择的三要素列举如下:

1.经济便利。如果能够开一个祥和团结的股东会会议,公司会议室是最适合的,不用额外花钱订酒店、会议室,会务人员在公司办公即可,也不用接来送往,大伙儿都知道地点所在,可谓经济便利。

2. 维持体面。如果会场上可能发生争吵乃至肢体冲突,不在公司开会是明智的选择,免得会场上的瓜瞬间传遍公司上下,引发无尽的八卦。

3. 确保可控。如果会场上发生的事情无法预期,那么应当将召集人能够把控的地点作为会议地点的首选。此时,多花些钱不成问题,外聘一些安保人员也并非杞人忧天,确保会场可控才是王道。

007 股东会召开（四）：会议资料需要提前提供吗？

一、会议事项应当属于股东会的职权范围

股东会会议通知的第三个要素就是会议事项。会议事项由召集人提供,也即股东开会的目的所在,无非是选举董监事、修改公司章程、分红决议等等。总之,任何股东会会议都至少要有一个属于股东会职权范围的议题。否则,就不叫股东会,而是股东茶话会、迎春酒会或者唠嗑会。

二、会议事项的具体内容需要详细通知吗

召开股东会会议是否需要将本会议事项所涉及的详细资料同步发送给各股东呢？对此,《公司法》也没有明确规定,最好由公司章程明确规定,否则就取决于法官的判断了。

典型案例。在马某诉北京怡和春天科技有限公司公司决议撤销纠纷案[（2018）京 0105 民初 15755 号]中,马某是北京怡和春天科技有限公司持股 30% 的股东,与持股 70% 的大股东矛盾日久。大股东控制的董事会依章提前 15 天通知全体股东开会,但会议通知仅罗列了六项审议事项的名称,每一个事项仅占据了半行字符,对其中一些重大事项的具体内容未作明确说明,比如对外的重大投资行为,会议通知仅列为"对外投资事项",并没有写明投资金额、投资对象以及附上投资的意向报告书、风险评估书等资料。收到会议通知邮件的马某立马回信,要求召集人提供更为详细的、可供股东决策的必要资料。对方迟疑了几天,在会议召开前的 5 天左右还是提供了更为详细的资料,但马某认为仅仅提前 5 天不足以让其消化大量的资料,应该

留足15天时间,所以提议会议延后。召集人对此未予理会,还是按照原定的时间召开股东会会议。马某见状拒绝出席,并在股东会决议作出后,立马去法院要求撤销该股东会决议,理由是召集人没有遵守《公司法》、公司章程的规定,未能提前15天完成包括提供会议事项的具体内容及必要资料在内的会议通知。最终,北京市朝阳区人民法院判决该股东会会议存在并非轻微的召集程序瑕疵,依法应予撤销。

对于本案,不同的读者可能存在不同的认识,但是审理法官对股东会正当程序价值的坚守及其阐释的判决理由,值得一读。

三、提供会议事项的具体内容要详细到什么程度

是不是股东会会议所有事项的内容都在通知范围之列?这个问题,不好给出普适性答案,关键还要看具体案情。比如,关于修改公司章程的议案,应该把公司章程要修改的内容告知股东,如删除哪些条款、增补哪些条款。这样一来,如有些股东认为自己没有足够的判断能力,就可以在参会之前咨询相关专家,从而决定自己在会议中的投票立场。所以,对于有重大争议性的议案,特别是当公司内部已有股东存在冲突时,最好还是要将一些重要的会议事项的详细内容及相关资料一并提前通知给股东,以免被反对股东抓住把柄,进而请求撤销股东会决议。

008　股东会召开(五):会议通知可以豁免吗?

一、会议通知的规范性、严肃性能否缓和

这是一个实用性非常强的话题。前两问讲到,召开股东会会议要提前15天通知,且不仅要通知会议的时间、地点、会议议程,特别情况下还要通知会议事项的具体内容。以上种种固然体现了会议通知的规范性、严肃性,但也可能会引起程序的僵化与成本的耗费。那么,能否灵活一些,比如缩短会议提前通知的时间,甚至豁免会议通知而径直开会呢?这一问题无疑具有探讨价值。

二、提前通知豁免在有限公司中的适用

《公司法》第 64 条第 1 款规定有限公司：

召开股东会会议，应当于会议召开十五日前通知全体股东；但是，公司章程另有规定或者全体股东另有约定的除外。

《公司法》第 59 条第 3 款又规定：

对本条第一款所列事项股东以书面形式一致表示同意的，可以不召开股东会会议，直接作出决定，并由全体股东在决定文件上签名或者盖章。

据此，在有限公司中，如果公司章程另有规定，或者全体股东一致同意，缩短会议通知的法定、章定时间都不在话下，甚至可以不召开股东会而直接作出决定。无论举重以明轻，还是举轻以明重，由此推演，豁免 15 天的通知期限肯定可以——当然，这建立在全体股东一致同意的基础之上，或者公司章程有规定。

有人问，召集人如何在事后证明全体股东事先同意了呢？实务中的操作经验是，由召集人在会议开始前让全体股东们签署一个"豁免提前通知的函"。

三、提前通知豁免在股份公司中的适用

那么，提前通知豁免在股份公司中能否适用？《公司法》对此没有作出规定。依据法理，如果章程另有规定或能够取得全体股东一致同意，当然也是行得通的。但是，取得全体股东一致同意，对股份公司是否事实上可行？这需要分开讨论。对于发起设立的股份公司，其股东数量往往较少，其封闭性与有限公司并无殊异，所以应该行得通。但是对于具有公众性的股份公司乃至上市公司，取得全体股东一致同意恐怕很难，特别是上市公司，因为其股东数量巨大且具有不确定性。会议召集人只能感叹："实在做不到啊！"

四、约法三章的智慧

对于有限公司的股东会来说，如一定要适用提前通知豁免，最好能将其规定在公司章程或股东会议事规则中。公司章程及股东会议事规则可以明确规定股东会会议在哪些特殊情况下适用通知豁免，以及相关的程序如何。比如，特殊情况下，召集人可以不再提前 15 天而是提前 3 天（甚至是提前 3 个小时）通知，或者得到代表多少比例以上表决权的股东的支持，就可以豁免《公司法》、公司章程规定的提前通

知时限。

对于股份公司来说,既然没有法律的特别规定,如果适用提前通知豁免,更要依赖公司章程与股东会议事规则的特别规定。

009　股东会提案(一):谁拥有提案权?

一、提案权的重要性

股东会作为公司的权力机关,以作出对公司、股东、董监高具有约束力的决议的方式,对公司运营的重大事项进行决策。但是,股东会并非一个完全自行运转的法人机关,其开会频次、时间、地点、会议事项都是由其他法人机关或个人即会议召集人决定。对于股东会会议应就何种事项的何种内容进行投票,也是被动完成的,其核心就是股东会会议的议案如何形成。

所谓议案,是指可列入股东会会议议程,并由股东进行投票表决的提案。因此,先有提案,才有议案。质言之,提案未必列入议案,但必然是议案的唯一来源。这意味着股东会究竟要对哪些事项作出决议,很大程度上是由提案权人提出的提案决定的,享有提案权的人才是决定股东会决议的"角"。理解提案权的主体,是理解议案来源的关键。

二、谁是提案权人

不言而喻的,会议召集人是提案权人,或曰提案权人的确定原则为"谁召集,谁提供"。从《公司法》第63条第1款、第114条第1款的规定来看,一般情形下股东会由董事会召集,实务中也承认董事会是提案权人。如果不设董事会而仅设一名董事,该董事等同于董事会。

监事会是股东会会议的第二顺位召集人,也是有权向董事会提议召开临时股东会会议的主体。所以,对于董事会召集的股东会会议,监事会享有提案权。如由监事会出面召集股东会,其自然更是享有提案权。

《公司法》第115条第2款规定:

单独或者合计持有公司百分之一以上股份的股东,可以在股东会会议召开十日前提出临时提案并书面提交董事会。临时提案应当有明确议题和具体决议事项。董事会应当在收到提案后二日内通知其他股东,并将该临时提案提交股东会审议;但临时提案违反法律、行政法规或者公司章程的规定,或者不属于股东会职权范围的除外。公司不得提高提出临时提案股东的持股比例。

需要指出,本款在表述逻辑上,将提案分成了常规提案和临时提案。应当认为,董事会提案与监事会提案皆属于常规提案范畴。但与董事会的提案权不同的是,监事会的提案权被明确规定于其职权范围中,这似乎是因为立法者默认了董事会具有进行常规提案的职权。

在例外情形下,有限公司中代表 1/10 以上表决权的股东,或者股份公司中连续 90 日以上单独或者合计持有 10% 以上股份的股东,是股东会会议的第三顺位召集人。如果上述股东自行召集、主持股东会会议,就自然享有提案权。

三、1% 少数股东的临时提案权

对于董事会、监事会、代表 1/10 以上表决权的股东召集的股东会会议,更小比例股权的少数股东,是否享有提案权,才是公司治理真正关注的"大事"。对于股份公司,上引第 115 条第 2 款规定,单独或合计持有 1% 以上股份的股东,可以在股东会会议召开 10 日前,以书面形式向董事会提交符合法定要求的临时提案,公司章程不能提高该持股比例要求。由此看出,一方面,《公司法》意在捍卫少数股东的提案权,打破(由多数股东控制的)董事会、监事会对提案权的垄断;另一方面,《公司法》通过持股比例要求将股份公司的股东提案权设计为少数股东权而不是单独股东权,其中的立法考量可能包括防止股东滥用提案权、提高提案效率、将提案权赋予具有企业家精神和有充足经济动因的股东等。

实务中,读者的普遍疑问是,第 115 条处于第五章"股份有限公司的设立和组织机构",仅适用于股份公司,那么有限公司的少数股东是否享有临时提案权?这涉及一个普遍性的立法体系问题——即究竟应该如何理解股份公司与有限公司的一些规范区别与联系,这是中国公司法的一个方法论问题,类似的疑问随处可见,本书在具体问题上的探讨会不厌其烦地一一指出。就此处的疑问而言,应该认为,少数股东享有的临时提案权是少数股东的固有权——如果《公司法》将其设定为少数股东权(比如针对股份公司的《公司法》第 115 条第 2 款),从之;如果《公司法》未将其设定为少数股东权,那么就应该理解为单独股东权。换言之,在有限公司,任何股东都享有临时提案权,除非公司章程另有规定。进一步而言,如果有限公司的公司章程另行规定临时提案权为少数股东权,则该持股比例要求不应该超出第 115 条第 2 款的要求。

010 股东会提案(二):公司章程可以附加条件吗?

一、作为反收购措施的附加条件

根据前引第 115 条第 2 款的规定,单独或合计持有 1% 以上股份的股东有权提出临时提案,公司还可以进一步降低持股比例要求。但实务中,有些公司的管理层或股东出于防御恶意收购等考虑,会附加规定其他条件,常见的如要求持股时间不少于 180 天等。在 2016 年发生的"宝万之争"中,取得多数股东地位的钜盛华想提出撤换万科公司董事会的提案,但受制于当时万科公司的公司章程的规定而不被董事会接受。彼时该章程第 97 条就规定:

董事、监事候选人名单以提案的方式提请股东大会决议。非独立董事候选人名单由上届董事会或连续一百八十个交易日单独或合计持有公司发行在外有表决权股份总数百分之三以上的股东提出。监事候选人中的股东代表由上届监事会或单独或合计持有公司发行在外有表决权股份总数百分之三以上的股东提出。[1]

那么,公司章程可否在《公司法》规定的持股比例之外提出其他要求?对此,证监会认为不可以,其要求存在上述情形的上市公司修改公司章程。司法裁判立场则可以从一则案例一窥其详。

典型案例。投服中心与海利生物公司决议效力确认纠纷案[(2017)沪 0120 民初 13112 号]。2018 年 4 月 28 日,上海市奉贤区人民法院一审判决支持中证中小投资者服务中心有限责任公司(以下简称投服中心)的诉请,认定上市公司上海海利生物技术股份有限公司(以下简称海利生物)的公司章程中关于限制股东权利的反收购条款无效(增加了连续 90 天以上持股的要求)。该案是投服中心在积极推进持股行权业务的过程中,对海利生物的公司章程条款侵权行为提出质询并要求其更改遭

---

[1] 2013 年《公司法》第 102 条对临时提案权的股东持股比例要求为 3%。

拒后，以股东身份提起的首例诉讼。

二、保护少数股东行权的基本立场

需要思考的法律问题是，对公司章程中关于少数股东的临时提案权附加的限制条件应给予否定评价的法理是什么？此类条款为何不属于应当得到司法尊重的公司自治条款？上引投服中心与海利生物公司决议效力确认纠纷案中，审理法院认为，根据2013年《公司法》第102条第2款（2023年《公司法》第115条第2款）的规定，只要单独或者合计持有3%以上的股份，股东就有选择包括非独立董事候选人在内的管理者的权利，即提名权（提案权的下位概念），该法在权利的行使上未附加任何限制条件。可见，海利生物在公司章程中设定"连续90天以上"的限制条件违反前述规定，限制了部分股东就非独立董事候选人提出临时提案的权利，相关条款内容应认定为无效。

现行公司法在修订过程中虽未明确回应这一问题，但通过规定"公司不得提高提出临时提案股东的持股比例"，清楚地体现出坚决保护少数股东的临时提案权的立法立场。因此，立法在少数股东行使临时提案权的持股时间的要求上的沉默，似乎可以表明立法倾向于上述司法裁判观点。

011　股东会提案（三）：提名权为何重要？

一、提名权与提案权的关系

要理解提名权的重要性，首先应明确提名权与提案权的关系。经常有人将二者混为一谈，此处有必要予以澄清。

股东的提名权，是指股东根据公司法、公司章程的规定，在董事会、监事会成员变动时提出更换、增补其认为合适的董事、监事候选人并提交股东会决议选举的权利。显然，提名权是有关公司重要人事变动的特殊提案，属于提案权的一种，其内容限于人事变动，而提案权的内容除了人事事项之外，还包括其他运营事项，比如公司分红、投资、担保、增减资以及分立、合并等。

有人将提名权与提案权并列，是一种概念种属的混乱。有人将提名权与提案权截然分开,则是缺乏对概念关系的把握。

二、提名权在公司治理中的重要价值

1. 提名权涉及董监事人事安排,是提案权中尤为重要的部分。选择经营管理者是股东最重要的权利之一。但股东对董事选任的表决权实际上是一种被动性的权利,因为股东仅能对现有候选人投赞成票、反对票、弃权票等,若提名权被他人垄断,将极大减损股东对董监事的选任权能。鉴于经理、副经理等高管也由董事会选聘,董事会席位又进一步决定了高管的人选。由此可见,提案权是股东选出能代表自身利益的经营管理层的关键和前提。我国大量公司的股权结构较为集中,存在"一股独大"的趋势,所以公司立法尤其强调少数股东对提名的参与,而判断少数股东提名权能否得到保障的重要标准,恰恰在于其主动参与并酝酿董监事候选人提名的过程是否能够得到尊重和重视,这是股东提名权的要义。

2. 提名权是公司控制权之争的关键一环。在涉及董事选任时,提名权的行使往往涉及公司控制权的变动,也是公司治理实务中尤为敏感的问题。

例1。"宝万之争"中,宝能系提请董事会召开临时股东大会审议罢免王某、郁某、乔某波等7名董事、3名独立董事、2名监事的议案。但万科公司的公司章程中有关非独立董事候选人提名的持股时间要求使得该项议案最终未得通过,宝能也不得不暂时放弃"换血"万科管理层的行动。

例2。在上海新梅置业股份有限公司控制权之争中,为应对夺权者对董事会的改组,该公司于2014年5月31日发布公司章程修订公告,其中有两处针对性修订:一是拟增加少数股东临时提案权的持股期限要求,规定"在股东大会召开10日前提出临时提案"的股东,须"连续12个月"持有股份;二是拟增加采用累积投票制选举董事、监事的前置程序,规定相应提案"须由连续持股超过12个月有提案权股东书面提出,经董事会审议通过"。简言之,该公司的控股股东为了应对来势汹汹的敌意收购,选择在公司章程中增加对董事选任提案的股东持股时间和提名股东前置程序的限定。

由此可见,提名权对公司控制权的变动十分关键,《公司法》第115条第2款关于提案权的反限制规定,即主要针对实务中的提名权之争。

3. 提名权的恰当行使有助于公司治理水平的提升。董事会的人事组成与运作是公司治理的核心,若董事会的组成人员皆由控股股东决定,势必使得公司各项经营决策皆具有利益偏向,进而难以在核心决策上保持客观性与多方利益的平衡性。专制视角下的决策未必经得起资本市场的检验,控股股东也未必具备作出商业决策的专业素养和业务水平。从这一角度来看,由少数股东行使提名权可增加自身提名董事在后续投票中胜出并进入公司管理层的可能性,改变董事会"一言堂"的情况,对既有的董事会形成一定压力,促使其所作决策更关注对少数股东权利的保障。

三、提名权之争中董事会的关键作用

《公司法》第 115 条第 2 款,意在否认公司提高行使提名权的股东的持股比例的合法性,但不可否认的是,董事提名提案的审查同样存在特殊性:

第一,董事提名提案直接涉及董事会利益,可能演化为提案股东与现任董事会的冲突。这在控制权争夺的背景下尤为明显,董事会可能会将自身利益置于优先地位,阻止争夺方的提名方案列入股东会会议议程,甚至拒绝召开股东会会议。此时,若监事会同样拒绝召开股东会会议,则股东会会议能否召开取决于该股东能否满足自行召集、主持股东会会议的条件。若该股东自行召集、主持的股东会会议顺利召开,选举出新一届董事会、监事会,则此时公司又进一步面临双头董事会、监事会的问题。

第二,董事会可能会根据股东与其是否存在友好关系,而对股东提案采取不同的审查标准。对友好型股东,董事会可能会采取较为宽松的审查标准,甚至与之配合,剥夺其他股东的提名权;反之,则不排除董事会设置障碍,甚至百般刁难的可能。对此,公司章程可从公司的具体情况出发,设置合理的审查标准,防患于未然。

012　股东会提案(四):董事会有实质审查权吗?

一、股东临时提案的相对人是谁

有限公司的股东、股份公司单独或合计持有 1% 以上股份的股东,应向谁提出临时提案?从法律关系相对人的角度,上述股东应当向公司提出,但进一步的问题在

于谁来代表公司接收。有观点认为董事会系接收人，原因在于董事会作为公司执行机关，是股东会的法定召集人，且《公司法》明确规定董事会是股东提案的接收人。这一认识大抵正确，但更精确地说，股东临时提案的接收人应该是股东会会议的召集人，即谁是召集人，谁就是接收人——除董事会之外，还可能是监事会和有限公司中代表1/10以上表决权的股东、股份公司中连续90日以上单独或者合计持有10%以上股份的股东（自行召集股东会的场合下）。因此，如要法言法语一些，股东临时提案的接收人应该是召集人。

相对人接收股东临时提案，并不意味着对该提案的接受（此处的"接受"与"接收"的区分，对应英文中的 accept 与 receive 之别）。这是因为，相对人接收股东临时提案后尚需对其展开审查，以进一步决定是否将其列入股东会会议议案，唯有列入，方能视为对该提案的接受。股东临时提案审查制度的法理在于，《公司法》为股东临时提案的合格设定了三项条件：有明确议题和具体决议事项；符合法律、行政法规或公司章程的规定；属于股东会职权范围。也即，符合上述三项条件，股东临时提案才可转化为股东会会议上可交付表决的议案。显然，这个转化过程需要一个审查主体来决定何种股东临时提案可以成为议案，该审核权由股东会会议的召集人（在正常情形下指董事会，下同）行使。

由此便产生董事会对股东临时提案的审查原则和边界何在的问题。董事会对股东临时提案进行审查既是权利也是义务，或曰是一项职权（power）。那么，董事会应当如何展开对股东临时提案的审查，以最终决定其是否列入股东会会议议程？这就涉及人们常说的形式审查与实质审查的问题，也是实务中提案纠纷的由来。

二、董事会的形式审查

董事会对股东临时提案的内容进行形式审查，并无争议。依照前引第115条第2款的规定，董事会对股东临时提案的形式审查集中在两个方面：

1. 有明确议题和具体决议事项。比如，有股东提出建议重视企业文化建设的提案，但除了标题之外并无其他内容，即不应列入议案。反之，如果提案就企业文化建设的目标、总体要求、具体内容以及建设方案、投入资金、组织领导等提出了可行性方案，则符合"有明确议题和具体决议事项"的要求。

2. 属于股东会职权范围。实操中，对照《公司法》第59条、第67条等规定与公司章程,此条件不难判断。比如,有股东提出临时提案要求撤换公司总经理,该事项属于董事会职权范围,不属于股东会职权范围,不应列入股东会议案。

三、董事会的实质审查

除形式审查权外,董事会是否享有实质审查权?这涉及形式审查与实质审查如何区分的问题。比较公允的说法是,董事会主要对股东临时提案进行形式审查,但也包含某种程度上的实质审查,或曰审慎的形式审查义务。实质审查和形式审查的边界在于,相关审查是否基于提案的议题及具体内容展开,若是,则为实质审查。上引《公司法》规定的股东临时提案所具备的三项条件便是董事会的审查内容:对议题是否明确、决议事项是否具体的判断,属于形式审查,因为该判断并不依据提案内容作出;对是否属于股东会职权范围的判断,亦有观点认为其介于形式审查与实质审查之间,该判断虽考量了提案内容,但落脚于股东会的职权范围,董事会仅需就内容是否属于股东会职权范畴进行审查即可;对提案的内容是否违反法律、行政法规或公司章程的判断,则无疑属于实质审查。

关于股东临时提案的内容是否违反法律、行政法规与公司章程,提案股东与董事极易产生不同认知,这正是纠纷之源。对于其判断边界,以芜湖华融渝稳投资中心与新疆天山畜牧生物工程股份有限公司公司决议纠纷案[(2020)新 23 民终 231 号]为例:

原告芜湖华融渝稳投资中心(有限合伙)提交了《关于增补第四届董事会非独立董事候选人的提案》,而被告新疆天山畜牧生物工程股份公司的董事会一致决定不将上述提案提交至该公司 2019 年第三次临时股东大会审议,理由是该临时提案不符合公司章程中关于公司董事、监事候选人的"提名人应在董事会召开 10 日前将候选人的简历和基本情况以书面形式提交董事会"的相关规定。一审法院认为被告董事会按照公司章程、董事会议事规则的条款处理原告的提案事宜完全合法,二审法院却直接依据 2018 年《公司法》第 102 条第 2 款的规定认定董事会决议侵害了持股 3% 以上股东的提名权,没有再讨论临时提案是否符合公司章程的规定。实际上,董事会对提案进行审查的依据在于是否符合法律规定和公司章程,《公司法》并未对董事提名提案的行使程序设有限制性规定,法院应审慎考量股东提案权和公司利益之间的平衡。

四、实质审查不包含对股东临时提案商业合理性的判断

即便进行实质审查,董事会也不宜对股东临时提案的内容进行商业合理性的判断,否则便是"把手伸得过长"。如 A 股份公司的主业为现代农业,经营业绩良好,现有持股1%的股东提出临时提案,主张公司应当有时代担当,以重金投入光刻机项目的研发,早日摆脱被西方技术"卡脖子"的困境。对此,若董事会因股东临时提案内容与公司发展方向存在严重偏差而拒绝将其列为股东会会议议案,便属于对提案内容的商业合理性进行了判断,属于越界的实质审查。

正如前文所述,《公司法》第 115 条第 2 款规定的实质审查仅限于提案内容是否"符合法律、行政法规或者公司章程",而不涉及其他方面。故董事会此时应该将其列入议案提交股东会会议表决,至于是否能够获得通过,则取决于全体股东的理性决策力。

013　股东会召集、主持（一）：谁是召集人？

一、召集人是股东会会议的启动者

股东会会议的召开是一系列程序的展开,首先涉及召集人。召集人是股东会会议的启动者,也是发出股东会会议通知的担当者,无召集人,则无股东会会议。

需要明确的是,股东会会议的召集和主持是两个不同的程序规则,主持人是股东会会议开始后的进程指挥者,因而先有召集人,再有会议通知,然后有会议,最后有主持人。

股东会会议的正常召开对公司管理经营与公司治理至关重要,一旦公司权力机构长期停摆,轻则影响公司正常经营,重则导致公司僵局。两类公司股东会会议的召集程序规定在《公司法》第 63 条、第 114 条,需要稍作解读。

二、多个召集人及其顺位

关于有限公司股东会的召集人,《公司法》第 63 条规定：

股东会会议由董事会召集,董事长主持;董事长不能履行职务或者不履行职务的,由副董事长主持;副董事长不能履行职务或者不履行职务的,由过半数的董事共

同推举一名董事主持。

董事会不能履行或者不履行召集股东会会议职责的,由监事会召集和主持;监事会不召集和主持的,代表十分之一以上表决权的股东可以自行召集和主持。

关于股份公司股东会的召集人,第114条规定:

股东会会议由董事会召集,董事长主持;董事长不能履行职务或者不履行职务的,由副董事长主持;副董事长不能履行职务或者不履行职务的,由过半数的董事共同推举一名董事主持。

董事会不能履行或者不履行召集股东会会议职责的,监事会应当及时召集和主持;监事会不召集和主持的,连续九十日以上单独或者合计持有公司百分之十以上股份的股东可以自行召集和主持。

单独或者合计持有公司百分之十以上股份的股东请求召开临时股东会会议的,董事会、监事会应当在收到请求之日起十日内作出是否召开临时股东会会议的决定,并书面答复股东。

据此,股东会会议的常规召集人为董事会(不设董事会的,为一人董事,下同)。实务中,在绝大多数情形下,董事会就是股东会会议的召集人。

但是,出于种种原因,董事会可能不履行召集职责,若设置唯一的召集人,则随时可能使公司治理陷入僵局。为此,《公司法》规定了后备的召集人:(1)当董事会不召集时,次顺位的非常规召集人为监事会;(2)当监事会不召集时,再次顺位的非常规召集人为有限公司代表1/10以上表决权的股东,或股份公司连续90日以上单独或者合计持有公司10%以上股份的股东。

有人问,如果以上三顺位的召集人都不履行召集职责,又当如何? 提问者颇有打破砂锅问到底的劲头。正确的答案可能是,这家公司也许没有救了,就由它去吧。

三、审计委员会制度对股东会召集人规则的影响

现行公司法允许有限公司在设置监事会、一名监事、董事会下设审计委员会与不设任何监督机构之间作择一的选择,允许股份公司在设置监事会、一名监事与董事会下设审计委员会之间作择一的选择。尽管上市公司与国家出资公司断然选择了仅设审计委员会,但除此之外,设置监督机构可能仍是多数公司的选择。那么,在选择设置审计委员会的诸多公司中,上引股东会会议的三重召集人制度,会面临什

么样的新问题？

问题之一是，对于仅设审计委员会的公司而言，在董事会不召集股东会会议时，股东是否还需要通知审计委员会召集会议？这一问题尚未形成共识。有观点认为，此时的审计委员会肩负召集、主持股东会会议的职责。相反的观点则认为，上述认识忽略了审计委员会的性质，虽然设立审计委员会旨在承接监事会的职权，但审计委员会只是董事会的下设机构，而非独立的法人机关，不具有召集、主持股东会会议的独立职权。当董事会拒绝股东召集股东会会议的提议后，股东再向审计委员会继续提议实属多此一举，不符合效率原则。究竟何去何从，尚需进一步的探讨。如果公司章程设有相应条款，明确此时股东无须履行通知审计委员会召集股东会会议的前置程序，不失为一项定分止争之策。

四、不设监督机构对股东会召集人规则的影响

《公司法》第83条规定：

规模较小或者股东人数较少的有限责任公司，可以不设监事会，设一名监事，行使本法规定的监事会的职权；经全体股东一致同意，也可以不设监事。

细心的读者往往会有疑问，如有限公司不设任何监督机构，上引股东会会议的三重召集人制度又当如何操作？也即，当董事会不召集股东会会议时，代表1/10以上表决权的股东可否径行召集、主持股东会？答案是肯定的，在有限公司未设监督机构时，已请求董事会召集的股东无疑已经穷尽了内部救济。

014　股东会召集、主持（二）：谁是主持人？

一、主持人的重要性

《公司法》将股东会会议的主持和召集规定于同一条文（第114条），召集导致的是股东会会议的启动，主持则仅涉及会议召开环节。有了召集人，就会有会议通知等程序的展开，等到会议如期召开，首先要解决谁是主持人的问题，否则会议便无法顺利推进。主持人乃是股东会会议进行的指挥者，如不适格，可能会对股东会决议效力产生影响。由此观之，虽然《公司法》未规定股东会会议主持人的权利义务，

但其是形成股东会会议民主讨论氛围和组织民主表决活动的关键人物,不仅对会议程序的开展具有主导作用,也将直接或间接地影响股东会决议的形成,其重要性不可小觑。

首先,主持人的意义在于维持会议秩序和掌控会议进程。在议事程序中,主持人需核对到会股东人数、股东资格及表决权数,并在宣布正式召开会议后,掌控会议议程的推进,以及在出现异常情况下维持会议秩序,直至宣布会议结束。股东会会议表决主体为股东,其个人表决的主观意志并不会被主持人直接左右,但实践样态的丰富性仍然使得主持人的影响力体现于细微之处,比如,若主持人对股东会会议议案内容进行主观评价,其观点和言论可能会使得一部分股东形成先入为主的倾向性意见,进而影响最终股东会的表决结果。

其次,主持人瑕疵可能构成股东会决议的程序瑕疵。《公司法》第63条、第114条对股东会会议的主持人进行了顺位规定。股东会会议是集体议决的平台,主持人的设定可以在提高会议效率的同时保障会议召开过程的公正。实务中,主持人存在瑕疵属于程序瑕疵,可能导致股东会决议的撤销。此外,部分主持人瑕疵还连带了其他瑕疵情形。

举例。蒋某诉徐某等股东权纠纷案[(2008)浙民二终字第163号]中,法院认为股东会决议的主持人瑕疵是表面现象,实质上会议未召开、决议显属伪造,故裁判决议不成立;张某等诉上海某房地产有限公司决议撤销纠纷案[(2011)闵民二(商)初字第1124号]中,法院认为实际主持人受原董事长委托主持会议,但原董事长已经丧失主持权;邵某树与马鞍山市交通企业有限责任公司、黄某云等公司决议撤销纠纷案[(2016)皖05民终187号]中,法院认定副董事长越权主持违反规定。

二、谁是主持人

为确保主持人到位,以指挥股东会会议的进行,前引《公司法》第63条、第114条预设了四个层次的顺位:

1. 董事会召集股东会会议的主持人。正常治理秩序下,董事会召集的股东会会议,由董事长主持;董事长不能履行职务或者不履行职务的,由副董事长主持;副董事长不能履行职务或者不履行职务的,由过半数的董事共同推举一名董事主持。

2. 监事会召集股东会会议的主持人。董事会不履行召集职责的,按照法律规定,可由监事会召集股东会会议,《公司法》没有规定此时的主持人,一般认为监事会主席为主持人。

3. 少数股东自行召集股东会会议的主持人。监事会不召集、主持的,代表 1/10 以上表决权的有限公司股东,或者连续 90 日以上单独或者合计持有 10% 以上股份的股份公司股东可以自行召集、主持股东会会议,也即此时该股东为主持人。

4. 少数股东请求召开临时股东会会议的主持人。依照《公司法》第 113 条、第 114 条第 3 款规定,在单独或者合计持有公司 10% 以上股份的股份公司股东请求召开临时股东会会议的情况下,董事会、监事会决定召开临时股东会会议的,则在董事会召集的股东会会议上,董事长为主持人,在监事会召集的股东会会议上,监事会主席为主持人。有限公司也可以适用该规则。

以上四个层次的前三个层次,存在层层递进的前后关系,前一层构成后一层的前置程序,不容许越层径直行权。

015 股东会召集、主持(三):少数股东自行召集、主持的,能形成决议吗?

一、少数股东自行召集、主持股东会会议

依照前引《公司法》第 63 条第 2 款、第 114 条第 3 款的规定,两类公司的少数股东都享有自行召集、主持股东会的权利,这是少数股东打破股东会会议的召集、主持权垄断的重要举措,对保护少数股东利益、打破公司僵局具有重要价值。

二、前置程序

实务中,少数股东要依法自行召集、主持股东会会议,主要的考验是前置程序。依照《公司法》第 114 条的规定,第一顺位的召集人是董事会,第二顺位的召集人是监事会,唯有前两个顺位的召集人不履职的,才能轮到少数股东。那么,少数股东如何举证自己履行了前置程序?该条第 3 款规定,少数股东请求召开临时股东会会议的,董事会、监事会应当在收到请求之日起 10 日内作出是否召开临时股东会会议的决定,并书面答复股东。这意味着,少数股东首先需要(最好是书面)请求董事会召开股东会会议,如果少数股东在 10 日后未得到答复、得到不召开股东会会议的

答复、得到超过2个月以后再召开股东会会议的答复,再请求(最好是书面)监事会召开股东会会议,如果少数股东在10日后未得到答复、得到不召开股东会会议的答复、得到超过2个月以后再召开股东会会议的答复,方能自行召集股东会会议。

复杂之处在于,由于社会信用的不良的情况时有发生,实务中股东致信董事会、监事会的,很可能遭遇后者拒绝接收信件、查无此人等情形,因而还需要斗智斗勇,在律师等法律专家的帮助下,顺利完成请求召开股东会意思表示的送达与证据留存。

三、如何作成决议

问题是,少数股东自行召集股东会会议的背景往往是公司股东陷入内斗,所以其他股东很可能并不参加股东会会议,甚至被其他股东集体抵制。此时,召集人要做好最坏的打算,即股东会会议只有召集人本人参加。若该情况发生,该股东会会议能否作出有效的决议?对这一问题的回答,应区分两类公司分别而论:

1. 对于有限公司,《公司法》第66条第2款、第3款规定:

股东会作出决议,应当经代表过半数表决权的股东通过。

股东会作出修改公司章程、增加或者减少注册资本的决议,以及公司合并、分立、解散或者变更公司形式的决议,应当经代表三分之二以上表决权的股东通过。

据此,有限公司的股东会很可能面临作不出有效的决议的尴尬。

2. 对于股份公司,《公司法》第116条第2款、第3款规定:

股东会作出决议,应当经出席会议的股东所持表决权过半数通过。

股东会作出修改公司章程、增加或者减少注册资本的决议,以及公司合并、分立、解散或者变更公司形式的决议,应当经出席会议的股东所持表决权的三分之二以上通过。

据此,股份公司的股东会完全可以作出有效的决议。

四、额外的问题

对于公司章程能否调整自行召集、主持股东会会议的少数股东的持股比例要求,《公司法》并未明确规定。从目的解释与体系解释的角度,公司章程降低持股比例要求有助于扩大股东权利,且是公司意思自治的结果,应认可其效力;反之,如公司企图提高少数股东的持股比例要求,则有违立法目的,应否定其效力。实际上,相较域外公司法,我国公司法规定的持股比例要求本身已经偏高。基于同样的目的解释,若有限公司的公司章程对少数股东的召集权设置持股期间,或股份公司提高对少数股东持股期间的要求,同样应否定其效力。

分篇二

投票与表决

会议室内，多数公司股东会会议召开得如沐春风，欢声答语，一派祥和，有的则或剑拔弩张，或刀光剑影，或沉闷异常令人窒息，甚至大打出手，室外则安保密布，一副军国大事决于室内的模样。但无论如何，股东的公司斗争或控制权之争是基于法律规则的文明争斗，一切最终取决于表决结果，胜者有据，败者安然。但表决结果之达成，与股东会会议的投票、表决规则设计息息相关。

本分篇共设 13 问，围绕公司股东会会议上股东的多种投票方式、表决回避等重大问题而展开。

016 议案可以被修改吗？

引言：一个操作层面的技术问题

股东会会议对每一个议案的讨论与表决程序是一个操作性极强的法律问题。在股东会会议召开之前，根据"提案—董事会审查—议案"的议案形成机制，列入议案的审议事项可能由董事会、监事会提出，也可能源自少数股东。故本问可以拆分为以下若干个具体问题：股东临时提案可否修改；董事会可否对股东临时提案进行拆分、合并；参会股东可否在股东会会议上对议案进行讨论与修改。以下逐一分析。

一、议案可否被修改

这一问题在《公司法》文本中没有明文规定，但《公司法》第 115 条第 2 款对股份公司的股东临时提案的时间限制等作出了程序性要求，其曰：

单独或者合计持有公司百分之一以上股份的股东,可以在股东会会议召开十日前提出临时提案并书面提交董事会。临时提案应当有明确议题和具体决议事项。董事会应当在收到提案后二日内通知其他股东,并将该临时提案提交股东会审议;但临时提案违反法律、行政法规或者公司章程的规定,或者不属于股东会职权范围的除外。公司不得提高提出临时提案股东的持股比例。

下文基于此规定进行讨论。

根据该规定,股东临时提案应当在股东会会议召开10日前书面提交,且有提案合格的内容要求。因此有观点认为,如少数股东对提案的修改符合时限和内容的要求,则应允许。从股东会会议召开和通知的整体流程来看,股东会提案分为常规提案和临时提案,前者以"通知"的形式呈现,后者则以"补充通知"的形式呈现。根据证监会《上市公司股东会规则》第15条第2款的规定,除该条第一款规定外,召集人在发出股东会通知后,不得修改其中已列明的提案或增加新的提案。这一规定体现了对提案修改的审慎态度,也表明在发出股东会通知后能够修改股东会通知中已列明的提案或增加新的提案的唯一例外系股东提出合法的临时提案。这是因为,虽通知应当于股东会会议召开20日前或15日前发出,但股东临时提案在股东会会议召开10日前提交即可,这是公司治理中提案权、会议效率与公司利益之间平衡的结果。

提案权的行使涉及公司审查资源、会议资源等的使用,为保障股东会顺利召开,应维护提案的严肃性。在对股东临时提案进行补充通知后,提案的大门就此关闭,在此之后,提案转为股东会会议议案,那么,在召开的股东会会议上,议案到形成决议的过程中,还能否被修改?应当说,不得再对已构成的会议议案进行修改。实务中,若股东在股东会会议上现场增加并提交临时提案,董事会固然有权拒绝;反过来,董事会等任何机构、个人也不得对已提交会议表决的议案进行修改。

二、董事会可否对议案进行拆分、合并

这一问题本质为,董事会对股东临时提案的审查的边界何在,这一问题在前文已有详述,此处具体表现为,董事会是否有权对议案所涉及的程序性问题作出决定。

例1。甲持有A股份公司2.5%的股份,在股东会会议召开10日前向董事会提出以下提案:将现任董事乙、丙更换为丁、戊。对此,董事会能否将其拆分为解任现任董事乙、丙和选任丁、戊为董事两项议案,或拆分为解除乙董事职务、解除丙董事

职务、选任丁为董事、选任戊为董事四项议案？一般而言,董事会依据《公司法》、公司章程规定的要求,认为确需对提案作出拆分或合并的,需要作出决定,且该决定需征得原提案人同意,原提案人不同意的,董事会可就程序性问题提请股东会作出决定,并按照股东会决定的程序进行讨论。

这也表明,在不涉及违反股东原意及不改变提案内容的情况下,董事会有权根据表决规则对提案进行变更,无须再次发出通知。

有人会问,董事会拆分、合并议案的背后有什么讲究吗？这涉及议案表决方式的技术性问题。在前述案例中,若 A 股份公司的公司章程规定适用累积投票制,其对董事选任的投票规则应为,先确定拟票选的董事名额,再由各股东集中使用自己所持股份所对应的表决权。但按照第一种拆分方式,股东在第二项议案中仅能对"选任丁、戊为董事"投出赞成票、反对票或弃权票,与公司章程规定不符,按照第二种拆分方式也是如此。因此,董事会对议案的拆分,会使股东临时提案违反公司章程,进而侵害甲的提案权。反之,若 A 股份公司采直接投票制,则每次仅票选一位董事或监事,股东每次将其持有的股份代表的表决票数一次性直接投出。因此,甲的提案作为议案在股东会会议上进行表决时,仅能通过第二种拆分方式进行表决,此时董事会采取第二种拆分方式不改变股东原意,也无需经股东同意。

三、参会股东可否在股东会会议上对议案进行讨论和修改

例 2。A 股份公司的临时股东会会议对以下议案进行表决:公司下季度对主营业务为 AI 产业的 B 公司进行投资,数额为 10 亿元。如有参会股东认为投资 10 亿元会给公司造成较大财务负担,是否可对该议案进行讨论,进而提出将现有投资议案的 10 亿元数额改为 5 亿元？

在实务中,召集人对议案进行介绍后即进入投票环节,一般不存在讨论的环节。因此一般认为,股东无权在股东会会议上对议案内容进行修改,其原因有二:一方面,股东会是一个投票决策的场合,不是一个过程性的"研讨会";另一方面,应当对议案内容严肃性、公司决议效率与提案权进行平衡。如有参会股东对某项议案存有疑虑,其可以行使《公司法》第 187 条规定的质询权。在前述案例中,股东可以请求管理层介绍并说明投资事项所涉及的风险,若被咨询人未予回答或回答内容具有误导性,则可能影响决议的效力。

017　表决可以鼓掌、举手方式进行吗？

从本问开始连续 7 问的篇幅，将进入关于股东会会议上多种投票方式的连续讨论，集中了有关股东投票方式的相关问题，可谓面面俱到。

一、NO

本问的答案是一个大写的"NO"！

也许会有人问，会有公司的股东会会议通过鼓掌进行表决吗？不得不说，如果认真总结我国公司治理的实践，股东会投票的"土方法"确实不少：

——主持人说：该项议案，建议大家鼓掌通过；

——主持人说：该项议案，建议大家举手通过；

——主持人说：该项议案，不同意的请举手，没有人举手啊，那么弃权的请举手，也没有人举手啊。现在我宣布，本议案获得全体与会股东通过！

有一些读者也许会提出疑问：如果股东会表决用鼓掌方式进行，如何判断某项决议通过与否呢？事实上，如果主持人观察鼓掌的时间长短、热烈程度等状态，是难以判断出表决结果的。同理，如果股东会表决用举手方式进行，在股东人数较多的情况下，也很难判断某项决议的通过与否。

实际上，即使是一千个股东都在哗啦啦地用力鼓掌或者踊跃举手，响声震耳欲聋，或者举手成林，但可能其所占的表决权仅是 15%。而在这喧嚣的会场里，第一排中央有一个位置的股东不动如山，不鼓掌也不举手，可他一个人的股权就占了 74%，真的是"千人之诺诺，不如一人之谔谔"。

至于所谓"反对的举手""弃权的举手"，实际上是主持人将股东的不举手，也即沉默，理解为对议案的赞同，这样的理解与民商法的精神相悖。《民法典》第 140 条第 2 款规定：

沉默只有在有法律规定、当事人约定或者符合当事人之间的交易习惯时，才可以视为意思表示。

回到会场上，某股东面对"反对的举手""弃权的举手"的呼吁，其内心中可能万马奔腾，但最终却为了明哲保身而选择沉默，这样的场景并不少见。总之，将股东的沉默推定为赞同是没有任何道理的。

二、股东投票的权重各个不同

股东选择鼓掌、举手方式投票绝对不可取，还与表决的基础性机制有关——在资本多数决的前提下，股东的表决权重由其股权比例决定，因而每个股东所持有的表决权分量往往是不同的。所有违反这一基础机制的投票方式都是不妥的。

三、股东投票的正确方式

股东会会议上的股东表决必须采取书面形式，且必须记名，如此才能明确出席会议股东的表决意思及表决分量。书面形式便于归档，若股东行使知情权，书面形式也便于其查阅，若股东行使异议股东回购请求权等权利，需要证明自己是反对股东，书面形式也便于股东举证。

总之，就股东会会议的现场投票而言，唯一正确的方式就是记名书面投票。这包含了几层意思：

1. 当场投票。这是任何票决的应有之义，所有与会者应该在规定的同一时间内完成投票。

2. 书面投票。书面形式包括传统的纸质投票，也包括电子通信投票，后者可采取包括但不限于微信、邮箱等电子通信技术手段。

3. 记名投票。记名投票的具体要求详见下一问。

018 为何要进行记名投票？

一、记名股票与资本多数决

记名投票，指投票时必须标明股东身份的投票方式，反之即为无记名投票。

公司实务中，记名投票的典型操作方式，就是股东在选票上标明自己的姓名或者名称以及所持股份数，相应的会议记录也会记载每个股东的投票情况。这样，在统计表决票以及事后核查投票情况时，就可以清楚地看出参与投票的每个股东在每一个决议事项上的立场，有效避免计票舞弊现象。

如上一问所指出的，由于资本多数决是股东投票的基本原则，所以在资本多数决的背景下,相匹配的投票方式一定只能是记名投票。资本多数决下的"一股一票",意味着出席股东会会议的股东持有的表决权数不相等,若采取无记名投票,则在技术上很难计算出赞成、反对与弃权的情况,也很难得出表决结果。还有,无记名投票也容易诱发表决权的不统一行使,何况有的国家的公司法不允许表决权不统一行使。反之,如股东投票规则实行"一人一票",则采用记名投票或者不记名投票在技术上都是可行的。

总之,无记名投票在公司股东会会议中应当慎用。虽然《公司法》对此没有强制性规定,但2025年证监会《上市公司章程指引》第90条的规定,"股东会采取记名方式投票表决"。

二、另一种记名投票——烦琐的举手表决实践

从我国曾有的实践经验来看,如果现场采用举手表决,但每个股东的投票情况记载于会议记录的,也视同记名投票。《到境外上市公司章程必备条款》第66条曾规定,股东会可以采取举手表决方式,会议主席根据举手表决的结果,宣布提议通过情况,并将此记载在会议记录中,作为最终的依据,无须证明该会议通过的决议中支持或者反对的票数或者其比例。但是,如果有人在举手表决前或举手表决刚刚进行后,提出以投票方式表决,则应当采取投票方式表决。这些人员为:会议主席;至少两名有表决权的股东或者有表决权的股东的代理人;单独或者合计持有在该会议上有表决权的股份10%以上的一个以上股东(包括股东代理人)。总体上,举手表决虽有表决结果不够稳定、清楚的缺点(尤其是在人多时),但比鼓掌表决要好得多。

019 股东会可以实行人头决吗?

一、资本多数决的利弊

所谓资本多数决,是指公司股东在股东会会议上按照股东所持的出资比例或者股份比例行使表决权,经代表多数表决权的股东通过,方能形成决议。这体现了"少数服从多数"的民主原则,是公司治理中用于统一诸股东意思的一种经济高效的议决方式,兼顾了治理效率与股东民主。

依照资本多数决，股东享有的表决权大小与其所持有的股份多少或者出资比例大小成正比，股东持有的股份越多，出资比例越大，所享有的表决权就越大，从而实现公司重大事项控制权与剩余索取权的统一。

然而，资本多数决也并非尽善尽美。首先，它可能导致多数股东滥用控制权，追求自身利益而损害公司、少数股东的利益。在采资本多数决的情况下，控股股东可以通过其多数表决权左右公司的意思，追求比其他股东优越的利益，并将不利后果转嫁给其他股东。其次，资本多数决可能造成"有权者无责、有责者无权"的局面，少数股东没有决策的权利，却要承受决策的后果。

为了解决前述问题，各国公司法采用了一系列纠正机制以保护少数股东的权益，其中包括完善多数股东的信义义务、优化表决权制度设计、强化少数股东的权利以及改进股东诉讼救济制度等。其中，就优化表决权制度设计而言，不按照资本多数决进行投票就是纠正机制之一，一种常见的设计即按照股东人头投票。

二、我国公司法上的资本多数决及其例外

针对有限公司，《公司法》第65条规定：

股东会会议由股东按照出资比例行使表决权；但是，公司章程另有规定的除外。

第66条第1款又规定：

股东会的议事方式和表决程序，除本法有规定的外，由公司章程规定。

据此，有限公司原则上采资本多数决，但允许公司章程另作规定，这为按照股东人头投票留足了制度空间。

对于股份公司，第116条第1款规定：

股东出席股东会会议，所持每一股份有一表决权，类别股股东除外。公司持有的本公司股份没有表决权。

这一规定确立了股份公司的股份多数决、一股一权、同股同权原则，但同时也允许例外操作，类似于上段提及的有限公司章程自治，股份公司也可以在章程中引入类别股。对此，第144条第1款第2项规定：

公司可以按照公司章程的规定发行下列与普通股权利不同的类别股：

（二）每一股的表决权数多于或者少于普通股的股份；

公司实务中，公司章程还可以规定偶尔投票制与不按比例投票制。偶尔投票（contingent voting），是指当发生章程规定的偶发事件时，某一类别股具有特别投票

权。偶发事件解决后,该类别股又恢复到原有状态。不按比例投票(disproportional voting),是指某一类别股具有比其他类别股更多或更少的表决权。如某跨国公司占某中外合资公司25%的股权,但其公司章程规定在某些事项中,例如董事会选举上,该公司可以享有50%的投票权或者否决权。在我国中外合资经营企业、中外合作经营企业中即存在此类实践。

三、按照股东人头投票的实质

按照股东人头投票的议决机制在有限公司、股份公司都可以实践,关键是要有公司章程的特别约定,否则只能回归到公司法规定的资本多数决。那么,如果公司章程规定,对某些议决事项,每个股东都投一票,这意味着少数股东票决效应的扩大,此时极其类似于合伙企业的议决机制。举例来说,某家公司有五个股东,所持股份多少不一,如果循公司章程规定,对某议决事项按照人头投票,那就意味着持股低于20%的股东的投票权得到扩大,同时持股比例高于20%的股东的投票权得到缩减。

是不是按照股东人头投票就优于资本多数决呢?这显然不能一概而论,只能说人头决有利于少数股东,可以抑制多数股东滥权,仅此而已。但任何事物都有两面性,人头决对多数股东票决权的抑制,在某些场合下也会导致少数股东的滥权,损害公司的决策效率。可见,任何制度设计都有优缺点,"甲之蜜糖,乙之砒霜",对于公司以及股东们而言也是如此,适合的制度才是最好的制度。

020 委托投票(一):股东可以委托投票吗?

一、私权行为,只要不具人身专属性,皆可委托

针对股份公司,《公司法》第118条规定:

股东委托代理人出席股东会会议的,应当明确代理人代理的事项、权限和期限;代理人应当向公司提交股东授权委托书,并在授权范围内行使表决权。

据此,股份公司股东可以委托他人代理自己参加股东会会议并投票,但是该规定是第五章"股份有限公司的设立和组织机构"的条文,在第三章"有限责任公司的

设立和组织机构"中并未出现类似规定,由此衍生出的问题是:有限公司股东可以委托他人代理自己参加股东会并投票吗?答案是肯定的。

这是因为,股东委托他人出席股东会会议,是民法上委托制度的一般原理于公司法领域的具体适用。《民法典》第 161 条规定:

民事主体可以通过代理人实施民事法律行为。

依照法律规定、当事人约定或者民事法律行为的性质,应当由本人亲自实施的民事法律行为,不得代理。

这确立了私法的一个基本原则:凡私权行为,只要不具人身专属性,皆可委托;如为民事法律行为,则称委托代理。出席股东会会议并投票,属于民事法律行为,且不具有人身专属性,故适用委托代理制度。据此,即便公司法没有明确允许有限公司股东委托他人出席股东会会议并投票,也当然适用委托代理制度。

总之,出席股东会会议并投票适用委托代理制度,这有利于确保股东,尤其是广大的少数股东有更多机会行使股东权利,进而实现公司治理的公平性和民主性。

二、公司法为何不规定有限公司的规则

有人问,既然有限公司股东可以委托他人出席股东会会议并投票,那么《公司法》为何不直接规定之?这是关于我国公司法立法体例的灵魂之问。对此可以有两种回答:

第一,由于《公司法》将有限公司的相关制度规则规定在前(第三章、第四章)、股份公司的相关制度规定在后(第五章、第六章),且股份公司的相关制度规则相对繁复,所以制度规则大概可以分为三类:(1)多数制度规则在两类公司的相应章节中分别规定,基本上构成显性重复(体现为股份公司对有限公司条款的引致),或者隐性重复(各自表述重复的条款);(2)一些制度规则仅规定在股份公司,有限公司在法理上可以适用或者参照适用;(3)还有一些制度规则,确实仅适用于股份公司,不适用于有限公司,反之亦然。比较难以解读的,正是上述第二类情形,本问正属此类。

第二,立法者可能认为,有限公司股东委托他人出席股东会会议并投票,是不言而喻的,基于"法律不规定屑小之事"的立法原则,省却规定也无大碍。而且基于有限公司股东人数较少、公司治理合伙化的现实,其股东委托他人出席股东会会议并不常见。更何况,公司法对有限公司治理本身的约束即较少,大量领域故意留白,就是为了赋权有限公司意思自治,通过公司章程等自我完善即可,比如《公司法》第 66

条第 1 款明确规定：

> 股东会的议事方式和表决程序,除本法有规定的外,由公司章程规定。

三、委托出席会议规则的再扩大适用

类似的问题还有,《公司法》也没有规定监事、审计委员会成员是否可以适用委托代理制度。循前述有关委托代理的一般原理,监事、审计委员会委员自可比照董事委托其他监事、审计委员出席监事会、审计委员会会议并投票。《公司法》未对此等事宜作出规定,这可以理解为法不禁止皆可为,或者《公司法》将此等琐碎事宜留给公司章程自治。但需要注意,如监事、审计委员进行委托代理,当比照《公司法》第 125 条有关董事委托代理投票的规定,而不是适用第 118 条有关股东表决权委托的规定。

四、投票公开征集：委托出席并投票制度的大规模适用

公司治理实务中,股东委托代理人出席会议主要有表决权委托与表决权征集两种方式。关于表决权委托,一般理解为某个股东委托他人投票,或者某个人接受一个或者多个股东的委托出席股东会会议等。鉴于几乎所有的有限公司以及非上市股份公司的股东人数有限,这一委托代理规则的适用肯定也是小规模的,且委托行为的发动者往往都是委托人。

但是,上市公司则不同。上市公司股东人数成千上万,且绝大多数都是少数股东,往往存在多个股东委托同一人出席股东会会议并投票的现实需求。对此,《证券法》第 90 条第 1 款规定：

> 上市公司董事会、独立董事、持有百分之一以上有表决权股份的股东或者依照法律、行政法规或者国务院证券监督管理机构的规定设立的投资者保护机构(以下简称投资者保护机构),可以作为征集人,自行或者委托证券公司、证券服务机构,公开请求上市公司股东委托其代为出席股东大会,并代为行使提案权、表决权等股东权利。

这就是上市公司股东投票公开征集制度。据此,董事会等四类主体可以作为征集人,自行或者委托证券公司、证券服务机构两类主体,面向上市公司的全体股东公开征集委托授权,请求后者委托其代为出席股东会会议并代为行使提案权、表决权等股东权利,可谓股东委托出席股东会会议并投票制度的规模性适用。

021　委托投票（二）：如何操作？

上问仅仅解答了股东委托他人出席股东会会议并投票的可行性，但究竟如何将该制度落地，还需明确很多细节。下文就股东委托投票的具体操作展开介绍，并结合董事的委托投票实操加以对比说明。

一、委托关系的双方当事人

（一）委托人

就委托人而言，所有股东均可委托他人出席会议，无须任何条件。对于表决权因法律、行政法规或者公司章程规定而受限、需要回避的股东而言，其参加股东会会议的权利也不受限，亦可以委托他人出席会议。对于某个股东而言，只要不愿意亲自出席股东会会议，皆可委托他人，无需理由。这是因为，出席股东会会议对股东而言是权利而不是义务。

但相较之下，董事出席董事会会议乃是其职责而非单纯的权利，据第125第1款规定，仅有"因故不能出席"的董事才能委托其他董事出席会议；从实务来看，显然某个董事也不能长期或者频繁地委托其他董事出席董事会会议，否则不仅仅是不称职的问题，而是涉嫌违反勤勉义务。对于独立董事而言，一个年度如有三次（含）以上缺席董事会，将被罢免职务。

（二）受托人

根据《公司法》第125条的规定，董事委托他人出席董事会会议并投票时，"他人"仅限于本公司董事，但股东委托的"他人"有三处细节需要讲明：

1. 可以是股东本人之外的任何人，自然人、法人与非法人组织皆可。
2. 可以具有股东身份也可以不具有。
3. 具有相应的行为能力，即只要具有处理委托事务的民事行为能力即可；当然，就出席股东会会议且投票的事务所要求的行为能力来看，应当限于完全行为能力人。

为何股东、董事所委托的受托人之身份要求有所不同？这还是得从股东参会是纯粹的权利、董事参会是职权的角度来解释。对于董事而言，出席董事会会议乃是履职行为，出于董事会的决策涉及商业秘密以及保证董事表决可追责性等因素的考量，受托人需要同样具备董事身份才可以进入公司董事会履职。

当然，法律是法律，商业是商业。尽管如此，实务中，股东也不能随便委托一个不具备娴熟处理股东会事务的人出席股东会会议，委托具备法律、商业实践经验的律师或其他股东出席股东会会议，是较为理性的选择。

二、股东授权委托书

(一)授权委托书的内容

前引第118条规定，股东授权委托书应当明确代理人代理的事项、权限和期限，这是立足实务中容易滋生纠纷的环节的经验总结。此外，股东授权委托书应有委托的股东的签名或者盖章，以及标注签名或者盖章的日期。

关于股东授权委托书载明的事项与权限，往往是对应出现的。代理人的权限是指股东授权委托书需要明确代理事项是全权（特别）授权还是一般授权，二者的区别在于代理人是否有权根据会议现场情况作出自主的投票决定。对于前者，受托人可以根据会议现场情况自主决定对应议案的投票决定；对于后者，委托人股东往往对全部或者部分决议事项已经事先作出具体的投票决定（赞成、反对、弃权等），公司需要根据股东意思进行计票，受托人仅仅是"依样画葫芦"而已，否则可能导致股东会决议出现程序瑕疵。

关于授权的期限，实务中存在一次股东会一次授权和一定期间内的所有股东会概括授权两种做法，公司法都是允许的。

实务中，有些治理经验丰富的公司备有通用的股东授权委托书，股东可以据此填写授权内容。若股东自己填制的股东授权委托书不合规，公司可以请其使用公司通用的文本，除非该文本设置不合理，否则股东也没有必要拒绝使用。

(二)股东授权委托书的提交与查验

为避免影响股东会决议效力的程序瑕疵出现，代理人需要在会前提前将股东授权委托书提交给公司查验。公司可以在章程中约定或者在会议通知中写明，应在会议召开前多少天提交公司查验，以防止股东临时提交股东授权委托书，致使公司无法妥善查验。

随股东授权委托书提交的，还应有必要的受托人身份证明文件，以供查明身份。

三、违反授权进行投票的后果

根据民法上的委托代理原理,只有代理人在授权范围内行使代理权时,代理行为才能对被代理人发生法律效力,否则代理人的行为将构成无权代理,处于效力待定状态,若委托人不予追认,则该行为终局地不发生效力。对于众人参与且实行多数决的决议而言,一旦出现某些成员的无权代理行为,其引发的决议效力瑕疵之复杂性,将远超恪守相对性的合同行为。所以公司应当尽力避免出现此种情形,会前查验股东授权委托书的意义即在于此。

在会前和会议过程中,会议召集人、主持人、监票人应当就代理的事项、权限和期限进行细致审查,一旦出现受托人越权投票的情况,公司就应该拒绝其超出授权范围的投票,或者根据公司章程规定将其作为废票处理。如公司未能事前识别无权代理投票,虽然未必会绝对影响股东会决议的效力,但是的确构成股东会决议瑕疵,将给股东会决议的效力带来不确定性,这难以算作规范的公司治理。

若代理人违背委托人的投票指示,并由此给委托人造成损失,委托人要求代理人承担赔偿责任的,则涉及二人之间的基础关系,此处不论。

022 不统一行使表决权合法吗?

一、股东不统一行使表决权

如果你是某公司的股东,持 100 万股,对于增资事项的表决投票,可能你本能地想就你享有的 100 万股表决权投出投赞成票、反对票或者弃权票,三选一。但是你想过没有,你还可以这样投:30 万股赞成票、30 万股反对票,40 万股弃权票,这就是股东不统一行使表决权。

广义的股东不统一行使表决权,指的是持有复数表决权的股东部分行使或不行使表决权,或者对同一议案给出两种以上的投票意见,或者将部分表决权委托给他人行使,以及将表决权委托给复数代理人行使的情形,也即包括表决权行使方式、行使结果或行使主体不一致三种情形。狭义上的股东不统一行使表决权,仅指表决权行使结果的不一致,即持有复数表决权的股东对同一议案作出两个以上方向不同的意思表示。本问仅讨论股东表决权不统一行使的狭义情形。

二、股东可以不统一行使表决权吗

对于这一问题,立法层面《公司法》并未明文规定,学界则争议不断。

有人认为不统一行使表决权具有合理性:

1. 私法自治的应有之义。不统一行权,充分展现了股东纠结矛盾的真实状态。应在私人自治的维度内确保股权利益的完整实现,以维护(实质)股东的合法利益。故有学者强调,只要不违反强行性法律规范和公序良俗,不侵害公司、其他股东及债权人的利益,不构成权利滥用,表决权如何行使均可由股东自由决定。

2. 公司意思是由复数的个别意思复合而成的结果。该复合过程体现了商事组织体内部个体意思的多元性(复数性),但并不妨碍公司内部意思表示的形成。商事组织体内部个体成员的意思具有可分性,故理论上可对单个个体的意思再予以细分。例如,单个名义股东不统一行使表决权的原因在于,其背后的复数实际出资人作出了不同的投票意向,此时即需要对名义股东的意思进行细分处理。况且,单一股东作出结果多元化的投票表示并不影响公司意思的形成,公司意思依旧可以从复数的个别意思中复合而成。基于此,有观点认为每一股应各自产生一个表决权,表决权可以分开计算、行使。

否定者则认为:

第一,表决权属于股东作为股东会成员享有的权限,表决权与股东的社员资格严格捆绑,其并非依附股份而存在,属于股东专属的人格权,基于"人格权不可分裂"的原理,不应承认表决权的不统一行使。

第二,股东在缺乏正当理由的场合下,就同一议决事项同时作出两个方向相反的意思表示,有违民事法律行为中个体意思表示的确定性的要求。

第三,表决权作为附着在股份上的一项权利,必须与股份的受益权捆绑在一起,否则将产生非常高昂的代理成本。

第四,每一股东所享有的表决权是一个整体,持股数额的多少只决定表决权的影响力。

第五,实际出资人对名义股东的委托,理应使得二者的意见相同。

第六,表决权的不统一行使会增加行使表决权后的计票难度,进而降低公司的决策效率,影响股东会的正常运转。

三、一次亲身体验

在人合性较强的公司中,股东选择不统一行使表决权可以避免站边的尴尬,不失为明哲保身的选择,可能有利于公司人合(团结)局面的维持。多年前著者曾是一家公司9名股东之一,各股东的表决权比例大概是34%、24%、15%、12%、4%、3%、1%、1%、1%,公司自持剩余的5%。某次会议上,第一、二大股东就某权力分配事项发生极大的争执,但此事项与其他股东的利益无关,二人争执不下,一时间都信心满满地觉得其他人会支持自己,于是都强烈要求交付股东投票决定。但问题在于,一旦投票、唱票,由于每一个股东的投票权都不一样,马上就会暴露出某某人支持某某的局面,但是其他7名股东包括本人在内显然不想选边站队且暴露立场,所以局面一度尴尬。此时,持股4%的一位小股东(也是律师)站出来说,"各位等一等,我去准备一下选票,马上就来"。几分钟后,但见这哥们儿手拿10张空白A4纸、一把剪刀回到会场,咔咔咔一通操作,10张A4纸瞬间变身为100张纸条,然后按照各个股东的持股比例按张分配,最后还留出5张,说"这是公司的5张票,不参加投票"。然后,这哥们儿还与我对视了一眼,彼此秒懂。我有15张表决票,就按照10张赞成票、3张反对票、2张弃权票的路数投出去了,我猜这哥们儿大概也是这路数。然后有人开始唱票,只见第一、二大股东一个望向窗外,另一个拿着笔紧锁眉头似乎在测算,但估计到死也没算明白到底谁投的赞同票,谁投的反对票,谁投的弃权票。

经此一战,让人彻底明白了一个道理:不统一行使表决权,还具有避免选边站队的尴尬之功效。当然,上例还巧妙配以不记名投票规则的掩护。

由此可以发现,倘若不允许股东表决权的不统一行使,在我国浓厚的"面子观念""关系文化""和为贵"的好人文化传统影响下,股东将很难表达自身的真实意见,更遑论表决权的行使与利益的保障,最终只会导致股东沦为"沉默的羔羊",股东会议决趋于形骸化。表决权的不统一行使背后反映了股东表决权的再安排,是合作型公司股东关系的必备利器,对缓和股东利益冲突关系、纯化公司治理机制倒也能起到独特作用。

四、股东不统一行使表决权的制度如何落地

其实,境外很多国家、地区的公司法明确规定股东可以不统一行使表决权。当然,如要将此制度落地,需要公司股东会在选票上设计出方便各个股东不统一行权

的表决票。至于如何设计,请参见票1、票2。

票1:

××××技术股份有限公司××××年第×次股东会审议事项
表决票

股东姓名或名称:【   】

股票数:××股

序号	表决事项	同意	反对	弃权
1	关于××××的议案			
2	关于××××的议案			

注:对每项议案,请在"同意、反对、弃权"栏中以打"√"方式选择其一;不选或多选,视为弃权。

投票人签字:

年   月   日

票2:

××××技术股份有限公司××××年第×次股东会审议事项
表决票

股东姓名或名称:【   】

股票数:××股

序号	表决事项	表决意见
1	关于××××的议案	同意( )股 反对( )股 弃权( )股
2	关于××××的议案	同意( )股 反对( )股 弃权( )股

注:对每项议案,请在"同意、反对、弃权"对应栏中填写相应的股份数;不填写的,视为弃权。

投票人签字:

年   月   日

023　什么是类别股的分类投票机制？

一、类别股的分类投票

分类投票（class voting），是指公司存在类别股时，出于既定目的而各类别股为独立单位进行投票。采取这种投票方式时，一项决议的通过必须得到双重多数同意，即出席股东会会议的股东所持多数股权的同意和各类别股中各自多数股权的同意。至于哪些事项需要采取分类投票，分类投票时是简单多数通过还是绝对多数通过，则一般由公司章程、内部细则规定，且一般均涉及公司重大决策或与股东利益相关的重大事项。此时，这种投票方式有利于保护类别股股东（往往是少数股东）的权益。

二、类别股股东为何要受到特殊保护

《公司法》第 146 条规定：

发行类别股的公司，有本法第一百一十六条第三款规定的事项等可能影响类别股股东权利的，除应当依照第一百一十六条第三款的规定经股东会决议外，还应当经出席类别股股东会议的股东所持表决权的三分之二以上通过。

公司章程可以对需经类别股股东会议决议的其他事项作出规定。

据此，下文就发行类别股的股份公司对可能影响类别股股东权利的事项的投票规则作出详解。

(一)我国的类别股类型

我国公司法严格遵守股份类型化法定原则，任何股份公司不得超出法定的股份类型发行其他类别股。

《公司法》第 144 条第 1 款规定：

公司可以按照公司章程的规定发行下列与普通股权利不同的类别股：(一)优先或者劣后分配利润或者剩余财产的股份；(二)每一股的表决权数多于或者少于普通股的股份；(三)转让须经公司同意等转让受限的股份；(四)国务院规定的其他类别股。

据此,我国股份公司可以发行的类别股仅限于四类:(1)优先/劣后的分红股;优先/劣后的分配剩余财产股。此为财产型类别股。(2)放大/缩减的表决权股,前者就是大家熟悉的"金股"(golden share)。(3)转让受限股。(4)国务院规定的其他类别股。唯有国务院才有权规定引入新的类别股,这个级别要求很高。

(二)类别股股东属于少数股东

在一家股份公司,如发行类别股,则整个股份结构由类别股与普通股组成,而类别股属于少数派。保护处于少数股东地位的类别股股东的利益,是类别股制度成败的关键。若未能成功设立类别股制度,则类别股股东的特殊权益,比如优先权就无法实现。

(三)可能影响类别股股东权利的事项

依照前引第146条的规定,可能影响类别股股东利益的重大事项,包括两类:

一是本法第116条第3款的事项,也即公司分立、合并、增资、减资、变更公司形式、修改公司章程以及公司终止等7个法定事项。

二是公司章程规定的,可能影响类别股股东权利的其他事项。

三、如何保护类别股股东利益

依照《公司法》第146条的规定,对于可能影响类别股股东权利的上列事项,不能仅由全体股东有权参加的公司股东会议决,而是实行"五个二"制度:

1. 召开两个股东会会议。一是公司股东会会议,二是类别股股东会会议,前者可由全体股东参加,后者仅由类别股股东参加。

2. 两个股东会会议分别召开。

3. 两个股东会会议分别投票。

4. 两个股东会会议分别计票、唱票,得出表决结果。

5. 需分别得到两个股东会会议的绝对多数通过,以实现程序上的双重控制。

唯有如此,在与类别股股东切身利益相关的重要事项面前,类别股股东才有与多数股东"讨价还价"的筹码。

024　累积投票制（一）：如何有利于少数股东？

累积投票制是一项较为小众的制度，目前仅在我国部分上市公司曾有实践，但其又是一项充满趣味、引发思考的制度。其存在的意义不仅在于为少数股东提供制度工具，还在于制度本身所包含的智慧，以及带给人们的有关公司治理的启发。基于此，本书连设3问的篇幅对这项制度及其实践进行多个角度的观察。

一、谁的提名人能够进入董事会、监事会

股东参与公司治理，除去自身直接参与股东会决定公司运营的重大事项外，还有一种重要机制，就是选择管理者负责公司的日常经营管理，也就是选举董事、监事。

董事会、监事会的成员分为两类：职工董事、职工监事通过职工大会、职工代表大会、工会等职工民主形式选举产生；其余的成员，除去国有独资公司的委派制、一人公司的一人股东决定制之外，均由股东会选举产生。股东会选举这些董监事的投票方式不同，不同的股东推选自己提名的候选人进入董事会、监事会的概率也就不同。

公司法的一个重要关注点在于，如何让少数股东提名的候选人进入董事会、监事会？这涉及直接投票制与累积投票制的分野。

二、两种投票制度

(一)定义

直接投票制（straight voting），是股东会决议通用的表决方式，指在行使表决权时，针对一项议案，股东只能将其表决票数一次性直接投在该议案上。在采用直接投票的方式时，只要表决符合法定或者章定的赞成票数，决议就可获通过。

累积投票制（cumulative voting），是仅适用于选举董事、监事的表决方式，指股东会选举董事或者监事时，每一股份拥有与应选董事或者监事人数相同的表决权，股东拥有的表决权可以集中使用。

《公司法》第 117 条规定：

股东会选举董事、监事，可以按照公司章程的规定或者股东会的决议，实行累积投票制。

本法所称累积投票制，是指股东会选举董事或者监事时，每一股份拥有与应选董事或者监事人数相同的表决权，股东拥有的表决权可以集中使用。

这一制度的适用有两个主要环节：一是就董监事的选举案，计算出每个股东的总表决权数；二是就该总表决权数，每个股东可以自由决定如何使用，也即可以用在一个候选人身上，也可以不均衡地分散使用在多个候选人身上，丰俭由人。

（二）异同

假设某公司股东会要选举三名董事组成新一届董事会，那么直接投票制与累积投票制的共同规则是：

1. 股东都有三个董事提名权；

2. 按照得票多少，获赞成票前三名或者过半数赞成者，当选。

直接投票制与累积投票制不同的是：

1. 直接投票制，各个董监事的选举逐项进行，也即分别投票，2025 年证监会《上市公司章程指引》第 62 条第 2 款规定，"除采取累积投票制选举董事外，每位董事候选人应当以单项提案提出"。但在累积投票制下，由于允许股东的总投票数合并或者分散投出，所以无法逐项进行，而只能将所有的董监事一并票决出来。第 87 条规定，"除累积投票制外，股东会将对所有提案进行逐项表决"，这一规定意味着累积投票制不实行逐项表决。

2. 直接投票制可用于所有的议案表决，但是累积投票制只适用于人事事项，也即用于董监事的选举。

3. 直接投票制可以适用于等额选举也可以适用于差额选举，但累积投票制一定适用于差额选举，竞争的氛围更加激烈。

4. 投票机制的悬殊是直接投票制与累积投票制最大的不同。对此，需要举例说明，详见下文。

三、累积投票制的投票方式

在前述规则预设之下，假定该公司有两个（派）股东甲、乙，分别持有表决权的比例为 51%、49%，但两个（派）股东对董事会席位的分配未建立在协商基础之上，那么在直接投票制下,选举结果是无悬念的:(1)股东甲提名的三名候选人的得票是:甲1(51票)、甲2(51票)、甲3(51票)。(2)股东乙提名的三名候选人得票是:乙1(49票)、乙2(49票)、乙3(49票)。由此可见,甲提名的三名候选人全部当选。这一选举结果形式上很公平,但实质上不公平。

如果采累积投票制,则是另外一番场景:甲所持有的总表决权数为 $51 \times 3 = 153$ 票,乙所持有的总表决权数为 $49 \times 3 = 147$ 票。甲要确保自己的三个候选人都当选,显然不现实,乙亦然。因为在累积投票制之下,甲、乙的博弈都是高度透明的:甲知晓自己的最佳投票方案,也知晓乙的最佳投票方案;甲知晓乙知道甲的最佳投票方案,甲也知晓乙知道乙的最佳投票方案。同时,以上四点,乙亦然。甲、乙的最终妥协方案很可能是:甲1(77票)、甲2(76票)、甲3(0票)、乙1(76票)、乙2(73票)、乙3(0票)。

由此可见,甲提名的三名候选人中有两名当选,乙提名的三名候选人中有一名当选。这一选举结果形式上与实质上都比直接投票制更为公平。

实际上,有关累积投票制的优势,换一个股权比例的例子更加凸显。

假设该公司的两个(派)股东甲、乙,分别持有表决权的比例为74%、26%,如果适用累积投票制,甲的累积投票总数为 $74 \times 3 = 222$ 票,乙的累积投票总数为 $26 \times 3 = 78$ 票。博弈之后的投票结果为甲1(79票)、甲2(79票)、甲3(64票)、乙1(78票)、乙2(0票)、乙3(0票),或者甲1(74票)、甲2(74票)、甲3(74票)、乙1(78票)、乙2(0票)、乙3(0票)。

无论如何,本例选举结果与上例完全相同,虽然本例中甲、乙两个(派)股东的股权比例相差更加悬殊。对于本例的详细解释是:在累积投票制下,甲、乙可以投出的总票数分别为222票、78票,是将全部投票集中投给推举的某一位候选人,或者分散投给若干候选人,由股东自己决定,得票最多的前三名候选人当选。甲的立场是,把自己推选的候选人尽可能多地当选,所以选择分散投票策略;对乙而言,能够确保自己的一名候选人当选,就比直接投票制的结果更优,明智的策略自然是集中投票。如彼此清楚对方的意图且信息处于同等水平,最后的博弈结果是:甲推举的3名候选人分别得票为79、79、66;乙推举的3名候选人分别得票为78、0、0。结果是甲、乙各有2名、1名候选人当选,乙的愿望成功实现。

四、结论

总而言之,累积投票制无疑更加便于少数股东实现将自己提名的候选人选入董事会、监事会的目标。

025 累积投票制(二):少数股东如何玩转?

一、累积投票制在我国的实践样态

虽然累积投票制对少数股东利益多多,但是我国公司法并未在所有类型的公司强制性推行之。根据《公司法》以及相关行政规章、软法规范的规定,我国现行法上的累积投票制的实践状态是:

——对于有限公司,前引未作任何强制要求,除非公司章程规定引入;

——对于股份公司,前引《公司法》第117条属于任意性规范,未作强制要求。该条第1款原文是,"股东会选举董事、监事,可以按照公司章程的规定或者股东会的决议,实行累积投票制"。

——对于上市公司,证监会早在《上市公司治理准则》第17条就规定,上市公司股东会在董事选举中应积极推行累积投票制度,控股股东控股比例在30%以上的上市公司,应当采用累积投票制。也即,在部分上市公司中强制推行累积投票制,对其他上市公司未作强制要求。

二、少数股东如何利用累积投票制

首先,少数股东应该积极推动在公司章程中规定累积投票制,尤其是在初始的公司章程中规定,且最好约定该条款非经全体股东同意不得修订。

其次,少数股东应当积极了解公司章程中关于累积投票制的具体规定,包括每股所拥有的投票权数量和投票程序。

再次,少数股东还应注意相应的适用程序。这些程序包括:

1. 适格的股东提出关于董监事候选人的提案,也即行使提名权。无提名,也就没有交付投票表决的机会。

2. 股东会先要审查董监事候选人是否具备章程规定的积极任职资格、消极任职资格,通过直接投票制决定候选人的提名是否通过。2025年证监会《上市公司章程指引》第62条规定,股东会拟讨论董事选举事项的,股东会通知中将充分披露董事候选人的详细资料,至少包括以下内容:(1)教育背景、工作经历、兼职等个人情况;(2)与公司或者公司的控股股东及实际控制人是否存在关联关系;(3)持有公司股份数量;(4)是否受过中国证监会及其他有关部门的处罚和证券交易所惩戒。

3.通过累积投票制进行选举。股东要计算好累积的投票权数,学好博弈论,制作战略性投票方案,以不变应万变。少数股东应战略性地分配投票权以最大化其投票力。

最后,累积投票制要发挥真正的效应,还需要其他机制的加持。比如,多个少数股东可以通过一致行动人协议进行投票合作,共同支持一位或几位候选人,从而增加当选的机会。

026　累积投票制(三):多数股东如何废其武功?

一、累积投票制的局限性

(一)适用事项的局限:人事选举

一言以蔽之,该制度只能适用于股东行使人事差额选举权的场景。

第一,累积投票制的直接适用于公司董事、监事选举等具有差额性的人事选举场合,既不能适用于不具有差额性的人事场合,更无法适用于其他"非人事"场合,如就分红、增资、减资等事项的表决,无法适用累积投票制。

第二,在候选人提案和决定候选人提名的事项上仍以直接投票制为基础。《公司法》第115条第2款将有权提出临时提案的股东持股比例要求由3%下调为1%,这对少数股东通过临时提案进行董事、监事候选人提名有较大助益。在实务中,董事提名仍主要依赖公司章程的规定,公司章程应回应立法主旨,设计对少数股东较为友好的董事提名规则。

第三,董事提名能否得以通过仍旧以直接投票制为基础,决策权仍由多数股东掌握。

(二)适用主体的局限:公司类型

前文已有分析,这里稍作重复。根据体系解释,《公司法》第117条规定"可以按照公司章程的规定或者股东会的决议,实行累积投票制"指向股份公司,但主要是就非上市股份公司而言的。对于上市公司,证监会《上市公司治理准则》第17条规定,"单一股东及其一致行动人拥有权益的股份比例在30%及以上的上市公司,应当采用累积投票制"。可见,唯有此类上市公司强制推行累积投票制。对于其他上市公司,选举董监事仍以直接投票制为默认规则,累积投票制经公司选择后方可适用,也即属于选入式(opt in)规则,只有公司章程规定或者股东会决议采用的,方可采用。那么,有限公司是否可以适用以及如何适用该制度?虽然累积投票制的规定位于第五章"股份有限公司的设立和组织机构",被规定适用于股份公司,但不妨碍有限公司通过章程、股东会决议等自治方式对累积投票制进行选择适用。

(三)实务操作的局限:来自公司内部的重重挑战

1. 累积投票制的应用过程可能困难重重。少数股东在实际操作中可能面临信息不对称的问题,无法准确评估各候选人的实际能力和背景,其实际适用效果往往不及纸面上的纯粹数学推理。

2. 在股东的协调和合作难度方面,虽然理论上少数股东可以达成一致行动人协议,但由于股东人数众多且分散,难以形成有效的协作机制集中投票。

3. 强势的多数股东可能通过修改公司章程或其他手段,限制累积投票制的实施。

4. 由于实行累积投票制需要公司投入额外的资源和时间进行安排和管理,包括制定和修改公司章程、组织股东会会议和投票程序等,这些实施成本和时间成本可能对中小企业,尤其是资源有限的公司构成负担。

5. 更大的局限性来自多数股东的操作"秘密",关于此点详见下文。

二、累积投票制下,选出一名董事需要的股份数

暂时排除影响股东投票选择的其他复杂因素,仅从概率论来讲,累积投票中,选举出一名董事所需的最低股份数(X)可通过以下公式计算:

$X \geqslant S/(D+1) + 1$

以此类推,选出N名董事所需股份数(Y)的公式就是:

$Y \geqslant NS/(D+1) + 1$

上述公式中,S代表表决权股份总数,D代表待选董事总数。

假设A股份公司有100股,要选三名董事,两名股东甲、乙分持74股、26股。在

适用累积投票制选举董事的情形下,选举两名董事所需的股份数就是:100/(3+1)+1=26股。所以,股东乙(26股)能够确保一个董事席位的秘密就在这里。

但是,多数股东也不难发现这个公式的秘密:这个公式中只有两种数值,其中S显然在任何一家公司的某种选举场合都是定量,唯一的变量是D,也即董事人数。显然,D越大,X就越小,也即董事会规模越大,少数股东提名的候选人当选的门槛就越低,董事会规模越小,少数股东提名的候选人当选的门槛就越高。

三、多数股东的"秘密"与操作技巧

正是基于对于公式"$X \geqslant S/(D+1)+1$"的精研,多数股东很快发现,只要降低D这一变量,就可以提高X的数值,也即提高少数股东选出"代言董事"的持股门槛。那么,在累积投票制所发源的美国上市公司中,多数股东是否均拼命降低董事会规模呢?那倒也不尽然,毕竟一家大型公众公司(上市公司)的董事会是公司治理的核心,是公司的门面,规模偏小会引发更多的问题,如果仅仅出于抬高少数股东选入"代言董事"门槛的考虑,就刻意降低董事会规模,有些剑走偏锋,可能会得不偿失,所以一般会维持在9~15人的规模上。但是多数股东可以引入董事任职的交错任期制,在保持董事会体面规模的同时,悄然将首届董事会之后的董事选举中D这一变量变小,从而经过数轮的替换董事选举,将原来凭借累积投票制进入董事会的少数股东代言董事清除出公司董事会,仅保留多数股东的"代言董事"。

如果读者对于交错任期制有所了解,对上段所言就能够快速理解;否则,建议参阅本书第六篇在"董事的任期如何确定?"中关于交错任期制的介绍。

四、现行法评析

具体到我国,即使没有多数股东处心积虑地采取措施减弱、抵消累积投票效果,上述公式也说明累积投票制要想取得实效,还取决于两个相关因素:一是股东的股权结构不能过于失衡,如股东间的持股量过于悬殊,少数股东仍然无法选出代言董事。二是董事会应保持一定的规模。规模过小将抬高少数股东选出代言董事的门槛。例如,一些上市公司第一大股东的持股量与公众股东的持股量相差悬殊,加之将分散的公众股东投票权集合起来行使的机制(如表决权代理征集与信托)难以有效运行,累积投票制的实效实在有限。

由此可见,现行法关于累积投票制的政策——控股股东控股比例在30%以上的

上市公司强制实行、其他上市公司建议推行、非上市股份公司任意实行、有限公司没有任何要求,颇有些南辕北辙的意味。

027　股东表决票如何设计?

一、设计一份股东表决票

正如前文我们已经明确,股东会会议上的股东表决只能通过书面方式进行。那么相关的一个问题就是,如何设计一份书面的股东表决票?

相信大多数成年人都曾有过选举班干部、团支书或者基层人大代表的经历,多多少少见识过选票的模样,对民主选举还是有所了解的。不过这种投票经历往往都限于人事投票。公司股东会的表决事项并不局限于董监高等人事投票,更多是关于具体事务的投票,比如说增资减资方案的投票、合并分立方案的投票、利润分配方案的投票、公司收购方案的投票等。更为复杂的是,一次股东会会议往往不只对一个议案事项进行投票。上市公司的一次股东会会议可能要对几十个提案事项进行投票,甚至曾有一家上市公司董事会曾收到某股东的1001项提案。

二、股东表决票的设计要点

设计书面的股东表决票有几个要点:

第一,抬头表明"××公司××××年第×次股东会"或"××公司××××年周年大会"。股东表决票应表明公司名称和会议届次,以便股东行使知情权时进行查找、查阅、归档等。

第二,表明股东会会议的召开时间和地点。规范的股东会会议都要有明确的地点和时间,不必多说。如通过线上会议的方式进行,则地点中要明确使用软件名称。

第三,明确股东表决票的投票股东。原则上每个股东因持股数量不同而表决权权重不同;更为复杂的是,如公司章程另有约定或者发行有类别股,每一个股东的表决权分量与持股数量并不完全挂钩,所以需要通过明确股东姓名以明确其对应的表决权分量。最好设计为"股东:＿＿＿＿＿＿",由投票股东自己手写,避免提前打印股东名字但股东并未参会,而给居心叵测之人以可乘之机。

第四,核心是设计出每一个议案投票的表格,表格内容包括各个提案事项的名称,以及投票的立场,可设计为赞成画"√"、反对画"×"、弃权画"○",一事一决。以表5-2-1为例。

表5-2-1 股东投票表

序号	审议事项	赞成	反对	弃权
1	本年度不分红		×	
2	增资5000万元			○
3	合并A公司	√		

第五,文件尾部设置投票股东的签字处及日期载明,可以前后呼应,并起到一定的防伪作用。

三、表决中的实操要点

实操中,有四个点需要特别注意。

第一,对于反对画"×",有股东没注意,就会在反对的栏目下画"√",此时这种投票方式是错误的。会议组织者需要在纸质的股东表决票上,特别提醒股东用正确的符号进行投票,会议主持人也需要在投票前当场口头说明,甚至借助视频演示。

第二,如某股东本来想投弃权票,后来想改为反对票,中间进行涂改,此时要么需要更换新的股东表决票,要么需要在涂改处签上股东的名字,以表示该涂改确实是投票股东本人的真实意思。

第三,股东表决票要形成统一、固定的格式模板,不宜一次股东会会议的表决票规定赞成画"√",下一次股东会会议的表决票规定赞成画"○",以免造成混淆,也有可能给股东带来不必要的困扰。

第四,如允许股东不统一行使表决权,则要求会议表决票的设计有相应保障。

四、规范设计表决票的重要价值

会议表决票的设计关涉股东行使表决权,如会议表决票设计得较为混乱,不仅会影响股东会会议进行的效率,还会影响股东正常行使表决权,本质是公司治理低下、无序的体现。将会议表决票设计得美观整齐、大方统一,其实是公司董事会秘书办公室(或者合规办、法务部)工作的基本要求。公司的董事长或者上市公司的董事会秘书要重视会议表决票的设计,对其进行严格审查,避免出现重大疏漏。

028　关联股东须回避表决吗?

关联股东的回避是一个复杂的公司法制度设计,背后的考量因素极为复杂。具体到我国,绝大多数的各类公司股权结构较为集中,且实务中与目标公司发生关联交易的股东(关联股东)在大多数情况下恰恰都是多数股东。以甲公司的控股股东A为例,若A本人,或者A的配偶及子女等近亲属,或者A另外投资的乙公司,或者A任职高管的丙公司,或者A的近亲属参股的丁合伙企业等与甲公司发生交易,均构成关联交易。那么股东A作为关联股东,是否均应该回避?

一、中性的关联交易及利益冲突防范机制

(一)关联交易的本质

回答上述问题之前,需要先了解什么是关联交易。所谓关联交易,是指公司与关联人之间发生的一切转移资源或者义务的行为。一般认为,凡基于关联关系而发生的交易,即为关联交易。《公司法》第265条第四项规定:"关联关系,是指公司控股股东、实际控制人、董事、监事、高级管理人员与其直接或者间接控制的企业之间的关系,以及可能导致公司利益转移的其他关系。但是,国家控股的企业之间不仅因为同受国家控股而具有关联关系。"据此,关联关系分为两类:一类是双控人、董监高与其直接或者间接控制的企业之间的关系,另一类是可能导致公司利益转移的其他关系。前者乃形式标准,需满足主体身份要件;后者乃实质标准,需具备导致公司利益转移的可能性要件。

关联交易的本质在于,看似是两个独立主体订立合同,但实际上合同的订立完全由一方主导。

举例。原本甲、乙两公司之间订立买卖货物的合同,甲公司作为买方必然希望物美价廉,而乙公司作为卖方必然希望以高价卖出货物,双方存在绝对的利益对抗,唯此才能经过真实的讨价还价,在某个边界上达成合意。但在关联交易的情况可能完全不同。如B持有甲公司51%的股份,同时持有乙公司100%的股份,B能控制甲、乙两公司,也就能一手主导交易;同时由于B对交易双方的持股比例不一致,最

终很可能会签订一份有利于乙公司、损害甲公司的合约,进而侵害甲公司的债权人与其他股东的利益。

但是,上述描述并不意味着关联交易必然不公允。实际上,关联交易在现代社会经济生活中扮演着重要的角色,且多数情况下是正面角色。再回到上段合约,正是基于 A 的关联关系,甲、乙两公司的缔约成本会大幅降低、履约成本也会大幅降低,通常陌生人之间交易的缔约尽职调查、资信考察、信用担保等尽可以省却。更为重要的是,甲、乙两公司的业务很可能是上下游的关系,产业的上下游契合度非常高,完全可以订立一份双赢的合约。

所以,法律非但不禁止,反而隐隐地鼓励关联交易的进行;当然,由于关联交易的决策特殊性,也确实可能发生不公允的情况。

(二)合同法、公司法的规范分工各不相同

除去税法、刑法等公法部门规制不公允关联交易外,关联交易的私法规制主要依赖合同法与公司法。但是,考察各国合同法,其对关联交易并未有特别的规制手段,关联交易与其他合约一样适用合同法上关于合同成立、效力、履行、违约责任、纠纷解决等普通法规则。公司法作为组织法为关联交易提供了特别规范,这些规范主要集中在事前的正当程序规范上,也即通过正当程序来保障关联交易的结果公允。

公司法有多个规制关联交易的程序规则,且相互配套,其中关键的一环是设置关联人在关联交易议决时的回避规则。但梳理现行公司法不难发现,针对关联股东回避的规定仅见于第 15 条,该条第 2 款、第 3 款明确规定公司为股东、实际控制人提供担保的,应交由股东会而不是董事会决议,且该股东或者受实际控制人支配的股东需要回避表决。除此之外,再没有关于关联股东需要回避的其他规定。

回到本问最初的举例,《公司法》并没有强制要求 A 必须回避,如果公司章程作如此安排,则另当别论。即便如此,还是应当肯定关联股东回避表决制度在防范不公平关联交易、维护公司利益和保护少数股东权益方面的积极作用。因此,建议公司结合自身实际情况,在公司章程中增设更多的关联股东回避表决的条款。

二、《公司法》为何审慎地规定关联股东回避规则

与《公司法》第 139 条、第 185 条关于董事(也包括监事、高管,下同)与公司的关联交易也即自我交易的规制相比,公司法对关联股东关联交易的规制在手段与严格性上有很大区别。对于董事自我交易,《公司法》要求关联董事必须恪守信息披露、

交付董事会/股东会表决以及本人回避这三项合规程序,缺一不可,否则就违反了董事自我交易的正当程序,关联董事要承担相应的不利后果。关于董事自我交易的回避规定,请参阅本书第六篇的相关介绍,此处不展开。

那么,为何《公司法》不普遍要求关联股东对关联交易进行回避表决呢?此处的解释有四:

其一,绝大多数关联交易,依照《公司法》、公司章程的规定,未必需要交付股东会议决,此时所谓关联股东的回避也就是一个不存在的命题。从《公司法》第59条、第67条关于股东会、董事会的职权规定不难看出,股东会很少负责审批一项关联交易,除非涉及分立、合并等事项。至于交付董事会议决或者董事长、总经理决定的交易,则转化为董监高回避规定的适用问题,对此读者可以参考前引第139条、第185条等规定。

其二,即便是需要股东会议决的关联交易,关联股东如确需回避,也更多地依赖公司章程的规定,《公司法》并不反对公司章程规定关联股东回避表决的更多情形。

其三,如进行过于严厉的回避规定,虽可以最大限度避免双控人的不当关联交易行为,但也可能导致极端情形下,出现少数股东掌控公司经营管理权的情形,这无疑是代理成本更高的制度安排。

其四,系基于维护控股股东剩余控制权与剩余索取权的考量。一方面,基于巨量资产的投入,控股股东承担了更大的投资风险,理应享有剩余控制权与剩余索取权,加之关联交易的中立性以及在现代社会经济生活中的分量,控股股东更加便利地决定关联交易,会带来更多的经济效率,这一法益值得《公司法》去维护。另一方面,考虑到我国国家出资公司的实情,如果严格适用关联股东回避规则,会对包括履行出资人职责的机构在内的广大控股股东正常行使股东权利的行为构成一种桎梏,此时难免自缚手脚。总之,这是利益衡量后的一种立法政策选择,其中不乏本土国情的特别考虑。

分篇三

开会中

不同的会议类型、会议现场流程完全不可同日而语。作为将产生法律效力文书的会议,股东会会议的严肃性丝毫不亚于国家立法机关对于法律案表决的会议。所以,会议流程绝非一个过场,而是基于法定、章定规则的法律程序汇演。股东会会议流程的多个环节,与其后形成的股东会会议决议得否被撤销,息息相关。

本分篇共设13问,围绕公司股东会会议的开会现场及其秩序维护而展开,现场感十足,实用性更强,也极具挑战性。

029 如何表决各项议案?

绝大多数公司不经常召开股东会会议,股东会会议一经召开,往往会有少则几项多则数十项议案需要交付表决。那么问题来了,这些议案是如何交付与会股东表决并在较短时间内得出结果的呢?

2025年证监会《上市公司章程指引》第87条规定:

除累积投票制外,股东会将对所有提案进行逐项表决,对同一事项有不同提案的,将按提案提出的时间顺序进行表决。除因不可抗力等特殊原因导致股东会中止或者不能作出决议外,股东会将不会对提案进行搁置或者不予表决。

以上虽是对于上市公司股东会的规定,但这反映了公司股东会与其他法人机关表决方式的一般原则,故也适用于其他类型的公司与法人机关。根据这一规定,需要注意三个基本法则。

一、逐项表决是原则，合并表决是例外

所谓逐项表决，就是每一个议案为一个表决项，比如今天的股东会会议有十项相互独立的议案，股东表决票的表格中就应该列出十项，每一项对应股东的表决选项（赞成、反对、弃权），股东可以就每一个议案作出单独的表决意思。

但逐项表决有一个例外，就是差额选举董监事适用累积投票制。由于每个股东的总投票数是根据董事、监事的数量乘以股份数得出的，尔后股东还可以自由决定在每一个候选人身上使用的投票数，所以无法针对每一个候选人进行逐项单独表决。回到前文我们反复举出的例子，A公司本次股东会要选出三个董事，甲乙股东各有74%、26%的股权，共有甲、乙提名的六个候选人，如采用直接投票制，是可以逐项表决的，也即甲、乙根据自己的投票数（74票、26票）就六个候选人的对应投票栏一次性分别投票即可；但是在累积投票制下，甲乙对于六个候选人的总投票数分别是222票、78票，这些总票数如何使用是甲、乙统筹安排的，所以这六个候选人的当选事宜必须合并表决。

二、顺序表决

如果对于同一事项有不同提案，将实行顺序表决，也即按提案提出的时间顺序进行表决。比如，某公司的股东年会上，会议通知载明的一个提案是不分红，有少数股东甲在收到会议通知后提出的临时提案为"将本年度公司税后利润3000万元中的1800万元用于分红"。这就是针对同一事项的不同提案。对此，如果合并投票或者同时投票，既不必要也不科学，应该先就董事会的不分红提案进行表决，尔后再就甲股东的分红提案进行表决。如果前者获得通过，后者应该没有通过的机会；如果前者不通过，后者可能通过也可能不通过。

三、原则上禁止搁置表决、不予表决

能否将列入会议议程的议案搁置表决或不予表决？这一问题在股东会、董事会中有所不同。由于董事会是一个执行机关，董事会对议案进行决策投票前，可以组织讨论、辩论、修改，以求达成各方或者多数董事能够接受的决议案，最后再交付表决，这也是实务中的通常做法。但对于股东会，我们反复强调，参会股东是没有就议案进行讨论、辩论、修改以求再完善的环节的，主持人介绍完议案后一般就径直投票

了。在表决前如有股东提出质询,管理层负责答复,但也不能修改议案。打一个比方,各国的议会就某个法律案交付表决前,可以进行讨论、公开辩论、反复修改,以使法律案更加完善,以求得到更多党派的议员支持;但是,没有见过哪个国家、地区举行全民公决时对公决案举行民众讨论、辩论程序的,此时直接交付全民投票即可。

所以,依照股东会会议的一般法理,除不可抗力等特殊原因导致股东会会议中止或不能作出决议外,股东会会议将不会对提案进行搁置或不予表决。此处的不可抗力等特殊原因,比如会议现场突发恐怖袭击事件或者地震,以至于股东会会议不得不暂时中止,无法进行表决;此处的"不能作出决议",比如会议通知载明的召开时间是某天上午9:00~12:00,但由于少数股东成心阻止决议的通过而组织起漫长的质询,以至于到了规定的会议结束时间尚不能交付表决的情形。

030 有法定足数要求吗?

一、何谓出席股东法定足数

1. 基本原理

出席股东法定足数(quorum),指出席会议的股东所代表的表决权满足法定的最低标准,股东会会议才能合法召开,通过的决议才能有效。出席股东法定足数的法律价值在于,保障股东会会议所形成的公司意思能够反映大多数股东的意思,保证通过决议的正当性与公正性基础,防止个别股东操控公司意思,甚至损害其他股东利益。各国公司法对此多有规定,美国《标准商事公司法》第32条规定:

除公司章程另有规定外,有表决权的股份之多数拥有者亲自或由代理人出席会议,应构成股东会议的法定人数。但在任何情况下,法定人数也不应少于在会议上有表决权股份的1/3。一旦达到会议的法定人数,则由出席会议的对该事项有表决权的股份的多数票赞成所决定的事项,应视为全体股东的行动。

但美国多数州公司法对此作了变通性规定,多将法定足数定为已发行在外股票的50%以上,在一些特殊情况下才可以降到1/3。可见,虽然全体股东都可以参加股东会会议,但出席股东法定足数的计算基数是有表决权的股东,无表决权的股东不被计算在内。

2. 一处细节:股东中途退席与法定足数

股东会会议的出席股东最初达到了法定足数,但部分股东为阻止于己不利的决议通过,可能选择退席策略,以求打破法定足数。对此现象,美国《标准商事公司法》第7.25条(b)款规定,一旦形成法定足数,那么它将持续存在,即使部分股东退出会议,也不影响其余的股东继续开会。我国台湾地区判例认为,"股东会,其出席之股东于中途退席,固不影响已出席股东所代表公司已发行股份之额数。但其表决通过议案,是否已有出席股东表决权(非指表决时在场股东之表决权)过半数之同意,仍应就其表决同意之股东表决权核算,始符法意"。英国《1948年公司法》附件1第53条也曾有类似规定,但英国《1985年公司法》的附件1第40条则清楚地规定法定足数必须自始至终满足。折中的处理原则是:与会股东中途退场,不影响继续开会;但在计算表决权数时仍应以最初出席数为基础。这样,中途离场股东被视为投弃权票,以在节约会议成本与维护资本多数决原则之间求得平衡。

二、我国的规定与实践

(一)两类公司的不同

针对有限公司,《公司法》第66条第2款、第3款规定:

股东会作出决议,应当经代表过半数表决权的股东通过。

股东会作出修改公司章程、增加或者减少注册资本的决议,以及公司合并、分立、解散或者变更公司形式的决议,应当经代表三分之二以上表决权的股东通过。

针对股份公司,第116条第2款、第3款规定:

股东会作出决议,应当经出席会议的股东所持表决权过半数通过。

股东会作出修改公司章程、增加或者减少注册资本的决议,以及公司合并、分立、解散或者变更公司形式的决议,应当经出席会议的股东所持表决权的三分之二以上通过。

上述不同的规定确立了两类公司的制度区分。这一区分也隐含了对两类公司的股东会会议法定足数的不同要求:对于有限公司,以全体股东所持表决权为计算基数,意味着有限公司股东会会议存在隐性的法定足数规则,即如果与会股东所持表决权数不足全部表决权数的2/3(有重大事项表决)或者未超过半数(仅一般事项表决),该股东会便无法作出有效决议。股份公司股东会会议则不存在显性抑或隐性的法定足数规则。以上的不同规则,是在两类公司公众性程度不同的制度预设下作出的不同设计。

(二)如何看待股份公司不规定法定足数

1. 抽象理论上的弊端

假设某股份公司持股比例为 6.7%、3.3% 的两个股东联合起来合法地自行召集、主持股东会会议,只要前一个股东对议案投赞成票,就可以作出普通或特别决议。股东会可能出现被个别股东(甚至少数股东)操纵的可能性。

有鉴于此,上述规定引发不少批评,被指易于引诱个别股东操纵公司,不利于少数股东利益的保护。需要指出的是,这一理论上的弊端非常抽象,上例也非常极端,在我国大多数股份公司股权集中的背景下,现实发生的可能性更是微乎其微。换言之,这一理论上的弊端可能被非经验性地夸大了。

2. 应对之策

如果《公司法》强行规定出席股东法定足数,会出现另一种法律风险:由于一些上市公司的股权分散,绝大多数公众股东缺乏参与股东会会议的积极性,以致无法成功召开股东会会议。

所以,可行的理性方案应该是,坚持现行公司法的规定,同时引导各股份公司尤其是上市公司,通过公司章程来决定是否规定出席股东的章定足数。

031 多数决(一):如何计算?

股东会决议通过的要求是达到多数决,即投赞成票的股东所持有之表决权超过 1/2 或更高比例。判断股东会决议是否达到多数决,需明确股东会决议多数决通过的计算方式。此问题看似简单,实则大有玄机:在现行公司法的制度安排下,有限公司与股份公司的股东会决议多数决通过的计算方式既有共通之处,也有重大区别。作为一种缺省性规则,此类议事规则在填补公司章程表意漏洞的同时,也留下了公司自治的必要空间。因此,有必要条分缕析地揭示如何进行表决权计算的"魔鬼细节"。

一、前置性问题:如何理解出资比例

《公司法》第 65 条规定,除非有限公司章程另有规定,否则"股东会会议由股东

按照出资比例行使表决权"。对此规定,疑问在于此处的出资比例是认缴比例还是实缴比例?由于有限公司实行限期认缴制,此问题有讨论的价值。

正确的答案是认缴比例。首先,从体系解释看,当涉及以实缴出资比例划定权利边界时,《公司法》文本均有明确提及。例如,《公司法》第210条明确规定,公司股东原则上以实缴出资比例分配盈余。《公司法》第227条也明确规定,有限公司股东按照实缴出资比例认缴新增注册资本。

其次,如将出资比例限缩解释为实缴比例,当股东均未实缴时,则无人享有表决权。通过此种对归谬法的使用可以看出,按实缴比例行权的观点并不合理,应推定以股东的认缴比例行使表决权。

还有,《九民纪要》第7条也明确指出:

股东认缴的出资未届履行期限,对未缴纳部分的出资是否享有以及如何行使表决权等问题,应当根据公司章程来确定。公司章程没有规定的,应当按照认缴出资的比例确定。如果股东(大)会作出不按认缴出资比例而按实际出资比例或者其他标准确定表决权的决议,股东请求确认决议无效的,人民法院应当审查该决议是否符合修改公司章程所要求的表决程序,即必须经代表三分之二以上表决权的股东通过。符合的,人民法院不予支持;反之,则依法予以支持。

据此,除非公司章程或股东会决议有明确的不同规定,否则应按照认缴情况确定表决权比例。

对于股份公司,由于实行实缴制,所以不存在上述疑问。针对股份公司,《公司法》第116条第1款规定:

股东出席股东会会议,所持每一股份有一表决权,类别股股东除外。公司持有的本公司股份没有表决权。

这就明确了三点:一是股份公司股东按照所持股份数享有表决权,即所谓一股一权、同股同权;二是允许发行不遵循一股一权、同股同权的类别股;三是股份公司自持股份没有表决权。

二、共通之处:形式与实质之类别股

在股份公司中,《公司法》第144条第1款第2项明确,公司可以发行每一股的表决权数多于或少于普通股的股份,即所谓特别表决权股。根据第144条第2款的规定,公开发行股份的公司不得发行特别表决权股,但此前已经发行也是有效的,这也意味着非上市股份公司均可发行之。通过发行此种类别股,股份公司可以摆脱单一化的表决权计算方式,对股东表决权进行灵活设计,以实现控制权的灵活分配,满足不同股东异质化的投资目的,更好地实现公司自治目标。

对于有限公司而言,通过《公司法》第65条但书的赋权性规则,公司章程也可以设计灵活度更高的表决权计算方式,此乃有限公司实质之类别股。具言之,有限公司章程可以规定不按照出资比例行使表决权,构建类似股份公司的"特别表决权股"制度。对此制度,应注意三方面的适用要点。

1. 从文义上理解,此处的公司章程并未限定为初始的公司章程,这也就意味着后续修改章程也可对表决权方式作出自治性规定。实务中,控股股东有可能利用多数表决权在公司成立后对表决方式作出修改,此种修改原则上有效;但如违反了少数股东的合理期待,过分侵害少数股东利益,则亦有构成股东权利滥用之虞。

2. 公司章程可以约定对股东表决权进行限制。《九民纪要》第7条规定,"股东认缴的出资未届履行期限,对未缴纳部分的出资是否享有以及如何行使表决权等问题,应当根据公司章程来确定。公司章程没有规定的,应当按照认缴出资的比例确定。如果股东(大)会作出不按认缴出资比例而按实际出资比例或者其他标准确定表决权的决议,股东请求确认决议无效的,人民法院应当审查该决议是否符合修改公司章程所要求的表决程序,即必须经代表三分之二以上表决权的股东通过。符合的,人民法院不予支持;反之,则依法予以支持"。鉴于此,建议股东提前在公司章程中规定对未出资股东表决权的限制,否则日后仍需作出相应股东会决议,导致公司治理徒增变数。

3. 公司章程可以约定对股东表决权进行强化。为实现控制权分配等自治目的,有限公司股东可在公司章程(最好是初始的公司章程)中约定,对公司发展至关重要的某个股东享有一个比例更高的表决权,而相应降低其他股东表决权比例。

三、重大区别:两类公司多数决计算的基数

根据前引第66条的规定,有限公司决议通过比例的计算基数(分母)是全体股东所持表决权,股份公司决议通过比例的计算基数(分母)则是出席股东会会议的股东所持表决权。基于此,有限公司股东会决议之通过,要求赞成票达到全部表决权数的一定优势比例,不出席股东会会议的股东等同于投反对票、弃权票。股份公司则要求赞成票达到出席股东会会议的股东所持表决权数的一定优势比例,不出席股

东会会议的股东此时与回避表决的股东类似,不会对决议的通过产生不利影响。由此可见,理论上,股份公司股东会通过决议更为容易。

四、其他细节:表决权回避

比如,根据《公司法》第 15 条第 2 款、第 3 款的规定,公司为股东、实际控制人提供担保需经股东会决议,且被担保的股东需回避表决。这意味着,回避表决的股东所持有的表决权不计入多数决计算的基数。

举例。某股份公司有表决权的股份数为 1 亿股,本次股东会会议就该公司为股东甲的债务提供保证事项进行表决,其中甲持股 5400 万股。假设全体股东与会,那么参会股东所代表的总股份数为 1 亿股,但有权投票的总股份数是 4600 万股;如持有 1500 万股的股东乙缺席,则参会股东所代表的总股份数是 8500 万股,但有权投票的总股份数是 3100 万股。

除此之外,如前文所详述,《公司法》并未规定股东需回避表决的其他事项,公司可以根据自身情况在公司章程中设置个性化的股东回避表决条款,以防止股东实施利益冲突的行为。

032　多数决(二):类型有哪些?

前一问详细探讨了股东会决议多数决通过的计算方式。在确定了计算方式之后,接踵而来的问题即为达到何种比例才视为决议获得通过。本问将首先分析决议多数决的具体类型,以澄清法定多数决的类型及其分别指向的决议事项;下一问将具体探讨公司章程是否能够提高表决权比例的通过要求,即意定绝对多数决的设置问题。

根据不同事项决议所涉及的公司与股东利益的不同以及两类公司的不同特点,《公司法》设置了三种通过难度不等的多数决类型:普通多数决、绝对多数决和全体股东一致决。下文逐一分析。

一、普通多数决

针对股东会决议的大部分事项,《公司法》推定其适用普通多数决,即投赞成票的表决权超过 1/2。对于有限公司，《公司法》第 66 条第 2 款规定"股东会作出决议，应当经代表过半数表决权的股东通过。"对于股份公司，《公司法》第 116 条第 2 款规定"股东会作出决议，应当经出席会议的股东所持表决权过半数通过。"

再次强调，《公司法》明确多数决的要求是过半数，而非半数以上。这意味着，如出现了赞成票和非赞成票各 50% 的情形，则并不符合过半数的要求，此时意味着该决议未获通过。

相较普通多数决，更值得分析的是《公司法》规定的另外两种多数决类型。

二、绝对多数决

为保护公司少数股东的利益，《公司法》对涉及股东与公司利益的重大变更事项作出了更高的表决权通过比例要求，即投赞成票的表决权需达到 2/3 以上。

与此同时，基于公司法理，《公司法》对部分决议事项作出了豁免决议的规定。比如《公司法》第 152 条第 2 款规定：

董事会依照前款规定决定发行股份导致公司注册资本、已发行股份数发生变化的，对公司章程该项记载事项的修改不需再由股东会表决。

这一规定，其要旨在于，股东既然已通过公司章程或股东会决议授予董事会新股发行权，便无必要再由股东会决定公司章程能否作相应修改，此规定系对公司效率的尊重。

《公司法》上的绝对多数决规定简单罗列如下：

第 66 条第 3 款规定：

股东会作出修改公司章程、增加或者减少注册资本的决议，以及公司合并、分立、解散或者变更公司形式的决议，应当经代表三分之二以上表决权的股东通过。

第 116 条第 3 款规定：

股东会作出修改公司章程、增加或者减少注册资本的决议，以及公司合并、分立、解散或者变更公司形式的决议，应当经出席会议的股东所持表决权的三分之二以上通过。

第 135 条规定：

上市公司在一年内购买、出售重大资产或者向他人提供担保的金额超过公司资产总额百分之三十的，应当由股东会作出决议，并经出席会议的股东所持表决权的三分之二以上通过。

第 146 条第 1 款规定：

发行类别股的公司，有本法第一百一十六条第三款规定的事项等可能影响类别股股东权利的，除应当依照第一百一十六条第三款的规定经股东会决议外，还应当经出席类别股股东会议的股东所持表决权的三分之二以上通过。

第 153 条规定：

公司章程或者股东会授权董事会决定发行新股的，董事会决议应当经全体董事三分之二以上通过。

第 162 条第 1 款、第 2 款规定：

公司不得收购本公司股份。但是，有下列情形之一的除外：

（一）减少公司注册资本；

（二）与持有本公司股份的其他公司合并；

（三）将股份用于员工持股计划或者股权激励；

（四）股东因对股东会作出的公司合并、分立决议持异议，要求公司收购其股份；

（五）将股份用于转换公司发行的可转换为股票的公司债券；

（六）上市公司为维护公司价值及股东权益所必需。

公司因前款第一项、第二项规定的情形收购本公司股份的，应当经股东会决议；公司因前款第三项、第五项、第六项规定的情形收购本公司股份的，可以按照公司章程或者股东会的授权，经三分之二以上董事出席的董事会会议决议。

第 163 条第 2 款规定：

为公司利益，经股东会决议，或者董事会按照公司章程或者股东会的授权作出决议，公司可以为他人取得本公司或者其母公司的股份提供财务资助，但财务资助的累计总额不得超过已发行股本总额的百分之十。董事会作出决议应当经全体董事的三分之二以上通过。

第 229 条第 1 款第 1 项、第 2 项规定：

公司因下列原因解散：

（一）公司章程规定的营业期限届满或者公司章程规定的其他解散事由出现；

（二）股东会决议解散；

第 230 条规定：

公司有前条第一款第一项、第二项情形，且尚未向股东分配财产的，可以通过修改公司章程或者经股东会决议而存续。

依照前款规定修改公司章程或者经股东会决议，有限责任公司须经持有三分之二以上表决权的股东通过，股份有限公司须经出席股东会会议的股东所持表决权的三分之二以上通过。

三、有限公司的全体股东一致决

（一）法律规定

在公司法中，为保障股东，尤其是少数股东的利益不受侵害，《公司法》对有限公司全体股东合意机制作出了特别规定，主要针对的是可能会违反少数股东合理期待的事项。对于此类事项，唯有获得全体股东之同意，偏离《公司法》缺省性规则的自治性安排才具有正当性和法律效力。

在公司资本制度方面，根据《公司法》第210条第4款、第224条第2款、第227条第1款的规定，经有限公司全体股东约定，可以不按照实缴比例分配利润、进行非同比减资以及优先认缴出资。以上事项均为关系到股东持股比例和资产收益权的重大事项，《公司法》将其设定为全体股东一致决，体现出对股东权益保护与公司自治的平衡。

在公司治理制度方面，根据《公司法》第59条第3款的规定，对该条第1款规定的股东会职权所列事项，经全体股东书面形式一致同意的，公司可以不召开股东会会议，直接作出决定，并由全体股东在决定文件上签名或者盖章。据第64条，召开股东会会议，公司章程另有规定或者全体股东另有约定的，可以就会议提前通知时间作出自治性规定。又据第83条，规模较小或者股东人数较少的有限公司经全体股东一致同意，可以不设监事。

（二）司法推理

在公司立法之外，司法实践也围绕着股东权益保护积极地进行漏洞填补，创制出了部分全体股东一致决事项。比如，在江苏无锡中院（2017）苏02民终1313号陈某和诉江阴联通实业有限公司公司决议效力确认纠纷案中，苏州市中级人民法院认为，出资期限利益影响股东的固有权利，缩短出资期限需全体股东一致决。针对涉及股东固有权利的事项，如果决议要进行限制，最好事先取得全体股东的一致同意，否则存在被法院否定之风险。

033　多数决（三）：公司章程可以上提吗？

上问具体分析了多数决的法定类型，那么公司章程能否提高法定的表决权比例要求？答案是肯定的。但公司章程的个性化设计并非没有效力边界，表决权通过比例的要求也并非越高越好。对公司章程中表决权通过比例的设计，既需充分关注多数决法律规范的属性和规范意旨，也需考量公司的现实情况和各主体的利益关切，这考验着公司治理者和章程设计者的商业智慧和法律表达能力。下文的分析将为公司章程的具体设计提供启示。

一、公司章程提高表决权比例的方式

1.提高比例

公司法理论与实务一般认为，《公司法》第66条第2款、第116条第3款均为半强制性规范——公司章程不能降低多数决事项的表决权通过比例要求，但可以提高该比例，意在不减损《公司法》对少数股东的保护力度。

2.设置全体股东一致同意条款

表决权通过比例提高到极致，就演变为全体股东一致同意条款。在实务中，少数股东强势的，或者若非如此少数股东拒绝加入的，往往有此类条款，但易于滋生事后纠纷。司法实践一般的经验是，若干事项列举型的全体股东一致同意条款，认定为有效；概括型的一致同意条款的有效性便值得考量。不少判决拒绝认定为有效，其背后的利益衡量在于，概括型的一致同意条款将导致公司治理完全合伙化，这不符合公司这一商事组织的基本特性，尤其是对于股份公司而言。而对于上市公司，要求全体股东一致同意的条款一律无效，因为这是不可能完成的，从根本上违背了公众公司的表决制度逻辑。

总之，建议公司章程设置一致同意条款时，应当列明该条款所针对的具体决议事项，防止日后效力存疑，衍生诉讼。

3.要求特定（类别）股东同意

为保障特定股东或类别股股东的商业利益，公司章程还可以设置条款要求某些个别的特定事项经过该（类）股东的同意。比如，国有企业改制过程中，为保障国有股东的控制权,可以考虑为其设置一票否决权。实务中,此种条款多见于创业型公司创始人与投资人的协议中,以保障公司创始人的控制权。

4.提高股东参会的定足数要求

前文已述,《公司法》已经为有限公司设置了隐含的会议法定足数要求。在此基础上,有限公司章程可以进一步提高股东参会的定足数要求,以保障少数股东权益,司法实践对此类条款的效力持肯定立场。

需要指出,尽管公司章程可以提高表决权通过比例的要求,但是此类条款仍需遵守法律、行政法规的强制性规定,不得滥用股东权利或损害其他股东利益,不得未经股东允许施加其义务或剥夺其固有权利,否则将不具有法律效力。

二、多数决比例要求越高越好吗

尽管公司章程可以提高表决权通过比例,通常情况下这样也确实有利于少数股东的利益保护,但是事物都有两面性,多数决的比例要求并非越高越好。如公司章程设置的表决权通过比例过高,甚至设置了全体股东一致同意条款,这就意味着持股比例很低的股东也可以否决决议的通过,这样的约款会为未来的公司治理埋下伏笔——令少数股东享有滥用其股东权利之机会,提高公司僵局出现的可能性。因此,公司章程设计者应当充分重视此种风险,慎重、合理地设置表决权通过比例要求和其所针对的事项。此外,还可以考虑配套规定公司僵局处理办法条款,比如一旦出现公司僵局,可由其他股东或公司以公平价格购买股东股权,以应对多数决比例要求提高所可能导致的公司僵局。

当然,少数股东如有权利滥用的行为,其他股东或控股股东(如有)可以依据《公司法》第21条、《民法典》第132条、《民法典总则编司法解释》第3条等规定,请求法院宣告少数股东滥用权利阻止决议通过的表决行为无效,并在造成损失时请求损害赔偿。

三、多数股东通过持股优势修改公司章程表决权条款的,少数股东怎么办

相较少数股东滥用权利,更为普遍的道德风险是控股股东在持股比例超过2/3后,利用其绝对控股地位大规模修改初始的公司章程,将有利于少数股东权益的条款全部废止,减损少数股东的权益,同时大肆增加有利于自己的条款。在"一损一

益"之间,股东压制已然形成。就此,少数股东的救济路径,首先是依据前述相关规范请求法院确认控股股东滥用股东权利通过的有关公司章程修改的决议无效,或退而求其次,请求控股股东依照《公司法》第 21 条第 2 款承担损害赔偿责任,或请求依照第 89 条第 3 款回购其股权。

034 投票、收票、计票、唱票、监票、公布结果如何进行?

一、全过程民主的要求

参加过班干部选举的,都会有这样的印象:同学们(选民)投票后,有两名同学(计票人)在班主任或团支书(监票人)的监督下进行计票,最后由班主任宣布选举结果。而股东会决议表决后,同样需要计票人、唱票人和监票人这三个角色。

具体到股东会,何人能担任这三个角色？首先要排除决议的利害关系人,比如股东及其近亲属等,可以是监事、董事或者法务部的工作人员等无利害关系的人员。比如该股东会的一项待决事项是选举张三担任董事,如让张三的儿子来计票,公正性可能受质疑。另外,计票人和监票人都需要两人及以上,以便互相监督,唱票人则一人即可。如公司情况复杂,为防止唱票人篡改表决结果错误唱票,唱票人也可以由两个人担任。

二、当场计票、唱票及宣布选举结果

我们强调"be present",一场股东会的表决,必须现场进行计票、唱票、监票和公布表决结果。

为什么需要计票？是因为股东会采资本多数决,每个股东享有的表决权是不同的,所以要经过计算。赞成票多少,反对票多少,弃权票多少,再除以总的表决基数,最终得出各类表决的占比。有限公司的总表决基数是全体股东的表决权,股份公司的总表决基数是出席会议的股东的表决权。计票时,对每一表决事项都要一一进行计票,计算每个事项的通过比例,这是因为由于利益的多元化,可能每个表决事项的通过比例都有不同。

如何进行唱票？比如，一次股东会会议表决了20个事项，如果每个表决事项的赞成比例都相同，那么在唱票时可以简单说："20个事项都通过,赞成比例100%。"但如果表决事项的赞成比例不同，那么符合程序正义的做法，就是将表决事项的表决结果一一唱票。虽然过程会因此变得冗长，但维护正当程序才是首要的。

表决结果何时进行公布？应该当场公布,这符合大家的常识,大家曾参与的班干部选举等,大多当场投票后便当场公布结果。实务中,著者曾遭遇过一些公司不合规的行为:投完票后,董事长说,"今天投完票,就散了吧,咱们明天再公布表决的结果"。为什么不是当天当场公布呢？这个时间差里,会不会存在暗箱操作的空间？比如,董事长在闭会期间先得知表决结果,如发现表决结果不合心意,就有可能暗地里找相关股东作思想工作,私下操纵重新投票,使最终的表决结果符合董事长的意思。

所以,线下会议需要置备一个投票箱,股东投完票后,当场如实监票、如实计票、如实唱票、如实公布表决结果。如果是线上会议,则应当依照网络软件设计的程序进行投票、计票,并当场宣布表决结果。如果是线上、线下相结合的会议,则应进行两者相结合的计票、监票与唱票,并当场宣布表决结果。

035　线上会议有哪些注意事项？

一、线上会议是时代的特征

随着信息技术的发展,越来越多的公司选择使用电子通信方式来举办会议和进行表决。《公司法》第24条也回应性地规定：

公司股东会、董事会、监事会召开会议和表决可以采用电子通信方式,公司章程另有规定的除外。

该规定承认公司线上会议召开的合法性,同时允许公司另有选择。从公司治理的视角,以电子通信方式召开股东会、董事会等会议不仅能降低会议成本,提升治理效率,还能够极大地便利股东参会,有利于减少少数股东的"搭便车"行为,促进股东积极主义运动的展开,强化股东民主。

根据对《公司法》第24条的合目的性解释,公司债券持有人会议、类别股股东会议、审计委员会会议、清算组会议等会议的召开及表决，当然也可以适用电子化形式，除非公司章程另有规定。上述会议的线上召开，亦可参考本书关于股东会线上召开的合规要点。

唯须注意，线上召开股东会会议仍然需遵守法律、行政法规、公司章程和相关规范性文件中关于股东会召开和表决的具体程序要求，否则作出的决议可能有存在程序瑕疵的隐患。

二、确保公司章程无相反规定

在规范性质上，《公司法》第24条属于缺省性规定，即公司章程若无相反规定，该条即可适用。电子通信未被限定为以特定软件进行，因此电子邮箱、语音电话、网络视频等方式均无不可。若出于某种考虑，公司章程或者处于同等约束力的全体股东协议排除了部分或全部电子通信方式，则此时公司不得采用该种电子通信方式召开股东会。

三、线上会议的若干细节

1. 线上会议通知资料的保管

就线上股东会而言，公司亦应遵守《公司法》第64条、第115条第1款关于股东会通知程序的规定，及时将会议时间、方式和提案内容等通知股东，并保留相关资料作为证据。考虑到线上会议的特殊性，公司应当根据会议的具体形式，将会议的网络地址、视频软件链接、二维码等及时通知股东，避免因通知程序瑕疵耽误某些股东参会而发生纠纷。此外，线上股东会会议亦需符合股东会召集、主持人选定、提案审查等程序要求，此等要求与线下股东会会议并无不同。

2. 会议录音录像，打开摄像头确保股东本人参会

就线上股东会会议而言，公司进行录音录像比较便利，而且关于股东会的录音录像应当是最为直观的证明股东会召开过的证据，因此公司有必要将其作为重要的会议资料，进行妥善保管。

此外，考虑到线上会议的形式，实务中可能会出现由他人代替股东本人进行参会的情形，由此可能衍生出不必要的纠纷。因此，建议公司要求股东打开摄像头，确保是股东本人参会，同时最好留存一张包含全体股东人像的"全家福"，以作为股东参会的证据。如股东委托代理人参加会议，此时需遵守《公司法》第118条的规范要

求,具体合规要点参见本篇第 20 问的相关内容。

3.保障股东发言的权利

在股东会召开过程中,股东有权在主持人的程序安排下,对会议提案发表自己的看法,或对公司的经营提出建议与质询。因此,线上股东会不仅需要保障股东表决的权利,也需要保障股东发言的权利。实务中,建议公司根据实际情况确定线上会议形式,确保股东能够在会议上顺利发言,以保障程序合法。

4.线上股东会的签字要求

根据《公司法》第 64 条的规定,股东应当在会议记录上签名或盖章。就线上会议而言,公司在制作完成会议记录后,亦应及时组织股东通过电子签名、邮寄纸质会议记录等形式进行签名或盖章,以确保程序合法性。

四、上市公司的特别要求

上市公司股东众多且较为分散,要求股东均参加线下会议显然并不现实,线上会议是便利股东参会、促进公司民主的重要手段。证监会《上市公司股东会规则》第 20 条第 2 款规定:

股东会应当设置会场,以现场会议形式召开,并应当按照法律、行政法规、中国证监会或者公司章程的规定,采用安全、经济、便捷的网络和其他方式为股东提供便利。

据此,采用网络和其他方式为其他股东参与股东会会议提供便利,是上市公司的义务,上市公司应根据自身实际情况,灵活采取各种电子通信方式,在维持会议秩序的同时,便利股东参与会议并进行投票表决。从近年来的实务来看,上市公司一般都采用线上、线下相结合的方式召开股东会会议,多数股东及其代理人、有线下参会意向的股东在线下参会,其余股东在线上参会并投票。

036 禁止录音录像吗?

一、公司可以录音录像

如上问所述,公司召开线上股东会会议,录音录像是常态,而且是常规要求,线下股东会会议亦然。对于股东会会议进行录音录像是许多公司保存会议资料的重要手段,也为股东保存相关证据并进行维权提供了便利。

问题是,与会股东可否对股东会会议录音录像?实务中确有此类行为,很多公司禁止股东对股东会会议录音录像,并因此引发纠纷甚至肢体冲突。从公司合规治理的角度,有必要对此展开讨论。

引发这一思考的,是著者曾经作为受托人参加过某家股份公司的股东会会议。该公司不仅在参会前统一收缴全体参会者的手机、电脑等电子设备,还明令禁止股东对股东会会议进行录音录像,其给出的理由是,维护公司会议秩序和保护公司机密。此处结合此例,点评股东会会议上禁止股东录音录像的做法及其理由是否有法律依据。

二、股东会会议是否涉及商业秘密

依照《公司法》第59条的规定,股东会议决涉及的固然都是公司重大事项,但是不会涉及商业秘密。对于股东会会议记录,《公司法》第57条、第110条明确规定,股东有权查阅、复制,可见凡股东皆有权知情。对于上市公司,不仅要在股东会会议召开前对决议事项进行公告,还需要在股东会会议召开后,对股东会会议的召开、出席和表决等情况向公众投资者披露。以上规定均说明,股东会会议一般不涉及商业秘密,公司以此为由禁止股东录音录像,至少在理由上站不住脚。

与股东会会议不同,董事会会议因涉及决定公司经营管理的具体事项,有可能涉及商业秘密。依照《公司法》第181条的规定,对董事会会议所涉的商业秘密进行保密也是董事信义义务的重要内容。实务中,公司亦可以通过公司章程等自治性文件,细化董事会关于保密的具体规定。

三、公司可否对参会股东搜身、收缴电子设备

为禁止股东对股东会会议录音录像,有公司在股东会会议召开前,对股东所携带的电子设备进行检查乃至收缴,还有公司对股东随身携带的手表、戒指、提包等个人物品进行扣留。这属于典型的侵害公民基本人权的违法行为,为法律所禁止。至于为禁止股东录音录像而衍生出的搜身举措,更是直接侵害股东的人格尊严,涉嫌构成违法犯罪。

从公司管理的角度,会议组织者应当尽可能地采取人性化措施,推动股东会会议的文明化与有序进行,构建股东友好型、平等型的公司治理文化,不要人为地营造

一种特别不体面的氛围,不仅贻笑大方,更与公司合规经营背道而驰。

四、给召集人、主持人的其他建议

如出于股东会会议保密的客观需求,公司确有必要禁止股东私自录音录像的,应注意以下要点:

1. 公司应当事前声明股东会禁止录音录像,并保留好相关证据。更为合适的做法是,在征求股东同意后,将股东会会议禁止录音录像的规定写入公司章程、股东会议事规则等自治文件。

2. 禁止股东录音录像的,应当允许股东随时调阅公司制作并保存的股东会录音录像,此乃股东知情权的应然内涵。

3. 如股东会会议确实有涉及商业秘密的内容,公司可与股东签订保密协议,并具体约定违反保密义务的违约责任,以确保股东履行保密义务。

037 如何处理参会者迟到与早退?

一、一些实例引发的思考

案例1。多年前,著者去某地参加一家大型股份公司的股东会会议,大概有20位股东及代理人与会,其中一位小股东迟到了大概5分钟的样子,被安保人员堵在门口,不让其进入会议室,引发喧哗。正在主持会议的董事长徐某中断讲话,询问因何事喧哗,担任会议记录人的秘书起身去门口,很快回来报告原委。说话间,迟到的小股东挤进会议室并在其个人铭牌边落座。徐董事长见状大为不满,高声质询"谁让你进来的?谁让你迟到的?你迟到耽误了会议议程,你可赔偿得起?"说到激动处,站起身来,一下子咆哮了大概10分钟。小股东关于寻找会场耽误时间的怯懦解释声音完全被淹没。徐某接着讲述着一家企业保持纪律的重要性,否则企将不企,既然对员工有此严格要求,对股东更不能姑息迁就,于是对着这位小股东吼道,"出去!"就在众人惊疑之间,他大手一挥,跑过来两个安保人员,将惊魂未定的小股东架起并拖出了会议室。

如果不是亲眼所见,著者断断不会相信这一幕,这像是一场突发的冲突,又像是一场事前编排的演出,因为该场股东会会议的背后的确充满了各方利益严重冲突的烟火味,只不过与这个小股东似乎并无直接干系。就在众人一脸惊愕之时,我站起来质询:"不让这位小股东参会的理由是什么?"董事长可能也奇怪,我作为一个股东的代理人出席会议,为何为这个不相干的股东出头,于是回答道:"不杀一儆百,难成规矩。"此时,国内某大律师事务所派驻会议担任公司法律顾问的律师起身解围,解释说"公司股东会议事规则有规定,禁止股东参加股东会迟到、早退",并飞快地出示书面文件条款给我看。我进一步追问:"即便如此,直接驱逐的依据又何在?"该律师默然以对,徐某见状解围说:"不要因为这个影响心情,我们继续开会。"

案例2。著者20多年前还参股过一家有限公司,股东也就六七人,但是股东会上经常不是张三迟到就是李四迟到,正好北京堵车是一个很好的理由。当时还没有视频会议技术,参会很耽误大家的时间,于是众股东签署了一个纸面的决议:迟到5分钟缴纳罚款100元,以此类推,不足5分钟的计作5分钟,当场缴纳,罚款用于股东会、董事会的会后餐费。该决议刚开始执行得不错,很快在多个股东身上累计筹措了1000多元,迟到现象得到遏制。但半年后,一股东一次性迟到将近90分钟,按照规则需要一次性缴纳1800元,该股东当场翻脸拒缴,一时会场不仅尴尬无比,该罚款规则也由此作废。

以上两个亲身经历的案例引发的思考如下:

——公司作为社团组织,可否订立对成员的罚款规则?如可以,是否具有法律上的强制执行力?

——公司强调股东会会议纪律无可厚非,但可否拒绝迟到的股东参会,甚至剥夺迟到股东参加会议并投票的权利?

——引申的问题还有,如有股东早退,又当否允许?应如何处理?该股东又如何进行权利救济?股东早退后,股东会会议召开的定足数是否应受影响?股东会决议效力是否会受到牵连?

二、重申股东权利及公司社团组织的处罚权

1. 股东参加股东会会议并投票,乃纯粹的股东权利

《公司法》第4条第2款明确规定,"公司股东对公司依法享有资产收益、参与重大决策和选择管理者等权利"。股东参与公司治理、行使股东权利的基本平台,就是

参加股东会会议并投票。在此意义上，股东参加股东会会议并投票，是民事权利，也是股东不可剥夺、限制之固有权。既然是民事权利，可以行使，也可以放弃。所以股东有参会的权利，也有不参会的自由。有全程参会的权利，也有中途参加（迟到）、中途退出的自由（早退）。有参会后行使投票的权利，也有拒绝投票（废票）或投出赞成票、反对票、弃权票的自由。

循此，无论公司出于何种考虑，凡是规定拒绝迟到、早退股东参会及行使表决权的规定，都属于内部的恶性规则，应该归于无效。

2. 公司无权处分股东的参会及投票权

人们可能会反驳，任何权利都不是完全的个人自由，如上所述，难不成要公然鼓励股东早退、迟到，影响会议的进行吗？公司作为一家单位不可以有自己的会议纪律吗？这个问题提得好，简要回答如下：

——不要混淆股东与董监高等公司管理层的角色，更不要将股东与公司员工混为一谈。既然任何股东参会与否，都不影响股东会会议的进行，股东拒不参会尚不能得到任何处罚，更何况迟到、早退。

——股东的迟到、早退，本质上属于对自己权利的处分，因为迟到、早退仅能影响自己权利的实现，而不会对公司、其他股东造成任何法律上的不利。如果因为有股东迟到而让其他股东等待，从而影响了会议的正常进行，那是后者的误解，或是对自己权利的让渡，与前者无关。至于个别股东迟到、早退从而对会议秩序造成的些微影响，比如吸引了众人的十多秒钟目光，就如上例的情形一样，那是公司及其他成员应承受的合理影响。

3. 社团组织对成员的经济处罚权

人们可能进一步追问，无论怎么说，股东会会议也是公司的会议，有人迟到、早退也是破坏公司纪律的事情，如公司不能剥夺股东的参会及投票权，那能否予以经济上的处罚呢？就如上文所举的第二个例子一样，作为封闭公司，股东有极强的人合性，如其他股东不等待某股东开会，不仅破坏人合性，也将导致股东会会议的失效。对此，可以从三个方面对照来看：

——股东之间可以建立起全体成员一致同意的处罚规则，这具有强制执行力，因为这等同于全体股东订立的一份契约。有人违约，自然应承担违约责任（罚款）。

——但需要说明的是，不是出于全体股东一致同意，而是由公司其他机关（比如董事会）订立的、面向成员的处罚规则，将是无效的，不能约束作为公司成员的股东。

——至于公司面向董监高等管理层订立的,如有董监高开董事会、监事会等迟到时的处罚规则,则是一种公司基本制度层面的规范性文件,适用于董监高以及员工时是有效的。

三、处理股东迟到的正确姿势

基于以上分析,回答两个具体问题。

1. 股东迟到的,能否继续参加股东会会议?如上文所述,即便公司章程、股东会议事规则有限制、禁止性规定,也是无效的。至于如果股东本人因未全程参与股东会会议,不能掌握全部信息,而影响其投票判断,则属于其本人意思自治范围内需承担的商业风险,无须公司为其操心。

2. 若迟到股东被阻止参加股东会会议,应如何寻求救济?理论上,股东若被禁止参加股东会会议,应视为剥夺股东参会权,属于决议的严重程序瑕疵,股东事后可以提起决议瑕疵之诉。

四、处理表决前股东早退的正确姿势

首先可以肯定的是,股东有权提前离开股东会会议。参会既然是股东的权利而非义务,股东自可自由选择全程参会与否。

真正对多数决产生影响的,是表决前的离会,如果有股东在交付表决后、宣布表决结果前离会,实际上对多数决之计算并无影响。

那么,表决前股东的中途离席是否影响参会股东的计算呢?对此,需要区分两类公司分开而论。

对于股份公司的股东会,其多数决计算的分母为参会股东所持表决权总数,因此只有股东参与表决,其表决权数才能计入分母。反之,如将表决前离会股东所持有的表决权数计入分母,实质上是拟制中途离席的股东投出反对票、弃权票,此种解释未必符合离席股东的真实意思,也将导致差异化调整股份公司和有限公司决议通过比例的规范意旨落空。因此,不应将中途离席股东所持表决权纳入股份公司决议多数决比例的分母。正确的做法是将表决前离会的股东视同未参会。

对于有限公司的股东会,其多数决计算的分母为全体股东所持有的表决权总数,因此股东不参会的,不论是表决前离席还是整场缺席,均可视为对决议投否决票。

五、公司自身的规范

需要澄清的是,股东可以在股东会会议上迟到或早退,并不意味着公司可以临时提前开始或推迟会议。这是因为股东会会议的时间需要由公司提前通知,若临时更改,则会导致股东会会议召集程序存在瑕疵。

038　管理层如何应对股东的会上质询?

一、质询权:股东的主动知情权

《公司法》第 187 条规定:

股东会要求董事、监事、高级管理人员列席会议的,董事、监事、高级管理人员应当列席并接受股东的质询。

据此,股东有权在股东会上对董监高等管理层提出质询。质询权作为股东的知情权之一,是不可剥夺的固有权。此制度之规范原理在于,在"两权分离"的背景下,董监高掌握着公司经营情况的全面信息,应积极提供给股东,以促使股东在了解信息后作出恰当的表决。实务中,上市公司年会上,随着股东积极主义的兴起和投服中心维权实践的推进,越来越多的董监高被少数股东当面质询。

二、董监高如实、全面、及时的答复义务

董监高对股东的质询作出答复,是其履行勤勉义务的体现。董监高履行答复义务的前提,是其列席股东会会议。对于非上市公司,董监高负有出席股东会会议义务的前提,是股东会提出相应要求,具体程序应当是由会议召集人事先确定被质询对象,并进行通知。对于上市公司,证监会《上市公司股东会规则》第 26 条规定:

股东会要求董事、高级管理人员列席会议的,董事、高级管理人员应当列席并接受股东的质询。

股东的质询应当指明质询对象与质询内容,被质询的董监高应结合自身履职所获得的信息,根据公司实际情况作出口头或书面回答,而不能推诿扯皮,或作出不真实、不完整或存在误导性的表述,否则将违反勤勉义务。

实务中,亦可能出现股东滥用质询权,恶意拖延股东会会议进程或者意图达成

其他不法目的的情形。所以，如果股东所提出的问题，超出公司正常经营管理信息的范畴，或者涉及公司商业秘密，导致无法在会上直接作答的，被质询者应当对不回答的理由作出具体说明。此时，主持人需要及时掌控会议节奏，拒绝股东的不合理质询请求，以保障股东会会议的正常召开。

三、法律救济

（一）实务经验

为了防止日后发生法律纠纷，股东会会议记录人应当如实记载股东的质询问题，以及董监高的答复信息或拒绝答复的理由。对此，证监会《上市公司股东会规则》第42条第1款第5项规定，上市公司股东会会议记录应记载"股东的质询意见或建议以及相应的答复或者说明"。出于公司合规治理的考量，非上市公司亦应当参照此规定。对于股东而言，若提出的质询意见被拒绝答复，应当主动获取股东会会议记录以及相应的录音录像，为日后可能发生的纠纷固定证据。

（二）立法与司法

如果被质询的董监高无正当理由拒绝回答，或者答复不完全、不真实甚至恶意误导，股东如何救济？股东可否借此拒绝投票，并阻止主持人推进投票流程？如果事后才发现被质询人答复的信息不完全、不真实甚至恶意误导，股东可否据此主张股东会决议存在程序瑕疵而应予撤销？

借鉴域外公司法，比如德国《股份法》，站在股东权益保护的立场，确实为股东的质询权提供了周到、有力的救济措施。关于此点，我国公司立法确实还存在不完善之处。对于股东寻求司法救济的请求，各地做法不一，在此结合公司法理与司法实践进行建议性分析。

1. 股东会决议瑕疵诉讼

我国《公司法》对股东质询权被侵害时公司决议的效力并未明确规定。德国《股份法》第132条规定，对于不充分的咨询或者拒绝咨询及其相关的股东大会决议，股东可以按照德国《股份法》第243条的规定予以撤销。从法理上看，如果公司董监高未出席股东会会议或未如实答复股东的质询意见，导致股东作出的投票决定不符合其真实的意思，那么由此作出的股东会决议显然存在程序违法。因此，在股东质询权未获满足且公司作出相关决议时，股东可以及时提起股东会决议撤销诉讼，以此维护自身权益。

2. 股东间接诉讼与直接诉讼

董监高负有的答复股东质询意见之义务,是勤勉义务的一部分。若董监高违反答复义务,需承担违信责任。若董监高因违反答复义务而造成公司损害,根据《公司法》第189条的规定,股东可代表公司提起代表诉讼;若董监高因违反答复义务而致股东利益损害,根据《公司法》第190条的规定,股东可提起直接诉讼。比如,股东会在进行公司合并、分立等重大变更事项的决议时,管理层面对股东的质询,只告知利好消息而隐瞒重大风险,由此导致公司和股东遭受损失,此时董监高需对公司和股东承担损害赔偿责任。

3. 知情权诉讼

《公司法》并未明确规定"质询权诉讼",但在体系上,质询权属于股东知情权的一部分。因此,在质询权受到侵害时,股东可以基于《公司法》第57条规定的知情权诉讼,要求行使知情权。

039 会议记录如何制作、签署?

一、股东会会议记录的重要价值

股东会会议记录在公司治理、行政监管和司法实务中都具有重要意义。

《公司法》第64条第2款、第119条分别对两类公司的会议记录作出规定,后者更为周详,其规定:

股东会应当对所议事项的决定作成会议记录,主持人、出席会议的董事应当在会议记录上签名。会议记录应当与出席股东的签名册及代理出席的委托书一并保存。

实务中,合法合规地制作、签署和保存股东会会议记录,有助于确保会议决议的合法性和可追溯性,使股东会的决策程序变得更加透明可信。规范的股东会会议记录不仅关系到股东会决议的效力,也关系到公司内部治理的合规开展。

二、记录的作成

常规情形下,召开股东会会议时,负责召集会议的董事会以及主持会议的董事长应当安排人员详细记录会议情况,就"所议事项的决定"作成会议记录。

对此,上市公司股东会会议记录的相关要求非常细致,可供各类公司参考。证监会《上市公司股东会规则》第41条第1款规定:

股东会会议记录由董事会秘书负责,会议记录应记载以下内容:

(一)会议时间、地点、议程和召集人姓名或者名称;

(二)会议主持人以及列席会议的董事、高级管理人员姓名;

(三)出席会议的股东和代理人人数、所持有表决权的股份总数及占公司股份总数的比例;

(四)对每一提案的审议经过、发言要点和表决结果;

(五)股东的质询意见或者建议以及相应的答复或者说明;

(六)律师及计票人、监票人姓名;

(七)公司章程规定应当载入会议记录的其他内容。

2025年证监会《上市公司章程指引》第77条对于发行境内上市外资股、类别股的公司,还有其他特殊规定。

三、记录的签署

对于有限公司,《公司法》第64条第2款规定:

股东会应当对所议事项的决定作成会议记录,出席会议的股东应当在会议记录上签名或者盖章。

对于股份公司,《公司法》第119条规定:

股东会应当对所议事项的决定作成会议记录,主持人、出席会议的董事应当在会议记录上签名。会议记录应当与出席股东的签名册及代理出席的委托书一并保存。

这是因为,股份公司的股东人数众多,不便于让每位股东签字。此外,证监会《上市公司股东会规则》第42条第2款规定:

出席或者列席会议的董事、董事会秘书、召集人或者其代表、会议主持人应当在会议记录上签名,并保证会议记录内容真实、准确和完整。……

就股东及其代理人而言,应在签署会议记录时查实会议记录中的自己发言表述是否与真实情况相符。如果存在不符的情况,股东可拒绝签字并及时要求会议记录人重新制作会议记录。

四、上市公司的特殊监管要求

证券监管部门对上市公司股东会会议记录的监管比较严格。若上市公司存在股东会会议记录内容缺失、记录内容与实际状况不符、记录人不合规、欠缺签字、未及时归档出席表决的委托书以及委托书未加盖公章等情形,可能将面临证券监管部门的处罚。有鉴于此,上市公司应当加强股东会会议的合规建设,加强对董事会秘书履行会议记录的制作与签署事务的监督,完善公司内部自查自纠机制,并结合法律法规的要求,在公司章程中对股东会会议记录的内容进行细化规定,以确保公司治理的合规。

五、置备、查阅与复制

对于有限公司,《公司法》第 57 条第 1 款规定,股东均可随时查阅、复制股东会会议记录。

对于股份公司,根据《公司法》第 109 条、第 110 条第 1 款的规定,股东会会议记录应当置备于本公司,以备股东随时查阅、复制。

040　如何看待会议资料保管的重要性?

从公司治理的角度来说,对于股东会会议、董事会会议、监事会会议等公司会议进行规范记录并妥善保管相关资料,是公司合规治理的基本要求。对于经营事项庞杂、股东人数较多的公司而言,每年可能有很多场会议,形成繁复的会议资料,这要求公司建立起会议资料的妥善保管机制,以此应对监管合规的要求。然而,股东会会议记录的规范保管在公司法上的意义不仅限于此。

一、股东会会议的准确记录和妥善保存

1. 股东会会议记录具有证据效力

由于股东会会议记录记载了出席人员、表决结果等信息,其可以证明会议符合定足数、待决事项经过表决,这对公司决议效力的司法认定具有重要意义。

虽然欠缺股东会会议记录并不必然影响决议的效力,但是当股东会会议存在其

他程序性瑕疵,如公司无法提供会议通知,致使法院对会议是否实际召开存疑之时,若公司无法提供会议记录等记录性文件,此时法院有可能认定决议不成立。对此,上海市第一中级人民法院审理的上海美表新材料有限公司等与沈某三等公司决议效力确认纠纷案[(2013)沪一中民四(商)终字第2059号]可供参考。

2. 股东会会议的记录和保存是股东知情权行使的现实基础

前已指出,《公司法》第57条第1款、第110条第1款规定股东有权查阅公司的股东会会议记录。会议记录的完整与妥善保存有利于未出席会议的股东和日后加入公司的新股东充分了解公司的经营管理和战略发展等基本信息,从而参与公司决策。

对于上市公司而言,股东会会议记录的披露是投资者了解公司经营发展现状的重要信息渠道,对投资者维护自身合法权益具有重要意义。如上市公司不对股东会会议记录进行真实、完整、准确的披露,将涉嫌违反《证券法》第87条的规定,构成信息披露违法。

3. 股东会会议记录对异议股东行使回购权具有重要意义

对于股东而言,股东会会议记录是其行使某些股东权利的证明文件。根据《公司法》第89条、第161、第162条等规定,有限公司、非上市股份公司的异议股东享有评估权,可以请求公司强制回购其股权,但问题在于,对此前通过的股东会决议,该股东如何证明自己是异议股东。如果股东对某项决议投了非赞成票(弃权票、反对票),需凭股东会会议记录证明。

二、保管的合规要点

1. 合规要点

根据《公司法》第119条的规定,股东会会议记录应当与出席股东的签名册以及代理出席的委托书"三位一体",一并保存。除股东委托他人出席的委托书之外,董事、监事委托他人出席的委托书也需要保存。如存在网络表决及其他方式表决的情况,也应将相关资料一同保存。

关于保管期限,《公司法》并未规定,公司章程可进行补充。根据证监会《上市公司股东会规则》的要求,会议记录及相关资料的保存期限不少于10年。

从公司治理的角度来说,对股东会会议、董事会会议等公司会议进行规范记录,并妥善保管相关会议资料,是公司合规的基本要求。对股东会会议涉及的从召集、通知、提案、会议记录、投票到决议的相关文件的原件,公司均应妥善保管,防止在未来发生纠纷或应对监管部门的调查时,出现证据缺失的情况。公司应当根据自身情况,在公司章程或其他自治性规范中完善股东会会议记录和保管责任人、保管期限、保管方式、公示方式等实体和程序性规定。对于线上召开股东会会议的,公司最好进行录音录像,全程打开摄像头,确保本人参会,并在会后及时组织相关主体完成电子签字。

2.少数股东的权益保护

对于股东会会议,尤其是没有参加的股东会会议,少数股东最好保留一份会议记录的复印件,为未来可能发生的诉讼留下必要的证据。

041　一人公司需要召开股东会会议吗?

一、独任制法人机关

股东会是由全体股东组成的集体制法人机关,这意味着必须有复数(二人及以上)的股东。但在一人公司中,由于仅存在一名股东,此时无法组成股东会,也就无法设置集体制的法人机关,仅有独任制的法人机关,也即一名股东。

《公司法》第 60 条规定:

只有一个股东的有限责任公司不设股东会。股东作出前条第一款所列事项的决定时,应当采用书面形式,并由股东签名或者盖章后置备于公司。

此规定豁免了一人公司设立股东会的要求,同时也设置了一人公司的权力机关,即一名股东,并明确该股东行使相当于其他公司股东会的职权(具体职权见《公司法》第 59 条)。

尽管一人公司仅有一名股东,但仍不同于个人独资企业、个体工商户,其具有独立于股东的人格、财产与责任能力。因此,一人公司法律制度的重要目的在于,通过建立科学的治理机制,防止不受其他股东牵制的一人股东滥用法人地位和有限责任来损害公司或债权人的利益。

二、一人公司股东享有普通公司股东会的职权

(一)意思表示的不同形式

根据上引第60条的规定,一人公司的股东行使相当于普通公司股东会的职权,这确立了一人公司一名股东的法定职权。

区别在于,一人公司的一名股东就其职权事项所作出的意思表示是决定还是决议。此处对公司组织法上的公司意思的运行机制进行简要总结:

1. 设股东会、董事会和监事会,即设集体法人机关的,其作为法人机关代表公司作出意思表示的形式为决议;

2. 设一名股东、一名董事、一名监事等独任制法人机关的,其作为法人机关代表公司作出意思表示的形式为决定;

3. 总经理及以下的经营管理行政系统,作为公司经营管理人员代理公司在内部作出意思表示的形式为命令。

(二)法律属性的实质相同

一名股东所作出的决定,在法律属性上与股东会决议一样,都具有民事法律行为之属性,因而适用决议的效力规则。

因此,一人公司股东的决定在内容和程序上仍需遵守法律、行政法规和公司章程,否则根据《公司法》第25~27条的规定,该一名股东的决定存在无效、可撤销、不成立的风险。

(三)变通处理情形

当然,一名股东行使股东会职权,也会遭遇一些特殊情况,进而需要作特别的变通处理。比如,根据《公司法》第15条第2款、第3款的规定,公司进行关联担保之时,需经股东会决议,且关联股东需回避表决。在一人公司中,此种规范显然需要变通适用,否则就只能得出一人公司不得为其股东提供担保的结论,但这并不符合《公司法》的原意。关于此点,本书后续章节将详细分析。

三、一名股东的书面决定及其置备

(一)基本操作

根据上引第60条的规定,尽管一人公司不需要设置股东会,但股东在行使相当于股东会的职权决定公司重大事项时,仍要以书面形式作出决定,并置备于公司。

如此一来,公司内部员工、外部债权人等利益相关者便可以查阅、了解到此类信息,这不仅有利于保障交易安全,还有利于隔离一人公司与一名股东之间的人格、财产与责任。比如,依据《公司法》第 57 条、第 189 条的规定,一人公司母公司的少数股东,可以查阅该一人公司的相关资料,如因一人公司治理不规范而受损,也可以提起双重股东代表诉讼。因此,要求一人公司股东采取书面形式行使职权,有利于加强对股东的监督,促进一人公司治理的规范化。

《公司法》在 2023 年修订时将"股东签名后"修改为"股东签名或者盖章后",照顾了法人、非法人组织为一人股东的情形,使法条表述更加周延。

(二)一名股东慎独决定的重大意义

为防范股东滥用公司独立人格来损害债权人利益,《公司法》第 23 条第 3 款专设了一人公司的公司人格否认特则,"股东不能证明公司财产独立于股东自己的财产的,应当对公司债务承担连带责任"。近年来的司法实务中,一人公司为债务人的,债权人往往选择将一人公司的股东作为共同被告一并起诉,追究其连带责任,随后再由股东承担有关人格独立的举证责任。这一举证责任的倒置设计,实际上将一名股东推向了危险的边缘。实际上,立法者也不相信一名股东能够做到与公司的财产不混同,所以设计了财产混同推定规则。实务中,很多一人股东在诉讼中才进行专项财务审计等,这些努力多数是徒劳的。功夫在平时,一人公司的日常管理与治理合规操作才是最重要的,一名股东作出书面决定并置备于公司,正是日常管理与治理合规的最好"注脚"。司法审判中,法官也多考察一人公司日常经营管理行为的规范性,包括股东作出的决定书是否规范完备、对关联交易合同是否程序留痕等。

最后指出,上述关于一人公司股东行使职权方式的分析,仅适用于一人有限公司、一人股份公司。国有独资公司虽然在形式上也只有一个股东,但并非《公司法》意义上的一人公司。因此,尽管国有独资公司不设股东会,履行出资人职责的机构(国资委、财政部门等)行使权力的方式也不受《公司法》第 60 条的调整。

分篇四

股东的表决立场

在股东会会议上的表决立场,这与其说是一个法律课题,不如说更像是一个商业话题。鉴于公司法的商事法本质,其实很多问题都是法律、商业不分或者相互影响的,本书 600 个主题的问与答,其实大多数都是法商融合的问题。

本分篇共设 6 问,集中于一个尖锐的问题,即参会股东应当怎样选择立场,包括控制股东、反对股东、骑墙派股东等,颇具提示性。

042　会议室的气氛是怎样的?

一、会议室里的气氛

股东会、董事会、监事会决议的作出实行多数决,这意味着决议并不要求全体表意人达成一致意见,只要获得多数表决权的赞成即可,故决议的意思形成严格区别于契约,后者必须基于所有缔约人意思表示的一致,也即达成合意。因此,决议中可能存在多数意见对少数意见的吸收与压制,但契约绝不存在,二者对自治的要求有所不同。

虽然如此,但在实务中的绝大多数情形下,公司的大多数决议都能够获得与会人的一致同意。这在董事会、监事会决议中更为常见,在非公众公司股东会决议中亦然,尤其是在创业的早期阶段,仅在公众公司的股东会决议中少见一些而已,原因在于此类公司的股东人数实在太多了。

这就形成了一个有趣的现象,决议形成的多数决并不要求全体表决权人一致同意,但又在绝大多数情况下获得了全体表决权人的一致同意,存在不同意见的反而是少数情况。这似乎说明,股东会会议室的气氛很不错,大家总能够达成一致意见。

二、反对者的缺席

现代公司建立在股权多元的基础上,加之"两权分离",公司利益多元化、法人机关运行程序化、财产权利结构分解化,股东同质化现象固然仍存在,但异质化现象也不遑多让。除股东会外,董事会/监事会的成员的来源同样多元化(股东代表董事、职工代表董事、外部董事、独立董事等)。据此逻辑分析,决议形成中存在不同意见应该是常态,但为何制度逻辑与生活现实出现了如此大的反差?

实际上,绝大多数场合下公司决议形成一致意见的情况大致可以分为两类:

一是各方表决权人的表决意思真正一致。这建立在获得通过的多数决议之内容确实体现了不同表决权人的一致利益,或者公司协商文化良好,在决议通过之前已经融合了各方的不同意见,从而达成了各方都能接受的最终版本。这是一致通过的公司决议的基本样态,也是正常的公司治理形态。

二是被一致化后的各方表决意思一致。一方面,有的表决权人是被自己内心说服的。依照组织行为逻辑,在人合性较强的非公众公司股东会会议室中,或在强调同僚情谊的董事会、监事会办公室中,充当少数派、反对派需要勇气,也充满风险,还可能承担巨大代价。于是,在很多时候,持有不同意见者在一些非根本性的利益冲突中,基于从众心理说服了自己,主动与多数派保持一致,不过早、过于频繁地暴露自己的不同意见。另一方面,有的表决权人是被压制的。在非公众公司,如果少数股东的意见与控股股东的意见处于较为对立的状态,少数股东便有极大概率会被针对甚至孤立,股东压制也随之变本加厉,这可能是得不偿失的。此时,在一些议案上违心地与控股股东达成一致意见,成为少数股东被迫的选择。此外,也有部分表决权人存在从众心理,最典型的就是公众公司"搭便车"的广大少数股东(股民),或者习惯于"用脚投票"的股东,他们如参会很可能成为反对者,但却选择缺席或者直接转身离开。

三、寻找反对者

在上述背景下,成为公司会议室里的一名反对股东、反对董事、反对监事,即便不说是难能可贵,也至少不是一件坏事。这样说,并不是鼓励公司会议室里的对抗,和谐的公司气氛自然是值得推崇的,但要承认,现代公司作为利益多元化的组织体,不同层次的议决过程中充满不同的声音才是常态。很多时候,有反对声音不仅不是坏事,反而对公司有益。正所谓"千夫诺诺,不如一士谔谔"。反之,只有一个声音的会议室无疑是和谐祥和的,但也可能是最可怕的,谁知道呢?恰如有人所说,"如果森林里只有一种鸟的声音,你第一时间应该想到是不是森林的生态出了问题,而不是研究这种鸟的叫声究竟有多么美妙动听"。

所以,寻找反对股东、反对董事、反对监事,是一项重要的公司法任务。

043　立场、勇气与智慧:如何做一名合格的反对股东?

一、立场:做一名反对股东

规范、有效率的公司治理,并不一定在于创造一个和谐的局面。实务中,大部分公司也的确能够做到内部和平、勠力同心,这不是坏事,但并不值得刻意营造。也偏偏有一些公司的股东会里剑拔弩张,充斥不同的立场与声音、不同的利益纷争,但是发展照样健康良好。

如果一家公司的股东众多,正常的生态更可能是:有总处于多数派的控股股东,有反对股东,有中立股东,有墙头草股东;有甘心奉献的股东,有默默牺牲的股东;有愿意吃亏的股东,有偷奸耍滑的股东,也有"精致的利己主义者"。股东会会场上,有霸道的声音,有高谈阔论的声音,有附和的声音,有谄媚的声音,有委曲求全的声音,有宁折不屈、坚决抗争到底的声音,也有默默无闻、一声不吭的。

如果你是一个少数股东,很多时候与多数股东的利益立场不同,或者与多数股东的经营理念对立,或者就是看不惯多数股东玩弄权术、滥用权利的行为,而选择做一个不愿意屈就的抗争者,此时就可以被定位为"反对股东"。

二、勇气:反对股东可能面临牺牲

做一名反对股东需要勇气。因为这不仅意味着要在抗争之路上付出很大的心力,还可能要承受很多的代价,甚至牺牲。做一名反对股东,首先要搞清楚自己的立场,还需要自问自己有无勇气。立志做一个反对股东,将来可能不单单会在会场上有口舌之争,在会后也可能被对方算计与压制,甚至可能诉诸法庭、对簿公堂。

三、智慧：做一名合格的反对股东

要做一名合格的反对股东，需要法律上的智慧。反对股东需要精读公司法，需要更多的商业智慧，需要投入更多的精力参与公司治理，对多数股东（通常把持着董事会多数席位、董事长及总经理职位）的举止多多留意。比如，反对股东要参加一场股东会会议，自会议通知之日起就要留心；会议通知有没有问题；会议召集程序与表决方式有无瑕疵；会议记录有无重大遗漏与不真实；会后要不要提起决议瑕疵之诉；等等。

投票也需要选择的智慧。在表决时，对代表控股股东意思的诸多议案，是表示全部反对，还是策略性反对？对侵害本人利益的议案固然要毫不犹豫地投出反对票，但对仅代表不同公司治理理念的议案要不要投反对票？面对有利于公司发展大局，但与自己发展理念相左的议案，如何投票？有时候投票需要折中，而不是仅凭意气一味地投出反对票。对可赞成可反对的议案，对把握不准的议案投弃权票而不贸然投反对票，给对方留些面子，也是一种理性的思维策略。

为了壮大自己的声势，反对股东也需要积极寻找自己的同盟，有时与子同袍、并肩战斗，有时一个唱红脸一个唱白脸，分工协作。在必要时，可背后结成一致行动人，灵活运用结盟的智慧。

总之，下定决心做一个反对股东，就要搞清楚自己的利益立场是什么，既需要有"横眉冷对千夫指"的勇气，又需要有结盟的智慧，努力把"敌人搞得少少的，把朋友搞得多多的"。

044 成本与收益：反对股东如何把控风险？

一、被控股股东"清算"的风险

一旦选择走向控股股东的对立面，与对方的矛盾与冲突不可避免。作为处于劣势的反对股东，可能会面临着被进一步压制、清算的局面，付出做一名反对股东的代价。

反对股东可能面临的清算，包括反对股东及其亲友等利害关系人在公司的管职位可能不保,被降级或明升暗降,或丢掉销售、人事、财务等肥缺,而被安排去干又累油水又少的苦差。很快,反对股东也会得到管理层的差别待遇,很多管理层还会选择站在强势方,不会听从反对股东的工作指令,甚至会想办法给反对股东难堪。

所谓"小不忍则乱大谋",对于以上代价,既然决意作一名反对股东,就要做好准备,合理控制自己的风险。比如,自己对管理层保持客气,维护好与其他股东的"盟友"关系,以把握实现自己战略意图的机会。

二、道不同不相为谋:随时准备退出

根据《公司法》第89条、第161条的规定,无论是有限公司的股东还是非上市股份公司的股东,如对公司的分立合并、重大资产重组等决议不服,或者公司连续5年符合分红条件但在控股股东的操纵下连续5年不分红,或者公司章程规定的特定解散事由发生、经营期限届满后公司又作出延长经营期限决议等情形下,对此等决议投反对票的股东可以获得退出公司的权利,即所谓"异议股东评估权",或称"异议股东股权回购请求权"。此时,异议股东可以起诉公司要求其强制收购股权,否则,可以要求法院对公司价值进行评估,而后要求公司支付股权对价,从而顺利退出公司。

更为宽广的路子,在有限公司。有限公司的股东可以公司的控股股东滥用股东权利、严重损害公司或者其他股东利益为由,请求公司按照合理的价格收购其股权。照此,此前作为反对股东所吃的苦——多年来遭受的种种压制、清算等不公平损害行为,总算可以换取一张自由飞翔的机票。

所谓"此处不留爷,自有留爷处""仰天大笑出门去,我辈岂是蓬蒿人""道不同,不相为谋",说的大概就是此时此刻反对股东的酣畅心情了!"女怕嫁错郎,男怕入错行",对于创业才俊而言,一旦发现自己跟错了人(如控股股东为勾践式的人物),能够顺利退出就是一件幸事,更不失为一个明智的选择。拿钱走人,转身再创自己的事业,广阔天地,自当大有作为。

045 做一名墙头草股东："精致的利己主义者"是如何炼成的？

一、墙头草股东

北大钱理群教授提出的"精致的利己主义者"，是这个时代最重要的概念之一。实际上，就著者多年来的观察，好多公司的股东、高管、政府官员、大学教授，做的甚至不是一个"精致的利己主义者"，而是一个"粗糙的利己主义者"，所谓"吃相难看"是也。不仅利己还得精致，实际上是一个技术活。

在股东群体里，就有这么一号人，总能在霸道的控股股东与不甘心受辱而选择抗争的反对股东之间游刃有余，时时充当墙头草，策略性地选择自己的立场，以维护自己利益的最大化，这就是人们常说的中间派股东，或戏称为墙头草股东。

二、中间派是一个"技术活"

对于墙头草股东，此处没有任何道德上的贬斥。能够真正做到"精致"的话，也并非没有正面作用，其往往能在两派激烈冲突的股东之间充当巧妙的协调角色，发挥润滑油的作用，关键时刻还能当拉架的和事佬。只要不拉偏架，只要出发点是为了公司更好地存续与发展，而不是将矛盾扩大或引向更加严重的对立，就是积极的，最后有利于公司也有利于自己。

在公司股东发生严重冲突的时候，墙头草股东应当起到一个黏合剂的作用，在追求自己利益的同时，也要保证自己的行为有利于公司总体的利益方向，哪怕在这个过程中有些苟且、滑稽，也可谓"精致"。总之，只要有利于公司的总体发展，墙头草股东也是有价值的。追求自己的利益没有什么不好意思的，但一定要追求"精致"，这需要一定程度上的牺牲与智慧，尤其是法律智慧。

三、中间派股东的出路

在人合性较强的封闭公司，尤其是一群自然人创业的中早期，在多数股东与反对股东势均力敌或斗而不破的状态下，墙头草股东游刃有余的空间较大，很多时候也能起到和事佬的作用。但是，随着公司发展壮大，利益牵涉越来越多，各方的分歧也越来越大，此时墙头草股东转圜的空间越来越小，生存环境也越发逼仄，往后的路大致有三条：一是加入强势一方，分一杯羹，但能否加入，主动权往往不在墙头草股东一方；二是被逼加入反对股东一方，结成一致行动人，抱团维权，力求利益最大化，但此时往往会遭遇信任危机，彼此间难免多有防范与嫌隙；三是"三十六计，走为上计"，实际上，往往率先退出公司的恰恰是墙头草股东。

046　沉重的桂冠：控股股东的法律风险何在？

一、控股股东的自画像

何谓控股股东？根据《公司法》第 265 条第 2 项的规定，控股股东是指其出资额占有限公司资本总额或持有的股份占股份公司股本总额超过 50%，或出资额或持有股份的比例虽低于 50%，但据其出资额或持有的股份所享有的表决权足以对股东会决议产生重大影响的股东。由此可知，首先，控股股东具有股东身份，享有股东权利，负担股东义务，由此区别于绝大多数的实际控制人。其次，不同于其他股东，控股股东往往可以对股东会决议产生重大影响，当一个股东的表决权在多数决计算中的比例过半，一般视为其对股东会决议会产生重大影响。

控股股东在公司治理中扮演什么角色？我国绝大多数公司的股权结构高度集中，股东持股不均衡的情况非常突出，连上市公司这样的大型公众公司也普遍存在"一股独大"的现象。绝大多数公司都存在控股股东，是我国公司的一个特色。控股股东大权在握，是公司的领路人和掌舵者，公司的兴亡发展与控股股东息息相关。如果控股股东锐意进取、团结众人，同时洁身自好、慎独行事，将是公司之福、股东之福。反之，如其恣意滥用控制权，损公肥私，不但会给公司带来灾难，还可能引火烧身，受到法律的严惩。中国 20 世纪的草莽企业家，轻视法律风险而锒铛入狱者，教训一个接着一个，可谓历历在目。可惜 21 世纪的企业家仍前赴后继，覆辙重蹈，悲乎。

控股股东通过其控制权，能做什么？在普通决议中，表决权比例超过 50% 的股东就可以凭借决议的形成机制，将自己的意思转化为公司的意思，这一控制机制贯穿公司治理的全过程,也即控股股东行权并不拘泥于一物一事,而是贯穿于公司的关联交易、资产重组、资金运用、股利分配、董监事席位分配等经营管理环节。以关联交易为例,普遍集中的公司股权结构决定了非公允关联交易多发生于控股股东自我交易的场景下,如产品销售、担保、资产收购、资金占用等。过去30多年的经验证明,许多上市公司的控股股东,通过关联交易将公司巨额利益输送给自己及其关联人,可谓触目惊心,这也成为了上市公司以及资本市场健康发展的一大毒瘤。

二、公司法的加持

关于控股股东对公司经营管理的实际控制权,《公司法》向来予以承认并加以保护,资本多数决即是明证。即便控股股东通过控制公司经营的便利获得控制权收益(control surplus),只要不涉及滥权,《公司法》也并不介入。即便对于控股股东一手决定的关联交易,除了关联担保事项之外(《公司法》第15条),对于上市公司以外的其他公司,《公司法》甚至没有要求控股股东进行信息披露与回避表决,可见《公司法》为控股股东行使控制权留足了极为广阔的空间。

这样的制度设计,体现了我国公司股权结构集中的整体情况,对控股股东而言是相对友好的。

三、公司法的规制

域外法上,现代公司法对控股股东采取了体系化的规制。我国也逐步重视对控股股东的法律规制,并初步形成了体系。

1.一般条款的规制。《公司法》第21条规定:

公司股东应当遵守法律、行政法规和公司章程,依法行使股东权利,不得滥用股东权利损害公司或者其他股东的利益。

公司股东滥用股东权利给公司或者其他股东造成损失的,应当承担赔偿责任。

这确立了禁止滥用股东权利的基本规则。虽本条适用于所有股东,但明眼人一看就知道其主要指向控股股东。

2.重点指向关联交易。控股股东滥用权利、侵害公司及其他股东利益的主要手段之一是通过不公允的关联交易大搞利益输送。所以《公司法》第22条规定:

公司的控股股东、实际控制人、董事、监事、高级管理人员不得利用关联关系损害公司利益。

违反前款规定,给公司造成损失的,应当承担赔偿责任。

3. 事实董事的规制。公司法建构的董监高信义义务及其违信责任体系,蔚为大观,如适用于控股股东,便是"黄袍加身",控股股东的法律规制体系瞬间成型。一方面,当控股股东兼任董监高职务时,自然应受董监高信义义务及其违信责任规范体系的规制;另一方面,即便控股股东不兼任董监高职务,由于《公司法》第180条第3款引入了事实董事规则,在满足要件时,董监高的信义义务及其违信责任规范体系也适用于控股股东。

4. 连带责任的适用。《公司法》第192条规定:

公司的控股股东、实际控制人指示董事、高级管理人员从事损害公司或者股东利益的行为的,与该董事、高级管理人员承担连带责任。

据此,控股股东指示董事、高管从事损害公司、股东利益的行为,构成共同侵权,要与后者承担连带责任。第192条的引入,使得控股股东与自己提名、委派、推选的董事高管"相互合作",沆瀣一气干坏事,酿成事故后又"东董相护"的戏剧局面将开始走向瓦解,"东董反目"将会频现。

5. 公司章程的补充。凡权利必有边界,控股股东所拥有的控制权也不例外。大体上,我国公司法关于控股股东的规制还是较为粗犷的,如未直接规定关联交易中控股股东的信息披露和回避表决,但公司章程对此可予以补充。欲戴皇冠、必承其重。作为公司的带头大哥和掌舵者,在掌握公司权力的同时,也要把风险掌控在合理的范围内,于公(公司)于私(控股股东),幸莫大焉。

四、戴着脚镣的舞蹈

人生之事,很多胜败在于一念间。眼见他起高楼,眼见他宴宾客,眼见他楼塌了。这一人生转圜的描述不仅适用于历朝历代的某些高官们,也适用于现代公司的某些控股股东们。

047 隐形的王冠与荆棘:实际控制人如何起舞?

在商业世界的复杂格局中,实际控制人(实控人)的角色既闪烁着光彩,又面临着荆棘般的挑战。他们是公司真正的掌舵者,却往往隐藏在法律的外壳下,闪躲在法律规制之外。他们享受着权力的果实,但同时也承受着不为人知的压力与风险。

一、实控人的王冠

实际控制人,顾名思义,为实际掌握公司控制权的人。《公司法》上有更加精确的定义。《公司法》第 265 条第 3 项规定:

实际控制人,是指通过投资关系、协议或者其他安排,能够实际支配公司行为的人。

这一定义相比 2018 年《公司法》第 216 条第 3 项,删除了"虽不是公司的股东"的表述,弥补了立法漏洞。例如,A 公司是 B 公司占股 1% 的股东,但其利用一致行动人协议、上游供货商身份等商业优势实际控制公司的,也是实控人,这与 A 公司为 B 公司股东并不矛盾。上述新规定基本涵盖了所有类型的实控人,具体可以分为两种情形:一是虽仅拥有公司少量股权,但通过投资关系、协议或者其他安排实际支配公司行为的人;二是不具有股东身份,完全通过投资关系、协议或者其他安排实际支配公司行为的人。

长期以来,实务中许多民营公司的投资人(企业家)考虑到直接担任控股股东、法定代表人可能会承担法律风险、经济风险与政治风险,抑或出于其他各种原因的考量,不愿意显露自己的投资人身份,不愿意亲自担任公司法定代表人、董监高等职务,而是将股份、法定代表人、董监高等身份登记在自己的父母、兄弟姐妹等近亲属或其他亲朋好友,甚至司机、员工的名下,然后再通过投资关系、代持协议、人事安排、血缘裙带等多种方式实现对公司的控制,从而确保自己拥有对一家公司乃至某个"系"的庞大公司集团的最终话语权。

以肖建华曾控制的"明天系"为例。极盛时期,"明天系"掌控 9 家上市公司,控股、参股 30 家金融机构,这些机构资产总规模近万亿,但肖建华几乎从未在任何一家公司担任任何管理职务,甚至不直接持有任何机构的股份,而是通过庞大的家族关系、血缘关系、学缘关系等,精心设计股权代持、人事控制等各种控制权安排,完美实现了对"明天系"所有机构的实际控制,是"明天系"毫无疑问的实控人。

二、实控人的荆棘

实控人现象的流行,是这个时代的商业缩影,也是中国商业的一个显著特色。尤其是对于上市公司而言,证监会非常注重对公司实控人的识别和监管。例如,上市公司必须清楚地登记实控人的身份,以确保公司治理的透明和规范,这是中国资本市场的一个特色。

实控人对公司经营管理权的隐性控制,对《公司法》提出了挑战。一方面,《公司法》承认实控人控制权的正当性;另一方面,对于如何妥适地将实控人纳入规制,30多年来《公司法》不断积累经验,渐次形成了一个初步的规则体系,具体与上问中控股股东的规制体系一致,此处不赘。

三、实控人的冬天

有学者戏称,2023年《公司法》为"少数股东的春天,公司债权人的夏天,董监高的秋天,双控人的冬天"。最后一句话,指向的是现行公司法大大完善了对控股股东与实际控制人的规制。当然,立法出台后,还需等待时日观察司法、执法的相应状况。但是,立法的完善足以引起双控人的警醒。过去的实践中,以股权代持为例,事实反复证明其并不能规避风险与责任,在未来更不可行。立足长远,守正出奇,透明、合法经营才是企业持续发展的根本。

分篇五

一致行动人协议

电影《手机》里男二号费墨有句台词,大致为,"男人最怕什么?女人结盟。"

股东间的博弈建立在资本多数决的基础上,谁的资本投入大,谁的股权份额就大,谁的话语权也就越大。有时候,单个股东的力量是有限的,但结盟却可以抱团取暖,扩大小团体的影响力,个中道理,有些商人神通。对于"没有永远的朋友,只有永远的利益"这句话,有些人竟也奉为圭臬。所以,以一致行动人协议为代表的各类股东协议,在中国公司治理中盛行,甚而大有取代公司章程、公司决议等公司法正式制度安排之势。这既是公司治理规则使然,也离不开国人的文化传承。

本分篇共设 13 问,连续讨论以一致行动人协议为代表的股东协议在公司治理中的存在状态、运作实态、利弊得失等方方面面。

048 合同视角(一):何谓一致行动人协议?

一、股东协议

股东协议指全体股东或者部分股东之间就公司设立、公司运营、公司治理等事项达成的,关于彼此间权利义务安排的约定,这些事项包括但不限于股东出资、股转、股东分红、增资减资、公司分立合并、组织机构席位分配、高管职位分配、公司解散与清算等。

就签约主体而言,可以是全体股东,也可以是部分股东;就签约时间而言,可以在公司成立前(此时严格来说签约主体是发起人,但公司成立后即为股东),也可以在公司成立后;就协议约定的事项而言,可以是单个事项,也可以是多个事项;就涉及的法律关系而言,主要是股东间的关系,但也可能包括股东与公司间的关系。

一般而言,股东与公司之间、股东彼此之间的法律关系多由公司章程约款调整,但股东协议的存在起到了补充作用,其主要是为了进一步明确全体或者部分股东之间的某些特殊权利义务,确保各方在公司设立、运营过程中的权益得到保障。签订股东协议,可以预防潜在纠纷、避免风险,从而进一步明确各方的利益。

二、一致行动人协议

一致行动人协议,是一种较为常见的股东协议。

《公司法》上并无对一致行动人协议的权威定义,其概念主要见于《上市公司收购管理办法》、证监会《公开发行证券的公司信息披露内容与格式准则第15号——权益变动报告书》,后者于《公司法》第19条第2项规定:信息披露义务人应当说明其采取一致行动的目的、达成一致行动协议或者意向的时间、一致行动协议或者意向的内容(特别是一致行动人行使股份表决权的程序和方式)。

由于一致行动人协议往往以表决权的集合为内容,故理论上一致行动人协议也称表决权拘束协议,具体指部分股东之间通过集合彼此的表决权数,以达到扩大缔约方对公司控制力的效果。签订一致行动人协议之目的,文雅的说法是结盟,通俗的说法就是拉帮结派。一致行动人协议能够增强缔约股东对公司决策的影响力,乃至使其取得控制权,故而有助于破解公司僵局,被广泛适用于各国各地区的公司治理实践。而在我国的治理实践中,更是得到了发扬光大,值得关注。

1. 取得控制权的一致行动人协议

例1。某有限公司的第一大股东甲所占股权比例为40%,其虽为第一大股东,但并不控股。如果占股30%的第二大股东乙拉拢第三大股东丙(占股10.1%)、第四大股东丁(占股6%)、第五大股东戊(占股4%),此时四人合计占股比例便超过了50%,获得了控股权,即便甲联合其余股东也已经徒奈其何,为时已晚。

可见,一致行动人协议不仅要签,而且还要趁早签。但是,如第一大股东甲成功挖角第三大股东丙倒向自己,则第二大股东乙苦心经营的四人联盟将瞬间土崩瓦解。不难看出,一致行动人协议是一个动态的概念,这也正应了广大国人熟悉的那句话,"没有永远的朋友,只有永远的利益"。就本例而言,如甲、乙作为前两大股东处于不可调和的矛盾之中,那么第三大股东丙的战略地位便无可取代。可见,在一致行动人协议中,起到关键作用的未必是大股东,也可能是某些关键的少数股东。

2.扩大话语权

有条件的大股东忙于结盟,意在天下(公司控制权),一旁的小股东们也不妄自菲薄,毕竟即便不能取得控制权,扩大话语权(比如取得重大事项的否决权)也是有价值的。

例2。回到例1,假设最后四名小股东戊、己、庚、申合计持股剩余的13.9%,这个"少数股东联盟"也可以行使很多权利,比如在两类公司中都将取得如下权利:提议召开临时股东会会议的权利(《公司法》第62条、第113条);自行召集、主持股东会会议的权利(《公司法》第63条、第114条);申请公司司法解散的权利(《公司法》第231条);等等。在股份公司中,还将取得提议召开临时董事会会议的权利(《公司法》第123条)。反之,如果不能与戊结盟,则最后三名小股东己、庚、申仅合计持股9.9%,其话语权便要小上许多,即使结成一致行动人也不能行使上述诸项少数股东权。

"少数股东联盟"结成后,也存在进一步扩张以获得重大事项否决权的需求。再如,戊、己、庚、申如果能够联合被甲孤立的乙,则将取得对于修改公司章程、增减资等重大事项的否决权,这是一种另类的控制权,或曰消极的控制权。

049 合同视角(二):如何签署?

一、由哪些主体签署

一致行动人协议是否止步于表决权比例超过1/2?这倒不一定,表决权比例过半并非结盟的尽头。如某派股东想取得绝对控股权,从而取得对修改公司章程、增资、减资以及公司合并、分立、解散或者变更公司形式等事项的决定权,便还需要拉拢更多的股东,直至所占表决权比例达到2/3以上。

有人可能会进一步提问,如果单个股东的持股比例已经达到2/3,其还有订立一致行动人协议的必要吗?更进一步的提问是,有没有全体股东签署一致行动人协议的必要?

一致行动人协议作为最为常见的股东协议之一,其显著特征就是由部分股东签订。虽然实务中也有全体股东签署一致行动人协议的情况,比如在引入战略投资者之前,原股东就可能需要全体签署一致行动人协议,但用动态的眼光观察,可以发现在战略投资者入股之后,原股东又成为了部分股东,新股东的出现恰恰是原股东结盟的原因。

二、公司可以参与签署吗

实务中,有部分股东在签署一致行动人协议时会拉上公司作为当事人,公司此时也会像模像样地在协议上盖章。如读者在行,肯定会问,哪些股东能够在结盟时把公司拉上啊?桃园三结义的时候,刘关张能拉上汉献帝盖上玉玺吗?估计不成,当时的刘关张甚至没有能力拉个州牧入伙,要做成此事,董卓、曹操、袁绍之流的结盟还差不多。所以,一般只能有控股股东能做成此事,至少其控制了公司公章,少数股东就洗洗睡吧,此为其一。控股股东为什么拉上公司?无非是如果将来跟投人不听话,公司作为当事人可以出来主持公道——如果在以后某次股东会会议中,领投人投了赞成票,跟投人反水投了反对票,领投人就可以拿出公司参与的一致行动人协议,让公司把跟投人的反对票直接改为赞成票。后续讲述的江西华电案中,领投人及其控制的公司不但这样干了,还得到了法院的支持。这事有些匪夷所思对不对?此为其二。公司参与签约时到底是合同主体还是客体?原本股东结盟意在公司控制权(唐僧肉),公司(唐僧)说我也是当事人一方,那将来等唐僧肉煮熟了难道唐僧也分一杯羹吗?这似乎有些逻辑上的混乱。

所以,对于公司参与一致行动人协议的情况,法律本应当坚决反对。但问题是法律对此并未禁止,那么对于一份公司签署的一致行动人协议,法官又应如何应对呢?这的确是一个难题,可能靠谱的答案是:视公司如空气,协议当事人仅限于签约的股东。但从过往实践来看,有些法官并未将公司视如空气。

三、需要书面签署吗

依照《民法典》的规定,合同形式自由,可以采取口头形式、书面形式或其他形式订立,一致行动人协议亦然。当然,基于一致行动人协议系商事组织法上的合同,履行依赖协议当事人高度的自觉与诚信,一致行动人协议的签署应以书面为宜。

一致行动人协议应当签署几份呢?这个问题似乎有点突兀,难道不是人手一份吗?但实务中一致行动人协议往往仅签署一份,且留在领投人手中,如果领投人控制的公司也参与签署,那就放在领投人控制的公司处,以便关键时刻出示。这显示出两个信息:一是,一致行动人协议好像多少不宜过多见光;二是,领投人有些强势,貌似这不是平等互惠的双边/多边协议,而更类似于某种不平等的条约组织。此处再次提醒少数股东,如非要订立一致行动人协议,最好要一份协议原件,至少应当要求持有一份复印件。否则,从著者所见到的不少一致行动人协议缔约人的痛苦经历来看,往后痛不欲生的大有人在。

050 合同视角(三):有哪些主要条款?

一、合同条款的基本分类及应用

依照《民法典》第 470 条、第 510 条等规定,合同条款可以分为必备条款、主要条款、其他条款,其中当事人、标的、数量是所有合同都必须具备的条款。对于有偿合同,价款或者报酬亦为必备条款,至于质量,履行期限、地点和方式,违约责任,解决争议的方法等均为主要条款。一致行动人协议的标的指向一致行动的一个或者多个事项,是缔约人指向同一目的的合同,因此,当事人、标的、数量是其必备条款,而合同目的,履行期限、地点和方式,违约责任,解决争议的方法等条款也很重要。

二、一致行动人协议的几类重要条款示范

(一)协议目的条款

协议目的一般要写明"为了协调缔约人的一致立场,促进公司治理规范化,保障公司健康发展"云云,要写得高大上,最好不要写"为了对抗某某某……"。至于所谓"结盟,但不针对任何第三方",其可信度读者可以自行判断。

(二)标的条款:一致行动的事项与期限

1. 合作事项。一致行动人协议可约定股东会的所有议决事项都属于一致行动人协议的范围,也可以仅纳入某些特定事项,这取决于缔约人结盟的"铁杆"程度。

2. 合作期限。一致行动人协议还需要约定一致行动人协议的合作期限,也即效力期间。合作期限可以是公司存续期间的全程或特定时段,也可以是针对某特殊事项的一次性合作,最终仍取决于缔约人的具体需求。根据著者的经验,如果采取领投模式,领投人自然希望期限越长越好,但这对于跟投人而言有巨大的风险;如果采

取额外协商模式,则期限长短取决于缔约人的相互信任程度。为此,建议跟投人可以尝试签订较短期限的一致行动人协议,必要时可一年一签,以有机会进一步观察领投人的"德行"或者自己作为小弟"跟着走"的感受,鞋大鞋小只有自己最清楚,一旦发现事情不对劲,也好掉头。

(三)一致行动意思的形成条款(决定合同性质的条款)

一致行动意思的形成是此类协议的难点也是重点。对于一致行动意思如何形成,中国实践中大致有以下三种模式,模式的区分取决于一致行动人之间的默契程度,或者是领投人的权威程度。

模式一:绝对领投模式。该模式下,一致行动人协议直接约定某股东为领投人,其余股东为跟投人,一切投票唯大哥(领投人)马首是瞻,定于一尊,整齐划一。具体约定方式有两种:

1.委托投票式。跟投人确认自己的投票权在一致行动人协议有效期内,交付领投人行使。如甲、乙、丙、丁四个股东签署的一致行动人协议约定,乙、丙、丁一致确认从签署协议之日起到公司上市前,三人的投票权无条件交由甲统一行使。

2.一致立场式。一致行动人协议约定对于议决事项,领投人投赞成票的,跟投人也投赞成票,领投人投反对票的,跟投人也投反对票,领投人投弃权票的,跟投人也投弃权票。

模式二:相对领投模式,或称事先协商模式。该模式也有领投人、跟投人的角色划分,对于每次投票,领投人召集跟投人事先协商,如能够达成一致意见,则全体照办;如不能,则一切投票仍唯大哥(领投人)马首是瞻。

模式三:额外表决模式。实务中,部分一致行动人协议并不追求其中个别股东的绝对支配表决权,而是在协议当事人之间,创设股东会之外的小团体额外表决机制。

举例。某公司的股东张三、李四、王五签订一致行动协议,约定每次召开股东会会议前,三人先行召开协商会议;如不能达成一致意见,三人按照一人一票表决,以过半数支持的表决意见(赞成、反对、弃权)作为三人在股东会会议中的一致立场,如不能达成过半数的表决意见(如三人各选赞成、反对、弃权),则以反对为一致立场(盖因为弃权是另一种意义上的反对)。

以上三种模式实际上体现了领投人权威从强到弱的逻辑,也即从绝对领投人、相对领投人到小团体多数决。实务中,绝大多数一致行动人协议采前两种模式,前两种模式体现出了一致行动人协议的真正逻辑。下文如无特别声明,一致行动人协议仅采前两种领投模式。

(四)违约责任条款

一致行动人协议违约责任的设计难度,是其他合同难以相提并论的。原因在于五种承担违约责任的方式(继续履行、采取补救措施、定金、违约损害赔偿金、违约金)中的前三种在一致行动人协议中难以适用(具体详见下文),只能高度依赖违约损害赔偿金、违约金这两种方式,但鉴于违约损害赔偿金的计算及其举证在实务中又构成难点,故违约金这一违约形式更具有可行性。有鉴于此,建议有二:

一是一致行动人协议中最好明确约定违约股东要承担的违约金责任;

二是明确一致行动人协议中继续履行是否适用,以及如何采取补救措施。以上问题,会在之后的多问中详细讲述。

(五)合同解除条款

一致行动人协议的解除,具有合同解除制度的共性,但更具有其特殊性(详见下文,此处简要说明)。其中的核心问题是,一致行动人协议生效后,如不想继续跟随投票的跟投人是否享有任意解除权?这对跟投人至关重要,否则就有可能"兴冲冲结盟而来,遍体鳞伤无法归去"。对此,实务中法院尚未形成统一判决。总之,跟投人为了避免"上船容易下船难"的困窘,最好在一致行动人协议中明确单方解除权行使的事由、期限及方式,这有利于增加自己在联盟中的话语权,也是给自己留条退路。否则,"布拉格之春"的一幕又要上演。

(六)争议解决条款

既然是结盟,且往往是部分人的结盟,"不见阳光"是最好的选择。在争议解决方式的选择上,如公然争讼于公堂,相互揭短,恐怕贻笑大方。所以,约定仲裁条款是较为理想的选择。

051 合同视角(四):属于哪一类合同?

一、合同性质的理论纷争

一致行动人协议的复杂性之一便体现在其特殊的法律属性,这要从两个层次递进来看。

（一）双重属性

一方面，作为合同，一致行动人协议自然要遵循《民法典》为所有合同行为提供的一般规则。但另一方面，一致行动人协议虽以合同为载体，但其内容并非仅着眼于股东个体权利的约束，而是涉及公司权力运行模式的改变，这不可避免地与《公司法》、公司章程等组织法规则发生交互。在组织法与合同法双重属性下，有关一致行动人协议的诸多问题都需要从合同法的基本原理和组织法的特殊性两方面考量。

（二）合同类型归属

从合同类型来看，一致行动人协议属于哪一类合同呢？

依照合同类型是否为《民法典》以及民商事单行法所规定，合同分为有名(典型)合同与无名(非典型)合同。从现行法来看，一致行动人协议属于无名合同，当无争议。

《民法典》第467条第1款规定：

本法或者其他法律没有明文规定的合同，适用本编通则的规定，并可以参照适用本编或者其他法律最相类似合同的规定。

通俗而言，虽然法律没有为无名合同提供具体规则，但其可以参照适用最相类型的有名合同的规则。比如，第646条规定：

法律对其他有偿合同有规定的，依照其规定；没有规定的，参照适用买卖合同的有关规定。

第647条规定：

当事人约定易货交易，转移标的物的所有权的，参照适用买卖合同的有关规定。

进一步的问题便是，一致行动人协议与哪一类合同最相类似呢？

二、合伙合同抑或委托合同

在公司法理上，一致行动人协议与哪种有名合同最相类似应分别而论——根据实务中合同约定的一致投票意见的达成方式，大体上可以将一致行动人协议分为两类合同。

1. 合伙合同说

如上问所述，在额外协商模式中，缔约人的地位平等，一致的投票意见是经过额外协商机制得到的。此类一致行动人协议更类似于合伙合同，进而可以参照适用

《民法典》关于合伙合同的规定。

2.委托合同说

在绝对/相对领投模式中,缔约人的地位实质上不平等,一致的投票意见实际上就是领投人的意见,这不啻于跟投人将自己的投票权委托给跟投人。所以,此类一致行动人协议更类似于委托合同,甚至有人认为就是委托合同。二者的不同之处在于,对委托合同的规则是参照适用还是直接适用。

三、合同归类的法律意义

一致行动人协议与哪一类合同最相类似,将直接影响一致行动人协议应当参照适用的规则。例如,实务中有法院认为,由于一致行动人协议通常会约定在各方意见不一致时,以某方意见为准,这实质上是跟投人将自己的表决权委托给领投人,本质上是委托合同。因此,根据《民法典》第467条、第933条的规定,一致行动人协议应参照适用《民法典》关于委托合同的规定,缔约双方皆享有任意解除权有利则聚、无利则散,好聚好散,挺好。实务中,不少一致行动人协议约定排除了任意解除权的适用,在不损害公司和其他股东利益的情况下,法院一般不会认定该约定无效。

但实际上,认定一致行动人协议与哪种合同最相类似并不能一劳永逸地解决其规则适用问题。有观点认为,即便认定一致行动人协议与委托合同最相类似,基于组织法的特殊性,一致行动人协议也不应当任意解除。因此,合同归类或许仅仅是问题的表面,有关一致行动人协议能否任意解除等问题,后问详述。

052　解约与背约(一):可以任意解除吗?

一、御外与内斗

一致行动人协议的本质是部分股东结盟以获取公司控制权抑或更大的话语权。就此而言,一致行动人协议的订立针对的必然是对立股东(或假想敌),故而可以说,一致行动人协议是为了御敌于外。但在御外之余,同时也往往会涉及内斗的问题——一致行动人协议的内部既然存在领投人与跟投人,其内部利益的再分配也必将是一个可能产生次级利益冲突的场域。

举例。股东甲、乙、丙结盟对抗其他股东,结盟后可确保其联盟如愿以偿地获得董事会席位的绝对多数(比如9席中的6席),但对于该6个席位该如何分配呢?如果股东甲、乙、丙能够在内部达成友好协商机制,自然是好的;如果不能协商一致,冲突往往就此发生,比如在领投人甲拒绝了跟投人乙、丙各保留一个席位的卑微要求时,乙、丙就会反悔结盟。

此时真正的问题就来了——乙、丙该怎么办?

二、跟投人怎么办

按常理,跟投人的第一想法应当是,我能够退出一致行动人协议吗?这翻译为法律语言就是,我能够单方解除合同吗?

(一)解约的一般原理

依照《民法典》的规定,合同解除分为协议解除与单方解除,协议解除指缔约人协商达成解约的一致意思,单方解除指某一方当事人单方决定解约,后者又可分为约定单方解除与法定单方解除。约定单方解除指当事人事先约定了解除合同条件,待条件满足时,某一方或者双方取得单方解约权。法定单方解除指依照法律规定某一方当事人取得法定的单方解约权。

若一致行动人协议能够协商解除,或存在约定的单方解约权,跟投人的退出自然不成问题。但实践中,好聚好散的机会不可多得,值得讨论的是跟投人何时享有法定单方解约权,这可分为以下情形:

1. 某一方构成根本违约,对方取得单方解约权。所谓根本违约,是指某一方的违约行为导致对方的合同目的不能实现。

2. 任意解约权,是指合同一方或者双方当事人无须特别理由即可解约,但要赔偿由此给对方造成的损失。例如,依照《民法典》第933条的规定,委托合同当事人双方皆有任意解约权。

3. 不定期持续性合同的随时解约权。依照《民法典》的规定,诸如租赁合同等在一定期限内持续履行的合同,如果没约定合同存续期限,则任何一方都可以随时解约从而退出合同。

4. 情势变更。一旦发生情势变更,受损方可以与对方进行再磋商,以决定合同是否继续履行或者变更,如不能达成一致意见,则可以请求法院、仲裁机构解除合同。

5. 合同僵局下的违约方解约权。如果合同履行陷入僵局,则违约方可以请求法院解除合同。

(二)跟投人的单方解约权

根据以上的解除权体系,在无法协议退出时,跟投人的退出路径大致有:

1. 约定的单方解约

跟投人最好在一致行动人协议中预先规定好意定解除权,一旦约定的情形发生,跟投人自然取得单方解约权。比如,缔约各方可以在协议中约定,一旦达不成一致的投票意见,则任何一方可以主张解约。当然,此时结成的是一种极为松散的联盟,随时散伙。

2. 法定的单方解约

(1)举证领投人根本违约。在著者遇到的一个案例中,领投人意欲说服跟投人本人放弃董事会席位,后者觉得天方夜谭,谈判不欢而散。前者主张,根据一致行动人协议的约定,后者必须跟随自己的意愿投票,后者则认为放弃董事会席位损害了自己的利益,导致后者签署一致行动人协议的目的不能实现,故主张解除一致行动人协议。

(2)对于不定期的一致行动人协议,跟投人可尝试主张有随时解约权,从而退出联盟。可惜在实务中,领投人一般不会留给跟投人这种机会,往往会明确约定合同期限。

(3)主张一致行动人协议实为委托合同,从而主张任意解约权,对此实务中争议极大。

(三)关于任意解约权喋喋不休的争论

正如上问所提到的,一致行动人协议中毕竟没有"委托合同"的字样,其是否属于实质意义上的委托合同,无论是在理论上还是司法实务中,都存在对立的意见。

实践中,部分法院认为,鉴于一致行动人协议通常会约定"各方意见不一致时以某方意见为准",该等约定存在让渡表决权的性质(与表决权委托具有相似性),系以各方的信任及合意为基础,根据《民法典》第933条的规定,其本质上为委托合同,故应允许一方在无法达成一致意见时任意解除。但另有法院认为,只有构成根本违约才可以解除一致行动人协议,当事人不得擅自变更、解除合同。

本书的立场在上问已经开示:应根据一致投票的意见形成方式进行区分。如果属于额外协商模式,一致行动人协议的本质是合伙合同;如果属于绝对/相对领投模式,一致相对人协议的本质是委托合同,此时可以参照适用《民法典》第933条关于任意解除权的规定。

三、跟投人的真正风险

综上,作为"小弟",跟投人最大的风险不在外而在内,一旦发现压制自己的是"老大"(领投人),最好的止损方式就是脱盟自立。至于能否顺利脱盟,要看跟投人有无单方解约权。此种权利,一方面来自一致行动人协议的事先约定,另一方面来自法律规定,后者的核心在于是否享有任意解约权,但恰恰在这个最重要的问题上,中国法具有不确定性。进一步的问题是,如果不能顺利单方解约,跟投人能否径行违约,领投人又应如何应对违约?

053 解约与背约(二):背约后,如何救济?

一、盟约与背约

跟投人能否任意退出联盟具有不确定性。若跟投人不能如愿解约以摆脱自己当初选择的联盟,但又不愿意继续跟随领投人而被迫损害自己的利益,此时其最后的利己选择一定是背约——不依照一致行动人协议的约定进行投票。

这对于其他缔约人,尤其领投人而言,就是赤裸裸的背信弃义之举了。问题是,领投人奈之如何?翻译成法律语言,就是领投人如何追究背约人的违约责任?

二、救济五路径:合同法上的违约责任方式

《民法典》第三编"合同"第一分编"通则"第八章"违约责任",一共规定了五类违约责任。

1. 继续履行

在一方当事人不履行合同或者履行合同不符合约定,且可以实际履行的前提下,守约人有权要求其继续履行,毕竟获得履行利益才是守约人订立合同的初衷,如守约方的最大利益仍在合同履行,则其必然首选要求背约人继续履行合同。如背约人拒绝,守约人可以请求人民法院、仲裁机构裁令违约方继续履行并交付强制执行。对于金钱债务,继续履行没有障碍。对于非金钱债务(行为义务等),在以下情形下

方可排除继续履行的适用:(1)法律上或者事实上不能履行;(2)债务的标的不适于强制履行或者履行费用过高;(3)债权人在合理期限内未请求履行。

一致行动人协议涉及的债务属于非金钱债务,故有关一致行动人协议的继续履行适用上引《民法典》第580条规定。但总体而言,由于一致行动人协议涉及行为债务,即使法院支持继续履行,也很难在执行阶段得到直接强制。

2. 采取补救措施

依《民法典》第582条,当事人一方履行合同不符合约定的,守约方可以根据标的的性质以及损失的大小,合理选择请求对方承担修理、重作、更换、退货、减少价款或者报酬等违约责任。这是关于采取补救措施的规定。具体到一致行动人协议,如背约人未按照约定投票,是否可以要求其进行再次投票(相当于重作),需要讨论。

3. 损害赔偿

依《民法典》第583条,一方不履行合同义务或者履行合同义务不符合约定的,在履行义务或者采取补救措施后,对方还有其他损失的,应当赔偿损失。《民法典》第584条规定,损失赔偿额应当相当于因违约所造成的损失,包括合同履行后可以获得的利益,但是不得超过违约一方订立合同时预见到或者应当预见到的因违约可能造成的损失。损害赔偿责任适用于所有的合同类型,一致行动人协议也不例外,但关键是,依循"谁主张,谁举证"的规则,守约人对背约人不依约投票所导致的损失额大小以及其背后的因果关系进行举证较为困难。

4. 违约金

依《民法典》第585条,当事人可以约定一方违约时应当根据违约情况向对方支付一定数额的违约金,也可以约定因违约产生的损失赔偿额的计算方法。

违约金实际上是当事人预定的损害赔偿数额,如果上文所述的损害赔偿责任是法定的违约责任,那么违约金责任就是约定的违约责任。违约金的优势在于,其适用仅要求守约方举证背约人存在违约事实,无须进行包括损失额度等在内的其他要件的举证。至于"约定的违约金低于造成的损失的,人民法院或者仲裁机构可以根据当事人的请求予以增加;约定的违约金过分高于造成的损失的,人民法院或者仲裁机构可以根据当事人的请求予以适当减少",则属于违约数额的调整问题,应由主张调整者举证。

5. 定金

依《民法典》第586条,当事人可以约定并交付定金作为合同履行的担保。但根据一致行动人协议的实践,鲜有当事人约定定金条款的,更遑论交付。

综上,就一致行动人协议,推动协议继续履行最符合守约人的核心利益,其次是寻求损害赔偿与违约金救济。

054　解约与背约（三）：背约后,如何获得损害赔偿?

一、损害赔偿责任

联盟破裂时,一方面跟投人痛苦不堪,千里结盟却颗粒无收,甚至进退两难,还有利益受损的风险;另一方面,领投人也有属于自己的苦痛,这年头当老大不易,自己为维护盟约费尽心机,做出多处牺牲,小弟们却不领情不感恩,甚至还唱反调。这不,昨天在股东会上还临阵反戈一击,导致领投人想通过的议案没通过,想反对的议案却获得通过。对于此种公然背约的行为,真是"人心散了,队伍不好带了"。

事已至此,如何惩治背约的小兄弟,让其付出必要的代价,以儆效尤?

代价之一为经济代价,即让背约人承担损害赔偿责任,在理论上与立法上都没有问题,主要难点在于举证。根据《民法典》关于损害赔偿责任适用要件的规定,守约人要对下列要件承担举证责任:(1)背约人具有违约行为;(2)己方有经济损失(无损失则无须承担损害赔偿责任);(3)己方的经济损失与背约人的背约行为之间存在因果关系。从司法实务来看,守约人面临的举证压力来自后两个要件,尤其是第二个要件。

跟投人未按照领投人的意思进行表决,可能有两种结果:

其一,未影响联盟支持的议案的通过,或者未影响联盟拟反对的议案被否决——仅仅是虚惊一场,但好在没有坏事,自然也没有损失发生。此时并未发生损失,损害赔偿责任无法适用,至于能否适用违约金,且见后文。

其二,导致联盟支持的议案未获通过,或者导致联盟反对的议案获得通过。此时,一般而言,跟投人的违约行为无疑损害了联盟,尤其是领投人的利益。比如,领投人的增资、减资计划未能实现,势必影响公司的业绩增长或者妨碍股东抽回出资。

但问题是,结盟的直接目的是获取公司控制权,或者提升联盟的话语权——这都是公司组织法上的目标,而目标不达到底导致守约人遭受了什么损失是一个复杂的问题,需要从契约法(交易法)与公司法(组织法)的双重视角予以评判。司法实践经验告诉我们,此时守约人的财产损失额往往是难以计算且难以举证的。依照证明责任规则,如果守约人不能成功举证,即便法官已经认定了背约行为的存在,也难以支持守约人的诉请。

进一步的难点在于:即便守约人成功举证了经济损失的存在,这些损失与背约人的背约行为之间的因果关系的认定也是另一重障碍。实务中,也有个别案例支持了守约人关于损害赔偿的诉请,但著者考察这些案例时发现,其在因果关系的认定上都比较牵强。回到上例,如果某个跟投人的临阵倒戈导致增资议案未获通过,守约人原本准备好的 1000 万元增资款无法到位,从而导致公司丧失了未来市场发展机遇,此时守约人如何主张己方的损失额呢?如果某个跟投人的临阵倒戈导致减资议案未获通过,守约人能够将己方本来可以抽回的出资额算作损失吗?

二、违约金的相对优势

损害赔偿在适用上的难度,正凸显了违约金的制度优势。相较前述损害赔偿责任适用的三个要件,违约金责任的适用仅有一个要件,即一方存在违约行为。此时,守约人的举证就轻松了,只需证明存在一致行动人协议、有缔约人违约以及协议约定了违约金即可。若背约人主张违约金过分高于守约人的损失,进而主张适当减少违约金,那是次一层级的问题,且应由背约人负结果意义上的证明责任。

举例。原告任某与被告刘某分别持有某有限公司 50%、10% 的股权。双方约定刘某将投票权全权委托给任某行使,旋又签署合作协议及补充协议;后在某次公司任免监事的股东会决议中,刘某投票构成背约。一审判决与再审判决均支持了补充协议所约定的 4000 万元违约金的适用。再审法院认为,双方先后签订了三份协议,其中补充协议特别约定违约方应承担 4000 万元违约金,双方的缔约地位均衡,违约金条款适用机会平等且并非格式条款,加之申请人未能证明违约金过高,故违约金的适用并无不当。

三、违约金的局限

如上文所述,当一致行动人协议被违反,要求损害赔偿并无理论上的障碍,但由于实践中守约人很难举证自己存在损失以及损失与违约行为的因果关系,故事先约定违约金条款,能减轻领投人的举证责任。

但即使约定了违约金,困局也并未彻底破除,损害赔偿(法定)或违约金(约定)往往并无助于守约人,尤其是领投人缔约目的之实现,也往往难以弥补其因丧失控制权所遭受的巨额损失。例如,指定董事约款的目的在于保障某方委派的人员进入董事会,若其因他方背约而落选,则守约方将由此丧失对公司的控制权。对此,有观点敏锐地指出,支付损害赔偿金(法定)与支付违约金(约定)将导致一方通过支付连法院都无法评估的金额的方式摆脱协议的拘束。总之,对于守约人而言,契约法层面的损害赔偿并不是理想的违约救济方式,最有效的救济方式还是实际履行。毕竟,当事人通过缔约所追求的第一性目的并非金钱赔偿,更何况守约方丧失公司控制权的损失往往难以用金钱估算,即便事先约定违约金,也未必能够填补损失。

面对损害赔偿救济的"失灵",如何实现一致行动人协议原定的给付利益是缔约人的核心关切。一致行动人协议中能否以及如何实现强制实际履行?容后问详叙,这是所有读者都想知道的。

055　解约与背约（四）：背约后，实际履行是否可行？

一、实际履行：合同秩序的维护

什么是契约法上的实际履行?

例1。张三、李四签订了一个二手房的买卖合同,张三卖、李四买;到了办理过户手续时,张三反悔不想卖了,便对李四说,赔多少钱我都认,但房子就不卖了。李四如果能接受赔偿走人的方案,所有问题也就解决了,但偏偏李四也是有脾气的,回答"赔多少钱都不要,就是要交房、办过户手续!"于是双方僵持不下,李四诉至法院。根据《民法典》第580条的规定,法官理当支持李四有关继续履行的诉请;唯有如此,缔约人才能对合同目的之实现抱有期待,合同秩序才能得到维护。

一致行动人协议作为契约,并无不能适用继续履行之法理,但问题是,法律有办法强制缔约人投票吗?

二、复杂性：一致行动人协议的实际履行

作为公司组织法上的契约，一致行动人协议的实际履行远比上例中的房屋买卖合同复杂，具体在于：

第一，一致行动人协议的标的为股东会上的投票行为，但在投票过程中，背约行为往往难以识别，只有等到投票结束甚至表决结果公布时才会发现背约行为的存在。此时，实际履行并不是契约法中单纯的继续履行未履行部分的问题，而是涉及能否强制更改投票结果的问题。如何实际履行一致行动人协议，涉及组织法与契约法的互动，不能单单在契约履行的范围内考量。

第二，既然一致行动人协议的合同标的指向股东会上的投票行为，则任何一个股东的投票意见都可能直接影响甚至决定议决结果。议决中，除缔约股东外还有其他股东参与，且这些股东往往恰恰是立场对立方，实际履行意味着至少部分股东的投票结果需要推倒重来，甚至重新投票。因此，能否实际履行不仅关乎缔约股东间的法律关系，更关系到全体股东间的法律关系，以及公司组织体本身意思形成的稳定性。

从各国各地区的司法经验与我国法院的裁判实践来看，如果法院支持实际履行，则实际履行的具体方式与形成公司决议的具体阶段紧密相连：

第一，在股东投票前，如一方缔约人声明将不按协议约定的方式投票，守约方可申请法院禁令或者行为保全；

第二，在股东投票后，决议作出前的计票阶段，守约方可申请公司直接改票；

第三，在决议作出后，守约方可诉请法院撤销公司决议，重新召开股东会会议投票，背约方依约投票以形成新决议，或者不再召开股东会会议，直接根据判决重新计票。

在以上三个阶段，各国各地区的公司法大致有五类做法：

1. 禁令或者行为保全；
2. 在计票阶段请求公司改票；
3. 撤销在先决议后股东重新依约投票以形成新决议；
4. 撤销在先决议且公司重新计票；
5. 对违约投票不予计算。

三、我国的司法立场

实际履行能否以及如何适用于一致行动人协议？我国在这方面的司法实践经验较为单薄，也缺乏总结与梳理。

1. 反对立场及其理由

有学者持如下看法：无论部分的还是全部的股东参与的股东一致行动人协议不能撼动组织法上的表决结果，守约方不得主张他方背约情况下的股东决议无效，或因决议有瑕疵而主张撤销，也不得请求法院强制背约股东依约投票。盖因股东表决权系股东意志的体现，得自由行使，背约投票不因违反股东一致行动人协议而无效，仅产生损害赔偿后果。实际上，在能否依据背约投票行为否定决议效力的问题上，学界多持否定立场。

例2。领投人张三在某一表决事项上投赞成票，跟投人李四却投反对票，后因李四的反对票导致该表决事项未获通过。张三认为如李四跟投，结果将截然不同，故要求重新投票且要求李四依约跟投。这一主张是否可行？公司如何应对？其他股东可以反对吗？

股东会决议是组织法上的行为，会议上不仅有一致行动人协议的当事人，还有其他股东。该问题首先取决于其他股东愿不愿意重新投票，由于一致行动人协议在划分股东阵营时的天然倾向性，对立股东通常不愿意重新投票，此时一致行动人协议的实际履行会遭遇组织法上的强大阻碍，协议当事人不能强迫其他非协议股东重新投票，否则，不仅有违合同相对性，也有损非缔约股东的权益。即便缔约股东合计所持的表决权比例达到了所涉事项通过所需的比例，根据决议机制的原理，程式要求仍然不可或缺，否则多数决便不具有正当性。因此，即便联盟之外仅有一个非缔约股东，一致行动人协议也不得将效力强行附加于该股东，进而无法拘束公司。

2. 折中方案

也有人主张，基于一致行动人协议的双重属性，结合股东会会议是否已召开、决议是否已作出等因素，对违约救济方案作三个层次的类型化区分：

第一层次：仅对于股东彼此间的权利义务关系，以及股东会职权范围内的事项，股东才得通过一致行动人协议约定一致行动。

第二层次：

（1）部分股东间的协议不具有组织法效力，绝对不能约束公司。如有缔约股东背约,守约方只能要求背约方支付损害赔偿金或者支付违约金,承担违约责任。

(2)仅全体股东都参与的一致行动人协议(实践中很罕见)才具有组织法效力,在满足特定程式要求时,此种一致行动人协议得约束公司,进而适用实际履行。

第三层次:具有组织法效力的一致行动人协议分阶段适用实际履行。

(1)股东未投票、决议未作出的,守约方可申请行为保全。

(2)股东已投票、尚在计票阶段的,守约方得请求公司改票。

(3)股东已投票、决议已作出的,守约方得请求撤销在先决议,并诉请违约方在下一次股东会会议上依约投票以形成新决议,否则,公司得依判决改票。

3. 本书的立场

在价值论上,我们反对以股东协议取代公司法、公司章程的规定以及股东会决议,成为一种自行其是的公司治理方式,否则,公司法也就死亡了。

具体到一致行动人协议,必须申明,无论部分股东参与的还是全体股东参加的一致行动人协议,都要恪守合同相对性,故而自然得出结论——不得约束公司。所以,所谓一致行动人协议的实际履行,仅仅在缔约股东之间讨论之,而不应涉及公司本身,让公司成为(协助)履约的一方。

056 解约与背约(五):公司可以下场助攻协议的实际履行吗?

一、公司的身影很重要

如果读者带着问题读完上问,且以领投人自居,可能会感到泄气——那就是说在我国法上,一致行动人协议很难实际履行呗?实事求是地说的确如此,著者也无法为取悦部分读者而"虚假陈述"。但敏锐的读者会发现,假设法院支持实际履行,貌似也离不开公司的支持。的确如此,在一致行动人协议的实际履行中,公司不是空气,而往往是"案内人"。

二、股东会现场一幕

举例。假设领投人张三在某一表决事项上投赞成票,但跟投人李四却临阵倒戈，投了反对票。不巧，因为李四的反对票，该表决事项未获通过。除了在会后根据一致行动人协议寻求损害赔偿金、违约金支付等救济外，领投人张三可不可以在股东会会议现场向计票人出示其与李四间的一致行动人协议文本，证明跟投人李四的投票违约，并要求现场将李四的反对票改为赞成票呢？

对此，理论与实务中存在两派观点。

一种观点认为，这取决于公司是不是一致行动人协议的当事人。如前文所述，实务中部分股东签订一致行动人协议时，拉了公司入伙，公司在一致行动人协议上签字盖章，由此成为协议的一方当事人。若此，公司就有了私人执法权，不再是旁观者（bystander），在公司发现有人公然违反一致行动人协议时，管理层可以代表公司主持正义，比如现场强制改票。

另一种观点认为，不论是否参与一致行动人协议，公司都无权强行改变股东的投票。公司参与签约不是股东一致行动人协议产生组织法效力的要件，公司在法理上也不应成为一致行动人协议的当事人。

本书赞同后一观点。股东会决议是具有组织法效力的行为，而一致行动人协议一般仅是部分股东之间的协议，绝对不具有组织法的效力即便是全体股东签署的协议，也不得约束公司，这是公司组织法的基本立场。在一致行动人协议不具有组织法效力时，公司单方面改票会侵犯非缔约股东的权利，也与组织法的逻辑相悖。

三、江西华电案：启示与反思

但从实践来看，确有法院裁判支持了公司在股东会会议的投票现场直接改票。这就是在业界引起极大反响的江西华电案[（2017）赣民申367号]。

基本案情。江西华电电力有限责任公司（以下简称华电公司）前两大股东胡某（任法定代表人）、张某签订了两份协议，约定张某在华电公司上市前应与胡某的投票立场一致，上述协议约定的事项经华电公司董事会商议后形成董事会决议，公司也在协议上盖了印章。2015年8月20日，华电公司董事会召集并主持2015年度第四次股东大会，对华电公司进行增资扩股的议案等事项进行表决。胡某对各项议案均投赞成票，张某对各项议案均投反对票，但华电公司将张某所投反对票统计为赞成票，故以赞成占78.1595%的股权比例，反对占16.1113%的股权比例，形成股东会决议，通过增资扩股等各项议案。张某认为，该股东会决议的形成仅获得股权表决权56.7706%的赞成票，违反《公司法》对股东大会该类议案须经出席会议的股东所持表决权的 2/3 以上通过之强制性规定,故诉至法院要求撤销该决议。

一审法院、二审法院及再审法院都肯定了协议的效力及协议对华电公司的约束力。其中,一审法院认为,虽然张某对此次股东大会的各项议案均投反对票,但股东大会根据华电公司及其法定代表人胡某与张某于 2009 年 12 月 29 日签订《期权授予协议》,将张某所投反对票统计为赞成票的行为符合双方的约定,在《期权授予协议》未被撤销或解除时,合同双方当事人均应严格履行各自的合同义务。

二审法院认为,两份协议上均有张某、胡某本人的签字确认和华电公司的盖章确认,且上述条款并不违反法律法规的禁止性规定,并经董事会决议通过,未损害华电公司及其他股东的合法权益,内容应为合法有效,股东大会将张某所投反对票统计为赞成票符合当时约定。

再审法院认为,公司根据《股份认购协议》和《期权授予协议》,将张某所投票计为赞成票,形成股东会股字(2015)第 6 号股东会决议,华电公司的行为符合两份协议的约定。张某主张即使两份协议有效,也只能追究张某违约责任,不能强行将其反对票统计为赞成票的申请再审理由不能成立。

本案裁决值得斟酌之处在于:三级法院都未从组织法的视角审视协议的组织法效力,也未考虑公司成为签约人的妥当性,以及公司作为签约人对协议效力的影响。第一,公司以决议形成自己的意思,在自己的意思尚未形成时,其却已身陷股东协议,有违组织法的逻辑。第二,股东一致行动人协议的标的是股东持有的表决权,尽管此约定会通过股东表决权影响股东会决议,进而影响公司的经营管理决策,但公司并不直接承担协议中的权利义务,遑论成为协议的当事人。第三,公司签约的背后是管理层(法定代表人、实际控制人等)的决定,若赋予此类协议以组织法效力,有违管理层恪守中立原则,会导致管理层对股东表决事项的不当干预,也会在多数股东与少数股东之间造成新的不公平,毕竟事实上公司公章往往掌控在多数股东手里。

那么,在全体股东都是协议缔约人的情况下,协议因形同公司章程而具组织法效力,能否得以约束公司? 有人赞同之,认为该种组织法效力可从四个方面得到证成:第一,从合意基础来看,全体股东协议内含对每个股东意思的尊重,是全体股东真意的体现。第二,从程序要求来看,全体股东合意对程序具有部分替代作用。就程序价值而言,公司决议的价值不止于表决结果,更在于在先"会"后"议"再"决"的过程中实现民主协商。与会者围绕提案进行说理、质询、辩论与观点碰撞,正是组织法上的程序价值所在。更重要的是,组织法上的程序价值根源于私人自治,组织体成员若能亲自行权以带来最佳效果,则无必要将部分权利让渡给团体并受程序性规则的束缚。第三,全体股东协议采合意制,其成立要件较决议的多数决要求更高,每个股东尤其是少数股东的意思能够得到更大程度的尊重。第四,从工具论的角度看,在全体股东形成合意的前提下,股东协议与章程、决议只是表达全体股东意思的不同工具和载体,在本源上并无组织法效力的优劣之分。总之,全体股东协议未减损决议的程序价值,且其对意思自治的要求高于决议多数决,其在更高的标准上契合了组织法的程序要求。我们认为,即便是全体股东协议,如果不视为就某一治理事项对公司章程的补充解释,也不宜认为得约束公司本身,这是公司组织法立场的原则。

当然,实践中,由于一致行动人协议"划分阵营"的天然属性,全体股东都是一致行动人协议缔约人的情况实属罕见。

四、谁能决定公司的意思参与

实践中,一旦承认下场助攻的公司助力了一致行动人协议的实际履行。那么谁来决定公司的参与意思?想到这里,是不是有读者暗暗心惊?是的,唯有双控人能够做到。也就是说,只有当一致行动人协议的领投人是双控人时,其才能代表公司的意思以完成助攻动作。若仅仅是几个少数股东之间为提升话语权而结盟,实际上很难出现公司助攻的情况。这究竟是实力决定底气,形势究竟比人强,还是强权即公理?公司法上的丛林法则?这一发问,恰恰佐证了上文我们的观点,绝不能承认各种一致行动人协议对公司的约束力。

057 公司治理视角(一):与累计投票制如何联动?

一、旧事重提

前文在关于累积投票制的系列中讲到,若排除影响股东投票选择的其他复杂因素,仅从概率论来讲,累积投票中确定选举出一名董事所需最低股份数(X)的公式为:

$X \geq S/(D+1) + 1$

这一公式对少数股东的警示在于：累积投票制有利于少数股东推选候选人进入董事会、监事会，但这也是有持股比例门槛的，如少数股东所持股权比例低于 X，便无法通过累计投票制推选自己的候选人进入董事会、监事会。

达不到 X 怎么办呢？团结就是力量，结盟就是出路。若干个少数股东签订一致行动人协议，集腋成裘，就有望达到 X，从而推选出共同的候选人进入董事会、监事会。

二、制定一致行动人的投票策略

首先，股东们签署一致行动人协议后，应制定具体的投票策略。例如，在董事会选举中，各股东应将其累积投票权集中给协议中选定的某个（些）候选人。

其次，详细安排在累积投票制下各股东如何集中其投票权。例如，各方如何分配投票权、应支持哪些特定的董事候选人，力保哪些人，努力争取哪些人。

举例。A 股份公司有 100 股，要选 5 名董事，现有 4 名股东甲、乙、丙、丁分持 80 股、16 股、2 股、2 股。在直接投票制下，选举 1 名董事需要通过一项决议，获得过半数票的候选人即当选。如果甲、乙、丙、丁分别推举 5 名董事候选人，由于各主体间不存在合作机制，选举的结果是：甲推举的 5 名候选人分别获得 80 票赞成、20 票（16＋2＋2）反对，全部当选；乙、丙、丁推举的候选人均无法获得过半数票，因而全部落选。显然，此时股东只要持有表决权的过半数，就可以决定全部人选。在累积投票制下，确定选出 1 名董事所需的最低股份数（X）为：$X \geq S/(D+1) + 1$，选出 N 名董事所需股份数（Y）为：$Y \geq NS/(D+1) + 1$。具体到选举 A 公司董事的情形，选举 1 名董事所需的股份数就是：$100/(5+1) + 1 = 17.67$（股）。故即使采累积投票制，乙、丙、丁任何一个股东都无法获得董事席位。但若乙、丙、丁达成一致行动人协议，其股份数加总为 20 股，便可以确保共同推举的一人当选。

由此可见，一致行动人协议是累计投票制的催化剂，通过一致行动人协议运转累积投票制是少数股东在公司治理中发挥更大作用的有效途径。其中，制定明确的协议条款、制定合理的投票策略并及时进行信息披露，都是确保一致行动人协议成功运作的关键。

三、上市公司应关注信息披露要求

证监会《公开发行证券的公司信息披露内容与格式准则第 15 号——权益变动报告书》第 19 条第 2 项规定，信息披露义务人应当说明其采取一致行动的目的、达成一致行动协议或者意向的时间、一致行动协议或者意向的内容（特别是一致行动人行使股份表决权的程序和方式）。由此可见，上市公司签署一致行动人协议，必须向证券监管机构披露其协议内容，按要求提交相关文件，并确保信息披露的准确性和完整性。考虑到目前强制实行累积投票制的主要是上市公司，在此作必要的提示。

058　公司治理视角（二）：成为治理模式的主流选项？

一、公司治理的主流方式：决议、决定、章程

《公司法》第 4 条第 2 款规定：

公司股东对公司依法享有资产收益、参与重大决策和选择管理者等权利。

那么，股东如何参与公司治理呢？首先，公司章程是公司的宪章自不待言。从现行法来看，《公司法》第 58 条规定，公司股东会由全体股东组成，股东会是公司的权力机构，依照该法行使职权。《公司法》第 59 条规定，股东会行使职权的方式是作出决议。《公司法》第 60 条规定，只有一个股东的公司不设股东会，股东对相当于其他公司股东会职权范围内的事项作出决定。因此，公司的决议、决定、章程是公司治理的主流制度安排。

二、股东协议盛行的原因

《公司法》虽已通过对公司章程的授权不断增加公司治理中意思自治的空间，但仍无法完全满足市场主体的现实需要。公司治理实务中，大量存在弃公司章程而以道股东协议来治理公司的现象。股东协议通常在公司股东之间签订，用于规范股东之间的权利义务，细化公司章程和法律规定，其法律基础主要来源于合同法的基本原理，即契约自由和合同约束力原理。

根据《公司法》第 64 条、第 224 条等规定，在召开股东会会议通知、公司减少注

册资本等事项上,可以"全体股东另有约定"。《公司法》虽然没有专门提及股东协议,但股东协议可以在不违反公司章程和《公司法》规定的前提下,进一步细化和明确股东间的权利义务,补充公司章程的不足。除前述规定外,股东还可以通过股东协议对表决权事项作特殊安排。

股东协议可以有效补充公司章程,规范股东行为,保护股东利益,增强公司治理的灵活性。此外,与修改公司章程的程序相比,重新谈判合同条款更为容易、成本更低,尤其是在股东人数众多的上市公司中。因此,股东协议确实是公司治理的一种现实方式。

三、股东协议仅作为公司治理的补充方式

如前问所述,股东协议可以涵盖多种内容,如对赌协议、一致行动人安排、董事会组成、股权转让限制、股份代持等事项。形形色色的股东协议不仅是对股东权利的调整,还直接或间接地影响和改变了公司治理的法定结构。尤其是对于封闭公司而言,股东协议是一种常见的除公司章程、股东会决议之外的治理方式。

我们认为,股东协议虽在增强公司治理灵活性、缓解股东利益冲突等方面具有重要价值,但此种"定制化工具"损及了公司治理结构的透明度与可预测性,司法实践对股东治理协议效力的不稳定认识也将影响公司治理结构的稳定性。因此,股东协议应仅作为公司治理的补充工具,而不应成为公司治理模式的主流选项,对此,后问将进一步展开。

059　公司治理视角(三):取代股东会决议?

一、股东参与公司治理的三种形式

股东参与公司治理并形成意思表示主要有三种形式:一是由股东会形成意思表示,即决议,或不设股东会的公司中一名股东作出的决定,此处决议、决定的含义及效力是一样的(下文股东会决议也包含一名股东的决定);二是股东在设立公司时制定的章程或公司运营过程中修订的章程;三是全体股东或者部分股东形成的涉及公司治理事项的股东协议。

如前问所述，决议与章程是股东参与公司治理的正式制度安排，在公司法律制度中处于主流地位。但在实务中，各类股东协议却大行其道，尤其对于封闭公司而言，股东协议俨然成为除章程、股东会决议之外的第三种公司治理方式，且大有做大之势。由于股东协议的私密性、相对性、小团体性，有学者谓之为公司暗箱治理方式。

股东协议能够取代股东会决议、公司章程吗？如何看待股东协议在实务中的流行现象？这涉及股东协议与股东会决议、公司章程的关系问题，本问及下问分述之。

二、股东协议的全素描

（一）概念

本分篇首问已经对股东协议有所介绍，之后的多问详细研究了股东协议中的典例，一致行动人协议，相信读者对股东协议已有很深的认识。

股东协议的最重要分类是全体股东协议与部分股东协议，由于要讨论股东协议与股东会决议的关系，考虑到股东会由全体股东组成（至于全体股东是否实际参会，那是另一回事），部分股东协议与股东会决议实在没有什么可比性。所以，下文如无特别指明，股东协议就是指全体股东协议。

（二）全体股东协议在《公司法》中的地位

在《公司法》文本中检索"全体股东约定""全体股东一致同意"关键词，可以发现有多处规定：

第59条第3款规定：

对本条第一款所列事项股东以书面形式一致表示同意的，可以不召开股东会会议，直接作出决定，并由全体股东在决定文件上签名或者盖章。

第64条第1款规定：

召开股东会会议，应当于会议召开十五日前通知全体股东；但是，公司章程另有规定或者全体股东另有约定的除外。

第83条规定：

规模较小或者股东人数较少的有限责任公司，可以不设监事会，设一名监事，行使本法规定的监事会的职权；经全体股东一致同意，也可以不设监事。

第210条第4款规定：

公司弥补亏损和提取公积金后所余税后利润，有限责任公司按照股东实缴的出资比例分配利润,全体股东约定不按照出资比例分配利润的除外;股份有限公司按照股东所持有的股份比例分配利润,公司章程另有规定的除外。

第 224 条第 3 款规定:

公司减少注册资本,应当按照股东出资或者持有股份的比例相应减少出资额或者股份,法律另有规定、有限责任公司全体股东另有约定或者股份有限公司章程另有规定的除外。

第 227 条第 1 款规定:

有限责任公司增加注册资本时,股东在同等条件下有权优先按照实缴的出资比例认缴出资。但是,全体股东约定不按照出资比例优先认缴出资的除外。

"股东以书面形式一致表示同意的""全体股东一致同意"规定可以理解为全体股东以一致决的形式作出股东会决议,也可以理解为全体股东形成了一份股东协议。

上述规定透露出三个信息:一是有关全体股东约定的规定全部出现在有限公司;二是有限公司的全体股东约定与股份公司的章程另有规定可以等量齐观;三是全体股东另有约定受到《公司法》尊重,在某些事项上可以排除《公司法》规定的适用。

(三)《公司法》之外的全体股东另有约定

除了上引《公司法》规定的"全体股东另有约定"条款,实务中还存在形形色色的全体股东约定条款,比如全体股东通过《投资协议》对各个股东出资义务、法人机关席位分配、总经理职位、公司分红政策等进行约定,不仅涵盖股东间的权利义务关系,而且多涉及公司治理事项。不难看出,这些事项与公司章程、公司决议事项多有交叉,彼此间的关系是不可回避的公司法课题。

三、股东协议与股东会决议的关系

(一)互补关系

比如,《公司法》第 59 条第 3 款规定:

对本条第一款所列事项股东以书面形式一致表示同意的,可以不召开股东会会议,直接作出决定,并由全体股东在决定文件上签名或者盖章。

这是对有限公司股东会决议作出方式的灵活性规定,契合有限公司的封闭性假设。有人认为,这等于承认了全体股东协议对股东会决议的功能替代,这也许是一个误解。准确的解读是,经全体股东一致同意可以豁免决议的程式化适用。公司决议必须符合法定程序要求并实际召开会议,先有"会"后有"议"最后才得到"决",否则即构成程序瑕疵,并进一步导致决议不成立。但在有限公司实务中,考虑到股东人数较少、股东相互之间较熟悉、人合性较强等因素,《公司法》设置了上引多个关于有限公司"全体股东另行约定"的但书条款,这些条款表明,全体股东协议得拘束公司,也即具有组织法效力,必须限定在《公司法》明文允可的情形下。

此外,根据《公司法》第112条第1款的规定,关于股东会书面一致决的规定不适用于股份公司,这体现出两类公司在治理规范性上的不同要求。

(二)股东协议不能替代股东会决议

股东会决议是公司治理的法定程序,具有法律强制性和普遍约束力。股东会决议的通过和实施必须符合《公司法》的规定,任何股东协议都不能违背《公司法》的强制性规定。比如,如果股东要对《公司法》第59条关于股东会职权的事项作出约束公司组织的意思表示,则仍需依靠公司决议。仅在某些情况下,股东协议可以对股东会决议的内容进行补充和细化。虽从意思自治的角度,全体股东协议似乎比股东会决议更能反映股东的真实意思,但股东协议也仅在部分法定情形下可以取代股东会决议。

四、守正出奇

守正出奇,源自《孙子兵法》之"凡战者,以正合,以奇胜",本意是指"恪守正义,出奇制胜"。恪守正义是道,出奇制胜是术。"正",正路、正道也,"奇",出人意料。商业运营与公司治理强调的"守正出奇",是谓正道而行、守法经营,突破思维局限、出奇制胜,也可以量化为用70%的时间去想"正"的事情,用30%的时间研究变通。既不墨守成规,又有创新,只有如此方可在商战中制胜。公司治理模式的选择同样如此。

060 公司治理视角(四):与公司章程冲突的,如何处理?

在股东协议中,股东往往自行创设权利义务,以达到排除、取代、补充《公司法》、公司章程规定之目的,且有喧宾夺主之势。公司章程作为公司的宪章,在公司运行、公司治理中的地位不可动摇。但在我国很多封闭型公司中,各类股东协议的盛行对公司章程的确产生了侵蚀效应,不能不引起警惕。前文已讨论了股东协议与股东会决议的关系,此处进一步厘清股东协议与公司章程的关系,意义重大。

一、股东协议与公司章程的联系

股东协议与公司章程都是公司治理的工具,且二者在内容上会有重叠。

公司章程的内容既有强制性,例如绝对必要记载事项以及相对必要记载事项,也有任意性,如任意记载事项。在公司内部,公司章程的制定与修改都要遵循某种程式,在公司外部,其内容也具有一定的要式性,在公司设立时,公司章程需要提交商事登记机关审查、备案,如有修改,也要及时变更。

股东协议的内容是签约股东自由协商的结果,完全遵循意思自治规则,不仅无须公示,制定及变更也更加灵活。因此,股东可以将部分公司治理事项以股东协议的形式确定下来,作为章程的有效补充。

二、股东协议与公司章程的区别

股东协议与公司章程在公司治理中扮演着不同的角色,二者的主要区别在于:

1. 参与人不同。股东协议可以由部分股东签署,也可以由全体股东签署。公司章程的制定及修改则可以由全体股东参与,至于是否参与,取决于股东自身行权的意愿。

2. 约束事项不同。股东协议处理的事项都是签约股东间的权利义务。公司章程作为公司宪章,处理的则是公司组织运行与治理的基本事务,其中也会涉及公司股东之间的某些权利义务关系,二者的内容既有交叉也有不同。

3. 效力范围不同。股东协议遵循合同相对性规则,仅约束签约股东。唯有全体股东签署的股东协议,在《公司法》明文允可的情形下,才可能具有组织法效力,也即可以约束公司本身。而公司章程则首先约束公司,也同时约束全体股东、董监高。

4. 意思形成机制不同。无论是全体股东参与的股东协议还是部分股东参与的股东协议,都遵循合意,也即一致同意规则。而公司章程的制定、修订遵循资本民主原则,尽管并不排斥合意,但大多数情况下并不要求合意。

三、股东协议与公司章程内容冲突的处理

(一)股东协议对公司章程的细化与补充

典型案例。最高人民法院在北京某投资集团有限公司诉曹某等公司利益纠纷再审案[(2017)最高法民再172号]中认为,案涉《增资扩股协议书》关于"在不违背章程的前提下具有最高效力、公司及全体股东是协议主体、章定记载事项构成协议的一部分"等约款,表明该协议书的性质是公司对公司章程规定的具体解释,虽冠以协议之名,但违反该协议书形同违反公司章程,故构成决议的撤销事由。本案确立的裁判要旨为,全体股东协议乃公司章程的解释文本,违反协议视同违反公司章程。

(二)股东协议与公司章程内容不一致的处理

部分股东协议与公司章程内容不一致的情形较为清晰,毕竟前者难以具备组织法效力,此处仅讨论全体股东协议与公司章程内容冲突的处理。

基本原则是区分内部事务与外部事务。如涉及公司内部事务,则依据股东最后的真实意思作出处理。比如,针对分红问题,公司章程与全体股东协议约定不同的,可以进一步考察股东协议与公司章程的制定时间,在后的意思表示如可视为对在前意思表示的变更或补充,可从之;否则,仍需裁判者审慎处置,一个基本原则仍然要坚持股东协议不具有组织法效力。

如涉及公司外部事务处理,则应当以公司章程的规定为准。这是由公司章程的有限公示性决定的。比如,股东协议与公司章程就对外担保问题作了不同的规定,当第三人要求公司承担担保责任时,就应以公司章程的规定为准,若公司或股东以股东协议的内容进行抗辩,该抗辩不被支持。

当然,治理规范的公司,当尽量避免二者的内容冲突。如有新的形势发展,应尽可能修改公司章程。如出于程序原因来不及修改而先订立全体股东协议,后续公司章程当尽快吸收股东协议的内容,并及时作公司章程的变更备案手续,以尽量减少股东协议与公司章程的内容冲突。

分篇六

职权

股东会贵为公司的"权力机构",唯有厘清其职权,才能进一步厘清董事会、监事会/审计委等其他组织机构的职权,也才能进一步厘清各个法人机关(组织机构)之间的职权关系,包括分工、制衡、转投权、职权交叉等复杂问题。这是公司法人机关(组织机构)职权法定主义的必然要求。

本分篇共设8问,集中讨论股东会职权及其与董事会职权、董事长职权、总经理职权的关系。法人机关的职权乃是讨论公司决议效力的基础与前提,所以后文的分篇七将紧接着讨论公司决议效力的问题。

061 有哪些法定职权?

《公司法》第59条、第112条均规定,两类公司的股东会"依照本法行使职权"。这就是关于股东会职权法定的规定,前文对此已有提及,此处从不同的角度切入。股东会职权法定作为公司组织机构的一项基本规则,是了解股东会运作的逻辑起点。

一、集中式规定

《公司法》第59条第1款规定了股东会的8项法定职权:

股东会行使下列职权:

(一)选举和更换董事、监事,决定有关董事、监事的报酬事项;

(二)审议批准董事会的报告;

(三)审议批准监事会的报告;

(四)审议批准公司的利润分配方案和弥补亏损方案;

(五)对公司增加或者减少注册资本作出决议;

（六）对发行公司债券作出决议；

（七）对公司合并、分立、解散、清算或者变更公司形式作出决议；

（八）修改公司章程；

……

这几项法定职权有以下四个特点：

1.都是最终的决策权。与《公司法》第67条规定的董事会职权相较，可以看出，董事会的多项职权并非最终的决策权，其中好几项都是"制订……方案"，但是股东会的职权都是"审议批准""作出决议"。

2.都是公司最重大的事项，这些事项涵盖人事权(选举、更换董监事及决定其报酬)、对董事会与监事会的工作监督(审议批准董事会、监事会的报告)、重大经营管理事项的决策(审议批准利润分配方案、弥补亏损方案；对增资、减资、发行债券、公司合并、公司分立、公司解散、公司清算、变更公司形式、修改公司章程作出决议)。这足以说明至少就字面上的法律而言，我国公司股东会职权还居于中心地位。

3.很多议决事项都与董事会的法定职权前后衔接。比如，《公司法》第67条第2款第4～6项规定"(四)制订公司的利润分配方案和弥补亏损方案；(五)制订公司增加或者减少注册资本以及发行公司债券的方案；(六)制订公司合并、分立、解散或者变更公司形式的方案"，恰恰对应《公司法》第59条第4～7项的股东会职权。

4.适用不同的多数决规则。对应《公司法》第66条、第116条的规定，股东会会议就上述法定职权作出决议的，适用不同的多数决。对七大事项(增资、减资、公司合并、公司分立、公司解散、变更公司形式、修改公司章程)作出决议的，适用2/3以上的绝对多数决；对于其他事项，一般理解为适用过半数的相对多数决，除非公司章程另有规定。

二、分散式规定

股东会职权不仅规定在《公司法》第59条，《公司法》中还有一些条款对此作出了规定，包括：

第15条第2款规定：

公司为公司股东或者实际控制人提供担保的，应当经股东会决议。

第139条规定：

上市公司董事与董事会会议决议事项所涉及的企业或者个人有关联关系的，该董事应当及时向董事会书面报告。有关联关系的董事不得对该项决议行使表决权,也不得代理其他董事行使表决权。该董事会会议由过半数的无关联关系董事出席即可举行,董事会会议所作决议须经无关联关系董事过半数通过。出席董事会会议的无关联关系董事人数不足三人的,应当将该事项提交上市公司股东会审议。

类似地,第185条规定:

董事会对本法第一百八十二条至第一百八十四条规定的事项决议时,关联董事不得参与表决,其表决权不计入表决权总数。出席董事会会议的无关联关系董事人数不足三人的,应当将该事项提交股东会审议。

第162条第1款、第2款规定:

公司不得收购本公司股份。但是,有下列情形之一的除外:

(一)减少公司注册资本;

(二)与持有本公司股份的其他公司合并;

(三)将股份用于员工持股计划或者股权激励;

(四)股东因对股东会作出的公司合并、分立决议持异议,要求公司收购其股份;

(五)将股份用于转换公司发行的可转换为股票的公司债券;

(六)上市公司为维护公司价值及股东权益所必需。

公司因前款第一项、第二项规定的情形收购本公司股份的,应当经股东会决议;公司因前款第三项、第五项、第六项规定的情形收购本公司股份的,可以按照公司章程或者股东会的授权,经三分之二以上董事出席的董事会会议决议。

第163条第1款、第2款规定:

公司不得为他人取得本公司或者其母公司的股份提供赠与、借款、担保以及其他财务资助,公司实施员工持股计划的除外。

为公司利益,经股东会决议,或者董事会按照公司章程或者股东会的授权作出决议,公司可以为他人取得本公司或者其母公司的股份提供财务资助,但财务资助的累计总额不得超过已发行股本总额的百分之十。董事会作出决议应当经全体董事的三分之二以上通过。

第210条第3款规定:

公司从税后利润中提取法定公积金后,经股东会决议,还可以从税后利润中提取任意公积金。

第229条第1款规定:

公司因下列原因解散：

（一）公司章程规定的营业期限届满或者公司章程规定的其他解散事由出现；

（二）股东会决议解散；

……

第230条第1款规定：

公司有前条第一款第一项、第二项情形，且尚未向股东分配财产的，可以通过修改公司章程或者经股东会决议而存续。

062 有哪些章定职权？

一、作为补充的章定职权

除了《公司法》第58条第1款第1~8项罗列的法定职权之外，第9项还规定"公司章程规定的其他职权"，这确立了股东会职权由法定职权和意定职权两部分构成。

那么，实践中公司章程究竟会规定股东会的哪些其他职权？这可以参考国务院国资委2024年发布的《中央企业公司章程指引（国有独资公司）》第16条规定：

公司不设股东会，国务院国资委依法对公司行使下列职权：

（一）审核公司发展战略和规划，批准公司的主业及调整方案；

（二）对公司年度投资计划实行备案管理，审核列入负面清单特别监管类的投资项目；

（三）按权限委派和更换非由职工代表担任的董事，对董事会和董事履职情况进行评价，决定董事的报酬；

（四）根据工作需要听取董事会工作报告并质询；

（五）批准公司年度财务预算方案、决算方案；

（六）批准公司利润分配方案和弥补亏损方案，组织上交国有资本收益；

（七）对企业负责人进行业绩考核、奖惩并确定其薪酬标准，审核公司业绩考核和收入分配重大事项；

（八）决定公司增加或者减少注册资本方案；

（九）决定公司年度债券发行计划；

（十）按照规定权限决定公司合并、分立、解散、清算、申请破产、变更公司形式的方案；

（十一）决定公司章程的制定和修改；

（十二）按照规定权限对公司国有资产转让、部分子公司国有产权变动事项进行批准，对相应资产评估进行核准或者备案；

（十三）按照规定权限对重大财务事项和重大会计政策、会计估计变更方案进行批准或者备案；

（十四）对公司年度财务决算和重大事项进行抽查检查；

（十五）法律、行政法规规定的其他职权。

该条规定的国务院国资委作为履行出资人职责的机构，实际上行使的是股东会职权，故该条也可以视为股东会职权的规定，其中除了第 3~6 项、第 8~11 项之外，其余各项规定均可视为股东会的章定也即意定职权。

二、公司章程如何确定股东会的职权范围

公司章程可以在股东会的法定职权之外进一步规定意定职权。那么，实务中如何规定股东会的意定职权呢？

在公司组织法允许的范围内都是股东自治的领域，公司章程可以在不违背法律强制性规定的前提下，对股东会的职权进行具体规定与细化，抑或进行必要的限缩。具体而言：

1. 细化和补充职权。公司章程可以在《公司法》规定的法定职权范围内，进行细化、补充。例如，公司章程可以规定具体的决策程序、表决方式和特别决议事项的通过条件等。

2. 扩展职权范围。在不违反法律、行政法规强制性规定的情况下，公司章程可以扩展股东会的职权范围。例如，公司章程可以规定股东会对某些重大事项（如超过一定金额合同的签订、重大人事任免等）具有最终决策权、审核权。

3. 转授权。公司章程可以规定将股东会的某些法定职权转授权给董事会，这意味着股东会不再行使这些职权，如将发行公司债券的决定权转授权给董事会（《公司法》第 202 条），或者将一定金额范围内的增资扩股决定权（《公司法》第 152 条）授权给董事会。关于此点，后文将进一步展开。

4. 对法定范围内的股东会、董事会职权作出选择。例如，《公司法》第 15 条第 1

款规定,对于公司对外投资、对外担保的决定权,公司章程可以规定由股东会、董事会作出决议。这一规定意味着:第一,公司章程有必要进一步界定股东会、董事会在该事项上的职权,否则势必将影响公司的运行,这也是公司章程的相对必要记载事项。第二,公司章程进一步界定股东会、董事会在该事项上的职权存在多种选择,只要不违反《公司法》第15条第2款规定的公司为股东、实际控制人的债务提供担保只能由公司股东会作出决议的强制性规定,可能的具体方案包括:

(1)专权制之一:全部由董事会作出决议。

(2)专权制之二:全部由股东会作出决议。

(3)分权制:一定金额内的对外投资、对外担保事项,由董事会作出决议,其余事项则由股东会作出决议;或者对某些对象的对外投资、对外担保事项由董事会作出决议,其余事项则由股东会作出决议。

(4)限制或者禁止担保制。公司也可以直接规定公司不对外投资、不对外担保,或者禁止公司对某些对象的投资、担保。

三、争议话题:公司章程可否限制股东会的法定职权

(一)限权三说

这是前沿话题。前文指出,依照《公司法》第59条第2款及第202条的规定,发行公司债券的权力本属于股东会,但是公司章程或者股东会决定授权给董事会,也是可以的。进一步的问题在于,是否可以将股东会的其他法定职权转授权给董事会?对此存在极大的争议,因为一旦转授权,就意味着至少在转授权期间内该项法定职权不再由股东会行使,某种意义上也就构成了对股东会某些法定职权的行权限制。

需要指出,在现行公司法上,股东会享有的职权仍然是强大的。依照立法的本意,公司章程应该不可以再限制、剥夺股东会的其余7项法定职权,但是,依照公司实践的需求以及构造董事会中心主义的需求,这些问题都是可以讨论的。具体如下:

1.其余7项法定职权仍然存在可以转授权给董事会的空间。比如,依照《公司法》第59条第5项的规定,公司增资的权力在股东会,但是依照第152条,股份公司实行授权资本制,允许公司章程或者股东会决定授权董事会在3年内决定发行不超过已发行股份50%的股份。

2. 从理论上讲,现行公司法规定的股东会职权,还有进一步缩减的必要,比如《公司法》第 59 条第 1 款第 4 项的"审议批准公司的利润分配方案和弥补亏损方案"的权力在域外法上是交由董事会行使的,其在我国公司法上同样可以继续探讨转授权的空间。

3. 依照职权本身的内容,有些职权不宜限制也不宜转授权给董事会,比如《公司法》第 59 条第 1 款前 3 项职权,依据职权性质自然不得交给董事会行权。

(二)讨论公司章程限制股东会职权的重要意义

现行公司法对股东会、董事会、监事会分列权力清单,统一适用"法定职权 + 意定职权"的立法模式,没有对任何一个机关规定剩余控制权立法模式。① 这样一来,公司的剩余控制权就处于法律上的不明状态,但剩余控制权是客观存在的,终究需要有主体承接、需要有文件落实,这一任务主要落在公司章程上。所以,《公司法》第 54 条、第 67 条、第 79 条关于股东会、董事会、监事会职权规定的各自最后一项有"公司章程规定的其他职权"或"公司章程规定或者股东会授予的其他职权"字样,就是对于剩余控制权的一种安排。

在现行公司法背景下,公司章程是可以担负这一重任的。如果公司章程能够恰当、明确地将剩余控制权分配在股东会、董事会身上,接下来就是权力行使的问题了。

063　与董事会职权的多重关系?

随着股东会职权法定主义内容的展开,读者会发现一个绕不开的问题逐渐水落石出。是的,我们确实越加接近这一问题的实质——股东会、董事会的职权关系。作为公司最重要的两个组织机构,股东会、董事会的职权关系,正是各国公司法上公司治理职权配置的核心问题。由于我国公司法存在纸面上的股东会中心主义、现实生活中的董事会中心主义之别,所以更使得这问题变得复杂而敏感。

---

① 2021 年《公司法(修订草案)》"公开征求意见稿"第 62 条规定:"有限责任公司设董事会。董事会是公司的执行机构,行使本法和公司章程规定属于股东会职权之外的职权。"这就是董事会权力的剩余控制权立法模式,但是该模式最终没有获得通过。

简而言之,股东会与董事会职权的关系,可以从三个方面进行体系化描述。

一、重申股东会、董事会的关系定位

(一)二者不是上下级关系

前文已指出,答案是否定的。但是,很多人对此存在误解,比如认为股东会是董事会、监事会的上级,后两者对前者负责。这一错误认识具有普遍性,原因很复杂,其中立法也是重要推手。在2023年修订公司法之前,《公司法》第46条规定"董事会对股东会负责",这加剧了人们的上述错误认识,所幸这一表述在2023年修订时被删除。

在实务中,不少公司章程还堂而皇之地写着"股东会是本公司的最高权力机关",前文已指出,《民法典》及《公司法》的表述是"股东会是公司的权力机关",并无"最高"二字。有些公司章程塞进"最高"二字,大概也有强化股东会是董事会、监事会上级机关之意。展言之,《公司法》第58条、第111条仅规定股东会是公司的权力机构,并无"最高"二字,公司实务中有人把股东会异化为"最高权力机构"且时时挂在嘴边,不知其"最高"二字从何而来?!那些发明"最高权力机构"词汇并挂在嘴边的人,其实内心已经将股东会异化为董事会、监事会的上级机关,是对现代公司法治的极大误解。在此错误思想之下,还有人整出"股东会领导下的董事会负责制""股东会领导下的董事长负责制""股东会领导下的总经理负责制""董事会领导下的某某负责制"之类的新词,还冠以公司治理/管理体制创新之名,不仅没必要,更是对现代公司法人治理结构的悖反,对此本篇之初已有提及,此处再次强调。

无论如何,在现代公司治理结构中,股东会、董事会、监事会分别为公司的权力机关、执行机关、监督机关,对三者关系的精准描述是"依照法律规定各司其职、各负其责、分权制衡",任何偏离这一定义的关系表述都有谬误,三者之间绝不存在上下级关系,也不存在负责与被负责的关系。

(二)二者职权法定且不得僭越

关于此点,本书有多处详细描述,此处不再展开。

二、二者之间权力转换的三重通道

股东会、董事会的职权法定主义,是讨论二者之间权力关系的基础与前提。在此基础上,二者作为最重要的两个法人机关,其职权并非如楚河汉界般界分清晰。

实际上,二者的权力在职权法定之外还存在三种补充性的联系机制——转授权、决议上提与公司章程厘定。

(一)股东会职权转授给董事会

1.《公司法》的两处规定。一是《公司法》第59条第2款以及第202条都规定,公司章程或者股东会可以决定授权董事会对发行公司债券作出决议。二是《公司法》第152条规定,公司章程或者股东会可以授权董事会在3年内决定发行不超过已发行股份50%的股份,但以非货币财产作价出资的应当经股东会决议;董事会依照这一规定决定发行股份导致公司注册资本、已发行股份数发生变化的,对公司章程该项记载事项的修改不需再由股东会表决。

2.除此之外,《公司法》还有多个条文规定公司章程、股东会决议可以将一些股东会职权转授权给董事会,详情请参见下问的相关内容,此处不赘。

无论如何,通过合法合规的转授权,部分股东会的职权将下沉到董事会交由后者具体行使。

(二)董事会决议的部分事项上提股东会议决

一是《公司法》第139条规定,上市公司董事与董事会会议决议事项所涉及的企业或者个人有关联关系的,该董事应当及时向董事会书面报告。有关联关系的董事不得对该项决议行使表决权,也不得代理其他董事行使表决权。该董事会会议由过半数的无关联关系董事出席即可举行,董事会会议所作决议须经无关联关系董事过半数通过。出席董事会会议的无关联关系董事人数不足三人的,应当将该事项提交上市公司股东会审议。

二是《公司法》第185条规定,各类公司的董事会对本法第182条至第184条规定的事项决议时,关联董事不得参与表决,其表决权不计入表决权总数。出席董事会会议的无关联关系董事人数不足三人的,应当将该事项提交股东会审议。

(三)公司章程对《公司法》规定的部分事项议决权的进一步厘定

比如,《公司法》第15条第1款、第2款规定:"公司向其他企业投资或者为他人提供担保,按照公司章程的规定,由董事会或者股东会决议;公司章程对投资或者担保的总额及单项投资或者担保的数额有限额规定的,不得超过规定的限额。公司为公司股东或者实际控制人提供担保的,应当经股东会决议。"据此,对于公司非为股东、实际控制人债务提供的对外担保事项,《公司法》仅明确可以交由股东会、董事会议决,但到底最终交给哪一个法人机关议决,取决于公司章程的进一步厘定。

又如,《公司法》第 182 条第 1 款规定,董监高"直接或者间接与本公司订立合同或者进行交易,应当就与订立合同或者进行交易有关的事项向董事会或者股东会报告,并按照公司章程的规定经董事会或者股东会决议通过"。《公司法》第 183 条规定,董监高"不得利用职务便利为自己或者他人谋取属于公司的商业机会。但是,有下列情形之一的除外:(一)向董事会或者股东会报告,并按照公司章程的规定经董事会或者股东会决议通过;(二)根据法律、行政法规或者公司章程的规定,公司不能利用该商业机会"。《公司法》第 184 条规定,董监高"未向董事会或者股东会报告,并按照公司章程的规定经董事会或者股东会决议通过,不得自营或者为他人经营与其任职公司同类的业务"。据此,董监高从事关联交易、抢夺公司商业机会、从事竞争业务三类行为的,需要向股东会、董事会汇报以及交付其议决,但到底最终是向哪一个法人机关汇报并交由其议决,则取决于公司章程的进一步厘定。

再如,《公司法》第 215 条第 1 款规定:"公司聘用、解聘承办公司审计业务的会计师事务所,按照公司章程的规定,由股东会、董事会或者监事会决定。"

064　哪些职权可转授权给董事会?

一、问题的提出

现代公司治理安排建立在所有权与经营权的"两权分离"之上,需要在股东会与董事会之间构建合理的权力分配机制。一方面,作为公司的剩余索取权人,股东承担着公司经营的最后风险,因此涉及公司生存发展与股东重大利益的事项需要由股东来决定。另一方面,为了追求更高的经营和决策效率,应当由管理精英组成的董事会行使公司经营决策的权力。在现代公司治理中,董事会不仅会执行股东会决策,还会以最为符合公司利益的方式决定公司的重要经营管理事务,这构成了现代公司治理制度的基础。正确理解股东会的权力机构地位,既要摒弃那种认为股东会可以行使公司全部权力的立场,也需否定将股东会职权中涉及公司生存发展和股东重大利益的事项转授权给董事会的做法。

现实情况是,股东会会议的召开频率通常较低,一年召开一次在很多公司均属正常。如此,股东会一方面掌握公司重要的决策权,另一方面决策效率又较为低下,客观上便存在着股东会职权下沉的必要性。

简而言之,在公司法的框架下,可以通过将股东会职权转授权给董事会乃至董事长、总经理的方式,来提升公司决策的效率,但这种转授权必须符合法律规定,且需要遵循正当程序。

二、股东会职权可转授权的范围

2023年修订《公司法》第59条新增的第2款曾引发热议。第59条第1款第6项规定股东会享有"对发行公司债券作出决议"的职权,第2款则明确规定股东会发行公司债券的职权可以转授给董事会。这一规则本身很好理解,也可以进一步理解为董事会职权的强化。但问题在于,该种规定是否意味着第59条第1款规定的其他诸项股东会职权就不能被转授权呢?

从公司法理上看,股东会的诸项职权除了在性质上不能转授权的,比如第59条第1款第1项前半段及第2~4项,其余皆无不可。但由于该条第2款唯独规定第1款第6项的职权可以转授权给董事会,所以人们的普遍疑惑在于,该条第1款第1项后半段及第5项、第7项、第8项的职权能否转授权?来自实务界的更大疑惑是——难道第5项"对公司增加或者减少注册资本作出决议"、第7项"对公司合并、分立、解散、清算或者变更公司形式作出决议"也不可以转授权给董事会了吗?毕竟这可是过去实践中(尤其是上市公司中)很常见的操作。

事实上,公司治理实务中,将对增资扩股等事项作出决议的职权转授权给董事会的现象比较普遍。此外,如果只有发行债券才适用转授权,那么《公司法》第67条第2款第10项关于董事会职权的增补规定"股东会授予的其他职权"便几无适用空间。主流观点认为,基于公司自治原则,股东会能够将法定职权授权给董事会行使,但是其授权范围存在边界。一般认为,公司合并、分立、解散或者变更公司形式等涉及公司生存发展和股东重大利益的事项不能授权给董事会行使。此外,在特定情况下,对董事会进行转授权可能会影响控股股东对公司的控制权,此时需要谨慎考虑转授权的事项。

三、股东会转授权中的注意事项

1. 股东会职权的转授权不能违反转授权本意。在转授权后,董事会或管理层应严格按照授权内容履行职责,定期向股东会报告相关情况。股东会应加强监督,并保留撤销授权的权利。

2.不能把所有股东会职权均转授给董事会。《公司法》规定了股东会的一些基本职权,这些职权一般不能转授权。例如,修改公司章程是股东会的基本职权,具有根本性,不能转授权给董事会;审议批准董事会报告和监事会报告、审议批准公司的利润分配方案和弥补亏损方案等事项涉及公司整体方向,依其性质和重要性,通常也不能转授权。

3.股东会职权转授权是把"双刃剑"。公司章程可以在《公司法》允许的范围内,对股东会职权的转授权进行详细规定。公司章程可以明确哪些事项由董事会决定,哪些事项由股东会决定,哪些具体职权可以转授权以及转授权的程序和条件。

通过合理的职权转授权安排,可以充分利用职业经理人的专业知识提升公司决策效率,以实现公司治理的现代化。

065 转授权给董事长、总经理个人行使?

一、问题的提出

股东会的部分职权之所以会转授权给董事会,一个现实的原因是董事会会议的召开频次一般远高于股东会会议,由此产生转授权的必要。但是,董事会终究是法人机关、会议组织体,并非每日朝九晚五上班,实时在岗。于是乎,公司实践中也就自然存在着董事会职权进一步下沉的需求。

质言之,股东会的部分法定、章定职权可以转授权给董事会,下沉到董事会层级具体行权。进一步的问题是,董事会的自身职权,以及股东会转授的职权,可否进一步下沉至董事长、总经理个人呢?

二、我国公司实践的具体情况

国务院国资委2024年发布的《中央企业公司章程指引(国有独资公司)》第31条规定:

董事会可以根据有关规定,将部分职权授予董事长、总经理行使,法律、行政法规、国资监管规章和规范性文件另有规定的依规执行。董事会是规范授权管理的责任主体,不因授权而免除法律、行政法规、国资监管规章和规范性文件规定的应由其承担的责任。

对于这一规定的主要内容,解读如下:

1.董事会可以将部分而非全部职权授权给董事长、总经理个人行使。如果董事会将其全部职权转授给董事长、总经理个人行使,则董事会作为集体制法人机关的优势也就荡然无存了,这不符合公司组织法的基本法理。具体到哪些职权可以转授给个人行使,需具体分析,此处仅指出不宜转授的职权:

(1)与董事长、总经理个人存在利害关系的事项,显然不能转授。比如股份公司董事会选举董事长的权力,以及两类公司董事会选聘、解聘总经理、决定总经理薪酬的权力。

(2)有些职权基于其重大性,应由集体决策,也不宜转授如《公司法》第67条第2款第3~6项职权(决定公司的经营计划和投资方案,制订公司的利润分配方案和弥补亏损方案,制订公司增加或者减少注册资本以及发行公司债券的方案,制订公司合并、分立、解散或者变更公司形式的方案)。

(3)《公司法》规定个人不享有的权力也不宜转授。比如,2018年《公司法》第148条第1款第3项规定,董事、高管不得违反公司章程的规定,未经股东会或者董事会同意,将公司资金借贷给他人或者以公司财产为他人提供担保,同时第16条规定公司对外担保需要经过股东会或者董事会决议。这就清晰表明了公司法的基本立场——董事长、总经理等个人不得享有此类事项的决策权。2023年《公司法》第15条依然重复了2018年《公司法》第16条的规定,虽然不复有2018年《公司法》第148条第1款第3项的规定,但这一立法本意并未有任何改变。

(4)少有争议的是,股东会职权转授给董事会的,不宜再转授给董事长、总经理个人行使。一方面,根据转授权的原理自然可以得出此结论,既然股东会没有明示可以再转授权,应遵循沉默视为不许可的解释规则;另一方面,权力隔代下沉本身的合理性也存在质疑,股东会作为权力机关所享有的权力一般均关涉股东的核心利益,不宜交付个人行使。

2.董事会的职权转授给董事长、总经理个人行使的,一方面董事会的决策责任不因此而免除,另一方面被授权主体就其行权所产生的个人法律责任,自然由其个人承担。

三、反思与检讨

在各类公司实践中,董事会将其部分职权转授给董事长、总经理个人行使的做法比较普遍,并不分国企、民企,其共同点是公司中董事长、总经理的个人权威比较大。在国企,该董事长、总经理往往是功勋企业家,不仅在企业中拥有较高的个人权威乃至不容置疑的专断性,即便在企业外部,也具有较大的话语权;在民企,该董事长、总经理往往是创业企业家,背后有控股权加持。

这一做法的优势是提高公司事务决策、执行的效率,劣势则是容易滋生个人权力中心现象,乃至个人取代、架空董事会这一集体制法人机关,最后的结局往往是成也萧何败也萧何——董事长、总经理个人在公司成长前期的英明决策成就了公司,但在中后期因缺乏监督、权力滥用乃至骄奢淫逸,而阻碍了公司的发展。由此可见,个人授权制有利有弊,不能抽象地肯定或者否定,关键是要天时地利人和——在对的时间,用在了对的公司,对的人之上。我们的建议依然是守正出奇——恪守规范的公司治理乃是不二正道,此谓"正";适宜地授权个人决策乃是见机行事,此谓"奇",具体而言:

——授权给董事长、总经理个人须审慎。授权可以是短期、个案式的,一方面可随时调整,另一方面便于对被授权个人的节制,避免长期的概括式授权。

——受权的董事长、总经理个人,当深知权力是个好东西,也是最坏的东西,它可以助力有作为的个人施展拳脚,大展宏业,也可以使人迷失自我,脱离同伴,丧失监督,坐大专权。对此炙手可热的双刃剑,理当敬畏之。

066　职权为何不得相互僭越?

一、由 2010 年国美黄陈之争展开

当时引起全社会关注的国美董事局主席(实际控制人)黄光裕与总经理陈晓(后接任董事局主席)之争,已经过去了十几年,但其真正涉及的法律问题是什么,以及其经验教训与启示何在,还需要认真总结。

在 2006 年 5 月赴港上市前夕,持股 68% 左右的黄光裕主导通过公司章程重大

修订案,修改内容为:董事会可以随时任命董事,而不必受制于股东大会设置的董事会人数限制;董事会可以各种方式增发、回购股份,包括发行可转债、实施对管理层的股期权激励,以及回购已发行的股份。之所以授予董事会广泛的权力,是因为上市之后,黄光裕家族所持的股份比例降为相对持股(34%左右),但是其实际控制董事会席位超过4/5,且本人亲任董事局主席。在此背景下,控制董事会比控制股东会更加便利。

但人算不如天算,在2008年,黄光裕因涉嫌经济犯罪被羁押,陈晓不久后接任董事局主席。由于公司此前发行的46亿元可转债面临兑付危机,陈晓主导引入贝恩资本增资扩股,这一计划引发了黄光裕的反对。在黄光裕并无解决债务危机之策的情况下,陈晓执意实施前述计划,由此二人矛盾激化并分道扬镳,黄光裕在此时丧失了对于董事会多数席位的控制。双方矛盾的高峰是2010年9月28日由黄光裕提议的临时股东会会议。此次会议有8项议案,其中取消授予董事会配发、发行及买卖公司股份之一般授权的议案获得通过,但即时撤销陈晓的公司执行董事兼董事会主席职务的议案被否决。2011年3月9日,陈晓辞去董事长,随后于6月10日召开的股东会会议再次授予了董事会增发新股和回购公司股份的权力。至此,黄陈之争告一段落。

回头总结,黄陈之争的实质仍是公司控制权之争,其中的重要技术环节是:黄光裕作为双控人控制董事会多数席位时,将股东会的两项主要权力转授给董事会行使,但等到黄光裕因为身陷囹圄失去对董事会的控制时,搬石头砸自己脚的后果在所难免,进而在黄陈之争中败北。黄光裕悔不当初,全力取消对董事会的转授权,在陈晓离职、黄光裕重新夺回董事会多数席位后,再次将此两项主要权力转授给董事会。一波三折背后,是股东会、董事会的重要权力之争。

二、权力僭越背后:雪上加霜的少数股东

借助于上文的引入,如读者对黄陈之争感兴趣,在了解更多内容后可能会提出极有价值的问题:既然黄光裕作为双控人在公司上市后既掌控股东会的多数表决权,又掌控董事会多数席位,又何必如此热衷于将股东会的若干重要权力转授给董事会行使呢?

这一现象具有相当的普遍性,也就意味着背后必有相当的缘由。读者如欲回答这一问题,关键要看到:在某一时段,一个多数股东掌控股东会与董事会的力度是不

一样的,且召开股东会与董事会的成本也大不相同。这样一来,多数股东往往倾向于将主要的公司决策权放在自己更易于掌控的法人机关平台。

例1。假设股东甲掌握股权较为分散的A上市公司30%的股权,同时通过人事安排控制了董事会过半数乃至2/3以上的席位,此时其虽然同时可以控制股东会、董事会,但其控制力度并不相同,风险也不一样。相较之下,控制董事会的力度更大、更为安全、成本更低,毕竟股东会上相对多数决优势是以广大小股东不参会为前提的。假若出现表决权征集等表决权集中机制,其能否控场就成为未知数,这一风险是客观存在的。故而,由董事会掌握更多的决策权有其客观需求,于是也就有了将更多的股东会职权转授给董事会的做法。

例2。对于已经掌握多数表决权的恶意收购者而言,一旦其能够召开股东会会议,势必就能够成功撤换董事会成员,并让自己推选的人进入董事会,从而控制公司。但此时的障碍恰恰在于,由于恶意收购者尚不占据董事会任何席位,且站在董事会成员的对立方(这也是其作为恶意收购者的"恶意"之本来含义),董事会成员往往会借助此前设置的反收购措施(毒丸计划等),抵抗到底,比如拒绝恶意收购者召开股东会会议的提请等。只要不召开股东会会议,恶意收购者在股东会上的优势表决权也就没有了用武之地。

讨论至此,读者也就大致明白了允许股东会与董事会职权相互僭越的弊端,如此一来,将只会强化多数股东对公司的控制权,进而将少数股东置于更加不利的境地,也即如能相互僭越,只会加剧多数股东对股东会、董事会的操纵:

——如多数股东控制股东会的议决结果更加方便,则其会选择将更多的决策事项放在股东会,从而通过股东会行使董事会的职权;

——反之,如多数股东控制董事会的议决结果更加方便,则其会选择将更多的决策事项放在董事会,从而通过董事会行使股东会的职权。

商业世界,特定安排之下唯有利益当先,这是权力运作的真实图景。

三、从国美黄陈之争看我国公司"两权分离"的真相

无论国企还是民企,现阶段实现所有权与经营权"两权分离"的并不多见,或曰并未完全分离。绝大多数企业存在控制公司的控股股东,就广大创业的民营企业家而言,要想做甩手掌柜还很难,某种意义上控制公司经营不仅是权利也是义务(职责)。公司治理的主要任务是降低股东之间的代理成本,而不是股东与管理层(职业

经理人)之间的代理成本。加之有关公司治理的法律体系还不够健全,外部治理机制的市场化程度较低,良好的社会诚信机制还未建立,现代企业制度尚在形成阶段,一支成熟、中立、职业化的职业经理人队伍还未形成,股东与职业经理人之间的公司治理法治机制尚任重道远。

在此时代背景下,股东会、董事会的职权配置及其行使自然是敏感的,甚至往往牵一发动全身。此时,更应该恪守法治原则,让公司在公司组织法的框架范围内平稳运作。

067 僭越职权的决议效力如何?

在现行公司法的设计之下,股东会、董事会等法人机关享有法定职权,也可能享有章定职权,权力配置规则的规范性决定了各法人机关均不能对超越职权的事项作出决议,否则相关决议可能会存在效力瑕疵。

一、僭越法定职权的公司决议

关于股东会、董事会的法定职权清单,在本书的其他问已有详述,此处不赘。

《公司法》第 25 条规定:

公司股东会、董事会的决议内容违反法律、行政法规的无效。

违反股东会、董事会法定职权清单的决议,属于违反法律的强制性规定,归于无效决议。最高人民法院于 2016 年公布的《公司法解释四(征求意见稿)》中曾设专条规定"决议无效事由",并明确规定"决议内容超越股东会或者股东大会、董事会的职权"的无效。尽管最终通过的司法解释文本并未保留这一规定,但其对超越职权的公司决议效力之判定具有重要的参考意义。一项学术共识是,公司法关于组织机构设置、职权配置的规定是关于公司法人组织体的结构性规定,既是维持公司内部关系的组织基础,也是股东权利以及董监事个人法律责任的配置基础,故属于强制性规范。一个组织机构不能篡夺或者干预其他组织机构行使权力,故股东会超越其职权侵占董事会职权作出的决议归于无效。同样地,董事会也不得超越权限行使股东会的法定职权,否则董事会决议也是无效的。

实务中存在两种错误观点。第一种观点认为,股东会、董事会的职权可以双向贯通。这一观点的认可度较低,因为大家很难接受董事会可以行使股东会职权,故而不予置评。第二种观点认为,股东会、董事会的职权可以单向贯通,也即股东会作为所谓"最高权力机关",可对董事会职权采取单向"拿来主义"。这种观点很具有迷惑性,但同样是错误的。一是股东会并非"最高权力机关",与董事会也不存在上下级关系。二是就某一家公司而言,多数股东在某个时间节点对股东会、董事会的控制力度往往并不完全匹配,如二者的职权可以双向贯通,将更加强化多数股东的控制力,少数股东的处境会更加不利,对此不可不察。

二、僭越章定职权的公司决议

根据《公司法》第 26 条,公司决议可撤销的情形分为两类:一是程序瑕疵,即股东会、董事会的会议召集程序、表决方式违反法律、行政法规或者公司章程;二是内容瑕疵,即决议内容违反公司章程。违反公司章程规定权限的公司决议,就属于后一情形,此时决议可撤销。

所谓公司章程规定的权限,就是指《公司法》第 59 条第 1 款第 9 项、第 67 条第 2 款第 10 项规定的情形,此外,其还散见于《公司法》的其他条文,比如第 163 条第 2 款规定,为公司利益,董事会按照公司章程或者股东会的授权作出决议,公司可以为他人取得本公司或者其母公司的股份提供一定限额的财务资助。如公司章程在股东会、董事会法定职权的基础上分别作出了合法的其他授权性规定,对此章定职权,依照《公司法》第 5 条的规定,"公司章程对公司、股东、董事、监事、高级管理人员具有约束力",所以股东会、董事会作出决议自然须遵循公司章程的规定,违反该等规定,属于决议内容违反公司章程规定,应归于可撤销。

三、不属于僭越职权的三个决议

这里特别指出不属于僭越职权的三种情形:一是对于《公司法》规定交由股东会、董事会决议的事项,公司章程相对必要记载事项条款作出进一步的细化规定,交由股东会或者董事会决议的,股东会、董事会依章行事作出的决议。二是股东会合法转授权给董事会,董事会据此作出的决议。三是在关联董事回避、出席董事会会议的无关联关系董事人数不足 3 人,从而只能将该事项提交公司股东会审议时,股东作出的决议。

068 股东会可以否定董事会的决议吗?

一、想法与做法

公司治理实务中,如有股东会成员(尤其是控股股东或者多数股东)对董事会决议不满,往往会想通过股东会决议废止已有的董事会决议。这一想法不仅常见于各类企业家、职业经理人,就是在法律人中也颇有市场,甚至还有付诸实施的。因为他们认为股东会与董事会属于垂直领导的隶属关系,董事会是股东会的下级,股东会是董事会的上级,上级否定下级自然是题中之意。

所以有人认真地提问,股东会决议可以否定董事会决议吗?对于此问题的解答,需要回归公司组织法的基本框架,明确以下几个关键知识。

二、重申几个关键性知识

(一)职权能否僭越?

上文反复提到,《公司法》第 58 条规定股东会"依照本法行使职权"的含义之一,就是股东会不得僭越行使属于董事会、监事会的职权,股东会的职权也不得被董事会、监事会等其他法人机关非法行使。所以除非法律另有规定或者公司章程另有合法授权,股东会不得僭越行使属于董事会、监事会的职权——既不能代替董事会、监事会作出属于后者职权范围内的议决,又不得宣布后者的决议无效。

(二)决议可以否定决议吗?

通过作出一个股东会决议来否定已经作出的董事会决议,这一错误做法的背后是错误的法律认识。如前文所述,股东会与董事会之间并非领导与被领导的垂直关系,而是平行的委托—代理关系,它们与监事会等其他法人机关职权法定,各司其职,各负其责,相互监督制衡。其职权之间不可相互僭越,如无法律规定,股东会不得行使董事会的法定职权,反之亦然。决议否定决议的做法在法律上是错误的,不能受到法律的支持。

三、解决问题的正确姿势

这样一来就会有人问,如果股东作为公司法人组织的成员、公司剩余控制权的享有者、最终风险的承担者,对董事会、监事会的决议不满,又徒奈其何?既然股东会决议不可否定董事会决议,那么上述问题如何解决呢?正确的回答是,如股东或股东会认为董事会的决议不当,可以采取的措施包括但不限于:

——换人。股东可以行使选择管理者的权利,在事后更换、解聘董事、监事,解除其职务。

——换脑。股东可以督促董事会、监事会重新作出符合股东期待的决议。

——法庭见。股东可以作为原告向法院提起决议瑕疵之诉,请求法院确认该决议无效、不成立或可撤销,从而否定该决议的效力;如该决议的效力被否定,股东还可以要求公司追究违信董事的赔偿责任,如公司拒绝追究,适格股东还可以依法提起股东代表诉讼。

总之,股东会作出决议直接否定董事会决议,不可行。

分篇七

公司决议

明确决议属于民事法律行为,是《民法典》的一项重大立法成就,也是近20年我国民商法学界达成的一项重要学术共识。但是,作为组织法上的法律行为,公司决议在成立、生效与效力体系上究竟有哪些特殊性,尤其其与最典型法律行为契约之区别,是需要花些气力予以阐明的。

本分篇共设16问,内容具有明显的民商合一、实体法与诉讼法合一、法律规则与商业思维共舞之意,同时具有较强的法理意蕴。另外,本分篇的后半部分具有强烈的诉讼指导价值。

069 决议与法律行为(一):决议是法律行为吗?

站在私法的立场,要深刻理解决议公司的本质,一定要建立在这一命题之上:公司决议,是组织法上的民事法律行为。

一、公司决议与公司法人能力的关系

一方面,作为与自然人并列的民商事主体,法人具有民事权利能力与民事行为能力,而公司作为营利法人,具有典型的商事权利能力与商事行为能力。另一方面,作为抽象的法人组织体,公司自身并无意思表示能力,必须依赖其法人机关及成员形成意思并付诸实施。公司法人机关通过会议程序形成公司的团体意思,系组织法上的特有现象,这一团体意思主要是以公司决议形式表现出来的。

比如,股东会决议一经作出,在内部体现的是作为团体成员的股东与作为团体整体的公司之间的关系,而不再是股东与股东之间的关系,在外部则是作为公司的意思机关代表公司形成公司的意思。董事会、监事会决议一经作出,在内部是作为

法人机关成员的董事、监事形成执行、监督公司意思的行为,所体现的并非董事、监事彼此之间的关系,在外部则体现为法人机关代表公司作出的意思表示。

既然公司的意思表示多以决议的方式作出,那么决议与公司的权利能力、行为能力息息相关。与此同时,决议作为组织法上特有的民事法律行为,是理解公司组织法上的相关法律关系的一把钥匙。可以说,对决议的理解,很大程度上决定了人们关于公司组织法的理解。

二、作为民事法律行为的决议

(一)形形色色的决议

现代民商法上的决议有很多种,比如《民法典》上按份共有人决定共有物重大修缮与处分事项的决议、建筑物区分所有权制度上的业主大会决议与业主委员会决议、《农村土地承包法》上的农村集体经济组织决议、《农民专业合作社法》上的农民专业合作社成员大会或者成员代表大会决议、《合伙企业法》上的合伙人决议、《企业破产法》上的破产债权人会议决议等。当然,最典型的还是《公司法》上的公司决议。公司决议包括股东会决议、类别股股东会决议、董事会决议、监事会决议、审计委员会等董事会专门委员会决议、债券持有人会议决议等。

私法上的上述决议可以分为两大类,组织法上的决议与非组织法上的决议。前者更具有决议的典型性,在数量上也居决议的主流地位。公司是当代社会最具有代表性的商业组织,而公司决议,尤其是股东会、董事会决议法律制度最引人注目。

(二)作为一种多方民事法律行为

《民法典》中多次出现"决议"字眼,其中第134条规定:

民事法律行为可以基于双方或者多方的意思表示一致成立,也可以基于单方的意思表示成立。

法人、非法人组织依照法律或者章程规定的议事方式和表决程序作出决议的,该决议行为成立。

这一规定的基本含义有二:一是确立决议作为民事法律行为的基本定位;二是按照表意方的多寡以及意思表示的"合意"形成机制,区分单方法律行为与多方法律行为,其中后者可进一步分为契约行为与决议行为。这一分类遵循"两个层次、三种类型"的概念体系与位阶,不仅逻辑自洽,而且具有制度理性。

单方法律行为,是指只需要一方当事人的意思表示即可成立的民事法律行为,其核心特征是仅凭一方的意思表示,而无须得到相对人的同意。按照有无相对人,又可以区分为没有相对人的单方法律行为,如遗嘱、抛弃,以及有相对人但无须得到其同意的单方法律行为,如追认、撤销、单方解除等。

契约行为,是指两方或者两方以上当事人意思表示一致的民事法律行为,其核心特征是不仅需要两方及以上的意思表示,而且还需要各方的意思表示达成一致,如买卖合同、合伙协议、发起人协议、订立有限公司的初始章程等。

决议行为,是指两方或者两方以上当事人的意思表示经过多数决形成一个意思表示的民事法律行为,其核心特征是需要两方及以上的意思表示,但不要求各方的意思表示达成一致,仅仅要求达到多数决即可。其与契约行为的相同之处在于,均需要两方及以上的意思表示;区别则在于,决议行为仅需要表意各方的多数意思达成一致,而契约行为要求各方的意思表示达成一致。更实质的区别是,组织法上的决议一经形成,即成为了组织体自身的意思表示(民事法律行为)。

070　决议与法律行为(二):决议为何属于法律行为?

一、理论证成

虽然有人对决议的民事法律行为属性表示质疑,但大陆法系民商法学界的主流观点与立法均持肯定说。决议之所以属于民事法律行为,单从行为法/交易法的视角看,是因为其核心特征符合民事法律行为的本质——私法自治(意思自治)。按照萨维尼的定义,法律行为就是私法主体意欲发生私法效果的意思表示。《民法典》第133条也规定:

民事法律行为是民事主体通过意思表示设立、变更、终止民事法律关系的行为。

1. 决议的表意人是私法主体

以公司决议为例,股东会决议的表意人就是股东会这一组织机构(意思机关)的成员和公司成员——股东,董事会决议的表意人就是董事会这一组织机构(执行机关)的成员——董事。

2. 决议的核心是私法自治

以表意人的意思表示为核心构成要素,表意人遵循表意自由原则,核心是私法自治。以公司决议为例,股东会决议的表意人为股东,表意完全自由。董事会决议的表意人为董事,在符合公司利益的原则范围内也享有表意自由。

3. 决议产生私法效果

以公司决议为例,有的决议仅产生组织法上的私法效果,如股东会修改公司章程的决议、董事会制定公司基本规章的决议等。有的决议仅在公司内部(insider)之间形成法律关系,如变更法定代表人的决议、载明分配方案的股利分配决议等。就后一决议而言,一经作出,即在公司与股东之间形成债的法律关系。有的决议在公司与外部第三人之间形成法律关系,但还需加上契约等法律行为,共同组成一个法律事实构成。如公司股东会作出了对外担保的决议,公司代表人、经办人还要以此代表或代理公司与债权人签署担保合同,才能产生担保合同法律关系。有的决议则介于二者之间,比如董事会作出选聘高管的决议后,到底仅凭此决议直接在公司与高管之间形成委任(委托)合同关系,还是需要加上公司与高管之间签署的委任(委托)合同后方才形成合同关系,在我国司法实践中颇具争议,存在两种不同的见解。

二、驳斥公司决议不产生民事法律关系说

从《公司法》第59条、第67条、第112条、第120条等规定的股东会、董事会的职权范围可以看出,公司决议基本上以内部事项为主,如审议批准董事会、监事会报告、公司利润分配方案和弥补亏损方案,修改公司章程,制定公司基本管理制度等。但也不限于内部事项,可能还涉及其他外部主体,比如发行公司债券的决议等。至于选任和更换董事、监事及决定其报酬事项,决定聘任或者解聘公司经理及其报酬事项等,可以说是介于内外部法律关系之间的事项。

总之,认为公司决议不产生私法效果,仅仅是公司意思形成机制的见解,是对公司决议的误解,其漠视了公司决议在组织法上产生的私法效果。实际上,由于公司组织法的理论建构远落后于传统民法的理论建构,在用以个人法为原型的民法基本理论范式,来解释组织体内部的团体关系,尤其是组织法与交易法关系的问题时,往往会捉襟见肘,很多理论歧见与误解也由此而生。

071 决议与法律行为（三）：决议与契约的核心区别是什么？

一、为何有人否定决议的民事法律行为属性

作为德国潘德克顿抽象概念体系的产物，法律行为是对所有的意思自治行为进行高度抽象化的结果，法律行为的成立、生效与效力规则是对所有意思自治行为规则公因式的提取。但无可否认，德国民法典关于法律行为的一系列法律规范及由此生成的概念体系，主要的假设对象还是契约行为。所以，有人否定决议的法律行为属性，主要是觉得决议在成立、生效及其效力体系等很多方面与契约具有很大的不同甚至迥异，由此反过来否定决议的法律行为属性。

二、如何看待决议与契约的区别

实际上，决议作为民事法律行为所谓的特殊性，是与契约相比较而言的。就行为法的视角，决议相较于契约的确具有一系列特殊性，主要体现如下。

(一)意思的形成机制不同

简言之，决议的成立不采契约的合意制(要求各表意人的意思表示一致)，而采多数决(仅需要达到多数决的多数意思)。

就意思表示的达成而言，多数决是对契约行为奉行的意思表示一致的悖反，这就可以合理地回答一个问题：为什么参与表意人一方的意思表示瑕疵不当然影响决议的效力？因为多数决暗含了表意吸收机制的正当性与合理性，只要反对者、弃权者的意思表示达不到否定多数，就不影响决议的成立与生效。当然，与此同时，对表意吸收机制也要予以限制与警惕，因为其面临着正义的挑战。现代公司法上，对多数决下表意吸收机制的限制与警惕的举措有很多，实体上的举措包括关联者回避投票制、累积投票制、限制投票权制、信托投票制等，但程序上的举措扮演了更重要的角色，因为决议的正当性不是来自表意的一致性，而是来自正当程序——经由会议的正当程序由个体意思生成公司组织体的团体意思。所以，程序于决议而言具有独立价值，必须坚定维护程序的独立价值。

(二)有无程序性不同

严格来说,契约的订立是没有程序的,但决议的程序受到法律的严格限定,采用书面形式,恪守严格的法定程序。虽然《公司法》没有明文规定,但依照立法体系解释,一般认为决议以书面为成立要件。由于决议的形成实行多数决,对于表意被吸收的少数派的保护主要依赖程序正义,所以正当程序具有极其重要的独立价值。一般而言,法律对契约行为的方式不作干预,契约行为的成立也没有程序性。

(三)效力体系的不同

民事法律行为的效力规则体系对决议的适用具有特殊性,此处的特殊性包含三个层次。

第一层次:二者的效力类型划分不一致。契约的效力类型分为有效的契约与效力有瑕疵的契约,后者再分为无效的契约、可撤销的契约与效力待定的契约;决议的效力类型分为有效的决议与效力有瑕疵的决议,后者再分为无效的决议与可撤销的决议,并无效力待定的决议之说,但是不成立的决议具有独立的分类价值。

第二层次:二者的效力瑕疵事由适用不完全一致。首先,契约的多数无效事由,如行为人的行为能力欠缺、通谋虚伪、恶意串通等对决议而言无从适用。至于内容的违法(狭义)这一无效事由,对契约与决议倒是一体适用的。关于内容违反公序良俗,理论上虽然适用于决议,但在事件中极少发生。其次,契约的可撤销事由包括表意人的欺诈、胁迫、重大误解与显失公平等,对决议均不适用,但决议有自身独特的可撤销事由,即决议内容违法(狭义)、内容违章以及程序违章。再次,契约的效力待定事由,包括不具备相应的行为能力、无权代理、无权处分(有争议)等,对决议均不适用。最后,契约有效的三要件(行为人具有相应的民事行为能力、意思表示真实、内容合法等),对决议不完全适用,前两个要件对于决议要么无意义,要么不作要求。正面来讲,决议的有效要件有二:一是内容合法;二是程序合法。事实上我国公司立法文本也是循此二要件而规定决议的生效以及作相应的瑕疵分类的。

第三层次:二者的效力范围与溯及力上的区别。首先,不同于契约的效力相对性限制,决议的效力范围具有对世性。其次,契约被否定(被认定无效、不成立以及被撤销)后具有溯及力,溯及至契约成立之初即无效,此时原则上发生返还原物的效果。但决议被否定后,恢复原状具有极大的困难。比如公司解散、合并、分立的决议作出并被付诸实施后,即使决议的效力被否定,客观上也往往不能恢复原状,这是由组织法的特性所决定的。

072　决议与法律行为（四）：组织法上法律行为的特殊性？

与按份共有人的决议等纯粹行为法上的决议相比，公司决议作为组织法上的决议还深具组织法特性：决议不仅是组织体法人机关成员意思表示多数决的产物，还构成了组织体的法律行为，一经作出即对组织体直接生效。公司决议属于组织法上最典型的决议，其组织法的特性应该引起重视。

一、意思表示主体与行为主体的分离性

在单方法律行为、契约行为中，意思表示主体与行为主体是一致的，而决议行为中，个体的意思表示经会议程序转化为团体的意思表示（组织法），如公司股东会决议的表意主体是股东，行为主体是公司。所有的决议都是公司自身的意思表示，决议的第一约束主体就是公司。离开公司这一组织体去谈论决议的任何特性，都是本末倒置的。

二、效力范围不限于表意人

决议的效力范围，就表意人而言，不仅及于支持决议的表意人，还及于表意的反对者与弃权者，以及不参加表意者（缺席者）。除表意人之外，由于决议形成了公司的意思，所以决议的效力首先及于公司组织体。此外，部分决议的效力事实上还及于不参与表意的其他利害相关者主体（多为内部人），比如董事会决定聘任经理、决定经理薪酬的决议效力及于经理。这一效力范围的射程，适用契约法的原理是无法解释的，只能在组织法的框架内获得理解。

三、独特的法益结构

循组织法（团体法）的固有逻辑，组织法重视的是团体意思，必要时可以牺牲团体成员的个人利益。从某种意义上说，民法作为交易法是权利本位法，注重的是个人意思；组织法在组织体内部强调的是义务（职责）本位，注重的是团体意思的形成，这一形成机制重在程序，所以"义务＋程序"就构成了组织法的关键词。相应地，公

司决议瑕疵之诉究竟是对股东等成员私权利的保护,还是对团体自治的司法审查呢？可能认定为后者更妥当些。尤其在董事、监事作为原告提起公司决议无效、不成立之诉的场合下,其可能非为自身的利益,而是纯粹为(代表)公司利益而提起诉讼。再具体分析,组织体成员组成的组织机构的决议(股东—股东会决议)与其他组织机构的决议(董事—董事会决议)的形成机理与利益关系结构也是不一样的。前者存在成员的个人利益与意思,其表意自由,且表意对错与否不受追究(除非构成权利滥用);而后者并不存在个人利益与意思,只能为组织体的利益而表意,其表意存在对错标准之分,因为违反组织体利益的表意会受到诚信义务的检验,违反者将被追究违信责任[比如美国公司法上的商业判断规则(BJR)]。

四、决议效力之于外部交易行为效力的影响机制:组织法与行为法的桥梁

虽然公司决议绝大多数处理的是组织体内部的事项,但仍有不少决议势必涉及外部第三人的法律关系,有的直接涉及外部第三人,有的需要以公司决议为前提,再通过签订契约等与外部人发生交易法律关系。就后者而言,如契约已经成立甚至履行,但公司决议的效力事后又被否定,是否影响外部交易行为的效力,以及具体的影响机制,是决议法律制度最具实益,也最具挑战性的课题。

对此,《民法典》第85条规定:

营利法人的权力机构、执行机构作出决议的会议召集程序、表决方式违反法律、行政法规、法人章程,或者决议内容违反法人章程的,营利法人的出资人可以请求人民法院撤销该决议。但是,营利法人依据该决议与善意相对人形成的民事法律关系不受影响。

这一规定尝试确立公司决议影响外部法律关系效力的机制——先区分公司内外部法律关系,尔后再区分第三人是善意还是恶意,进而设定不同的影响机制。《公司法》第28条则更加全面地规定:

公司股东会、董事会决议被人民法院宣告无效、撤销或者确认不成立的,公司应当向公司登记机关申请撤销根据该决议已办理的登记。

股东会、董事会决议被人民法院宣告无效、撤销或者确认不成立的,公司根据该决议与善意相对人形成的民事法律关系不受影响。

关于这一机制具体内容的展开,安排在本篇第84问。

五、结论

虽然民事法律行为的效力规则体系大多数并不适用于决议,但这并不否定决议的民事法律行为属性。其实,这并非民法上的个案。以契约行为为预设的民事法律行为效力规则体系,对婚姻、遗嘱等民事法律行为也多不适用,比如受到一般意义上的欺诈(隐瞒重大疾病的欺诈除外)的婚姻并不是可撤销的,基于胁迫的遗嘱也不是可撤销的,重大误解规则也不适用于商法上的票据行为。决议于民事法律行为效力规则体系下存在特殊性乃不争事实,但其是否逸出了民事法律行为的概念体系与制度框架呢?答案是否定的。

073 公司决议的成立、生效需要批准吗?

一、民事法律行为的成立与生效的一般法理

民事法律行为是民事主体通过意思表示设立、变更、终止民事法律关系的行为。凡欲发生效力的民事法律行为,均需经过成立、生效的两步检验,这对应民事法律行为的成立要件与生效要件。民事法律行为可以基于双方或者多方的意思表示一致而成立,也可以基于单方的意思表示而成立。决议亦属民事法律行为,对此,本篇第70问中已有详细的论述。

一般认为,民事法律行为的成立要件,可进一步区分为一般成立要件与特殊成立要件。其中,一般成立要件包括当事人、意思表示与标的。在判定法律行为的一般成立要件时,往往仅需判定意思表示要件,因为意思表示要件在许多时候已经吸收了当事人与标的两大要件。例如,在租赁关系中,双方当事人达成了 A 将房屋出租给 B,B 定期支付租金的合意,此时合同即成立。至于法律行为的当事人(A、B)与标的(A 移转房屋占有并容忍 B 使用,B 支付租金),均已体现在了合意之中。特殊成立要件包括要式、要物与代理行为中有关以本人名义为意思表示。要式,即要求法律行为满足特定的形式,否则不成立。这一要求可能来自法律法规的规定,也可能来自当事人的合意,常见的即书面形式。要物,即要求法律行为以某一标的物的交付为成立要件,例如法律要求定金合同自实际交付定金时成立。此外,在代理

行为中,法律要求代理人以本人名义为意思表示,即所谓显名原则,否则别人不知道行为人在代理,自然不成立代理行为。

民事法律行为的生效要件,同样包括一般生效要件与特别生效要件。其中,一般生效要件包括当事人行为能力适格、意思表示无瑕疵、标的合法妥当三大要件。特别生效要件则要多上许多,如拥有代理权、拥有处分权、公示、审批等。但需注意,以上特别生效要件并非所有法律行为的共同要求,例如,拥有代理权仅适用于代理行为,其旨在解决为何代理人的行为可以归属于本人的问题。

在成立要件与生效要件的关系上,民事法律行为自成立时生效,但是法律另有规定或者当事人另有约定的除外。通俗来讲,法律行为若具备成立要件,就应当推定其有效,所谓的生效要件实际上仅仅是消极的效力阻却事由,其存在应由主张法律行为存在效力瑕疵者承担举证责任。

二、决议的成立

决议作为法律行为,自然有其成立要件。然而,《公司法》并未正面规定决议的成立要件,而是从反面的角度规定了决议不成立的若干情形。具体包括:

1. 未召开股东会、董事会会议作出决议;

2. 股东会、董事会会议未对决议事项进行表决;

3. 出席会议的人数或者所持表决权数未达到本法或者公司章程规定的人数或者所持表决权数;

4. 同意决议事项的人数或者所持表决权数未达到本法或者公司章程规定的人数或者所持表决权数。

从《公司法》规定的四种情形来看,其大体上均属于意思表示层面的瑕疵。其中,未开会、未表决属于没有作出意思表示,而不足定足数、不足多数决则属于意思表示在"量"上的不足。关于如何理解决议的成立要件,在本篇第76问中有详细论述。

三、决议的生效

参照法律行为的一般原理,一旦决议成立,就应推定其有效,除非经举证存在决议的无效事由。有关决议的无效事由,在本篇第75问中有详细论述,具体主要指向决议内容违法的情形。回到本问,公司决议生效需要批准吗?一般而言,仅合同行为涉及批准问题(如矿业权转让合同),决议则不以批准为生效要件。因此,董事会决议无须经股东会批准,股东会决议亦无须经其他监管部门批准。但依据决议对外作出的法律行为,则可能涉及批准问题。

074 公司决议的效力（一）：有哪些类型？

一、决议效力瑕疵的立法例

现行公司法将决议的效力瑕疵分为决议不成立、决议可撤销与决议无效,但这并非立法例上的唯一选择。关于公司决议瑕疵的分类有三分法与二分法之别,前者分为决议不成立(不存在)、决议无效与决议可撤销,后者分为决议无效与决议可撤销。二分法仅针对已经成立的决议,三分法则将公司决议不成立的情形包含了进去。多数国家和地区采用二分法,日本、韩国采用三分法,德国则在判例上承认决议不成立之诉。实际上,决议不成立之样态必然存在,否则就等同于在说决议没有成立要件,这并不符合法律行为的一般原理。在承认决议不成立样态的存在的基础上,是否称之为决议效力瑕疵已并非关键问题。

二、三分法的优势

其一,从法律行为理论看,三分法在逻辑上更周延。大陆法系民法一向严格区分法律行为的成立与生效,二分法无法涵盖决议不成立情形。

其二,决议不成立具有独立的制度价值,决议无效与决议可撤销无法替代。认定决议不成立是一种事实判断,认定决议无效或者撤销则是一种价值判断。合同行为中,意思表示一致是合同行为成立的起点。而在决议行为中,也应当有相应的成立要件,供人们判断决议行为何时成立、何以成立,进而也就必然存在决议不成立的情形。

其三,适应我国公司实践的需要。我国公司实践中大量存在决议不成立的情形,立法自不应当有意忽视。

三、三种决议效力瑕疵的关系

其一,发生时点不同。面对一个初步来看具备决议外观的行为,首先应根据决议的成立要件，判定该行为是否成立决议行为，因此决议不成立最先发挥作用。一般决议成立，如前所述，应推定决议有效，除非存在后端有关决议无效与决议可撤销的效力障碍事由。

其二，自治程度不同。三种效力瑕疵事由中，决议可撤销所包含的自治精神最为明显。具体而言，当决议存在可撤销事由时，是否撤销、何时撤销均由当事人决断，法院不得依职权介入。至于决议不成立与决议无效，则几乎没有当事人的自治空间。毕竟，决议成立与否涉及事实判断，属于法院依职权认定的范围。而决议无效则涉及决议内容的违法，其中往往包含维护法秩序与公共利益的考量，亦不容许当事人自治。

其三，行权期限不同。一般认为，决议不成立与决议无效并无时效限制，而对于决议可撤销的情形，《公司法》要求股东可以自决议作出之日起60日内请求法院撤销，未被通知参加股东会会议的股东可以自知道或者应当知道股东会决议作出之日起60日内请求法院撤销，自决议作出之日起1年内没有行使撤销权的，撤销权消灭。

四、结论

综上，我国公司法上的公司决议成立与效力之分类，首先区分为成立与不成立；其次，成立后的决议再分为三类：有效的决议、无效的决议与可撤销的决议。

075 公司决议的效力（二）：无效事由有哪些？

一、决议无效在于内容违法

界定决议无效的法律规范有《民法典》第134条、第153条以及《公司法》第25条，构成一般法与特别法的关系。据此规定，决议作为法律行为，当其内容违反法律、行政法规的强制性规定时，归于无效。

二、决议内容违法中"内容"的厘定

公司法将决议瑕疵分为程序瑕疵与内容瑕疵，进而以决议瑕疵性质、严重程度的双重标准来决定决议的效力形态。具体可以细分为四类结果：

——决议的内容存在严重瑕疵的,无效;

——决议的程序存在严重瑕疵,即不具备决议的形式要件的,不成立;

——决议的内容或程序存在一般瑕疵,即内容违反公司章程、程序违反法律或章程的,可撤销;

——决议的程序瑕疵轻微且不具有实质影响的,适用裁量驳回,可以豁免撤销,也就有效。

但在司法实务中,有法院将部分程序瑕疵也归为决议无效的事由,原因大致有二:一是将程序性规定视为《公司法》的强制性规定,违反决议程序属于违反法律、行政法规;二是过于重视程序的工具价值,在法理逻辑上,将程序作为决议形成的基础,缺少程序正义保障的决议无效。法院通常将程序瑕疵作为内容瑕疵的前提,有瑕疵的程序必然产生瑕疵决议,该决议或违反《公司法》的强制性规定,或不符合《公司法》保护法益的目的,如损害股东的知情权、表决权等。如此理解决议内容违法无效规则中的"内容"是不恰当的。盲目地将决议的程序瑕疵作为论证决议内容违法的依据,会弱化决议程序的独立价值。这不仅会架空决议可撤销规则,弱化决议效力瑕疵规则之间的区隔,还会盲目扩大决议无效规则的适用范围,挤压公司自治的空间,降低公司的决策效率。

三、决议内容违法中"违法"的厘定

《民法典》第 153 条第 1 款规定:"违反法律、行政法规的强制性规定的民事法律行为无效。但是,该强制性规定不导致该民事法律行为无效的除外。"所谓决议内容违法的无效规则,是该款的具体化适用。同时,《公司法》第 26 条第 1 款第 1 句规定,"公司股东会、董事会的会议召集程序、表决方式违反法律、行政法规或者公司章程,或者决议内容违反公司章程的,股东自决议作出之日起六十日内,可以请求人民法院撤销"。决议违法可细分为三种情形:

——决议的内容违法;

——决议的内容违反公司章程;

——决议的程序违法或违反公司章程。

可见,决议程序的违法或违反公司章程以及决议内容的违反公司章程均被排除在决议的无效事由之外。接下来进一步讨论决议内容违法的情形。决议多是公司组织内外诸多法律关系之意思基础,无效是对整个决议效力的彻底否定,将直接冲击公司治理与经营活动的稳定性,影响利害关系人的权益。因此,决议无效的事由界定应保持谦抑性,尽量缩小无效的范围——将决议内容的"违法"限缩解释为"违反法律、行政法规中旨在通过令法律行为无效来保护特定法益的强制性规范"。

识别限缩解释后的强制性规定需要通过以下三步:

第一,从法律规范的文义特征出发,考察模态词,筛选待证法律规范,如是否存在"应当""必须""不得""禁止"等。然后结合法律规范的位阶特征和体系特征,对待证法律规范进行下一步的识别。

第二,进行目的性识别。目的性识别需要综合运用主观和客观目的解释方法,对法律规范进行目的解释,明确其要保护的利益。

第三,强制性规定的识别是在具体个案中进行的,除了必须考量待证法律规范保护的法益,还必须考量个案中其他值得保护的利益。综合案件事实,应当权衡是否必须通过判定决议无效才足以实现强制性规范的目的和特定法益的保护,是否存在同样有效和损害更小的替代救济机制。

四、决议无效事由的类型化

按照由具体到一般的逻辑,常见的决议无效事由的类型有:

(一)法人机关超出议决权限作出的决议

《公司法》第59条、第67条、第112条等规定了股东会、董事会等法人机关决议权限的划分,属于法人机关职权的一般条款,常见的冲突主要发生在董事会与股东会之间。前文的讨论已经指出,股东会、董事会职权相互僭越作出的决议,都是无效的。比如,《公司法》第15条第2款规定公司为股东、实际控制人债务担保的,需要由股东会作出决议,如董事会作出此类决议的,当属无效。

(二)内容违反法律、行政法规的强制性规定的决议

这一类的规定有很多,需要一一甄别,此处不再一一列举。比如,违反《公司法》第210条、第226条规定的分红条件、减资条件的,构成违法分红、违反减资的决议,即归于无效。

(三)内容违反公序良俗的决议

违反公序良俗的可能是决议的程序、权限以及内容,但事实上前两者难以与公序良俗产生价值冲突,应依据《民法典》第153条第2款的规定认定内容违反公序良俗的决议归于无效。

(四)滥用股东表决权的决议

股东尤其是多数股东违反《公司法》第21条规定,滥用表决权而通过的不当决议可以应定为,归于无效。《民法典》第132条规定,任何民事主体不得滥用民事权利损害国家利益、社会公共利益或者他人合法权益,《公司法》第21条规定,公司股东应当依法行使股东权利,不得滥用股东权利损害公司或者其他股东的利益,显然构成一般法与特别法的关系。《民法典总则编司法解释》第3条规定:

对于民法典第一百三十二条所称的滥用民事权利,人民法院可以根据权利行使的对象、目的、时间、方式、造成当事人之间利益失衡的程度等因素作出认定。

行为人以损害国家利益、社会公共利益、他人合法权益为主要目的行使民事权利的,人民法院应当认定构成滥用民事权利。

构成滥用民事权利的,人民法院应当认定该滥用行为不发生相应的法律效力。滥用民事权利造成损害的,依照民法典第七编等有关规定处理。

由此确立的裁判规则是,股东滥用表决权而通过的公司决议不发生相应的法律效力。

076 公司决议的效力(三):不成立的事由有哪些?

一、决议的成立要件

《公司法》第27条规定:

有下列情形之一的,公司股东会、董事会的决议不成立:

(一)未召开股东会、董事会会议作出决议;

(二)股东会、董事会会议未对决议事项进行表决;

(三)出席会议的人数或者所持表决权数未达到本法或者公司章程规定的人数或者所持表决权数;

(四)同意决议事项的人数或者所持表决权数未达到本法或者公司章程规定的人数或者所持表决权数。

该条规定的公司决议不成立的四类事由,可简单归纳为未开会、未表决、未达到定足数、未达到多数决比例。程序瑕疵按照严重程度,可以三分为轻微的程序瑕疵、严重的程序瑕疵以及处于中间状态的程序瑕疵,以上事由在性质上都属于严重的程序瑕疵。为何严重的程序瑕疵足以导致决议不成立?这得从决议的成立要件说起。

决议不成立,就是指该决议不具备成立要件。《民法典》第134条规定:"民事法律行为可以基于双方或者多方的意思表示一致成立,也可以基于单方的意思表示成立。法人、非法人组织依照法律或者章程规定的议事方式和表决程序作出决议的,该决议行为成立。"由此可知,决议作为民事法律行为,也有成立和生效之别,法律行为欠缺成立要件者为不成立,相应地,决议欠缺成立要件者为决议不成立。

进一步的疑问在于,决议的成立要件是什么呢?前文指出,契约的成立依靠合意机制,而决议的成立则依靠多数决机制(包括但不限于一致同意)。据此,凡不能达成多数决的,就不能成立决议。据此,一般认为,公司决议的成立要件有三:

1. 有会议召开的事实。原则上,决议必须通过召开会议作出,如没有召开会议而形成"决议"是无法接受的;唯一的例外是,各国公司法规定的全体股东一致书面同意的情形。

2. 具备会议召集程序。合法的召集程序包括:由合法召集人召集;向全体股东发出召集通知或者发出公告;会议通知或者公告包含会议时间、地点与审议的事项等。

3. 具备议决程序。合法的决议程序包括:决议事项经过表决,且决议事项限于会议通知的事项;符合出席会议股东的法定足数(如法律有规定)和决议通过的法定比例要求。

同时满足上述要件的,决议始能成立,这符合组织法上的法律行为之逻辑,否则决议不能成立。如此一来,《公司法》为何规定决议不成立的四种事由也就水落石出了。

二、决议不成立事由的类型化

(一)无会而决:未召开股东会、董事会会议而作决议

未召开公司会议而作出的决议,是虚构的决议。此时,公司并没有股东会、董事会会议之召开事实,也就没有决议的产生。实务中,控股股东、董事长等伪造股东会决议、董事会决议的,即属此类。

"无会议,不决议",是决议正当程序的基本准则。议事与决事的集会特性,要求须存在特定的时间、空间,若股东会、董事会会议未召开,则股东、董事难以集中议

事,也就无从针对待决事项进行表决。实际召开会议既是作出决议的成立要件,也是《公司法》规定股东会会议召集程序、表决方式的起因。

唯一的例外是《公司法》第59条第3款规定,"对本条第一款所列事项股东以书面形式一致表示同意的,可以不召开股东会会议,直接作出决定,并由全体股东在决定文件上签名或者盖章",这一规定并不适用于股份公司。

(二)无议而决:股东会、董事会会议未表决决议事项

公司决议是团体成员意思自治的表现,一般意思表示通过人头多数决或资本多数决形成。决议的形成必经表决程序,这是作为"决议三原则"之一的民主决策原则所决定的。表决的过程又称议决,意思是审议事项须经出席成员议事讨论之后再作出赞同、反对或弃权的意思表示。议案未经议决,不形成决议。

(三)广义的未达多数决:不足定足数

出席会议定足数,是指构成公司会议表决前提的参会人员数,或其代表的表决权数的最低要求。若不足,即表明会议召开不具有合法性,因为其不可能满足作出决议的基本要求。质言之,未达到法律、章程规定的出席会议定足数的股东会、董事会,不是合法的公司意思机关,遑论其表决能力或者资格。

《公司法》第73条、第124条分别规定了两类公司董事会的出席会议定足数,但《公司法》未对股份公司的股东会提出出席会议定足数要求(《公司法》第116条),对有限公司的股东会则间接提出了要求,包括普通决议和特别决议(《公司法》第66条)。

需指出,未达到出席会议定足数往往属于会议召开后方可发现的程序瑕疵,如事先(有意)对部分成员不履行通知义务,则属于未履行通知义务,进而可以归为会议未实际召开。在此意义上,有人提出应对未达到出席会议定足数的含义作限制解释,其仅指公司合法履行通知义务后有成员选择缺席会议的场合,这一观点不无道理。还需指出的是,未达到出席会议定足数时,肯定会引发未达到多数决比例之瑕疵,因为后者的比例要求以出席会议定足数得到满足为前提。

(四)狭义的未达多数决:未达多数决

同意决议事项的人数或其所持表决权数未达到《公司法》、公司章程规定的人数或表决权数,是指议案表决时赞成票未达到法定、章定的人数或表决权数。关于法定比例与章定比例的关系的基本共识是,公司章程可对法定比例进一步细化或者提出更高要求,但不能降低要求。当然,比例的设置也并非越高越好,商事活动尤重效

/ 813

率,在保证效率的前提下实现最大限度的公正,是现代公司法普遍采纳的方式。各国公司法都对资本多数决原则有明确规定,并进一步区分了一般事项和特殊事项,确定了一般多数和绝对多数的要求。这一规定的实质在于,在公司内部实行少数服从多数的民主制度。

以我国股东会、董事会为例,根据议决事项的重要程度不同,法律规定的通过比例也有所不同,具体可分为两类:

1. 普通决议。在股东会、董事会审议公司的普通事项时,获得简单多数赞成即可作出决议。所谓"简单多数",在有限公司股东会是指股东代表的表决权过半数(不包括本数,下同),在股份公司股东会是指出席会议的股东持表决权过半数,在两类公司的董事会是指全体董事的过半数或者全体无关联董事(如有关联董事)的过半数。在我国,除法律明文规定应以特别决议决定的事项外,其他事项概以普通决议决定,如《公司法》第124条关于董事会决议的表决规则。

2. 特别决议。股东会在议决公司的特别事项时,获得绝对多数赞成方可通过。如《公司法》第66条第3款、第116条第3款规定的两类公司股东会通过增资、减资、公司分立、公司合并、公司解散、变更公司形式、修改公司章程等七大事项的决议。

三、一处说明

对于某些事项,股东会、董事会交付表决时,有关联股东、关联董事依法应予回避而未回避的,应当如何处理?司法实务中存在两种观点。

一种观点认为,回避规则为《公司法》所规定,违反此规则所形成的决议构成违法,且关联与会人回避是基于对特别利害关系的考量而设置的,故不宜将违反回避规则纳入决议程序瑕疵,其构成决议无效的法定事由。

另一种观点认为,应予回避表决的关联股东、关联董事仍然有参加股东会、董事会的权利,其应回避而未回避的,不影响会议的定足数,但影响决议的多数决计算。如将其票数扣除后,不足法定、章定的多数决比例,则应认定决议不成立。

077 公司决议的效力（四）：可撤销事由有哪些？

一、《公司法》的规定

公司决议的效力判定,需要协调交易安全与商事效率的关系。《民法典》与《公司法》是一般法与特殊法的关系,在适用两部法律的可撤销事由时,应遵循一般法和特别法的适用原则：当特别法有具体规定时,应优先适用特别法；当特别法没有具体规定时,应适用一般法的相关规定。《民法典》上的可撤销事由,如意思表示不真实,在公司决议撤销中并无适用的空间。

《公司法》第 26 条第 1 款第 1 句规定：

公司股东会、董事会的会议召集程序、表决方式违反法律、行政法规或者公司章程,或者决议内容违反公司章程的,股东自决议作出之日起六十日内,可以请求人民法院撤销。

据此规定,公司决议的可撤销事由可以分为两类：一是公司会议程序瑕疵,具体是指会议召集程序、表决方式违反法律、行政法规或者公司章程；二是决议内容瑕疵,具体是指决议内容违反章程规定。

二、程序瑕疵的"三分法"

（一）正当程序的独立价值

同为多方法律行为,决议与契约的最大差别在于意思表示形成机制的不同,前者为多数决机制,后者为合意机制。合意机制意味着任何一方当事人不可强加自己的意思于他方,从而保证契约的平等,但多数决机制意味着少数服从多数,多数意思将吸收少数意思,从而构成前者对后者的强制。此外,契约效力坚守相对性,不及于任何非缔约方,但决议一旦形成则成为公司组织的意思,不仅约束参加投票的赞同者,也约束参加投票的反对者、弃权者、未参加投票者,以及公司组织自身和其他利害关系人（股东、董监高等）。

那么,在多数决机制之下,决议的合法性如何证成？答案就在于正当程序。唯有经过会议的正当程序,多数股东（及其控制的董事会多数席位）才能将所谓的多数意思转化为公司意思,取得约束公司、股东、董监高等人的法律效力。这就是正当会议程序的独立价值所在。

那么,对会议程序的违反,自然会引起决议效力瑕疵的后果;至于引起何种后果,则取决于《公司法》的法政策选择。

(二)决议程序违法、违反公司章程

决议程序违法。在公司法领域,如果一项决议在实体层面合法,但在程序层面不合法,就是缺乏正义的。围绕着公司,存在股东、管理层、债权人、职工等主体的利益冲突,股东会、董事会是股东、董事行使权利的主要场合,要保证每位股东、董事发出声音且产生的决议代表公司的意思,就须对决议的形成过程设定严格的程序规则。质言之,合法的决议必须遵循法定程序,程序违法将导致决议的效力瑕疵。此处的决议程序违法,具体指会议的召集程序与表决方式违反法律、行政法规。

决议程序违反公司章程。公司章程的效力层次低于法律、行政法规,但对公司、股东与管理层具有拘束力。决议程序违反公司章程的处理实际上是一个法政策的选择问题,将之归于无效、可撤销都没有法理上的障碍,但多数国家和地区的公司法将之归为可撤销事由,是出于保护公司决议安定性的考虑,我国亦然。此外,决议程序违反公司章程且情节显著轻微的,适用裁量驳回,关于此点,下文详述。

(三)程序瑕疵的轻重程度判断

《公司法》第26条第1款第2句规定:

但是,股东会、董事会的会议召集程序或者表决方式仅有轻微瑕疵,对决议未产生实质影响的除外。

结合上文探讨的《公司法》第25条关于决议不成立情形的规定,不难看出,公司决议的程序瑕疵按照轻重程度不同一分为三,导致的法律后果也有相应的三种安排:

1. 程序严重瑕疵以至于导致决议不具备成立要件的,决议不成立。

2. 程序显著轻微且对决议未产生实质影响的,可以豁免撤销,也即法律可以容忍此类决议的有效存在。

3. 存在介于二者之间的程序瑕疵的,决议可撤销。

可见,法官面对每一个决议程序瑕疵的案子,都要作出程序瑕疵轻重程度的判断,最终分门别类地作出三种裁判结果,这对于当事人而言将会有不确定性。那么,可撤销的决议程序瑕疵如何判断,实际上取决于相邻两个概念的外延判断,两个相

邻概念越清晰,可撤销的决议程序瑕疵外延就越明确。前问已经厘清了决议不成立的四种程序瑕疵,下问将厘清决议豁免撤销的程序瑕疵。所谓功夫在诗外,对于可撤销的决议程序瑕疵,此之谓也。

三、关于决议内容违反公司章程

决议内容违反公司章程和前述决议程序违反公司章程的处理法理是一样的,实际上也是一个法政策的选择问题,将之归于无效、可撤销都没有法理上的障碍。法政策上不宜将决议内容违反公司章程作为无效处理的事由是,公司章程是规范公司内部关系的自治性规则,对内容违反公司章程的决议的处理更应当尊重股东自治和公司自治。各国家和地区的公司法对决议内容违反公司章程存在无效与可撤销两种处理方式,我国选择了可撤销。

决议内容违反公司章程的规定,通常是指公司章程的相对必要记载事项、任意性记载事项的规定。比如,《公司法》第 15 条规定,公司为股东、实际控制人之外的第三人债务提供担保的,应由公司章程规定议决机关是股东会或者董事会。假设公司章程规定由董事会作出决议,但股东会作出了决议,此时股东会僭越了董事会的章定职权,依照前文关于股东会、董事会不得相互僭越职权的法理,由此作出的决议属于内容违反公司章程,应归于可撤销。

078 公司决议的效力(五):可豁免撤销吗?

一、轻微程序瑕疵的决议豁免撤销

各国公司法基本上都有此规定:对于存在轻微程序瑕疵的公司决议,法官可以裁量不予撤销。这一制度设计的要义有二:一是维持正当程序与公司运行、治理效率之间的平衡;二是赋予法官自由裁量权,在鼓励高效的公司治理与司法的谦抑性干预之间维系动态平衡。

《公司法》第 26 条第 1 款规定:

公司股东会、董事会的会议召集程序、表决方式违反法律、行政法规或者公司章程,或者决议内容违反公司章程的,股东自决议作出之日起六十日内,可以请求人民法院撤销。但是，股东会、董事会的会议召集程序或者表决方式仅有轻微瑕疵，对决议未产生实质影响的除外。

该款的适用要件包括轻微程序瑕疵和对决议未产生实质影响。如何精确理解其含义及其适用，对公司治理实践具有重要的意义。

二、何谓程序瑕疵的"轻微"

《公司法解释四》第4条规定：

股东请求撤销股东会或者股东大会、董事会决议，符合民法典第八十五条、公司法第二十二条第二款规定的，人民法院应当予以支持，但会议召集程序或者表决方式仅有轻微瑕疵，且对决议未产生实质影响的，人民法院不予支持。

决议撤销之诉的裁量驳回建立在"会议召集程序或者表决方式仅有轻微瑕疵"之上，无疑是精准的，但问题在于，"对决议未产生实质影响"这一裁判要件如何判断？

过去的审判实践中存有"看人下菜"式的裁判倾向。比如，控股股东控制的董事会恶意不通知某个持股1%的股东参加股东会，后该股东提起撤销股东会决议之诉。审理法院认定，股东会会议召集程序与通知方式存在瑕疵，但基于该股东仅有1%的表决权体量的考虑，其参与会议、投票与否都不足以改变表决结果，因而认定该瑕疵属于"对决议未产生实质影响"的情形，适用裁量驳回。读者不难看出，这种"看人下菜"式的裁判思维，不仅根本上背离了决议正当程序的制度价值，更与决议撤销裁量驳回的制度初衷背道而驰，背后更有司法恣意裁决的隐忧。照此逻辑，持股1%的股东活该一辈子不被通知参加股东会；但是，控股股东却不能缺席，这种根据持股量来识别无足轻重股东、VIP股东的简单思维，理当休矣。

这一裁判思维本质上源于对决议正当程序独立价值的漠视与否定，但在法律要件的适用上，立法对"对决议未产生实质影响"要件的加入也难逃干系。

三、何谓"对决议未产生实质影响"

如何正确理解"对决议未产生实质影响"？这需要明确裁量驳回的宏观制度功能，并确立体系化的解释方案，以确保"实质影响"解释的客观性与科学性。

具言之，从决议撤销之诉的事由可以看出，决议撤销之诉的主要制度功能在于维护公司决议的正当程序价值，尤其是保护决议参与者对公司会议的出席权、临时提案权与议决权,如参与者的此类权利不能得到保障,那么该类程序瑕疵绝对不能被认定为"对决议未产生实质影响"。举例言之,如循上述"看人下菜"式的裁判思维,稍加归谬,就会得出一个人们不能接受的结论——少数股东即便被恶意不通知开会,也是可接受的,而多数股东则万万不能缺席。如此结论,估计连秉持"看人下菜"思维的法官自己都不能明面上接受。

继续挖掘,"看人下菜"式的裁判思维还有一致命错误,就是其重视公司会议的"决"环节,而忽略"议"环节,从而将少数股东与会的所有价值局限于投票权份额这一静态权重上。实际上,会议的议决包含"议"与"决"两个环节,前者是过程,后者是结果,在"议"的环节,每个与会者的发言,不仅决定自己的投票结果,也可能(事实上也是)对其他与会者(尤其中间派)的投票结果产生重大影响。如审理法官稍有商业经验,能够考虑到这一层,大概也不会再"看人下菜"的裁判思维了。

进一步地,既然对"对决议未产生实质影响"的判定不能唯结果论,那么"实质影响"的精确含义又是什么呢?其实,"实质影响"的精确含义指向决议程序本身而不是决议的后果,也即,如果某项决议相应的召集程序或者表决方式存在瑕疵,应判断该瑕疵是否实质影响了股东、董事的出席权、临时提案权、表决权的行使,如是则构成实质影响,如否则构成非实质影响。

举例。依照《公司法》第64条、第115条的规定,有限公司、股份公司的股东会需要分别提前15日、20日通知所有股东,会议通知内容包括会议时间、地点与议程,以便有意愿参会的每个股东能准时参会。这一规定通常也被纳入公司章程,这就意味着如召集人未遵守之,就构成了召集程序的违法兼违反公司章程。假设某董事会仅提前3天通知所有的股东参加会议,好在股东都在会议地点附近,且会议议程简单、会议资料简单易懂,尽管所有股东有所不满,但还是都来参会了,这即属于"对决议未产生实质影响"的情形。相反,假设某董事会提前12日通知所有的股东参加会议,恰好某股东身在远方旅游,其虽然在接到通知后第一时间动身赶至会议地点,但仍错过了部分会议,或者该次股东会会议议程有几十项之多,且内容重大,有些议案的决策需要颇费时间调研才能作出正确的投票。上述情形就不属于"对决议未产生实质影响"情形。

四、防止决议可撤销之诉的滥用

一般认为,决议可撤销裁量驳回适用的对象主要是会议参与者之外的其他主体,以防止决议可撤销之诉遭到滥用,因为主张自身受损的主体变得过于宽泛会导致决议被大幅度撤销,冲击公司关系的稳定性。既然裁量驳回中的"对决议未产生实质影响"要件旨在预防决议撤销之诉被滥用,那么司法裁判就应体系性地把握"对决议未产生实质影响"要件的规范功能,将决议撤销之诉的启动严格限制在破坏公司决议组织性和自治性功能的情况下,保障公司意思的有效生成和决议自治。

079　公司决议之诉（一）：谁可提起可撤销之诉?

一、原告的范围

《公司法》第26条及其相关司法解释均规定,提出公司决议可撤销之诉的主体仅限于股东。

此处对决议撤销诉权的行使限制进行分析。一般而言,限制可撤销决议之诉原告范围的规范功能有三:一是在实体法上限制决议瑕疵主张权人的范围;二是明确对公司决议撤销之诉具有诉讼利益的人;三是将原告限定为具有认真履行诉讼能力的诉权人。

基于股东对公司决议具有诉讼利益,赋予股东撤销诉权,不存争议。形成之诉的利益原则上只有在如下要件下才能获得认可:实体法自身按照案件的类型来具体探讨是否应当通过形成之诉及形成判决来变动法律关系,只有在法律作出明确规定之情形下,才允许提起这种诉讼。在此意义上,《公司法》明确限定决议撤销之诉的原告为股东,应予遵守。

二、股东的适格问题

通说认为,缺席会议的股东、无表决权的股东、决议后取得股权的股东均可成为原告,但出席会议且对决议投赞成票的股东是否适格,立法分歧较大。关于公司决议撤销之诉的制度功能,主流观点认为,其不仅可以维护受违法决议侵犯的少数股东,也能有效确保公司内部决议行为合法,前者体现对少数股东个体利益的保护,后者体现对公益的保护。在这种情形下,所有股东,包括未受损害的股东也可以享有原告资格。也有观点认为,应该回归决议维护原告股东个体权利的制度宗旨,以个体利益保护为主,故原告资格仅由因程序瑕疵受到损害的股东享有。

实际上,公司决议表决过程有着鲜明的团体性,不同股东的意思具有联动关系。而且在会议期间,股东可以自由讨论或者陈述意见,为达到自己意愿而积极劝说其他股东投票,进而对股东会决议结果造成颠覆性影响。如有股东因通知瑕疵等而未参加会议或不了解表决事项,会增加其他股东的劝说难度,影响其他股东权利行使状态。并且,从文义解释角度来看,《公司法》第26条第1款规定,"股东自决议作出之日起六十日内,可以请求人民法院撤销",并未对股东有任何限制,因此应当理解为所有股东均可提起撤销之诉。《公司法》对股东的原告资格不设任何限制,正是此意。《公司法解释四》第2条仅要求原告在起诉时具有股东资格,因为这样可以保护那些在表决时同意议案,但当时并不知道召集程序、表决方式有瑕疵的股东,且能督促内部人严格按照程序要求进行会议的召集、主持与表决。

最后,存在一种特殊情形需进一步说明。由于股权存在流动性,以"提起诉讼时"为时间点,会出现表决时有股东身份、诉讼时已将全部股份转让给他人而无股东身份的情况,依《公司法解释四》第2条的规定,法院应当对此不予受理。从民事诉讼法的基本理论看,诉权要件包括两个方面:一是当事人适格;二是有诉的利益。若股东在诉讼时不具有股东身份,则公司决议撤销与否与其没有利益关联,其丧失了对诉的利益。值得注意的是,若决议内容是关于股东除名的决议,则在决议生成时被除名股东符合前述应享有撤销权的条件,但因股东除名决议的执行,故其在起诉时被动地不再具有股东身份,为周延保护其权利,其不仅应享有基于决议内容侵权的撤销权,亦应享有基于程序瑕疵的撤销权,获得双重保护。

080 公司决议之诉(二):谁可提起无效、不成立之诉?

一、立法的法理解释与司法解释

在法理上,《公司法》第25条、第27条未列明公司决议无效、不成立之诉的原告,这与《公司法》第26条列明决议可撤销之诉原告为股东形成鲜明对比。循民事法律行为的基本原理,提起法律行为的不成立、无效之诉者,未必限于行为人,人人皆可主张,只要符合民事诉讼法界定的原告适格要件即可。此外,如审理法官发现存在无效、不成立的事由,也得主动主张法律行为的无效、不成立。

在司法解释上,《公司法解释四》第 1 条尝试对此作出规定:

公司股东、董事、监事等请求确认股东会或者股东大会、董事会决议无效或者不成立的,人民法院应当依法予以受理。

此规定在明确几个原告的同时又引发了新的争论,因为一个"等"字表达了一种模糊的立场,未明确是否承认公司股东、董事、监事之外其他主体的原告资格。

二、无争议的原告群体

1. 股东。股东作为公司的成员,不仅是股东会决议的表意人与利益相关者,也是董事会决议的利害关系人,自然可以起诉。

2. 董事、监事。两者均是公司法人机关的成员,同时是董事会决议、监事会决议的表意人,也是公司决议的利害关系人,如其对股东会作出的选举董事、监事并决定薪酬的决议可以起诉。需要指出的是,董事、监事请求确认决议无效、不成立,未必是与该决议有直接利害关系,而是作为公司受托人担负管理与监督职能,肩负守护公司利益之职责,这也是其履行职责的体现。

三、有待进一步明确的原告群体

依照文义解释,《公司法解释四》第 1 条界定的原告范围不限于上述三类人员,因为文本中还有一个"等"字。关于此处的"等"字应理解为等内还是等外存在争议。一般认为,可以进入该"等"字的讨论的主要有三类人:高管、职工和债权人。

1. 高管

不担任董事职务的高管,成为公司决议不成立、无效之诉的原告,具有两大依据。

第一,董事、监事、高管在公司治理中的地位同等,在《公司法》本文中多次同时出现即为明证。所以,依照最狭义的等内解释,既然董事、监事可以成为原告,高管亦然。

第二,股东会、董事会决议通常会设定与高管相关的权利义务,当决议与高管个人利益相关,二者即存在直接利害关系。比如,《公司法》第 67 条第 2 款第 8 项规定,董事会"决定聘任或者解聘公司经理及其报酬事项,并根据经理的提名决定聘任或者解聘公司副经理、财务负责人及其报酬事项",对此等董事会决议,高管自然具备直接利害关系。此时,民事诉讼法的权利保护必要性或诉之利益要件得到满足,具备原告适格要件。

2. 职工

职工不属于公司治理意义上的内部人员,且在法律上与公司间仅有劳动合同关系,如有纠纷,多属于劳动纠纷,适用劳动仲裁、诉讼解决即可。但在两种典型情况下,职工与股东会、董事会决议可能具有直接利害关系。

一是常见的设定员工义务的公司决议,如竞业禁止、保密义务等。此类设定职工义务的公司决议是否有效,在理论和实践上都可能存在争议。决议能否约束员工,是否违反员工与公司之间的劳动合同约定,是否必须通过确认决议无效、不成立之诉来救济,有待进一步分析。但毋庸置疑,股东会、董事会决议限制职工权利的,通常涉及职工群体的利益受损,允许职工提起决议不成立、无效之诉可以降低救济成本。

二是职工持股,包括高管的管理股、普通职工股等。如公司决议涉及职工股的利害关系,此时职工兼具职工、股东的双重身份,赋予持股职工提起决议无效、不成立之诉的原告资格,理所当然。

3. 债权人

通常情况下,合同债权人(客户、供应商)、机构债权人(贷款银行)、被动债权人(侵权之债)等通过债权之诉获得救济,无须通过公司决议之诉获得保护。但也有若干例外,比如:

例1。按照《公司法》第210条的规定,非法分红决议,也即违反"无盈不分规则"作出的股利分配决议,应为无效,但此时谁来提起无效之诉呢?作为受益者的股东以及可能承担责任的董监高不可能起诉,唯一可能起诉的就是债权人,因为债权人是此类决议的唯一受害人。此类的诉讼已有先例。①

例2。按照《公司法》第226条的规定,非法的减资决议,也即未取得公司债权人同意的减资决议,应为无效,但此时谁来提起无效之诉呢?此类决议与非法分红决议同理,唯一可能对其提起无效之诉的就是债权人,因为债权人是此类决议的唯一

---

① 参见金安桥水电站有限公司、云南省能源投资集团有限公司公司盈余分配纠纷案,(2022)最高法民申111号。

受害人。此类的诉讼亦已有先例。①

例3。当公司陷入财务危机时，债券持有人，尤其是可转换债券的持有人，与各类优先股股东一样也有议决权，该权利可能受到普通股股东通过的决议的侵害。此时，也应该允许其提起公司决议无效、不成立之诉。

例4。现代契约法的最新发展趋势之一，是债权人通过契约机制参与公司治理。公司可以与贷款银行在借款合同中约定，未经后者的同意，公司不得再举债、不得再对外提供担保、不得再分红等，如其后公司违反该等约定，银行固然可以提起违约之诉，但效果有限，因为这无法否定对外借贷、对外担保、违法分红等行为的效力，如允许其提起决议无效、不成立之诉，则救济效果最佳。实际上，公司债权人基于《公司法》、公司章程、债权协议而与公司的权力分配联系在一起，即成为依法依约享有参与、监督公司经营管理权的主体，如决议内容与该权利相关，应认可其为适格原告。

081　公司决议之诉（三）：可请求法院确认决议有效吗？

一、一个经常被提起的问题

如有利害关系人认为一份公司决议的成立及效力存在瑕疵，为维护自己的利益而提起决议不成立、无效及可撤销之诉，概无争议。那么作为对立面，股东等利害关系人可否主动提起诉讼，要求法院确认某项公司决议有效呢？

主动请求司法机关确认一个法律行为有效，实际上是一个普遍性的问题，比如在契约法上也存在确认一个合同有效的诉讼，背后有其客观需求。具体到公司决议，有的当事人对决议成立与否、有效与否存在疑虑，亟须法院确认有效后，才能形成内心确信，从而决定下一步的策略。有的当事人明知某些公司决议存在一些瑕疵，但不确定这些瑕疵是否足以导致公司决议不成立、无效或者可撤销，所以想由司法机关来确认。有的当事人想利用公司决议有效之诉阻碍未来可能发生的决议无效、可撤销和不成立之诉。按照既判力原理，一旦决议被确认有效，股东、董监高等再提起决议瑕疵之诉，就可能面临受理障碍。

---

① 参见马某、新疆维吾尔自治区某服务有限公司分公司等追加变更被执行人异议之诉案，(2023)新01民终6875号。

二、司法立场

那么,面对确认决议有效之诉,法院持何种立场呢?

如果在某一个民商事诉讼的裁判中,某项公司决议效力的认定系案件事实、法律适用的一个环节,且各方当事人主张不一,那么此时法院并不会回避对决议效力的判断,包括主动认定某项决议有效。但是面对单纯的确认决议有效之诉,实务中绝大多数法院拒绝受理,仅少数法院采相反立场,由此形成司法实践的不统一局面。

不受理此等诉讼,可能存在现实因素的考量。从司法实践的角度,如一概允许向法院提起确认决议有效之诉,可能引起滥诉,导致大量的公司决议寻求司法程序对其效力进行背书,进而引发司法资源的浪费。

但问题是,有些当事人并非恶意利用确认决议有效之诉。例如,公司申请法定代表人变更登记的,登记机关要求原法定代表人签字递交申请,但该法定代表人有可能反对将自己罢免的决议,进而拒绝签字。此时,如果公司以罢免法定代表人的决议为依据申请变更登记,登记机关可能因缺少法定代表人的签字申请而拒绝办理,于是就产生了公司主动要求确认某份决议有效的诉讼。当然,这一问题随着《公司法》第 35 条第 3 款"公司变更法定代表人的,变更登记申请书由变更后的法定代表人签署"规定的出台而获得了解决,但是类似的请求确认决议有效的需求仍然存在。

三、可能的出路

总体而言,民事诉讼法并未排除当事人在符合条件时,提起民事诉讼法上的一般确认之诉,不能因《公司法》及相应司法解释未正面规定确认决议有效之诉,就当然否定当事人提起该等诉讼的必要性。决议属于公司自治范畴,通常情况下,法人机关作出的决议对公司自身、全体股东、董监高等均具有拘束力,其有效性无须通过司法加以确定。但考察司法是否有必要介入公司治理,应主要考量个案中股东确认决议有效的请求是否具有可诉性,是否有必要以司法裁判的形式给当事人以救济,即原告对此是否具有诉的利益。

082　公司决议之诉（四）：可请求法院强制公司作出决议吗？

一、一个常见的困惑

当公司决议存在瑕疵，人们可以提起决议不成立、无效之诉、可撤销之诉，甚至提起确认有效之诉也有可能得到支持。但公司法实务中经常遇到的一个困惑是，当公司股东会、董事会"应该"作出某个决议，却又迟迟未作出时，股东是否可以诉至法院，责令公司法人机关作出决议呢？对此主要存在两种观点。

二、肯定说

肯定说认为，从维护少数股东利益的角度，法院对公司治理的适度介入具有正当性与必要性，承认股东会会议召开具有可诉性，是调整公司内部治理失灵、为非控股股东行权创造条件的重要保证，具体理由包括：

1. 法律未规定不等于股东不能提起此诉。《公司法》经过数次修改，其趋势就是可诉性越来越强，逐步消除了那些在法理上本不存在障碍，却因为《公司法》没有明确规定而难以通过诉讼获得救济的问题。这说明在立法存在缺失时，法院拒绝受理某诉未必具备法理上的正当性。

2. 实务中，因不召开股东会会议而产生的公司纠纷不断，从司法定分止争的职能考虑，法院也确有受理的必要，至少不能一律不予受理。

3. 从民事诉讼的角度，只要原告的权利或法律状态现实地处于不安状态，就应当肯定其诉讼利益。

三、否定说

否定说认为，公司是否决定召开股东会会议，本质上属于公司治理问题，法院应当尽量避免干预。公司法已经对股东会会议的召开作了比较完善的程序性规定，再通过诉讼程序赋予股东要求召开股东会会议的权利，是对股东会会议召集权的突破，具体理由包括：

1. 公司立法持续完善股东诉权,但新旧《公司法》文本没有规定股东可以就召开股东会会议提起诉讼,可见立法机关在对《公司法》修改时,已经对股东是否有权提起此类诉讼表达了明确的态度。

2. 股东会会议的召集程序、表决方式,除法律、行政法规有强制性规定外,应由公司章程决定,法院不应干预公司自治范围内的事务,以免过度干预商人的判断。

3. 如果股东认为不召开股东会会议损害其利益,可以提起其他诉讼寻求救济,如损害赔偿诉讼、司法解散之诉等。

四、法院无权强制公司召开会议并作出决议

股东会会议的召开属于公司内部事务,法院不应干预,公司召开股东会并作出的决议通常是不可诉的。提起公司决议不成立、无效、可撤销之诉的前提是公司已经作出决议,这是由民事法律行为的原理所决定的。即便是决议不成立之诉,也以存在一个具备决议行为外观的法律文件为前提。对此,《九民纪要》第29条指出:"公司召开股东(大)会本质上属于公司内部治理范围。股东请求判令公司召开股东(大)会的,人民法院应当告知其按照《公司法》第40条[1]或者第101条[2]规定的程序自行召开。股东坚持起诉的,人民法院应当裁定不予受理;已经受理的,裁定驳回起诉。"

《九民纪要》的上述规定,需结合股东会会议召集权的权利性质,从维护召集权的角度来理解。具体而言,召开股东会会议本质上属于公司内部治理问题。公司决策时,不仅要注重保护股东利益,还要考虑提高公司决策效率。以有限公司为例,《公司法》第63条规定:

股东会会议由董事会召集,董事长主持;董事长不能履行职务或者不履行职务的,由副董事长主持;副董事长不能履行职务或者不履行职务的,由过半数的董事共同推举一名董事主持。

董事会不能履行或者不履行召集股东会会议职责的,由监事会召集和主持;监事会不召集和主持的,代表十分之一以上表决权的股东可以自行召集和主持。

该规定通过层层递进的程序设计,为股东会会议的召集设置了清晰的步骤和方式。如允许股东随意突破召开程序,反而容易影响公司的正常管理秩序和决策效率。

---

[1] 2023年《公司法》第63条——引者注。
[2] 2023年《公司法》第114条——引者注。

083　公司决议被否定（一）：相关主体何去何从？

一、解读《公司法》第 28 条

《公司法》第 28 条规定：

公司股东会、董事会决议被人民法院宣告无效、撤销或者确认不成立的，公司应当向公司登记机关申请撤销根据该决议已办理的登记。

股东会、董事会决议被人民法院宣告无效、撤销或者确认不成立的，公司根据该决议与善意相对人形成的民事法律关系不受影响。

这一条文意义重大，不仅明确了被否定的公司决议对公司的内部效力（第 1 款），更重要的价值是确立了对外部交易行为的效力影响机制，为破解组织法与行为法的关系打开了第一扇窗（第 2 款）。

基于这一条文的重要性及复杂性，以及平衡每问篇幅的需要，本书设两问研讨之。本问仅解读第 1 款的适用及第 2 款的来源，至于第 2 款的解读及适用，留待下一问专门探讨。

二、第 28 条第 1 款的适用

（一）公司的积极作为义务

一旦决议被否定，公司立即负有一个义务——向公司登记机关申请撤销根据该决议已办理的登记。

举例。张三为 A 有限公司董事长兼法定代表人（公司章程规定担任董事长者为法定代表人），在某年 3 月的某次股东会会议上，被罢免董事、董事长职务（公司章程规定董事长、副董事长由股东会选举），李四被选举为新任董事长兼法定代表人，旋即 A 有限公司申请办理法定代表人变更登记、董事备案等手续。张三不服，很快提起股东会决议无效之诉，并在当年 12 月获得生效判决，判决宣告 3 月的股东会决议无效。至此，A 有限公司接到生效判决，应该及时向登记机关申请撤销张三的法定代表人登记及张三的董事备案等，恢复张三的法定代表人登记、董事备案等。

读者需特别留意一个细节，2023 年《公司法》第 28 条第 1 款将 2018 年《公司法》

当中的"申请撤销变更登记"修改为"申请撤销根据该决议已办理的登记",这一表述更加精确,有利于减少实务中个别市场监管部门工作人员的歧义理解。

本款将申请变更登记的主体限于公司,固然符合市场主体登记法则,但是在此情形下可能产生困局。

(二)公司不作为的救济

股东会决议被否定之后,申请变更登记的唯一法定主体是公司,但公司是一种抽象的存在,此时公司往往被无效决议的主导方所控制,如公司不申请(实务中非常常见)办理变更登记,利益相关人(特别是对公司意思形成没有影响力的少数股东、受到不利影响的董监高等人)如何应对?比如上例,在涉及公司控制权之争时,李四及其背后的主导力量可能不愿意归还公司董事长席位。对于张三而言,可能的救济措施有三:

1. 请求强制执行。但问题在于,确认之诉是否具有强制执行力。

2. 向登记机关举报。但问题在于,登记机关收到举报后会如何处理。

3. 依据《公司法》第180条第2款、第3款的规定,请求董监高及双控人等影响甚至决定公司意思形成的主体履行变更公司登记的义务,否则追究其违信责任。

从上述分析可见,若不赋予利害关系人申请变更登记的主体资格,确实会存在一定的弊病。

三、第28条第2款的来源

(一)《民法总则》第85条

2017年颁布的《民法总则》第85条首次尝试确立公司内部决议影响外部法律行为效力的机制,其规定:

营利法人的权力机构、执行机构作出决议的会议召集程序、表决方式违反法律、行政法规、法人章程,或者决议内容违反法人章程的,营利法人的出资人可以请求人民法院撤销该决议,但是营利法人依据该决议与善意相对人形成的民事法律关系不受影响。

这一条文的历史性贡献在于,第一次明确了公司内部的决议瑕疵对外部法律行为效力的影响机制,规范结构的设计逻辑是:先区分公司内外部法律关系,再区分第三人善意与否,进而规定不同的效力影响机制。

这一规定的局限性非常明显,可以用一个1/3和一个1/2来评价。所谓1/3是指,公司决议的瑕疵有三类(不成立、无效、被撤销),但这一规定仅明确决议被撤销一种情形下的外部行为效力,不及决议无效、不成立的其他两种情形。所谓1/2是指,仅明确"与善意相对人"形成的民事法律关系不受影响,而与恶意相对人形成的民事法律关系应如何处理、能否作反对解释为"受影响"、受到何种影响等问题均尚不得而知。

(二)《公司法解释四》第6条

《民法总则》颁布5个月后,最高人民法院颁布《公司法解释四》第6条进一步规定:

股东会或者股东大会、董事会决议被人民法院判决确认无效或者撤销的,公司依据该决议与善意相对人形成的民事法律关系不受影响。

比之《民法总则》第85条的规定,本条的贡献在于,明确了决议被判决确认无效这一情形下的外部效力影响机制,形成了一个2/3。

(三)《公司法》第28条第2款

《公司法》第28条第2款进一步接力,其规定"股东会、董事会决议被人民法院宣告无效、撤销或者确认不成立的",增加了决议确认不成立的情形。至此,总算是将公司决议被否定的版图拼接完成(不成立、无效、被撤销),形成完整的3/3。但至今,有关外部效力影响机制的描述,似乎依然停留在仅表述了50%的状态。

084 公司决议被否定(二):影响外部交易行为的效力吗?

一、组织法与行为法的桥梁条款

上引第28条第2款,是公司决议这一组织法上的法律行为,与外部契约等交易法上的法律行为建立效力链接的桥梁,具体指如果某项决议的效力被否定,是否影响以及如何影响公司此前外部交易行为的效力。

《公司法》开宗明义,在第1条第1分句即指出"为了规范公司的组织和行为",这表明公司法既是组织法也是行为法,或者更精确地说,首先是组织法,其次是行为法。那么组织法与行为法之间到底存在何种逻辑联系?这是学界持续探索的话题,目前所达成的共识并不丰富。公司纠纷实务中,一旦问题涉及组织法、行为法的关系,往往众说纷纭。

第 28 条第 2 款确立了公司决议对外部交易行为效力的影响机制。这一规定的背景是,虽多数公司决议关涉组织体的内部事项,但仍有不少公司决议涉及与外部第三人的法律关系——有的决议直接涉及外部第三人,如外部投资者,但更多的决议仅是公司与外部第三人发生交易法律关系的意思基础。就后者而言,如合同已经成立、生效乃至完全履行,公司决议的效力又被事后否定,是否影响此前外部交易行为的效力?如影响,影响机制如何?

如若举例,《公司法》第 15 条的适用是最具典型性、普遍性与关注度的例子。

举例。假设张三向银行借款 1 亿元,A 有限公司提供担保,董事长李四是张三的表弟,其伪造董事会其他成员的签名,制作一份董事会同意提供保证的决议,银行审查未见破绽,与 A 有限公司签订保证协议后贷款给张三。后张三无力还本付息,银行要求 A 有限公司承担担保责任,A 有限公司拒绝。此时,有股东诉请法院宣告提供保证的董事会决议不成立,获法院裁决支持。进一步的问题是:A 有限公司与银行之间的保证协议有效与否?

二、《公司法》第 28 条第 2 款的基本逻辑:外部效力的双重二分法

《公司法》作为组织法,基本未对公司以外的他人设定任何义务和责任,仅部分安排了公司以外他人的权利,如规定公司合并、分立及减资时须通知、公告全体债权人等。《公司法》对公司以外他人的利益加以保护,并非在于调整公司以外的法律关系,其目的是当公司行为活动影响到公司以外他人的利益时,对他人予以平衡补偿,以维护社会经济秩序的公平和正义。公司以外的他人不是《公司法》规范的主体,《公司法》第 28 条第 2 款的适用也是基于这一逻辑。

(一)第一重:区分公司内外关系

内外有别。首先,决议被否定后,对公司内部产生效力。例如,董事会制定公司基本管理制度的决议被否定后,相应文件自然失效;再如,董监高依照被否定效力的决议多拿的薪酬、股东依照被否定效力的分红决议领走的股利都要返还给公司。其次,若决议同时涉及公司的内外法律关系,或单纯涉及公司的外部法律关系,则应再针对相对人的主观善恶情况区别而论。

(二)第二重:外部关系区分善恶意

决议对外部相对人的影响机制,建立在区分外部相对人主观状态的基础上。

1. 公司依据决议与善意相对人形成的民事法律关系不受影响。此处的"不受影响"仅指一种中立状态,不代表必然有效,这意味相应行为该有效的继续有效,该可撤销的仍为可撤销,该效力待定的仍效力待定,该无效的仍无效。

2. 有争议的是,此处能否适用反对解释。如进行反对解释,公司依据决议与恶意相对人形成的民事法律关系会受影响。接下来的问题是如何受影响?学理上与实务上存在绝对无效说、相对无效说、可撤销说、效力待定说(无权代理说)、有效说以及具体而论说等不同主张。其中效力待定说是有力说,该说将主动权交给公司,即公司有权选择追认与否,将公司利益置于优先地位,也可使恶意相对人受惩戒,更具灵活性。

三、"善恶二分制"的反思

有人认为,上述"善恶二分制"仍存在许多不足:规范过度抽象,不仅民法、商法的善意判断标准有异,相对人的善恶能否界分外部交易行为效力亦存在疑问。尤其是,若简单适用反对解释,是否符合公司组织法的法理不无疑问。借鉴域外法经验,结合《公司法》关于法人机关的职权规定,可进一步区分不同情况予以讨论。

1. 法定议决事项的外部效力

第一,对于强制性的公司法规范,其效力范围不限于公司内部,应推定世人皆知;第二,各国公司法规定的股东会议决事项一般仅限于少数重大事项,如公司增减资、分立合并等,具有极强的公示性、对世性;第三,私法上,尤其是商事法上,保障交易安全与保护善意相对人实为一体,保障交易安全不能被解读为保护交易中某一方的利益,而应理解为保护交易本身的安全,公司、股东及外部相对人的利益应衡平保护。所以,《公司法》规定某事项须经股东会决议,如决议不存在或嗣后被否定,相应的外部法律行为效力应随之否定,不因交易相对人的是否善意而有分别。

2. 章定议决事项的外部效力

只要法不禁止,公司得通过公司章程安排一切治理事项。但一般认为,公司章程的效力范围仅限于公司内部。作为补充,公司如有证据证明外部人知道或者应当知道公司章程的规定,方能对无信赖利益受损的外部人主张对抗效力。

3.举重以明轻:其他意定议决事项的外部效力

除公司章程外,公司尚有其他内部规范性文件,如董事会、经理制定的基本管理制度、基本规章等。公司章程乃公司内部最高层级的规范文件,循举重以明轻的逻辑,其他规范性文件规定的议决事项自不具有外部效力。

四、外部交易行为无效后的责任承担

当公司实施的外部交易行为对公司不发生效力,相对人主张由行为人承担责任时,应根据《民法典》第171条确定行为人的责任。具体而言,行为人实施的行为未被公司追认的,善意相对人有权请求行为人履行债务,或者就其受到的损害请求行为人赔偿,但赔偿范围不得超过相关行为被追认时相对人所能获得的利益。相对人恶意的,相对人和行为人按照各自的过错承担责任。公司章程以及其他内部规范文件规定由股东会议决的,在该决议被宣告不成立、无效或被撤销时,公司依据该决议实施的外部交易行为之效力不受影响,除非相对人恶意,抑或对决议未尽合理审查义务。